民商事司法解释精释精解丛书

最高人民法院
公司法司法解释
精释精解

徐强胜◎编著

Understanding and Application
of Judicial Interpretations

— 增订本 —

中国法制出版社
CHINA LEGAL PUBLISHING HOUSE

总　序

在现代社会为数众多的社会调整机制中，法律属于较为精致、有效的一种。但法律是一个抽象化、概念化的行为规则体系。任何法律皆有漏洞，系今日判例学说共认之事实。[①] 德国历史法学派创始人萨维尼（F.K.V. Savigny）指出，法律自制定公布之时起，即逐渐与时代脱节。[②] 因此，在制定法律的时候，无论如何审慎周详，字斟句酌，也难免在文义和语境上产生疑义；无论如何总结社会矛盾的方方面面，在复杂多样的现实生活面前，也难免出现疏漏不周，挂一漏万；无论如何精雕细凿，科学圆满，也无法克服法律的稳定性和适用性的冲突倾向。因此，自法律诞生之日起，即诞生了与之形影相随的法律解释。

按照我国法律解释的基本框架，可将法律解释的内容区分为“法律条文本身”和“法律具体运用”两大类，前者由全国人大常委会解释（称为立法解释），后者由有关司法和行政机关分工解释。显然，最高人民法院的司法解释当属于后者。尽管司法解释的效力低于立法解释，但由于法律过于原则和抽象以及法律漏洞的存在，不仅给法官适用法律造成了困难，而且为法官留下了极大的自由裁量空间。因此，在法律存在着漏洞的情况下，司法解释

---

① 王泽鉴:《民法学说与判例研究》(第一册)，中国政法大学出版社 1998 年版，第 286 页。

② 转引自梁慧星:《民法解释学》，中国政法大学出版社 2003 年版，第 247 页。

具有填补漏洞的作用。实际上，由于法律规则是对复杂的社会现象进行归纳、总结而作出的一般的、抽象的规定，因此人们对规则的含义常常从不同的角度进行理解。而每一个法官在将抽象的规则运用于具体案件的时候，都要对法律规则的内涵及适用的范围根据自身的理解作出判断，而此种判断实际上就是一种对法律的解释。更何况成文法本身不是完美无缺的，而总是存在着这样或那样的漏洞，因此，法律解释对任何法律的适用都是必不可少的。尤其是在司法过程中，更需要对法律规范作出明确的解释，从而正确地适用法律和公正地裁判案件。

在我国的法律制度中，司法解释颇具中国特色，不仅实行判例法的英美法系没有，即使是实行成文法的大陆法系也没有。在大多数西方国家，一般没有"司法解释"一词，"法律解释"就是"司法解释"的代名词，二者含义一样。大多数西方国家的"司法"就是指法院的审判活动，司法机关就是法院，司法解释（即"法律解释"）指的就是法院或法官对法律的解释。尤其是在普通法系国家，法官制作的判例不仅可以对成文法进行解释，还可以创制法律规则，对于法律的解释也只有法官才有这样的权力。在大陆法系国家，尽管曾经一度否认过法官对法律的解释，但二战后德国最高法院复审制度的确立，最终使法官的司法解释权得到了巩固。而我国建立的司法解释体制是"二元一级"的完全不同于西方国家的司法解释体制，在此体制之下，司法解释被分为审判解释和检察解释，前者主要是指最高人民法院对审判工作中具体应用法律问题所作的解释，后者则指最高人民检察院对检察工作中具体应用法律问题所作的解释。因此，司法解释是人民法院在审判案件时可以引用作为裁判依据的规范文件，也是保障我国法律正确适用的重要手段，在我国解释体系中占据着十分重要的地位。

最高人民法院历来非常重视司法解释工作，早在1997年就制定发布了《最高人民法院关于司法解释工作的若干规定》，2007年3月制定了《最高人民法院关于司法解释工作的规定》，废止了以前的规定。依据该规定，司法解释立项、审核、协调等工作由最高人民法院研究室统一负责。人民法院在审判工作中具体应用法律的问题，由最高人民法院作出司法解释。最高人民法院发布的司法解释，具有法律效力。司法解释的形式分为"解释""规定”“批复”和“决定”四种。对在审判工作中如何具体应用某一法律或者对某一类案件、某一类问题如何应用法律制定的司法解释，采用“解释”的形式；根据立法精神对审判工作中需要制定的规范、意见等司法解释，采用“规定”的形式；对高级人民法院、解放军军事法院就审判工作中具体应用法律问题的请示制定的司法解释，采用“批复”的形式；修改或者废止司法解释，采用“决定”的形式。这些司法解释特别是前两类司法解释的主要目的不是解决某一个具体案件中的法律适用问题，而是通过系统地、全面地解释一类法律而为审判实践提供更多可供适用的规则，或者完全不是针对某一法律进行解释，而是创设对某一类案件的裁判所应当适用的规则，使各级法院尽可能做到有章可循，这就使我国司法解释具有十分突出的抽象性和一般性的特点。①

近年来，最高人民法院陆续发布的系列司法解释均通过传统媒体和新媒体发布征求意见稿，倾听民声，广泛纳谏，确保了司法解释保障人民法院严格执法、公正裁判、实现法律公平正义的价值功能。为了使司法实务界和广大普通读者正确理解和适用司法解释，努力让人民群众在每一个司法案件中感受到公平正义，由中国法制出版社策划，由丛书总主编组织编写了《民商事司法解释精释精解丛书》，该套丛书具有如下显著特点：

第一，体例独特。每本书原则上以某一（类别）司法解释为主线，全面阐述该司法解释的内容和实务中适用法律解决问题的依据及应当注意的问题。每一专题均分为五个部分：

核心提示——简明扼要，突出重点，重在阐释司法解释条文的主旨；

实务争点——归纳审判实践中的不同观点，总结理解适用司法解释解决审判实务的难题；

理解适用——以制定司法解释具体条款的目的为视角，站位于丰富的审判实践之上作精深解读，以便全面、正确理解适用司法解释；

案例指导——选取最高人民法院发布的公报案例、指导案例、典型案例及最高人民法院所裁判的案例等，突出案例指导的权威性；

① 王利明：《司法改革研究》（修订本），法律出版社2001年版，第253页。

规范指引——链接相关法律、法规、司法解释，确保适用法律的正确性。

第二，内容丰富。丛书包含了民商法主要的司法解释，对司法解释进行了全方位的解读，形成了一个完整的理论体系，易于读者准确理解和适用。丛书以单行法的司法解释为主，本次修订设置了合同法、担保法、婚姻法、公司法、商品房买卖合同、道路交通事故、建设工程施工合同共7个分册。

第三，案例权威。这套丛书案例的选取，原则上选用具有典型性、代表性、真实性的案例，均注明了来源，取其精华部分，避免了案例资料的大量堆砌。案例的权威性，为社会大众的遵法和人民法院的司法提供了很好的参考和参照价值。把抽象的规则和具体的案例结合起来学习民商法的方法就是"案例研习法"，即依据法律论断具体案件当事人间的权利和义务关系。为发现可适用于案例事实的法律，一方面须本诸案例事实去探寻法律规范，另一方面须将法律规范具体化于案例事实。① 正所谓，法律来源于现实生活，高于现实生活；案例则是法律适用的结果，是"看得见的法典，摸得着的规则"。

第四，解读权威。由于我国司法解释具有抽象性、规范性、普遍适用性的特点，因而常常与立法相类似。因此，即使在最高人民法院作出司法解释，对个案的审理提供了一定的指引之后，法官在裁判案件时也需要对较为抽象的司法解释进行再解释，以具体适用到个案之中。② 为了使广大读者全面正确理解适用司法解释，丛书由全国著名法学教授、博士生导师以及全国首批审判业务专家和诸多资深法官组成的作者团队，在借鉴最高人民法院对司法解释的理解与适用的基础上，广泛吸收民商法研究领域的最新成果，博采众长，并结合审判实践对司法解释进行解读，以期突出权威性和指导性。

美国大法官霍姆斯说过："法律的生命不在于逻辑，而在于经验。"党的十八届四中全会决定指出：公正是法治的生命线。司法公正对社会公正具有重要引领作用，司法不公对社会公正具有致命破坏作用。法律的权威源自人民的内心拥护和真诚信仰。人民权益要靠法律保障，法律权威要靠人民维护。

---

① 王泽鉴：《法律思维与民法实例》，中国政法大学出版社2001年版，作者自序。

② 王利明：《法律解释学导论——以民法为视角》，法律出版社2009年版，第190页。

本套丛书的作者既为法律之人，又为经验之人；既具有高深的理论水平和丰硕的研究成果，又具有丰富的司法实践经验。因此，该套丛书既具有很高的理论水平，又有很强的实用价值；既能为法学理论研究提供重要参考，又能为司法实践裁判提供参考依据。

首届全国审判业务专家　何志

2019 年 6 月

总目

CATALOGUE

目录
CONTENTS

院应当责令该出资人在指定的合理期间内采取补正措施，以符合上述条件；逾期未补正的，人民法院应当认定其未依法全面履行出资义务。股权出资不符合本条第一款第（四）项的规定，公司、其他股东或者公司债权人请求认定出资人未履行出资义务的，人民法院应当按照本规定第九条的规定处理。

【核心提示】公司成立后，公司、股东或者公司债权人以相关股东的行为符合下列情形之一且损害公司权益为由，请求认定该股东抽逃出资的，人民法院应予支持：（一）制作虚假财务会计报表虚增利润进行分配；（二）通过虚构债权债务关系将其出资转出；（三）利用关联交易将出资转出；（四）其他未经法定程序将出资抽回的行为。

【核心提示】股东未履行或者未全面履行出资义务，公司或者其他股东请求其向公司依法全面履行出资义务的，人民法院应予支持。公司债权人请求未履行或者未全面履行出资义务的股东在未出资本息范围内对公司债务不能清偿的部分承担补充赔偿责任的，人民法院应予支持；未履行或者未全面履行出资义务的股东已经承担上述责任，其他债权人提出相同请求的，人民法院不予支持。

【核心提示】股东抽逃出资，公司或者其他股东请求其向公司返还出资本息、协助抽逃出资的其他股东、董事、高级管理人员或者实际控制人对此承担连带责任的，人民法院应予支持。公司债权人请求抽逃出资的股东在抽逃出资本息范围内对公司债务不能清偿的部分承担补充赔偿责任、协助抽逃出资的其他股东、董事、高级管理人员或者实际控制人对此承担连带责任的，人民法院应予支持；抽逃出资的股东已经承担上述责任，其他债权人提出相同请求的，人民法院不予支持。

【核心提示】股东未履行或者未全面履行出资义务或者抽逃出资，公司

议的，但依据《公司法》第三十七条第二款或者公司章程规定可以不召开股东会或者股东大会而直接作出决定，并由全体股东在决定文件上签名、盖章的除外；（二）会议未对决议事项进行表决的；（三）出席会议的人数或者股东所持表决权不符合公司法或者公司章程规定的；（四）会议的表决结果未达到公司法或者公司章程规定的通过比例的；（五）导致决议不成立的其他情形。

【核心提示】股东会或者股东大会、董事会决议被人民法院判决确认无效或者撤销的，公司依据该决议与善意相对人形成的民事法律关系不受影响。

【核心提示】股东依据《公司法》第三十三条、第九十七条或者公司章程的规定，起诉请求查阅或者复制公司特定文件材料的，人民法院应当依法予以受理。公司有证据证明前款规定的原告在起诉时不具有公司股东资格的，人民法院应当驳回起诉，但原告有初步证据证明在持股期间其合法权益受到损害，请求依法查阅或者复制其持股期间的公司特定文件材料的除外。

【核心提示】有限责任公司有证据证明股东存在下列情形之一的，人民法院应当认定股东有《公司法》第三十三条第二款规定的“不正当目的”：（一）股东自营或者为他人经营与公司主营业务有实质性竞争关系业务的，但公司章程另有规定或者全体股东另有约定的除外；（二）股东为了向他人通报有关信息查阅公司会计账簿，可能损害公司合法利益的；（三）股东在向公司提出查阅请求之日前的三年内，曾通过查阅公司会计账簿，向他人通报有关信息损害公司合法利益的；（四）股东有不正当目的的其他情形。

【核心提示】公司章程、股东之间的协议等实质性剥夺股东依据《公司

第一部分

新旧公司法的衔接

我国现行《公司法》颁布于1993年，其间经过了1999年和2004年两次小的修改，2005年《公司法》增加了许多新的公司纠纷诉讼类型，使得《公司法》中确立的规则的可诉性大大提高，由于公司行为和案件审判的持续性特点，大量公司纠纷案件的审理必然带来新旧法衔接问题。为了更好地解决公司法因为修改引起的新旧法律适用问题，2006年3月27日由最高人民法院审判委员会第1382次会议通过了《最高人民法院关于适用〈中华人民共和国公司法〉若干问题的规定（一）》（2014年修正）[①]（以下简称《公司法解释（一）》）。该解释用了三个条文就新旧《公司法》衔接的相关内容进行了规定：一是明确公司法不具有溯及既往

① 《公司法解释（一）》及后来的《公司法解释（二）》《公司法解释（三）》于2014年2月17日由最高人民法院审判委员会第1607次会议进行了修改。

的效力。《公司法》实施后，人民法院尚未审结的和新受理的民事案件，其民事行为或事件发生在公司法实施以前的，适用当时的法律法规和司法解释。二是《公司法》实施前因有关民事行为或者事件发生纠纷起诉到人民法院的，如当时的法律法规和司法解释没有明确规定时，可参照适用《公司法》的有关规定。三是对《公司法》实施前人民法院已经终审的案件依法进行再审时，适用当时的法律法规和司法解释，不适用修订后的《公司法》的规定。另外，对“决议撤销之诉”“异议股东请求公司收购股权之诉”和“股东代表诉讼”的期间和受理条件等进行了明确规定，以便司法实践中对这些诉讼的理解和掌握。2013 年,《公司法》又作了较大修改，对公司资本制度作了根本性变革。《公司法解释（一）》同样适用于2013 年《公司法》与其前《公司法》之间的衔接问题。

专题一：新《公司法》原则上不具有溯及力

【核心提示】公司法实施后，人民法院尚未审结的和新受理的民事案件，其民事行为或事件发生在公司法实施以前的，适用当时的法律法规和司法解释。2005 年《公司法》和 2013 年《公司法》实施前的公司纠纷，原则上均以原《公司法》和相应司法解释为依据而适用。

实务争点

新法颁布和实施，常常会引起新、旧法在适用上的衔接问题。根据《立法法》第八十四条的规定，法律、行政法规、地方性法规、自治条例和单行条例、规章没有溯及既往的效力。那么，对于 2005 年《公司法》和 2013 年《公司法》来说也就不应当具有溯及力，这关系到法的确定性问题。但是，有两个问题会产生争议，一是持续性行为，它可能始于旧法有效期内但因持续而到新法生效后。这时，是适用旧法，还是新法，抑或部分旧法，部分新法？二是对于作为私法的公司法而言，其涉及大量的任意性规范。特别是新《公司法》直接或间接取消了原《公司法》中的许多强制性规定，或将其变为任意性规范。如果因此产生纠纷，这些行为是应当适用原《公司法》中的强制性规定，还是适用新《公司法》规定？对此，《公司法解释（一）》第一条明确规定："公司法实施后，人民法院尚未审结的和新受理的民事案件，其民事行为或事件发生在公司法实施以前的，适用当时的法律法规和司法解释。"

理解适用

对《公司法解释（一）》第一条规定的理解适用

法律的溯及力，是指法律颁布后对其生效前行为和事件能否适用的问题。为维护社会的稳定，一般情况下，新法是没有溯及力的。换言之，法律是不调整过去的行为的。新法不溯及既往，是现代各国立法的基本原则。

（一）新法原则上不具有溯及力

1993年《公司法》颁布实施后，其间也经过了1999年和2004年两次修改，但这两次修改涉及的法条很少。2005年和2013年的修改则规模较大且很多修改涉及实质性问题。因此，如何衔接新修改的法律规定与原法律规定，就需要司法作出恰当的判断。

基于此，2006年3月27日由最高人民法院审判委员会第1382次会议通过的《公司法解释（一）》第一条明确规定："公司法实施后，人民法院尚未审结的和新受理的民事案件，其民事行为或事件发生在公司法实施以前的，适用当时的法律法规和司法解释。"具体来说，该条包括三个适用条件：第一，引起诉讼的法律事实必须是发生在2005年《公司法》实施前，否则应当直接适用2005年《公司法》相关规定；第二，2005年《公司法》实施前发生的事件和行为引起的诉讼须在2005年《公司法》实施后提起，或者尽管是在2005年《公司法》实施前提起但尚未审结完毕；第三，案件适用的法律规范在2005年《公司法》和原《公司法》中均有规定。换言之，如果案件涉及的法律规范在2005年《公司法》中有规定，而在原《公司法》中没有规定，即使该案件由2005年《公司法》实施前的法律事实引起，并在2005年《公司法》实施后尚未审结或由法院新受理，也不属于本条规范，而应当适用《公司法解释（一）》第二条的规定。

对于其中所谓的"民事行为或事件"，它既包括行为，也包括事件，后者如股东死亡或解散破产、董事长不能履行职务，都会引起诸如"股东变动""公司决策"等方面的争议，从而引起新旧公司法之间的适用问题。同时需要注意的是，引起公司诉讼的行为是不包括行为的结果或状态的，比如股东会决议只是公司或股东行为的结果，而不属于公司当事人的行为，也不属于法律意义上所说的事件，所以，2005 年《公司法》实施后，如果公司原有的章程或尚未执行完毕的股东会决议与新法规定有冲突，就应当根据新《公司法》的规定予以修改；如果公司不予修改的，则以新《公司法》规定为准。例如，如果公司原来的章程规定关联股东可以行使表决权，董事长有一票以上表决权，或者规定股份公司增加、减少注册资本等重大事项只需要出席会议的股东所持表决权半数通过即可，或者规定任何人不得对股东大会决议提出异议等，这些都应在 2005 年《公司法》实施后进行修改，如果公司没有修改的，则以 2005 年《公司法》为准。另外，实践中还要注意区分一时性行为与持续性行为。前者不具有持续性，是即时发生的，因而其开始和结束不存在持续到新法实施后的问题。后者则是持续性的，其可能始于旧法有效期内但因持续而到新法生效后，对于这种行为，主流观点认为，应全部适用新法，而不存在部分适用旧法，部分适用新法的问题，如公司的变动、股权的转让等行为。对此，最高人民法院也是认可主流观点的。

（二）例外

法律不溯及既往是法律的基本原则之一，但如果适用新法能够更好地"保护公民、法人和其他组织的权利和利益"（《立法法》第八十四条）的，则可以例外。

公司法属于私法，法不溯及既往的例外主要体现在两个方面：

1. 尊重当事人意思自治原则

当事人意思自治是私法的基本原则与精神。如果当事人对某些事项有约定，即使该约定不符合旧法的规定，但只要该约定内容不违反新法相应的强制性规定，则以当事人的约定为先，从而充分体现私法自治。一般情况下，公司法律关系中当事人的意思自治主要体现在公司章程、股东会或股东大会决议中，如果公司章程或股东会、股东大会决议对公司内部管理和经营事项已经作出安排的，即使其内容不符合当时的法律法规或者司法解释规定，但符合 2005 年《公司法》规定，则认为其约定有效。

2. 对民事行为旧法认定无效，新法认定有效的，应当适用新法认定该民事行为有效

民事行为的效力是一个社会价值的判断，体现了国家的司法干预。随着社会经济的变化，国家会放松国家干预，而从有利于行为人和社会发展的角度做出原来法律认定无效而新法认定有效的价值判断。

对于公司法而言，同样如此。如关于公司对外投资和担保的规定，旧《公司法》有相应限制，但新《公司法》则放松了相应限制，这时应当适用新法有关规定。

另外，公司法既是实体法，也是程序法。程序规范是为实体规范服务的，而新程序法规范常常在立法原则和理念上更先进，更有利于保护当事人的实体权益并有利于案件的处理。同时，当事人启动和进行诉讼程序的各种行为都发生在新法生效后，而并非如引起实体权益争议的法律事实一样发生在新法生效前，所以诉讼程序问题应当适用新法，并且该适用并不违反法不溯及既往原则。具体到公司法中，公司股东（大）会、董事会决议的无效、可撤销之诉的诉讼费用担保、强制清算程序的启动和法院对清算报告的确认即应当适用 2005 年《公司法》的相关规定。①

但需要注意的是，如果某个公司纠纷已经审结完毕，出现再审情形时，是不能适用新公司法的，而只能按照旧法处理。因为，已经审结的案子，其法律效力的发生的审理都是按照原来的法律进行的，裁定的法律关系符合当时的法律规定。如果以新法律判断已经发生效力的法律关系如何将不具有统一的标准性，会导致司法实践可以不断地以新法规定为由推翻生效裁判的荒唐结果。所以，《公司法解释（一）》第五条规定："人民法院对公司法实施前已经终审的案件依法进行再审时，不适用公司法的规定。"

2013 年，我国对 2005 年《公司法》又作了重大修改，实行完全认缴资本制度，取消了最低资本金制度。以上原理与规定同样适用于 2013 年《公司法》与其之前《公司法》规定之间的关系。

---

① 最高人民法院民事审判第二庭编著：《最高人民法院关于公司法司法解释（一）、（二）理解与适用》，人民法院出版社 2008 年版，第 24~25 页。

案例指导

广安市思源矿业集团有限公司与甘肃华亭煤电股份有限公司股权确认纠纷案[①]

思源公司为解决确认其股东身份等问题，向甘肃省高级人民法院提起诉讼。

原审法院经审理认为：本案中华亭公司注册成立后，思源公司在收到经华亭公司股东大会批准其投资入股，由该公司董事会发来的复函后，于2004年2月24日与华亭公司签订了《增资扩股协议书》，该协议内容系双方当事人真实意思表示，已依法成立。但双方当事人签订的《增资扩股协议书》、华亭公司2003年度股东大会决议批准的《关于华亭公司增资扩股情况的说明》及华亭公司召开的2004年临时股东大会表决通过的《华亭公司增资扩股方案》中均在增资扩股认购程序里明确增资扩股方案报甘肃省政府批准。同时双方当事人关于增资扩股的民事行为和事件均发生在2006年1月1日施行的《公司法》之前，依据《公司法解释（一）》第一条中关于“公司法实施后，人民法院尚未审结的和新受理的民事案件，其民事行为或事件发生在公司法实施以前的，适用当时的法律法规和司法解释”的规定，本案涉及的增资扩股事宜应适用1994年7月1日施行的《公司法》的规定。为此，依照该《公司法》第一百八十七条第二款“股份有限公司为增加注册资本发行新股时，股东认购新股应当按照本法设立股份有限公司缴纳股款的有关规定执行”，第一百三十九条“股东大会作出发行新股的决议后，董事会必须向国务院授权的部门或者省级人民政府申请批准”的规定，增资扩股应当经过审批。同时依据《合同法》第四十四条中“依法成立的合同，自成立时生效。法律、行政法规规定应当办理批准、登记等手续生效的，依照其规定”《最高人民法院关于适用〈中华人民共

---

① 案例来源：最高人民法院民事判决书（2007）民二终字第246号，载最高人民法院民事审判第二庭编：《最高人民法院商事审判指导案例——公司卷》，中国法制出版社2011年版，第50~58页。

和国合同法〉若干问题的解释（一）》第九条“依照合同法第四十四条第二款的规定，法律、行政法规规定合同应当办理批准手续，或者办理批准、登记等手续才生效，在一审法庭辩论终结前当事人仍未办理批准手续的，或者仍未办理批准、登记等手续的，人民法院应当认定该合同未生效”的规定，由于《增资扩股协议书》及相关增资扩股方案尚未办理审批手续，因此尚不具有法律效力。虽然2006年1月1日施行的《公司法》删除了增资扩股需经过审批的规定，但亦应以该时间段确认思源公司的持股数额及比例，故本案思源公司要求以华亭公司2004年临时股东大会表决通过的其持股数额及比例确认其股东身份及地位没有法律依据，该院不予支持。

思源公司不服，上诉至最高人民法院。

最高人民法院认为，思源公司与华亭公司签订《增资扩股协议书》以及思源公司向华亭公司交付5000万元出资的行为虽发生于2006年修订后《公司法》实施之前，按照修订前《公司法》第一百三十九条“股东大会作出发行新股的决议后，董事会必须向国务院授权的部门或者省级人民政府申请批准”的规定，但是华亭公司自与思源公司签订《增资扩股协议书》后直至2006年《公司法》实施，其增资扩股行为尚未完成。因修订后的2006年《公司法》已经删除了有关股份公司发行新股审批程序的规定，故本案《增资扩股协议书》虽然签订于2006年《公司法》实施之前，但由于协议书约定的增资扩股行为至今尚未完成，华亭公司办理增资扩股时应可适用2006年《公司法》径行到工商行政管理部门办理注册资本的变更手续，不需要按照修订前《公司法》之规定履行审批程序。原审判决认定本案应适用1994年7月1日起施行的《公司法》，系对《公司法解释（一）》理解不当，本院依法予以纠正。华亭公司答辩称该公司增资扩股需报请相关行政机关审批，法律依据不足，本院不予采纳。因华亭公司已与思源公司签订了《增资扩股协议书》，华亭公司股东大会已批准接收思源公司为该公司的股东并已确认思源公司在该公司的持股比例为10.95%，且华亭公司已委托甘肃金升会计师事务所有限责任公司进行了验资，故华亭公司已经具备《公司登记管理条例》第三十一条规定的股份有限公司增资扩股条件，根据2006年的《公司法》第一百二十九条、第一百三十一条和第一百八十条之规定，华亭公司应依据股东大会决议、《增资扩股协议书》、验资报告等文件确定的内容向工商行政管理局提出变更注册资本申请，并办理相应的变更登记手续，同时向思源公司交付符合2006年《公司法》第一百二十九条规定的股票，并将思源公司记载于华亭公司股东名册。思源公司关于请求确认其股东地位及持股份额，以及请求华亭公司换发股票、变更公司股东名册和公司在工商行政管理机关注册登记的诉请符合《公司法》的规定，本院予以支持。综上，原审判决查明案件事实清楚，但适用法律错误，应予以纠正。

规范指引

《中华人民共和国立法法》

第八十四条 法律、行政法规、地方性法规、自治条例和单行条例、规章不溯及既往，但为了更好地保护公民、法人和其他组织的权利和利益而作的特别规定除外。

《最高人民法院关于适用〈中华人民共和国公司法〉若干问题的规定(一)》

第一条 公司法实施后，人民法院尚未审结的和新受理的民事案件，其民事行为或事件发生在公司法实施以前的，适用当时的法律法规和司法解释。

第五条 人民法院对公司法实施前已经终审的案件依法进行再审时，不适用公司法的规定。

专题二：关于参照适用《公司法》的规定

【核心提示】按照法不溯及既往原则，新《公司法》实施之前的民事行为和事件是不适用新法的，而应当适用当时的法律规定和司法解释。但如果当时的法律法规和司法解释没有规定时，则应参照适用新《公司法》。

实务争点

法不溯及既往，是现代立法的基本原则，其目的是保障法的安定性。但是，如果旧法没有规定，新法有相应规定，则能否适用新法？对此，我国《立法法》并没有明确规定。如果严格按照法不溯及既往原则，旧法没有规定，是否可以按照旧法所体现的法理或精神加以审理，从而体现法的原来性？如果按照新法，在一定意义上突破了法不溯及既往精神，从而是否违背了法律？对此，《公司法解释（一）》第二条明确规定："因公司法实施前有关民事行为或者事件发生纠纷起诉到人民法院的，如当时的法律法规和司法解释没有明确规定时，可参照适用公司法的有关规定。"

理解适用

对《公司法解释（一）》第二条规定的理解适用

无疑，法不溯及既往是为了保障法的安定性，维护既有秩序的稳定。但是，如果新法更加有利于社会经济秩序，体现当事人的利益时，则显然可以考虑适用新法。一般情况下，新法的颁布，往往是因为旧法相应规定不能适应社会的新发展与新需求，而新法的规定则往往更加有利于新的社会经济秩序。因此，如果旧法没有规定，而新法有规定时，则可以考虑适用新规定。

《公司法解释（一）》第二条明确规定："因公司法实施前有关民事行为或者事件发生纠纷起诉到人民法院的，如当时的法律法规和司法解释没有明确规定时，可参照适用公司法的有关规定。"根据该规定，"参照"适用公司法需要具备以下条件：（1）有关公司的民事行为或者事件发生在新《公司法》实施之前；（2）该有关民事行为或者事件起诉时，新《公司法》尚未实施，但是在诉讼过程中，新《公司法》开始实施，或者新《公司法》实施之后，该有关民事行为或者事件起诉到人民法院；（3）当时的法律法规和司法解释对该有关民事行为或者事件没有明确的法律规范可以适用。也就是说，如果当时的法律法规和司法解释对有关民事行为或者事件有明确规定时，适用当时的法律法规和司法解释；如果没有明确规定时，则可参照适用新《公司法》

的有关规定。

《最高人民法院关于对云南省高级人民法院〈关于股份转让合同的履行期限跨越新旧公司法如何适用法律的请示〉答复》（〔2007〕民二他字第3号）指出：修订前的《公司法》第十二条规定了公司对外投资“所累计投资额不得超过本公司净资产的百分之五十”，但对公司超过该限额的对外投资行为是否有效的问题，该法并没有作出明确规定。2006年1月1日起实施的修订后的《公司法》从维护公司权益及其独立人格的角度出发，取消了上述限制。因此，依据《公司法解释（一）》第二条的规定，本案不应以修订前的《公司法》第十二条规定否定《股权转让协议》的效力。[①]

需要注意的是，这里的用语是“参照”而非“按照”。“参照”意味着不能完全“按照”新法，而常常是基于案件的实际情况需要，且没有增加当事人更多负担的情况下而“参照适用”。也就是说，如果不需要“参照”新法的规定就可以解决有关问题，则不应“参照适用”新法；如果“参照适用”新法增加了当事人的义务与责任而不利于纠纷的解决，则也不能“参照适用”。“参照适用”只是提供了一个适用的参考，而非法定的标准。

案例指导

东风汽车贸易公司、内蒙古汽车修造厂与内蒙古环成汽车技术有限公司、内蒙古物资集团有限责任公司、赫连佳新、梁秋玲及第三人内蒙古东风汽车销售技术服务联合公司侵权纠纷案[②]

申请再审人内蒙古环成汽车技术有限公司（以下简称环成公司）因与被申请人东风汽车贸易公司（以下简称汽贸公司）、内蒙古汽车修造厂（以下

① 宋晓明主编、最高人民法院民事审判第二庭编：《最高人民法院商事审判裁判规范与案例指导》（第1卷），法律出版社2010年版，第350~351页。

② 案例来源：最高人民法院民事裁定书（2008）民申字第461号，载《最高人民法院公报》2009年第2期。

简称汽修厂)、内蒙古物资集团有限责任公司、内蒙古东风汽车销售技术服务联合公司(以下简称联合公司)及二审被上诉人赫连佳新、梁秋玲侵权纠纷一案,不服最高人民法院(2007)民一终字第49号民事判决,向最高人民法院申请再审。

环成公司申请再审称:原判决存在《民事诉讼法》第一百七十九条第一款第(二)项和第(六)项规定的情形,本案应当再审。并特别提出,原判决根据公司法有关股东代表诉讼的规定,赋予汽贸公司、汽修厂直接参与诉讼的权利属于适用法律错误,本案应适用"全民所有制企业法"。被申请人汽贸公司、汽修厂等各方均未提交书面意见。

针对环成公司提出的所谓适用法律错误,最高人民法院经过审理认为,联合公司由三方共同出资设立,设有董事会,实行董事会领导下的经理负责制,其在企业形态上基本符合公司法规定的有限责任公司的特征,应受公司法调整。申请再审人环成公司主张应当适用的"全民所有制企业法"并不存在,即使其所指为"全民所有制工业企业法",该法也不能适用于本案联合公司。公司法在2005年修订时,规定了关于股东代表诉讼的制度。另据《公司法解释(一)》第二条规定:"因公司法实施前有关民事行为或者事件发生纠纷起诉到人民法院的,如当时的法律法规和司法解释没有明确规定时,可参照适用公司法的有关规定。"因此,在以往的法律没有对本案争议情形作出明确规定的情况下,原审参照适用修订后的公司法有关股东代表诉讼的规定。认定作为联合公司出资人的汽贸公司、汽修厂享有诉权是正确的。因此环成公司提出的再审事由不成立,本案不应再审。

规范指引

《最高人民法院关于适用〈中华人民共和国公司法〉若干问题的规定(一)》

第二条 因公司法实施前有关民事行为或者事件发生纠纷起诉到人民法院的,如当时的法律法规和司法解释没有明确规定时,可参照适用公司法的有关规定。

专题三：提起决议撤销之诉与请求公司收购股权之诉超过法定期限的处理

【核心提示】原告以《公司法》第二十二条第二款、第七十四条第二款规定事由，向人民法院提起诉讼时，超过公司法规定期限的，人民法院不予受理。

实务争点

《公司法》第二十二条第二款是关于股东可以对于股东会或董事会决议提起撤销之诉的规定，第七十四条第二款是关于股东可以提起要求公司收购股权之诉的规定。这两种诉，都是公司法中具有特殊性的诉。那么，如何理解这两种诉的性质，特别是如果当事人超过法定的期限如何处理，需要司法实践进一步明确。因此，《公司法解释（一）》第三条规定："原告以公司法第二十二条第二款、第七十四条第二款规定事由，向人民法院提起诉讼时，超过公司法规定期限的，人民法院不予受理。"

理解适用

对《公司法解释（一）》第三条规定的理解适用

《公司法》第二十二条规定："公司股东会或者股东大会、董事会的决议内容违反法律、行政法规的无效。股东会或者股东大会、董事会的会议召集程序、表决方式违反法律、行政法规或者公司章程，或者决议内容违反公司章程的，股东可以自决议作出之日起六十日内，请求人民法院撤销。股东依照前款规定提起诉讼的，人民法院可以应公司的请求，要求股东提供相应担保。公司根据股东会或者股东大会、董事会决议已办理变更登记的，人民法院宣告该决议无效或者撤销该决议后，公司应当向公司登记机关申请撤销变更登记。”第七十四条规定：“有下列情形之一的，对股东会该项决议投反对票的股东可以请求公司按照合理的价格收购其股权：（一）公司连续五年不向股东分配利润，而公司该五年连续盈利，并且符合本法规定的分配利润条件的；（二）公司合并、分立、转让主要财产的；（三）公司章程规定的营业期限届满或者章程规定的其他解散事由出现，股东会会议通过决议修改章程使公司存续的。”“自股东会会议决议通过之日起六十日内，股东与公司不能达成股权收购协议的，股东可以自股东会会议决议通过之日起九十日内向人民法院提起诉讼。”

在以上两条规定中，涉及自决议作出之日起 60 日内或通过之日起 90 日内向人民法院提起诉讼的规定。根据这两条的规定，股东如果对于股东会或董事会决议有不同意见，可以在自决议作出或通过之日起 60 日内提起撤销之诉或 90 日内提起要求收购股权之诉。

对该两条期限的规定性质，理论和实践中曾有不同争议。一种意见认为，该期限规定为诉讼时效规定，股东如果没有在法律规定的时间内提起相应诉讼则失去胜诉权。另一种意见认为，该期限规定并非诉讼时效，而是商法上的特殊的起诉期限规定。

如果作为诉讼时效，当事人是可以进入诉讼程序的，只不过因其超过诉讼时效而失去胜诉权。但从这两条规定上可以看出，它们是规定股东必须在法定的 60 日或 90 日内起诉，亦即，如果不能在该法定期间内起诉，则就不能再起诉了。也就是说，《公司法》第二十二条第二款和第七十四条第二款规定的期限并非诉讼时效，而是一种特殊的关于起诉的时间要求。正是基于此理解，《公司法解释（一）》第三条规定：“原告以公司法第二十二条第二款、第七十四条第二款规定事由，向人民法院提起诉讼时，超过公司法规定期限的，人民法院不予受理。”该条中的“不予受理”意味着股东如果没有在法定的时间内向人民法院起诉，就失去了通过诉讼途径请求保护的权利。此时股东消灭的是诉权，其不能因此进入诉讼程序。

因为该期限规定并非诉讼时效，消灭的是股东的诉权，所以其不是胜诉权的消灭，也不是当事人实体权利的消灭。

无论是诉讼时效，还是除斥期间，抑或特殊的起诉期限，都会涉及这些期限如何计算的问题。

在民法上，期间的计算直接关系到当事人的权利行使，而不单纯是一种所谓技术上的安排。所以，民法上关于期间的计算原则是有利于当事人原则，具体体现在：（1）期间如果是以时、日计算的，期间开始的时和日是不计算在期间内的；（2）期间如果是以日计算的，则开始的日不计算在内，应从第二日开始计算；（3）期间如果是以月和年为计算单位的，期间届满的日期，则自开始的日起顺延；（4）期间届满的最后一日如果是节假日的，则以节假日后的第一日为期间届满的日期。

但对于《公司法》第二十二条第二款和第七十四条第二款规定的“自作出之日起六十日”和“自通过之日起九十日”规定的期间计算，则是从“当日”起算，且不存在因节假日顺延问题。之所以如此，这是和公司法规范的性质有关。作为规范公司设立、机构设置及基本运营要求的公司法，其更多是一种技术性规定，即关于公司设立、机构组成及清算的技术性要求。通过公司法的技术性规定和要求，达到理顺公司相关主体之间法律关系的目的，实现公司是作为投资人的投资工具而非其他的目标。

所以，《公司法》明确规定“决议作出之日”为决议撤销之诉60日期限的开始；“决议通过之日”为请求公司收购股权之诉90日期限的开始。《公司法》将决议生效这一客观事实作为法定期限的起算日期，而并不对股东知道与否与应当知道与否的主观状态进行考量，不仅使当事人更容易计算相应日期，也方便法院作出接受起诉或不予以受理的选择。①

当然，如果董事会或股东会是通过通信方式表决通过，该决议以最后一名董事或股东签字日期为决议作出或通过之日。

---

① 最高人民法院民事审判第二庭编著：《最高人民法院关于公司法司法解释（一）、（二）理解与适用》，人民法院出版社2008年版，第46页。

案例指导

上诉人何建厅与被上诉人浙江搏胜铝塑工业有限公司公司决议撤销纠纷案[①]

原审法院审理查明：浙江盛元能源有限公司、徐京、何建厅系浙江搏胜铝塑工业有限公司（以下简称搏胜公司）的股东。2013年8月27日，何建厅作为申请人，申请原审法院依法指定人员组成清算组对搏胜公司进行清算。2013年10月11日，原审法院依法受理何建厅申请公司清算一案。被申请人搏胜公司向原审法院提交异议书、临时股东会决议等证据材料。2013年10月24日，原审法院向申请人何建厅的委托代理人厉海波送达异议书、临时股东会决议副本、听证传票等材料。2013年11月1日，原审法院对申请公司清算案进行了听证。搏胜公司在异议书中请求法院驳回何建厅要求对搏胜公司启动强制清算程序的申请，并称2013年8月12日，绍兴市中级人民法院对搏胜公司的行政诉讼作出终审判决，当日搏胜公司即通知公司全体股东在2013年8月27日下午2点就清算组成立事宜，在公司召开临时股东会议。搏胜公司在异议书中又称，2013年8月27日召开的临时股东会会议，形成临时股东会决议，何建厅拒绝在该决议上签字。临时股东会决议载明："2013年8月27日下午2点整，因本公司经营期限到期，需要进行清算，就清算组组成事宜，全体股东在公司召开了临时股东会议，经股东会80%股东表决通过，形成如下决议：1.本公司成立清算组进行清算；2.清算组成员由股东浙江盛元能源有限公司、股东徐京组成，清算组负责人由徐京担任……"股东签字栏内有浙江盛元能源有限公司盖章及徐京签字。

原审法院审理认为，《公司法》第二十二条第二款规定："股东会或者股东大会、董事会的会议召集程序、表决方式违反法律、行政法规或者公司章程，或者决议内容违反公司章程的，股东可以自决议作出之日起六十日

---

① 案例来源：浙江省绍兴市中级人民法院民事裁定书（2014）浙绍商终字第544号，载中国裁判文书网，http：//www.court.gov.cn/zgcpwsw/zj/zjsxszjrmfy/ms/201407/t20140725_2214230.htm。

内，请求人民法院撤销。”故该案讼争临时股东会决议是否应予撤销，在于审查股东会会议的召集程序和表决方式是否违反法律、行政法规及搏胜公司章程，决议内容是否违反公司章程，以及何建厅起诉是否超过法律规定的期限。《公司法解释（一）》第三条规定：“原告以公司法第二十二条第二款、第七十四条第二款规定事由，向人民法院提起诉讼时，超过公司法规定期限的，人民法院不予受理。”故《公司法》已明确将决议作出之日作为该项法定期限的起算日，而并不将股东知道或应当知道决议内容之日作为起算日。据此，对股东会决议行使撤销权的起算点为决议作出之日，且六十日的期间为不变期间，不适用诉讼时效中的中止、中断或延长制度。该案临时股东会决议的内容载明会议召开及决议作出的时间为2013年8月27日，原告亦未提供证据证明临时股东会决议形成于其他时间，故该院认定临时股东会决议于2013年8月27日作出。而原告提起本案公司决议撤销之诉的时间为2013年12月5日，已超过法律规定的六十日期间，应不予受理。基于此，不必再讨论搏胜公司股东会会议的召集程序、表决方式是否违反法律、法规或者公司章程，决议内容是否违反公司章程。

二审经审查认为，临时股东会决议载明的日期为2013年8月27日，而上诉人何建厅于2013年12月5日起诉要求撤销2013年8月27日临时股东会决议，超过了《公司法》第二十二条第二款规定的“自决议作出之日起六十日内”的期限。上诉人主张该期间从知道或者应当知道决议作出之日起算没有相应的法律依据，其也未能举证证明临时股东会决议形成于2013年8月27日之后。

综上，上诉人的上诉理由不能成立。

规范指引

《中华人民共和国公司法》

第二十二条 公司股东会或者股东大会、董事会的决议内容违反法律、行政法规的无效。

股东会或者股东大会、董事会的会议召集程序、表决方式违反法律、行政法规或者公司章程，或者决议内容违反公司章程的，股东可以自决议作出之日起六十日内，请求人民法院撤销。

股东依照前款规定提起诉讼的，人民法院可以应公司的请求，要求股东提供相应担保。

公司根据股东会或者股东大会、董事会决议已办理变更登记的，人民法院宣告该决议无效或者撤销该决议后，公司应当向公司登记机关申请撤销变更登记。

第七十四条 有下列情形之一的，对股东会该项决议投反对票的股东可以请求公司按照合理的价格收购其股权：

（一）公司连续五年不向股东分配利润，而公司该五年连续盈利，并且符合本法规定的分配利润条件的；

（二）公司合并、分立、转让主要财产的；

（三）公司章程规定的营业期限届满或者章程规定的其他解散事由出现，股东会会议通过决议修改章程使公司存续的。

自股东会会议决议通过之日起六十日内，股东与公司不能达成股权收购协议的，股东可以自股东会会议决议通过之日起九十日内向人民法院提起诉讼。

《最高人民法院关于适用〈中华人民共和国公司法〉若干问题的规定（一）》

第三条 原告以公司法第二十二条第二款、第七十四条第二款规定事由，向人民法院提起诉讼时，超过公司法规定期限的，人民法院不予受理。

专题四：股东提起代表诉讼的条件

【核心提示】《公司法》第一百五十一条规定的一百八十日以上连续持股期间，应为股东向人民法院提起诉讼时，已期满的持股时间；规定的合计持有公司百分之一以上股份，是指两个以上股东持股份额的合计。

实务争点

《公司法》第一百五十一条规定了股东如果提起代表诉讼需要具备的条件，其中特别要求股份有限公司股东必须连续一百八十日以上单独或者合计持有公司百分之一以上股份方可提起诉讼。实践中，对于理解该“连续一百八十日”及所谓“合计持有”产生了不同意见。对此,《公司法解释(一)》第四条规定:“公司法第一百五十一条规定的180日以上连续持股期间，应为股东向人民法院提起诉讼时，已期满的持股时间；规定的合计持有公司百分之一以上股份，是指两个以上股东持股份额的合计。”

理解适用

对《公司法解释（一）》第四条规定的理解适用

《公司法》第一百五十一条第一款规定：“董事、高级管理人员有本法第一百四十九条规定的情形的，有限责任公司的股东、股份有限公司连续一百八十日以上单独或者合计持有公司百分之一以上股份的股东，可以书面请求监事会或者不设监事会的有限责任公司的监事向人民法院提起诉讼；监事有本法第一百四十九条规定的情形的，前述股东可以书面请求董事会或者不设董事会的有限责任公司的执行董事向人民法院提起诉讼。”该条赋予了股东可以提起代表诉讼的权利，但也同时规定了股东提起代表诉讼的条件，以防止股东滥用该制度。

在关于股东代表诉讼的条件中，其中重要的一个条件是要求提起诉讼的股东必须是“有限责任公司的股东、股份有限公司连续一百八十日以上单独或者合计持有公司百分之一以上股份的股东”，即对于有限责任公司而言，鉴于其人合性，任何股东均可提起；但对于股份有限公司来说，特别是那些上市的股份有限公司，其人数众多，且各个股东持有公司的股份数多少差异很大，有的股东可能仅持有某个上市公司1股。在这种情况下，如果允许仅持有1股的股东提起代表诉讼，其代表性是值得怀疑的。而且，即使某个股东持有某个上市公司的股份较多，如达到1%甚至更多，如果其持有股份仅是为了短期内进行投机，低买高卖，完全不关心公司自身的发展，则其持有即使较多的股份也不具有代表的意义。因此，有必要明确股份有限公司的股东必须是持有较多股份且持有时间较长，只有这样的股东才可能在一定程度上关心公司并因此代表公司。

同时，在实践中，大量股东持有公司的股份很少，而持有公司股份较多的股东常常是公司的控制股东或与控制股东有这样那样的关联，或者即使他们之间没有关联，持有公司较多股份的股东也可能并不关心公司的整体利益。这时，如果仅允许某单个持有股份较多的股东具有提起代表诉讼的资格，显然达不到法律设计代表诉讼制度的目的——保护中小股东的合法权益免受公司董事和控制股东的侵害。因此，就需要在强调股东持有股份数较多的情况下才可以提起代表诉讼的股东可以是合计持有，而非单独持有。通过这样的制度设计，就扩大了提起代表诉讼原告的范围，从而使得代表诉讼制度真正起到应有的作用。所以，我国公司法规定可以是合计持有达到1%的股东通过联合提起代表诉讼。

在“股份有限公司连续一百八十日以上单独或者合计持有公司百分之一以上股份的股东”的规定中，有两个技术性问题需要解决：一是如何理解“连续一百八十日以上”，该“以上”包括不包括达到“连续一百八十日”时的那一天。换言之，假如某个股东连续持有股份正好满180天，则其能否提起诉讼，或者说，其须在连续持有满180天后的那一天才具备提起诉讼资格？对此，司法实践中出现理解不一致现象。其实，对于这个问题，正如前面谈到的那样，公司法规范是一种技术性规范，其规定是非常精确的，特别是关于时间或期间的规定，更是清晰明了。该条事实上规定得非常清楚，“连续一百八十日以上”，其实就是说股东必须连续持有达到了180天以上，该180天以上是不包括满180天当天的。二是如何理解“合计持有”，是某个股东单独前后合计持有，还是两个以上股东合计持有？显然，根据该条前后语言表达可以看出，该“合计持有”只能是两个人以上合计持有，而不能是某个股东单独前后合计持有，因为其前面语言表述已经明确“连续一百八十日以上”，而不能是某个股东断断续续持有。既然要求股东须“连续持有”，显然就不存在某个股东单独前后合计持有了。

为明确这一点，《公司法解释（一）》第四条就规定：“公司法第一百五十一条规定的180日以上连续持股期间，应为股东向人民法院提起诉讼时，已期满的持股时间；规定的合计持有公司百分之一以上股份，是指两个以上股东持股份额的合计。”

案例指导

上诉人厦门中禾建设有限公司与被上诉人叶思源等不当得利纠纷案[①]

上诉人厦门中禾建设有限公司（以下简称中禾公司）因与被上诉人叶思源、原审被告陈雅辉、陈雪云不当得利纠纷一案，不服福建省厦门市中级人民法院（2011）厦民初字第198号民事判决，向福建省高级人民法院提起上诉。

福建省高级人民法院经过审理认为，虽然已有生效裁判认定叶思源在出资后将注册资金抽回，属于瑕疵出资，但已支持华龙兴业公司、陈雅辉要求叶思源补足出资的诉讼请求，人民法院并已采取了强制执行措施，故应当认定叶思源在提起本案诉讼时，其作为华龙兴业公司的股东资格并未丧失；且有关生效判决仅确认叶思源在补足出资前的表决权和利润分配权等自益权受到限制，而本案系叶思源依照《公司法》（2013年修正）第一百五十一条的规定，为维护华龙兴业公司的利益而提起的股东代位诉讼，该权利属于共益权范畴。由上，中禾公司以叶思源未实际出资，是虚假股东，其股东权利存在瑕疵，自益权受到限制等为由，主张叶思源不具备本案原告主体资格，不能成立。根据最高人民法院《公司法解释（一）》第四条“公司法第一百五十一条规定的180日以上连续持股期间，应为股东向人民法院提起诉讼时，已期满的持股时间”的规定，判断叶思源是否具备本案诉讼主体资格应以其在提起本案诉讼时是否具备华龙兴业公司股东资格为标准，故本案一审判决后，华龙兴业公司、陈雅辉另行向人民法院提起确认华龙兴业公司作出解除叶思源股东资格的股东会决议效力的诉讼，并不影响本案的处理，本案处理无须以该案审理结果为依据，中禾公司要求中止本案审理，不符合

---

① 案例来源：福建省高级人民法院民事判决书（2014）闽民终字第629号，载中国裁判文书网，http：//www.fjcourt.gov.cn/Page/Court/News/ArticleTradition.aspx?nrid=374214d8-9846-4a16-8ea0-b18645fb17f9。

《民事诉讼法》第一百五十条第一款第（五）项之规定，本院不予支持。

规范指引

《中华人民共和国公司法》

第一百五十一条第一款　董事、高级管理人员有本法第一百四十九条规定的情形的，有限责任公司的股东、股份有限公司连续一百八十日以上单独或者合计持有公司百分之一以上股份的股东，可以书面请求监事会或者不设监事会的有限责任公司的监事向人民法院提起诉讼；监事有本法第一百四十九条规定的情形的，前述股东可以书面请求董事会或者不设董事会的有限责任公司的执行董事向人民法院提起诉讼。

《最高人民法院关于适用〈中华人民共和国公司法〉若干问题的规定（一）》

第四条　公司法第一百五十一条规定的180日以上连续持股期间，应为股东向人民法院提起诉讼时，已期满的持股时间；规定的合计持有公司百分之一以上股份，是指两个以上股东持股份额的合计。

第二部分
公司的解散与清算

《公司法》第十章专门规定了公司的解散与清算，但这些规定内容简单，可操作性较差。同时，相关的公司解散与清算等市场退出机制的理论研究也比较薄弱。而在司法实践中，由于对法人解散与终止关系认识的混乱，导致很多公司出现解散事由后，不及时进行清算，甚至许多公司故意借公司解散之机逃废债务，严重损害债权人利益的现象非常突出。为了提高公司解散诉讼的可操作性，最高人民法院于2008年5月12日公布了《最高人民法院关于适用〈中华人民共和国公司法〉若干问题的规定（二）》（已于2014年修正，以下简称《公司法解释（二）》），进一步细化了公司解散诉讼中实体法与程序法的规定。该解散分别就解散诉讼的受理和当事人、解散公司诉讼与公司清算案件的分离、解散公司诉讼中的保全和调解、解散公司诉讼判决的效力、强制清算案件的受理、强制清算组的组成及变更、解散清算事宜的通知、公司清算中的债权申报和补充申报、强制清算下的协定机制、清算中公司的民事诉讼、清算义务人及其民事责任、对清算组成员提起的民事诉讼及其民事责任等问题进行了明确的规定。

专题一：提起解散公司诉讼事由

【核心提示】单独或者合计持有公司全部股东表决权百分之十以上的股东，以下列事由之一提起解散公司诉讼，并符合《公司法》第一百八十二条规定的，人民法院应予受理：(一)公司持续两年以上无法召开股东会或者股东大会，公司经营管理发生严重困难的；(二)股东表决时无法达到法定或者公司章程规定的比例，持续两年以上不能作出有效的股东会或者股东大会决议，公司经营管理发生严重困难的；(三)公司董事长期冲突，且无法通过股东会或者股东大会解决，公司经营管理发生严重困难的；(四)经营管理发生其他严重困难，公司继续存续会使股东利益受到重大损失的情形。

实务争点

根据《公司法》第一百八十二条规定，如果公司出现管理僵局，则持有股东表决权10%以上的人可以请求人民法院解散公司。但对于如何理解公司僵局，各地法院并不一致，致使司法实践中出现诸如股东因利润分配请求权受损为由而提出解散之诉的现象。公司管理僵局的关键在于管理上出现僵局，即公司管理上出现“死疙瘩”而无解。那么，在司法实践中如何把握公司管理上的“死疙瘩”，即公司经营管理发生严重困难的判断标准？对此，《公司法解释(二)》第一条作出了明确规定。

理解适用

对《公司法解释(二)》第一条规定的理解适用

(一)正确理解公司解散

公司解散是指公司因种种原因而不再继续营业，进而处理未完结的公司事务并终止其法人资格的法律行为。根据《公司法》的规定，公司因法定事由而解散，除豁免清算的情形外，公司应在解散事由出现后的法定期间内组成清算组进行清算。公司清算结束后，应当依照法定程序办理注销登记，公司法人资格消灭，即公司终止。

公司解散具有以下特征：

1. 公司解散是已依法成立的公司的解散。未依法成立的公司、设立失败或无效的公司都不存在所谓解散问题。

2. 公司解散必须以法定解散原因的出现为前提。公司在理论上可以永久存续，然而，作为法律拟制的产物，公司法人资格是依照法定条件取得的，因此当其失去法定条件时当然需要予以解散并因此终止。

3. 公司解散会引起公司法人资格的消灭，即公司法人的终止。但公司解散并不等于法人资格的当然消灭。公司只有在依法注销登记后，其法人资格才消灭。解散仅是公司终止的原因，一般地，当出现解散的原因后，公司还需进行清算，清算完毕并注销后公司才终止。

4. 公司解散须依法进行清算。公司解散后，原则上都必须进行清算。对于有限责任公司和股份有限公司，其财产不仅是对公司债权人的担保，也是公司股东索取的剩余财产，因此，除因公司合并、分立的事由不需清算外，公司出现其他类型的解散事由后，为保护债权人和股东利益，应当组成清算组织进行清算。未依法清算的，债权人和股东均可以请求人民法院裁决清算义务人进行清算，或者请求人民法院指定有关人员组成清算组织进行清算。清算必须严格依照法律规定的程序进行。

除因合并或分立而解散外，公司解散后均应进入清算程序并依法成立清算组织。此后，公司原来的代表及业务执行机关即丧失代表权和管理权，由清算组代表公司。但是，公司的股东会及监事会仍然存在，必要时可行使法律或章程规定的职权。《公司法》第一百八十三条规定，公司解散后应当在15日内成立清算组。自此，公司即进入清算程序，公司便成为清算中的公司，其权利能力受限，仅限于从事以清算为目的的业务活动。《民法总则》第七十二条第一款规定："清算期间法人存续，但是不得从事与清算无关的活动。"

（二）公司解散的种类

按照公司解散的原因，可以分为自愿解散和强制解散。

1. 自愿解散

自愿解散是指依据公司章程或股东会决议进行的解散。这种解散取决于公司股东，股东会或股东大会可以选择解散或者不解散公司。但是，自愿解散不等于解散程序的任意，解散程序仍须依法进行，且不得经章程和股东会或股东大会决议随意变更。依《公司法》第一百八十条，公司自愿解散包括以下情形：

（1）公司章程规定的营业期限届满，公司未形成延长营业期限的决议。在我国，营业期限属于公司章程任意记载事项，公司章程可以不规定公司存续的期限。如果公司章程中规定了营业期限，在此期限届满后，股东会或股东大会如果没有形成有效的延长营业期限的决议，公司就应当解散并进入清算程序。

关于营业期限，《中外合资经营企业法》第十三条规定："合营企业的合营期限，按不同行业、不同情况，作不同的约定。有的行业的合营企业，应当约定合营期限；有的行业的合营企业，可以约定合营期限，也可以不约定合营期限。约定合营期限的合营企业，合营各方同意延长合营期限的，应在距合营期满六个月前向审查批准机关提出申请。审查批准机关应自接到申请之日起一个月内决定批准或不批准。"也就是说，如果合营各方约定了合营期限，期满前又未提出延长申请的，合营期限届满则公司自应解散。根据特别法优于一般法的法律适用规则，中外合资经营企业的解散，应优先适用《中外合资经营企业法》的规定，没有规定的，补充适用《公司法》的规定。

（2）公司章程规定的其他解散事由的出现。所谓"其他解散事由"泛指公司章程自由设计的其他解散情形，包括但不限于产品和服务的消费结构的急剧恶化、特定消费者群体的消失等使公司失去存续的必要性的情况。[①] 解

---

① 刘俊海：《新公司法的制度创新：立法争点与解释难点》，法律出版社2006年版，第601页。

散事由一般是公司章程相对必要记载事项，股东在制定公司章程时，可以预先约定公司的各种解散事由。在公司经营中，章程规定的解散事由出现，公司就应解散，可以由股东会或股东大会根据章程规定作出解散决议予以确认。至于公司章程是否规定公司解散事由，约定何种解散事由，只要不违背法律的强制性规定，原则上由企业自主决定。在公司章程中预先明确规定公司解散事由，可以较好地解决公司在经营发展中因各种原因导致的公司僵局或股东压迫引发的重大矛盾，从而减少公司未来可能的不必要纷争。

（3）股东会或股东大会决议解散公司。这是指虽无法定或章程规定的解散事由出现，但公司在经营中认为必要时，经股东会或股东大会决议解散公司。相对于公司章程的事先规定，这种解散事由往往是公司在经营过程中，因种种原因而使其不再愿意继续经营下去，而经过股东会或股东大会决议随时解散的制度。严格来讲，这种解散是不问原因的，可由公司自由决定。这时，依相关规定，国有独资公司的解散，必须由国有资产监督管理机构决定。一人有限公司由股东决定。其他有限责任公司必须经代表 2/3 以上表决权的股东通过；股份有限公司必须经出席会议的股东所持表决权的 2/3 以上通过。

（4）公司合并或分立。公司经股东会或股东大会决议可以合并或分立，从而导致公司解散。在公司吸收合并时，除存续公司外，其他被吸收的公司解散；在公司新设合并时，所有参与合并的公司均告解散。在公司新设分立时，原公司解散；在公司派生分立时，因原公司仍然存在而不存在公司解散问题。解散公司的权利义务均由合并或分立后的公司概括承受，公司无须进行清算。

2. 强制解散

强制解散也称被迫解散，是指非因公司自愿原因而是由行政机关或法院强制而导致的解散。它包括三种情形：

（1）法院判决解散

这是指《公司法》第一百八十条第（五）项规定的情形，即“人民法院依照本法第一百八十二条的规定予以解散”。我国法律实务中通常提到的公司解散诉讼指的就是这种股东请求法院强制解散公司的诉讼，《公司法解释（二）》将其简称为解散公司诉讼。

（2）主管机关命令解散

当公司设立或营业行为违反法律、法规，违背公序良俗时，行政主管机关可以依法强制解散公司。《公司法》第一百八十条第（四）项规定“依法被吊销营业执照、责令关闭或者被撤销”即属于该情况，具体包括三种情形：一是《公司法》第二百一十一条第一款规定，即“公司成立后无正当理由超过六个月未开业的，或者开业后自行停业连续六个月以上的，可以由公司登记机关吊销营业执照”。二是《公司法》第二百一十二条规定，即“外国公司违反本法规定，擅自在中国境内设立分支机构的，由公司登记机关责令改正或者关闭，可以并处五万元以上二十万元以下的罚款”。三是《公司法》第二百一十三条规定，即“利用公司名义从事危害国家安全、社会公共利益的严重违法行为的，吊销营业执照”。其中的“社会公共利益”就是《民法总则》第八条规定的“公序良俗”，即“民事主体从事民事活动，不得违反法律，不得违背公序良俗”。

（3）破产解散

公司不能清偿到期债务，达到公司破产界限时，按照债权人或债务人的申请，法院可依法宣告公司破产，从而使公司被宣告解散，进入破产清算程序。破产解散是公司解散的重要原因之一。即使是公司自身主动提起破产申请，也因破产的公法性而使其成为被迫解散的原因。

（三）公司解散诉讼之解散事由的认定

公司解散诉讼的立法目的在于有效解决公司僵局，保护股东和债权人的合法权益，进而建立一个健康、有序的法人退出机制。所谓公司僵局，是指公司在存续运行过程中由于股东、董事之间矛盾激烈或发生纠纷，彼此不愿妥协而处于僵持状态，导致股东会、董事会等公司权力机关和决策机关陷入对峙，不能按照法定程序作出有效决策，使公司陷入无法正常运转甚至瘫痪的事实状态。公司僵局的形成原因多样，诸如不合理的股权结构、不合理的议事方式与表决程序、股东与董事失踪，以及股东和高管的道德风险等都容易导致公司僵局。[①]

---

① 刘俊海：《现代公司法》，法律出版社2008年版，第804页。

《公司法》第一百八十二条规定了公司僵局的强制解散制度，为解决公司僵局提供了直接的法律依据。它规定："公司经营管理发生严重困难，继续存续会使股东利益受到重大损失，通过其他途径不能解决的，持有公司全部股东表决权百分之十以上的股东，可以请求人民法院解散公司。"为了提高该规定的可操作性，最高人民法院于2008年5月公布了《公司法解释（二）》（2014年修改），进一步细化了公司解散诉讼实体和程序方面的规定。

人民法院在受理公司解散诉讼案件时，除了要审查是否符合《民事诉讼法》第一百一十九条的规定，还需要着重审查是否符合《公司法》及《公司法解释（二）》规定的解散事由。当然，原告股东在提起公司解散诉讼时，应当提供初步证据以证明解散事由的存在。

1. 公司经营管理发生严重困难的认定标准

"公司经营管理发生严重困难"就是上面所提到的公司僵局，但对于如何认定，实践中并不一致。对此，《公司法解释（二）》第一条第一款明确列举了四种情形：

（1）公司持续两年以上无法召开股东会

无法召开是指应当召开而不能召开，实践中主要表现为：无人召集或者召集后没有符合法定持股数或章定人数的股东出席会议。而且，这种无法召开的状态要持续两年以上。如仅仅是断断续续地召开股东会会议，或者个别股东的提案权或召集权没有得到实现，不属于这种情形。

公司僵局的形成及持续是一个复杂的社会现象，现实中，常常出现尽管没有达到持续两年不召开股东会，但公司事实上已经形成了僵局，这时就不能囿于必须持续两年的标准，而应具体情况具体分析。在"海南龙润恒业旅业开发有限公司、海南博烨投资有限公司公司解散纠纷再审案"[（2018）最高法民申280号][①]中，最高人民法院指出，判断公司的经营管理是否发生严重困难，应当从公司组织机构的运行状况进行综合分析，着重考察公司管理方面是否存有严重内部障碍，如股东会机制失灵、无法就公司的经营管理进

① http：//wenshu.court.gov.cn/content/content?DocID=424acb93-01a4-4a10-a492-a90b01103132&KeyWord.

行决策等，未召开股东会持续时间不足两年并非阻碍判定公司解散的绝对条件。在本案中，龙润公司以汽车租赁为唯一业务，自博烨公司占有龙润公司车辆以来，龙润公司未正常营运达两年，继续存续会使公司资产不断消耗，股东的投资目的无法实现，使股东利益遭受重大损失，且本案已无法通过其他途径解决公司僵局。因此，未召开股东会持续时间不足两年并非阻碍判定公司解散的绝对条件，判定公司能否解散应根据《公司法》第一百八十二条的规定予以综合判断，公司股东会已难以形成有效的股东会决议，股东会机制已经失灵的，可以认定公司经营发生严重困难。

（2）公司持续两年以上不能做出有效的股东会决议

这是指公司持续两年以上能够召开股东会，但不能做出有效的股东会决议，主要包括以下几种情形：不同意见的两派股东各拥有 50% 的表决权，在相互不配合的情况下，每次表决都不能达到表决权的“过半数”，进而不能形成有效的股东会决议；尽管意见不同的两派股东，所持有的股份所代表的表决权不是均等的，甚至有超过 50% 表决权的大股东。譬如实践中常见的一个股东占 51%，另一股东占 49% 的情形。但是根据法律或者章程的规定，特别决议的通过必须取得表决权的 2/3 以上绝对多数同意，而仅仅依靠大股东的表决权不足以通过该特别决议。在此情形下，小股东实际上享有否决权，由此也可造成无法作出特别决议的僵局；在股权比较分散的公司，股东之间形成了多数派，而各派之间相互不配合，使得每次表决的赞成票都达不到表决权的过半数，或者表决权的 2/3 以上，从而不能形成有效的股东会决议。

（3）董事长期冲突且无法通过股东会解决

董事会是公司执行机构和经营管理机构，在公司运行中居于核心地位。如果董事长期冲突且无法通过股东会解决，必然使公司陷入管理僵局。

“董事长期冲突”主要表现为以下两种情形：一种是董事会无法召开。要么表现为无法按照法律或公司章程的规定合法有效地召集董事会，要么表现为无法达到法定的召开董事会的人数要求。如根据《公司法》第一百一十一条规定，股份公司到会董事没有达到董事总人数的过半数，则不能召开董事会会议。另一种是无法作出有效的董事会决议。《公司法》第四十八条第三款规定，董事会决议的表决，实行一人一票。实践中如果董事人数为偶数就会形成两派对抗，或尽管为奇数，但由于其中一人投弃权票而使双方对垒。

当然，由于董事由股东通过股东会或股东大会选举和罢免，董事会须对股东会或股东大会负责，因此，如果股东会或股东大会通过重新选举或罢免方式更换董事，或通过修改章程改变董事会运行机制等，都可以解决董事长期的冲突问题。但如果因种种原因而使得有关冲突不能通过股东会或股东大会解决时，则会产生公司僵局。

根据公司法规定，股东会或股东大会是必设权力机构。如果公司只设董事会而未成立股东会或股东大会，属于公司治理结构上的缺陷，违反法律强制性规定，公司经营管理出现严重困难时，可能被判决解散。①

不过，根据《中外合资经营企业法》规定，公司不设股东会，由投资双方委派董事，并由董事会同时行使股东会与董事会的权力。因此在外商投资企业，如果董事长期冲突，一般不存在股东会解决的问题，可直接认定为公司僵局，判决公司解散。②

在此需要说明的是，董事长期冲突且无法通过股东会或股东大会解决，以及公司持续两年以上无法召开股东会或股东大会或不能形成有效决议这三种状态，只有同时发生“经营管理发生严重困难”时才符合起诉事由。如果发生股东会或股东大会瘫痪而董事会运行正常，或者董事会发生瘫痪而股东会运行正常的情形，法院在受理和审理时，要特别注意审查公司的经营管理状况是否发生严重困难，继续存续是否会使股东利益受到重大损失，只有同时满足的情况下才符合该诉的法定要求。因为公司的实际运行中，可能只要其中一个机构正常，尤其像大型股份公司的董事会运行正常时，就能基本保证公司正常的经营管理，所以此时即使股东会或股东大会发生瘫痪，公司的

---

① 河北木材贸易中心与中国木材总公司、河北物产企业（集团）公司公司解散纠纷案［河北省高级人民法院（2013）冀民二终字第29号民事判决书］，https：//www.itslaw.com/detail?judgementId。

② 福州化学漆厂与福建东海漆业有限公司公司解散纠纷案［福建省高级人民法院（2014）闽民终字第69号民事判决书］，载中国裁判文书网，http：//wenshu.court.gov.cn/content/content?DocID=ce5ee4d2-f104-4e62-934e-ed90e6c6d440。

经营管理可能并不会发生严重困难。[①]

（4）经营管理发生其他严重困难

《公司法解释（二）》第一条第一款第（四）项所规定的“经营管理发生其他严重困难，公司继续存续会使股东利益受到重大损失的情形”，属于兜底条款。法院可以在审判实践中总结经验，针对不断发展变化的公司僵局形态具体问题具体分析，做出有针对性的裁判。司法实践中，对于是否支持当事人解散公司的诉讼请求，应当在公司法及其司法解释规定的范围内，综合慎重考虑公司是否具备解散条件。

一般地，公司经营管理严重困难包括两种情况：一是公司权力运行发生严重困难，股东会、董事会等权力机构和管理机构无法正常运行，无法对公司的任何事项作出决议，即公司僵局情形；二是公司的业务经营发生严重困难，公司经营不善、严重亏损。如公司仅业务经营发生严重困难，不存在权力运行严重困难的，根据《公司法司法解释（二）》第一条第二款的规定，不符合公司法第一百八十二条的解散公司条件。[②]

所以，公司经营管理发生的严重困难与其说是公司财务层面中的严重困难，不如说是公司治理中的严重困难。倘若公司治理功能顺畅，运作正常，即使公司财务存在困难，公司也可自愿采取相应的应对措施，避免公司解体。因此《公司法解释（二）》第一条第二款明确规定：“股东以知情权、利润分配请求权等权益受到损害，或者公司亏损、财产不足以偿还全部债务，以及公司被吊销企业法人营业执照未进行清算等为由，提起解散公司诉讼的，人民法院不予受理。”也就是说，股东提起公司解散诉讼的理由表述为公司经营严重亏损、股东权益受到侵害、公司被吊销营业执照后未进行清算等，均不属于公司法所规定的公司解散事由，法院不应受理。对于股东的知情权、利润分配请求权以及剩余财产分配请求权的保障，我国公司法是有相应的制

---

① 奚晓明主编：《最高人民法院关于公司法司法解释（一）、（二）理解与适用》，人民法院出版社 2008 年版，第 100~101 页。

② 富钧新型复合材料（太仓）有限公司、仕丰科技有限公司、永利集团有限公司公司解散纠纷［最高人民法院（2011）民四终字第 29 号民事判决书］，https：//www.itslaw.com/detail?judgementId。

度安排的。如《公司法》第三十三条规定了股东查阅权，公司拒绝提供查阅的，股东可以请求人民法院要求公司提供查阅。《公司法》第七十四条则规定，公司连续5年不向股东分配利润，而公司该5年连续盈利，并且符合规定的分配利润条件的，对股东会该项决议投反对票的股东，可以请求公司按照合理的价格收购其股权。也就是说，股东上述权利无法实现的，股东应当通过其他途径予以救济，而无须要求解散公司。

2. 持续存续会使股东利益受到重大损失

这是法院解散公司的第二个必要条件，其目的是妥善平衡公司利益与股东利益。

如果公司僵局的持续时间很短，或者尽管时间较长，但对股东利益并未造成重大损失，法院是不能裁决解散公司的。"重大损失"是相对于一般损失、轻微损失而言的。在实务中，到底损失的程度是否达到"重大"，应由法官行使自由裁量权进行判断。而且，此处的"重大损失"，并不要求股东利益已经受到重大实际损失，只要有将来使股东利益受到重大损失的可能即可。当然，这里所说的股东利益受损，不是指个别股东利益受到损失，而是指由于公司瘫痪导致公司无法经营造成的全体出资者利益的损失。

在何广林、清远市泰兴房地产有限公司解散纠纷再审审查与审判监督裁判书［（2017）最高法民申4437号］案[①]中，最高人民法院指出，公司僵局的继续存续是否会导致股东利益受到重大损失是解散公司的必要条件，但法律对此并无明确、客观的判断标准。公司当前是否处于亏损状态固然是判断公司继续存在会否导致股东重大损失的重要依据，但就立法用语的文义来看，"继续存续"是对未来的预期，而"会使"也属于对未来的预测，"公司继续存续会使股东利益受到重大损失"主要是指一种预期的利益损失，公司当前的盈利状态对此并不构成充分的阻却事由。本案中，泰兴公司自2005年成立以来，仅运作实施了广信花园小区项目，公司股东会长期处于僵局状

① https：//www.itslaw.com/detail?judgementId=8abaaa00-c9d5-450a-bbe9-e7bb321839c5&area=1&index.

态，经营业务已不能正常开展，开发新项目的希望十分渺茫，继续存续会产生更多经营成本、摊薄股东利润甚至加重公司负债风险。因此，在当前公司僵局无法破除的状态下，原判决认定泰兴公司继续存续会使股东利益遭受重大损失并无不当。再审申请人以公司解散会造成股东利益受损为由申请再审，既无事实根据，也无法律依据。也就是说，“公司本身处于盈利状态并非认定公司经营管理发生严重困难的充分阻却事由。公司经营管理发生严重困难侧重于对公司股东会等内部治理机构运行状态的考察，是否处于亏损状况并非判断公司经营管理发生严重困难的必要条件。泰兴公司当前虽处于盈利状态，但其股东会机制长期失灵，内部管理有严重障碍，已陷入僵局状态，也可以认定为公司经营管理发生严重困难”。

3. 通过其他途径不能解决

“通过其他途径不能解决”公司僵局，是公司解散诉讼的一个前置性条件。这里的“其他途径”主要指非诉方式，如自行协商、行业调解、人民调解等。从立法目的角度，公司法规定“通过其他途径无法解决”限制条件是为了保护公司的稳定和存续，防止中小股东滥用司法解散制度，鼓励当事人通过其他非诉途径解决僵局，同时也是为了使人民法院审慎适用强制解散公司的手段。因此，人民法院在受理解散公司诉讼案件时，有必要审查这个条件是否成就。当然，对于何为“通过其他途径不能解决”，人民法院可能更多的是形式审查。对于起诉股东而言，其声明已经采取了能够采取的其他方法而不能得到解决、不得不寻求司法救济的表述即可，亦即，该前置性条件的意义更多在于其导向性，[①] 因此，法官在考虑是否要强制解散公司的时候，应当遵循其他救济方法穷尽原则。股东只有在采取自力救济、行政管理等手段均无效果的前提下才能提起诉讼，法官要考虑股东是否曾试图采用强制解散以外的救济方法，应当穷尽对公司、股东和其他利益相关者最为和缓的救济手段。如果能够在股权置换、股权转让、股权回购等诸种方案中找到其他和缓有效的救济途径，就应避免解散公司。在湖州太湖地效翼船

---

① 刘岚：《规范审理公司解散和清算案件——最高人民法院民二庭负责人答本报记者问》，载《人民法院报》2008 年 5 月 19 日。

有限公司等诉浙江湖州环太湖集团有限公司解散纠纷案［浙江省高级人民法院（2009）浙商终字第59号民事判决书］[1]中，法院指出，不是所有的公司僵局都不可逆转和化解，人民法院在处理涉及公司僵局相关的争议问题时，应力促当事人通过协商等途径解决纠纷，司法判决解散公司只能是竭尽其他途径后的最后一个司法救济途径。鉴于目前中国科技开发院将可能接手处理公司僵局的情形，太湖公司的大股东广州公司已开始清产核资，并考虑到太湖公司成立的相关背景情况，太湖公司目前出现的公司僵局问题尚不属于"通过其他途径不能解决"的情形。

但是，立法对此所抱的谨慎态度并不等同于前置程序可以久拖不决。对于那些已经陷入严重经营管理困难的公司，在通过其他多种方法仍无法化解时，只能通过司法解散这一退出机制来打破僵局。因此，在强调司法解散公司前置程序的同时，《公司法解释（二）》第五条明确规定"当事人不能协商一致使公司存续的，人民法院应当及时判决"。

法律实务中，应当结合《公司法解释（二）》第一条列举的情形，全面把握司法解散事由的构成要件，妥当处理公司僵局问题。当然，在实际的案件受理过程中，如果股东提起本诉的事由仅仅笼统地表述为"公司经营管理发生严重困难，继续存续会使股东利益受到重大损失"，而非《公司法解释（二）》第一条列举的具体事由的，只要其有具体的诉讼请求和事实、理由，符合《民事诉讼法》案件受理条件，人民法院即应予以受理。至于其所述的事实和理由，是否足以证明"公司经营管理发生严重困难，继续存续会使股东利益受到重大损失"，是否可以据此判决解散公司等，则属实体审理的范畴，不影响案件的受理。此外，如果股东起诉的理由仅仅是受到其他股东的压迫，使其无法直接参与公司的经营管理，无法得知公司的经营状况等，但是公司的实际经营管理正常运行，该种情形不能认定为"公司经营管理发生严重困难"；如果股东起诉的理由是其受到其他股东的压迫，同时也指出公司的经营管理状况发生严重困难，继续存续会使股东利益受到重大损失的，人

---

① https://www.itslaw.com/detail?judgementId.

民法院就可以受理该案件。[①]

在马美华等诉无锡禾润泰纺织有限公司公司解散案［江苏省无锡市中级人民法院（2011）锡商终字第626号民事判决书］[②]中，法院认为，基于以下理由，可以认定禾润泰公司出现了法律规定的解散事由：1. 根据工商登记资料，华鑫厂的投资人是王某某妻子吴芳，经营场所是向禾润泰公司租赁的，住所地与禾润泰公司同一。而吴芳在向本院所作调查笔录中，明确现在禾润泰公司未拍卖厂房中工作的生产人员的工资是由华鑫厂支付的，故该部分生产人员实际是为华鑫厂工作。结合二审期间本院调取的税务查询资料中反映禾润泰公司近两年的纳税额均为零的事实，以及马某某、赵某某均称禾润泰公司实际已停止经营，本院认定禾润泰公司已处于非正常生产状态，解散禾润泰公司不影响社会的稳定。2. 鉴于禾润泰公司的经营项目是服装、床上用品的加工制造、布料销售、自营和代理各类商品及技术的进出口业务；王某某妻子吴芳投资的华鑫厂的经营项目是服装、床上用品的加工制造，且两单位经营场所同一，经营范围也部分相同，有可能导致禾润泰公司的商业机会的丧失，进而影响禾润泰公司的股东利益。3. 本案中禾润泰公司持续两年以上无法召开股东会或者股东大会，公司经营管理发生严重困难，股东之间互不信任，已丧失了公司的人合性。4. 本案二审期间，禾润泰公司三方股东仍无法就由其中一个股东收购股份或者将股权转让或者以减资方式使公司继续存续达成一致意见，且三个股东中有二个股东要求解散公司。至于股东间的矛盾是因何原因引发的等情况，对禾润泰公司应否解散不具有实际意义，也不是法定的公司解散条件。因此，二审维持原判，解散公司。

在公司出现管理僵局的情形下，法院可以裁决解散公司，但对于公司僵局形成的原因，则非法院考虑的因素。在富钧新型复合材料（太仓）有限公司、仕丰科技有限公司、永利集团有限公司公司解散纠纷案［最高人民法院

---

① 奚晓明主编：《最高人民法院关于公司法司法解释（一）、（二）理解与适用》，人民法院出版社2008年版，第117页。

② https://www.itslaw.com/detail?judgementId=6296e160-44bf-422a-9c8b-f308398677d7&area=1&index.

（2011）民四终字第 29 号民事判决书］[①]中，法院认为，公司解散不考虑僵局产生的原因。公司能否解散取决于公司是否存在僵局以及是否符合《公司法》第一百八十二条规定的实质条件，而不取决于公司僵局产生的原因和责任。公司法第一百八十二条没有限制过错方股东解散公司，因此即使一方股东对公司僵局的产生具有过错，其仍然有权依据该条规定，请求解散公司。

案例指导一

林方清诉常熟市凯莱实业有限公司、戴小明公司解散纠纷案[②]

原告林方清诉称：常熟市凯莱实业有限公司（简称凯莱公司）经营管理发生严重困难，陷入公司僵局且无法通过其他方法解决，其权益遭受重大损害，请求解散凯莱公司。

被告凯莱公司及戴小明辩称：凯莱公司及其下属分公司运营状态良好，不符合公司解散的条件，戴小明与林方清的矛盾有其他解决途径，不应通过司法程序强制解散公司。

法院经审理查明：凯莱公司成立于 2002 年 1 月，林方清与戴小明系该公司股东，各占 50% 的股份，戴小明任公司法定代表人及执行董事，林方清任公司总经理兼公司监事。凯莱公司章程明确规定：股东会的决议须经代表二分之一以上表决权的股东通过，但对公司增加或减少注册资本、合并、解散、变更公司形式、修改公司章程作出决议时，必须经代表三分之二以上表决权的股东通过。股东会会议由股东按照出资比例行使表决权。2006 年起，林方清与戴小明两人之间的矛盾逐渐显现。同年 5 月 9 日，林方清提议并通知召开股东会，由于戴小明认为林方清没有召集会议的权利，会议未能召开。同年 6 月 6 日、8 月 8 日、9 月 16 日、10 月 10 日、10 月 17 日，林方清委托律师向凯莱公司和戴小明发函称，因股东权益受到严重侵害，林方清作为享有公司股东会二分之一表决权的股东，已按公司章程规定的程序表决并通

① https：//www.itslaw.com/detail?judgementId.

② 案例来源：最高人民法院指导案例第 8 号。

过了解散凯莱公司的决议，要求戴小明提供凯莱公司的财务账册等资料，并对凯莱公司进行清算。同年6月17日、9月7日、10月13日，戴小明回函称，林方清作出的股东会决议没有合法依据，戴小明不同意解散公司，并要求林方清交出公司财务资料。同年11月15日、25日，林方清再次向凯莱公司和戴小明发函，要求凯莱公司和戴小明提供公司财务账册等供其查阅、分配公司收入、解散公司。

江苏常熟服装城管理委员会（简称服装城管委会）证明凯莱公司目前经营尚正常，且愿意组织林方清和戴小明进行调解。

另查明，凯莱公司章程载明监事行使下列权利：（1）检查公司财务；（2）对执行董事、经理执行公司职务时违反法律、法规或者公司章程的行为进行监督；（3）当董事和经理的行为损害公司的利益时，要求董事和经理予以纠正；（4）提议召开临时股东会。从2006年6月1日至今，凯莱公司未召开过股东会。服装城管委会调解委员会于2009年12月15日、16日两次组织双方进行调解，但均未成功。

法院生效裁判认为：首先，凯莱公司的经营管理已发生严重困难。根据《公司法》第一百八十三条和《公司法解释（二）》第一条的规定，判断公司的经营管理是否出现严重困难，应当从公司的股东会、董事会或执行董事及监事会或监事的运行现状进行综合分析。"公司经营管理发生严重困难"的侧重点在于公司管理方面存有严重内部障碍，如股东会机制失灵、无法就公司的经营管理进行决策等，不应片面理解为公司资金缺乏、严重亏损等经营性困难。本案中，凯莱公司仅有戴小明与林方清两名股东，两人各占50%的股份，凯莱公司章程规定"股东会的决议须经代表二分之一以上表决权的股东通过"，且各方当事人一致认可该"二分之一以上"不包括本数。因此，只要两名股东的意见存有分歧、互不配合，就无法形成有效表决，显然影响公司的运营。凯莱公司已持续4年未召开股东会，无法形成有效股东会决议，也就无法通过股东会决议的方式管理公司，股东会机制已经失灵。执行董事戴小明作为互有矛盾的两名股东之一，其管理公司的行为，已无法贯彻股东会的决议。林方清作为公司监事不能正常行使监事职权，无法发挥监督作用。由于凯莱公司的内部机制已无法正常运行、无法对公司的经营作出决策，即使尚未处于亏损状况，也不能改变该公司的经营管理已发生严重困难的事实。

其次，由于凯莱公司的内部运营机制早已失灵，林方清的股东权、监事权长期处于无法行使的状态，其投资凯莱公司的目的无法实现，利益受到重大损失，且凯莱公司的僵局通过其他途径长期无法解决。《公司法解释（二）》第五条明确规定了“当事人不能协商一致使公司存续的，人民法院应当及时判决”。本案中，林方清在提起公司解散诉讼之前，已通过其他途径试图化解与戴小明之间的矛盾，服装城管委会也曾组织双方当事人调解，但双方仍不能达成一致意见。两审法院也基于慎用司法手段强制解散公司的考虑，积极进行调解，但均未成功。

此外，林方清持有凯莱公司 50% 的股份，也符合公司法关于提起公司解散诉讼的股东须持有公司 10% 以上股份的条件。

综上所述，凯莱公司已符合《公司法》及《公司法解释（二）》所规定的股东提起解散公司之诉的条件。二审法院从充分保护股东合法权益，合理规范公司治理结构，促进市场经济健康有序发展的角度出发，依法作出了上述判决。

案例指导二

董占琴、长春东北亚物流有限公司公司解散纠纷案①

再审申请人董占琴、长春东北亚物流有限公司（以下简称东北亚公司）因与被申请人吉林荟冠投资有限公司（以下简称荟冠公司）及一审第三人东证融成资本管理有限公司（以下简称东证公司）公司解散纠纷一案，不服吉林省高级人民法院民事判决，向最高人民法院申请再审。

董占琴申请再审称：1. 东北亚公司持续盈利，一审、二审法院认定东北亚公司经营管理发生了严重困难，公司股东会、董事会、监事会等权力机构不能正常运行，决策机构失灵，股东之间发生矛盾不可调和，证据不足。2. 二

---

① 案例来源：最高人民法院民事裁定书（2017）民申 2148 号，载《最高人民法院公报》2018 年第 7 期。

审法院认定公司继续存续会使荟冠公司股东权益受到重大损失，缺乏依据。3. 二审法院认定公司经营管理上的重大困难通过其他途径不能解决，认定事实错误。4. 一审、二审法院判决解散东北亚公司适用法律错误。

东北亚公司申请再审称：1. 东北亚公司经营并未陷入僵局，经营管理未发生严重困难。2. 没有证据显示东北亚公司继续存续会使股东利益受到重大损失，东北亚公司连年盈利。3. 荟冠公司意图谋取高额回报而解散公司，并非穷尽司法救济渠道解决现有纠纷，并不符合通过其他途径不能解决的法定条件。

最高人民法院经审理认为，本案的焦点问题是东北亚公司是否符合公司解散的法定条件。

首先，关于法律适用问题。2004 年 9 月 20 日东北亚公司注册成立，荟冠公司持股 44%，董占琴持股 51%，东证公司持股 5%。荟冠公司以东北亚公司经营管理发生严重困难、其股东利益受到重大损害、通过其他途径不能解决僵局等事实为由，请求解散东北亚公司。需要指出的是，有限责任公司系具有自主决策和行为能力的组织体，虽然公司会由于内部成员间的对抗而出现机制失灵、无法运转，公司决策和管理无法形成有效决议而陷入僵局，但是基于公司永久存续性的特征，国家公权力对于股东请求解散公司的主张必须秉持谨慎态度。当股东之间的冲突不能通过协商达成谅解，任何一方都不愿或无法退出公司时，为保护股东的合法权益，强制解散公司就成为唯一解决公司僵局的措施。因此，《公司法》第一百八十二条规定："公司经营管理发生严重困难，继续存续会使股东利益受到重大损失，通过其他途径不能解决的，持有公司全部股东表决权百分之十以上的股东，可以请求人民法院解散公司。"并且，《公司法解释（二）》第一条第一款规定了人民法院受理解散公司诉讼案件形式要件及判决是否解散公司实体审查标准的四种情形。在公司解散案件中，法律并未设置主张解散公司的股东需要行使某项权利作为请求人民法院解散公司的前置程序。一审、二审法院根据查明的案件事实，在多次调解未果的情况下，为充分保护公司股东合法权益，依法规范公司治理结构，促进市场经济健康发展，作出解散东北亚公司的判决，适用法律并无不当。

其次，关于东北亚公司是否符合公司解散的法定条件的问题。

（一）东北亚公司的经营管理已发生严重困难。判断公司的经营管理是否出现严重困难，应当从公司组织机构的运行状态进行综合分析，公司是否处于盈利状态并非判断公司经营管理发生严重困难的必要条件。其侧重点在于公司经营管理是否存在严重的内部障碍，股东会或董事会是否因矛盾激化而处于僵持状态，一方股东无法有效参与公司经营管理。就本案而言，可以从董事会、股东会及监事会运行机制三个方面进行综合分析。根据一审、二审法院查明的事实：关于董事会方面，东北亚公司董事会有 5 名成员，董占琴方 3 人，荟冠公司方 2 人。公司章程第 53 条规定：董事会会议由董事代股东行使表决权，董事会会议对所议事项作出决议，决议应由代表五分之三以上（含本数）表决权的董事表决通过。根据以上规定，董占琴方提出的方案，无须荟冠公司方同意即可通过。荟冠公司曾 3 次提出修改公司章程，均遭到董占琴的拒绝。此外荟冠公司向东证公司转让部分股权一事，东北亚公司拒绝配合，最终通过诉讼才得以实现。2013 年 8 月 6 日起，东北亚公司已有两年未召开董事会，董事会早已不能良性运转。关于股东会方面，自 2015 年 2 月 3 日至今，东北亚公司长达两年没有召开股东会，无法形成有效决议，更不能通过股东会解决董事间激烈的矛盾，股东会机制失灵。关于监事会方面，东北亚公司成立至今从未召开过监事会，监事亦没有依照公司法及公司章程行使监督职权。综上，客观上东北亚公司董事会已由董占琴方控制，荟冠公司无法正常行使股东权利，无法通过委派董事加入董事会参与经营管理。东北亚公司的内部机构已不能正常运转，公司经营管理陷入僵局。

（二）东北亚公司继续存续会使荟冠公司股东权益受到重大损失。公司股东依法享有选择管理者、参与重大决策和分取收益等权利。本案中，荟冠公司已不能正常委派管理者。2007 年 8 月 29 日，荟冠公司推荐常某某出任总经理，2015 年 3 月 11 日，荟冠公司委派宋某某、徐某某出任董事并担任副董事长和副总经理，东北亚公司均以未达到公司章程规定的五分之三决策比例为由拒绝，东北亚公司人事任免权完全掌握在董占琴一方。荟冠公司不能正常参与公司重大决策，东北亚公司向董占琴个人借款 7222 万元，没有与之对应的股东会或董事会决议，另外审计报告显示董占琴的关联方从东北亚公司借款近1亿元。2014年10月，东北亚公司向中国工商银行申请了5000万元贷款，而荟冠公司对于该笔贷款的用途并不知晓。2015年东北亚公司粮油市场改造扩建一事，荟冠公司及其委派的董事也并未参与。荟冠公司未能从东北亚公司获取收益，东北亚公司虽称公司持续盈利，但多年并未分红。荟冠公司作为东北亚公司的第二大股东，早已不能正常行使参与公司经营决策、管理和监督以及选择管理者的股东权利，荟冠公司投资东北亚公司的合同目的无法实现，股东权益受到重大损失。

（三）通过其他途径亦不能解决东北亚公司股东之间的冲突。基于有限责任公司的人合性，股东之间应当互谅互让，积极理性地解决冲突。在东北亚公司股东发生矛盾冲突后，荟冠公司试图通过修改公司章程改变公司决策机制解决双方纠纷，或通过向董占琴转让股权等退出公司的方式解决公司僵局状态，但均未能成功。即使荟冠公司向东证公司转让部分股权，也由于荟冠公司与董占琴双方的冲突历经诉讼程序方能实现。同时，一审法院基于慎用司法手段强制解散公司，多次组织各方当事人进行调解。在二审法院调解过程中，荟冠公司、东证公司主张对东北亚公司进行资产价格评估，确定股权价格后，由董占琴收购荟冠公司及东证公司所持东北亚公司的股权，荟冠公司及东证公司退出东北亚公司，最终各方对此未能达成一致意见，调解未果。东北亚公司僵局状态已无法通过其他途径解决。综合来看，东北亚公司股东及董事之间长期冲突，已失去继续合作的信任基础，公司决策管理机制失灵，公司继续存续必然损害荟冠公司的重大利益，且无法通过其他途径解决公司僵局，荟冠公司坚持解散东北亚公司的条件已经成就。

规范指引

《中华人民共和国民法总则》

第八条　民事主体从事民事活动，不得违反法律，不得违背公序良俗。

第六十七条　法人合并的，其权利和义务由合并后的法人享有和承担。

法人分立的，其权利和义务由分立后的法人享有连带债权，承担连带债务，但是债权人和债务人另有约定的除外。

第六十八条　有下列原因之一并依法完成清算、注销登记的，法人终止：

（一）法人解散；

（二）法人被宣告破产；

（三）法律规定的其他原因。

法人终止，法律、行政法规规定须经有关机关批准的，依照其规定。

第六十九条 有下列情形之一的，法人解散：

（一）法人章程规定的存续期间届满或者法人章程规定的其他解散事由出现；

（二）法人的权力机构决议解散；

（三）因法人合并或者分立需要解散；

（四）法人依法被吊销营业执照、登记证书，被责令关闭或者被撤销；

（五）法律规定的其他情形。

《中华人民共和国公司法》

第一百八十条 公司因下列原因解散：

（一）公司章程规定的营业期限届满或者公司章程规定的其他解散事由出现；

（二）股东会或者股东大会决议解散；

（三）因公司合并或者分立需要解散；

（四）依法被吊销营业执照、责令关闭或者被撤销；

（五）人民法院依照本法第一百八十二条的规定予以解散。

第一百八十一条 公司有本法第一百八十条第（一）项情形的，可以通过修改公司章程而存续。

依照前款规定修改公司章程，有限责任公司须经持有三分之二以上表决权的股东通过，股份有限公司须经出席股东大会会议的股东所持表决权的三分之二以上通过。

第一百八十二条 公司经营管理发生严重困难，继续存续会使股东利益受到重大损失，通过其他途径不能解决的，持有公司全部股东表决权百分之十以上的股东，可以请求人民法院解散公司。

第一百九十八条 违反本法规定，虚报注册资本、提交虚假材料或者采取其他欺诈手段隐瞒重要事实取得公司登记的，由公司登记机关责令改正，对虚报注册资本的公司，处以虚报注册资本金额百分之五以上百分之十五以下的罚款；对提交虚假材料或者采取其他欺诈手段隐瞒重要事实的公司，处以五万元以上五十万元以下的罚款；情节严重的，撤销公司登记或者吊销营业执照。

第二百零七条 承担资产评估、验资或者验证的机构提供虚假材料的，由公司登记机关没收违法所得，处以违法所得一倍以上五倍以下的罚款，并可以由有关主管部门依法责令该机构停业、吊销直接责任人员的资格证书，吊销营业执照。

承担资产评估、验资或者验证的机构因过失提供有重大遗漏的报告的，由公司登记机关责令改正，情节较重的，处以所得收入一倍以上五倍以下的罚款，并可以由有关主管部门依法责令该机构停业、吊销直接责任人员的资格证书，吊销营业执照。

承担资产评估、验资或者验证的机构因其出具的评估结果、验资或者验证证明不实，给公司债权人造成损失的，除能够证明自己没有过错的外，在其评估或者证明不实的金额范围内承担赔偿责任。

第二百一十一条 公司成立后无正当理由超过六个月未开业的，或者开业后自行停业连续六个月以上的，可以由公司登记机关吊销营业执照。

公司登记事项发生变更时，未依照本法规定办理有关变更登记的，由公司登记机关责令限期登记；逾期不登记的，处以一万元以上十万元以下的罚款。

第二百一十三条 利用公司名义从事危害国家安全、社会公共利益的严重违法行为的，吊销营业执照。

第二百一十七条 外商投资的有限责任公司和股份有限公司适用本法；有关外商投资的法律另有规定的，适用其规定。

《最高人民法院关于适用〈中华人民共和国公司法〉若干问题的规定（二）》

第一条 单独或者合计持有公司全部股东表决权百分之十以上的股东，以下列事由之一提起解散公司诉讼，并符合公司法第一百八十二条规定的，人民法院应予受理：（一）公司持续两年以上无法召开股东会或者股东大会，公司经营管理发生严重困难的；（二）股东表决时无法达到法定或者公司章程规定的比例，持续两年以上不能做出有效的股东会或者股东大会决议，公司经营管理发生严重困难的；（三）公司董事长期冲突，且无法通过股东会或者股东大会解决，公司经营管理发生严重困难的；（四）经营管理发生其他严重困难，公司继续存续会使股东利益受到重大损失的情形。

股东以知情权、利润分配请求权等权益受到损害，或者公司亏损、财产不足以偿还全部债务，以及公司被吊销企业法人营业执照未进行清算等为由，提起解散公司诉讼的，人民法院不予受理。

《中外合资经营企业法实施条例》

第九十条 合营企业在下列情况下解散：

（一）合营期限届满；

（二）企业发生严重亏损，无力继续经营；

（三）合营一方不履行合营企业协议、合同、章程规定的义务，致使企业无法继续经营；

（四）因自然灾害、战争等不可抗力遭受严重损失，无法继续经营；

（五）合营企业未达到其经营目的，同时又无发展前途；

（六）合营企业合同、章程所规定的其他解散原因已经出现。

前款第（二）、（四）、（五）、（六）项情况发生的，由董事会提出解散申请书，报审批机构批准；第（三）项情况发生的，由履行合同的一方提出申请，报审批机构批准。

在本条第一款第（三）项情况下，不履行合营企业协议、合同、章程规定的义务一方，应当对合营企业由此造成的损失负赔偿责任。

《公司登记管理条例》

第六十三条 虚报注册资本，取得公司登记的，由公司登记机关责令改正，处以虚报注册资本金额5%以上15%以下的罚款；情节严重的，撤销公司登记或者吊销营业执照。

第六十四条 提交虚假材料或者采取其他欺诈手段隐瞒重要事实，取得公司登记的，由公司登记机关责令改正，处以5万元以上50万元以下的罚款；情节严重的，撤销公司登记或者吊销营业执照。

第六十七条 公司成立后无正当理由超过6个月未开业的，或者开业后自行停业连续6个月以上的，可以由公司登记机关吊销营业执照。

第六十八条　公司登记事项发生变更时，未依照本条例规定办理有关变更登记的，由公司登记机关责令限期登记；逾期不登记的，处以1万元以上10万元以下的罚款。其中，变更经营范围涉及法律、行政法规或者国务院决定规定须经批准的项目而未取得批准，擅自从事相关经营活动，情节严重的，吊销营业执照。

公司未依照本条例规定办理有关备案的，由公司登记机关责令限期办理；逾期未办理的，处以3万元以下的罚款。

第七十一条　伪造、涂改、出租、出借、转让营业执照的，由公司登记机关处以1万元以上10万元以下的罚款；情节严重的，吊销营业执照。

第七十三条　承担资产评估、验资或者验证的机构提供虚假材料的，由公司登记机关没收违法所得，处以违法所得1倍以上5倍以下的罚款，并可以由有关主管部门依法责令该机构停业、吊销直接责任人员的资格证书，吊销营业执照。

承担资产评估、验资或者验证的机构因过失提供有重大遗漏的报告的，由公司登记机关责令改正，情节较重的，处以所得收入1倍以上5倍以下的罚款，并可以由有关主管部门依法责令该机构停业、吊销直接责任人员的资格证书，吊销营业执照。

第七十八条　利用公司名义从事危害国家安全、社会公共利益的严重违法行为的，吊销营业执照。

专题二：公司解散诉讼的受理

【核心提示】股东提起解散公司诉讼，同时又申请人民法院对公司进行清算的，人民法院对其提出的清算申请不予受理。人民法院可以告知原告，在人民法院判决解散公司后，依据《公司法》第一百八十三条和本规定第七条的规定，自行组织清算或者另行申请人民法院对公司进行清算。

实务争点

在司法实践中，股东在公司出现僵局的情形下请求法院强制解散公司时，往往同时申请法院对该公司进行清算。然而，对解散诉讼能否附着清算请求，学界有不同争议，实务界也有不同看法。有人认为，对于解散公司诉讼应当一并判决公司进行清算。其理由有二：一是解散公司之诉是变更之诉与给付之诉的混合；二是有利于节约诉讼成本，减少讼累。也有人认为，解散之诉和清算请求二者适用的诉讼程序截然不同，前者为诉讼程序，后者为非讼程序，不能合并审理。到底解散诉讼可否同时附着清算请求，二者能否合并审理？对此，《公司法解释（二）》第二条作出了明确规定。

理解适用

对《公司法解释（二）》第二条规定的理解适用

（一）公司解散诉讼与公司清算案件的分离

司法实践中，当事人提起公司解散诉讼的目的在于清算公司财产进而终止公司，而且这时股东之间的关系通常已经恶化，只有通过法院才能进行清算。因此，股东请求法院强制解散公司时，往往同时会申请对该公司进行清算。

对解散诉讼能否附着清算请求，学界有不同看法，实务界也有较大争论。有人认为，对于解散公司诉讼应当一并判决公司进行清算。其理由有二：一是解散公司之诉是变更之诉与给付之诉的混合；二是有利于节约诉讼成本，减少讼累。[①] 也有人认为，解散之诉和清算请求二者适用的诉讼程序截然不同，前者为诉讼程序，后者为非讼程序，不能合并审理。[②] 对于解散诉讼可否同时附着清算请求而合并审理，《公司法解释（二）》第二条作出了否定回答，它规定："股东提起解散公司诉讼，同时又申请人民法院对公司进行清

---

① 欧阳玉琼：《也论公司僵局的司法救济》，载《人民司法》2006年第10期。

② 何鸣、刘炳荣：《解散公司诉讼的几点思考》，载《人民司法》2007年第2期。

算的，人民法院对其提出的清算申请不予受理。人民法院可以告知原告，在人民法院判决解散公司后，依据公司法第一百八十三条和本规定第七条的规定，自行组织清算或者另行申请人民法院对公司进行清算。”

公司解散诉讼与公司清算案件不能同时进行审理的主要原因在于，二者是两种不同性质的案件：

1. 在案件性质上，两者所属诉的种类不同。股东请求解散公司诉讼属于变更之诉，公司清算案件则属于非讼案件。股东提起司法解散之诉的目的是消灭法人资格，属于终止或消灭公司组织的法律关系诉讼，其实质是变更（消灭）其与公司之间投资与被投资的法律关系，故此类诉讼性质上属于变更之诉。申请法院强制清算公司的案件只是让法院组织相关力量，对本该清算的公司，按照法定的程序进行清产核资，其不涉及其他民事权益争议，仅仅是使这一法律关系得以确认，故属于法律上的非讼案件。

2. 在审判操作上，两者的审理程序不同。股东请求解散公司之诉按照普通的民事诉讼进行，即原告起诉之后，有管辖权的法院依法受理，然后进入规范的审判程序，如审理前的准备、开庭审理、诉讼中止和终结、判决和裁定。而申请法院强制清算公司的案件程序，包括当事人（股东或债权人）提出申请、法院依法受理并组成清算组，然后进入实质性清算程序（包括清理公司财产、通知公告债权人并进行债权登记、提出财产估价和清算方案、分配财产等）。

3. 在司法意义上，两者处于不同的阶段，具有不同的功能。股东请求解散公司之诉的意义在于：如果法院做出解散公司的判决，那么公司就出现了法定的解散事由，即应进入清算程序。申请法院强制清算公司的法律意义则在于：公司本该自行清算而逾期不进行清算的情况下，法院依申请指定清算组，对该公司强制清产核资。[①]

根据《公司法》第一百八十三条的规定，公司解散的，应当在解散事由出现之日起15日内成立清算组，开始清算。只有逾期不成立清算组进行

---

① 最高人民法院民事审判第二庭编著：《最高人民法院关于公司法司法解释（一）、（二）理解与适用》，人民法院出版社2008年版，第119页。

清算的，债权人才可以申请人民法院，指定有关人员组成清算组进行清算。人民法院也应当受理该申请，并及时组织清算组进行清算。因此，即使是在法院判决公司解散情形下，也须根据《公司法》第一百八十三条的规定，在公司解散判决生效之日起15日内，由公司自行成立清算组进行清算，而不能裁决公司解散后直接由法院径行强制进行清算。所以，只有在公司解散的判决生效后公司逾期不成立清算组进行清算时，才可申请法院指定有关人员组成清算组进行强制清算。公司解散诉讼与公司解散案件应当分开进行，不宜合并审理。

实践中，如果原告在提起解散请求的同时又申请清算的，法院会按如下方法处理:（1）坚持两案分离的原则，不能将公司解散诉讼和公司清算案件合并审理。（2）对公司解散诉讼依法予以受理。虽然原告股东提出了两个性质不同的诉讼，但法院不能一并拒绝受理。只要请求解散公司之诉符合法律规定，法院就应予以受理。（3）法院在不受理清算申请时，可以告知原告相关的处理方式。《公司法解释（二）》第二条规定，人民法院可以告知原告，在人民法院判决解散公司后，依据相关法律自行组织清算，或者另行申请人民法院对公司进行清算。（4）法官应当以判决书或调解书的形式，而非裁定的形式结案，因为公司解散诉讼涉及的是实体而非程序问题。基于两案分离原则，在解散公司的判决书中，不能一并判决在法定期限内进行清算，但可以在判决书中，将公司应当在法定期限内进行清算及逾期不清算的后果等内容予以叙明而加以明示。

（二）财产保全和证据保全

股东在向法院提起解散公司诉讼时，为维护公司全体股东的利益，可以要求财产保全或证据保全。《公司法解释（二）》第三条规定:“股东提起解散公司诉讼时，向人民法院申请财产保全或者证据保全的，在股东提供担保且不影响公司正常经营的情形下，人民法院可予以保全。”

需要注意的是，不论是提起请求解散之诉，还是在提起解散之诉时要求财产保全和证据保全，均是股东的权利，其他人包括执行机构都无权提起这些请求。

（三）公司解散诉讼管辖法院的确定

1. 地域管辖

关于公司解散诉讼的地域管辖，《公司法解释（二）》第二十四条第一款规定：“解散公司诉讼案件和公司清算案件由公司住所地人民法院管辖。公司住所地是指公司主要办事机构所在地。公司办事机构所在地不明确的，由其注册地人民法院管辖。”该规定既符合“原告就被告”这一基本的民事诉讼地域管辖确定原则，也技术性地解决了实务中可能出现的公司住所地不易确定的问题，即公司办事机构所在地不明确的，由其注册地人民法院管辖。可见，关于公司解散诉讼的管辖法院的确定，我国采取以公司住所地为主、注册地为辅的管辖确定原则。对此，《民事诉讼法》第二十六条也明确以公司住所地为准。

2. 级别管辖

关于公司解散诉讼的级别管辖，《公司法解释（二）》第二十四条第二款规定：“基层人民法院管辖县、县级市或者区的公司登记机关核准登记公司的解散诉讼案件和公司清算案件；中级人民法院管辖地区、地级市以上的公司登记机关核准登记公司的解散诉讼案件和公司清算案件。”

案例指导

杨剑强与保山东成石材有限公司及东莞市东成矿业投资有限公司公司解散纠纷案①

2010年12月25日，杨剑强向保山市中级人民法院提起诉讼称：其与东莞东成公司合作进行石材开发，于2001年10月注册成立保山东成公司，杨剑强出资30%、东莞东成公司出资70%。现请求解除股东双方合作关系，解散保山东成公司，按杨剑强投资总额之30%分割属于杨剑强的财产。

---

① 案例来源：最高人民法院再审民事判决书（2013）民提字第110号，载中国裁判文书网，http://wenshu.court.gov.cn/content/content?DocID=9cfcac48-eb83-4161-b71a-c9e2212fbfcf&。

一审法院认为，按照《公司法解释（二）》第二条的规定，股东提起解散公司诉讼，同时又申请人民法院对公司进行清算的，人民法院对其提出的清算申请不予受理，因此对杨剑强要求分割财产的请求一审法院不予审理。保山东成公司是依法注册成立的有限公司，现有股东两名。有限公司是人合公司，股东间的合作以信誉为基础，作为股东之一的杨剑强提出要求解散公司，说明股东间已不再相互信任，公司经营管理发生困难，继续存续会使股东利益受到损失，根据《保山东成公司章程》第四十八条的规定，公司解散的事由包括股东会特别决议决定解散（第六项）；《公司法》第一百八十一条规定公司因股东会或者股东大会决议而解散。杨剑强与东莞东成公司于 2001 年 10 月签订的《协议要件》是股东双方合作经营保山东成公司的特别约定，其效力等同于股东会决议，根据该《协议要件》的约定，公司一方担任董事长时，另一方必须担任总经理，否则合作终止、公司注销，因此对杨剑强要求解散公司的主张该院予以支持。保山东成公司及东莞东成公司提出公司未发生约定或法定解散事由的理由不能成立。据此，该院判决解散保山东成公司。

二审法院认为，杨剑强诉请解散和清算保山东成公司，一审判决根据《公司法解释（二）》第二条的规定对其提出的清算申请不予审理处理正确。但杨剑强并未举出充分证据证实保山东成公司达到公司《章程》约定的解散条件或经营管理发生严重困难、继续存续会使各方股东利益受到重大损失且通过其他途径不能解决，因此，其诉请不符合法律规定，依法应予驳回。杨剑强可通过请求公司按照合理的价格收购其股权等其他救济途径解决纠纷。保山东成公司与东莞东成公司所举证据能够证明保山东成公司仍然在正常经营，二审法院对两公司关于保山东成公司不符合解散条件的上诉主张予以支持。一审判决审理程序合法，认定事实清楚，但判决解散保山东成公司处理欠妥，应当予以纠正。

最高人民法院经审理认为，司法解散公司是解决公司僵局的一项重要法律制度。公司僵局是由公司管理权争夺而导致的成员内部矛盾极端化的特殊描述，往往表现为股东失去合作基础、股东管理受到排挤、管理机关运转失灵或者管理者仅接受个别股东的指示管理公司事务，背离了公司经营的初衷和目的，导致股东的期待落空。本案中保山东成公司的两个股东杨剑强和东莞东成公司在合作中产生分歧，至2010年8月保山东成公司董事会会议免除杨剑强总经理职务时矛盾激化，后东莞东成公司单方对保山东成公司办公场地进行搬迁，登报声明原公司证照、印章作废，重新办理了保山东成公司的企业法人变更登记手续，更换了相关证照和银行印鉴等，保山东成公司自此之后再未召开过股东会。自2010年杨剑强和东莞东成公司矛盾激化以来，双方再未召开过股东会，公司的正常经营活动也因两股东之间的纠纷受到了严重影响。因此，认定保山东成公司经营管理已经发生了严重困难，于法有据。鉴于杨剑强和东莞东成公司两股东之间严重矛盾所形成的公司僵局，对于双方股东而言，如任由该僵局继续存续将会使二者的利益均受到重大的损失。本案审理中，组织双方当事人进行了大量调解工作，试图通过一方股东以合理对价收购另一方股东股权的方式，实现双方矛盾的化解和公司法人人格的保全，但终因双方未能达成一致的意思表示而未能通过其他途径解决公司僵局。因此，杨剑强关于保山公司应予司法解散的再审申请理由，本院予以支持。

杨剑强向法院提起解散保山东成公司诉请时，同时提出要按照其投资总额的30%分割属于其的财产，该项诉请性质上属于公司清算中的事项之一。根据公司法的规定，公司解散事由发生后，应当依法进行清算，在清理公司财产、清偿公司全部债务后仍有剩余时，才涉及公司剩余财产在股东之间的分配问题。因此，根据《公司法解释（二）》第二条关于"股东提起解散公司诉讼，同时又申请人民法院对公司进行清算的，人民法院对其提出的清算申请不予受理"的规定，依法驳回其该项起诉。

规范指引

《中华人民共和国民事诉讼法》

第十七条　基层人民法院管辖第一审民事案件，但本法另有规定的除外。

第十八条　中级人民法院管辖下列第一审民事案件：

（一）重大涉外案件；

（二）在本辖区有重大影响的案件；

（三）最高人民法院确定由中级人民法院管辖的案件。

第十九条　高级人民法院管辖在本辖区有重大影响的第一审民事案件。

第二十条 最高人民法院管辖下列第一审民事案件：

（一）在全国有重大影响的案件；

（二）认为应当由本院审理的案件。

第二十六条 因公司设立、确认股东资格、分配利润、解散等纠纷提起的诉讼，由公司住所地人民法院管辖。

《最高人民法院关于适用〈中华人民共和国公司法〉若干问题的规定（二）》

第二条 股东提起解散公司诉讼，同时又申请人民法院对公司进行清算的，人民法院对其提出的清算申请不予受理。人民法院可以告知原告，在人民法院判决解散公司后，依据公司法第一百八十三条和本规定第七条的规定，自行组织清算或者另行申请人民法院对公司进行清算。

第三条 股东提起解散公司诉讼时，向人民法院申请财产保全或者证据保全的，在股东提供担保且不影响公司正常经营的情形下，人民法院可予以保全。

第二十四条 解散公司诉讼案件和公司清算案件由公司住所地人民法院管辖。公司住所地是指公司主要办事机构所在地。公司办事机构所在地不明确的，由其注册地人民法院管辖。

基层人民法院管辖县、县级市或者区的公司登记机关核准登记公司的解散诉讼案件和公司清算案件；中级人民法院管辖地区、地级市以上的公司登记机关核准登记公司的解散诉讼案件和公司清算案件。

专题三：公司解散诉讼当事人的确定

【核心提示】股东提起解散公司诉讼应当以公司为被告。原告以其他股东为被告一并提起诉讼的，人民法院应当告知原告将其他股东变更为第三人；原告坚持不予变更的，人民法院应当驳回原告对其他股东的起诉。原告提起解散公司诉讼应当告知其他股东，或者由人民法院通知其参加诉讼。其他股东或者有关利害关系人申请以共同原告或者第三人身份参加诉讼的，人民法院应予准许。

实务争点

在公司解散之诉中，关于原告一般争议不大，均认为应当是公司股东，但对于该股东是否可以是任何股东，比如仅持有公司股份很小的股东，能否提起公司解散之诉？对于被告应为公司，还是欺压其他股东的股东，争议也较大。实践中，股东提起解散之诉多以后者为被告，因为其认为是该股东侵犯其利益。这种认识，显然没有看到公司解散之诉中针对的其实是公司，而非某个股东。当公司解散之诉针对的是公司的时候，公司法的团体性及公司整体的稳定价值就是其中的关键和核心。对此，《公司法解释（二）》第四条作出了明确规定。

理解适用

对《公司法解释（二）》第四条规定的理解适用

（一）公司解散之诉中适格原告的认定

公司尽管具有独立的法律人格，但毕竟是股东投资的工具，其同时为所有股东权的客体，因此，公司解散之诉中的原告无疑应当是公司的股东，而不包括债权人或其他任何人。

有限责任公司和股份有限公司均为资合公司，尽管有限责任公司具有人合性，但这种人合性只是强调其内部管理相对比较自由，本质上仍属于资合公司。作为资合公司，其一个基本特征是资本多数决原则，即“资本为大”，出资多者影响甚至决定着公司的存续。也就是说，只有那些出资较多者才对公司的存在具有根本意义，出资很少者则常常仅为“搭便车”。事实上，不论是在公司组建过程中，还是公司正常运营中，以及公司解散中，出资较多者才是真正的主角。那么，在公司解散中，如果允许出资很少的股东因为其个人利益得不到满足而可以随意提起解散之诉，显然是不公平的。

为了防止个别股东滥用司法解散公司制度，影响公司正常经营活动和其他股东的合法权益，《公司法》第一百八十二条将公司解散诉讼的原告限定为“持有公司全部股东表决权百分之十以上的股东”。亦即并非所有的股东都可以请求法院强制解散公司，原告股东持有公司全部股东表决权必须达到 10% 以上。

然而，对于单个股东所持有公司表决权未达到 10% 以上，而多个提起解散之诉的股东合计所持公司表决权达到 10% 以上的，是否可以共同提起解散之诉，我国公司法并未作出相应规定。对此，《公司法解释（二）》明确解释为“单独或者合计持有公司全部股东表决权 10% 以上的股东”。也就是说，《公司法》第一百八十二条规定的“持有”包括“单独持有”和“合计持有”两种情形。因此，单独持有公司全部表决权 10% 以上的股东可以独自提起公司解散诉讼，多个股东合计持有公司全部股东表决权 10% 以上的股东，也可以作为共同原告提起公司解散诉讼。

原告是否持有公司全部股东表决权百分之十以上，是法院立案时需要着重审查的内容之一。如果提起公司解散诉讼的股东不具备上述持股条件的，法院对其请求不予以受理，其不是适格原告。

需要注意的是，一般情况下，如果原告持有公司全部股东表决权 10% 以上，即使其持有的股权被依法冻结或质押，仍可以成为公司解散之诉的原告。因为，股权冻结不必然导致相应股权的变更。不过，考虑到该种情形的特殊性，法院应予以慎重：第一，如果股权被冻结后进入拍卖阶段，公司的股东结构将发生重大变化的情况下，公司僵局就可能被打破，从而会导致公司解散事由消灭时，就不宜强行解散公司。第二，即使不进入拍卖阶段，强行解散公司，也将使股权价值大打折扣，从而不利于保护相应债权人的情况下，也不宜强行解散公司。

（二）公司解散之诉被告的确定

公司解散之诉的被告应为公司，还是欺压其他股东的股东？实践中，股东提起解散之诉多以后者为被告，因为其认为是该股东侵犯其利益。这种看法是值得商榷的。虽然股东是直接与其他股东发生冲突，但其他股东的压制行为多是以公司名义作出，并且如果起诉股东胜诉，要直接承担法律后果的是公司而非其他股东。再者，解散公司诉讼在本质上属于变更之诉，系变更股东和公司之间的出资和被出资的法律关系，属于有关公司组织方面的诉讼，因此，公司解散诉讼的被告应当是公司，而非其他股东。基于此，《公司法解释（二）》第四条规定，股东提起解散公司诉讼应当以公司为被告。原告以其他股东为被告一并提起诉讼的，人民法院应当告知原告将其他股东变更为第三人；原告坚持不予变更的，人民法院应当驳回原告对其他股东的起诉。

但是，公司解散诉讼案件，一是可能影响其他公司股东的利益，二是基于有关调解工作的开展尚需其他股东参与其中，以便于诉讼程序的顺利开展和最终裁决的有效执行。因此，原告提起解散公司诉讼，应当告知其他股东，或者由人民法院通知其参加诉讼。其他股东或者有关利害关系人申请以共同原告或者第三人身份参加诉讼的，人民法院应予准许。

案例指导

北京市全利商贸有限公司、郭全利与刘慧英公司解散纠纷案[①]

1992 年 12 月，由郭全利、郭文利共同出资成立全利公司。1996 年 5 月，郭文利将其持有的全利公司股权转让与郭全利和刘慧英。后全利公司股东变更为郭全利和刘慧英。郭全利持有全利公司 70%股份，并任公司法定代表人；刘慧英持有全利公司 30%股份。公司章程亦规定，股东会会议由股东按照出资比例行使表决权。2005 年 3 月，刘慧英、郭全利经北京市高级人民法院调解离婚。后刘慧英以离婚后财产纠纷为由将郭全利诉至北京市第一中级人民法院，2005 年 12 月，北京市第一中级人民法院以（2005）一中民初字第 4604 号判决书判决全利公司 35%股份归刘慧英所有，该判决已生效。另查明，全利公司已持续两年未召开股东会，公司经营发生管理困难。

一审法院判决认定：股东请求解散公司诉讼案件性质上属于变更之诉，系变更股东和公司之间的出资与被出资的法律关系，该诉的被告应为公司。就原告股东与公司之间的关系而论，公司作为法律上的独立主体，在公司解

① 案例来源：北京市第一中级人民法院民事判决书（2009）民终字第 2831 号，载无讼网，https：//www.itslaw.com/detail?judgementId=0266b50d-9b76-4af4-abd3-0beb56b9fe57&area=1&index。

散诉讼中属于责任主体，该诉中要解决的是公司是否应该解散的法律判断，如果符合解散条件，则公司应该解散；如果不符合解散条件，则公司继续存续，公司始终是该诉法律效果的直接对象。《公司法解释（二）》第四条关于解散公司诉讼的当事人亦明确规定，股东提起解散公司诉讼应当以公司为被告。原告以其他股东为被告一并提起诉讼的，人民法院应当告知原告将其他股东变更为第三人。因此，本案中刘慧英以全利公司为被告，并在案件审理中申请将被告郭全利变更为第三人，符合相关法律规定。

经审查，一审法院认为，全利公司目前情况符合《公司法》第一百八十三条规定和《公司法解释（二）》第一条法律规定情形，应予解散。

全利公司和郭全利不服一审法院上述民事判决，提起上诉。

二审法院认为，本案为公司股东诉请公司解散案件。首先，刘慧英依据本院作出的（2005）一中民初字第4604号民事判决书已经实际取得郭全利持有的全利公司股权中占公司全部股份35%的股权，刘慧英作为全利公司的股东，其所持公司股权比例符合法律规定的提起公司解散之诉的股东持股比例。其次，全利公司的现有全部股东为刘慧英及郭全利二人，在本案中，刘慧英以全利公司超过两年时间未召开过股东会为由请求解散公司，全利公司及郭全利不能提交证据证明全利公司在起诉之日前两年内召开过股东会的事实，故本院认定全利公司已经形成股东僵局，由此导致全利公司经营管理发生严重困难，属于法律规定的解散公司之情形。最后，在本案的审理过程中，股东二人均表示就股东僵局如何解决已经进行过多次协商，均无法解决，亦不能在本案中调解解决。故应认定已无其他途径解决全利公司股东间僵局。综上，依照《公司法》及司法解释之规定，刘慧英请求解散全利公司，符合法律规定之情形。对于全利公司、郭全利的上诉理由，即全利公司股权尚未确定且过错在刘慧英一方，本院认为：首先，（2005）一中民初字第4604号民事判决书对全利公司股权进行了处分，结合全利公司股权登记文件，现股东刘慧英及股东郭全利分别持有确定比例的公司股权，故全利公司及郭全利的该项上诉理由缺乏事实依据，本院不予采信；其次，公司解散纠纷是对公司主体是否能够依法存续作法律判断，即对法律规定的公司解散事由是否成就进行认定，而非对股东僵局或董事僵局中何人具有过错进行评价，故全利公司及郭全利的该项上诉理由不能支持其上诉请求，本院对其上诉请求不予支持。

规范指引

《中华人民共和国公司法》

第一百八十二条　公司经营管理发生严重困难，继续存续会使股东利益受到重大损失，通过其他途径不能解决的，持有公司全部股东表决权百分之十以上的股东，可以请求人民法院解散公司。

《最高人民法院关于适用〈中华人民共和国公司法〉若干问题的规定(二)》

第四条　股东提起解散公司诉讼应当以公司为被告。

原告以其他股东为被告一并提起诉讼的，人民法院应当告知原告将其他股东变更为第三人；原告坚持不予变更的，人民法院应当驳回原告对其他股东的起诉。

原告提起解散公司诉讼应当告知其他股东，或者由人民法院通知其参加诉讼。其他股东或者有关利害关系人申请以共同原告或者第三人身份参加诉讼的，人民法院应予准许。

《中华人民共和国民事诉讼法》

第八十一条　在证据可能灭失或者以后难以取得的情况下，当事人可以在诉讼过程中向人民法院申请保全证据，人民法院也可以主动采取保全措施。

因情况紧急，在证据可能灭失或者以后难以取得的情况下，利害关系人可以在提起诉讼或者申请仲裁前向证据所在地、被申请人住所地或者对案件有管辖权的人民法院申请保全证据。

证据保全的其他程序，参照适用本法第九章保全的有关规定。

第一百条　人民法院对于可能因当事人一方的行为或者其他原因，使判决难以执行或者造成当事人其他损害的案件，根据对方当事人的申请，可以裁定对其财产进行保全、责令其作出一定行为或者禁止其作出一定行为；当事人没有提出申请的，人民法院在必要时也可以裁定采取保全措施。

人民法院采取保全措施，可以责令申请人提供担保，申请人不提供担保的，裁定驳回申请。

人民法院接受申请后，对情况紧急的，必须在四十八小时内作出裁定；裁定采取保全措施的，应当立即开始执行。

第一百零一条 利害关系人因情况紧急，不立即申请保全将会使其合法权益受到难以弥补的损害的，可以在提起诉讼或者申请仲裁前向被保全财产所在地、被申请人住所地或者对案件有管辖权的人民法院申请采取保全措施。申请人应当提供担保，不提供担保的，裁定驳回申请。

人民法院接受申请后，必须在四十八小时内作出裁定；裁定采取保全措施的，应当立即开始执行。

申请人在人民法院采取保全措施后三十日内不依法提起诉讼或者申请仲裁的，人民法院应当解除保全。

第一百零二条 保全限于请求的范围，或者与本案有关的财物。

第一百零三条 财产保全采取查封、扣押、冻结或者法律规定的其他方法。人民法院保全财产后，应当立即通知被保全财产的人。

财产已被查封、冻结的，不得重复查封、冻结。

第一百零四条 财产纠纷案件，被申请人提供担保的，人民法院应当裁定解除保全。

第一百零五条 申请有错误的，申请人应当赔偿被申请人因保全所遭受的损失。

第一百零八条 当事人对保全或者先予执行的裁定不服的，可以申请复议一次。复议期间不停止裁定的执行。

专题四：公司解散之诉中调解的法律适用

【核心提示】人民法院审理解散公司诉讼案件，应当注重调解。当事人协商同意由公司或者股东收购股份，或者以减资等方式使公司存续，且不违反法律、行政法规强制性规定的，人民法院应予支持。当事人不能协商一致使公司存续的，人民法院应当及时判决。

实务争点

对于任何公司而言，公司解散都是不得已的选择，因公司管理僵局而提起的公司解散之诉更是如此。那么，在公司解散诉讼过程中，法院能否运用调解方式最大限度维系公司的存续，显然具有十分重要的社会意义。但是，如何运用调解消除公司僵局，需要充分发挥法院的智慧。对此，《公司法解释（二）》第五条作出了明确规定。

理解适用

对《公司法解释（二）》第五条规定的理解适用

法官在审理公司解散诉讼案件时，应当首先进行调解。无论从最大限度修复基础以维持公司，还是妥善处理僵局善后事宜，调解都是必要的。强制解散是解决公司僵局的最后方法，在穷尽其他救济方法之前，不宜适用强制解散制度。有鉴于此，《公司法解释（二）》第五条第一款规定："人民法院审理解散公司诉讼案件，应当注重调解。当事人协商同意由公司或者股东收购股份，或者以减资等方式使公司存续，且不违反法律、行政法规强制性规定的，人民法院应予支持。当事人不能协商一致使公司存续的，人民法院应当及时判决。"

（一）股权转让的调解方式

实践中，公司解散诉讼大多是因公司僵局引起，而公司僵局往往是股东之间因投资理念、利益分配等矛盾引起的。因此，在公司解散诉讼中，就不妨让一方股东收购另一方股东手中持有的本公司的全部股权，从而退出公司，使公司僵局得以有效化解，避免解散公司。

至于谁收购谁的股权并不重要，重要的是能够使一个或一些股东退出公司，进而彻底消融公司僵局存在的根基。因此，被收购股权的人可以是原告，也可以是其他股东，不愿意继续经营的股东往往就是被收购股东。当然，原告也可以收购其他股东手中持有的股份后继续经营公司。在诉讼进行中，如果一方主动提出愿意以合理价格收购另一方股东的股权，而提起诉讼的股东坚持不转让股权，只要求解散公司的，可不予支持。

为解决公司僵局，我国可引入强制股权置换制度，以此作为公司解散制度的有效替代方式。所谓强制股权置换，是指针对公司僵局，法院通过判决强令由一方股东以合理的价格收买另一方股东的股权或股份，从而让一方股东退出公司。

在采取强制股权置换措施时，法院应当注意以下问题：一是遵循“不告不理”原则。只有股东提起诉讼并将强制股权置换作为诉讼请求一部分的时候，法院才能做出强制股权置换的判决。如果股东只是请求法院判决解散公司，则法院只能就是否应当解散公司进行裁决。在审理过程中，如果发现可以通过强制股权置换的方式予以解决，那么此时法官应当行使释明权，向作为无独立请求权的其他股东释明可以就股份收买问题提起反诉。此时，本诉中的原告股东成为反诉的被告。当然，如果其他股东不提起反诉，法院应当就本诉继续审理并作出不得解散公司的判决。二是应当以适当的价格进行股权置换。股权置换价格是否合理，直接影响出让人和受让人的利益，价格偏高会影响受让人的利益，而价格偏低会影响出让人的利益。因此，如果双方当事人对股权价格事前或事后达成一致意见，则可以根据该价格进行买卖。如果双方当事人没有达成一致意见，应当对股权价格依法进行评估，由双方共同负担评估费用。①

在化解公司僵局时，也可以考虑让股东之外的第三方收购股权。如甲乙夫妻双方因感情不和而离婚，公司也出现僵局，甲乙谁都不愿意收购对方的股权，但均愿意将股权转让给已成家立业的儿子丙。在这种情况下，只要丙愿意购买，就可以由丙收购甲乙的股权，进而化解公司解散的风险。

在此需要指出的是，如果由股东以外的人收购股权，则存在优先购买权问题，对此，法院调解时应当妥善处理。一般情况下，调解的结果不会出现股东之外的人购买股权的情形，但是一旦出现，就要依据《公司法》第七十一条的规定保护其他股东的优先购买权。如果在调解时所有的股东都参加了诉讼并参与了调解，其他股东在调解中未明确表示购买股权，就视为其

---

① 乔欣等:《公司纠纷的司法救济》，法律出版社 2007 年版，第 237 页。

放弃优先购买权。当然，为了避免将来发生不必要的纠纷，调解过程中，最好让那些放弃优先购买权的股东以书面的方式，明确表达放弃优先购买的意思。如果有部分股东未参加调解，原告股东或法院应当通知其股权收购情况，并给予一定合理期限，由其作出是否行使优先购买权的明确表示。未参加调解的股东明确放弃优先购买权，或者未在合理期限内行使优先购买权的，股权收购协议生效。

（二）股权回购的调解方式

基于资本维持原则，公司原则上不得收购本公司股份。《公司法》第一百四十二条规定："公司不得收购本公司股份。但是，有下列情形之一的除外：（一）减少公司注册资本；（二）与持有本公司股份的其他公司合并；（三）将股份奖励给本公司职工；（四）股东因对股东大会作出的公司合并、分立决议持异议，要求公司收购其股份的。公司因前款第（一）项至第（三）项的原因收购本公司股份的，应当经股东大会决议。公司依照前款规定收购本公司股份后，属于第（一）项情形的，应当自收购之日起十日内注销；属于第（二）项、第（四）项情形的，应当在六个月内转让或者注销。公司依照第一款第（三）项规定收购的本公司股份，不得超过本公司已发行股份总额的百分之五；用于收购的资金应当从公司的税后利润中支出；所收购的股份应当在一年内转让给职工。公司不得接受本公司的股票作为质押权的标的。"《公司法》第七十四条第一款规定："有下列情形之一的，对股东会该项决议投反对票的股东可以请求公司按照合理的价格收购其股权：（一）公司连续五年不向股东分配利润，而公司该五年连续盈利，并且符合本法规定的分配利润条件的；（二）公司合并、分立、转让主要财产的；（三）公司章程规定的营业期限届满或者章程规定的其他解散事由出现，股东会会议通过决议修改章程使公司存续的。"由此可见，出于对企业维持原则及公司实际经营需求的考虑，《公司法》也允许公司在特定情形下收购自己的股份（股权）。因此，在公司解散诉讼中，可以让公司收购部分股东所持有的股份，从而退出公司化解僵局。

股份收购后，有两种处理方式：一是将股份转让给他人；二是将该股份注销。为了防止公司收购原告股东股份时造成公司财产不当减少，损害到公司债权人利益，《公司法解释（二）》第五条第二款规定："经人民法院调解公司收购原告股份的，公司应当自调解书生效之日起六个月内将股份转让或者注销。股份转让或者注销之前，原告不得以公司收购其股份为由对抗公司债权人。"此处仅规定了公司收购原告股份的情形。然而，如上文所述，在调解过程中，也不排除公司收购其他股东股份的情形。因此，出于对公司债权人的保护，经人民法院调解公司收购其他股东股份的，公司也应当自调解书生效之日起6个月内将股份转让或者注销。股份转让或者注销之前，其他股东不得以公司收购其股份为由对抗公司债权人。

（三）减少公司注册资本的调解方式

不管是股东或其他人收购股权，还是公司回购股权，本质上都属于股权转让。在公司解散诉讼的调解过程中，还可以让不愿意经营的股东结算退出，即通过减资程序化解公司僵局。

通过减资方式时，必须严格遵守《公司法》的相关规定。《公司法》第一百七十七条规定："公司需要减少注册资本时，必须编制资产负债表及财产清单。公司应当自作出减少注册资本决议之日起十日内通知债权人，并于三十日内在报纸上公告。债权人自接到通知书之日起三十日内，未接到通知书的自公告之日起四十五日内，有权要求公司清偿债务或者提供相应的担保。"据此，公司注册资本减少的程序如下：（1）公司内部决策。首先，由董事会或者执行董事制定减资方案。根据《公司法》第四十六条的规定，董事会有权制定公司减少注册资本的方案。然后，由股东会来行使决定权。根据《公司法》第三十七条第一款第（七）项及第四十三条的规定，有限公司注册资本减少的决定权在股东会，并且股东会作出减少注册资本的决议必须经代表2/3以上表决权的股东通过。这里特别需要注意的是，减资实行的是资本多数决，而不是股东人数的多数。另外，根据《公司法》第二十五条，注册资本、股东的姓名或名称以及股东的出资方式、出资额和出资时间等属于公司章程应当载明的事项，所以在减资的时候要相应修改公司的章程。修改章程也须股东会代表2/3以上表决权的股东通过，一般来说，这一问题在讨论减资时会被一并讨论和决议。（2）编制资产负债表及财产清单。（3）通知并公告债权人。注册资本的减少在一定程度上会动摇公司的资本信用基础，进而影响公司债权人的权利。因此，在减资时需要切实保护债权人的利益。公司应当自作出减少注册资本决议之日起10日内通知债权人，并于30日内在报纸上公告。此处的“通知”针对的是已知其确切联络方式的特定债权人；“公告”主要针对无法联络上的特定债权人和不特定的潜在债权人（社会公众）。通知与公告是公司减资必须履行的法定义务。债权人自接到通知书之日起30日内，未接到通知书的自公告之日起45日内，有权要求公司清偿债务或者提供相应的担保。债权人的债权已经到期的，有权自由选择要求公司清偿债务或提供担保；若尚未到期，债权人只能要求公司提供担保。若公司拒绝或怠于提供担保，则债权人有权要求公司立即清偿债务。（4）变更登记。《公司法》第一百七十九条第二款规定，公司减少注册资本，应当依法向公司登记机关办理变更登记。

公司解散诉讼中当事人达成调解协议的，人民法院应对调解协议进行审查，没有违反法律禁止性规定的，应对调解协议予以确认。制作调解书的，人民法院应依据调解协议的内容制作调解书，送交双方当事人签收。对于不需要制作调解书的调解协议，应当由书记员将调解协议记入笔录或附卷。对于经调解未达成协议或调解协议内容违法，当事人又不愿意修改以及当事人拒绝签收调解书的案件，人民法院应及时结束调解程序，恢复对公司解散案件的审理并作出判决，不能久调不决。

（四）公司诉讼的既判力

既判力是指生效民事判决裁判的诉讼标的对双方当事人和法院所具有的强制性通用力。终局判决一旦获得确定，该判决针对请求所作出的判断，就成为规制双方当事人今后法律关系的规范。当双方当事人对同一事项再度发生争执时，就不允许当事人提出与此相矛盾的主张，而且当事人不能对该判断进行争议，法院也不能作出与之相矛盾或抵触的判断。简而言之，不允许对该判断再起争执的效力就是既判力。

人民法院作出生效判决，其就具有既判力。但对于公司解散诉讼而言，情况比较复杂。一是公司股东人数较多，某个股东提起解散公司之诉作出判决后，其他股东也可能以同样的理由提起解散公司之诉；二是尽管法院作出了生效判决，但不久同一股东因种种原因又可能以同样的理由提起诉讼。因此，《公司法解释（二）》第六条规定："人民法院关于解散公司诉讼作出的判决，对公司全体股东具有法律约束力。人民法院判决驳回解散公司诉讼请求后，提起该诉讼的股东或者其他股东又以同一事实和理由提起解散公司诉讼的，人民法院不予受理。"

公司解散诉讼判决的约束力主要体现在以下几个方面：

1. 解散判决对公司的约束力

当解散公司的判决生效后，《公司法》第一百八十条第（五）项规定的解散原因出现，公司下一步必将进入清算阶段，最终将因清算完毕注销登记而终止。因此，解散公司的判决当然对公司及全体股东均具有约束力。

对公司来说，解散判决导致公司解散，依法进入清算程序。经清算完毕，注销登记，公司的法人资格就彻底消灭。所以解散判决的作出，只意味着公司出现了解散事由应当进入清算程序，而公司并不因此终止，其法人资格也并未消灭。在整个清算过程中，公司仍然保有法人资格，可以以公司法人的名义从事法律许可的活动。公司解散后，在清算期间，不得开展与清算无关的经营活动。此外，公司的代表人将有所变化，公司成立清算组的，由清算组负责人代表公司参加诉讼活动。对公司的约束力必然将延伸至公司的董事、经理。在解散判决生效后，董事和经理的职权行使处于相对冻结状态，除非法定可行使职权的情形或者获得清算组授权的情形，董事和经理一般不得再以其原有身份行使职权。当然，为了保证清算工作的顺利进行，公司的董事、监事、高级管理人员和职工必须配合解散判决的执行，进而配合清算程序的有效进行。特别是根据《公司法》第一百八十三条以及《公司法解释（二）》第十八条和第二十条的规定，股份有限公司的董事在公司解散后还负有法定的清算义务，如果其不履行或怠于履行该法定清算义务的话，还要承担相应的法律责任。

2. 解散判决对起诉股东的约束力

人民法院判决驳回解散公司诉讼请求后，提起诉讼的股东又以同一事实和理由提起解散诉讼的，人民法院不予受理。

此处所谓的“同一事实和理由”是指“同一个”事实和理由，而非“同类”事实和理由。因此，如果出现新的同类事实和理由，并且公司已经具备司法解散的要件，法院仍应予以受理。

3. 解散判决对其他股东的约束力

虽然其他股东没有参与诉讼，但是公司解散诉讼在本质上属于公司组织体存续与否的诉讼，因此，公司解散判决对全体股东均具有约束力。法院判决公司解散后，公司必将进入清算阶段，这一过程涉及所有股东的财产利益分配。形式上虽然起诉股东是解散诉讼的当事人，但实质上所有股东都是该解散判决实际利益的归属主体，因此解散判决对全体股东都具有法律约束力。不管是诉讼的股东还是没有参加诉讼的其他股东，都受解散判决的约束。这主要表现在以下两个方面：

（1）如果法院判决驳回了原告的诉讼请求，则其他股东不能再以相同的事实和理由向法院提起解散公司之诉。

（2）如果法院支持了原告股东的诉讼请求判决公司解散，则该解散判决同样对其他股东具有约束力。其他股东不得再提起公司解散之诉，也不得以自己不是解散判决的当事人为由拒绝执行解散判决。

案例指导

仕丰科技有限公司与富钧新型复合材料（太仓）有限公司、第三人永利集团有限公司公司解散纠纷案[1]

仕丰公司向原审法院起诉称：富钧公司股东间的利益冲突和矛盾，使得富钧公司的运行机制完全失灵，作为权力机构的董事会无法对富钧公司的任何事项作出决议，公司运行陷入僵局，经营管理发生严重困难，导致富钧公司及大股东合法利益受到严重侵害，符合《公司法》第一百八十三条规定的

---

① 案例来源：最高人民法院民事判决书（2011）民四终字第 29 号，载《最高人民法院公报》2014 年第 2 期。

情形。请求判令解散富钧公司。

富钧公司辩称：仕丰公司所称均非事实，富钧公司并未出现公司僵局，更没有出现经营管理严重困难，公司一直在正常发展，且发展势头很好。永利公司陈述称：同意富钧公司的意见。

在审理本案过程中，原审法院以维持富钧公司存续为目标进行了多轮调解工作，首先要求三方当事人围绕改进和重构富钧公司治理结构进行磋商，力求建立各方均能接受的公司经营管理的方式。虽然三方当事人提出了许多建设性意见，但因无法建立信任关系而未能达成共同经营管理公司的方案。其次要求三方当事人围绕单方股东退出公司进行磋商，因股权收购的价格无法达成一致，未能实现单方股东转让股权、退出公司经营管理的目标。由此，原审法院判决，富钧公司经营管理发生严重困难，继续存续会使股东利益受到重大损失，且通过其他途径也无法解决，故对仕丰公司提出解散富钧公司的请求，依法予以准许。

二审审理过程中，也以维持富钧公司存续为目标进行了多轮调解工作。鉴于永利公司和仕丰公司已丧失共同经营管理公司的信任基础，调解主要围绕一方股东退出富钧公司的方案进行协商。然而，由于该两方股东对于调解协议的具体条款包括股权收购前富钧公司是否应向仕丰公司全面公开财务和经营信息、富钧公司如存在披露的资产负债表以外的债务时永利公司是否应承担保证责任等事宜，未能协商一致，最终未达成使富钧公司存续的调解协议。

最高人民法院经过审理认为，本案系公司解散纠纷，被请求解散的富钧公司是由两名外国投资者在中华人民共和国境内以有限责任公司形式设立的外资企业，根据《公司法》第二条以及第二百一十八条的规定，在中国境内设立的公司之解散纠纷应当适用中国法律。各方当事人对本案应适用中国法律解决争议均无异议，本院予以确认。

其一，关于富钧公司是否经营管理发生严重困难。本案中，自2005年4月起，永利公司和仕丰公司因富钧公司的厂房租赁交易、公司治理结构安排、专利权许可使用等问题发生了实质分歧，股东之间逐渐丧失了信任和合作基础。富钧公司董事会不仅长期处于无法召开的状态，而且在永利公司和仕丰公司各自律师的协调下召开的唯一一次临时董事会也因为双方股东存在重大分歧而无法按照章程规定的表决权比例要求形成董事会决议。富钧公司权力决策机制长期失灵，无法运行长达七年时间，属于《公司法解释（二）》第一款第（一）、（二）项规定的经营管理发生严重困难的公司僵局情形。

其二，关于公司解散是否应当考虑公司僵局产生的原因以及过错。本院认为，公司能否解散取决于公司是否存在僵局以及是否符合《公司法》第一百八十三条规定的实质条件而不取决于公司僵局产生的原因和责任。《公司法》第一百八十三条没有限制过错方股东解散公司，因此即使一方股东对公司僵局的产生具有过错，其仍然有权依据该条规定，请求解散公司。本案中仕丰公司提出解散富钧公司的背景情况为：富钧公司已陷入公司僵局并由永利公司单方经营管理长达七年，仕丰公司持有600/0的股份，其行使请求司法解散公司的诉权符合公司法第一百八十三条的规定，不属于滥用权利、恶意诉讼的情形。至于仕丰公司委派的董事张博钦是否存在违反董事竞业禁止义务的过错行为、应否承担赔偿富钧公司损失的民事责任，由富钧公司通过另案解决，与本案无涉。

其三，关于富钧公司继续存续是否会使股东利益受到重大损失。从富钧公司经营情况看，富钧公司僵局形成后，公司经营即陷入非常态模式，在永利公司单方经营管理期间，富钧公司业务虽然没有停顿，但持续亏损，没有盈利年度，公司经营能力和偿债责任能力显著减弱，股东权益已大幅减损至不足实收资本的二分之一。富钧公司关于其生产经营正常，亏损额正在减少，有望扭亏转盈的上诉理由没有充分证据证明，本院不予采信。另从富钧公司注册资本到位情况看，仕丰公司和永利公司至今均未足额出资，在双方股东不愿意共同经营富钧公司、冲突对立无法调和的情况下，富钧公司注册资本难以充实，无法实现预期的经营目的。综合上述情况，富钧公司不仅丧失了人合基础，权力运行严重困难，同时业务经营也处于严重困难状态，继续存续将使股东利益受到重大损失。

其四，关于替代解决途径的可行性。《公司法解释（二）》第五条第一款规定："人民法院审理解散公司诉讼案件，应当注重调解。当事人协商同意由公司或者股东收购股份，或者以减资等方式使公司存续，且不违反法律、行政法规强制性规定的，人民法院应予支持。当事人不能协商一致使公司存续的，人民法院应当及时判决。”公司僵局并不必然导致公司解散，司法应审慎介入公司事务，凡有其他途径能够维持公司存续的，不应轻易解散公司。然而本案经过一、二审法院多轮的调解，永利公司和仕丰公司始终不能就转让股权、公司回购或减资等维系富钧公司存续的解决方案达成合意。尤其是在二审调解过程中，仕丰公司愿意受让永利公司股权，使富钧公司存续，其与永利公司就股权转让价格亦基本达成一致，但由于富钧公司不愿意全面公开在永利公司单方经营期间的经营状况和对外债务，故最终未能达成调解协议。公司法没有确立解决公司僵局的其他替代性救济措施，现富钧公司的持续性僵局已经穷尽其他途径仍未能化解，如维系富钧公司股东权益只会在僵持中逐渐耗竭。相较而言，解散富钧公司能为双方股东提供退出机制，避免股东利益受到不可挽回的重大损失。

规范指引

《中华人民共和国民事诉讼法》

第九十三条 人民法院审理民事案件，根据当事人自愿的原则，在事实清楚的基础上，分清是非，进行调解。

第九十四条 人民法院进行调解，可以由审判员一人主持，也可以由合议庭主持，并尽可能就地进行。

人民法院进行调解，可以用简便方式通知当事人、证人到庭。

第九十五条 人民法院进行调解，可以邀请有关单位和个人协助。被邀请的单位和个人，应当协助人民法院进行调解。

第九十六条 调解达成协议，必须双方自愿，不得强迫。调解协议的内容不得违反法律规定。

第九十七条 调解达成协议，人民法院应当制作调解书。调解书应当写明诉讼请求、案件的事实和调解结果。

调解书由审判人员、书记员署名，加盖人民法院印章，送达双方当事人。

调解书经双方当事人签收后，即具有法律效力。

第九十八条　下列案件调解达成协议，人民法院可以不制作调解书：

（一）调解和好的离婚案件；

（二）调解维持收养关系的案件；

（三）能够即时履行的案件；

（四）其他不需要制作调解书的案件。

对不需要制作调解书的协议，应当记入笔录，由双方当事人、审判人员、书记员签名或者盖章后，即具有法律效力。

第九十九条　调解未达成协议或者调解书送达前一方反悔的，人民法院应当及时判决。

《最高人民法院关于适用〈中华人民共和国公司法〉若干问题的规定（二）》

第五条　人民法院审理解散公司诉讼案件，应当注重调解。当事人协商同意由公司或者股东收购股份，或者以减资等方式使公司存续，且不违反法律、行政法规强制性规定的，人民法院应予支持。当事人不能协商一致使公司存续的，人民法院应当及时判决。

经人民法院调解公司收购原告股份的，公司应当自调解书生效之日起六个月内将股份转让或者注销。股份转让或者注销之前，原告不得以公司收购其股份为由对抗公司债权人。

第六条　人民法院关于解散公司诉讼作出的判决，对公司全体股东具有法律约束力。

人民法院判决驳回解散公司诉讼请求后，提起该诉讼的股东或者其他股东又以同一事实和理由提起解散公司诉讼的，人民法院不予受理。

专题五：强制清算的受理与清算程序

【核心提示】公司应当依照《公司法》第一百八十三条的规定，在解散事由出现之日起十五日内成立清算组，开始自行清算。债权人和股东可以依法申请人民法院要求清算。

实务争点

公司出现解散事由后，应当立即对公司进行清算，清偿对外债务，了结公司法律关系。但实践中，公司并不主动自行清算，因此需要法院强制进行。强制清算本身就意味着不得已而为之，因此，什么时候可以强制清算，申请人对启动事由应达成怎样的证明标准，就需要法律作出明确规定，否则会引起司法实践中的困惑。对此，《公司法解释（二）》第七条作出了明确规定。

理解适用

对《公司法解释（二）》第七条规定的理解适用

（一）公司清算的理解

公司清算有广义与狭义之分，前者是指公司解散或被宣告破产后，依照一定程序了结公司事务，收回债权、清偿债务并分配财产，最终使公司终止消灭的程序；[①] 后者仅指依照公司法所进行的非破产清算。

公司解散之后，一般都需要进行清算。因为公司是由投资者共同出资组建的法人实体，在其存续期间对内对外发生大量的法律关系，公司解散后法人资格并未消灭，而是在清算范围内继续存在。为了保护股东和债权人的利益，必须依法将其资产向债权人和股东进行分配，终结其现存的全部法律关系。不过，对于合并或分立导致的公司解散，由于在合并或分立过程中，已发生了被解散公司的债权、债务概括承受的法律效果，故在解散后无须进行清算。

公司清算具有如下特征：（1）公司清算是公司解散后消灭法人资格的必经程序。公司清算的目标是消灭公司的法人资格，但其目的是保护相关主体的利益。（2）公司清算要按照法律规定的程序进行。公司清算涉及多方面的利益关系，复杂程度丝毫不逊于公司设立，在综合平衡各方利益的基础上，法律对公司清算程序，特别是清偿顺序作了严格规定，公司清算要按照法律规定的程序和步骤进行。

---

① 赵旭东主编：《商法学》，高等教育出版社2007年版，第368页。

按照不同的标准，公司清算可以分为以下种类：

1. 破产清算与非破产清算

从立法角度，公司清算有破产清算和非破产清算之分。破产清算是指公司被宣告破产时，依照破产法规定的程序进行的清算。《中华人民共和国企业破产法》(2006年)(以下简称《企业破产法》)第二条第一款规定："企业法人不能清偿到期债务，并且资产不足以清偿全部债务或者明显缺乏清偿能力的，依照本法规定清理债务。"非破产清算是指解散清算，即公司解散后，依照公司法或公司章程规定的程序进行的清算，包括任意清算和法定清算。在解散清算过程中，清算组如果发现公司的资产不足以清偿债务时，应当转为破产清算。《公司法》第一百八十七条规定，清算组在清理公司财产、编制资产负债表和财产清单后，发现公司财产不足清偿债务的，应当依法向人民法院申请宣告破产。公司经人民法院裁定宣告破产后，清算组应当将清算事务移交给人民法院。

2. 任意清算与法定清算

按照法律规定的程序作为标准，公司解散清算可以分为任意清算和法定清算。任意清算是按照公司章程和股东会决议进行的清算，一般适用于无限公司或者两合公司；法定清算是按照法律规定的方式和程序进行的清算，适用于有限责任公司和股份有限公司。我国公司法只规定了有限责任公司和股份有限公司两种形态，解散清算只能实行法定清算。

3. 普通清算与特别清算

法定清算又可以进一步划分为普通清算和特别清算，前者是指按照一般的清算规则，在公司资产能够抵偿债务的情况下，由公司自行按照法定程序进行的清算；后者则是指在普通清算过程中，存在对清算的进行造成显著障碍的事由或者存在资不抵债的情形下，法院依申请而命令进行的清算。特别清算是为了加强不正常清算的处理，侧重于法院公权力的干涉，特别是保护债权人的利益。因此，特别清算的程序比较严格。

对公司清算进行合理分类，意义重大，可以因此确定清算人主体地位、明确清算的方式、确立清算的具体程序，并在体系上整合清算制度从而体现清算价值取向的实践效用。

依据《公司法》第一百八十三条的规定，公司清算分为自行清算和强制清算两类。它要求公司解散后首先由公司自行清算，逾期未清算时，法院则可依申请组织强制清算。我国对公司清算作这样的分类，既符合现实需要，也未超出司法职能，是对公司法规定的合理解释。有观点将法院指定清算组理解为指定清算，这种认识是不当的，指定清算仍属于强制清算。

（二）我国强制清算的审理原则与管辖

2009年，受国际金融危机和世界经济衰退影响，因公司经营困难引发的强制清算案件大幅度增加。尽管《公司法》和《公司法解释（二）》对于公司强制清算案件审理中的有关问题已作出规定，但鉴于其非讼程序的特点和清算程序规范的不完善，有必要进一步明确该类案件审理原则，细化有关程序和实体规定，更好地规范公司退出，维护市场运行秩序，依法妥善审理公司强制清算案件，维护和促进经济社会和谐稳定。在广泛调研的基础上，最高人民法院于2009年9月在浙江省召开了全国部分法院审理公司强制清算案件工作座谈会，就有关公司强制清算案件中涉及的主要问题达成了共识。该共识被称为《关于审理公司强制清算案件工作座谈会纪要》（以下简称《清算纪要》），对强制清算的审理原则、管辖、审查、受理等作了基本规定。

1. 强制清算的审理原则

《清算纪要》首先就审理公司强制清算案件的原则作出了要求：

第一，清算程序公正原则。公司强制清算的目的在于，有序结束公司存续期间的各种商事关系，合理调整众多法律主体的利益，维护正常的经济秩序。人民法院审理公司强制清算案件，应当严格依照法定程序进行，坚持在程序正义的基础上实现清算结果的公正。

第二，清算效率原则。提高社会经济的整体效率，是公司强制清算制度追求的目标之一，要严格而不失快捷地使已经出现解散事由的公司退出市场，将其可能给各方利益主体造成的损失降至最低。人民法院审理强制清算案件，要严格按照法律规定及时有效地完成清算，保障债权人、股东等利害关系人的利益及时得到实现，避免因长期拖延清算给相关利害关系人造成不必要的损失，保障社会资源的有效利用。

第三，利益均衡保护原则。公司强制清算中应当以维护公司各方主体利益平衡为原则，实现公司退出环节中的公平公正。人民法院在审理公司强制清算案件时，既要充分保护债权人利益，又要兼顾职工利益、股东利益和社会利益，妥善处理各方利益冲突，实现法律效果和社会效果的有机统一。

2. 强制清算的管辖和审判组织

《清算纪要》指出，对于公司强制清算案件的管辖，应当分别从地域管辖和级别管辖两个角度确定。地域管辖法院应为公司住所地的人民法院，即公司主要办事机构所在地法院；公司主要办事机构所在地不明确、存在争议的，由公司注册登记地人民法院管辖。级别管辖应当按照公司登记机关的级别予以确定，即基层人民法院管辖县、县级市或者区的公司登记机关核准登记公司的公司强制清算案件；中级人民法院管辖地区、地级市以上的公司登记机关核准登记公司的公司强制清算案件。存在特殊原因的，也可参照适用《企业破产法》第四条、《民事诉讼法》第三十七条和第三十九条的规定，确定公司强制清算案件的审理法院。

关于强制清算案件的审判组织。因公司强制清算案件在案件性质上类似于企业破产案件，因此强制清算案件应当由负责审理企业破产案件的审判庭审理。有条件的人民法院，可由专门的审判庭或者指定专门的合议庭审理公司强制清算案件和企业破产案件。公司强制清算案件应当组成合议庭进行审理。

（三）我国强制清算适用的条件及申请

1. 我国强制清算适用的条件及申请人

《公司法》第一百八十三条规定：“公司因本法第一百八十条第（一）项、第（二）项、第（四）项、第（五）项规定而解散的，应当在解散事由出现之日起十五日内成立清算组，开始清算。有限责任公司的清算组由股东组成，股份有限公司的清算组由董事或者股东大会确定的人员组成。逾期不成立清算组进行清算的，债权人可以申请人民法院指定有关人员组成清算组进行清算。人民法院应当受理该申请，并及时组织清算组进行清算。”亦即，对于公司清算，法律是首先鼓励公司自行进行清算的，这样做既符合私法自治原则，也符合效率原则。但如果公司不能在法定的时间内自行清算，则需要司法的适当介入，以保护公司债权人和股东的利益。

为进一步明确强制清算的条件,《公司法解释（二）》第七条第二款和第三款规定：“有下列情形之一，债权人申请人民法院指定清算组进行清算的，人民法院应予受理：（一）公司解散逾期不成立清算组进行清算的；（二）虽然成立清算组但故意拖延清算的；（三）违法清算可能严重损害债权人或者股东利益的。”“具有本条第二款所列情形，而债权人未提起清算申请，公司股东申请人民法院指定清算组对公司进行清算的，人民法院应予受理。”

根据该规定，在上述清算情形出现后，即意味着自行清算到强制清算的转换。而且，这种情况下的债权人如未提起清算申请，公司股东也可以向法院申请，从而将强制清算的申请主体扩大到股东。因为公司自行清算与否，常常取决于董事和高级管理人员或者控制股东和其他大股东。如果公司不自行清算，不仅会严重损害公司债权人的合法权益，也会影响到其他股东特别是中小股东的合法权益。因此，司法解释将申请强制清算的主体扩大到股东。而且，这里的公司股东并不要求最低持有股份数，只要是公司股东，不管是大股东，还是小股东，均可以申请人民法院指定清算组对公司进行清算。

关于公司职工能否申请法院强制公司清算，法律及司法解释均没有明确规定。公司清算关系着公司职工的切身利益，当公司无力支付职工工资时，公司清算则可以优先满足职工的工资要求，因此，法律应赋予职工申请法院强制公司清算的权利。在没有明确的法律依据下，将原告职工认定为公司的债权人，受理并支持其公司清算申请，维护职工的合法权益，体现司法正义。

2. 强制清算的申请

根据《清算纪要》，当事人申请强制清算，须符合以下要求：

（1）提交清算申请书。

申请书应当载明申请人、被申请人的基本情况和申请的事实和理由。同时，申请人应当向人民法院提交被申请人已经发生解散事由，以及申请人对被申请人享有债权或者股权的有关证据。公司解散后已经自行成立清算组进行清算，但债权人或者股东以其故意拖延清算，或者存在其他违法清算，可能严重损害债权人或者股东利益为由，申请人民法院强制清算的，申请人还应当向人民法院提交相应证据材料。

（2）申请人提交的材料需要更正、补充的，人民法院应当责令申请人于七日内予以更正、补充。申请人由于客观原因无法按时更正、补充的，应当向人民法院予以书面说明并提出延期申请，由人民法院决定是否延长期限。

（四）关于对强制清算申请的审查和受理

1. 关于对强制清算申请的审查

根据《清算纪要》，接到当事人强制清算申请后，人民法院须对申请进行审查：

（1）审理强制清算案件的审判庭审查决定是否受理强制清算申请时，一般应当召开听证会。对于事实清楚、法律关系明确、证据确实充分的案件，经书面通知被申请人，其对书面审查方式无异议的，也可决定不召开听证会，而采用书面方式进行审查。

（2）人民法院决定召开听证会的，应当于听证会召开五日前通知申请人、被申请人，并送达相关申请材料。公司股东、实际控制人等利害关系人申请参加听证的，人民法院应予准许。听证会中，人民法院应当组织有关利害关系人对申请人是否具备申请资格、被申请人是否已经发生解散事由、强制清算申请是否符合法律规定等内容进行听证。因补充证据等原因需要再次召开听证会的，应在补充期限届满后十日内进行。

（3）人民法院决定不召开听证会的，应当及时通知申请人和被申请人，并向被申请人送达有关申请材料，同时告知被申请人若对申请人的申请有异议，应当自收到人民法院通知之日起七日内向人民法院书面提出。

2. 关于对强制清算申请的受理

（1）人民法院应当在听证会召开之日或者自异议期满之日起十日内，依法作出是否受理强制清算申请的裁定。

（2）被申请人就申请人对其是否享有债权或者股权，或者对被申请人是否发生解散事由提出异议的，人民法院对申请人提出的强制清算申请应不予受理。申请人可就有关争议单独提起诉讼或者仲裁予以确认后，另行向人民法院提起强制清算申请。但对上述异议事项已有生效法律文书予以确认，以及发生被吊销企业法人营业执照、责令关闭或者被撤销等解散事由有明确、充分证据的除外。

（3）申请人提供被申请人自行清算中故意拖延清算，或者存在其他违法清算可能严重损害债权人或者股东利益的相应证据材料后，被申请人未能举出相反证据的，人民法院对申请人提出的强制清算申请应予受理。债权人申请强制清算，被申请人的主要财产、账册、重要文件等灭失，或者被申请人人员下落不明，导致无法清算的，人民法院不得以此为由不予受理。

（4）人民法院受理强制清算申请后，经审查发现强制清算申请不符合法律规定的，可以裁定驳回强制清算申请，这主要有以下四种情形：①申请人申请对公司进行强制清算，法院经审查发现确有证据证明公司财产已经明显不足以清偿债务的，法院应当向申请人进行释明，告知其应当按照企业破产法的规定申请公司破产清算，并将释明情况记录在案。申请人经释明后坚持申请强制清算的，裁定不予受理。②债权人依法申请公司强制清算，但债权人的债权已经超过诉讼时效的，对其申请不予受理。③股东申请对公司进行强制清算，但无法提供公司账册及其他重要文件，且不能说明合理理由的，法院对其强制清算申请不予受理，但申请股东有确切证据证明其未参与公司经营，非公司实际控制人的除外。④法院以无法清算为由终结强制清算程序后，股东申请对公司再次进行强制清算的，法院不予受理，但如果法院终结强制清算程序存在通知、释明等程序不符合相关规定的，且股东确有证据证明能够依法清算，不进行强制清算将导致相关权利人权益受损的，可再次受理。

（5）人民法院裁定不予受理或者驳回受理申请，申请人不服的，可以向上一级人民法院提起上诉。

（五）关于强制清算申请的撤回与申请费

1. 关于强制清算申请的撤回

按照私法自治原则，当事人有权申请公司强制清算，也有权撤回申请。根据《清算纪要》要求：

（1）人民法院裁定受理公司强制清算申请前，申请人请求撤回其申请的，人民法院应予准许。

（2）公司因公司章程规定的营业期限届满或者公司章程规定的其他解散事由出现，或者股东会、股东大会决议自愿解散的，人民法院受理强制清算申请后，清算组对股东进行剩余财产分配前，申请人以公司修改章程，或者股东会、股东大会决议公司继续存续为由，请求撤回强制清算申请的，人民法院应予准许。

（3）公司因依法被吊销营业执照、责令关闭或者被撤销，或者被人民法院判决强制解散的，人民法院受理强制清算申请后，清算组对股东进行剩余财产分配前，申请人向人民法院申请撤回强制清算申请的，人民法院应不予准许。但申请人有证据证明相关行政决定被撤销，或者人民法院作出解散公司判决后当事人又达成公司存续和解协议的除外。

2. 关于强制清算案件的申请费

对于强制清算案件的申请费用，可以参照《诉讼费用交纳办法》第十条、第十四条、第二十条和第四十二条关于企业破产案件申请费的有关规定，公司强制清算案件的申请费以强制清算财产总额为基数，按照财产案件受理费标准减半计算，人民法院受理强制清算申请后从被申请人财产中优先拨付。因财产不足以清偿全部债务，强制清算程序依法转入破产清算程序的，不再另行计收破产案件申请费；按照上述标准计收的强制清算案件申请费超过30万元的，超过部分不再收取，已经收取的，应予退还。

人民法院裁定受理强制清算申请前，申请人请求撤回申请，人民法院准许的，强制清算案件的申请费不再从被申请人财产中予以拨付；人民法院受理强制清算申请后，申请人请求撤回申请，人民法院准许的，已经从被申请人财产中优先拨付的强制清算案件申请费不予退回。

（六）清算程序

1. 成立清算组开始清算

公司因法定原因解散的，应当在解散事由出现之日起15日内成立清算组，开始清算。公司解散，依法应当清算的，清算组应当自成立之日起10日内将清算组成员、清算组负责人名单向公司登记机关备案。

逾期不成立清算组进行清算的，债权人可以申请人民法院指定有关人员组成清算组进行清算。人民法院应当受理该申请，并及时组织清算组进行清算。《公司法解释（二）》第七条第二款规定："有下列情形之一，债权人申请人民法院指定清算组进行清算的，人民法院应予受理：（一）公司解散逾期不成立清算组进行清算的；（二）虽然成立清算组但故意拖延清算的；（三）违法清算可能严重损害债权人或者股东利益的。"

关于清算程序的启动主体，除了公司的债权人外，在债权人未提起清算申请时，公司的股东也可以申请人民法院指定清算组对公司进行清算。

清算组成立后，公司清算正式开始。清算期间，公司存续，但不得开展与清算无关的经营活动。

2. 通知、公告债权人

清算组应当自成立之日起 10 日内，将公司解散清算事宜书面通知全体已知债权人，并于 60 日内根据公司规模和营业地域范围，在全国或者公司注册登记地省级有影响的报纸上进行公告。清算组未按照法律规定履行通知和公告义务，导致债权人未及时申报债权而未获清偿，债权人可以主张清算组成员对因此造成的损失承担赔偿责任。

3. 债权申报和债权登记

公司的债权人应当自接到解散通知书之日起 30 日内，未接到解散通知书的自公告之日起 45 日内，向清算组申报其债权。此处的"30 日"和"45 日"为债权申报期，即接到解散通知书的债权人的债权申报期为 30 日，未接到解散通知书的债权人的债权申报期为 45 日。债权人未在申报期内及时申报债权的，将依法承担相应的不利后果。

债权人申报债权，应当说明债权的有关事项，并提供证明材料。清算组应当对债权进行登记，但在申报债权期间，清算组不得对债权人进行清偿。

4. 清理公司财产

清算开始后，清算组要全面清理公司财产，并以此为基础，编制资产负债表和财产清单。但在此期间，如果清算组发现公司财产不足以清偿债务的，应当立即向法院申请宣告破产。公司被法院裁定宣告破产后，清算组应当将清算事务移交给法院，自此进入破产清算程序。

5. 制定清算方案，并报股东会或法院确认

清算组在清理公司财产、编制资产负债表和财产清单后，应当制定清算方案，并报股东会、股东大会或者人民法院确认。在普通情形下，因不涉及法院的司法监督，清算方案报股东会、股东大会确认即可。在特别清算情形下，清算方案应当报人民法院确认。未经确认的清算方案，清算组不得执行。执行未经确认的清算方案给公司或者债权人造成损失，公司、股东或者债权人主张清算组成员承担赔偿责任的，人民法院应依法予以支持。

6. 分配公司清算财产

清算组在制定清算方案并报股东会、股东大会或者人民法院确认后，就进入分配公司清算财产的阶段。根据《公司法》第一百八十六条的规定，公司清算时的财产分配顺序是：（1）支付清算费用；（2）支付职工的工资、社会保险费用和法定补偿金；（3）缴纳所欠税款；（4）清偿公司债务；（5）清偿上述款项后的剩余财产，有限责任公司按照股东的出资比例分配，股份有限公司按照股东持有的股份比例分配。在未依照上述规定的顺序清偿前，公司财产不得分配给股东。

7. 清算结束，办理公司注销登记

公司清算结束后，清算组应当制作清算报告，报股东会、股东大会或者人民法院确认，并报送公司登记机关，申请注销公司登记，公告公司终止。根据《公司登记管理条例》第四十三条的规定，清算组应当自公司清算结束之日起 30 日内向原公司登记机关申请注销登记。

公司申请注销登记，应当提交下列文件：（1）公司清算组负责人签署的注销登记申请书；（2）人民法院的破产裁定、解散裁判文书，公司依照《公司法》作出的决议或者决定，行政机关责令关闭或者公司被撤销的文件；（3）股东会、股东大会、一人有限责任公司的股东、外商投资的公司董事会或者人民法院、公司批准机关备案、确认的清算报告；（4）《企业法人营业执照》；（5）法律、行政法规规定应当提交的其他文件。国有独资公司申请注销登记，还应当提交国有资产监督管理机构的决定，其中，国务院确定的重要的国有独资公司，还应当提交本级人民政府的批准文件。有分公司的公司申请注销登记，还应当提交分公司的注销登记证明。

经公司登记机关注销登记，公司终止，法人资格消灭。

案例指导

蒋立国与盐城维佳升降设备服务有限公司申请公司清算案[①]

一审法院经审查认为：维佳公司于2001年5月登记设立，股东为刘福春、张卫国及蒋立国。维佳公司章程规定经营期限为10年，而工商行政管理部门登记该公司的营业期限至2013年5月8日，两者间存在矛盾，对此蒋立国虽称由股东会决议延长维佳公司经营期限两年，但未能提供证据，也未能提供维佳公司认可的关于该公司解散的股东会决议原件，因此现有证据不能认定维佳公司已解散。且审查过程中，维佳公司表示同意自行清算，不存在拖延清算的情形，故当事人间可自行组成清算组进行清算。故该院裁定：对蒋立国对维佳公司强制清算的申请，不予受理。

二审法院经查明：维佳公司于2001年5月登记设立，股东为刘福春、张卫国及蒋立国。维佳公司原章程规定经营期限为10年，实际经营期限届至时间为2013年5月8日。维佳公司企业法人营业执照载明营业期限为2001年5月10日至2013年5月8日。维佳公司曾于2013年8月3日召开股东会讨论对维佳公司进行清算事宜。原审审查过程中，维佳公司于2014年12月10日提供一份组成清算组的通知，蒋立国认为维佳公司没有在法定期间内进行清算，维佳公司出具该通知明显是规避法律，且维佳公司没有任何实际清算行为，坚持由人民法院按照法定程序办理。

本案二审争议焦点：维佳公司2013年5月8日经营期限届满后，蒋立国作为公司股东于2014年10月21日申请法院对维佳公司进行清算，法院应否受理。

二审法院认为：一、根据《公司法》第一百八十条第（一）项的规定，公司因公司章程规定的营业期限届满或者公司章程规定的其他解散事由出现

① 案例来源：江苏省高级人民法院民事裁定书（2015）苏法商清预终字第00001号，载中国裁判文书网，http：//wenshu.court.gov.cn/content/content?DocID=47b8ddc6-a1bf-437c-89ca-3b9c58a70fdf&KeyWord=。

而解散。本案中，维佳公司的营业期限已于2013年5月8日届满，符合上述规定的公司解散的情形。二、根据《公司法》第一百八十三条的规定，公司因公司章程规定的营业期限届满而解散的，应当在解散事由出现之日起十五日内成立清算组，开始清算。尽管维佳公司曾于2013年8月3日召开股东会讨论维佳公司清算事宜，但维佳公司未能实际开展清算工作。《公司法解释（二）》第七条规定："公司应当依照公司法第一百八十三条的规定，在解散事由出现之日起十五日内成立清算组，开始自行清算。有下列情形之一，债权人申请人民法院指定清算组进行清算的，人民法院应予受理：（一）公司解散逾期不成立清算组进行清算的；（二）虽然成立清算组但故意拖延清算的；（三）违法清算可能严重损害债权人或者股东利益的。具有本条第二款所列情形，而债权人未提起清算申请，公司股东申请人民法院指定清算组对公司进行清算的，人民法院应予受理。"原审审查过程中，维佳公司于2014年12月10日提供一份组成清算组的通知，但维佳公司此后仍没有实际开展清算工作。本案中，因没有维佳公司的债权人提起清算申请，故根据上述规定，蒋立国作为维佳公司的股东，申请法院指定清算组对维佳公司进行清算，原审法院应予受理。

规范指引

《中华人民共和国民法总则》

第七十条第一款 法人解散的，除合并或者分立的情形外，清算义务人应当及时组成清算组进行清算。

《中华人民共和国公司法》

第一百八十三条 公司因本法第一百八十条第（一）项、第（二）项、第（四）项、第（五）项规定而解散的，应当在解散事由出现之日起十五日内成立清算组，开始清算。有限责任公司的清算组由股东组成，股份有限公司的清算组由董事或者股东大会确定的人员组成。逾期不成立清算组进行清算的，债权人可以申请人民法院指定有关人员组成清算组进行清算。人民法院应当受理该申请，并及时组织清算组进行清算。

第一百八十五条 清算组应当自成立之日起十日内通知债权人，并于六十日内在报纸上公告。债权人应当自接到通知书之日起三十日内，未接到通知书的自公告之日起四十五日内，向清算组申报其债权。

债权人申报债权，应当说明债权的有关事项，并提供证明材料。清算组应当对债权进行登记。

在申报债权期间，清算组不得对债权人进行清偿。

第一百八十六条 清算组在清理公司财产、编制资产负债表和财产清单后，应当制定清算方案，并报股东会、股东大会或者人民法院确认。

公司财产在分别支付清算费用、职工的工资、社会保险费用和法定补偿金，缴纳所欠税款，清偿公司债务后的剩余财产，有限责任公司按照股东的出资比例分配，股份有限公司按照股东持有的股份比例分配。

清算期间，公司存续，但不得开展与清算无关的经营活动。公司财产在未依照前款规定清偿前，不得分配给股东。

第一百八十八条 公司清算结束后，清算组应当制作清算报告，报股东会、股东大会或者人民法院确认，并报送公司登记机关，申请注销公司登记，公告公司终止。

《最高人民法院关于适用〈中华人民共和国公司法〉若干问题的规定（二）》

第七条 公司应当依照公司法第一百八十三条的规定，在解散事由出现之日起十五日内成立清算组，开始自行清算。

有下列情形之一，债权人申请人民法院指定清算组进行清算的，人民法院应予受理：

（一）公司解散逾期不成立清算组进行清算的；

（二）虽然成立清算组但故意拖延清算的；

（三）违法清算可能严重损害债权人或者股东利益的。

具有本条第二款所列情形，而债权人未提起清算申请，公司股东申请人民法院指定清算组对公司进行清算的，人民法院应予受理。

第二十四条 解散公司诉讼案件和公司清算案件由公司住所地人民法院管辖。公司住所地是指公司主要办事机构所在地。公司办事机构所在地不明确的，由其注册地人民法院管辖。

基层人民法院管辖县、县级市或者区的公司登记机关核准登记公司的解散诉讼案件和公司清算案件；中级人民法院管辖地区、地级市以上的公司登记机关核准登记公司的解散诉讼案件和公司清算案件。

《公司登记管理条例》

第四十一条　公司解散，依法应当清算的，清算组应当自成立之日起10日内将清算组成员、清算组负责人名单向公司登记机关备案。

第四十二条　有下列情形之一的，公司清算组应当自公司清算结束之日起30日内向原公司登记机关申请注销登记：

（一）公司被依法宣告破产；

（二）公司章程规定的营业期限届满或者公司章程规定的其他解散事由出现，但公司通过修改公司章程而存续的除外；

（三）股东会、股东大会决议解散或者一人有限责任公司的股东、外商投资的公司董事会决议解散；

（四）依法被吊销营业执照、责令关闭或者被撤销；

（五）人民法院依法予以解散；

（六）法律、行政法规规定的其他解散情形。

第四十三条　公司申请注销登记，应当提交下列文件：

（一）公司清算组负责人签署的注销登记申请书；

（二）人民法院的破产裁定、解散裁判文书，公司依照《公司法》作出的决议或者决定，行政机关责令关闭或者公司被撤销的文件；

（三）股东会、股东大会、一人有限责任公司的股东、外商投资的公司董事会或者人民法院、公司批准机关备案、确认的清算报告；

（四）《企业法人营业执照》；

（五）法律、行政法规规定应当提交的其他文件。

国有独资公司申请注销登记，还应当提交国有资产监督管理机构的决定，其中，国务院确定的重要的国有独资公司，还应当提交本级人民政府的批准文件。

有分公司的公司申请注销登记，还应当提交分公司的注销登记证明。

第四十四条　经公司登记机关注销登记，公司终止。

专题六：清算组的法律适用

【核心提示】人民法院受理公司清算案件，应当及时指定有关人员组成清算组。

实务争点

人民法院一旦受理了公司清算案件，应立即指定清算组。公司清算不仅涉及法律和会计问题，更涉及很多专业问题，如生产型公司与服务型公司的专业问题就不一样，IT 行业与一般服务业也不一样等，这就需要清算组成员的组成不仅精干，更需要专业，否则清算过程将出现许多问题而影响清算的客观、公正进行。因此，清算组的组成应当通过法律明确规定，不宜由各地法院自由裁量。对此，《公司法解释（二）》第八条第一款规定："人民法院受理公司清算案件，应当及时指定有关人员组成清算组。"

理解适用

对《公司法解释（二）》第八条规定的理解适用

（一）清算组的形成规则

公司解散后，不得从事与清算无关的营业活动，只能从事与清算有关的事务。尽管这个时候股东会（大会）、董事会、监事会等机构仍然存在，但它们已有的权力受到限制，公司有关事务的处理均应转移至清算组。所以，法院一旦接受债权人申请，应及时指定组成清算组进行清算。

关于清算组，各个国家和地区称谓并不相同，如在德国和我国台湾地区称为"清算人"，在美国则称为"财产管理人及保管人"，在我国香港称为"清盘官"。一般国家和地区都规定，在公司自愿解散或依行政命令解散的情况下，由公司自行清算，即由公司机关担任清算人，自行处理有关清算事务；如果是在公司被法院裁判解散的情况下，则由法院指定的财产管理人担当清算人，亦可由债权人会议选任清算人。

（二）公司自行清算中清算组的组成

《公司法》第一百八十三条规定："公司因本法第一百八十条第（一）项、第（二）项、第（四）项、第（五）项规定而解散的，应当在解散事由出现之日起十五日内成立清算组，开始清算。有限责任公司的清算组由股东组成，股份有限公司的清算组由董事或者股东大会确定的人员组成。逾期不成立清算组进行清算的，债权人可以申请人民法院指定有关人员组成清算组进行清算。人民法院应当受理该申请，并及时组织清算组进行清算。"

可以看出，考虑到有限责任公司与股份有限公司的差异，《公司法》第一百八十三条分别规定了有限责任公司和股份有限公司清算组的组成原则，即有限责任公司的清算组由股东组成，股份有限公司的清算组由董事会或者股东大会确定的人员组成。当然，基于私法自治原则，它们也可以聘请外部专业人士参与清算。

不过，需要注意的是，公司自愿清算的，其清算义务人为公司董事会或执行董事。《民法总则》第七十条第二款规定："法人的董事、理事等执行机构或者决策机构的成员为清算义务人。法律、行政法规另有规定的，依照其规定。"同时需要强调，清算义务人与清算组是两个概念，前者解决的是谁有义务在公司自愿解散后组织进行清算，因而依法或章程的规定及时成立清算组，否则，将承担相应法律责任。《民法总则》第七十条第三款规定："清算义务人未及时履行清算义务，造成损害的，应当承担民事责任；主管机关或者利害关系人可以申请人民法院指定有关人员组成清算组进行清算。"

（三）公司强制清算中清算组成员的构成

《公司法》第一百八十三条规定了强制清算下由人民法院指定清算组，但该规定十分简单，仅规定"人民法院应当及时组织清算组"，而对于清算组的组成人员资格、条件等均未作出规定。在这种情况下，理解各异，有人主张清算组应当由公司股东和社会中介机构人员组成，也有人主张应当由股东代表、债权人代表和中介机构人员组成。有学者认为，人民法院在指定成立清算组时，应当从社会中介机构聘任清算组成员，清算组成员应当由懂经济、法律等专业人士组成，真正实现清算工作的市场化和专业化。还有学者认为，对于逾期不成立清算组组织清算的，人民法院指定的“有关人员”的范围，基于强制清算的特殊性，为保证清算的客观公正，维护各方当事人尤其是债权人的利益，股东、董事等在清算中存有利害关系的人均不宜作为清算人，而应将其定位于具有独立地位的专业性人士，如注册会计师、资产评估师、律师等人员担任。

为明确清算组的构成，《公司法解释（二）》第八条第二款规定：“清算组成员可以从下列人员或者机构中产生：（一）公司股东、董事、监事、高级管理人员；（二）依法设立的律师事务所、会计师事务所、破产清算事务所等社会中介机构；（三）依法设立的律师事务所、会计师事务所、破产清算事务所等社会中介机构中具备相关专业知识并取得执业资格的人员。”根据该规定，清算组成员既可以是公司外部专业事务所或专业人士，即依法设立的律师事务所、会计师事务所、破产清算事务所等社会中介机构，及这些中介机构中具备相关专业知识并取得执业资格的人员，也可以是公司股东、董事、监事、高级管理人员。

一般情况下，清算组必须由专业中介机构及人士组成，它们不仅有专业知识，且作为外部机构和人士具有相当的独立性。同时，也需要有公司内部人员参加，其原因在于他们对公司更加了解，无论是公司的财务、资产状况及对外对内的债权债务等都十分清楚，故由这些人员担任清算人应该更有利于清算的顺利进行；而且，公司解散清算的前提是公司财产尚足以偿还全部债务，从债权人保护角度看，限制利害关系人担任清算人没有必要。《公司法解释（二）》创设了“清算组成员”的概念，并允许从公司股东、董事、监事、高级管理人员以及专业机构、专业人员中产生，是改变公司法规定的重大创新。以此为基础，本条进一步赋予了公司股东、董事、监事、高级管理人员等内部人员担任清算组成员的优先性。

为指导清算组的组成，《座谈会纪要》指出，人民法院受理强制清算案件后，应当及时指定清算组成员。公司股东、董事、监事、高级管理人员能够而且愿意参加清算的，人民法院可优先考虑指定上述人员组成清算组；上述人员不能、不愿进行清算，或者由其负责清算不利于清算依法进行的，人民法院可以指定《人民法院中介机构管理人名册》和《人民法院个人管理人名册》中的中介机构或者个人组成清算组；人民法院也可根据实际需要，指定公司股东、董事、监事、高级管理人员，与管理人名册中的中介机构或者个人共同组成清算组。人民法院指定管理人名册中的中介机构或者个人组成清算组，或者担任清算组成员的，应当参照适用《最高人民法院关于审理企业破产案件指定管理人的规定》。

当然，一旦指定了清算组，其就不同于普通清算（自行清算）中的清算组，而是一种具有特别意义的清算人。首先，清算组是由法院在具有清算资格的中介组织或专业人员中指定，而非由股东（大）会或董事会确定的。其次，清算组应对法院负责，而非公司。最后，如果清算组是应债权人请求而由法院指定的，清算组还须受到债权人或债权人会议的监督。

关于清算组成员的报酬，《座谈会纪要》也作出了明确规定，分两种情况：（1）如果是公司股东、实际控制人或者股份有限公司的董事担任清算组成员的，不计付报酬。上述人员以外的有限责任公司的董事、监事、高级管理人员，股份有限公司的监事、高级管理人员担任清算组成员的，可以按照其上一年度的平均工资标准计付报酬。（2）中介机构或者个人担任清算组成员的，其报酬由中介机构或者个人与公司协商确定；协商不成的，则由人民法院参照《最高人民法院关于审理企业破产案件确定管理人报酬的规定》确定。

（四）清算组的人数、负责人及更换

尽管《公司法解释（二）》第八条进一步明确了清算组成员的构成，扩大了清算组成员的范围，但作为一个集体组织机构，其需要对清算事务作出决议，需要有负责人统一组织。为此，《座谈会纪要》明确了清算组的人数、负责人及更换问题，即“强制清算清算组成员的人数应当为单数。人民法院指定清算组成员的同时，应当根据清算组成员的推选，或者依职权，指定清

算组负责人。清算组负责人代行清算中公司诉讼代表人职权。清算组成员未依法履行职责的，人民法院应当依据利害关系人的申请，或者依职权及时予以更换”。

1. 清算组成员的人数

基于各个公司实际情况的不同，清算组成员可多可少，甚至是一人。公司法对此既无必要也不便限制清算组成员的人数，而完全应当根据清算公司的规模大小和清算事务工作量的多少而具体情况具体分析。不过，如果清算组为数人时，为便于清算议事时的表决，应限定为单数。

2. 清算组的负责人

在强制清算期间，清算组就是公司的机构，其对内执行清算事务，对外代表公司处理债权债务关系。在清算组为一人的情况下，该一人即代表清算组从事相应行为；在清算组为数人的情况下，清算事务应由清算组全体成员共同决定。这时就应当确定清算组负责人，由其代表执行具体清算事务，代行清算中的公司诉讼代表人的职权。但清算组负责人显然不享有独立于清算组之外的决定清算事务的权利。

清算组负责人可以通过两种方式产生：一是由全体清算组成员推选，人民法院确认；二是直接由人民法院依职权指定。清算组负责人应在清算组成立的同时产生，以利于清算组工作的开展。

3. 清算组成员的更换

作为清算组成员，其肩负着公司清算事务，关系到清算能否顺利进行及公平进行，清算组成员必须能够胜任该职责，不能做出有违清算组成员应有的勤勉与忠实义务。当清算组成员不能胜任职务或有违反法律规定的情形时，应予以解任更换。人民法院也应依法及时更换清算组成员。清算组成员更换的方式包括依申请更换和依职权更换两种。

在强制清算程序中，清算组的成员是由人民法院指定产生，是人民法院行使职权的结果，清算组应当对人民法院负责。所以，尽管公司股东和债权人也享有更换清算组成员的权利，但在法律程序上，公司股东或者债权人更换清算组成员，应当向人民法院申请，无权擅自更换，即公司股东和债权人享有的更换清算组成员的权利限于要求人民法院更换，而非自行更换。《座谈会纪要》所称的“利害关系人”包括但不限于《公司法解释（二）》第九条所指的债权人、股东，还可以是公司高级管理人员、监事等。

当然，由于清算组是由人民法院指定，其对人民法院负责，当人民法院发现清算组成员不能勤勉、忠实地履行清算义务时，也可以直接依职权予以更换。《公司法解释（二）》第九条规定：“人民法院指定的清算组成员有下列情形之一的，人民法院可以根据债权人、股东的申请，或者依职权更换清算组成员：（一）有违反法律或者行政法规的行为；（二）丧失执业能力或者民事行为能力；（三）有严重损害公司或者债权人利益的行为。”

（五）清算组的职权与议事规则

1. 清算组的职权

根据《公司法》第一百八十四条的规定，清算组在清算期间行使下列职权：（1）清理公司财产，分别编制资产负债表和财产清单；（2）通知、公告债权人；（3）处理与清算有关的公司未了结的业务；（4）清缴所欠税款以及清算过程中产生的税款；（5）清理债权、债务；（6）处理公司清偿债务后的剩余财产；（7）代表公司参与民事诉讼活动。这些属于清算组的职权，但从规范清算程序的立法目的考虑，它们也属于清算组依法应尽的义务和职责。

清算组成员应当忠于职守，依法履行清算义务。清算组不依照《公司法》的规定向公司登记机关报送清算报告，或者报送清算报告隐瞒重要事实或者有重大遗漏的，由公司登记机关责令改正。

公司在进行清算时，隐匿财产，对资产负债表或者财产清单作虚假记载，或者在未清偿债务前分配公司财产的，由公司登记机关责令改正，对公司处以隐匿财产或者未清偿债务前分配公司财产金额 5% 以上 10% 以下的罚款；对直接负责的主管人员和其他直接责任人员处以 1 万元以上 10 万元以下的罚款。

2. 清算组的议事规则

清算组是清算中公司的对内决策机构和对外代表机构，类似于公司正常状态下的董事会，“关于董事之规定，于不违反清算目的之限度，应准用于清算人”。①因此，清算组的议事方式也类似于公司董事会的议事方式。根据《公司法》第一百一十一条、第四十八条的规定，董事会的表决方式为一人一票。因此，有关清算事务的表决，清算组成员也应实行一人一票。

关于清算组的议事机制，根据《清算纪要》第二十六条规定，公司强制清算中的清算组因清算事务发生争议的，应当参照《公司法》第一百一十一条的规定，经全体清算组成员过半数决议通过。与争议事项有直接利害关系的清算组成员可以发表意见，但不得参与投票；因利害关系人回避表决无法形成多数意见的，清算组可以请求人民法院作出决定。

与争议事项有直接利害关系的清算组成员未回避表决形成决定的，债权人或者清算组其他成员可以参照《公司法》第二十二条的规定，自决定作出之日起60日内，请求人民法院予以撤销。

案例指导

上诉人王自强因公司决议撤销纠纷案②

金鸿公司系于1997年4月29日成立的有限责任公司。2013年6月24日，原审法院作出（2013）闵民二（商）清（预）字第4号民事裁定书，裁定受理A（以下简称A）对金鸿公司的强制清算申请。2014年1月15日，原审法院作出（2013）闵民二（商）清（算）字第1号决定书，指定王自强、张、李、林、施担任金鸿公司的清算组成员，并由李担任清算组负责人。2014年3月27日，金鸿公司召开第四次清算组会议，并形成清算组决议。决议主要内容为：“……十八、关于评估范围，根据上海市闵行区人民法院《关于未注明使用期限的集体土地使用权应否纳入企业清算财产的答复》，金鸿公司经营期限届满之后，且已进入强制清算程序，A依法收回集体土地使用权是属于取回股东自己财产的行为，A投入的集体土地使用权不应再纳入金鸿公司

---

① 史尚宽：《民法总论》，中国政法大学出版社2000年版，第201页。

② 案例来源：上海市第一中级人民法院民事判决书（2014）沪一中民四（商）终字第1883号，载中国裁判文书网，http：//wenshu.court.gov.cn/content/content?DocID=06992282-f071-4084-8d22-965d1fbdac3a&KeyWord。

的清算财产，因此清算组确定本案评估范围为除集体土地使用权之外的金鸿公司全部财产。对此，A及清算组中的君悦所律师表示同意执行，上海金三角水利建设工程有限公司表示反对。”

原审法院认为，王自强申请撤销涉案清算组决议的理由有二，一是清算组其他成员的行为在实体上违反了法律的规定，二是涉案清算组决议的表决程序违法。因此，本案争议焦点有二：一是清算组通过清算组决议的形式确定清算财产的评估范围是否影响决议的效力；二是涉案决议的表决方式是否违法。

对于争议焦点一，原审法院认为，《公司法》第一百八十四条规定，清算组在清算期间行使下列职权：（一）清理公司财产，分别编制资产负债表和财产清单；（二）通知、公告债权人；（三）处理与清算有关的公司未了结的业务；（四）清缴所欠税款以及清算过程中产生的税款；（五）清理债权、债务；（六）处理公司清偿债务后的剩余财产；（七）代表公司参与民事诉讼活动。就本案而言，涉案决议事项系A用于出资的集体土地使用权是否纳入金鸿公司清算财产进行评估，该事项系清理公司财产的行为，属于清算组的职责范围。在清算组成员对该清算事务发生争议的情况下，通过清算组决议作出决定，符合清算组的议事规则。王自强该主张于法无据，不予支持。

对于争议焦点二，原审法院认为，一旦公司进入清算程序，其原有的经营管理机关（董事会）即处于被冻结状态。取而代之的法人机关为依法成立的清算组织。清算组对内为公司决策机构，对外代表公司进行民事和诉讼活动。此时清算组在公司中的地位类似于董事会。因此，清算组的议事机制可以参照《公司法》关于董事会议事机制的规定。现王自强以涉案清算组成员张与涉案决议事项有利害关系，其在表决时应当回避而未回避，故涉案决议表决程序违法为由，要求撤销该决议。对王自强该诉讼请求，原审法院认为，《公司法》第二十二条规定，董事会的表决方式违反法律、行政法规或者公司章程的，股东可以自决议作出之日起六十日内，请求人民法院撤销。《公司法》第一百二十四条则规定，上市公司董事与董事会会议决议事项所涉及的企业有关联关系的，不得对该项决议行使表决权，也不得代理其他董事行使表决权。该董事会会议由过半数的无关联关系董事出席即可举行，董事会会议所作决议须经无关联关系董事过半数通过。该条即为《公司法》关于董事“回避表决”的规定。根据该规定，“回避表决”制度对有利害关系董事的影响表现为不得行使或代理行使表决权，对董事会会议及决议的影响则表现为过半数的无关联关系董事出席即可举行，决议经无关联董事过半数通过。就本案而言，由于涉案决议事项系对A的出资是否应纳入清算财产进行评估，故张、王自强作为清算组成员中的金鸿公司股东代表，与涉案决议存在利害关系，对决议不得行使表决权，涉案决议应经无利害关系的清算组成员（即李、林、施）过半数通过。现涉案决议显示，“清算组中的君悦所律师（即李、林、施）表示同意”涉案决议事项，故涉案决议符合《公司法》关于决议须经无关联关系清算组成员过半数通过的要求，涉案决议的表决方式未违反《公司法》关于“回避表决”的规定。王自强以涉案决议违反“回避表决”规定为由申请撤销涉案决议，于法不符，不予支持。

二审法院经过审理认为，《公司法》第一百八十四条规定，清算组在行使职权中具备清理公司财产职责。原审据此认定清算组将A用于出资的集体土地使用权未纳入金鸿公司清算财产进行评估的行为为扩大解释。对此，本院认为，就清理公司财产而言，清算组在行使清理公司财产职责时，不但要对已纳入清算财产范围内财产进行查询、登记，还应包括对不应纳入被清算财产范围内的财产进行清理、甄别。本案系争集体土地使用权是否应再纳入金鸿公司的清算财产，根据原审法院作出的《关于未注明使用期限的集体土地使用权应否纳入企业清算财产的答复》相关规定，明确A投入的集体土地使用权不应再纳入金鸿公司的清算财产。在可明确集体土地使用权不应纳入被清算财产范围的情况下，对清算组而言，其作出清算组决议是其职责，不能因涉案集体土地使用权之前曾作价或进行过登记而一定要纳入清算财产。原审判决根据《公司法》第一百八十四条相关规定所作认定是正确，王自强上诉称原审法院对《公司法》第一百八十四条规定予以扩大解释依据不足。关于原审法院所作判决程序是否违法，公司法规定上市公司董事与董事会会议决议事项所涉及的企业有关联关系的，不得对该项决议行使表决权，也不得代理其他董事行使表决权。根据该项规定，可理解张、王自强是不得对决议行使表决权的，也不得代理其他董事行使表决权，故张、王自强在决议中的签名是无效力的。但从涉案决议的结果来看，仍符合公司法关于决议须经无关联关系清算组成员过半数通过的要求。至于清算组成员施是否可选任为清算组成员，施担任金鸿公司清算组成员的资格为（2013）闵民二（商）清（算）字第1号决定书确定，王自强现认为施不应当被选任为清算组成员，可在该案中向原审法院提出，本案的审理不涉及施能否被选任为清算组成员资格事宜。综上所述，王自强就本案的上诉主张依据不足，其上诉请求，本院不予支持。

规范指引

《中华人民共和国民法总则》

第七十条第二款　法人的董事、理事等执行机构或者决策机构的成员为清算义务人。法律、行政法规另有规定的，依照其规定。

第七十条第三款　清算义务人未及时履行清算义务，造成损害的，应当承担民事责任；主管机关或者利害关系人可以申请人民法院指定有关人员组成清算组进行清算。

第七十一条　法人的清算程序和清算组职权，依照有关法律的规定；没有规定的，参照适用公司法的有关规定。

第七十二条　清算期间法人存续，但是不得从事与清算无关的活动。

法人清算后的剩余财产，根据法人章程的规定或者法人权力机构的决议处理。法律另有规定的，依照其规定。

清算结束并完成法人注销登记时，法人终止；依法不需要办理法人登记的，清算结束时，法人终止。

《中华人民共和国公司法》

第一百八十三条　公司因本法第一百八十条第（一）项、第（二）项、第（四）项、第（五）项规定而解散的，应当在解散事由出现之日起十五日内成立清算组，开始清算。有限责任公司的清算组由股东组成，股份有限公司的清算组由董事或者股东大会确定的人员组成。逾期不成立清算组进行清算的，债权人可以申请人民法院指定有关人员组成清算组进行清算。人民法院应当受理该申请，并及时组织清算组进行清算。

第一百八十四条 清算组在清算期间行使下列职权：

（一）清理公司财产，分别编制资产负债表和财产清单；

（二）通知、公告债权人；

（三）处理与清算有关的公司未了结的业务；

（四）清缴所欠税款以及清算过程中产生的税款；

（五）清理债权、债务；

（六）处理公司清偿债务后的剩余财产；

（七）代表公司参与民事诉讼活动。

第二百零四条 公司在合并、分立、减少注册资本或者进行清算时，不依照本法规定通知或者公告债权人的，由公司登记机关责令改正，对公司处以一万元以上十万元以下的罚款。

公司在进行清算时，隐匿财产，对资产负债表或者财产清单作虚假记载或者在未清偿债务前分配公司财产的，由公司登记机关责令改正，对公司处以隐匿财产或者未清偿债务前分配公司财产金额百分之五以上百分之十以下的罚款；对直接负责的主管人员和其他直接责任人员处以一万元以上十万元以下的罚款。

《最高人民法院关于适用〈中华人民共和国公司法〉若干问题的规定（二）》

第八条 人民法院受理公司清算案件，应当及时指定有关人员组成清算组。

清算组成员可以从下列人员或者机构中产生：

（一）公司股东、董事、监事、高级管理人员；

（二）依法设立的律师事务所、会计师事务所、破产清算事务所等社会中介机构；

（三）依法设立的律师事务所、会计师事务所、破产清算事务所等社会中介机构中具备相关专业知识并取得执业资格的人员。

第九条 人民法院指定的清算组成员有下列情形之一的，人民法院可以根据债权人、股东的申请，或者依职权更换清算组成员：

（一）有违反法律或者行政法规的行为；

（二）丧失执业能力或者民事行为能力；

（三）有严重损害公司或者债权人利益的行为。

专题七：清算中的公司的法律适用

【核心提示】公司依法清算结束并办理注销登记前，有关公司的民事诉讼，应当以公司的名义进行。公司成立清算组的，由清算组负责人代表公司参加诉讼；尚未成立清算组的，由原法定代表人代表公司参加诉讼。

实务争点

公司一旦被解散就进入清算阶段。在清算阶段，公司不能进行正常的经营活动，只能从事与其清算业务有关的活动，此时的公司被称为清算中的公司。对于清算中的公司，因其不能像正常公司那样活动，就出现了如何看待此时公司的性质问题，理论界和实践界争议较大。对此，《公司法解释（二）》第十条作出了明确规定。

理解适用

对《公司法解释（二）》第十条规定的理解适用

（一）清算中公司的法律地位

在公司实践中，公司出现解散事由后，常常需要经过清算阶段，清算结束后才能在公司登记机关办理注销登记。在这个阶段，公司只能从事与其清算事务有关的活动，亦即其权利能力受到一定限制。正如设立中的公司理论那样，这是一个清算中的公司理论问题。那么，如何认识清算中的公司法律性质，其与清算前公司之间的关系如何，是一个比较重要的理论与实践课题。

关于清算中公司的法律性质，理论界和实务界一直争议较大，主要有以下几种看法：（1）人格消灭说。该理论认为，公司一经解散，其人格随之消灭。（2）拟制存续说。该理论认为，公司因解散而丧失权利能力，不得从事其经营范围所决定的活动，但由于法律的拟制使公司在清算的目的范围内享有权利能力，从法人解散到清算完结，在此阶段视为法人仍然存续。（3）清算法人说。该理论认为，公司因解散而消灭其主体资格，但由此又会导致其财产成为无主财产，因此，法律专为公司的清算目的而设立了一种清算法人，这种法人的能力是特殊的，不再享有原法人的能力，原法人的能力也因解散而消灭，不再转移给新法人。（4）同一人格说。该理论认为，清算中公司与解散前的公司在本质上是相同的，不过是权利能力范围的缩小而已。

在这些不同的看法中，人格消灭说过于武断，它事实上将公司解散与清算当作了公司的终止，而二者完全是两个不同的法律问题。拟制存续说与清算法人说将清算中的公司与清算前的公司割裂开来，认为仅是法律的拟制或法律另行规定而将清算中的公司单独独立出来，这既不符合客观事实，也不符合关于公司权利能力的产生到消灭的基本法理。从客观事实上看，清算中的公司显然是清算前公司的正常延续，只不过这种延续因其自身能力的不足而不能完全像清算前公司那样而已。从关于公司权利能力的产生到消灭的法理而言，公司权利能力始于依法成立，终于依法登记注销，即清算中的公司权利能力是公司依法成立后权利能力的一部分，而非不同于清算前公司权利能力的能力。

所以，清算中公司仍具有法人资格，在法律上仍是独立的法律主体，其权利能力并未丧失。除法律另有规定外，清算中公司对其依法终止前发生的债务仍以其全部法人财产独立承担民事责任。当然，鉴于清算中公司存在的目的在于进行公司清算，其权利能力仅限于清算目的范围内。《民法总则》第七十二条第一款规定："清算期间法人存续，但是不得从事与清算无关的活动。"

不过，我国法律实践关于清算中公司的诉讼地位，经历了一个从否定到肯定的曲折过程。

受清算中公司人格消灭说影响，早期立法对清算中公司的诉讼地位持否定态度，而将清算组作为诉讼主体。1988 年最高人民法院颁行的《关于贯彻执行〈中华人民共和国民法通则〉若干问题的意见（试行）》第六十条规定，清算组织是以清算企业法人债权、债务为目的而依法成立的组织。它负责对终止的企业法人的财产进行保管、清理、估价、处理和清偿。对于涉及终止的企业法人债权、债务的民事诉讼，清算组织可以用自己的名义参加诉讼。1992年最高人民法院颁布的《关于适用〈中华人民共和国民事诉讼法〉若干问题的意见》第五十一条也规定："企业法人未经清算即被撤销，有清算组织的，以该清算组织为当事人；没有清算组织的，以作出撤销决定的机构为当事人。"

基于上述法律规定，在一些指导地方性审判的省级人民法院的规定中也多采用清算中公司人格消灭的观点，以清算组为诉讼当事人。但将清算组作为独立诉讼主体的实质是否定了清算中公司的法人资格，从而将公司解散与公司终止两个不同的法律问题混为一谈，并造成实践中一些投资人借机逃废债务的荒唐现象。

随着公司理论研究的深化，我国司法实践对清算中公司的诉讼资格开始发生变化，认为公司解散后其法人资格尚未消灭，诉讼中仍应以公司为诉讼当事人。

2000年，最高人民法院在函复甘肃省高级人民法院的法经〔2000〕23号复函中指出："清算期间，企业民事诉讼主体资格依然存在。"2000年1月29日，最高人民法院在答复辽宁省高级人民法院《关于企业法人营业执照被吊销后，其民事诉讼地位如何确定的请示》的法经〔2000〕24号复函中进一步指出："吊销企业法人营业执照，是工商行政管理机关依据国家工商行政法规对违法的企业法人作出的一种行政处罚。企业法人被吊销营业执照后，应当依法进行清算，清算程序结束并办理工商注销登记后，该企业法人才归于消灭。因此，企业法人被吊销营业执照后至被注销登记前，该企业法人仍应视为存续，可以自己的名义进行诉讼活动。"我国一些地方法院亦对清算中公司的人格持肯定态度。如浙江省高级人民法院民事审判第二庭指出："吊销营业执照是公司登记管理中十分重要的行政处罚措施，吊销公司营业执照的法律后果如何，其取消的究竟是企业的营业资格，还是连同其法人人格一并取消？就立法、执法和司法的本意而言，吊销营业执照的目的在于停止企业的营业，不允许其继续新的经营活动，而不是禁止企业进行清算活动，而要进行清算，企业的法人人格就是必要的主体条件。因此，吊销营业执照的后果应是取消企业的营业资格，而不应同时将其法人人格一并取消，法人人格的取消应以公司清算完结并办理注销登记为条件。"

不过，对于清算中公司的人格及诉讼主体资格，最高人民法院尽管早在2000年就在上述复函中持肯定态度，但由于最高人民法院的复函仅具有个案指导意义，一些地方法院仍没有按照最高人民法院的批复去做。

严格来讲，1993年《公司法》第一百九十五条第四款就对清算中的公司的法律地位作出了比较明确的规定，即“清算期间，公司不得开展新的经营活动”。从该规定文义上看，清算中的公司仍具有法人人格，仅“不得开展新的经营活动”而已。而且，1993年《公司法》第八章“公司破产、解散和清算”有关规定都强调的是“公司破产”“公司解散”与“公司清算”，涉及清算组的规定都是关于“公司的清算组”，而非“清算的清算组”。特别是其中第一百九十七条更是明确规定“公司清算结束后，清算组应当制作清算报告，报股东会或者主管机关确认，并报送公司登记机关，申请注销公司登记，公告公司终止”。这里的“公司终止”，显然只能是其法人资格的终止，亦即在终止之前，公司法人资格是仍然存续的。1986年《民法通则》第三十六条第二款也十分清楚地规定：“法人的民事权利能力和民事行为能力，从法人成立时产生，到法人终止时消灭。”2005年《公司法》修改后第一百八十七条第三款、现《公司法》第一百八十六条第三款对此作了更为明确的规定，即“清算期间，公司存续，但不得开展与清算无关的经营活动”。这里所谓的“清算期间公司存续”，其实就是指公司解散后、清算完结前公司法人资格并未终止。从以上可以看出，我国过去关于清算中的法人主体地位的认识是极其错误的，既不符合公司法理，也不符合《民法通则》和《公司法》的规定。关于清算中的公司法律性质的争议及司法实践表明，我国理论界与司法实务界对于作为团体法的公司法的认识还是远远不够的，甚至是极其低级的，是不该发生的。

《公司法解释（二）》第十条第一款对于清算中的公司的诉讼主体资格作了明确规定：“公司依法清算结束并办理注销登记前，有关公司的民事诉讼，应当以公司的名义进行。”亦即，公司是主体。

（二）清算中公司诉讼代表人的确定

在我国现行法律框架内，清算中公司具有法定的诉讼主体资格，可以以自己的名义起诉和应诉。但与正常状态下的公司一样，清算中公司也是一种组织，其诉讼活动必须通过一定的自然人。因此，就需要确定清算中公司在诉讼中的代表人问题。

《公司法》第一百八十五条规定了清算组在清算期间代表公司参与民事诉讼活动，但清算组在实践中大多数情况下由多人组成，其在一定意义上也是一个集体机构，实行集体决策制。因此，在清算组由多人组成时，由谁代表清算中公司参与诉讼就成为一个重要的实务问题。鉴于此，《公司法解释（二）》第十条第二款规定："公司成立清算组的，由清算组负责人代表公司参加诉讼；尚未成立清算组的，由原法定代表人代表公司参加诉讼。"《清算纪要》第二十三条也明确规定："清算组负责人代行清算中公司诉讼代表人职权。"

不过，在公司已经成立清算组的情形下，由清算组负责人代表公司参加诉讼，此时清算组的诉讼代表权优先于法定代表人。

此外，人民法院受理强制清算申请前已经开始，人民法院受理强制清算申请时尚未审结的有关被强制清算公司的民事诉讼，由原受理法院继续审理，但应依法将原法定代表人变更为清算组负责人。

案例指导

郑州市土产杂品总公司与郑州市二七饮食公司房屋租赁合同纠纷案①

再审申请人郑州市二七饮食公司（以下简称饮食公司）因与被申请人郑州市土产杂品总公司（以下简称杂品公司）房屋租赁合同纠纷一案，不服河南省高级人民法院（2016）豫民终字第300号民事判决，向最高人民法院申请再审。

饮食公司申请再审除了提出有关实体问题外，还称一、二审诉讼程序违法，其中一个重要理由是认为杂品公司依法不具有本案诉讼主体资格，杂品公司是否依法清算结束没有证据证明，无权以公司名义参加诉讼。

最高人民法院经审查认为，关于诉讼主体资格问题，饮食公司主张杂

① 案例来源：最高人民法院民事裁定书（2016）民申3615号，载中国裁判文书网，http://wenshu.court.gov.cn/content/content?DocID=52b8847c-009f-456a-9441-a760011be15c&KeyWord。

品公司是否依法清算结束没有证据证明，无权以公司名义参加诉讼。《公司法解释（二）》第十条规定："公司依法清算结束并办理注销登记前，有关公司的民事诉讼，应当以公司的名义进行。公司成立清算组的，由清算组负责人代表公司参加诉讼；尚未成立清算组的，由原法定代表人代表公司参加诉讼。"饮食公司主张以公司名义进行诉讼的时间应当是在清算结束后，注销登记前，因杂品公司是否依法清算结束没有证据证明，故无权以公司名义参加诉讼。该主张是对法律、司法解释规定的错误理解。首先，从前述司法解释的文义看，"前"字修饰的是"清算结束并办理注销登记"而不仅仅是"办理注销登记"。其次，从司法解释的内容看，前述条款还规定，成立清算组的，由清算组负责人代表公司参加诉讼；尚未成立清算组的，由原法定代表人代表公司参加诉讼。说明无论清算是否开始，均应以公司名义参加诉讼。最后，公司的法人资格结束于注销登记，在注销登记前，无论是否吊销营业执照，是否实际经营，均仍具有法人资格，应当以公司名义参加诉讼，故认为原审关于主体的认定并无不当。

规范指引

《中华人民共和国民法总则》

第七十二条第一款 清算期间法人存续，但是不得从事与清算无关的活动。

《中华人民共和国公司法》

第一百八十六条第三款 清算期间，公司存续，但不得开展与清算无关的经营活动。公司财产在未依照前款规定清偿前，不得分配给股东。

《最高人民法院关于适用〈中华人民共和国公司法〉若干问题的规定（二）》

第十条 公司依法清算结束并办理注销登记前，有关公司的民事诉讼，应当以公司的名义进行。

公司成立清算组的，由清算组负责人代表公司参加诉讼；尚未成立清算组的，由原法定代表人代表公司参加诉讼。

《公司登记管理条例》

第六十九条 公司在合并、分立、减少注册资本或者进行清算时，不按照规定通知或者公告债权人的，由公司登记机关责令改正，处以1万元以上

10 万元以下的罚款。

公司在进行清算时，隐匿财产，对资产负债表或者财产清单作虚假记载或者在未清偿债务前分配公司财产的，由公司登记机关责令改正，对公司处以隐匿财产或者未清偿债务前分配公司财产金额 5% 以上 10% 以下的罚款；对直接负责的主管人员和其他直接责任人员处以 1 万元以上 10 万元以下的罚款。

公司在清算期间开展与清算无关的经营活动的，由公司登记机关予以警告，没收违法所得。

专题八：债权异议及其法律适用

【核心提示】公司清算时，债权人对清算组核定的债权有异议的，可以要求清算组重新核定。清算组不予重新核定，或者债权人对重新核定的债权仍有异议，债权人以公司为被告向人民法院提起诉讼请求确认的，人民法院应予受理。

实务争点

在公司清算过程中，公司债权人须申报债权并由清算组核定入册。由于双方掌握的信息不对称，债权人申报的债权可能与清算组核定的债权并不一致。在债权人对清算组核定的债权有不同意见的情况下，可以要求清算组再次核定，但如果清算组认为核定无误而拒绝核定或尽管重新进行了核定，但债权人仍有异议时，如何予以救济需要明确，是以公司为被告，还是以清算组为被告？对此，《公司法解释（二）》第十二条作出了明确规定。

理解适用

对《公司法解释（二）》第十二条规定的理解适用

在债权申报后，清算组在核定债权的过程中，债权人和清算组可能会对一些债权的核定产生争议，由此就引发了债权核定中的债权异议问题。对此，《公司法》并没有作出有关规定，从而引起司法实践中的一些问题。在强制清算中，尽管清算组是由法院指定并对法院负责，但并非说清算组的认定就是法院的认定。也就是说，清算组对债权人申报的债权的核定，只是其作为公司的清算组织以公司的身份的核定，亦即这是一种公司行为，而非人民法院的司法行为。因此，就有必要对此提供相应的救济途径。既然这是一种公司行为，相应的诉讼就应以公司而非清算组为被告。

《公司法解释（二）》规定了异议债权诉讼制度，即债权人对清算组核定的债权有异议时，可以向法院提起诉讼。该解释第十二条规定："公司清算时，债权人对清算组核定的债权有异议的，可以要求清算组重新核定。清算组不予重新核定，或者债权人对重新核定的债权仍有异议，债权人以公司为被告向人民法院提起诉讼请求确认的，人民法院应予受理。"

根据该条规定，对于异议债权诉讼，在实务中应注意以下几点：

1. 异议债权诉讼须有相应的前置程序

在发生异议时，债权人必须先行要求清算组重新核定，而不能直接要求法院确认，这是法定的前置程序。在债权人向清算组要求重新核定后，如果清算组不予以重新核定，或者债权人对重新核定的债权仍有异议时，才可以向人民法院提起异议债权诉讼。

2. 异议债权诉讼中的当事人

在异议债权诉讼中，作为直接的利害关系人，异议债权人无疑可以成为原告。所以，《公司法解释（二）》第十二条规定，公司的债权人是异议债权诉讼的原告，债权人有权对清算组核定的债权依法提出异议。

但是，债权人能否对清算组核定的其他债权人的债权提出异议？《公司法解释（二）》第十二条并未明确说明，在条文表述中也未强调异议对象只能是自身债权，根据"法无禁止即自由"的原则，债权人应该是既可以对自身的债权又可以对他人的债权提出异议。债权人对清算组核定的自身债权提出异议是对其权利的直接保护。因为清算组核定的债权性质、数额是清算分配的唯一依据，若核定内容与实情不符，将直接影响到债权人的受偿程度。而债权人对清算组核定的他人债权提出异议，却是对其权利的间接保护。因为公司处于清算状态后，其责任财产是一定的，清算组对他人债权性质的误核和对债权数额的多核，都有可能侵害到提出异议的债权人的权益。因此，应当赋予债权人对他人债权提出异议的权利。[①]

在公司清算中，异议债权人是直接针对清算组有异议的，那么，这是不是说相应的被告应当是清算组呢？根据前述关于清算组性质的认定来看，清算组仅是清算中公司的机关，其是代表公司而非代表自身的，因此，公司是异议债权诉讼的被告。换言之，当债权人对清算组核定的债权有异议时，有关纠纷是在债权人与公司之间发生的，应以公司为被告，代表公司的则是清算组负责人。

3. 异议债权诉讼的管辖法院

在公司自行清算中，异议债权诉讼的管辖法院应该根据《民事诉讼法》的相关规定确定。而在强制清算案件中，异议债权诉讼显然应由受理强制清算案件申请的法院管辖。最高人民法院在《清算纪要》第三十一条规定："人民法院受理强制清算申请后，就强制清算公司的权利义务产生争议的，应当向受理强制清算申请的人民法院提起诉讼，并由清算组负责人代表清算中公司参加诉讼活动。受理强制清算申请的人民法院对此类案件，可以适用民事诉讼法第三十七条和第三十九条的规定确定审理法院。"这是因为在强制清算案件里，债权异议是发生在公司清算时，亦即发生在法院受理强制清算的申请后，所以，债权人只能向受理强制清算案件的法院提起异议债权诉讼。

受理强制清算申请的人民法院对异议债权诉讼案件，可以根据《民事诉讼法》第三十七条指定管辖和第三十八条管辖权转移的规定确定审理法院。

异议债权诉讼案件在受理法院内部各审判庭之间，按照业务分工进行审理。实务中，异议债权可能是基于合同产生，也可能是基于侵权产生，既可能涉及保险问题，也可能涉及知识产权问题等。如果所有异议债权诉讼都由审理强制清算案件的审判厅集中管辖，不仅对审判法官的法律适用能力提出了过高要求，而且在目前案多人少的矛盾普遍存在的情况下，有碍异议债权

① 最高人民法院民事审判第二庭编著：《最高人民法院关于公司法司法解释（一）、（二）理解与适用》，人民法院出版社2008年版，第255~256页。

诉讼案件的及时审理，也不符合强制清算程序的审理效率原则。因此，受理强制清算案件的法院审理异议债权诉讼案件时，应当根据案件性质，在受理法院内部各审判厅之间，按照业务分工由不同审判厅进行审理。

4. 异议债权诉讼与仲裁条款的处理

仲裁和诉讼均是解决民事争议的方法，均能产生法律上的确定力和执行力。对于一般情况下的债权债务纠纷，双方当事人既可以通过诉讼的方式，也可以通过仲裁的方式。当当事人之间就债权债务关系订有明确、有效的仲裁协议或条款时，应当适用仲裁排斥诉讼的原理，由仲裁机构一裁终局，确认他们之间的纠纷。当事人未订立仲裁条款或仲裁条款无效时，则只能向法院提起诉讼。

对于进入公司清算阶段中产生的异议债权问题，即使异议债权人与公司事先制定有仲裁条款或协议，也不宜由仲裁机构进行仲裁。这是因为公司进入强制清算阶段，事实上就是进入了司法处理阶段，因清算而产生的争议已经成了司法上的争议问题，而不再是仲裁问题了。公司清算是对于公司债权债务的整体、全面性清理，是公司对所有债权人和债务人的问题，而不仅仅针对某一个债权人。如果允许异议债权人仍通过其与公司事先达成的所谓仲裁协议或条款进行仲裁，就意味着其债权问题可以个案解决，而该个案解决可能不会考虑整个公司债权债务的清理问题，极有可能造成对其他债权人的不公平裁决。无论是仲裁，还是诉讼，其目的都是一样的，都是解决有关纠纷的。二者之间的区别在于仲裁具有民间性质，讲求时效、专业，但法院的诉讼手段并非不讲时效和专业，也就是说，仲裁方式没有比诉讼手段更高的价值与意义。而且，在公司强制清算阶段中排除仲裁，更为快捷与方便，且有利于全体债权人的监督。因此，与其交由仲裁机构对个别的债权异议进行仲裁，不如直接由法院基于整个公司清算情况作出处理直截了当，它并不会因此损害异议债权人的任何利益，恰恰能够更为公平、合理、快速地解决问题。因此，即使当事人之间事先有所谓仲裁协议或条款，也不宜交由仲裁机构予以仲裁，而应当直接交由法院诉讼处理。

相反，如果因此交由仲裁机构予以仲裁，其他债权人仲裁有异议时，再交由人民法院通过诉讼手段再次处理，还会造成司法资源浪费。

对此，《清算纪要》第三十一条规定应当按照当事人事先达成的仲裁协议或条款予以仲裁，是值得商榷的。至于当事人事后达成仲裁协议或条款，更是不应当允许。

案例指导

李贺成、广州市白云区中意石材公司清算组物权保护纠纷案①

2012年7月17日，李贺成起诉中意石材公司及第三人梁婉平、梁耀辉、刘权公司解散纠纷。原审法院认定李贺成、中意石材公司及第三人均确认公司一直没有召开过股东会，无法形成有效的股东会决议，也就无法通过股东会决议的方式管理公司，股东会机制已经失灵。且中意石材公司已停止办公，无经营业务，内部机制无法正常运行，无法对公司的经营作出决策，即使根据生效判决认定仍有土地收益，也不能改变其公司的经营管理发生严重困难、无法运作的事实，判决：解散中意石材公司。

及后，李贺成以中意石材公司未在公司解散之日起十五日内成立清算组为由，向原审法院申请强制清算。原审法院裁定：受理申请人李贺成对被申请人中意石材公司的强制清算申请。2015年5月26日，原审法院立案受理李贺成申请中意石材公司强制清算一案，指定广东踔厉律师事务所为清算组。

清算组成立后，李贺成向清算组申报债权，金额为5269760元。清算组核定后，出具《债权初步审核函》，记载初步审核意见为：对于债权人申报的债权金额暂无法核定。李贺成收到《债权初步审核函》后，对核定结果有异议，以清算组为被告，诉至原审法院。

原审法院认为，根据李贺成与清算组的诉辩意见及提交的证据，本案实为公司清算中确认债权之诉。《公司法解释（二）》第十二条规定："公司清算时，债权人对清算组核定的债权有异议的，可以要求清算组重新核定。清算组不予重新核定，或者债权人对重新核定的债权仍有异议，债权人以公司为被告向人民法院提起诉讼请求确认的，人民法院应予受理。"本案中，中

---

① 案例来源：广州市中级人民法院民事裁定书（2018）粤01民终9873号，载中国裁判文书网，http：//wenshu.court.gov.cn/content/content?DocID=a6cf92a1-528c-4b33-b1ae-a90a00987dd0&KeyWord。

意石材公司仍处于清算过程中，李贺成申报债权后对清算组审核的债权有异议，该异议系针对与中意石材公司之间的债权债务关系，依据上述法律规定，应当以中意石材公司为被告向人民法院提起诉讼请求确认，而非以清算组为被告，现李贺成要求清算组在清算中意石材公司财产内给付5269760元，无法律依据，原审法院不予支持。

二审法院认为：根据《公司法解释（二）》第十二条的规定，李贺成对清算组核定的债权有异议，应当以中意石材公司为被告；而李贺成以中意石材公司清算组为被告提起诉讼，属于被告主体不适格，依法应在程序上裁定驳回起诉。原审法院在未对李贺成的实体权利作出论述和处理的情况下，判决驳回其诉讼请求，有失妥当。

规范指引

《最高人民法院关于适用〈中华人民共和国公司法〉若干问题的规定（二）》

第十二条 公司清算时，债权人对清算组核定的债权有异议的，可以要求清算组重新核定。清算组不予重新核定，或者债权人对重新核定的债权仍有异议，债权人以公司为被告向人民法院提起诉讼请求确认的，人民法院应予受理。

专题九：债权的补充申报及清偿

【核心提示】债权人在规定的期限内未申报债权，在公司清算程序终结前补充申报的，清算组应予登记。公司清算程序终结，是指清算报告经股东会、股东大会或者人民法院确认完毕。

实务争点

公司进入清算程序后，债权人应当在法定的债权申报期间内申报债权。

但实践中，由于种种原因，债权人未能在法定的时间内申报债权。债权人未能在法定时间内申报债权，并不意味着其债权的丧失，但是，如何保护这些未能在法定期间申报债权的债权人的利益，我国现有法律并不明确。如果对那些因客观原因而不能按期申报债权的债权人应给予保护的话，那么对于那些因主观上有过错者是否可以不给予保护？对此，《公司法解释（二）》第十三条作出了明确规定。

理解适用

对《公司法解释（二）》第十三条规定的理解适用

（一）债权人的补充申报权

《公司法》第一百八十五条第一款规定："清算组应当自成立之日起十日内通知债权人，并于六十日内在报纸上公告。债权人应当自接到通知书之日起三十日内，未接到通知书的自公告之日起四十五日内，向清算组申报其债权。"也就是说，债权人应当在规定的时间内向清算组申报债权。但在实践中，由于信息的不对称或者其他原因，债权人可能并不能如期获得公告信息或得到通知，或者尽管获得有关信息但未能按时向清算组申报债权。

《公司法》第一百八十五条第一款要求债权人按期申报仅是关于申报债权的程序性规定，其目的是保障债权人的利益并使清算顺利进行。也就是说，如果债权人未在法定的债权申报期间内申报债权的，并不意味着其债权的丧失，债权人对于公司的债权仍然是存在的。但是，对于未在法定时间内申报债权的如何处理，《公司法》则无进一步的规定。对此，《企业破产法》中有相应的关于债权人过期申报债权的处理规定，其第五十六条第一款规定："在人民法院确定的债权申报期限内，债权人未申报债权的，可以在破产财产最后分配前补充申报；但是，此前已进行的分配，不再对其补充分配。为审查和确认补充申报债权的费用，由补充申报人承担。"亦即对于破产清算中债权人未按期申报债权的，允许债权人在破产财产的最后分配前补充申报。

因此，为了充分保护债权人的利益，借鉴《企业破产法》中债权申报的规定，《公司法解释（二）》第十三条规定："债权人在规定的期限内未申报债权，在公司清算程序终结前补充申报的，清算组应予登记。公司清算程序终结，是指清算报告经股东会、股东大会或者人民法院确认完毕。”亦即逾期未申报债权的债权人仍享有补充申报债权的权利。在司法实务中，不能仅仅因为债权人没有及时申报债权就视为其放弃债权，也不能依此认为债权人不能参与公司财产的受偿。

根据《公司法解释（二）》第十三条的规定，只要是债权人都享有补充申报的权利，而无论其对债权申报的逾期有无过错。也就是说，不能以债权人无过错作为补充申报的前提条件。公司的所有债权人都可以依法补充申报债权，既包括无过错的债权人，也包括有过错的债权人；既包括接到解散通知的债权人，也包括未接到解散通知的债权人。这是因为公司清算程序具有特殊性，是对清算公司整体债权、债务的清理与了结。相应债权人未能按期申报债权，并非因为他们自身的过错引起，而完全是由于公司进入清算程序导致的，公司债权人这时申报债权常常是被动的，因此不论申报者是因客观因素，还是主观原因，均可以补报。

任何权利都是法律规定范围内的权利，债权人所享有的补充申报权也不例外。为了防止补充申报权的滥用，必须对这一权利予以限定，对此，《公司法解释（二）》第十三条规定，补充申报权必须在法定期限内行使，即债权人必须在公司清算程序终结前补充申报。在公司清算程序终结后，未申报债权的债权人丧失补充申报权。所谓公司清算程序终结，是指清算报告经股东会、股东大会或者人民法院确认完毕。具体而言，在自行清算中，清算报告被股东会或股东大会确认完毕后，债权人就不能再申报债权；在强制清算中，清算报告被人民法院确认完毕后，债权人就不能再申报债权了。当然，如果债权人错失申报时机是因清算组未依法通知或者未依法公告造成的，债权人可以在清算程序终结后依照《公司法》第一百八十九条及《公司法解释（二）》第十一条的规定追究清算组的赔偿责任。

关于审查和确认补充申报债权的费用的负担，应根据债权人是否存在过错做区别对待。当债权人对逾期未申报债权负有过错时，应由其承担审查和确认补充申报债权的费用；债权人没有过错时，申报费用由公司承担。

（二）补充申报债权的清偿

如上所述，在公司清算程序终结前，所有的债权都可以补充申报。然而，逾期未申报的债权既可能是由于清算组的过错造成的，也可能是由于债权人的过错造成的，因此，如果让逾期未申报的债权直接参与公司财产的受偿的话，则不利于保护其他及时申报债权的债权人的利益；如果让逾期未申报的债权不加限制地从股东已分配的财产中受偿的话，则不利于保护股东的合法权益。因此，关于补充申报债权的清偿，不能采取“一刀切”的方法简单处理，而应当针对不同情况作出不同处理，以有效实现债权人与债权人以及债权人与股东之间的利益平衡。对此，《公司法解释（二）》第十四条规定：“债权人补充申报的债权，可以在公司尚未分配财产中依法清偿。公司尚未分配财产不能全额清偿，债权人主张股东以其在剩余财产分配中已经取得的财产予以清偿的，人民法院应予支持；但债权人因重大过错未在规定期限内申报债权的除外。债权人或者清算组，以公司尚未分配财产和股东在剩余财产分配中已经取得的财产，不能全额清偿补充申报的债权为由，向人民法院提出破产清算申请的，人民法院不予受理。”该条规定主要包括以下三层意思：

第一，对补充申报的债权，首先在公司尚未分配的财产中依法受偿。债权人在公司财产分配开始后结束前这段时间内，向公司清算组申报债权主张清偿的，公司仍应予以清偿。此时，原则上仅以公司尚未分配的财产进行清偿，公司已经分配给及时申报债权的其他债权人的财产不受影响。

第二，当所剩余未分配财产不足以清偿补充申报的债权时，如果此时公司股东已经从公司获得了剩余财产的分配，则债权人可以请求从股东分配所得财产中受偿。因为，根据基本的公司法原理，公司的财产应优先偿还公司的对外债务，只有在清偿了债务还有剩余时，股东才能基于剩余财产分配请求权要求公司分配剩余财产。补充申报的债权并不因逾期申报而消灭，公司仍有义务偿还，同时补充申报的债权人也无重大过错，因此，对于股东此前从公司所得的剩余财产，债权人可以根据债的保全之撤销权原理要求股东返还。

但债权人对未在规定期限内申报债权有重大过错的，譬如清算组依法通知其申报债权，而其因为自己的原因（非不可抗力）没有及时申报债权的，则其所补充申报债权以所剩未分配财产不足以清偿其债务的，债权人无权再要求在公司股东已经分配所得财产中受偿。这样规定，主要是在存在过错的债权人和股东之间寻求一种利益上的平衡，即在补充申报债权人存在重大过错的情形下，基于正常清算程序已经完成的剩余财产分配应为有效，不得因为债权的补充申报而否定原已进行行为的效力；除非补充申报债权人未及时申报债权系基于清算组的故意或重大过失，以及不可抗拒的原因造成的，才可以通过适当否定股东剩余财产分配部分的效力，以保护补充申报债权人利益；但是，这种对已进行清算程序的否定绝对不能及于已实现债权的其他债权人。①

《公司法解释（二）》第十四条规定，债权人因“重大过错”未在规定期限内申报债权的，不得主张以股东在剩余财产分配中已经取得的财产清偿其债务。此处所谓的债权人的“重大过错”，与轻微过错相对，包括债权人的故意和重大过失。至于重大过失与一般过失，我们需要在分析过错标准的基础上确定其是否包含于债权人的“重大过错”中。民法上确定过错的标准有客观标准和主观标准。客观标准是以某种客观的行为准则来衡量行为人的行为，从而认定其有无过错；主观标准是通过判断行为人的主观心理状态来判断行为人有无过错。我国民法实践中一般采用客观标准来对行为人的过错形态进行判断，表现为行为人对行为后果的预见能力。衡量行为人的行为的预见标准分为普通预见水平和专业预见水平，前者是一般“理性人”通常对事务所具有的认识能力，后者是专业领域的人对其专业范围内的事务通常所具备的水平。专业预见水平比普通预见水平高，当一个专业人士违反了普通预见水平，即构成重大过失。因此，重大过失属于“重大过错”，而一般过失只能算轻微过错。

在债权申报中，法官应依据债权人所处的情景，运用自由裁量权判断行

① 宋晓明主编：《最高人民法院商事审判裁判规范与案例指导》（第1卷），法律出版社2010年版，第299页。

为人的行为是否构成重大过错。如当清算组已通过书面形式明确告知债权人债权申报的期限、地点以及通信地址等，债权人的逾期未申报就违反了债权人这一特殊身份所应尽的注意义务，构成重大过错，只能在公司尚未分配的财产中依法受偿。①

第三，禁止债权的补充申报引发破产清算。如果公司所剩余的未分配财产和股东已分配财产总和仍不足以清偿补充申报的债权（公司事实上已出现了破产原因），债权人无权要求以已经分配给其他债权人的财产获得清偿，也无权以公平受偿为目的向法院申请破产清算。在此情形下，无论债权人有无过错，都不能向破产清算程序转化。

因为债权人之间是平等的，补充申报程序不能危及债权已实现的其他债权人的利益。对补充申报债权的过度保护，就是对其他债权的不公。如果允许债权人以资不抵债为由申请破产清算，就会造成公司清算程序向破产清算程序转化，将会使已经进行的债权申报、财产清理等程序归于无效。这不仅加大了公司清算成本，而且也侵害到了债权已实现的其他债权人的利益。因此，债权人或者清算组，以公司尚未分配财产和股东在剩余财产分配中已经取得的财产，不能全额清偿补充申报的债权为由，向人民法院提出破产清算申请的，人民法院不予受理。

案例指导一

赵峰与滁州市信托投资公司储蓄存款合同纠纷案②

赵峰诉称：2012年6月，中国人寿保险股份有限公司安徽省分公司将对滁州市信托投资公司的三笔债权转让给了赵峰，故请求判令滁州市信托投资公司给付存款本金及利息。

---

① 最高人民法院民事审判第二庭编著：《最高人民法院关于公司法司法解释（一）、（二）理解与适用》，人民法院出版社2008年版，第287页。

② 案例来源：安徽省高级人民法院民事裁定书（2015）皖民二终字第00321号，载中国裁判文书网，http：//wenshu.court.gov.cn/content/content?DocID=1cb2b9e3-6e4d-4f82-b399-868953c35484&KeyWord。

滁州市信托投资公司一审辩称：2002 年 7 月，该公司已被中国人民银行南京分行决定撤销，滁州市人民政府依法成立清算组对该公司进行清算，并依法进行了公告；目前，清算工作仍在进行中，不能对个别债权进行清偿；赵峰主张的债权是否真实合法，应由清算组进行审核，如果清算组不予确认，赵峰应当提起确认之诉，其要求个别清偿，没有事实和法律依据。

一审法院认为：滁州市信托投资公司系经中国人民银行批准取得经营金融业务许可证，并经工商行政管理机关登记设立的非银行金融机构，其被依法撤销，应当根据《公司法》以及《金融机构撤销条例》的规定清理债权债务。中国人民银行南京分行已于 2002 年 7 月 5 日作出《关于撤销滁州市信托投资公司的决定》，当时持有涉案存单债权的债权人应当按照 1999 年修订的《公司法》第一百九十二条以及《金融机构撤销条例》第十四条第二款的规定，向清算组申报债权。本案中，赵峰受让涉案存单债权时，滁州市信托投资公司清算组公告的债权申报期限已经届满，且受让债权未经滁州市信托投资公司清算组核定，赵峰应根据《公司法解释（二）》第十三条的规定，向滁州市信托投资公司清算组补充申报债权，在公司尚未分配财产中依法清偿。在滁州市信托投资公司清算程序尚未终结的情况下，赵峰提起给付之诉，要求滁州市信托投资公司清偿债务，没有法律依据，裁定驳回赵峰的起诉。

二审法院认为：赵峰基于受让的债权，向一审法院提起民事诉讼，请求判令滁州市信托投资公司偿还本金和利息，符合《民事诉讼法》第一百一十九条规定的起诉条件。《公司法解释（二）》第十三条规定，债权人在规定的期限内未申报债权，在公司清算程序终结前补充申报的，清算组应予登记。此条规定旨在明确清算组的职责，并非限制债权人对有关债权提起民事诉讼，案涉债权是否向清算组申报过、是否经过清算组核定并不影响赵峰向法院提起民事诉讼的权利。一审法院以赵峰受让的债权未经清算组核定、应向清算组补充申报为由驳回赵峰的起诉不当，依法应予纠正。故裁定撤销安徽省滁州市中级人民法院（2014）滁民二初字第 00261 号民事裁定，并指令安徽省滁州市中级人民法院对本案进行审理。

案例指导二

唐礼刚、张玉清算责任纠纷案[①]

2014年3月14日，唐礼刚作为乙方，睿之联公司作为甲方，双方签订《会员服务协议》，唐礼刚向睿之联公司支付会员服务费共计100000元。2015年3月18日，睿之联公司清算组在天府早报刊登申报债权债务通知。2015年5月11日，睿之联公司注销。唐礼刚向一审法院起诉请求睿之联返还会员费100000元及利息。

一审法院认为，根据《会员服务协议》的约定，睿之联公司向唐礼刚返还会员服务费的条件为唐礼刚办理完退房手续，并接到成都建发置业有限公司书面通知后。现唐礼刚并未举示相应证据证明已存在符合睿之联公司向唐礼刚返还会员服务费的条件。且就现有证据来看，在睿之联公司注销前，唐礼刚也没有通知睿之联公司，要求返还会员费。加之睿之联公司注销程序符合法律规定，故睿之联公司的股东无须对唐礼刚承担返还会员费的责任。唐礼刚要求张玉、郑静、雷俊叶返还会员费的诉请，不符合法律规定，一审法院不予支持。

根据双方的诉辩意见及审理查明的事实，二审法院认为，关于唐礼刚在二审中提出解除与睿之联公司签订的《会员服务协议》的主张，唐礼刚在一审中的诉讼请求是返还会员费及资金占用利息，该诉讼请求是直接请求合同解除后的法律后果，故解除《会员服务协议》是返还款项的基础，基于唐礼刚的一审诉讼请求和睿之联公司已注销的现状，《会员服务协议》应予解除。

唐礼刚认为睿之联公司未于清算前通知唐礼刚，张玉抗辩唐礼刚不是已知债权人。依据《会员服务协议》第四条，该协议待所购房屋交易完成后终止。本案中，唐礼刚购房交易并未完成，故《会员服务协议》并未终止，睿

---

① 案例来源：成都市中级人民法院判决书（2017）川01民终1008号，载中国裁判文书网，http：//wenshu.court.gov.cn/content/content?DocID=7c2d9715-57f6-4e66-9c98-a83500b176d2&KeyWord。

之联公司对唐礼刚的合同义务依然存在，睿之联公司在组织自行清算时应通知唐礼刚作为债权人。睿之联公司清算时未通知唐礼刚，后睿之联公司注销，导致唐礼刚不能向睿之联公司主张债权。依据《公司法解释（二）》第十四条第一款“债权人补充申报的债权，可以在公司尚未分配财产中依法清偿。公司尚未分配财产不能全额清偿，债权人主张股东以其在剩余财产分配中已经取得的财产予以清偿的，人民法院应予支持；但债权人因重大过错未在规定期限内申报债权的除外”之规定，因唐礼刚并不存在重大过错，故睿之联公司清算组成员张玉、郑静、雷俊叶应按照剩余财产的分配比例对唐礼刚承担返还责任。依据《清算报告》的内容，张玉分配 4799 元，郑静分配 23515.3 元，雷俊叶分配 239950.3 元，三人总共分配 268264.6 元，张玉的分配比例为 1.79%，郑静的分配比例为 8.77%，雷俊叶的分配比例为 89.44%，故张玉应向唐礼刚返还 1790 元，郑静应向唐礼刚返还 8770 元，雷俊叶应向唐礼刚返还 89440 元。

规范指引

《中华人民共和国公司法》

第一百八十五条 清算组应当自成立之日起十日内通知债权人，并于六十日内在报纸上公告。债权人应当自接到通知书之日起三十日内，未接到通知书的自公告之日起四十五日内，向清算组申报其债权。

债权人申报债权，应当说明债权的有关事项，并提供证明材料。清算组应当对债权进行登记。

在申报债权期间，清算组不得对债权人进行清偿。

《最高人民法院关于适用〈中华人民共和国公司法〉若干问题的规定（二）》

第十三条 债权人在规定的期限内未申报债权，在公司清算程序终结前补充申报的，清算组应予登记。

公司清算程序终结，是指清算报告经股东会、股东大会或者人民法院确认完毕。

专题十：补充申报债权的清偿

【核心提示】债权人补充申报的债权，可以在公司尚未分配财产中依法清偿。公司尚未分配财产不能全额清偿，债权人主张股东以其在剩余财产分配中已经取得的财产予以清偿的，人民法院应予支持；但债权人因重大过错未在规定期限内申报债权的除外。债权人或者清算组，以公司尚未分配财产和股东在剩余财产分配中已经取得的财产，不能全额清偿补充申报的债权为由，向人民法院提出破产清算申请的，人民法院不予受理。

实务争点

因各种原因，债权人可能在应当申报债权的期限内未加以申报。未申报，并非意味着其不能补充申报。但对于补充申报情形，公司财产可能已经分配完毕，这时，如何平衡补充申报人债权利益与已分配财产的股东利益，值得研究。对此，《公司法解释（二）》第十四条作出了明确规定。

理解适用

对《公司法解释（二）》第十四条规定的理解适用

在公司清算程序终结前，所有的债权都可以补充申报。然而，逾期未申报的债权既可能是由于清算组的过错造成的，也可能是由于债权人的过错造成的，因此，如果让逾期未申报的债权直接参与公司财产的受偿的话，则不利于保护其他及时申报债权的债权人的利益；如果让逾期未申报的债权不加限制地从股东已分配的财产中受偿的话，则不利于保护股东的合法权益。因此，关于补充申报债权的清偿，不能采取“一刀切”的方法简单处理，而应当针对不同情况作出不同处理，以有效实现债权人与债权人以及债权人与股东之间的利益平衡。对此，公司法司法解释（二）第十四条规定："债权人补充申报的债权，可以在公司尚未分配财产中依法清偿。公司尚未分配财产不能全额清偿，债权人主张股东以其在剩余财产分配中已经取得的财产予以清偿的，人民法院应予支持；但债权人因重大过错未在规定期限内申报债权的除外。债权人或者清算组，以公司尚未分配财产和股东在剩余财产分配中已经取得的财产，不能全额清偿补充申报的债权为由，向人民法院提出破产清算申请的，人民法院不予受理。"该条规定主要包括以下三层意思：

第一，对补充申报的债权，首先在公司尚未分配的财产中依法受偿。债权人在公司财产分配开始后结束前这段时间内，向公司清算组申报债权主张清偿的，公司仍应予以清偿。此时，原则上仅以公司尚未分配的财产进行清偿，公司已经分配给及时申报债权的其他债权人的财产不受影响。

第二，当所剩余未分配财产不足以清偿补充申报的债权时，如果此时公司股东已经从公司获得了剩余财产的分配，则债权人可以请求从股东分配所得财产中受偿。因为，根据基本的公司法原理，公司的财产应优先偿还公司的对外债务，只有在清偿了债务还有剩余时，股东才能基于剩余财产分配请求权要求公司分配剩余财产。补充申报的债权并不因逾期申报而消灭，公司仍有义务偿还，同时补充申报的债权人也无重大过错，因此，对于股东此前从公司所得的剩余财产，债权人可以根据债的保全之撤销权原理要求股东返还。

但债权人对未在规定期限内申报债权有重大过错的，譬如清算组依法通知其申报债权，而其因为自己的原因（非不可抗力）没有及时申报债权的，则其所补充申报债权以所剩未分配财产不足以清偿其债务的，债权人无权再要求在公司股东已经分配所得财产中受偿。这样规定，主要是在存在过错的债权人和股东之间寻求一种利益上的平衡，即在补充申报债权人存在重大过错的情形下，基于正常清算程序已经完成的剩余财产分配应为有效，不得因为债权的补充申报而否定原已进行行为的效力；除非补充申报债权人未及时申报债权系基于清算组的故意或重大过失，以及不可抗拒的原因造成的，才可以通过适当否定股东剩余财产分配部分的效力，以保护补充申报债权人利益；但是，这种对已进行清算程序的否定绝对不能及于已实现债权的其他债权人。①

公司法司法解释（二）第十四条规定，债权人因“重大过错”未在规定期限内申报债权的，不得主张以股东在剩余财产分配中已经取得的财产清偿其债务。此处所谓的债权人的“重大过错”，与轻微过错相对，包括债权人的故意和重大过失。民法上将过错区分为故意、重大过失与一般过失。故意是指“明知不可为而为之”的主观心理状态，自然涵盖在债权人“重大过错”的范围内。至于重大过失与一般过失，我们需要在分析过错标准的基础上确定其是否包含于债权人的“重大过错”中。民法上确定过错的标准有客观标准和主观标准。客观标准是以某种客观的行为准则来衡量行为人的行为，从而认定其有无过错；主观标准是通过判断行为人的主观心理状态来判断行为人有无过错。我国民法实践中一般采用客观标准来对行为人的过错形态进行判断，表现为行为人对行为后果的预见能力。衡量行为人的行为的预见标准分为普通预见水平和专业预见水平，前者是一般“理性人”通常对事务所具有的认识能力，后者是专业领域的人对其专业范围内的事务通常所具备的水平。专业预见水平比普通预见水平高，当一个专业人士违反了普通预见水平，即构成重大过失。因此，重大过失属于“重大过错”，而一般过失只能算轻微过错。

在债权申报中，法官应依据债权人所处的情景，运用自由裁量权判断行为人的行为是否构成重大过错。如当清算组已通过书面形式明确告知债权人债权申报的期限、地点以及通信地址等，债权人的逾期未申报就违反了债权人这一特殊身份所应尽的注意义务，构成重大过错，只能在公司尚未分配的财产中依法受偿。②

第三，禁止债权的补充申报引发破产清算。如果公司所剩余的未分配财产和股东已分配财产总和仍不足以清偿补充申报的债权（公司事实上已出现了破产原因），债权人无权要求以已经分配给其他债权人的财产获得清偿，

---

① 宋晓明主编：《最高人民法院商事审判裁判规范与案例指导》（第1卷），法律出版社2010年版，第299页。

② 最高人民法院民事审判第二庭编著：《最高人民法院关于公司法司法解释（一）、（二）理解与适用》，人民法院出版社2008年版，第287页。

也无权以公平受偿为目的向法院申请破产清算。在此情形下，无论债权人有无过错，都不能向破产清算程序转化。

因为债权人之间是平等的，补充申报程序不能危及债权已实现的其他债权人的利益。对补充申报债权的过度保护，就是对其他债权的不公。如果允许债权人以资不抵债为由申请破产清算，就会造成公司清算程序向破产清算程序转化，将会使已经进行的债权申报、财产清理等程序归于无效。这不仅加大了公司清算成本，而且也侵害到了债权已实现的其他债权人的利益。因此，债权人或者清算组，以公司尚未分配财产和股东在剩余财产分配中已经取得的财产，不能全额清偿补充申报的债权为由，向人民法院提出破产清算申请的，人民法院不予受理。

案例指导

南通东帝五金有限公司与陈伟、戴建伟等买卖合同纠纷案①

2012 年 9 月 14 日，东帝五金公司（买方）与三人公司（卖方）签订一份轴承买卖合同，后东帝五金公司将所购轴承再次出售给上风风能公司。但该轴承被举报系假冒产品而被工商局没收并罚款。

其中，三人公司于 2009 年 9 月 23 日成立，股东为姜美华、陈伟、戴建伟。2016 年 1 月 11 日的清算报告载明：公司于 2013 年 3 月 5 日经股东会决议解散。清算财产处理结果：公司财产按顺序支付完毕清算费用、职工工资、社会保险费用和法定补偿金，缴纳所欠税款、清偿公司债务后，剩余资产折合人民币 331978.93 元，公司剩余资产由股东陈伟全部收回，股东姜美华、戴建伟放弃剩余财产分配权。2016 年 7 月，三人公司注销登记。

东帝五金公司认为该处置行为损害了东帝五金公司的合法权益，应由股东陈伟、姜美华、戴建伟承担连带赔偿责任。

一审法院认为，东帝五金公司与三人公司签订工业品买卖合同系双方真

---

① 案例来源：南通市中级人民法院民事判决书（2017）苏 06 民终 1827 号，载中国裁判文书网，http：//wenshu.court.gov.cn/content/content?DocID=fb2b4a18-bfae-433d-9aba-a7fc010b0caa&KeyWord=。

实意思的表示，不违反法律法规规定，合法有效，双方均应按合同的约定履行义务。买卖合同约定如果因卖方违约，造成买方损失的，卖方给予全额赔偿。三人公司向东帝五金公司出售的轴承，属假冒注册商标产品，对东帝五金公司造成的损失，三人公司应承担赔偿责任。三人公司已经注销登记，其清算后对资产的处置方案系内部约定，对东帝五金公司不具约束力。三人公司注销时对东帝五金公司的债权并未进行清偿，故姜美华、陈伟、戴建伟应在公司剩余资产范围内对东帝五金公司的损失承担清偿责任，对不能清偿的部分，东帝五金公司有证据证明其存在违反公司法相关规定情形的，可另行主张权利。故一审判决：三人公司应赔偿东帝五金公司各项损失 395800 元，由姜美华、陈伟、戴建伟于判决生效后 30 日内，在三人公司剩余资产 331978.93 元范围内承担共同清偿责任。

二审法院认为，依照法律规定，解除合同并非当事人承担违约责任的前提条件。在三人公司所交付的货物侵犯注册商标专用权的情形下，东帝五金公司要求三人公司承担赔偿损失的违约责任并无不当，赔偿损失的范围应包括东帝五金公司与上风风能公司订立的合同成本、履行后可以获得的利益、因三人公司提供的侵权商品而遭受的实际损失等。合同就质量问题另约定了违约金，三人公司亦应支付。一审综合认定东帝五金公司各项损失共计 395800 元并无不当。虽然三人公司股东陈伟、戴建伟、姜美华在公司解散时约定剩余资产由陈伟收回，姜美华、戴建伟放弃剩余财产分配权，但此系股东间的内部约定，其三人仍应在公司剩余资产范围内对东帝五金公司的损失承担共同清偿责任。《公司法解释（二）》第十四条第一款规定，债权人补充申报的债权，可以在公司尚未分配财产中依法清偿。公司尚未分配财产不能全额清偿，债权人主张股东以其在剩余财产分配中已经取得的财产予以清偿的，人民法院应予支持；但债权人因重大过错未在规定期限内申报债权的除外。如前述分析，东帝五金公司的各项损失合计 395800 元，而三人公司剩余资产为 331978.93 元。三人公司并无证据证明东帝五金公司具有重大过错未及时申报债权，故东帝五金公司在本案中申请三人公司在未分配财产中清偿债务依法有据。陈伟、戴建伟、姜美华虽约定由陈伟收回剩余资产，戴建伟、姜美华放弃剩余财产分配权，但三名股东的内部约定对东帝五金公司不具有约束力，一审判决陈伟、戴建伟、姜美华承担共同清偿责任并无不当。

规范指引

《中华人民共和国公司法》

第一百八十五条 清算组应当自成立之日起十日内通知债权人，并于六十日内在报纸上公告。债权人应当自接到通知书之日起三十日内，未接到通知书的自公告之日起四十五日内，向清算组申报其债权。

债权人申报债权，应当说明债权的有关事项，并提供证明材料。清算组应当对债权进行登记。

在申报债权期间，清算组不得对债权人进行清偿。

《最高人民法院关于适用〈中华人民共和国公司法〉若干问题的规定（二）》

第十四条 债权人补充申报的债权，可以在公司尚未分配财产中依法清偿。公司尚未分配财产不能全额清偿，债权人主张股东以其在剩余财产分配中已经取得的财产予以清偿的，人民法院应予支持；但债权人因重大过错未在规定期限内申报债权的除外。

债权人或者清算组，以公司尚未分配财产和股东在剩余财产分配中已经取得的财产，不能全额清偿补充申报的债权为由，向人民法院提出破产清算申请的，人民法院不予受理。

专题十一：清算方案的确认

【核心提示】公司自行清算的，清算方案应当报股东会或者股东大会决议确认；人民法院组织清算的，清算方案应当报人民法院确认。未经确认的清算方案，清算组不得执行。执行未经确认的清算方案给公司或者债权人造成损失，公司、股东或者债权人主张清算组成员承担赔偿责任的，人民法院应依法予以支持。

实务争点

清算方案不仅直接关系到股东和债权人切身利益，还涉及清算能否及如何终结。因此，清算方案须得到合法确认。但对于由什么机关或机构确认，以及如果没有得到有效确认，如何处理相关人员的责任，这些问题均需进行明确，对此，《公司法解释（二）》第十五条作出了规定。

理解适用

对《公司法解释（二）》第十五条规定的理解适用

（一）清算方案的确认

清算组在清理公司财产、编制资产负债表和财产清单后，应当制定清算方案，即如何清偿公司债务、分配剩余财产的方案。它是清算组用以处理公司清算事务、了结公司债权债务关系的基本法律文件，一般应当包括以下内容：公司财产和负债情况、公司主要财产清单、财产作价依据和方式、债权债务清单及处理方法、剩余财产分配办法等。

作为指导清算组开展工作的计划性文件，清算方案必须合法、合理，同时具有完整、及时、准确和便于操作的特性。清算方案应对公司财产进行盘点、评估和适当的处置，同时对债权债务的处理作出相应安排。对于公司财产处理，须按照法律和公司章程的规定。对于债权的申报登记、财产盘点造册等，则应明确具体的人或小组。对于资产估价等业务，则应明确需要聘请的机构人员。对于有关纠纷的处理等，也都要在方案中予以明确。必要时，清算组可以向债权人大会或股东大会公布清算方案，征求意见，特别是公司财会人员和经营管理人员的意见，使方案更加完善和切实可行。

《公司法》第一百八十六条第一款规定，清算组在清理公司财产、编制资产负债表和财产清单后，应当制定清算方案，并报股东会、股东大会或者人民法院确认。对于清算方案的内容，法律并未作明确规定，如果其编制足以包括公司财产及债权债务状况和分配方法，在不侵犯其他人合法权益的情况下，就可以认定。但对于股东会或股东大会的确认以及法院的确认，实践中产生了一些争议，如是否仅股东会或股东大会自行确认即可？还是同时需要由人民法院裁定确认？抑或在股东会或股东大会不能或不确认下，再由人民法院加以确认？

从《公司法》第一百八十六条第一款规定上看，其是区分公司自行清算与强制清算两种情形的。在自行清算下，因不涉及法院的司法监督，由股东会、股东大会确认即可；在强制清算下，则因进入由法院主导的强制清算程序，而应由人民法院确认。因此，《公司法解释（二）》第十五条第一款前半句对此予以了明确，即“公司自行清算的，清算方案应当报股东会或者股东大会决议确认；人民法院组织清算的，清算方案应当报人民法院确认”。

清算方案必须经过股东会、股东大会或人民法院的依法确认，这是清算方案得以执行的前提。如果清算组擅自进行，不经过权力机关的确认，该方案及执行是无效的。《公司法解释（二）》第十五条第一款后半句对此规定“未经确认的清算方案，清算组不得执行”。

清算方案一经依法确认，就具有法律约束力，清算中的公司、清算组、股东等均需严格执行，不得擅自更改。

（二）法律责任

未经确认的清算方案，清算组不得执行。执行未经确认的清算方案给公司或者债权人造成损失的，清算组成员显然应当承担赔偿责任。《公司法》第一百八十九条就规定，清算组成员应当忠于职守，依法履行清算义务。清算组成员不得利用职权收受贿赂或者其他非法收入，不得侵占公司财产。清算组成员因故意或者重大过失给公司或者债权人造成损失的，应当承担赔偿责任。

因此，《公司法解释（二）》第十五条第二款明确“执行未经确认的清算方案给公司或者债权人造成损失，公司、股东或者债权人主张清算组成员承担赔偿责任的，人民法院应依法予以支持”。其中，公司或债权人为此诉讼的，为直接诉讼；股东为此诉讼的，为代表诉讼。同时需要注意，清算组成员此时的赔偿责任为连带责任。

案例指导

傅国寿诉姚虹名、姚洪勇、李君莲、李光蓉清算责任纠纷案[①]

2014年4月21日，傅国寿以姚虹名等四人在清算工作中违背公司法及相关司法解释规定，未依法履行告知义务使其债权未获得申报和清偿，给其造成损失应当承担赔偿责任为由，向原审法院提起诉讼，请求判决姚虹名、姚洪勇、李君莲、李光蓉连带承担未依法履行告知义务给其造成的损失70380元。

佳森运输公司于2001年3月9日成立，姚虹名系该公司法定代表人。2014年1月9日，该公司股东会出具《股东会决议》，成立清算小组，清算组组长姚虹名，清算组成员姚虹名、姚洪勇、李君莲、李光蓉，在股东签名处有姚虹名、李君莲签字。该公司于2014年1月10日，在《天府早报》刊登公司清算公告，于2014年2月25日作出清算报告，在报告中载明："公司债权债务状况，无债权债务。"2014年2月27日，办理注销登记。

一审法院认为，傅国寿主张的借款事实，有佳森运输公司向傅国寿出具的借条证明，该借条所约定的内容并不违反法律法规的禁止性规定，原审法院对傅国寿主张的借款事实予以确认。《公司法》第一百八十六条第一款规定，公司清算时清算组应当将公司清算事宜通知全体已知债权人。本案中姚虹名、姚洪勇、李君莲、李光蓉未能提交发送通知及通知到达作为已知债权人傅国寿处的直接证据，应认定清算组未按法律规定履行将清算事宜通知已知债权人即傅国寿的义务。依照《公司法》第一百八十九条第一款"清算组成员应当忠于职守，依法履行清算义务"和第三款"清算组成员因故意或者重大过失给公司或者债权人造成损失的，应当承担赔偿责任"的规定，清算组因未依法履行通知义务的过错，造成傅国寿的债权未能得到清偿，应向傅国寿承担赔偿责任。特别是在原审法院审理（2014）雨城民初字第150号傅国寿诉佳

① 案例来源：雅安市中级人民法院民事判决书（2015）雅民终字第92号，载中国裁判文书网，http：//wenshu.court.gov.cn/content/content?DocID=bf56a48b-8fb2-4107-a67f-132db36455d1&KeyWord=。

森运输公司民间借贷纠纷一案期间，清算组迅速完成了佳森运输公司股东会决议，成立清算组，作出清算报告，并完成公司注销登记，且姚虹名自述一系列行为中的签名不真实。姚虹名的行为必将影响清算行为的合法性，并直接损害傅国寿作为债权人的合法利益。据此，原审法院对傅国寿要求姚虹名、姚洪勇、李君莲连带承担给其造成的70380元损失的请求予以支持。

二审法院在认定傅国寿主张的借款事实成立的基础上，认为：

一、佳森运输公司清算组在清算过程中存在过错。第一，根据《公司法》第一百八十五条第一款规定，在公司自行清算过程中，通知债权人和在报纸上公告均为清算组应当履行的义务，法律并未规定清算组可以在上述两项义务中仅选择一项履行。本案中，姚虹名仅举证证明其尽到了登报公告的义务，但未能提交发送清算事宜通知及通知到达傅国寿处的直接证据，应认定清算组未按法律规定履行通知义务。此外，在原审法院审理的（2014）雨城民初字第150号傅国寿诉佳森运输公司民间借贷纠纷一案中，傅国寿已就2004年10月3日形成的借条提出了相应的主张，该案讼争借款事实与本案中傅国寿主张的借款事实相同，且姚虹名在该案中已作为被告参加诉讼，可以认定姚虹名对傅国寿主张的该笔债权是明知的。可见，姚虹名明知佳森运输公司可能存在尚未清偿的债权，但并未在清算组成立后十日内履行通知债权人的义务。第二，依《公司法解释（二）》第十五条规定，姚虹名已陈述其在未征得同意的情况下，私自代姚洪勇、李君莲在股东会决议和清算报告上签名，姚洪勇、李君莲完全不知晓清算过程，对该陈述姚洪勇、李君莲亦予以认可，因此可以认定佳森运输公司清算组执行了未经股东会确认的清算方案。综合以上两方面足以认定佳森运输公司清算组在清算过程中存在过错。

二、佳森运输公司清算组成员应当对傅国寿未实现的债权承担连带赔偿责任。本案案由为清算责任纠纷，依照《公司法》第一百八十九条第一款和第三款之规定，清算责任是清算组成员因自身过错产生的赔偿责任，系过错责任，也系公司人格否认制度的细化和直接体现。本案中，一方面，佳森运输公司清算组未依法履行通知义务，并执行了未经股东会确认的清算方案，存在违法行为和主观过错；另一方面，傅国寿的债权因清算组的过错而无法及时清偿，存在损害事实，两者间也具备因果关系。因此，佳森运输公司清算组成员应当依法就傅国寿未能实现的债权承担赔偿责任。

三、本案中应由姚虹名和李君莲对债权人傅国寿承担连带赔偿责任。依照《公司法》第一百八十三条之规定，有限责任公司的清算义务人为公司股东，根据二审查明的事实，佳森运输公司的股东为姚虹名、李君莲，故针对傅国寿未实现的债权，应由姚虹名、李君莲承担连带赔偿责任。由于姚洪勇并非公司股东，其不能作为有限责任公司的清算义务人，也就不能成为本案承担清算责任的主体，因此原审判决姚洪勇对傅国寿承担连带赔偿责任不当，二审应予纠正。

规范指引

《中华人民共和国公司法》

第一百八十六条　清算组在清理公司财产、编制资产负债表和财产清单后，应当制定清算方案，并报股东会、股东大会或者人民法院确认。

公司财产在分别支付清算费用、职工的工资、社会保险费用和法定补偿金，缴纳所欠税款，清偿公司债务后的剩余财产，有限责任公司按照股东的出资比例分配，股份有限公司按照股东持有的股份比例分配。

清算期间，公司存续，但不得开展与清算无关的经营活动。公司财产在未依照前款规定清偿前，不得分配给股东。

第一百八十九条　清算组成员应当忠于职守，依法履行清算义务。

清算组成员不得利用职权收受贿赂或者其他非法收入，不得侵占公司财产。

清算组成员因故意或者重大过失给公司或者债权人造成损失的，应当承担赔偿责任。

《最高人民法院关于适用〈中华人民共和国公司法〉若干问题的规定（二）》

第十五条　公司自行清算的，清算方案应当报股东会或者股东大会决议确认；人民法院组织清算的，清算方案应当报人民法院确认。未经确认的清算方案，清算组不得执行。

执行未经确认的清算方案给公司或者债权人造成损失，公司、股东或者债权人主张清算组成员承担赔偿责任的，人民法院应依法予以支持。

专题十二：清算程序的终结

【核心提示】人民法院组织清算的，清算组应当自成立之日起六个月内清算完毕。因特殊情况无法在六个月内完成清算的，清算组应当向人民法院申请延长。

实务争点

公司清算应在法定的时间内清算完毕，但如果公司关系复杂，导致无法在法定时间内进行完毕，如何处理？特别是在发生无法清算的情形下，如公司账目十分混乱无法厘清，或干脆根本就没有账目，如何处理？对此，《公司法解释（二）》第十六条作出了规定。

理解适用

对《公司法解释（二）》第十六条规定的理解适用

在实践中，公司清算程序的终结包括两种形态：一种是正常清算后清算程序的终结；另一种是无法清算时清算程序的终结。无法清算又包括完全无法清算和无法全面清算两种情形。

（一）正常清算后清算程序的终结

正常清算是指在全面掌握公司财务、财产状况的基础上，对公司所有既有法律关系的彻底、概括的清理，使债权人的债权得到清偿，同时使股东能够公平地获得剩余财产。在自行清算和强制清算中，一般情形下都会在正常清算后终结清算程序。

在强制清算中，人民法院指定的清算组在清理公司财产、编制资产负债表和财产清单时，发现公司财产不足以清偿债务的，可以与债权人协商制作有关债务清偿方案。债务清偿方案经全体债权人确认且不损害其他利害关系人利益的，人民法院可依清算组的申请裁定予以认可。清算组依据该清偿方案清偿债务后，应当向人民法院申请裁定终结清算程序。

债权人对债务清偿方案不予确认或者人民法院不予认可的，清算组应当依法向人民法院申请宣告破产。

关于强制清算的期间，《公司法解释（二）》第十六条规定："人民法院组织清算的，清算组应当自成立之日起六个月内清算完毕。因特殊情况无法在六个月内完成清算的，清算组应当向人民法院申请延长。"

无论是自行清算还是强制清算，正常清算结束后，清算组应当制作清算报告，报股东会、股东大会或者人民法院确认，并报送公司登记机关，申请注销公司登记，公告公司终止。

（二）无法清算时清算程序的终结

在实践中，公司解散后可能由于各种原因而导致无法进行清算。譬如，公司的股东、董事等相关人员下落不明，公司的主要财产、账册、重要文件灭失等导致无法进行清算。由此，就涉及无法清算情形下公司清算程序的终结问题。

对此，《清算纪要》第二十八条规定，对于被申请人（即出现解散事由的公司）主要财产、账册、重要文件等灭失，或者被申请人人员下落不明的强制清算案件，经向被申请人的股东、董事等直接责任人员释明或采取罚款等民事制裁措施后，仍然无法清算或者无法全面清算，对于尚有部分财产，且依据现有账册、重要文件等，可以进行部分清偿的，应当参照《企业破产法》的规定，对现有财产进行公平清偿后，以无法全面清算为由终结强制清算程序；对于没有任何财产、账册、重要文件，被申请人人员下落不明的，应当以无法清算为由终结强制清算程序。

终结强制清算程序的裁定是人民法院审理强制清算案件的最后一份法律文书，制作的方法可以参照企业破产清算的法律文书样式，写法比较简练。裁定书的基本内容包括两个部分，一是写明申请人申请终结的事实和理由，二是写明人民法院同意终结的理由；裁定主文为："终结 ××× 强制清算程序"。

1. 无法全面清算情形的裁判规范

经人民法院依法采取一定措施，发现、追回公司的部分财产、账册、重要文件后，一般仍应指定清算组成员开展清算工作。人民法院对清算组成员的指定、对清算方案的确认等工作职责以及清算组的议事机制、清算义务等程序性事项，均应根据《公司法解释（二）》和《清算纪要》的有关规定执行。有关规定无法适用的，可参照《企业破产法》及其司法解释的有关规定处理。对于公司现有财产的分配，应参照《企业破产法》第十章第二节“变价和分配”的相关规定处理，对已知债权进行公平清偿。

清算组在最后分配完成后，应当及时制作清算报告并报人民法院确认，由人民法院以无法全面清算为由裁定终结强制清算程序。

2. 无法清算情形的裁判规范

经人民法院依法采取一定措施后，公司仍然处于没有任何财产、账册、重要文件和人员下落不明的状态时，人民法院可以据此最终认定公司无法清算，并以无法清算为由裁定终结强制清算程序。

无法清算案件一般应当在受理之日起6个月内审结，并尽可能缩短审理期限。换言之，如果人民法院依法采取释明或罚款等民事制裁措施的6个月后，公司的实际状态与案件受理之初别无二致，人民法院应立即终结清算，以避免对司法资源造成不必要的浪费，也使债权人可以随即提起相关的侵权之诉。

在债权人申请强制清算的情形下，人民法院以无法清算或者无法全面清算为由裁定终结强制清算程序的，应当在终结裁定中载明，债权人可以另行依据《公司法解释（二）》第十八条的规定，要求被申请人的股东、董事、实际控制人等清算义务人对其债务承担偿还责任。

因无法清算或无法全面清算而终结的清算程序，在法律效果上不同于以下清算终结程序：一是，在正常清算中，虽然公司财产不足以清偿债务，但债权人达成债务清偿方案且被法院认可后被裁定终结的清算程序。二是，根据《企业破产法》的规定依法清算，破产人确无财产可供分配，而被法院依照《企业破产法》第一百二十条裁定终结的破产清算程序。在依法清算情形下，无论是公司解散清算还是破产清算，对于公司未能依强制清算程序或破产程序清偿的债务，原则上不再清偿。债权人的债权随公司的消灭而随之消灭，不存在向股东请求赔偿的问题。而在无法清算或者无法全面清算情形中，虽然公司的法人资格因清算程序终结而消灭，但公司既有的民事责任并不当然消灭，而是应当由其清算义务人承担相应的赔偿责任。特别是清算义务人、实际控制人拒不提交清算材料或者因怠于履行义务，导致公司主要财产、账册、重要文件等灭失而无法清算的，还应当承担债务清偿责任。然而，债权人在清算程序终结后是否进一步追究清算义务人、实际控制人的侵权责任，应当由其自行决定，人民法院不能在清算案件中一并处理。关于清算义务人等相关主体对债权人所应承担的民事责任，将在其他章节着重阐述。

在股东申请强制清算的情形下，人民法院以无法清算或者无法全面清算为由作出终结强制清算程序的，应当在终结裁定中载明，股东可以向控股股东等实际控制公司的主体主张有关权利。

在公司清算时，股东就公司清偿债务后的剩余财产享有分配请求权，此即股东所享有的剩余财产分配请求权，是股东得以向公司主张的最后一个权利。实务中，在公司不欠外债或者虽欠外债但已清偿完毕尚有财产时，就涉及股东的剩余财产分配请求权的实现问题。一般情况下，申请公司强制清算的股东均为中小股东，基本上无法掌控公司的主要财产，也不直接掌管公司的账册、重要文件等。因此，如何确定其剩余财产分配请求权的权利范围就成为一个重要的实务问题。在债权人向清算义务人主张权利的情形下，债权人的权利范畴是确定的，即债权人得以主张的债权额。但在股东向控股股东等实际控制公司的主体主张权利时，股东的权利范畴却是不固定的。

因为如果公司事实上已经资不抵债，则股东可以索取的剩余财产为零，股东得以向控股股东主张的权利范畴也是零；而如果公司事实上存在剩余财产，则股东得以主张的权利范畴就是以可以索取的剩余财产为限。然而在公司实际经营活动中，公司中小股东一般难以掌握公司的财务状况，因此，可以考虑通过举证责任倒置来解决中小股东利益的保护问题。[①] 也就是说，让

---

① 宋晓明、张勇健、刘敏:《〈关于审理公司强制清算案件工作座谈会纪要〉的理解与适用》，载《人民司法》2010 年第 1 期。

控股股东等实际控制公司的主体来证明公司已经资不抵债，没有财产可供分配，或者公司可供分配的剩余财产数额低于股东主张的数额，否则，法院就应当支持原告股东的诉讼请求。

案例指导

沭阳县三力学校装备用品有限公司与周成义对外追收债权纠纷案[①]

再审申请人周成义因与被申请人沭阳县三力学校装备用品有限公司（以下简称三力公司）对外追收债权纠纷一案，不服宿迁市中级人民法院民事判决，向江苏省高级人民法院申请再审。

周成义申请再审称：1. 一审认定"被告周成义分 6 次从江苏沭阳经济开发区管委会领取上述资产转让款中的 303 万元"是错误的，周成义当时是沭阳县佳莹工艺品进出口发展有限公司法定代表人，是代表佳莹公司领取转让款，然后清偿佳莹公司债务，不是周成义个人领取转让款。2. 根据最高人民法院《公司法解释（二）》第十六条规定，人民法院组织清算的，清算组应当自成立之日起六个月内清算完毕。因特殊情况无法在六个月内完成清算的，清算组应当向人民法院申请延长。沭阳县法院自 2008 年 9 月 25 日以（2008）沭民二初字第 1003 号《指定清算决定书》指定清算组后，已经长达 6 年 5 个月，早已超过法定的 6 个月期限，所谓的清算组并没有申请延长，应不再具有清算主体资格。3. 案涉清算不具有合法性，清算的申请人杨树科不具有提起清算的主体资格，三力公司也不具备被提起强制清算的事实要件。

江苏省高级人民法院审查认为：根据一、二审查明的事实，周成义自江苏沭阳经济开发区管委会领取的 303 万元系三力公司的资产转让款，其所有权归三力公司所有，周成义在领取该款项后，并无证据证明其已将该款项归还于公司或用于清偿公司债务，而周成义作为三力公司的股东，其在三力公

---

① 案例来源：江苏省高级人民法院民事裁定书（2016）苏民申 3160 号，载中国裁判文书网，http ://wenshu.court.gov.cn/content/content?DocID=319402c6-856a-400f-940e-db927a028798&KeyWord=。

司财产未依法清偿债务及支付相关税费的情况下，并无单独占有或处分相关财产的权利，故一、二审法院判定周成义负有向三力公司返还相关财产义务并无不当。

关于本案的清算组是否仍具有清算主体资格问题。本案的清算组是由沭阳县法院经（2008）沭民二初字第1003号决定书指定的，根据最高人民法院《公司法解释（二）》第十六条之规定："人民法院组织清算的，清算组应当自成立之日起六个月内清算完毕。因特殊情况无法在六个月内完成清算的，清算组应当向人民法院申请延长。"尽管本案的清算组未能在六个月内完成清算，但清算组已将相应情况向沭阳县人民法院进行了报告，且沭阳县人民法院也未裁定终结强制清算程序，故案涉清算组的清算主体资格仍然合法有效。

关于对三力公司的强制清算是否正当合法问题、对杨树科是不是提起强制清算的适格主体及对三力公司进行强制清算是否符合法定事由，是在三力公司强制清算程序中应审查的问题，与本案并非同一法律关系，一、二审法院对此不予理涉并无不当。

规范指引

《中华人民共和国公司法》

第一百八十八条 公司清算结束后，清算组应当制作清算报告，报股东会、股东大会或者人民法院确认，并报送公司登记机关，申请注销公司登记，公告公司终止。

《最高人民法院关于适用〈中华人民共和国公司法〉若干问题的规定（二）》

第十六条 人民法院组织清算的，清算组应当自成立之日起六个月内清算完毕。

因特殊情况无法在六个月内完成清算的，清算组应当向人民法院申请延长。

专题十三：公司强制清算到破产清算的关联及转换

【核心提示】人民法院指定的清算组在清理公司财产、编制资产负债表和财产清单时，发现公司财产不足以清偿债务的，可以与债权人协商制作有关债务清偿方案。债权人对债务清偿方案不予确认或者人民法院不予认可的，清算组应当依法向人民法院申请宣告破产。

实务争点

公司清算与破产清算之间并无实质上的差别，都是关于企业财产及有关事务清算的程序。在公司清算过程中，可能会出现公司财产不能满足债权人的需要，所以如何衔接公司清算与破产清算就显得十分重要。对此，《公司法解释（二）》第十七条作出了规定。

理解适用

对《公司法解释（二）》第十七条规定的理解适用

（一）公司清算与破产清算的区别

无论公司清算还是破产清算，都是旨在消灭公司法人资格、终止公司业务、处理公司财产、了结公司债权债务的活动。公司清算和破产清算结束后，都应当办理公司注销登记，因此，两者在最终结果上极为相似。但是就实证法规定来看，公司清算和破产清算之间存在着很大差异：

1. 公司清算与破产清算的适用前提不同

公司清算是以公司资产超过公司债务作为适用前提。破产清算是以公司总资产低于总债务作为适用前提。《企业破产法》第二条第一款规定："企业法人不能清偿到期债务，并且资产不足以清偿全部债务或者明显缺乏清偿能力的，依照本法规定清理债务。”公司清算与破产清算是基于公司资产状况这一适用前提的不同所做的人为技术划分，然而在实务中公司的资产状况是变动的或者说是复杂的。

2. 公司清算和破产清算的适用条件和价值目标不同

在公司清算中，国内公司偿还全部债务后，剩余财产应当按照股东的出资比例进行分配。因此，公司清算既要清偿债务，还要兼顾公司股东的利益。而破产清算是以公司资产不足以清偿公司债务为适用前提，破产企业失去了清偿公司全部债务的能力，无法向公司的股东分配剩余资产。根据《企业破产法》的规定，普通债权人只能按债权比例平等获得部分清偿。因此，在破产案件中，公司的债权人会努力促成公司实现债权，以增加破产财产的规模。在公司清算中，公司股东才是最大限度实现债权的动力。

3. 公司清算和破产清算中法院介入程度不同

在公司清算中，公司资产能够清偿债务，债权人利益均能得到满足，债权人之间利益冲突较少。这样，通过清算组办理清算事务就可合理实现债权人的全部主张，法院无须过多介入。在确有必要时，法院只需指定清算组就可有效地平衡债权人以及股东之间的利益关系。而破产清算旨在实现公司债权人的公平受偿，破产企业资产不足以清偿全部债务，这就必然导致债权人之间的利益冲突。只有在法院支配下实施破产，才能最大限度地平衡债权人的利益冲突，因此，法院介入破产清算的程度较高。

4. 公司清算和破产清算的行为规范不同

在破产清算中，各方利益冲突严重，由法院主导清算，将有助于最大限度实现债权人的平等保护。因此，《企业破产法》详细规定了破产清算的各项规则，破产清算必须严格遵守《企业破产法》规定的实体以及程序规则。在公司清算中，公司资产超过债务，债权人和股东都能够通过清算实现自身利益，无须制定过于苛刻的公司清算规则。因此，公司清算的实体和程序规范相对简单，破产清算却有必要遵循复杂的实体和程序规范。①

---

① 叶林：《公司法研究》，中国人民大学出版社 2008 年版，第 379~380 页。

由此也决定了公司清算和破产清算二者法律适用的不同，公司清算主要适用《公司法》的相关规定；而破产清算主要适用《企业破产法》的相关规定。对此，《公司法》第一百九十条明确规定："公司被依法宣告破产的，依照有关企业破产的法律实施破产清算。"由此，《公司法》与《企业破产法》实现了有效对接。

（二）公司强制清算与破产清算的关联与转换

尽管上面列举了公司清算与破产清算之间的诸多差异，但鉴于公司强制清算案件与破产清算案件在本质上的相似性，公司清算与破产清算程序在具体操作上也就存在着很大的相似性。由此，也就产生了公司强制清算程序与破产清算程序的准用和转化问题。对此，《清算纪要》第十六条专门规定了强制清算和破产清算的衔接问题。

1. 公司清算程序对破产清算程序的准用

《清算纪要》第三十九条规定，鉴于公司强制清算与破产清算在具体程序操作上的相似性，就《公司法》《公司法解释（二）》以及《清算纪要》未予涉及的情形，如清算中公司的有关人员未依法妥善保管其占有和管理的财产、印章和账簿、文书资料，清算组未及时接管清算中公司的财产、印章和账簿、文书，清算中公司拒不向人民法院提交或者提交不真实的财产状况说明、债务清册、债权清册、有关财务会计报告以及职工工资的支付情况和社会保险费用的缴纳情况，清算中公司拒不向清算组移交财产、印章和账簿、文书等资料，或者伪造、销毁有关财产证据材料而使财产状况不明，股东未缴足出资、抽逃出资，以及公司董事、监事、高级管理人员非法侵占公司财产等，可参照《企业破产法》及其司法解释的有关规定处理。

"准用""参照"，这种用语用于拟处理之案型与拟引用之法条所规范之案型，其法律事实并不同一，但却类似的情形，基于平等原则，对它们作同一之处理。而由于它们之间毕竟只是类似而不同一，故"准用"与"适用"在范围上仍有区别，亦即在准用的情形下，一直必须注意到针对系争两个法律事实间在性质上的差异，并针对其差异，慎重地认定由这个差异所可能引出之为拟处理之案型限制或修正所准用之法条的必要。[①] 具体到公司强制清算程序对《企业破产法》的准用，由于需要解决的强制清算程序中的问题，与被准用的《企业破产法》所规范的清算程序问题仅是相似而非同一，两者之间毕竟存在着一些差异，因此，在准用《企业破产法》时，要考虑到其间的差异，并作必要的限制或修正后，再适用到公司强制清算所要解决的问题上来。

在涉及准用条款时，审判实务中面临的首要问题是如何引用法律条文。对此，理论界一般认为，公司法内准用和公司法外准用是不同的。公司法内准用以及消极准用都可以直接引用。但公司法外准用，不能直接引用，即在公司强制清算程序中不能直接引用《企业破产法》的规定，应当是《公司法》准用条款和被准用条款一并引用。但问题在于《清算纪要》不是具有法律效力的规范性文件，其不能作为公司强制清算文书引用的条文。《企业破产法》也不能被直接引用在公司强制清算文书中。据此，最高人民法院认为，实务中只能将《清算纪要》的规定连同《企业破产法》的规定作为说理的依据，而不能作为引用法律条文依据。[②]

2. 公司清算程序向破产清算程序的转化

《公司法》第一百八十七条规定："清算组在清理公司财产、编制资产负债表和财产清单后，发现公司财产不足清偿债务的，应当依法向人民法院申请宣告破产。公司经人民法院裁定宣告破产后，清算组应当将清算事务移交给人民法院。"因此，公司启动清算程序后，如果发现公司财产明显不足以清偿公司债务的，应依法转入破产程序。

此外，《企业破产法》第七条第三款还进一步规定了清算义务人和清算组成员法定的破产清算申请义务："企业法人已解散但未清算或者未清算完毕，资产不足以清偿债务的，依法负有清算责任的人应当向人民法院申请破产清算。"在清算中公司资产不足以清偿债务时的破产申请，是清算责任人在破产法上承担的一项特别义务。其特点是，第一，清算责任人无权选择不

---

① 黄茂荣：《法学方法与现代民法》，中国政法大学出版社 2001 年版，第 141 页。

② 最高人民法院民事审判第二庭编著：《最高人民法院关于公司法解释（三）、清算纪要理解与适用》，人民法院出版社 2011 年版，第 651 页。

提起破产申请，也不得拖延时间迟迟不提出破产申请。第二，在提出破产申请时，破产清算程序是唯一选择，不得选择重整或和解的程序。第三，清算责任人提出破产申请后，人民法院应当受理并于受理时宣告债务人破产。[①]

关于公司清算程序与破产清算程序的衔接，《清算纪要》第三十二条至第三十五条也作了更加细化的规定：

（1）强制清算程序与破产清算程序的对接

公司强制清算中，清算组在清理公司财产、编制资产负债表和财产清单时，发现公司财产不足以清偿债务的，除依据《公司法解释（二）》第十七条的规定，通过与债权人协商制作有关债务清偿方案并清偿债务的外，应依据《公司法》第一百八十七条和《企业破产法》第七条第三款的规定向人民法院申请宣告破产。

（2）破产清算程序对强制清算程序的吸收

公司强制清算中，有关权利人依据《企业破产法》第二条和第七条的规定向人民法院另行提起破产申请的，人民法院应当依法进行审查。权利人的破产申请符合企业破产法规定的，人民法院应当依法裁定予以受理。人民法院裁定受理破产申请后，应当裁定终结强制清算程序。

（3）程序转化后清算组的留任

转入破产清算后，原强制清算中的清算组由《人民法院中介机构管理人名册》和《人民法院个人管理人名册》中的中介机构或者个人组成或者参加的，除该中介机构或者个人存在与本案有利害关系等不宜担任管理人或者管理人成员的情形外，人民法院可根据《企业破产法》及其司法解释的规定，指定该中介机构或者个人作为破产案件的管理人，或者吸收该中介机构作为新成立的清算组管理人的成员。上述中介机构或者个人在公司强制清算和破产清算中取得的报酬总额，不应超过按照企业破产计付的管理人或者管理人成员的报酬。

（4）程序转化后清算事务的交接及其效力认定

上述中介机构或者个人不宜担任破产清算中的管理人或者管理人成员的，人民法院应当根据《企业破产法》和有关司法解释的规定，及时指定管

① 王卫国：《破产法精义》，法律出版社2007年版，第20页。

理人。原强制清算中的清算组应当及时将清算事务及有关材料等移交给管理人。公司强制清算中已经完成的清算事项，如无违反企业破产法或者有关司法解释的情形的，在破产清算程序中应承认其效力。

案例指导

惠州市华晨创业投资有限公司、佛山市南海区南南发展有限公司破产案①

原审法院查明，该院于2014年11月20日对申请人华晨公司申请被申请人南南公司强制清算一案进行立案审查，2015年7月9日作出（2014）佛南法民二清（预）字第4-1号民事裁定，确认华晨公司作为南南公司的债权人申请南南公司进行强制清算，符合法律规定，该院对华晨公司的申请予以受理。同年10月21日，该院作出（2015）佛南法民二清（算）字第5-1号民事裁定，以被申请人南南公司的相关财产、账册、重要文件等无法获知为由，裁定终结南南公司的强制清算程序。2016年6月21日，南南公司的法定代表人张勇向该院提出对南南公司进行强制清算的申请。同年9月29日，该院作出（2016）粤0605民算3号民事裁定，认为张勇具备申请南南公司强制清算的资格，且能够提供南南公司的财务资料予以清算，据此，该院裁定受理张勇提出对南南公司进行强制清算的申请。在南南公司强制清算过程中，华晨公司以南南公司资不抵债，缺乏清偿能力为由，于2017年6月14日向原审法院申请南南公司破产清算。

原审法院认为：华晨公司以其是南南公司的债权人申请对南南公司进行破产清算，但南南公司对华晨公司的债权人身份有异议。对此，原审法院于2015年7月9日作出的（2014）佛南法民二清（预）字第4-1号民事裁定已经确认华晨公司作为南南公司的债权人并有权申请对南南公司进行强制清算，并受理了华晨公司的申请，即华晨公司作为南南公司债权人的身份已经

---

① 案例来源：佛山市中级人民法院民事裁定书（2017）粤06破终7号，载中国裁判文书网，http：//wenshu.court.gov.cn/content/content?DocID=b8d680b5-0238-437a-b34d-a86300a4acd3&KeyWord=。

确认，因此，南南公司对华晨公司债权人身份提出异议缺乏依据，原审法院不予采纳。

原审法院于2016年9月29日以（2016）粤0605民算3号民事裁定受理了张勇提出对南南公司进行强制清算的申请，并指定佛山市至顺企业清算服务有限公司为南南公司的清算组，目前南南公司已经进入强制清算程序。清算组在清理南南公司财产、编制资产负债表和财产清单时，发现南南公司财产不足以清偿债务的，除依据《公司法解释（二）》第十七条的规定，通过与债权人协商制作有关债务清偿方案并清偿债务外，还应依据《公司法》第一百八十八条和《企业破产法》第七条第三款的规定向人民法院申请宣告破产。即在南南公司强制清算过程中，如清算组发现南南公司符合《企业破产法》第二条规定的破产条件，可以直接向法院申请宣告南南公司破产。因此，本案中，华晨公司另行提出对南南公司进行破产清算的申请，已无必要。故依照《企业破产法》第十二条之规定，原审法院裁定对华晨公司提出对南南公司进行破产清算的申请不予受理。

华晨公司不服上诉至二审法院。

二审法院认为：《清算纪要》第三十三条规定："公司强制清算中，有关权利人依据企业破产法第二条和第七条的规定向人民法院另行提起破产申请的，人民法院应当依法进行审查。权利人的破产申请符合企业破产法规定的，人民法院应当依法裁定予以受理。人民法院裁定受理破产申请后，应当裁定终结强制清算程序。"故在债务人强制清算的过程中，债权人有权提出对债务人破产清算的申请，债务人具备破产原因的，人民法院应当受理。而综合双方当事人的诉辩理由，本案的争议焦点在于华晨公司是否具备申请南南公司破产清算的主体资格以及南南公司是否具备破产原因。

首先，关于华晨公司是否具备申请南南公司破产清算的主体资格。本案中，中国银行南海支行对南南公司享有的债权已经生效的法律文书所确认，后华晨公司通过合法途径受让了中国银行南海支行对南南公司的剩余债权，且华晨公司对南南公司享有的债权也已经为南南公司清算组所确认，因此，华晨公司系南南公司的合法债权人。根据《企业破产法》第七条第二款的规定，"债务人不能清偿到期债务，债权人可以向人民法院提出对债务人进行重整或者破产清算的申请”。故华晨公司作为南南公司的债权人，有权提出对南南公司破产清算的申请。

其次，关于南南公司是否具备破产原因。一方面，《最高人民法院关于适用〈中华人民共和国企业破产法〉若干问题的规定（一）》第一条第一款规定：“债务人不能清偿到期债务并且具有下列情形之一的，人民法院应当认定其具备破产原因：（一）资产不足以清偿全部债务；（二）明显缺乏清偿能力。”第二条规定：“下列情形同时存在的，人民法院应当认定债务人不能清偿到期债务：（一）债权债务关系依法成立；（二）债务履行期限已经届满；（三）债务人未完全清偿债务。”本案中，华晨公司对南南公司享有合法到期债权但未能获得清偿，据此可认定债务人南南公司已“不能清偿到期债务”；而根据南南公司清算组的陈述，南南公司的账目反映其已资不抵债，经南南公司清算组核查，未发现南南公司有可供变现的实物资产，其仅享有对外债权约7000万元，且能否获得清偿尚未可知，而经南南公司清算组确认的债权已达7200万余元，南南公司的“资产已不足以清偿全部债务”。综上，南南公司不能清偿到期债务，且资产已不足以清偿全部债务，其已具备破产原因。另一方面，根据《最高人民法院关于适用〈中华人民共和国企业破产法〉若干问题的规定（一）》第五条的规定：“企业法人已解散但未清算或者未在合理期限内清算完毕，债权人申请债务人破产清算的，除债务人在法定异议期限内举证证明其未出现破产原因外，人民法院应当受理。”原审法院于2016年9月29日裁定受理张勇提出的对南南公司进行强制清算的申请，根据《公司法解释（二）》第十六条的规定，“人民法院组织清算的，清算组应当自成立之日起六个月内清算完毕。因特殊情况无法在六个月内完成清算的，清算组应当向人民法院申请延长”。本案中，南南公司清算组既未在六个月内完成清算工作，也未经法院批准延长清算期限，在此情形下，华晨公司申请正在清算的南南公司破产，南南公司应举证证明其不具破产原因，但南南公司未能提供相关的证据，对此，南南公司应承担举证不能的法律后果。

综上所述，华晨公司申请对南南公司进行破产清算，符合法律规定，应予支持。

规范指引

《中华人民共和国公司法》

第一百八十七条 清算组在清理公司财产、编制资产负债表和财产清单后，发现公司财产不足清偿债务的，应当依法向人民法院申请宣告破产。

公司经人民法院裁定宣告破产后，清算组应当将清算事务移交给人民法院。

《最高人民法院关于适用〈中华人民共和国公司法〉若干问题的规定（二）》

第十七条 人民法院指定的清算组在清理公司财产、编制资产负债表和财产清单时，发现公司财产不足清偿债务的，可以与债权人协商制作有关债务清偿方案。

债务清偿方案经全体债权人确认且不损害其他利害关系人利益的，人民法院可依清算组的申请裁定予以认可。清算组依据该清偿方案清偿债务后，应当向人民法院申请裁定终结清算程序。

债权人对债务清偿方案不予确认或者人民法院不予认可的，清算组应当依法向人民法院申请宣告破产。

专题十四：清算义务人怠于履行民事义务的责任

【核心提示】有限责任公司的股东、股份有限公司的董事和控股股东未在法定期限内成立清算组开始清算，导致公司财产贬值、流失、毁损或者灭失，债权人主张其在造成损失范围内对公司债务承担赔偿责任的，人民法院应依法予以支持。

实务争点

公司出现解散事由，公司应该及时成立清算组予以清算。但实践中，在公司出现法定或意定的解散事由时，公司常常逃避清算或怠于履行其清算，使得公司处于一种休而不死状态，从而就会严重损害公司债权人的合法权益。其原因固然很多，但其中重要的在于我国公司法没有明确清算义务人，进而无法确定责任人。因此，明确公司清算义务人及其责任，就是司法实践首先必须解决的问题。对此，《公司法解释（二）》第十八条作出了明确规定。

理解适用

对《公司法解释（二）》第十八条规定的理解适用

（一）清算义务人的界定

清算义务人是指基于其与公司之间存在的特定法律关系，而在公司解散时对公司负有依法组织清算义务，并在公司未及时清算而给债权人和股东造成损害时依法承担相应法律责任的民事主体。

清算义务人不同于清算人。清算人是清算事务的执行人，是清算中公司的执行机关，而清算义务人是负有组织清算义务的人，其主要义务是组织清算。清算义务人可能直接实施清算（此时与清算人身份发生重叠），也可能不直接充任清算人，而是确定他人担任清算人。

具体来说，清算义务人的义务是，在公司解散事由出现后及时依法组织筹划成立清算组对公司进行清算。对此，尽管《公司法》第一百八十三条规定，除因公司合并或分立而导致的解散外，凡是公司出现解散事由的，公司应当在解散事由出现之日起 15 日内成立清算组，开始清算。但该条并没有明确这里的“公司”具体所指，亦即当公司出现解散事由时，应当由什么样的人或机关组织清算并没有明确。

有人认为，根据《公司法》第一百八十三条关于“有限责任公司的清算组由股东组成，股份有限公司的清算组由董事或者股东大会确定的人员组成”的规定，有限责任公司的清算义务人是公司股东，股份有限公司的清算义务人则为董事和股东大会确定的人员。这是一种错误的认识，因为该条是关于清算组成员的规定，而非清算义务人的要求。

也就是说，在一定意义上，我国公司法并没有明确清算义务人。鉴于有限责任公司的人合性与股份有限公司的资合性及中国经济文化背景，以及基于《公司法》第一百八十三条的初步认识,《公司法解释（二）》第十八条第一款规定:“有限责任公司的股东、股份有限公司的董事和控股股东未在法定期限内成立清算组开始清算，导致公司财产贬值、流失、毁损或者灭失，债权人主张其在造成损失范围内对公司债务承担赔偿责任的，人民法院应依法予以支持。”按照此规定，有限责任公司的股东、股份有限公司的董事和控股股东为清算义务人。

其中控股股东，根据《公司法》第二百一十六条第（二）项规定，“是指其出资额占有限责任公司资本总额百分之五十以上或者其持有的股份占股份有限公司股本总额百分之五十以上的股东；出资额或者持有股份的比例虽然不足百分之五十，但依其出资额或者持有的股份所享有的表决权已足以对股东会、股东大会的决议产生重大影响的股东”。

该司法解释明确了公司清算义务人，弥补了公司法规定的不足。但是，正如错误地将《公司法》第一百八十三条关于清算组的规定当作清算义务人那样，该司法解释只是暂时地从法院解决问题的角度作出了规定而已。从公司法关于公司系独立人格规定原理来看，将股东规定为公司清算义务人是错误的。在公司设立阶段，由于公司尚未依法成立，故设立人为股东；但在公司已进入或应当进入清算阶段之时，其仍为法人，故有关事务的管理或处理应当是公司管理人，而非股东。那么，在公司决定解散后，相应清算义务人首先应当是董事和董事会，而不能是股东和股东会。只有在董事和董事会不存在，或无法正常履职之时，股东和股东会才有义务和权利临时组建公司清算组织进行清算。亦即后者只是在非正常情况下出现的情形。

对此,《民法总则》第七十条作出了正确规定:“法人解散的，除合并或者分立的情形外，清算义务人应当及时组成清算组进行清算。法人的董事、理事等执行机构或者决策机构的成员为清算义务人。法律、行政法规另有规定的，依照其规定。清算义务人未及时履行清算义务，造成损害的，应当承担民事责任；主管机关或者利害关系人可以申请人民法院指定有关人员组成清算组进行清算。”

所以，按照《民法总则》第七十条规定及公司法理，正常情形下，公司的清算义务人是董事和董事会，股东作为清算义务人是一种补充和例外。未来我国公司法修改，应与《民法总则》第七十条一致，相应司法解释应相应修正。

尽管如此，鉴于本书主旨，以下关于公司清算义务人的阐述仍然是按照《公司法解释（二）》第十八条及相关法条进行的。

为了强化清算义务人依法清算的法律责任，督促清算义务人依法及时启动清算程序，有效保护债权人的合法权益，遏制和消除应清算而不清算的突出问题，建立健康有序的法人退出机制，《公司法解释（二）》明确规定了清算义务人不履行清算义务的民事责任。

清算义务人的组织清算义务，属于一种法定的积极作为义务。公司解散后，如果清算义务人不作为，即违反了法定的清算义务，就需要承担相应的民事责任。具体来说，清算义务人不履行清算义务主要包括两种情形：一种是在法定期限内未成立清算组开始进行清算，即根本未履行清算义务；另一种是虽然已经成立了清算组，但却怠于履行清算义务并导致清算不能。这两种情形的性质不同，造成的损失情况也有所不同，清算义务人的民事责任也不尽相同。

（二）清算义务人拒绝履行清算义务时的民事责任

关于清算义务人拒绝履行清算义务的民事责任，《公司法解释（二）》第十八条第一款规定："有限责任公司的股东、股份有限公司的董事和控股股东未在法定期限内成立清算组开始清算，导致公司财产贬值、流失、毁损或者灭失，债权人主张其在造成损失范围内对公司债务承担赔偿责任的，人民法院应依法予以支持。"

清算义务人拒绝履行清算义务的损害赔偿责任本质上属于侵权责任，在责任构成上必须具备以下要件：

1. 清算义务人不履行清算义务

若对《公司法解释（二）》第十八条第一款"未在法定期限内成立清算组开始清算"进行文义解释，清算义务人不履行清算义务仅仅包括未在法定期限成立清算组这种情形，而并不包括清算组虽已成立但怠于清算的情形。显然，后一种情形也应涵盖于清算义务人不履行清算义务的范畴，否则《公司法解释

（二）》第十八条第一款文义所规定的“未在法定期限成立清算组”的情形就形同虚设，因为公司可以自行成立清算组，相关清算义务人为了逃避《公司法解释（二）》第十八条第一款所规定的赔偿责任，最简单的方法就是成立一个清算组。至于清算组成立之后是否继续进行清算，那就另当别论了。

因此，应当对《公司法解释（二）》第十八条第一款做扩大解释，清算义务人承担责任的情形既包括未在法定期限内成立清算组开始清算，导致公司财产贬值、流失、毁损或者灭失，也包括清算组已成立但怠于清算而导致公司财产贬值、流失、毁损或者灭失的情形。只有这样才能有效地督促清算义务人全面履行清算义务，进而保护债权人的合法权益。

司法实践中，如何界定清算义务人不履行清算义务是一个较为困难的问题。一般情况下，清算义务人不履行主要清算义务才能构成侵权行为，在履行清算义务的过程中存在的瑕疵行为不宜按侵权行为处理，而应由其承担行政责任较为合适。结合审判工作实践，下列行为可以认定为不履行清算义务的行为：

一是清算义务人在公司出现解散事由后，明确约定不成立清算组进行清算。

二是在公司解散后长期不成立清算组，未成立清算组当然谈不上对公司的财产进行清算，很显然这是一种典型的不履行清算义务的行为。

三是清算义务人虽然成立了清算组，但清算组未履行任何实质性的清算义务，即成立清算组仅仅是为了应付债权人，使清算义务人能够逃避清算责任，避免各种诉讼，而不是对公司的财产进行清理并以清理资产对外清偿债务。对这种仅具备履行清算义务形式而缺乏实质内容的行为，也应当认定为不履行清算义务的行为。

四是清算组成立后仅仅履行部分次要清算义务，如只是对公司的资产采取了登记造册等一般措施，但却长期不行使公司的对外债权，致使该债权因超过诉讼时效期间丧失胜诉权而无法实现的；或者对公司的易腐烂、易变质、将超过保质期的产品不及时处理造成损失的；或者长期不通知债权人申报债权并清偿债权的，也应当认定为不履行清算义务。①

需要指出的是，不履行清算义务认定的前提是，清算义务人没有合法理

① 吴庆宝主编：《商事裁判标准规范》，人民法院出版社2006年版，第222页。

由或者合理的客观事由，即清算义务人应当而且能够履行清算义务却没有履行。应当履行是指公司解散事由已经出现，依法应当组成清算组开始清算，若不及时进行清算，公司的财产即有可能贬值、灭失、流失等。能够履行则是指清算义务人不存在任何履行清算义务的障碍，实践中并不能排除确实存在无法进行清算的情形，如地震、海啸等不可抗力导致不能履行清算义务，因此，在实践中应当根据具体案情予以认定。

2. 公司财产贬值、流失、毁损或者灭失并使债权人实际受损

债权人只有遭受实际损失时，才可要求清算义务人进行赔偿。公司的全部财产是其清偿债务和承担责任的担保财产，简称为责任财产。责任财产不仅为某一债权的一般担保，而且也是所有债权的共同一般担保，责任财产的增减对债权人债权的实现至关重要。只有在清算义务人不履行义务，导致公司财产贬值、流失、毁损或者灭失，并由此使债权人利益受损时，债权人才可要求清算义务人承担损害赔偿责任。如果清算义务人虽然长期不履行清算义务，但公司的财产并未出现减损，则债权人的债权也就不会受到实际损害，基于公司人格独立及股东有限责任的基本法理，股东等相关主体无须对债权人承担任何责任。

所谓财产贬值、流失、毁损或者灭失，至少应当包括两种情况：

其一，公司财产的消极毁损，即在公司出现解散、清算事由后，因未及时清算，公司财产在其原有基础上，要么物理状态发生损害——流失、毁损或者灭失，要么价值状态（价值量）发生贬损。

其二，公司财产积极毁损，即在公司出现解散、清算事由后，因未及时清算，公司仍从事营业活动，公司新增或者可能新增的财产部分发生毁损，或者新的交易行为导致公司原有财产贬值。因怠于清算而导致的此种积极财产毁损，在现实生活中较易忽略，而且举证困难，是一种更为隐蔽的财产损失。因此，在司法实践中，法院除了应注意审查公司怠于清算期间是否导致公司原有剩余财产量的减损外，还应注意审查公司在怠于清算期间是否继续从事经营活动，在从事经营活动过程中，公司是否有收入不入账、怠于追收债权导致无法追收，或者故意在交易中损己利人等现象发生，以及因上述现象而对公司积极财产所造成的损失大小等。

公司财产贬值、流失、毁损或者灭失等公司责任财产减少，并不当然需要对债权人承担责任，只有在债权人由此遭受损失时，清算义务人才承担赔偿责任。并且，债权人的损失仅限于实际损失。所以，清算义务人损害赔偿责任的范围，应以公司债权人的债权受到的实际损失为限。

3. 清算义务不履行与债权人损失间存在因果关系

由于清算义务人怠于履行清算义务的损害赔偿责任其性质属于侵权责任，如何确定债权人的损失，及该损失与怠于履行清算义务的行为之间的因果关系，便成为审理过程中的难点。现实生活中，在公司未经清算就注销，或者公司解散后不履行组织清算义务的情况下，债权人的债权不能实现的原因可能是多方面的。它既可能是公司本身就已经不具有清偿能力，也可能是公司本有清偿能力，但由于清算义务人怠于履行清算义务，而使债权人的债权无法得以实现，所以，究竟如何判定二者之间的因果关系，及清算义务人究竟应对哪一部分损失承担责任就颇为棘手。

尽管在理论上，清算义务人只需对自己怠于履行清算义务而给公司债权人造成的特有部分损失承担责任，但基于双方在对公司财产及相关信息控制上的不对称性，可以采取因果关系推定和举证责任倒置等方法来处理，即在因果关系方面，不要求原告对侵权行为与损害后果的必然联系进行举证，可以根据清算义务人怠于履行清算义务的客观事实，推定其行为给原告债权的实现带来了损失，但应赋予清算义务人免责抗辩的权利。清算义务人如果能够证明，公司债权人的全部或者部分损失并非自己的过错行为造成，而是其他原因导致则可以就反证全部或部分免责。[①]

综上，在司法实务中，根据《公司法解释（二）》第十八条第一款，确定有限责任公司的股东、股份有限公司的董事和控股股东的不作为给债权人造成的损失范围时，应当适用因果关系推定和举证责任倒置两个原则来确定。即公司出现非破产原因的解散事由时，原则上推定只要公司依法进行清算，债权人在清算程序中理应得到全额的清偿，但是，由于清算义务人没有及时启动清算程序，债权人在经强制执行公司财产不能清偿的部分，应当首

---

① 冯果:《公司法》，武汉大学出版社2007年版，第310页。

先推定为因此所造成的公司责任财产的减少部分。除非公司的清算义务人能够举证证明，该部分法人财产的减少不是其不作为造成，而是不可抗力等原因所致，或者在出现解散事由时公司已经出现破产原因等，否则，公司的清算义务人即应对公司不能清偿债权人的部分予以承担责任。①

（三）清算义务人怠于履行清算义务致使清算不能的民事责任

所谓清算不能，是指因有关主体的原因，导致公司账册、重要文件灭失，而无法展开清算活动的事实状态。清算不能是一种客观状态，在该状态下，即使清算义务人主观上愿意清算，清算活动也无法开展。虽然清算不能是一种客观的事实状态，但该状态的形成，则可能是有关人员刻意追求的结果，是一种主观行动在结果上的表现——结果状态。②

关于清算义务人怠于履行清算义务而致使清算不能时的民事责任，《公司法解释（二）》第十八条第二款规定："有限责任公司的股东、股份有限公司的董事和控股股东因怠于履行义务，导致公司主要财产、账册、重要文件等灭失，无法进行清算，债权人主张其对公司债务承担连带清偿责任的，人民法院应依法予以支持。"清算不能民事责任需同时包括两个要件：一是清算义务人怠于履行义务；二是无法进行清算。

1. 怠于履行义务的认定标准

首先，怠于履行义务的主体是清算义务人。有限责任公司的清算义务人是全体股东，股份有限公司的清算义务人是董事和控股股东。

其次，怠于履行义务的情形有两种，既包括怠于履行依法及时启动清算程序进行清算的义务，也包括怠于履行妥善保管公司财产、账册、重要文件等义务。

怠于履行义务中的"义务"应做广义解释，既包括怠于履行清算义务，也包括怠于履行清算外义务。怠于履行清算义务是指，公司解散后怠于成立

---

① 刘敏：《公司法司法解释（二）第十八条第二款的理解和适用》，载宋晓明主编：《最高人民法院商事审判裁判规范与案例指导》（第1卷），法律出版社2010年版，第302~303页。

② 蒋大兴：《公司法的观念与解释Ⅲ：裁判逻辑和规则再造》，法律出版社2009年版，第321~322页。

清算组或者在公司清算组成立后怠于妥善保管、移交公司财产、账册、重要文件等。所谓清算外义务，是指清算以外的其他义务，既包括法定义务也包括约定义务，其主要包括但不限于以下几种情形：妥善保管公司财产、依法备置公司账册、妥善保管公司重要文件、不得侵占公司财产等。相关主体怠于履行清算外义务，多发生在公司出现解散事由前。如果有限责任公司的股东、股份有限公司的董事和控股股东在公司解散事由出现前，怠于履行清算外义务，导致公司主要财产、账册、重要文件等灭失，势必会影响清算工作的顺利开展。因此，为了促使相关主体依法规范经营管理公司，防止其在公司解散事由出现前事先毁坏、抛弃公司财产、账册以及重要文件，《公司法解释（二）》第十八条第二款的“怠于履行义务”当然应当包括怠于履行清算外义务的情形。

2. 无法进行清算的认定标准

所谓无法进行清算，即清算不能的事实状态，是指由于公司据以进行清算的财产、账册、重要文件等灭失，无法依照法律规定的程序对公司的债权债务进行正常的清理，造成公司的财产和负债范围无法确定，债权人的债权无法得以清偿。譬如，实践中大量存在的“借解散逃废债务”“人去楼空”“人间蒸发”等现象都会导致无法进行清算。

由于“无法进行清算”是清算不能民事责任的核心构成要件，所以，在司法实务中，如何判定一个具体案件中有关财产、账册、重要文件的灭失等达到了“无法清算”的状况，就成为一个极为关键的问题。

无法清算应当是指以下几种状况：其一，无法清算是一种客观状况，不是一种主观状况，是指清算义务人即便主观上愿意清算，能够启动清算程序，但因客观情势所限，无法完成清算行为。如果清算客观上仍可进行，只因有关义务人的消极懈怠行为而难以进行，则可通过强制清算和赔偿责任解决，非此处应承担连带责任的无法清算情形。其二，无法清算可能是因公司主要财产灭失，基本无其他财产，继续清算无意义之情形。《公司法解释（二）》第十八条第二款所说的“公司主要财产灭失而无法清算的情形”，描述不够准确，准确理解应当是“公司主要财产灭失而清算无意义的情形”——可能此时清算程序上并非绝对不可能进行下去，而是可能因公司财产已经灭失，清算变得没有意义。因此，因公司主要财产灭失而无法清算的情形，并不同时要求具备公司账册、文件亦灭失的要件。其三，无法清算还可能是因为公司根本没有会计账册，或者虽然有会计账册但却被隐藏或者丢失，通过其他渠道包括人工回忆、交易单位调查、司法搜查等，都无法发现或恢复。由于财务账册和有关交易文件的欠缺，公司有多少财产，对外有多少债权债务等，均无从查证，清算处于僵局状态，无法进行下去。①

在此，顺带说明的是，公司无法进行正常清算，并不意味着公司可以不经过清算即向公司登记机关申请注销登记。根据《公司法》第一百八十八条的规定，进行清算并提交清算报告是申请公司注销登记的必经程序。《公司登记管理条例》第四十三条规定，股东会、股东大会、一人有限责任公司的股东、外商投资的公司董事会或者人民法院、公司批准机关备案、确认的清算报告，是公司注销登记必须提交的文件。因此，如果在清算过程中发现据以进行清算的客观依据已经灭失，无法全面、客观地进行债权债务的清理，清算组仍应出具清算报告，并在清算报告中对此情形予以说明。

3. 无法清算的证明方法

无法清算情形下，对清算义务人清算责任的追究，不以启动清算程序为前提。只要债权人能够证明由于有限责任公司的股东、股份有限公司的董事和控股股东怠于履行义务，导致公司主要财产、账册、重要文件等灭失，致使无法进行清算的，人民法院即应支持债权人，要求清算义务人承担连带责任。这里主要是举证问题，如果债权人无法自行举证证明公司"无法清算"的，可以先行向人民法院申请对公司进行破产清算或者强制清算。

人民法院受理债权人的清算申请后，由于公司"人去楼空"无人提交，或者公司的有关人员拒不向法院提交，或者提交不真实的财产状况说明、债务清册、债权清册、有关财务会计报告，以及职工工资的支付和社会保险费用的缴纳情况，人民法院以无法清算或无法依法全面清算为由，裁定终结破产清算程序或者强制清算程序的，债权人可以依据该终结裁定，另行提起

---

① 蒋大兴：《公司法的观念与解释Ⅲ：裁判逻辑和规则再造》，法律出版社2009年版，第326~327页。

诉讼，请求判决清算义务人对公司债务承担无限责任，法院可以根据无法清算和无法依法全面清算的裁定，径行判决清算义务人对公司债务承担清偿责任，而无须债权人再行举证证明，也就是说，人民法院作出的无法清算和无法依法全面清算的终结裁定，具有当然的证据效力。[①]

4. 清算不能责任的法理分析

清算不能的责任是一种连带清偿责任，即清算义务人应与公司一起对债权人承担连带责任。对相关主体设定清算不能的民事赔偿责任，既可以有效地提醒其规范经营、管理公司以维持公司的人格独立，又可以强化公司解散后清算义务人的法定清算义务。

追究清算义务人连带责任的理论基础是公司法人人格否认制度。《公司法》第二十条规定，公司股东应当遵守法律、行政法规和公司章程，依法行使股东权利，不得滥用股东权利损害公司或者其他股东的利益；不得滥用公司法人独立地位和股东有限责任损害公司债权人的利益。公司股东滥用公司法人独立地位和股东有限责任，逃避债务，严重损害公司债权人利益的，应当对公司债务承担连带责任。

对于公司清算而言，其有效进行有赖于公司管理者和股东妥善保管公司财产、账册和其他重要文件，以及公司解散后的及时主动清算。否则，公司的财产不仅难以有效确定，公司的人格也将难以有效维系。因此，当有限责任公司的股东、股份有限公司的董事和控股股东因怠于履行义务，导致公司主要财产、账册、重要文件等灭失，无法进行清算的，可以参照公司人格否认的法理，对公司的债权人承担连带清偿责任。

（四）拒绝履行与清算不能的交叉及其法律适用

如果清算义务人未在法定期限内成立清算组开始清算，导致公司财产贬值、流失、毁损或者灭失，并且导致不能进行清算，那么将产生拒绝履行与清算不能的交叉问题，由此也将涉及《公司法解释（二）》第十八条第

---

① 刘敏：《公司法司法解释（二）第十八条第二款的理解和适用》，载宋晓明主编：《最高人民法院商事审判裁判规范与案例指导》（第1卷），法律出版社2010年版，第303页。

一款与第二款的法律适用问题，进而涉及补充赔偿责任或连带清偿责任的承担问题。

如果仅仅是有限责任公司的股东、股份有限公司的董事和控股股东未在15日期限内组成清算组开始清算，但并未达到“无法清算”的程度的，应适用《公司法解释（二）》第十八条第一款的规定，即由清算义务人在造成法人财产减少的范围内对公司债务承担补充赔偿责任。

这里需要注意，在公司出现解散事由后，清算义务人应依法清算而不依法清算时，对其民事责任的追究，《公司法解释（二）》第十八条第一款的适用为一般性原则，第二款的适用为特例。即，只有在有限责任公司的股东、股份有限公司的董事和控股股东怠于履行义务导致公司事实上已经无法清算的情况下，其对公司债务承担的是无限责任，即连带清偿责任。而在一般不作为的情况下，公司的清算义务人对公司债务承担的是补充赔偿责任。[①]

也就是说，在不同情形下，债权人请求清算义务人承担民事责任的请求权依据是不同的：

1. 在有限责任公司的股东、股份有限公司的董事和控股股东怠于清算的情形下，如果只是一般性地导致公司财产贬值、流失、毁损或者灭失的，损失可以查清，清算客观上尚可进行，只是由于清算义务人的主观懈怠而未能实施清算的，债权人可请求相关清算义务人在所造成的损失范围内承担赔偿责任。此种情形，请求权的根据是《公司法解释（二）》第十八条第一款。

2. 如果怠于清算行为导致公司主要财产、账册、重要文件等灭失，即使清算义务人主观上想进行清算，但客观上无法进行清算的，则债权人可以请求相关清算义务人对公司债务承担连带清偿责任。此种情形，请求权的依据是《公司法解释（二）》第十八条第二款。

（五）清算义务人内部责任的分担问题

如前所述，清算义务人不履行清算义务造成公司的债权人受损时，就应

---

① 刘敏：《公司法司法解释（二）第十八条第二款的理解和适用》，载宋晓明主编：《最高人民法院商事审判裁判规范与案例指导》（第1卷），法律出版社2010年版，第302页。

依照《公司法解释（二）》第十八条的规定对债权人承担相应的民事责任。此时，如果存在两个或两个以上的清算义务人违反清算义务时，就会产生责任分担问题。

关于内、外部责任划分问题，一般根据以下原则处理：处于同一法律位阶的责任主体，对外应承担连带责任；对内则依过错大小或依约定按份处理。

具体来说，在依照《公司法解释（二）》第十八条的规定明确清算义务人的责任性质后，各清算义务人就该责任向债权人承担连带责任。根据连带责任的基本原理，债权人既可以仅向某一个或某几个清算义务人主张权利，也可以将所有清算义务人列为共同被告主张权利。如果债权人仅向某一个或某几个清算义务人主张权利，则这些清算义务人不得以未向其他清算义务人请求承担责任为由相互推卸责任，而是应当根据债权人的请求依法先承担责任。这些清算义务人对外承担了相应的民事责任后，可以再依法向其他清算义务人追偿。

在实务中，公司清算义务人为两人或两人以上时，很多时候很难从外部确定到底哪个清算义务人对债权人的损害负有过错，债权人无法也无须选择向有过错的清算义务人主张权利，因此，可以同时将所有清算义务人列为共同被告主张权利。此时，被告一方为多人，其诉讼标的是共同的，为必要的共同诉讼。鉴于各清算义务人的法律位阶是一样的，人民法院从有利于债权人利益实现的角度，应当判决各被诉清算义务人承担连带责任，内部责任分担不得对抗外部债权人。同时应注意，人民法院无须依职权追加原告未诉的其他清算义务人。

在清算义务人对债权人承担了民事责任后，就会涉及追偿问题。考虑到各清算义务人在公司中的地位和作用的不同，对于未能依法履行清算义务所产生的民事责任，各清算义务人应当按照过错大小予以分担。对于没有过错的清算义务人，只要其能够证明无过错，则可免除其责任的承担，但此免责应仅限于内部责任分担时，对外不能以此对抗债权人。《公司法解释（二）》第二十一条规定：“有限责任公司的股东、股份有限公司的董事和控股股东，以及公司的实际控制人为二人以上的，其中一人或者数人按照本规定第十八条和第二十条第一款的规定承担民事责任后，主张其他人员按照过错大小分担责任的，人民法院应依法予以支持。”

（六）实际控制人的民事责任

在实践中，实际控制人可能利用其对公司的控制力致使公司解散后怠于清算，进而使债权人利益受损。为了充分保护债权人的合法权益，必须对实际控制人的这种控制权滥用行为进行相应的制裁，而最好的制裁方法莫过于让其对债权人承担相应的民事责任。因此，公司解散后，如果实际控制人利用其控制地位，导致公司不能在法定期间内组织清算组依法进行清算，造成公司财产损失或者清算不能的，根据侵权责任的一般原理，就应当承担相应的民事责任。当然，虽然实际控制人能够通过关联关系等方式控制公司的经营管理，但公司解散后，实际控制人没有利用其影响造成公司未依法清算后果的，就无须承担法律责任。

至于承担民事责任的方式和范围，应当综合考虑其主观过错的性质、影响公司的程度、导致公司未能依法清算的情形，以及造成公司财产损失的范围等因素，参照清算义务人民事责任的相关规定，在具体个案中加以分析认定。

案例指导

上海存亮贸易有限公司诉蒋志东、王卫明等买卖合同纠纷案[①]

原告上海存亮贸易有限公司（简称存亮公司）诉称：其向被告常州拓恒机械设备有限公司（简称拓恒公司）供应钢材，拓恒公司尚欠货款 1395228.6 元。被告房恒福、蒋志东和王卫明为拓恒公司的股东，拓恒公司未年检，被工商部门吊销营业执照，至今未组织清算。因其怠于履行清算义务，导致公司财产流失、灭失，存亮公司的债权得不到清偿。根据公司法及相关司法解释规定，房恒福、蒋志东和王卫明应对拓恒公司的债务承担连带责任。故请求判令拓恒公司偿还存亮公司货款 1395228.6 元及违约金，房恒福、蒋志东和王卫明对拓恒公司的债务承担连带清偿责任。

① 案例来源：最高人民法院指导案例第 9 号。

被告蒋志东、王卫明辩称：1. 两人从未参与过拓恒公司的经营管理；2. 拓恒公司实际由大股东房恒福控制，两人无法对其进行清算；3. 拓恒公司由于经营不善，在被吊销营业执照前已背负了大量债务，资不抵债，并非由于蒋志东、王卫明怠于履行清算义务而导致拓恒公司财产灭失；4. 蒋志东、王卫明也曾委托律师对拓恒公司进行清算，但由于拓恒公司财物多次被债权人哄抢，导致无法清算，因此蒋志东、王卫明不存在怠于履行清算义务的情况。故请求驳回存亮公司对蒋志东、王卫明的诉讼请求。

被告拓恒公司、房恒福未到庭参加诉讼，亦未作答辩。

法院经审理查明：2007 年 6 月 28 日，存亮公司与拓恒公司建立钢材买卖合同关系。存亮公司履行了 7095006.6 元的供货义务，拓恒公司已付货款 5699778 元，尚欠货款 1395228.6 元。另，房恒福、蒋志东和王卫明为拓恒公司的股东，所占股份分别为 40%、30% 和 30%。拓恒公司因未进行年检，2008 年 12 月 25 日被工商部门吊销营业执照，至今股东未组织清算。现拓恒公司无办公经营地，账册及财产均下落不明。拓恒公司在其他案件中因无财产可供执行被中止执行。

法院生效裁判认为：存亮公司按约供货后，拓恒公司未能按约付清货款，应当承担相应的付款责任及违约责任。房恒福、蒋志东和王卫明作为拓恒公司的股东，应在拓恒公司被吊销营业执照后及时组织清算。因房恒福、蒋志东和王卫明怠于履行清算义务，导致拓恒公司的主要财产、账册等均已灭失，无法进行清算，房恒福、蒋志东和王卫明怠于履行清算义务的行为，违反了公司法及其司法解释的相关规定，应当对拓恒公司的债务承担连带清偿责任。拓恒公司作为有限责任公司，其全体股东在法律上应一起成为公司的清算义务人。公司法及其相关司法解释并未规定蒋志东、王卫明所辩称的例外条款，因此无论蒋志东、王卫明在拓恒公司中所占的股份为多少，是否实际参与了公司的经营管理，两人在拓恒公司被吊销营业执照后，都有义务在法定期限内依法对拓恒公司进行清算。

关于蒋志东、王卫明辩称拓恒公司在被吊销营业执照前已背负大量债务，即使其怠于履行清算义务，也与拓恒公司财产灭失之间没有关联性。根据查明的事实，拓恒公司在其他案件中因无财产可供执行被中止执行的情况，只能证明人民法院在执行中未查找到拓恒公司的财产，不能证明拓恒公司的财产在被吊销营业执照前已全部灭失。拓恒公司的三名股东怠于履行清算义务与拓恒公司的财产、账册灭失之间具有因果联系，蒋志东、王卫明的该项抗辩理由不成立。蒋志东、王卫明委托律师进行清算的委托代理合同及律师的证明，仅能证明蒋志东、王卫明欲对拓恒公司进行清算，但事实上对拓恒公司的清算并未进行。据此，不能认定蒋志东、王卫明依法履行了清算义务，故对蒋志东、王卫明的该项抗辩理由不予采纳。

规范指引

《中华人民共和国民法总则》

第七十条 法人解散的，除合并或者分立的情形外，清算义务人应当及时组成清算组进行清算。

法人的董事、理事等执行机构或者决策机构的成员为清算义务人。法律、行政法规另有规定的，依照其规定。

清算义务人未及时履行清算义务，造成损害的，应当承担民事责任；主管机关或者利害关系人可以申请人民法院指定有关人员组成清算组进行清算。

第七十二条 清算期间法人存续，但是不得从事与清算无关的活动。

法人清算后的剩余财产，根据法人章程的规定或者法人权力机构的决议处理。法律另有规定的，依照其规定。

清算结束并完成法人注销登记时，法人终止；依法不需要办理法人登记的，清算结束时，法人终止。

《中华人民共和国公司法》

第一百八十六条第三款 清算期间，公司存续，但不得开展与清算无关的经营活动。公司财产在未依照前款规定清偿前，不得分配给股东。

第一百八十八条 公司清算结束后，清算组应当制作清算报告，报股东会、股东大会或者人民法院确认，并报送公司登记机关，申请注销公司登记，公告公司终止。

第二百一十六条 本法下列用语的含义：

（一）高级管理人员，是指公司的经理、副经理、财务负责人，上市公司董事会秘书和公司章程规定的其他人员。

（二）控股股东，是指其出资额占有限责任公司资本总额百分之五十以上或者其持有的股份占股份有限公司股本总额百分之五十以上的股东；出资额或者持有股份的比例虽然不足百分之五十，但依其出资额或者持有的股份所享有的表决权已足以对股东会、股东大会的决议产生重大影响的股东。

（三）实际控制人，是指虽不是公司的股东，但通过投资关系、协议或者其他安排，能够实际支配公司行为的人。

（四）关联关系，是指公司控股股东、实际控制人、董事、监事、高级管理人员与其直接或者间接控制的企业之间的关系，以及可能导致公司利益转移的其他关系。但是，国家控股的企业之间不仅因为同受国家控股而具有关联关系。

《最高人民法院关于适用〈中华人民共和国公司法〉若干问题的规定（二）》

第十八条　有限责任公司的股东、股份有限公司的董事和控股股东未在法定期限内成立清算组开始清算，导致公司财产贬值、流失、毁损或者灭失，债权人主张其在造成损失范围内对公司债务承担赔偿责任的，人民法院应依法予以支持。

有限责任公司的股东、股份有限公司的董事和控股股东因怠于履行义务，导致公司主要财产、账册、重要文件等灭失，无法进行清算，债权人主张其对公司债务承担连带清偿责任的，人民法院应依法予以支持。

上述情形系实际控制人原因造成，债权人主张实际控制人对公司债务承担相应民事责任的，人民法院应依法予以支持。

第二十一条　有限责任公司的股东、股份有限公司的董事和控股股东，以及公司的实际控制人为二人以上的，其中一人或者数人按照本规定第十八条和第二十条第一款的规定承担民事责任后，主张其他人员按照过错大小分担责任的，人民法院应依法予以支持。

专题十五：清算义务人恶意处置财产和欺诈注销的责任

【核心提示】有限责任公司的股东、股份有限公司的董事和控股股东，以及公司的实际控制人在公司解散后，恶意处置公司财产给债权人造成损失，或者未经依法清算，以虚假的清算报告骗取公司登记机关办理法人注销登记，债权人主张其对公司债务承担相应赔偿责任的，人民法院应依法予以支持。

实务争点

公司解散后，清算义务人有义务及时依法清算，从而保护公司债权人。实践中，公司的清算义务人和实际控制股东不仅不依法清算，还恶意处置公司财产，或以欺诈方式注销公司。这时，如何让清算义务人及实际控制股东承担责任，法律并未明确。对此，《公司法解释（二）》第十九条作出了要求。

理解适用

对《公司法解释（二）》第十九条规定的理解适用

（一）清算义务人及实际控制人恶意处置财产的民事责任

公司解散后，清算义务人应当依法进行清算，公司财产的处分必须按照法定许可的事由和程序进行，不能恶意处置公司财产，损害债权人的利益。

为了遏制清算义务人无偿或者低价处置公司财产的机会主义行为和道德风险，督促清算义务人在处置公司财产时恪守等价有偿原则，进而维护债权人的合法权益，《公司法解释（二）》第十九条规定，有限责任公司的股东、股份有限公司的董事和控股股东，以及公司的实际控制人在公司解散后，恶意处置公司财产给债权人造成损失，债权人主张其对公司债务承担相应赔偿责任的，人民法院应依法予以支持。

恶意处置公司财产的行为，是一种积极作为的恶意侵权行为。根据公司人格独立及股东有限责任的基本法理，公司拥有独立的财产，并以其全部财产对外独立承担民事责任。公司的财产作为一个整体，属于责任财产，是债权人债权的担保财产。当清算义务人和实际控制人恶意处置公司财产，造成公司财产减少，并由此给债权人造成损失时，就需对债权人承担相应的赔偿责任。

清算义务人和实际控制人恶意处置公司财产的侵权行为，应当同时具备以下主客观构成要件：

1. 主观上必须存在恶意

所谓恶意，是指清算义务人和实际控制人在作出损害公司财产的行为时，存在故意或重大过失，即知道或者应当知道其行为会造成公司财产受损，并导致债权人利益受损而积极做出该行为。在实践中，一般表现为故意侵占、私分公司财产，或者故意以不合理的低价处置公司财产等情形。

对于行为人主观上存在恶意的判断标准，理论上存在意思主义和观念主义两种观点。意思主义认为，清算义务人及实际控制人不仅要有一定的认识，而且主观上要有诈害债权人的意思。而观念主义认为，清算义务人实施恶意处置公司财产行为的恶意，是指行为人对其行为可能造成原企业法人履行无资力，从而有害于债权的后果具有一定的认识。结合审判实践，应当认定观念主义更可取，只要清算义务人知道其处分公司财产的行为将导致公司无资力清偿债务，有害于债权人的债权，却仍然要实施这种行为，已足以表明清算义务人主观上具有恶意，不必要求清算义务人有诈害债权人的意思。①

2. 客观上实施了恶意处置公司财产的行为

对公司财产的处置既包括事实上的处置，也包括法律上的处置。事实上的处置是就公司财产加以改造、毁损、外部的加工变形等行为；法律上的处置则包括转让财产、抛弃财产、免除债务、债务承担、在财产上设定抵押等

① 吴庆宝主编：《商事裁判标准规范》，人民法院出版社2006年版，第224页。

行为。在实践中，对清算义务人及实际控制人恶意处置公司财产的行为应当作广义解释，既包括事实上的处置也包括法律上的处置。

从法律后果来说，恶意处置公司财产的行为必须给债权人造成了损失，才能追究处置人的法律责任。一般来说，恶意处置公司财产的行为会使公司财产遭受损失，进而导致公司偿债能力降低。有时，这种偿债能力降低是间接的，例如，损害公司财产，导致公司偿债能力受到影响，间接影响到债权人的清偿利益。有时，这种偿债能力降低是直接的，例如恶意处置行为直接毁损了公司已设定抵押权的财产，从而直接影响到抵押权人优先受偿权的实现。

如果恶意处置行为虽然造成了公司财产的损失，但公司财产仍足以偿还债务的，则不构成对债权人的损害，债权人不能请求清算义务人及实际控制人承担赔偿责任。

至于恶意处置财产侵权行为的赔偿范围，应以债权人因恶意处置行为所遭受的实际损失为限。清算义务人和实际控制人为多人时，多个主体之间应当承担连带责任。

（二）清算义务人不当注销公司的民事责任

根据《民法总则》和《公司法》的相关规定，清算是公司终止的前置程序，公司未经清算不得办理注销登记。然而，在我国实际经济生活中，公司未经清算就予以注销的情形仍大量存在。概括地说，公司未经清算即办理注销登记的情形主要包括两种：一种是公司解散后未经清算，但以虚假的清算报告骗取公司登记机关办理法人注销登记，这种情形简称为欺诈注销；另一种是公司未经清算即办理注销登记，导致公司无法进行清算，这种情形简称为直接注销。

虽然欺诈注销与直接注销都是未实际清算而予以注销，但是，二者之间还是存在着很大区别。在欺诈注销的情形中，必须有虚构的清算表象（如虚假的清算报告），否则欺诈行为不能得逞。而在直接注销情形中，根本无清算之表象，也无虚构清算过程和清算报告等事实。基于此，《公司法解释（二）》对欺诈注销和直接注销这两种情形作了区别对待，分别设置了不同的民事责任。

关于欺诈注销的民事责任，《公司法解释（二）》第十九条规定，有限责任公司的股东、股份有限公司的董事和控股股东，以及公司的实际控制人在公司解散后，未经依法清算，以虚假的清算报告骗取公司登记机关办理法人注销登记，债权人主张其对公司债务承担相应赔偿责任的，人民法院应依法予以支持。

公司解散后，清算义务人不仅负有依法进行清算的义务，而且在清算过程中以及清算结束办理注销登记的过程中，始终负有对债权人以及公司登记机关的如实陈述义务，不得对债权人及公司登记机关作虚假的陈述。因此，清算义务人没有清算，却以已经进行清算为由，向公司登记机关申请办理公司注销登记，或者公司客观上存在债权债务需要清算，而清算义务人却声称公司不存在债权债务无须清算，都属于积极作为的欺诈行为。

基于对这种欺诈行为的信赖，公司登记机关作出了注销公司的具体行政行为，公司的法人主体资格也随之消灭。这样，从行使权利的相对人的主体角度而言，由于公司消灭，债权人无法行使债权，所以，清算义务人需要对债权人承担相应的赔偿责任。

欺诈注销民事责任的构成要件有以下几点：

（1）公司未经依法清算

这是清算义务人及实际控制人承担民事责任的前提条件，如果公司已经依法进行了清算，就不存在欺诈注销的问题。所谓未经依法清算，是指公司解散后根本未成立清算组进行清算，或者形式上虽经过清算，但清算不符合法定要求，清算行为事实上并未彻底完成。

实践中，有人认为未经依法清算仅指未成立清算组进行清算的情形。我们认为，《公司法解释（二）》第十九条中的“未经依法清算”除了包括根本未成立清算组进行清算的情形，也应包括清算组已成立但清算不符合法律规定的情形。因为在表达根本未清算的情形时，《公司法解释（二）》第二十条明确表述为“未经清算”，而该解释第十九条在规定欺诈注销时则明确表述为“未经依法清算”。因此，《公司法解释（二）》第十九条中的“未经依法清算”包含两种情形：一是“未经清算”这种根本未成立清算组的情形；二是虽然已成立清算组，但清算不符合法律规定的情形。

（2）提供虚假的清算报告

根据《公司法》第一百八十八条的规定，进行清算并提交清算报告，乃是申请公司注销登记的必经程序。《公司登记管理条例》第四十三条规定，股东会、股东大会、一人有限责任公司的股东、外商投资的公司董事会或者人民法院、公司批准机关备案、确认的清算报告，是公司注销登记必须提交的文件。在此，实际上暗含着注销申请人的提交真实清算报告的法定陈述义务。也就是说，要申请注销登记，必须提交真实完整的清算报告，不得弄虚作假，否则，就构成欺诈注销。

认定清算义务人及实际控制人办理公司注销登记时的欺诈行为，其法理依据是其违反了如实陈述义务。向公司登记机关申请办理公司注销登记手续时，应如实提交债权债务清理完结的清算报告，清算报告必须是真实的。

所谓虚假的清算报告，是指在客观上与事实不相符合的清算报告，要么在内容上有虚构事实，要么在程序上有虚构现象的清算报告。譬如，清算报告中宣称公司债权债务已清理完毕，而事实上尚有未清理债权债务，甚至压根就没有进行清算。

需要指出的是，虚假的清算报告应指重大的虚假。如果清算报告中虽然存在虚假成分或差错，但该虚假成分或差错仅仅是一般的瑕疵，而不足以影响公司注销登记后债权债务的承担问题，则不宜认定为清算义务人构成欺诈。此时，涉及的只是公司登记机关责令清算义务人改正，或者由清算义务人承担行政责任的问题。

（3）已经办理了注销登记

已经办理了注销登记，即《公司法解释（二）》第十九条规定的“以虚假的清算报告骗取公司登记机关办理法人注销登记”，是指清算义务人凭借虚假的清算报告申请注销登记，并且已经现实地将公司予以注销登记，公司法人资格已经消灭了。

如果注销登记没有完成，则虚假清算的危害后果尚未最终酿成，行为人仍有可能改正其虚假清算行为，因此，就不存在侵害债权人的问题，当然也就不存在对债权人进行赔偿的民事责任了。

（4）欺诈注销行为造成债权人的债权不能实现

即清算义务人实施欺诈注销登记行为与债权人的债权未能实现之间存在着因果关系。如果清算义务人虽然进行了欺诈注销登记，但债权人的债权并未受损，则债权人不能要求清算义务人承担赔偿责任。

债权人的债权不能实现包括全部不能实现和部分不能实现。关于欺诈注销登记行为与债权人的债权未能实现之间因果关系的证明，只要债权人能够证明自己的债权尚未实现，且清算义务人在办理公司注销登记时存在严重欺诈行为即可。

司法实务中，欺诈注销行为是否实际造成公司财产的损失，不在必须查明的事实范围内，也无须以此为限赔偿债权人。欺诈注销的民事责任范围，应以债权人的实际损失为限，即只对债权人的债权未实现的部分予以赔偿。

需要强调的是，根据第十九条的规定，虚假清算应是指股东、董事以及实际控制人恶意处置公司财产或未经依法清算，以虚假的清算报告骗取公司登记机关办理注销登记的严重恶意行为。所以，构成虚假清算的要件是相关责任主体未经依法清算，并以积极作为的方式编造虚假清算报告，欺骗公司登记机关办理注销登记。如果公司股东成立清算组对公司进行了清算，只是清算工作存在瑕疵尚不构成欺骗的，则不能认定为虚假清算。所以，在公司自行清算时，对有争议的债权的债权人未予以通知，不宜简单地认定为《公司法解释（二）》第十九条所谓的虚假清算情形。

案例指导

曲瑞秋等与李海波股东损害公司债权人利益责任纠纷案①

李海波在一审中起诉称：李海波与瑞科罗娜（北京）服装有限公司（以下简称瑞科服装公司）劳动争议一案，劳动人事争议仲裁委员会仲裁裁决书裁决瑞科服装公司给付李海波各项经济款项共计 15144.64 元。李海波向北京

① 案例来源：北京市第三中级人民法院民事判决书（2016）京 03 民终 1284 号，载中国裁判文书网，http ://wenshu.court.gov.cn/content/content?DocID=be2ef8de-f3dd-4d16-9c0b-ec2172a4ecee&KeyWord=。

市朝阳区人民法院申请强制执行后，发现瑞科服装公司已经于 2014 年 10 月 27 日注销，后该执行案件因瑞科服装公司无可供执行财产而裁定终结执行。故李海波起诉至法院。

曲瑞秋、郗传盈在一审中答辩称：李海波没有在瑞科服装公司债权申报公告期内申报债权，现瑞科服装公司已经注销，不应该要求股东承担责任，而且瑞科服装公司在进行清算的时候，已经按照规定给李海波相应补偿了，但是由于瑞科服装公司没有办理合法的离职手续，造成了现在的情况，事实上瑞科服装公司不存在拖欠李海波工资等情况，故不同意李海波的全部诉讼请求。

一审法院判决认定：关于李海波要求曲瑞秋、郗传盈对瑞科服装公司的债务承担连带赔偿责任的诉讼请求方面，首先，《公司法解释（二）》第十一条规定，公司清算时，清算组应当按照《公司法》第一百八十五条的规定，将公司解散清算事宜书面通知全体已知债权人，并根据公司规模和营业地域范围在全国或者公司注册登记地省级有影响的报纸上进行公告。清算组未按照前款规定履行通知和公告义务，导致债权人未及时申报债权而未获清偿，债权人主张清算组成员对因此造成的损失承担赔偿责任的，人民法院应依法予以支持。本案中，瑞科服装公司及其清算组在办理瑞科服装公司清算注销事宜时，瑞科服装公司与李海波之间正处于劳动仲裁程序中，瑞科服装公司知悉与李海波可能存在债权债务关系。曲瑞秋、郗传盈主张口头告知了李海波瑞科服装公司已经进入清算程序并要求其申报债权，但李海波对此不予认可，曲瑞秋、郗传盈亦未提供相应证据予以证明，对曲瑞秋、郗传盈的该项主张，一审法院不予认可。故曲瑞秋、郗传盈所组成的瑞科服装公司清算组未履行书面通知全体已知债权人的义务，由此导致李海波的债权无法通过清算程序得以清偿，曲瑞秋、郗传盈应当赔偿李海波所遭受的损失。其次，《公司法解释（二）》第十一条规定，有限责任公司的股东、股份有限公司的董事和控股股东，以及公司的实际控制人在公司解散后，恶意处置公司财产给债权人造成损失，或者未经依法清算，以虚假的清算报告骗取公司登记机关办理法人注销登记，债权人主张其对公司债务承担相应赔偿责任的，人民法院应依法予以支持。本案中，瑞科服装公司明知存在可能未清偿债务，仍于

2014年10月27日作出公司债权债务已经清理完毕的清算报告，并向朝阳工商局报备注销公司，属于未经依法清算，以虚假的清算报告骗取公司登记机关办理法人注销登记，瑞科服装公司股东曲瑞秋、郗传盈亦应承担瑞科服装公司对李海波债务的赔偿责任。最后，曲瑞秋、郗传盈作为瑞科服装公司股东在瑞科服装公司办理清算注销时，向朝阳工商局报备的股东会决议中承诺对瑞科服装公司未尽债务承担清偿责任。因此，李海波主张曲瑞秋、郗传盈对生效法律文书确认的瑞科服装公司应向李海波履行的债务承担赔偿责任的诉讼请求，存在事实依据，符合法律规定，一审法院予以支持。

曲瑞秋、郗传盈不服一审法院上述民事判决，提起上诉。

二审法院认为：关于曲瑞秋、郗传盈是否应就瑞科服装公司对李海波的债务承担赔偿责任。

（一）曲瑞秋、郗传盈作为瑞科服装公司的清算组成员，在履行清算义务时存在瑕疵。

本案中，瑞科服装公司及其清算组在办理瑞科服装公司清算注销事宜时，知悉瑞科服装公司与李海波之间存在债权债务关系，并且处于诉讼程序当中，但瑞科服装公司未予以清偿，曲瑞秋、郗传盈主张口头告知了李海波瑞科服装公司已经进入清算程序并要求其申报债权，但李海波对此不予认可，曲瑞秋、郗传盈亦未提供相应证据予以证明，对曲瑞秋、郗传盈的该项主张，本院不予认可。故曲瑞秋、郗传盈所组成的瑞科服装公司清算组未履行书面通知全体已知债权人的义务，由此导致李海波的债权无法通过清算程序得以清偿，曲瑞秋、郗传盈应当赔偿李海波所遭受的损失。

（二）瑞科服装公司的清算报告与其实际债务情况不符，曲瑞秋、郗传盈作为瑞科服装公司的清算义务人，应承担相应赔偿责任。

《公司法解释（二）》第十九条规定，有限责任公司的股东、股份有限公司的董事和控股股东，以及公司的实际控制人在公司解散后，恶意处置公司财产给债权人造成损失，或者未经依法清算，以虚假的清算报告骗取公司登记机关办理法人注销登记，债权人主张其对公司债务承担相应赔偿责任的，人民法院应依法予以支持。本案中，瑞科服装公司明知存在未清偿债务，仍于2014年10月27日作出公司债权债务已经清理完毕的清算报告，并向朝阳工商局报备注销公司，属于未经依法清算，以虚假的清算报告骗取公司登记机关办理法人注销登记的行为，瑞科服装公司股东曲瑞秋、郗传盈亦应承担瑞科服装公司对李海波债务的赔偿责任。

（三）曲瑞秋、郗传盈作为瑞科服装公司股东在瑞科服装公司办理清算注销时，向朝阳工商局报备的股东会决议中承诺对公司注销后的未尽事宜承担责任。

公司未清偿债务属于公司注销后的未尽事宜范围，鉴于在向工商局报备的股东会决议中明确记载“公司注销后的未尽事宜由全体股东承担”，而瑞科服装公司的股东即为曲瑞秋、郗传盈，该二人均在该股东会决议中签字确认。公司未清偿债务属于公司注销后的未尽事宜，李海波主张曲瑞秋、郗传盈对瑞科服装公司未尽债务承担清偿责任，具有事实依据。

规范指引

《最高人民法院关于适用〈中华人民共和国公司法〉若干问题的规定（二）》

第十九条　有限责任公司的股东、股份有限公司的董事和控股股东，以及公司的实际控制人在公司解散后，恶意处置公司财产给债权人造成损失，或者未经依法清算，以虚假的清算报告骗取公司登记机关办理法人注销登记，债权人主张其对公司债务承担相应赔偿责任的，人民法院应依法予以支持。

专题十六：未经依法清算即注销公司的民事责任

【核心提示】公司解散应当在依法清算完毕后，申请办理注销登记。公司未经清算即办理注销登记，导致公司无法进行清算，债权人主张有限责任公司的股东、股份有限公司的董事和控股股东，以及公司的实际控制人对公司债务承担清偿责任的，人民法院应依法予以支持。公司未经依法清算即办理注销登记，股东或者第三人在公司登记机关办理注销登记时承诺对公司债务承担责任，债权人主张其对公司债务承担相应民事责任的，人民法院应依法予以支持。

实务争点

公司解散后，应当依法进行清算，然后办理注销登记。实践中，一些公司未经法定程序进行清算即对公司办理了注销登记，从而无法确定公司到底最后还有多少财产。这时需要确定清算义务人相应的民事责任，以较好地维护公司债权人的合法权益，对此，《公司法解释（二）》第二十条作出了明确规定。

理解适用

对《公司法解释（二）》第二十条规定的理解适用

（一）直接注销的情形

在我国，在没有清算报告的情况下，要办理公司注销登记就必须依托公司登记机关的配合行为。因此，直接注销通常包括以下两种情形：

一是有关主体向公司登记机关承诺对公司债务承担清偿责任，公司登记机关基于这种承诺，在未清算的情况下将公司予以直接注销。譬如《公司法解释（二）》第二十条第二款规定的“公司未经依法清算即办理注销登记，股东或者第三人在公司登记机关办理注销登记时承诺对公司债务承担责任”情形。

二是在公司未清算的情形下，公司登记机关主动直接注销公司。这种直接注销多因登记机关的原因而发生，譬如因对注销是否必须先行清算存在误解而依职权直接予以注销。

（二）直接注销的民事责任

关于直接注销的民事责任，《公司法解释（二）》第二十条规定：“公司解散应当在依法清算完毕后，申请办理注销登记。公司未经清算即办理注销登记，导致公司无法进行清算，债权人主张有限责任公司的股东、股份有限公司的董事和控股股东，以及公司的实际控制人对公司债务承担清偿责任的，人民法院应依法予以支持。公司未经依法清算即办理注销登记，股东或者第三人在公司登记机关办理注销登记时承诺对公司债务承担责任，债权人主张其对公司债务承担相应民事责任的，人民法院应依法予以支持。”

直接注销情形下的民事责任，根据责任主体的不同，可以分为清算义务人因未清算所承担的民事责任和对公承诺人因承诺所承担的民事责任。

1. 清算义务人及实际控制人的民事责任

公司解散后，公司清算和注销登记是公司终止的两个必经程序，也是清算义务人的两项法定义务。公司未经清算即办理注销登记，导致公司无法进行清算，造成债权人的债权不能实现的，清算义务人以及公司的实际控制人应当对债权人承担清偿责任。

关于清算义务人及实际控制人直接注销公司的民事责任，《公司法解释（二）》第二十条第二款规定："公司未经依法清算即办理注销登记，股东或者第三人在公司登记机关办理注销登记时承诺对公司债务承担责任，债权人主张其对公司债务承担相应民事责任的，人民法院应依法予以支持。"

直接注销的民事责任是一种"清偿责任"，即由清算义务人及实际控制人对债权人直接承担清偿责任。这种清偿责任并非一般民事赔偿责任，公司的债权人只需证明以下事实，即可向有关主体主张其债权的直接清偿责任：（1）被注销公司对该债权人负有债务；（2）被注销公司有未经清算而办理注销登记手续的事实；（3）被注销公司无法清算。至于何时才能构成无法清算？这一标准的把握可以适当放宽，不宜过严。因为令公司的债权人去证明被注销公司是否属于无法清算的情形，比较困难。在通常情形下，只要公司事实上没有进行清算，又符合前述两个要件，原则上即可推定属于"导致公司无法进行清算"的情形，除非有关主体以其行动（启动并顺利或者能够展开清算）证明非属无法清算的情形，采取此种"以后果（结果）推论"并适当举证转移的方法解释，一则较为公平，二则简单易行。[①] 此外，前文关于《公司法解释（二）》第十八条第二款所规定的清算不能情形下的"无法进行清算"的认定标准，在此同样可以参照适用。

公司登记机关主动注销公司登记时，是否可以免除清算义务人的民事责任？在实际经济生活中，公司未经清算而办理注销登记的情形除了由于清算

---

① 蒋大兴：《公司法的观念与解释Ⅲ：裁判逻辑和规则再造》，法律出版社2009年版，第341页。

义务人的不当行为外，还可能是由于公司登记机关主动注销了公司登记。虽然根据基本法理和我国相关的法律制度，公司登记机关无权直接注销公司，然而登记机关主动注销公司登记的情况在实践中是存在的，突出表现在工商登记机关把注销登记作为一种处罚措施，强行将违法的公司予以注销。我们认为，在该种情形下，清算义务人仍然负有对公司财产进行清算的义务：

首先，法律规定清算义务人清算义务的目的是对公司财产进行公平处理，以满足各方当事人的合法利益，公司未经清算而被注销登记时，公司的各项财产仍然存在，各方当事人的合法利益亦未获得满足，清算义务人的清算义务并未消灭。

其次，登记机关主动注销公司登记是对公司的处罚，而不是对清算义务人义务的免除。否则，清算义务人基于其在公司中的特殊地位，一方面可以继续对公司财产进行占有、使用、收益和处分等，另一方面却可以拒绝承担对其他当事人的法律义务，显然有违法律的公平正义。

因此，公司登记机关主动注销未经清算的公司时，公司清算义务人的清算义务仍然存在，如果其怠于履行清算义务而给公司的债权人造成损失，债权人有权请求其承担相应赔偿责任。①

2. 对公承诺人的民事责任

所谓对公承诺，是指在办理公司注销登记的过程中，股东或第三人对公司登记机关就公司的债权债务处理问题所作出的各种各样的承诺，由于这种承诺不是对一般当事人所作的，而是对国家管理企业登记事务职能的主管机关所为，所以实践中通常将其称为对公承诺。对公承诺人，就是指公司未经清算而到公司登记机关办理注销登记时，承诺对公司债务承担责任的股东或第三人。

社会实践中，出于快速完结公司终止程序等诸种原因，公司解散后，股东或第三人在公司登记机关办理注销登记时，承诺对公司债务承担责任，以此取得未经清算即注销公司的“捷径”。当然，这种“捷径”毕竟是在未清算的情形下进行的，难免会发生侵害债权人利益的可能性。基于此，《公司

---

① 最高人民法院民事审判第二庭编著：《最高人民法院关于公司法司法解释（一）、（二）理解与适用》，人民法院出版社2008年版，第386页。

法解释（二）》第二十条第二款规定了对公承诺人的民事责任。该款规定：“公司未经依法清算即办理注销登记，股东或者第三人在公司登记机关办理注销登记时承诺对公司债务承担责任，债权人主张其对公司债务承担相应民事责任的，人民法院应依法予以支持。”

在公司申请注销登记时，股东或第三人出于各种原因会作出各种各样的承诺，并进而获得公司的注销登记。由于实践中注销承诺的多样性，由此增加了司法实务操作的复杂性和困难性。同时，《公司法解释（二）》第二十条第二款中的“承诺对公司债务承担责任”该如何理解，也不无疑问。鉴于此，下面对注销承诺的形式及其性质予以探讨，以明晰法律规定的内涵，减少实务中的困惑和不必要的纷争。

实践中，股东或第三人的注销承诺是多种多样的，概括来讲，注销承诺主要包括以下几种：（1）清偿债务的承诺。即承诺人明确表示由其清偿公司债务。（2）保证承诺。即承诺人承诺对公司的债务承担保证责任。（3）清理承诺。即承诺人承诺对解散公司的债务负责处理，也有人将其称为清算承诺或代位清算承诺。（4）清算完结承诺。也称为虚假清理承诺，即承诺人承诺解散公司的债权债务已清算完毕，公司不存在债务未清偿的问题。

当然，在不同案件中承诺人承诺时的具体表述是五花八门的，由此，就进一步加大了实务中法律适用的难度。

在个案中应如何确定承诺人的法律责任？关键在于对注销承诺性质的认定。在司法实务中，必须区分不同的注销形式，分别根据其法律性质确定承诺人的民事责任。

关于清理承诺，由于承诺人未明确表示由其对解散公司的债务承担民事责任，因此一般应只认定为承诺者对解散公司的债权债务进行清算，只涉及清算义务的产生和清算事宜的进行而已。简言之，清理承诺只是重复表达了法定的清算义务而已。此种承诺，在实践中常表述为承诺人负责清算或者由承诺人负责清理。但是，实践中也有将承诺内容表述为，公司的债权债务由承诺人“负责处理”或公司的债权债务由承诺人“负责”，此种情形下该如何认定？我们认为，应认定为清算承诺。首先，从语义学角度解释，“处理”一词更接近于“清算”而非“清偿”。从商业常识判断，承诺人此时的内心意思实与清算公司债权债务无异，而绝非意图承担相对人和数额都不确定的公司债务。[①] 其次，从司法实践来分析，也不宜认定为直接承担公司债务的对公清偿承诺。因为清算义务人的清算义务是一种内容较为复杂的义务，清算义务人承诺公司的债权债务由其负责处理，或者由其负责的表示与清算义务并不矛盾，“处理”债权债务的含义更接近于对债权债务关系的清算，而与保证担保的含义则相差较远。而且从规范清算义务人清算行为的角度出发，虽然应当维护债权人的权益，但对债权人的保护也不宜过宽和无限制，由于公司清算或者注销登记过程中，清算义务人向登记主管机关所作承诺的内容是形式多样的，对清算义务人责任的认定不宜过分严格，从而不适当地加重清算义务人的负担。所以就清算义务人作出上述承诺的，仍然应视为清算义务人承担代为清算责任较为合理。[②] 简言之，承诺人在注销承诺中表示公司的债权债务由其“清理”“清算”“负责”“负责处理”时，应认定为对清算义务的承诺。承诺人如果违反该清算义务，就应依法承担相应的民事法律责任。在具体案件中，应当按照承诺人的行为所造成的后果来确定其民事责任。一般来说，承诺人违反清算义务所应承担的民事责任，与清算义务人在清算过程中的侵权行为责任基本相似。因此，前文关于清算义务人民事责任的确定方法在此可以参照适用。

关于清算完结承诺，在实务中应参照欺诈注销的规定处理。在虚假的清算完结承诺中，承诺人承诺公司的债权债务已清理完毕，但事实上公司债务并未清理或未完全清理。此时，注销承诺属于虚假的清理承诺，其行为已构成欺诈。因此，虚假的清算完结承诺，不属于《公司法解释（二）》第二十条第二款所说的“对公司债务承担责任”的承诺，而属于《公司法解释（二）》第十九条规定的欺诈注销情形。也就是说，作出虚假清理承诺的股东或第三人，在实践中可能构成欺诈注销，因此，应根据《公司法解释（二）》第十九条的有关规定，确定其应承担的相关法律责任。

实务中争议最多的是清偿债务的承诺。这种承诺在本质上到底是属于债务担保还是债务承担？一般认为，清偿债务的承诺在本质上属于债务承担。

---

① 最高人民法院民事审判第二庭编著：《最高人民法院关于公司法司法解释（一）、（二）理解与适用》，人民法院出版社2008年版，第385页。

② 吴庆宝主编：《商事裁判标准规范》，人民法院出版社2006年版，第229页。

所谓债务承担，是指不改变债务的同一性而依合同将债务移转的现象，原债务人因此而免负债务，仅承担人（新债务人）作为债务人，属于债务人的替换，此种债务承担是本来的债务承担。与此不同，另外也有场合并不发生债务的移转，只是承担人与原债务人一起承担债务，这种情形虽非本来的债务承担，但仍可将它纳入广义债务承担的范畴。[①] 债务承担包括免责的债务承担与并存的债务承担。免责的债务承担，是指由第三人即承担人代替债务人承担其全部债务，原债务人脱离债的关系，承担人成为新债务人。狭义的债务承担仅指免责的债务承担。并存的债务承担，是指第三人加入债的关系与债务人共同承担债务，原债务人并不脱离债的关系，而仍为债务人。[②]

股东或第三人在公司注销登记时的承诺，原则上应认定为并存的债务承担，这样可以给债权人提供充分的保障。在公司注销登记的过程中，承诺人作出承诺时公司尚未办理注销登记，法人资格并未消灭，因此公司仍然是债的关系中的债务人，承诺人作为并存的债务承担人加入到原先的债的关系中。并存的债务承担的发生既可以基于债权人与承担人的合意，也可以基于债务人与承担人的合意，还可以基于债权人、债务人与承担人的三方合意。当然，有一点是肯定的，由于债务承担涉及了债权人利益，因此，债务承担协议必须获得债权人的认可才能对债权人产生约束力。

在公司注销登记过程中，并存的债务承担的成立是通过股东或第三人与债权人之间的合意最终形成的。公司的股东或第三人对公司登记机关作出承担债务清偿责任的承诺，实质上是向不特定的相对人发出了要约。此时，要约的相对人不是公司登记机关，而是公司的债权人等不特定的人。此处的法理基础，与悬赏广告相似。也就是说，股东或第三人作出的注销承诺的真正相对人不是公司登记机关，而是公司的债权人，公司登记机关与发布悬赏广告的报社相似，只不过是意思表示的媒介而已。

有了股东或第三人的要约，还需要债权人的承诺才能达成债务承担的合意。公司的债权人向承诺人主张权利时，即视为债权人对股东或第三人的要

---

① 韩世远:《合同法总论》，法律出版社 2011 年版，第 485 页。

② 王利明:《民法》，中国人民大学出版社 2010 年版，第 348 页。

约作出了承诺，双方意思表示一致，即债权人与承担人达成合意，并存的债务承担成立。

并存的债务承担成立后，股东或第三人等债务承担人即加入到公司的债权债务中，因此，债权人主张其对公司债务承担相应民事责任的，人民法院应依法予以支持。

既然是并存的债务承担，公司的债务并不因债务承担人的加入而免除。既然公司对债权人的债务仍然存在，清算义务人法定的清算义务也就仍然存在。所以，追究对公承诺人的民事责任，并不当然免除清算义务人应当清算而不清算的责任，公司的债权人仍然可以根据《公司法解释（二）》第二十条第一款的规定追究清算义务人及实际控制人的民事责任，即可以要求有限责任公司的股东、股份有限公司的董事和控股股东，以及公司的实际控制人对公司债务承担清偿责任。

最后需要说明的是，公司解散后，如果公司不当注销是由公司实际控制人的原因造成的，实际控制人应当依法承担欺诈注销的民事责任或直接注销的民事责任。至于实际控制人承担赔偿责任的范围和方式等，应当根据其过错大小、行为性质以及造成的损害后果等因素综合考虑，参照清算义务人的赔偿范围和方式进行确定。

案例指导

盐城市富豪教具家具有限公司与赵琪、江苏宏洲建筑装饰工程有限公司等装饰装修合同纠纷案[①]

上海静忆公司于2012年11月登记设立。2015年10月8日，上海静忆公司及其法定代表人赵伟向上海市长宁区市场监督管理局提交公司注销登记申请书一份，并成立了赵伟（负责人）、赵琪、张蓉仙三人组成的清算组。同年10月12日，清算组出具了公司注销清算报告。在该报告尾部，作为公司股东的赵

① 案例来源：盐城市中级人民法院民事判决书（2017）苏09民终639号，载中国裁判文书网，http：//wenshu.court.gov.cn/content/content?DocID=95ef21bd-6468-4eb6-ad98-a7680124c7d1&KeyWord=。

伟、赵琪还承诺“公司债务已经清偿完毕，若有未了事宜，股东愿意在法律规定范围内继续承担责任”。次日，上海市长宁区市场监督管理局准予上海静忆公司注销。同年10月18日，清算组在上海商报刊登了公司注销公告。对于上海静忆公司的注销情况，赵琪陈述：“当时把所有资产作了盘点，对外的一些房租作了支付和抵债。公司也无任何其他资产，在此情况下，至工商部门办理了注销手续，并且进行了公告，但当时未通知被告江苏宏洲公司。”

一审法院认为：上海静忆公司对于相关工程价款负有偿还责任，但该公司现已注销，对于承担责任的主体，一审法院作如下分析：1.根据我国《公司法》的相关规定，有限责任公司应当在解散事由出现后成立清算组。而清算组在公司清算时，应当将公司解散清算事宜书面通知全体已知债权人，并根据公司规模和营业地域范围在全国或者公司注册登记地省级有影响的报纸上进行公告。本案中，上海静忆公司的注册资本只有10万元，其在清算时尚欠江苏宏洲公司的工程款已达几百万元之巨，江苏宏洲公司应当可以认定为已知的债权人。对于这一已知的债权人，清算组必须直接书面通知其申报债权，而不能简单地以公告方式代替。但作为上海静忆公司股东的赵琪、赵伟二人在向相关部门提交的公司注销清算报告中虽然称“公司债务已全部清偿”，又无证据证明其已尽通知义务，更无全部偿还的直接证据，故上海静忆公司的清算程序不合法，存在隐瞒债务情况，清算报告中所称的“公司债务已全部清偿”应为虚假陈述。2.《最高人民法院关于适用〈中华人民共和国公司法〉若干问题的规定（二）》第二十条规定：“公司解散应当在依法清算完毕后，申请办理注销登记。公司未经清算即办理注销登记，导致公司无法进行清算，债权人主张有限责任公司的股东、股份有限公司的董事和控股股东，以及公司的实际控制人对公司债务承担清偿责任的，人民法院应依法予以支持。公司未经依法清算即办理注销登记，股东或者第三人在公司登记机关办理注销登记时承诺对公司债务承担责任，债权人主张其对公司债务承担相应民事责任的，人民法院应依法予以支持。”本案中，由于上海静忆公司已经办理了注销登记，其公司的主体已从法律上消灭，相关权利人也无法再向公司求偿。但这一情形，正是由于上海静忆公司未经合法的清算程序而造成。故依据上述规定，赵琪、赵伟作为上海静忆公司的股东应对公司的案涉债务承担清偿责任。

二审法院认为，在盐城富豪公司向上海静亿公司主张其享有的债权过程中，上海静亿公司解散，根据公司法的相关规定，盐城富豪公司可以向上海静亿公司股东赵琪、赵伟主张承担责任。上诉人赵琪的上诉理由不能成立，应予驳回。

规范指引

《最高人民法院关于适用〈中华人民共和国公司法〉若干问题的规定（二）》

第二十条 公司解散应当在依法清算完毕后，申请办理注销登记。公司未经清算即办理注销登记，导致公司无法进行清算，债权人主张有限责任公司的股东、股份有限公司的董事和控股股东，以及公司的实际控制人对公司债务承担清偿责任的，人民法院应依法予以支持。

公司未经依法清算即办理注销登记，股东或者第三人在公司登记机关办理注销登记时承诺对公司债务承担责任，债权人主张其对公司债务承担相应民事责任的，人民法院应依法予以支持。

第二十一条 有限责任公司的股东、股份有限公司的董事和控股股东，以及公司的实际控制人为二人以上的，其中一人或者数人按照本规定第十八条和第二十条第一款的规定承担民事责任后，主张其他人员按照过错大小分担责任的，人民法院应依法予以支持。

专题十七：股东未缴出资时的清算及其民事责任的确定

【核心提示】公司解散时，股东尚未缴纳的出资均应作为清算财产。股东尚未缴纳的出资，包括到期应缴未缴的出资，以及依照《公司法》第二十六条和第八十条的规定分期缴纳尚未届满缴纳期限的出资。公司财产不足以清偿债务时，债权人主张未缴出资股东，以及公司设立时的其他股东或者发起人在未缴出资范围内对公司债务承担连带清偿责任的，人民法院应依法予以支持。

实务争点

全面履行认缴的出资义务，是股东对公司应承担的最主要的义务。然而，在实践中，股东迟迟不履行认缴出资义务，甚至公司解散时尚未履行出资义务的情形也不少见，特别是在我国全面实行认缴资本制[①]下更会如此。这就产生了公司解散后股东未缴出资情形下的清算问题以及债权人保护问题。对此，《公司法解释（二）》第二十二条作出了明确规定。

理解适用

对《公司法解释（二）》第二十二条规定的理解适用

（一）股东出资义务的法律适用

就公司的创设而言，全面真实地履行出资义务，是股东对公司所负的最重要、最核心的义务。基于公司法人人格独立的基本理论，股东必须全面真

---

① 认缴资本制是我国独创的公司资本制度，它既不同于传统大陆法系的法定资本制，也不同于传统英美法系的授权资本制，同时也不同于现代大陆法系的许可资本制和英美法系的声明资本制。认缴资本制仅是为鼓励创业而设立的关于股东认和缴的广义上的公司资本制度。从公司人格独立法理来看，只有股东认且实际缴纳部分构成公司法定资本，即公司的资本，并进而成为公司债权人的最低担保。股东尽管认但未实际缴纳部分不构成公司资本，仅系股东与公司之间的债权债务关系。故当股东已认但未缴时，其不构成公司财产，也不能成为公司债权人的担保。也就是说，《公司法解释（二）》所称的“公司解散时，股东尚未缴纳的出资均应作为清算财产”规定是值得探讨的。从公司独立人格法理及逻辑上，首先，股东认且实际缴纳部分，因其实际缴纳给了公司而自然成为公司的财产，因而成为公司债权人的必然担保。其次，股东认缴但未到缴纳期限时，公司仅对该部分所谓“资本”产生一种未来的请求权，股东有权利但没有义务提前缴付。在这种情形下，不存在公司财产问题，自然也不存在公司解散清算时清算权的提前缴付请求权问题，更不存在公司债权人要求权问题。最后，如果股东认缴期限届至，则股东有义务实际缴付，公司有权利要求缴付，双方之间产生请求权问题，亦即双方之间产生应当履行的债权债务关系。这时才会产生《公司法解释（二）》所谓的“公司解散时股东尚未缴纳的出资应作为清算财产”问题，进而界定有关当事人权利义务问题。也就是说，本书编者并不赞同《公司法解释（二）》关于这部分规定的解释，也不赞同本书以下有关以法院判决及著述为借鉴的有关论述。这些判决和论述尽管以充分、最大限度保护公司债权人为名义，但缺乏应有的公司法理及逻辑。但鉴于本书主旨，以下论述仍以司法判断为基本观点。

实地履行出资义务，并保持公司存续过程中公司法人财产的独立，进而达到保护债权人利益的目的。

关于有限责任公司股东的出资义务及出资期限，《公司法》第二十六条规定："有限责任公司的注册资本为在公司登记机关登记的全体股东认缴的出资额。法律、行政法规以及国务院决定对有限责任公司注册资本实缴、注册资本最低限额另有规定的，从其规定。"依此，股东认缴出资后，可以根据公司发展需要一次性缴足，也可以分期缴纳出资。第二十八条规定："股东应当按期足额缴纳公司章程中规定的各自所认缴的出资额。股东以货币出资的，应当将货币出资足额存入有限责任公司在银行开设的账户；以非货币财产出资的，应当依法办理其财产权的转移手续。股东不按照前款规定缴纳出资的，除应当向公司足额缴纳外，还应当向已按期足额缴纳出资的股东承担违约责任。"第三十条规定："有限责任公司成立后，发现作为设立公司出资的非货币财产的实际价额显著低于公司章程所定价额的，应当由交付该出资的股东补足其差额；公司设立时的其他股东承担连带责任。"关于股份有限公司股东的出资义务，《公司法》第八十三条第一款、第二款规定："以发起设立方式设立股份有限公司的，发起人应当书面认足公司章程规定其认购的股份，并按照公司章程规定缴纳出资。以非货币财产出资的，应当依法办理其财产权的转移手续。""发起人不依照前款规定缴纳出资的，应当按照发起人协议承担违约责任。"第九十三条规定："股份有限公司成立后，发起人未按照公司章程的规定缴足出资的，应当补缴；其他发起人承担连带责任。股份有限公司成立后，发现作为设立公司出资的非货币财产的实际价额显著低于公司章程所定价额的，应当由交付该出资的发起人补足其差额；其他发起人承担连带责任。"

按照以上规定，股东的出资义务表现为：

1. 对于一般的有限责任公司，股东可以按照章程认缴的出资规定分期缴纳出资。但对于特殊的有限责任公司，如证券公司、商业银行、保险公司等，则须依法认缴并实际缴纳。对于股份有限公司，如果采取发起设立方式，股东也可以按照章程认缴的出资规定分期缴纳；如果采取募集设立方式，则须依法认缴并实际缴纳。

2. 股东必须按照公司章程的规定按期缴纳出资，否则就要依法承担相应的法律责任。

3. 股东必须全面、真实地履行出资义务，否则就要依法承担相应的法律责任。

根据权利义务相对应的基本法理，股东对公司负有出资义务，公司享有要求股东按照章程规定出资的权利。公司所享有的这种权利，在法律性质上属于请求权。既然是请求权，就会涉及诉讼时效的问题。那么，公司对股东享有的出资请求权是否适用诉讼时效制度？在我国司法实践中，曾经存在很大争议。为了切实督促股东出资义务的履行，保护公司和债权人的合法权益，2008年8月11日通过并于2008年9月1日施行的《最高人民法院关于审理民事案件适用诉讼时效制度若干问题的规定》第一条规定，当事人对基于投资关系产生的缴付出资请求权提出诉讼时效抗辩的，人民法院不予支持。换句话说，股东的出资义务不受时间限制，直至公司解散或破产时。譬如，我国《企业破产法》第三十五条规定："人民法院受理破产申请后，债务人的出资人尚未完全履行出资义务的，管理人应当要求该出资人缴纳所认缴的出资，而不受出资期限的限制。"根据该条规定，股东只要未按期全面履行出资义务，不管这种未履行的状态持续了多长时间，公司破产时，管理人都可以要求股东依法缴纳所认缴的出资。综上所述，股东的出资义务不适用诉讼时效制度，公司解散时，清算组仍可要求未履行出资义务的股东依法全面履行出资义务。

司法实践中经常还会面临另外一个问题，即公司可否免除股东的出资义务？显然，股东的出资义务不能免除。所谓免除，是指债权人为抛弃债权而对债务人为意思表示而发生债务消灭效力的单方行为。就债权人而言，是债权的抛弃；就债务人而言，是债务的免除。免除成立后，债权人所享有的债权消灭，债务人不再负担被免除的债务。根据私法自治原则，权利人原则上可以自主决定免除债务人的债务。但是，任何权利的行使都不是无限度的。如果债权不具有可以放弃的性质，其债权人不能够免除相对人的债务，比如股份缴纳债务，按照资本维持原则的要求，就属于不得免除的。[①]

---

① 韩世远：《合同法总论》，法律出版社2011年版，第577页。

由于公司的财产是其债权人债权的一般担保，公司财产的多寡与充实与否，直接影响着债权人债权的实现程度，而股东的出资则构成了公司财产最原始的来源，因此，基于资本充实原则及债权人保护的基本理论，股东的出资义务不得免除。若公司免除股东的出资义务，该免除行为无效，股东的出资义务仍然存在，公司清算时，清算组仍可依法要求股东履行出资义务。

（二）股东未缴出资情形下的清算

公司解散时，股东尚未缴纳的出资均应作为清算财产。在实践中，股东未缴纳出资的情形主要有两种：瑕疵出资和缴纳期尚未届满而未缴纳。

1. 瑕疵出资情形下的清算

所谓瑕疵出资，是指股东虽已缴纳出资，但尚未完全根据公司章程及公司法的规定全面、真实地履行出资义务。瑕疵出资主要包括两种情形，即出资不及时和出资不足额。

不管是出资不及时还是出资不足额，其本质都是股东出资义务履行得不全面、不适当，即股东未根据章程及公司法适当履行出资义务。正如前文所言，股东的出资义务并不因时间的经过而消灭，公司仍有权请求其全面、真实地履行出资义务，公司的这种请求权构成公司财产权的重要组成部分。事实上，公司清算时股东尚未缴纳的出资，会比可能已经消耗殆尽的现金对价更能为债权人提供真实的保障。

基于对债权人的保护，《公司法解释（二）》第二十二条第一款规定的“到期应缴而未缴的出资”应作扩大解释，既包括出资不及时的情形，也应包括出资不足额的情形。

2. 因缴纳期尚未届满而未缴纳情形下的清算

根据《公司法》第二十六条和第八十条的规定，对于有限责任公司和发起设立的股份有限公司而言，其股东可以按照章程分期缴纳出资。实践中，公司章程明确规定股东在公司成立后一定期间内分期缴纳出资的情形并不少见。这样，就难免会出现公司解散时出资缴纳期尚未届满的情形。

根据一般的民法原理，公司章程规定的股东缴纳出资期限届满前，股东有权拒绝公司的缴纳请求。但是，鉴于公司解散清算后其法人资格将因注销登记而消灭，相关法律均规定公司解散后未到期的债权债务均视为到期。譬如，《企业破产法》第四十六条第一款规定："未到期的债权，在破产申请受理时视为到期。"第三十五条规定："人民法院受理破产申请后，债务人的出资人尚未完全履行出资义务的，管理人应当要求该出资人缴纳所认缴的出资，而不受出资期限的限制。"《公司法解释（二）》第二十二条第一款也作了类似规定，即如果股东尚未缴纳的出资，包括到期应缴未缴的出资，以及依照《公司法》第二十六条和第八十条的规定分期缴纳尚未届满缴纳期限的出资。法律之所以这样规定，其原因在于公司解散清算后将终止存在，不可能再根据原定期限请求股东履行。如果公司不能要求股东提前缴纳出资，则股东将逃避履行对公司的出资义务，并进而损害公司的债权人和其他股东的合法权益。其实，对于股东来说，虽然章程规定了明确的出资期限，但由于出资义务履行的对象是公司，而章程规定的出资期限是能超过公司存续期限的，因此一旦公司解散，则章程规定的出资期限视为届满。此外，这也是公司注册资本信用保障的基本要求。在我国，注册资本是公司财产形成的基础和来源，是公司最原始和最基本的财产，注册资本的规模和多少直接影响着公司财产的范围和多少，因此注册资本对于奠定公司基本的债务清偿能力、保障交易安全和债权人利益具有重要的作用。尚未到期的出资，在缴纳期限届满后必然纳入公司资本，公司的债权人对此具有正当信赖，该种信赖法律应予以保护。综上，公司解散后，"尚未届满缴纳期限的出资"视为缴纳期届满，股东应当履行该出资义务，不得以缴纳期未满为由拒绝履行。

在此会涉及一个重要的实务问题，即股东能否请求扣除相应利息以维护其期限利益？我们认为，股东的利息扣除请求权不能成立。首先，从价值判断看，如果承认股东的该种请求权，则对公司的债权人不利；如果否认股东的该种请求权，则对股东不利。由于公司无论是自愿解散抑或强制解散皆是股东的行为所导致，由此引发的不利负担由股东负担方符合法律的公平正义。其次，从法律逻辑看，虽然章程规定了明确的出资期限，但是由于出资义务的对象是公司，因此，章程规定的出资期限不能超过公司存续期限，这是公司章程的内在要求，亦是《公司法》第三条"股东以其认缴的出资额为限对公司承担责任"的强制性规定，因此，公司解散事由发生视为股东出资义务履行期届至，而不是要求其提前履行。也正是如此，《企业破产法》第三十五条规定，企业法人的出资人在企业破产时，负有缴纳出资的义务，不受出资期限的限制，而并未赋予出资人扣除利息请求权。故，公司清算时，公司股东应当缴纳尚未缴纳的出资，不能请求扣除相应利息。[①]

另外，需要注意的是，即使公司解散后清算时公司财产足以清偿债务，甚至公司根本不欠外债，股东尚未缴纳的出资也均需缴纳给公司，清算组应将这些财产列入清算财产。这是因为，公司解散清算不仅涉及债权人的保护，还涉及中小股东权益的保护。因此，按照《公司法解释（二）》第二十二条第一款规定，在公司解散时，股东尚未缴纳的出资均应作为清算财产。股东尚未缴纳的出资，包括到期应缴未缴的出资，以及依照《公司法》第二十六条和第八十条的规定分期缴纳尚未届满缴纳期限的出资。

（三）未缴出资情形下股东民事责任的裁判规范

股东未缴出资，通常直接损害的是公司的利益。但在特定情形下，则又会最终损害公司的债权人的利益，因为公司的财产是公司债权人债权的一般担保。因此，为了保障公司债权人的合法权益，当公司无履行能力时，债权人可依法追究股东的法律责任。对此，《公司法解释（二）》第二十二条第二款规定："公司财产不足以清偿债务时，债权人主张未缴出资股东，以及公司设立时的其他股东或者发起人在未缴出资范围内对公司债务承担连带清偿责任的，人民法院应依法予以支持。"

《公司法解释（二）》第二十二条第二款中的"未缴出资"应作出与第一款一致的解释，即包括到期应缴未缴的出资，以及依照《公司法》第二十六条和第八十条的规定分期缴纳尚未届满缴纳期限的出资。

公司财产不足以清偿债务时，债权人主张未缴出资股东承担清偿责任的法理依据，主要是公司人格否认制度和债的保全之代位权制度。如果股东对

---

① 最高人民法院民事审判第二庭编著：《最高人民法院关于公司法司法解释（一）、（二）理解与适用》，人民法院出版社2008年版，第414页。

公司过度控制，滥用公司法人独立地位和股东有限责任，逃避债务，严重损害公司债权人利益的，应当对公司债务承担连带责任。此外，依据债的相对性原理，由于因出资而产生债权债务关系仅存在于公司和股东之间，公司的债权人本来是不能直接请求股东履行出资义务的。但是，当公司怠于要求股东履行出资义务，并因此使债权人遭受损失时，债权人可以依据合同法上的代位权制度，直接要求股东承担清偿责任。

无论债权人是以公司人格否认制度，还是代位权制度作为请求权基础，前提必须是公司财产不足以清偿公司债务，否则，股东虽然未履行出资义务，但并未给债权人造成损失，债权人就不能对股东享有请求权。此外，债权人的请求权仅限于股东“未缴出资范围内”。也就是说，未缴出资股东对债权人的清偿责任仅限于其未出资的部分。

由于公司的发起人（原始股东）之间相互比较熟悉且通常存在密切联系，一般皆参与公司的设立过程，因此，让他们相互之间对公司设立时的其他股东的出资义务承担连带责任，可以促使他们对出资的真实性、有效性和充分性进行相互监督。这样，可以有效防止他们相互串通逃避对公司的出资义务，进而保证公司资本充实以维护交易安全。所以，如果公司解散时其财产不足以清偿全部债务，债权人不但可以要求未缴纳出资股东在未缴出资范围内，对公司债务承担连带清偿责任，也可以要求公司设立时的其他股东或发起人，在未缴出资范围内对公司债务承担连带清偿责任。

案例指导

东莞丰裕电机有限公司诉上海丰鼎益环保科技有限公司股东出资纠纷案①

原审法院审理查明，2010年4月，被上诉人由案外人×××、A公司、上诉人共同发起设立，注册资金人民币300万元，法定代表人为×××。

① 案例来源：上海市第一中级人民法院民事判决书（2015）沪一中民四（商）终字第2493号，载中国裁判文书网，http：//wenshu.court.gov.cn/content/content?DocID=643f719a-3b8d-4ec4-83d0-0a4130ba7a47&KeyWord=。

被上诉人公司章程规定，上诉人认缴的注册资本为153万元，2010年4月16日前，上诉人应出资30.60万元，2010年12月31日前，上诉人应出资45.90万元,2011年5月31日前，上诉人应出资76.50万元。2011年5月19日，被上诉人召开股东会形成了解散公司和成立清算组的决议，但被上诉人无法通过自行清算来完成工商注销手续。2013年9月22日，原审法院依照被上诉人的两位股东即A公司和上诉人的申请，裁定受理被上诉人强制清算一案，并指定上海市申达律师事务所为清算管理人。清算管理人调阅了被上诉人的工商登记资料，并聘请了上海华晖会计事务所有限公司对被上诉人的资产负债情况进行了专项审计。根据审计报告和工商登记资料显示，截至原审法院受理被上诉人强制清算一案时，被上诉人只收到各股东第一期出资，实收资本60万元。被上诉人仍有240万元注册资金尚未到位，其中上诉人有122.40万元注册资金未到位。

原审法院经审理认为，本案是一起股东出资纠纷，应适用《公司法》。根据《公司法》第二十八条第一款规定，股东应该按期足额缴纳公司章程中规定的各自所认缴的出资额。《公司法解释（二）》第二十二条第一款规定：公司解散时，股东尚未缴纳的出资均应作为清算财产。股东尚未缴纳的出资，包括到期应缴未缴的出资，以及依照《公司法》第二十六条和第八十条的规定分期缴纳尚未届满缴纳期限的出资。上诉人的出资期限均已届满，且相关司法解释规定公司解散时，股东的出资义务并不免除。因此，清算组代表被上诉人要求上诉人履行出资义务，原审法院予以支持。至于上诉人认为被上诉人关于解散公司的决议具有减资的效力，并无法律依据，原审法院并不认同。清算阶段股东的出资义务和公司债务的平衡问题，交由清算组处理，清算组应有一定的自由裁量的权利。上诉人认为清算组在确认公司债务的过程中存在失误，可另行主张。原审法院遂判决上诉人向被上诉人交付出资款122.40万元。

上诉人东莞丰裕电机有限公司不服原审法院上述民事判决，向二审法院提起上诉。

二审法院认为，公司股东应当履行对公司认缴资本的出资义务。该义务是严格的法律义务，未经法定程序，不得任意变更履行或免除履行。我国公司法规定，公司需要减少注册资本时，必须编制资产负债表及财产清单。公司应当自作出减少注册资本决议之日起十日内通知债权人，三十日内在报纸上公告，并应当依法向公司登记机关办理变更登记。被上诉人股东会并没有公司减资的决议，也未经过公告通知债权人公司减资事项等程序。被上诉人申请公司解散进入清算后，上诉人作为股东，其分期缴纳出资的期限已届满，但其尚未足额缴纳出资，上诉人依法应当继续履行缴纳出资义务。上诉人辩称公司股东会形成解散公司决议中包含有减资的意思，但该辩解不符合公司法对减资程序的法律规定。现被上诉人要求上诉人足额缴纳出资，于法有据，应当获得支持。原审法院依据公司法和最高法院的司法解释所作的判决正确，本院予以支持。

规范指引

《最高人民法院关于适用〈中华人民共和国公司法〉若干问题的规定（二）》

第二十二条　公司解散时，股东尚未缴纳的出资均应作为清算财产。股东尚未缴纳的出资，包括到期应缴未缴的出资，以及依照公司法第二十六条和第八十条的规定分期缴纳尚未届满缴纳期限的出资。

公司财产不足以清偿债务时，债权人主张未缴出资股东，以及公司设立时的其他股东或者发起人在未缴出资范围内对公司债务承担连带清偿责任的，人民法院应依法予以支持。

专题十八：清算组成员民事责任的法律适用

【核心提示】清算组成员应当忠于职守，依法履行清算义务。清算组成员不得利用职权收受贿赂或者其他非法收入，不得侵占公司财产。清算组成员因故意或者重大过失给公司或者债权人造成损失的，应当承担赔偿责任。

实务争点

清算组为清算中的公司的机关，其成员自然负有忠实义务与勤勉义务。因此，当清算组成员违反其忠实义务与勤勉义务时，就应当对公司、股东和债权人承担相应责任。但是，清算组成员毕竟是由公司或法院临时指定人员，其很多成员既非股东，也非公司董事会成员或其他管理人员，亦即判断清算组成员的民事责任应当不同于股东和董事高管。对此，《公司法解释（二）》第二十三条作出了明确规定。

理解适用

对《公司法解释（二）》第二十三条规定的理解适用

既然清算组类似于公司的董事会，履行清算中公司对内管理和对外代表职能，那么，清算组成员应当与公司董事一样对公司负有忠实义务和勤勉义务，应当与公司董事一样遵守法律、行政法规以及公司章程的规定依法从事清算活动。简言之，清算组成员应履行其作为清算管理人员应尽的义务和职责，否则，其就要承担相应的法律责任。关于清算组成员的行政责任，《公司法》第二百零六条第二款规定，清算组成员利用职权徇私舞弊、谋取非法收入或者侵占公司财产的，由公司登记机关责令退还公司财产，没收违法所得，并可以处以违法所得1倍以上5倍以下的罚款。

（一）清算组成员民事责任的法律依据

在公司清算过程中，清算组组成后，清算组成员即应谨慎行使法定职权、勤勉认真地履行清算义务，否则，应当依法承担相应的赔偿责任。

《公司法》第一百八十九条规定："清算组成员应当忠于职守，依法履行清算义务。清算组成员不得利用职权收受贿赂或者其他非法收入，不得侵占公司财产。清算组成员因故意或者重大过失给公司或者债权人造成损失的，应当承担赔偿责任。"由此，法律为清算组成员设置了过错责任原则下的民事赔偿责任。

《公司法解释（二）》第十一条、第十五条和第二十三条又对清算组成员的民事责任作了进一步规定，概括如下：

1. 不当通知和公告的民事责任

清算组未按照法律规定履行通知和公告义务，导致债权人未及时申报债权而未获清偿，债权人主张清算组成员对因此造成的损失承担赔偿责任的，人民法院应依法予以支持。在此，损害赔偿请求权的请求主体仅限于债权人。

2. 擅自执行清算方案的赔偿责任

清算组执行未经确认的清算方案给公司或者债权人造成损失，公司、股东或者债权人主张清算组成员承担赔偿责任的，人民法院应依法予以支持。

在此，请求权主体既可以是公司及债权人，也可以是受害的股东。因为，这些主体都可能因清算组的擅自执行清算方案的行为而受到损害。譬如，低估或低价变卖公司财产、擅自虚增清算费用，会直接损害公司、股东和债权人的利益；对债权人进行偏颇清偿或过分清偿，则可能损害其他债权人及股东的利益；故意隐瞒公司财产、为股东预留可分配额，则会直接损害债权人的利益等。

3. 清算组成员民事责任的一般条款

由于清算组的职权广泛，清算组成员在公司清算过程中，可能实施的违法行为是多种多样的，难以一一列举。因此，《公司法解释（二）》第二十三条第一款采取了一般条款形式，规定："清算组成员从事清算事务时，违反法律、行政法规或者公司章程给公司或者债权人造成损失，公司或者债权人主张其承担赔偿责任的，人民法院应依法予以支持。"

根据上述分析，清算组成员承担赔偿责任必须具有主观上的故意或重大过失，然而清算组成员往往并非一人而是数人，那么，在实践中，无过错的清算组成员应否对其他清算组成员的过错行为承担连带赔偿责任？对此，应当根据清算组成员过错行为违反的义务性质而确定。如果清算组成员的过错行为违反的是法律科以清算组成员个体的义务，比如不得侵占公司财产的义务，则仅有过错的清算组成员承担赔偿责任，其他无过错的清算组成员不承担赔偿责任。如果清算组成员的过错行为违反的是法律科以清算组整体的义务，比如适当公告义务，则所有的清算组成员应当承担连带责任，无论其是否具有过错，因为清算组整体的义务和责任自然应当由所有清算组成员承担，清算组成员之间的内部因素不得对抗外部第三人。当然，无过错的清算组成员承担赔偿责任后可以向有过错的清算组成员进行追偿。[①]

（二）清算组成员民事责任的追究机制

1. 公司和债权人对清算组成员的直接诉讼

直接诉讼是民事诉讼的常见形态，权利人遭受侵害时，即可以以自己的名义对相关责任人提起诉讼。《公司法解释（二）》第二十三条第一款规定了公司和债权人的直接诉讼权，即清算组成员从事清算事务时，违反法律、行政法规或者公司章程给公司或者债权人造成损失时，公司和债权人可依法对清算组成员提起诉讼，请求赔偿。

此外，当清算组成员在清算过程中侵犯股东合法权益时，股东也可以对其提起直接诉讼。譬如，清算组未依法院认可的清算方案向某个股东分配剩余财产，并且已经注销了公司，在这种情形下，该股东即可以对清算组提起直接诉讼以救济自己的剩余财产分配请求权。

2. 股东对清算组成员的派生诉讼

股东派生诉讼，又称为股东代表诉讼，是指当公司拒绝或怠于通过诉讼追究相关责任人对公司所应承担的责任时，具备法定资格的股东依法以股东自己的名义向法院提起的诉讼。在股东派生诉讼中，利益受到直接损害的是公司，原本是公司享有诉权，但出于各种原因，公司没有对相关责任主体提起诉讼。在此情形下，公司的诉权依法派生给股东，股东基于该派生而来的诉权，依法对相关责任主体提起诉讼，以直接捍卫公司的权利并进而间接保护自己。我国《公司法》第一百五十一条明确规定了股东派生诉讼制度。

在公司清算过程中，清算中公司实质上被清算组所控制，因此完全可能出现类似公司正常存续下，董事、监事、高级管理人员因其自身违法行为给公司造成损失时，其不可能主动以公司名义向自己主张权利的情形。因此，股东派生诉讼在公司清算中也有适用空间。

---

① 最高人民法院民事审判第二庭编著:《最高人民法院关于公司法司法解释（一）、（二）理解与适用》，人民法院出版社2008年版，第425~426页。

根据《公司法解释（二）》第二十三条第二款和第三款的规定，有限责任公司的股东、股份有限公司连续180日以上单独或者合计持有公司1%以上股份的股东，依据《公司法》第一百五十一条第三款的规定，以清算组成员有前款所述行为为由向人民法院提起诉讼的，人民法院应予受理。公司已经清算完毕注销，上述股东参照公司法第一百五十一条第三款的规定，直接以清算组成员为被告、其他股东为第三人向人民法院提起诉讼的，人民法院应予受理。也就是说，在清算组损害公司利益而公司不予追究的情形下，符合条件的股东可依法对清算组成员提起股东派生诉讼。

在此，起诉之股东无须履行股东派生诉讼的前置程序。因为公司清算不但周期短而且其只消耗但并不增加公司的财产，公司的清算状态符合《公司法》第一百五十一条规定的“情况紧急、不立即提起诉讼将会使公司利益受到难以弥补的损害”的前置程序豁免情形。

在此需要指出的是，在实践中清算组成员与清算义务人重叠的情形大量存在。因此，当由清算义务人担任清算组成员时，就会产生民事责任交叉重合现象。此时，权利人有选择权，可以选择最有利于自己的法律依据以最大限度地捍卫自己的权利。

案例指导

邹汉英与孙立根、刘珍工伤事故损害赔偿纠纷案[①]

原告邹汉英系新威电器职工，2007年3月23日，原告在公司工作过程中不慎受伤。事故发生后，新威电器支付了原告的医疗费以及2007年4月17日至7月底的护理费、营养费3180元。被告孙立根、刘珍系新威电器的股东，该公司经股东会决议解散，于2008年2月19日申请注销。2008年6月30日，经鉴定，原告邹汉英的伤残等级为十级。因仪征市劳动争议仲裁委员会以被诉主体资格不符为由不予受理，而起诉至法院。

本案的争议焦点是：被告孙立根、刘珍是否应当负担原告邹汉英的工伤

① 案例来源：《最高人民法院公报》2010年第3期。

保险待遇并且承担连带赔偿责任。

仪征市人民法院一审认为：劳动者的合法权益应当依法予以保护。原告邹汉英在新威电器工作期间遭受工伤，依法应当享受工伤待遇。因新威电器被注销时主体资格已消灭，故原告不能以该公司为被告起诉。被告孙立根、刘珍作为新威电器原股东及公司清算组的成员，应依法履行法定义务。根据《公司法》第一百九十条的规定，清算组成员因故意或者重大过失给公司或者债权人造成损失的，应当承担赔偿责任。本案中，二被告已知原告遭受工伤，故在清算过程中应当考虑到原告工伤待遇的给付问题，但仍然遗漏，给原告的利益造成了重大损害，应认定为重大过失，二被告应对原告的损失进行赔偿。

被告不服，上诉至二审法院。

扬州市中级人民法院二审首先确认了应由新威电器按照国家的有关标准负担被上诉人的工伤保险待遇。同时，对于上诉人孙立根、刘珍提出的新威电器解散清算时，被上诉人邹汉英的工伤等级鉴定结果未出，其工伤保险待遇未发生的上诉理由，法院认为，公司解散清算时，虽然被上诉人的工伤等级尚未鉴定出来，但作为公司的法定代表人，也是清算组成员的孙立根，在明知被上诉人受伤一事且已经认定工伤，正在进行工伤等级鉴定的情况下，亦应当在公司清算过程中将被上诉人的工伤保险待遇计算在内。

综上所述，上诉人孙立根在组织公司清算过程中，明知被上诉人邹汉英构成工伤并正在进行工伤等级鉴定，却未考虑被上诉人工伤等级鉴定后的待遇给付问题，从而给被上诉人的利益造成了重大损害，此行为明显构成重大过失。根据《公司法》第一百九十条的规定，清算组成员因故意或者重大过失给公司或者债权人造成损失的，应当承担赔偿责任。对此，孙立根应依法承担赔偿责任。上诉人刘珍系新威电器股东之一，也是清算组成员，在该公司解散清算过程中，刘珍对于实际存在的被上诉人工伤事实未能及时查知，显然未尽到清算组成员应尽的责任，也无证据证明另一清算组成员即孙立根在清算过程中，对其故意隐瞒了被上诉人工伤的事实，故对于被上诉人工伤待遇损失，刘珍的行为也构成重大过失，应与孙立根承担连带赔偿责任。如果刘珍认为相关责任人对此存在过错，可在承担责任后，依法向相关责任人主张权利。

规范指引

《中华人民共和国公司法》

第一百八十九条　清算组成员应当忠于职守，依法履行清算义务。

清算组成员不得利用职权收受贿赂或者其他非法收入，不得侵占公司财产。

清算组成员因故意或者重大过失给公司或者债权人造成损失的，应当承担赔偿责任。

《最高人民法院关于适用〈公司法〉若干问题的规定（二）》

第十一条　公司清算时，清算组应当按照公司法第一百八十五条的规定，将公司解散清算事宜书面通知全体已知债权人，并根据公司规模和营业地域范围在全国或者公司注册登记地省级有影响的报纸上进行公告。

清算组未按照前款规定履行通知和公告义务，导致债权人未及时申报债权而未获清偿，债权人主张清算组成员对因此造成的损失承担赔偿责任的，人民法院应依法予以支持。

第十五条　公司自行清算的，清算方案应当报股东会或者股东大会决议确认；人民法院组织清算的，清算方案应当报人民法院确认。未经确认的清算方案，清算组不得执行。

执行未经确认的清算方案给公司或者债权人造成损失，公司、股东或者债权人主张清算组成员承担赔偿责任的，人民法院应依法予以支持。

第二十三条　清算组成员从事清算事务时，违反法律、行政法规或者公司章程给公司或者债权人造成损失，公司或者债权人主张其承担赔偿责任的，人民法院应依法予以支持。

有限责任公司的股东、股份有限公司连续一百八十日以上单独或者合计持有公司百分之一以上股份的股东，依据公司法第一百五十一条第三款的规定，以清算组成员有前款所述行为为由向人民法院提起诉讼的，人民法院应予受理。

公司已经清算完毕注销，上述股东参照公司法第一百五十一条第三款的规定，直接以清算组成员为被告、其他股东为第三人向人民法院提起诉讼的，人民法院应予受理。

第三部分

公司的设立和出资

在公司法司法实践中，有关公司设立阶段形成的债务的承担、公司资本的形成与维持、股权归属的判断及股东资格的确认等方面涉及的问题非常多，对各方主体利益影响也较大。但《公司法》对上述问题的规定比较原则，导致了法律适用上的分歧较多，处理上的难度较大。一些地方法院为克服这些问题，以指导意见、会议纪要等形式制定了一些规范性文件，用以指导当地公司诉讼案件的裁判。在这些规范中，有些意见和措施合法合理，可以总结吸收后在更大范围内指导司法实践；有的做法则值得商榷，需要在深入调研论证的基础上进行明确及纠正。经过《公司法》实施以来数年的调研、论证及探索，最高人民法院对上述一些问题已形成了比较成熟可行的意见，有的也通过大量的判决确立了相应的规则，所以也有必要将这些意见和规则进一步提炼和归纳，以司法解释形式在更大范围内指导审判实践。于是，最高人民法院审判委员会于2010年12月6日第1504次会议通过了《最高人民法院关于适用〈中华人民共和国公司法〉若干问题的规定（三）》（2014年修正）（以下简称《公司法解释（三）》）。《公司法解释（三）》主要有以下六方面的内容：一是落实公司成立前债务的责任主体；二是确立典型非货币出资到位与否的判断标准及救济方式；三是界定非自有财产出资行为的效力；四是明确未尽出资义务的抽逃出资的认定、诉讼救济的方式以及民事责任；五是规范限制股东权利的条件和方式；六是妥善平衡名义股东、股权权属的实际享有者和公司债权人间的利益。该司法解释明确了设立中公司的法律关系、实际出资人与名义股东之间的法律关系等，其不仅在实践中指明了如何处理相关纠纷，更充实了相应的公司法理论。

专题一：公司发起人的认定

【核心提示】为设立公司而签署公司章程、向公司认购出资或者股份并履行公司设立职责的人，应当认定为公司的发起人，包括有限责任公司设立时的股东。

实务争点

对于如何认识发起人，各个国家和地区并不一致。大陆法系国家和地区，强调发起人必须制订公司章程。但在英美法系国家和地区，其认识是不同的。美国强调发起人必须在公司设立过程中起到实质性的参与活动，且不要求发起人必须是股东或成为股东。我国公司法对于发起人没有进行直接的界定，仅在第七十六条关于股份公司的成立中规定“发起人制订公司章程”。那么，如何认定发起人？是实质参与者，还是要求制订公司章程并认缴出资？对此，《公司法解释（三）》第一条明确规定：“为设立公司而签署公司章程、向公司认购出资或者股份并履行公司设立职责的人，应当认定为公司的发起人，包括有限责任公司设立时的股东。”

理解适用

对《公司法解释（三）》第一条规定的理解适用

（一）发起人的认识

任何公司都有发起者，不论是股份有限公司还是有限责任公司。但从立法及传统公司法理论来讲，只有股份有限公司才有发起人。《公司法》第七十六条规定：“有符合公司章程规定的全体发起人认购的股本总额或者募集的实收股本总额”“发起人制订公司章程”等。对于有限责任公司,《公司法》则未使用“发起人”概念，仅以“股东”一词表达。《公司法》第二十三条规定有限责任公司的设立条件之一是“股东符合法定人数”。之所以如此，是因为股份有限公司人数较多甚至众多，因此需要有那些初步发起者；而有限责任公司则人数很少甚至一人，发起人与股东不需要区分。特别是在西方国家和地区，其发起人未必在公司成立后成为股东。所以，发起人是具有特定称谓的。

不过，我国有限责任公司设立时的股东（原始股东）与股份有限公司的发起人的条件要求基本上是相同的。首先，和西方一些国家不同，在我国，股份有限公司的发起人必须认购股本，即其必然是成立后公司的股东。其次，有限责任公司设立时的股东（原始股东）与股份有限公司的发起人不仅都要认购公司股本，还要共同制定公司章程、在公司章程上签名或盖章等。如《公司法》第二十三条规定，股东应当在公司章程上签名；第二十四条规定，有限责任公司由 50 个以下股东出资设立。也就是说，有限责任公司设立时的股东其实和股份有限公司的发起人没有什么实质差别。

对此，最高人民法院审判委员会于 2010 年 12 月 6 日第 1504 次会议通过、2011 年 1 月 27 日公告公布，并自 2011 年 2 月 16 日施行的《公司法解释（三）》第一条明确规定：“为设立公司而签署公司章程、向公司认购出资或者股份并履行公司设立职责的人，应当认定为公司的发起人，包括有限责任公司设立时的股东。”也就是说，在我国司法实践中，与股份有限公司一样，有限责任公司设立时的股东也属于发起人范畴。

（二）发起人的认定

根据《公司法解释（三）》第一条规定，发起人的认定要求具备以下条件：

第一，发起人须为设立公司制定或者签署公司章程的人。《公司法》第二十三条第（三）项规定：“设立有限责任公司，应当具备下列条件……（三）股东共同制定公司章程……”第二十五条第二款规定：“股东应当在公司章程上签名、盖章。”第七十六条第（四）项规定：“设立股份有限公司，应当具备下列条件……（四）发起人制订公司章程，采用募集方式设立的经创立大会通过……”可以看出，发起人认定的一个基本条件是要求其必须是为设立公司制定或签署公司章程，从而表明其发起人资格。所以，那些仅仅参与公司筹办事务，而未在公司章程上记载姓名或名称的人，不是公司发起人。

第二，发起人须是向公司认缴出资或者股份的人。《公司法》第二十三条第（二）项规定：“设立有限责任公司，应当具备下列条件……（二）有符合公司章程规定的全体股东认缴的出资额……”第七十七条规定：“股份有限公司的设立，可以采取发起设立或者募集设立的方式。发起设立，是指由发起人认购公司应发行的全部股份而设立公司。募集设立，是指由发起人认购公司应发行股份的一部分，其余股份向社会公开募集或者向特定对象募集而设立公司。”在这一点上，我国与大陆法系国家和地区是一致的，而与英美法系不同。

第三，发起人应是承担公司筹办事务的人。《公司法》第七十九条规定：“股份有限公司发起人承担公司筹办事务。发起人应当签订发起人协议，明确各自在公司设立过程中的权利和义务。”对有限责任公司的设立人的筹办义务，公司法并没有明确的规定，但其筹办义务是毋庸置疑的，如《公司法》第二十五条规定，有限责任公司股东须在公司章程上签字、盖章；《公司法》第二十九条规定，股东认足公司章程规定的出资后，由全体股东指定的代表或者共同委托的代理人向公司登记机关报送公司登记申请书、公司章程等文件，申请设立登记。

第四，发起人是需要对公司设立行为承担责任的人。《公司法》第三十五条规定：“公司成立后，股东不得抽逃出资。”第九十三条规定：“股份有限公司成立后，发起人未按照公司章程的规定缴足出资的，应当补缴；其他发起人承担连带责任。股份有限公司成立后，发现作为设立公司出资的非货币财产的实际价额显著低于公司章程所定价额的，应当由交付该出资的发起人补足其差额；其他发起人承担连带责任。”这两条对发起人的资本充实责任作出了明确规定。对于发起人的出资违约责任，《公司法》第八十三条作出了规定，即“发起人不依照前款规定缴纳出资的，应当按照发起人协议承担违约责任”。《公司法》第九十四条进一步规定了发起人对公司不能设立时的民事责任，即“股份有限公司的发起人应当承担下列责任：（一）公司不能成立时，对设立行为所产生的债务和费用负连带责任；（二）公司不能成立时，对认股人已缴纳的股款，负返还股款并加算银行同期存款利息的连带责任”。可以看出，发起人的责任是比较大的。

所以，我国的所谓公司发起人是指在公司设立过程中承担相应责任和义务并享有权利的发起者。发起人受发起人协议的约束，在公司成立后，其身份发生转移而成为股东，并对公司设立中存在的问题承担责任。

（三）发起人的资格

对于发起人的资格，即哪些人才能成为发起人，西方国家和地区一般要求：首先，发起人须有行为能力，无行为能力或限制行为能力者不能作为发起人，这是由发起人所承担的创办公司的责任所决定的。其次，发起人可以是自然人，也可以是法人。但如果发起人是法人的话，那么必须是公司法人。有些国家和地区还规定，发起人应当在当地有住所，或者必须是本国人，或者本国人在发起人中必须占一定的比例。

我国主要有以下规定：（1）和所有的国家和地区都一样，无行为能力人或限制民事行为能力人不能作为发起人，并特别强调国家公务员不得作为发起人。（2）公司作为发起人是有特殊限制的。《公司法》第十五条规定：“公司可以向其他企业投资；但是，除法律另有规定外，不得成为对所投资企业的债务承担连带责任的出资人。”我国 2006 年《合伙企业法》第二条第一款规定：“本法所称合伙企业，是指自然人、法人和其他组织依照本法在中国境内设立的普通合伙企业和有限合伙企业。”也就是说，我国《合伙企业法》是允许作为法人的公司成为合伙人的。但是，该法第三条又规定：“国有独资公司、国有企业、上市公司以及公益性的事业单位、社会团体不得成为普通合伙人”，从而排除了作为公司的国有独资公司和上市公司作为合伙人的可能性。（3）自然人的一人公司不能再行投资设立新的一人有限公司。《公司法》第五十八条规定：“一个自然人只能投资设立一个一人有限责任公司。该一人有限责任公司不能投资设立新的一人有限责任公司。”另外，《公司法》还对有限责任公司和股份有限公司的股东人数、国籍等也作了一定的限制。《公司法》第二十四条规定：“有限责任公司由五十个以下股东出资设立。”第七十八条规定："设立股份有限公司，应当有二人以上二百人以下为发起人，其中须有半数以上的发起人在中国境内有住所。"

除此之外，我国法律没有其他限制。

案例指导

上诉人李业翠、赵恩平与被上诉人王炳兰、原审被告葛平军、秦绪程、秦龙民间借贷纠纷案[①]

2011年7月13日、7月19日，原告王炳兰分两次汇款给案外人王某某150万元，后王某某将上述款项汇至被告秦绪程名下，被告葛平军同日向王某某出具借条两张，载明共计借款150万元。2011年7月19日，原告王炳兰作为甲方，油气公司作为乙方，被告秦绪程作为丙方，三方签订借款协议，协议主要约定："乙方因业务急需向甲方借壹佰伍拾万元。乙方以其公司全部资产作为抵押，丙方以其全部资产担保并承担连带责任。"甲方由王炳兰签字，乙方由葛平军签字并加盖油气公司印章，丙方由秦绪程签字。2012年5月18日，被告葛平军向原告王炳兰借款50万元，并出具（借条）收到条一张，（借条）收到条加盖油气公司的印章。同日，原告王炳兰作为甲方，油气公司作为乙方，被告赵恩平作为丙方，三方签订借款协议，协议主要约定："乙方因业务急需向甲方借款贰佰万元，此款由两次借款延续形成。丙方作为担保人，乙方以其公司全部资产作为抵押。"甲方由王炳兰签字，乙方由葛平军签字并加盖油气公司印章，丙方由赵恩平签字。对上述借款的用途，被告葛平军与秦绪程均认可系用于油气公司基础建设，被告李业翠与赵恩平虽认可上述借款投入油气公司，但主张上述借款系被告葛平军个人借款并作为投资款投入油气公司，应由其个人偿还。法院查明，油气公司尚未正式成立，仅处于筹备阶段。

原审认为，原告王炳兰与被告葛平军以油气公司名义签订、被告赵恩

① 案例来源：山东省高级人民法院（2014）鲁民一终字第40号民事判决书，载中国裁判文书网，http：//www.court.gov.cn/zgcpwsw/sd/ms/201501/t20150114_6257445.htm。

平担保的借款协议系各方真实意思表示，作为协议一方当事人的油气公司虽未成立，但不影响该借款协议的合法有效性，原审予以确认。被告赵恩平关于借款协议无效的主张不能成立，原审不予以支持。被告赵恩平、李业翠主张上述借款系被告葛平军作为个人投资投入油气公司，因此该债务系葛平军个人债务，应由被告葛平军负责偿还，并提交一份由葛平军、秦绪程、李业翠签名的个人出资表予以证明，但该出资表并非被告为筹建油气公司所筹集的款项，记在个人名下，是其内部的一种记账方式，不能推翻2011年4月2日协议书中约定的出资方式及数额，被告赵恩平、李业翠关于该借款系被告葛平军个人债务的主张不能成立，原审不予以支持。根据协议约定的内容，以及协议上加盖油气公司印章的事实，且被告葛平军、秦绪程、李业翠对借款投入油气公司的认可，可以认定该借款系因设立公司行为所产生的费用和债务，因油气公司没有成立，根据《公司法解释（三）》第四条之规定，公司因故没有成立，债权人请求全体或部分发起人对设立公司行为所产生的费用和债务承担连带清偿责任的，应予以支持。

关于油气公司发起人的认定问题，根据《公司法解释（三）》第一条之规定，为设立公司而签署公司章程、向公司认购出资或股份并履行公司设立职责的人，应当认定为公司的发起人。根据2011年4月6日五莲县工商行政管理局出具的企业名称预先核准通知书载明公司的股东为被告葛平军、秦绪程、秦龙、李业翠四人，应当认定以上四人为油气公司发起人。被告秦绪程、秦龙虽于2012年5月3日与被告葛平军、李业翠签订了股权转让协议，但未按照协议约定办理工商变更登记手续，且在签订股权转让协议时，四位发起人之间并未就公司设立期间的债权、债务进行全部清算，其内部约定不能对抗第三人，因此，被告秦绪程、秦龙关于其已退股不应再承担还款责任的抗辩理由不能成立，原审不予支持。至于发起人共同承担还款责任后，如何再按照内部约定处理该笔借款，不在本案审理范围。

二审认为：首先，相关证据足以表明，王炳兰是借款当事人，可以主张权利。其次，关于李业翠作为公司发起人应否对涉案借款承担还款责任问题，二审法院认为，其一，从借款协议的内容来看，2012年5月

18日的《借款协议》上载明了借款目的，即用于油气公司业务需要。其二，从资金流向及借款用途上看，借款款项汇入了公司发起人秦绪程和李业翠的账户，葛平军与秦绪程均认可上述借款用于公司基础建设。也就是说，这些借款款项是用于油气公司的设立的。所以，根据《公司法解释（三）》第四条规定，公司因故未成立，债权人要求全体或部分发起人对设立公司行为所产生的费用和债务承担连带清偿责任的，人民法院应予以支持。最后，关于赵恩平应否承担担保责任的问题。上诉人赵恩平主张，其真实意思表示是为天发油气公司向王炳兰的借款提供担保，因公司未成立，不存在的主体不能借款，涉案借款系葛平军向王炳兰所借，因油气公司不具有主体资格，借款协议无效，其不应承担担保责任。对此，二审法院认为，虽然设立中的公司不具有独立的法人人格，但是已经具备了民事主体的一些特征，如有执行机关及一定的财产等，使得设立中的公司具有一定的权利并承担一定的义务，同时发起人以设立中公司的名义对外签订借款协议，也不违反我国法律、行政法规的强制性规定，因此涉案借款协议不存在无效的情形，一审认定涉案借款协议合法有效，并无不当。上诉人赵恩平以油气公司未成立且合同无效为由抗辩，主张其不承担担保责任，缺乏依据，本院不予以支持。故二审维持了一审的判决。

规范指引

《中华人民共和国公司法》

第十五条　公司可以向其他企业投资；但是，除法律另有规定外，不得成为对所投资企业的债务承担连带责任的出资人。

第二十三条　设立有限责任公司，应当具备下列条件：

（一）股东符合法定人数；

（二）有符合公司章程规定的全体股东认缴的出资额；

（三）股东共同制定公司章程；

（四）有公司名称，建立符合有限责任公司要求的组织机构；

（五）有公司住所。

第二十四条 有限责任公司由五十个以下股东出资设立。

第二十五条 有限责任公司章程应当载明下列事项：

（一）公司名称和住所；

（二）公司经营范围；

（三）公司注册资本；

（四）股东的姓名或者名称；

（五）股东的出资方式、出资额和出资时间；

（六）公司的机构及其产生办法、职权、议事规则；

（七）公司法定代表人；

（八）股东会会议认为需要规定的其他事项。

股东应当在公司章程上签名、盖章。

第三十五条 公司成立后，股东不得抽逃出资。

第五十八条 一个自然人只能投资设立一个一人有限责任公司。该一人有限责任公司不能投资设立新的一人有限责任公司。

第七十六条 设立股份有限公司，应当具备下列条件：

（一）发起人符合法定人数；

（二）有符合公司章程规定的全体发起人认购的股本总额或者募集的实收股本总额；

（三）股份发行、筹办事项符合法律规定；

（四）发起人制订公司章程，采用募集方式设立的经创立大会通过；

（五）有公司名称，建立符合股份有限公司要求的组织机构；

（六）有公司住所。

第七十七条 股份有限公司的设立，可以采取发起设立或者募集设立的方式。

发起设立，是指由发起人认购公司应发行的全部股份而设立公司。

募集设立，是指由发起人认购公司应发行股份的一部分，其余股份向社会公开募集或者向特定对象募集而设立公司。

第七十八条 设立股份有限公司，应当有二人以上二百人以下为发起人，其中须有半数以上的发起人在中国境内有住所。

第七十九条　股份有限公司发起人承担公司筹办事务。

发起人应当签订发起人协议，明确各自在公司设立过程中的权利和义务。

第八十三条　以发起设立方式设立股份有限公司的，发起人应当书面认足公司章程规定其认购的股份，并按照公司章程规定缴纳出资。以非货币财产出资的，应当依法办理其财产权的转移手续。

发起人不依照前款规定缴纳出资的，应当按照发起人协议承担违约责任。

发起人认足公司章程规定的出资后，应当选举董事会和监事会，由董事会向公司登记机关报送公司章程以及法律、行政法规规定的其他文件，申请设立登记。

第九十四条　股份有限公司的发起人应当承担下列责任：

（一）公司不能成立时，对设立行为所产生的债务和费用负连带责任；

（二）公司不能成立时，对认股人已缴纳的股款，负返还股款并加算银行同期存款利息的连带责任；

（三）在公司设立过程中，由于发起人的过失致使公司利益受到损害的，应当对公司承担赔偿责任。

《中华人民共和国合伙企业法》

第二条第一款　本法所称合伙企业，是指自然人、法人和其他组织依照本法在中国境内设立的普通合伙企业和有限合伙企业。

第三条　国有独资公司、国有企业、上市公司以及公益性的事业单位、社会团体不得成为普通合伙人。

《最高人民法院关于适用〈中华人民共和国公司法〉若干问题的规定（三）》

第一条　为设立公司而签署公司章程、向公司认购出资或者股份并履行公司设立职责的人，应当认定为公司的发起人，包括有限责任公司设立时的股东。

专题二：发起人以自己的名义签订合同的法律后果

【核心提示】发起人为设立公司以自己名义对外签订合同，合同相对人请求该发起人承担合同责任的，人民法院应予支持。公司成立后对前款规定的合同予以确认，或者已经实际享有合同权利或者履行合同义务，合同相对人请求公司承担合同责任的，人民法院应予支持。

实务争点

关于发起人在设立公司的过程中的法律地位，学界有不同学说，但主流学说认为其为设立中公司的机关。既然是设立中公司的机关，那么其行为自然为设立中公司的行为。按照这种看法，发起人为设立公司以自己的名义对外签订合同的，其后果应该由公司（设立中或成立后的公司）来承担。但是，设立中的公司毕竟尚未成立，其法律地位仅仅是“设立中公司”而已。如果公司不能成立，就不存在由成立后的公司承担后果的问题；如果成立，发起人毕竟是以自己的名义而非设立中的公司或即将成立的公司的名义对外签订合同的，因此，也就不能判断其行为一定是设立中公司的行为。对此，《公司法解释（三）》第二条作出了明确规定。

理解适用

对《公司法解释（三）》第二条规定的理解适用

（一）关于公司发起人法律地位

公司的设立是一个过程。在这个过程中，发起人要制订发起人协议、制定公司章程、选举负责人等。按照公司法人制度的基本要求，公司自登记方能取得法人资格，而设立中的公司还不是法人，因此只能由发起人代表设立中的公司完成设立的有关事务，对外从事一定的法律行为。所以，如何看待公司发起人的法律地位，尤其是公司发起人行为的法律依据、权限范围以及行为后果的法律归属等，都成为公司设立中非常重要的法律问题。

从世界各国公司法实践来看，公司发起人的法律地位问题其实就是设立中公司的法律性质以及发起人与设立中公司的关系问题。关于设立中公司的法律性质问题，各国公司法理和实践主要有两种做法：一是认为发起人在法律性质上属于设立中公司的代表机关和执行机关，即代表设立中公司或者以设立中公司的名义从事公司筹备事务，享有权利并承担义务，所以，发起人的发起行为应当由成立后的公司来承担；二是认为设立中的公司不具有独立的人格，没有相应的权利能力，不属于法律主体，发起人之间在公司成立前只是一种合伙关系，相应地，某一个发起人的行为应由全体发起人承担连带责任。至于发起人与设立中公司之间的关系，也有两种看法：一种看法认为，公司发起人与设立中的公司属于民法上的无因管理关系，所以，公司发起人因筹办公司设立事务而产生的权利和义务当然归属于成立后的公司；另一种看法则认为，公司发起人因筹办公司设立事务而与第三人之间的交易行为，在法律性质上属于利益第三人成立后的公司的行为，其法律后果应由作为第三人的成立后的公司承受。

（二）我国关于公司发起人地位的学说及做法

作为公司的发起人，我国主流学说是将其当作设立中公司的机关来看的，从而在设立公司中享有相应的权利和义务。

对于发起人享有的权利，大陆法系和英美法系不同。英美等公司法对发起人的权利没有规定。但实践中，经公司同意，发起人因设立公司而支付的费用可由公司承担。另外，发起人的行为是有偿的，公司成立后，发起人有权请求受领报酬，相当于支付工资。公司也可以分配干股给发起人作为报酬，即公司成立后把一定数量的股票给发起人作为报酬，或者发起人以象征性的价格从公司购买一定数量的股票，允许其以较高价格出售给认股人。发起人也可以在公司设立中谋取一定的收益，但这些利益必须公开，一般是在集资章程中向董事会或公司的认购人予以说明。大陆法系各国公司法规定，发起人有设立费用返还请求权、报酬受领权、获得特别利益、实物出资权等。发起人的特别利益通常有公司盈利分配时的优惠、新股发行时的优先认股权、公司解散时作为清算人的权利以及优先分配剩余财产的权利。根据一些大陆法系国家公司法规定，发起人在公司成立前与设立中公司之间订立的有关发起人权利的协议是无效的，除非该项权利在公司章程中已有记载。

我国《公司法》关于公司发起人的权利的规定主要体现在第二十七条和第八十二条的规定，即发起人可以用货币，也可以以实物、工业产权、非专利技术、土地使用权等可以用货币评估作价并可以依法转让的非货币财产作价出资。

至于发起人的义务，主要体现在公司设立过程中筹办公司事务的义务，具体包括：（1）签订公司发起人协议的义务。《公司法》第七十九条第二款规定："发起人应当签订发起人协议，明确各自在公司设立过程中的权利和义务。"（2）负责订立公司章程，在募集设立时将所订章程提交创立大会通过。（3）依法认购相应股权或股份。（4）公司募集设立时办理相应募股手续。（5）依法选举公司组织机构。（6）依法办理公司设立登记手续。

不论是从权利后面，还是从义务和责任方面来看，公司发起人有权利也有义务为了设立公司从事相应的行为。由于公司尚在设立过程中，发起人无法以成立后公司的名义从事相应行为，因此，其常常是以发起人个人名义对外签订合同的。这时，该合同尽管可能是为了设立公司的利益而为之的，但具体到某个合同上，其具有相对性，即应仅在当事人之间产生相应的效力。那么，原则上就应当坚持合同的相对性和名义主义原则，即合同只在特定的当事人之间发生法律效力，合同的相对人应向发起人主张合同权利，而不能向合同关系以外的公司主张合同权利。

而且，尽管发起人具有设立中公司的机关性质，其在设立公司的过程中，应当拥有为了设立中公司的利益而对外签订合同的权利，但该权利可能会被滥用，亦即其以自己名义对外签订的合同未必符合公司的利益，而仅仅是为了个人而已。因此，实践中，如果发起人是以自己的名义对外签订的合同，也不宜以所谓利益的归属之名判断其效力。何况，合同相对人在这种情况下也常常不能正确判断到底谁是真正的合同主体，从而使得合同可能处于一种不确定状态，而不能很好地保护相对人。因此，《公司法解释（三）》第二条第一款规定："发起人为设立公司以自己名义对外签订合同，合同相对人请求该发起人承担合同责任的，人民法院应予支持。"

但是，发起人毕竟可以被视为设立中公司的机关，如果发起人在设立公司的过程中以自己的名义对外签订合同确实是为了公司的利益，且公司成立后愿意承认该合同，那么，赋予合同相对人相应的选择权，由公司承担相应的责任更具有现实意义。也就是说，公司成立后如果确认了该合同或者公司已实际成为合同主体，而且合同相对人也起诉要求公司承担责任，这表明公司愿意成为合同主体且合同相对人也愿意接受公司作为合同主体，此时由公司承担合同责任符合合同法中代理的一般原理，因此可以由公司承担合同责任。因此，《公司法解释（三）》第二条第二款规定："公司成立后对前款规定的合同予以确认，或者已经实际享有合同权利或者履行合同义务，合同相对人请求公司承担合同责任的，人民法院应予支持。"

需要注意的是，在实践中，发起人为设立公司而以自己名义签订的合同，在承担责任时，发起人与成立后的公司之间，究竟是一种选择关系，还是一种连带关系，曾经产生过争议。从《公司法解释（三）》第二条的规定来看，其是一种选择关系，而非连带关系。也就是说，作为合同相对人，其仅仅可以在发起人和成立后公司之间选择其一作为承担合同责任的主体，而不能要求二者承担连带责任。

在总结公司法实践经验基础上，2017年《民法总则》第七十五条规定："设立人为设立法人从事的民事活动，其法律后果由法人承受；法人未成立的，其法律后果由设立人承受，设立人为二人以上的，享有连带债权，承担连带债务。设立人为设立法人以自己的名义从事民事活动产生的民事责任，第三人有权选择请求法人或者设立人承担。”①

案例指导

北京康派装饰有限公司与北京佳辰海棠健身会所有限公司、孙澜珊装饰装修合同纠纷案②

2014年3月，孙澜珊（甲方）与康派装饰公司（乙方）签订《装饰装修合同》。现工程已经施工完毕，双方未做竣工验收和结算。佳辰海棠公司于2014年6月18日成立，其性质为自然人独资有限责任公司，股东和法定代表人均为孙澜珊，注册经营地为涉案场地。2014年10月，康派装饰公司向一审法院起诉请求孙澜珊给付工程款及违约金。

一审法院认为，虽然康派装饰公司与孙澜珊签订合同时佳辰海棠公司尚

---

① 设立中的法人制度，本是大陆法系国家和地区为解决成立后的公司，何以能够承受发起人因设立公司所为必要行为的后果，而在理论上提出并在实践中解决相关问题的法律制度。我国2010年《公司法解释（三）》确立了该制度，并在2017年《民法总则》第七十五条中作出明确规定。我国是借鉴日本和我国台湾地区有关司法实践及理论的，但在日本和我国台湾地区，其并不认为设立中的公司具有权利能力，仅仅认为公司章程的制订、股份的认购、高管的选举等属于设立中的公司法律关系，不需要特别移交就自然归属于成立的公司，而并不认为发起人的其他行为，如公司经营行为或为经营的附属行为必然归属于成立后的公司。这是因为，如果这样的话，将会对成立公司的资力产生影响，进而影响成立后公司的资信及人格的完整。但按照《公司法解释（三）》及《民法总则》规定，我国设立中的公司可以对外从事相应活动，且其后果必然由成立后的公司承受。这几乎是一种毫无限制的规定，是对大陆法系设立中的法人理论及功能的不当认识，将严重破坏法人成立的基础，损坏成立后法人应有的品格。当设立人所有的为设立法人而从事的民事活动后果均由成立后法人承担时，就意味着法人刚刚成立就要背负各种各样的债务与负担，那么，法人成立的确定性也就不复存在了。法人的设立是一个过程，其需要从事一定的为设立法人所必要的活动，但也仅限于为设立法人而必要的活动，如制订章程、收取股款、进行工商登记等，超出该等范围的活动，即使其有利于成立后的法人，也不应该轻易得到认可。所以，公司法进行修改时，应当就《民法总则》第七十五条规定作出严格限定，限制设立人的行为范围，以保证成立后的法人不因此遭受不必要的负担，维系法人成立时的独立人格与信用。具体参见徐强胜：《设立中的法人制度的功能及缺陷——兼评〈民法总则〉第75条》，《法学杂志》2017年第4期。

② 案例来源：北京市第二中级人民法院民事判决书（2017）京02民终6924号，载中国裁判文书网，http：//wenshu.court.gov.cn/content/content?DocID=27092393-6df6-4fb9-8bd0-a807009aa886&KeyWord=。

未成立，但根据已查明事实，孙澜珊系该公司法定代表人和股东，该公司注册地位于康派装饰公司装修的房屋，且该房屋由该公司使用经营健身房，因此，孙澜珊的行为应认定为职务行为，民事责任应当由佳辰海棠公司承担。

二审法院认为本案的法律争议焦点可以归纳为：支付剩余工程款及违约金的主体是孙澜珊还是佳辰海棠公司。

首先，孙澜珊系《装饰装修合同》的合同主体。根据现有在案证据，2014 年 3 月，孙澜珊与康派装饰公司签订《装饰装修合同》。此后的当月至次月，孙澜珊三次向康派装饰公司支付工程款。根据合同签订、履行情况，该合同应系孙澜珊与康派装饰公司间的真实意思表示，合法有效，在双方间产生约束力。佳辰海棠公司于 2014 年 6 月成立，而孙澜珊以自己名义签订、履行合同的行为均在该公司成立之前。此时，佳辰海棠公司尚不具有法定的行为能力，孙澜珊亦未以成立中的佳辰海棠公司名义签订合同，故该公司不可能成为签订合同的主体。一审法院判决认定孙澜珊签订合同系对于佳辰海棠公司的职务行为，缺乏法律依据，本院予以纠正。

其次，孙澜珊系佳辰海棠公司的发起人。《公司法解释（三）》第一条规定，为设立公司而签署公司章程、向公司认购出资或者股份并履行公司设立职责的人，应当认定为公司的发起人，包括有限责任公司设立时的股东。根据在案的《章程》《自然人股东（发起人）名录》《营业执照》等证据，可以证实，佳辰海棠公司系自然人独资的有限责任公司，孙澜珊在公司成立时作为唯一股东认缴出资，并履行了设立职责，故应认定其为该公司的发起人。

最后，康派装饰公司并未向佳辰海棠公司主张权利。《公司法解释（三）》第二条规定，发起人为设立公司以自己名义对外签订合同，合同相对人请求该发起人承担合同责任的，人民法院应予支持。公司成立后对前款规定的合同予以确认，或者已经实际享有合同权利或者履行合同义务，合同相对人请求公司承担合同责任的，人民法院应予支持。

根据前述规定，佳辰海棠公司可以承担孙澜珊所签合同义务的前提为：一是公司介入权的行使，即佳辰海棠公司对孙澜珊所签合同予以确认；二是合同相对人选择权的行使，即康派装饰公司选择佳辰海棠公司作为责任主体。本案中，虽佳辰海棠公司已行使介入权，但根据康派装饰公司起诉书中诉讼请求内容、在一审法院开庭时陈述及二审审理中再次明确的诉讼请求，其并未选择佳辰海棠公司作为承担责任的主体。

综上，虽然孙澜珊作为发起人，为设立佳辰海棠公司以自己名义对外签订合同，但因合同相对人康派装饰公司选择向孙澜珊主张权利，故支付剩余工程款和违约金的主体应为孙澜珊。

规范指引

《中华人民共和国民法总则》

第七十五条 设立人为设立法人从事的民事活动，其法律后果由法人承受；法人未成立的，其法律后果由设立人承受，设立人为二人以上的，享有连带债权，承担连带债务。

设立人为设立法人以自己的名义从事民事活动产生的民事责任，第三人有权选择请求法人或者设立人承担。

《最高人民法院关于适用〈中华人民共和国公司法〉若干问题的规定（三）》

第二条 发起人为设立公司以自己名义对外签订合同，合同相对人请求该发起人承担合同责任的，人民法院应予支持。

公司成立后对前款规定的合同予以确认，或者已经实际享有合同权利或者履行合同义务，合同相对人请求公司承担合同责任的，人民法院应予支持。

第三条 发起人以设立中公司名义对外签订合同，公司成立后合同相对人请求公司承担合同责任的，人民法院应予支持。

公司成立后有证据证明发起人利用设立中公司的名义为自己的利益与相对人签订合同，公司以此为由主张不承担合同责任的，人民法院应予支持，但相对人为善意的除外。

第四条 公司因故未成立，债权人请求全体或者部分发起人对设立公司行为所产生的费用和债务承担连带清偿责任的，人民法院应予支持。

部分发起人依照前款规定承担责任后，请求其他发起人分担的，人民法院应当判令其他发起人按照约定的责任承担比例分担责任；没有约定责任承担比例的，按照约定的出资比例分担责任；没有约定出资比例的，按照均等份额分担责任。

因部分发起人的过错导致公司未成立，其他发起人主张其承担设立行为所产生的费用和债务的，人民法院应当根据过错情况，确定过错一方的责任范围。

专题三：发起人以设立中公司的名义对外签订合同的法律效果

【核心提示】发起人以设立中公司名义对外签订合同，公司成立后合同相对人请求公司承担合同责任的，人民法院应予支持。公司成立后有证据证明发起人利用设立中公司的名义为自己的利益与相对人签订合同，公司以此为由主张不承担合同责任的，人民法院应予支持，但相对人为善意的除外。

实务争点

在公司设立过程中，为设立公司之需要，发起人常常以公司名义签订合同。但这时公司毕竟尚未成立，如果公司因故不能成立，则一般由发起人基于合伙关系而为此承担连带责任；如果公司顺利成立，则如何处理，争议颇大。一种观点认为，在公司尚未成立的情况下，就不存在所谓公司权利义务问题，故不应由成立后公司承担，而应由发起人个人承担；另一种观点认为，尽管公司这时尚未成立，但该合同毕竟是为了未来成立公司的利益，且以设立中公司的名义签订的，因此应由成立后公司承担相应责任。对此，《公司法解释（三）》第三条作出了明确规定。

理解适用

对《公司法解释（三）》第三条规定的理解适用

（一）设立中公司的基本理解

设立公司是一个过程，从开始组建公司到公司依法登记成立有一个时间段。特别是在组建公司不顺利的情况下更是如此。在这个时间段里，公司尽管还未依法成立，但可能已经具备了公司的基本雏形，具有了管理人，管理人要处理内部关系，对外从事一些活动，甚至某些交易行为。这就产生了这样的问题，如何处理相应的内外部关系？它和即将成立的公司应该是一种什么样的关系？等等。

这些问题涉及被大陆法系学者和实务中称为设立中的公司的理论，指处于筹建阶段而未依法登记成立的公司雏形。从这个概念中可以看出，设立中的公司是一种实体，是处于类似于自然人胎儿的地位。

具体而言：（1）设立中的公司不是公司法人，因而其行为不能一般适用法律关于法人的规定，而应适用非法人团体的法律要求；（2）设立中的公司是处于筹建阶段而仅未依法登记的公司雏形，在这个阶段里，股东已经出资，已经具有了初步的公司机关，甚至已经制定了公司章程，亦即，设立中的公司具有了一定的权利能力和行为能力，这些能力只是因为未登记而受到一定限制而已；（3）设立中的公司是一种设立中的公司团体，因而其行为与将来要成立的公司具有某种必然的联系，这种联系使得设立中的公司行为可以成为成立后公司的行为。可以看出，设立中的公司应该是具有一定独立地位的组织，而非松散的创立人联合。

但对于设立中的公司，原来也并不为大陆法系国家和地区的立法和司法所承认。相反，立法还试图阻止设立中的公司参与法律交往，并对以公司的名义进行的并且已经生效的责任进行惩罚，即要求创立人必须承担个人责任。随着公司的设立越来越多，从开始设立到成立之间，这些设立中的公司常常要进行一定的法律行为，如接受股东认缴资本金，为即将成立的公司购买必需品或租赁房屋等。这就意味着设立中的公司必须依法进行一定的法律行为，这些行为显然是为即将成立的公司之需，而非简单的所谓创立人的个人行为。如果简单地否定设立中的公司行为，就会使即将成立的公司的内外部关系产生混乱，不仅不利于投资人，还未必对第三人有利。

在这种情况下，大陆法系提出了设立中的公司概念，即开始从团体角度提出相应看法和解决问题方案。对于其性质，主要有三种学说，即合伙说、无权利能力社团说和独立组织说。合伙说认为，设立中的公司是创立人之间的一种合伙，创立人之间以合伙关系享有权利和承担义务。无权利能力社团说认为，设立中的公司具有章程，发起人或股份认购人为其成员，发起人是其执行机关，亦即设立中的公司具备了无权利能力社团法人的要件。独立组织说认为，设立中的公司不是合伙，不是无权利能力社团，也不是法人，但却是一种带有特殊性质的团体，即独立的组织形态。这三种学说各有其优点。特别是其中的独立组织说，使设立中的公司在与即将成立的公司区别开来的同时能够予以有效衔接。它看到了设立中的公司的类似公司性及与以后成立公司的衔接性，从而使得设立中的公司的内部关系得以稳定和外部关系得以连续。

在比较了不同国家和地区的有关设立中的公司性质的学说后，我国也有学者提出，设立中的公司是具有自身特性的非法人团体说。此说认为，设立中公司是一种具有自身特性的非法人团体。在设立公司的活动中具有相对独立性，具有有限的法律人格。该学说以民事能力理论为基础，认为设立中公司作为公司的雏形，在接受了股东出资之后已经有相应的财产承担责任；建立了相应的组织机构之后，已经具有了行为能力和意思能力，能够以团体的意思去从事一定行为。但从法律形式上看，由于其未履行登记，未获法律人格。[①] 应该说，该说比较正确地界定了设立中的公司的法律性质。

司法实践中，我国法院也开始以此理论处理相应问题。在福州商贸大厦筹备处与福建佳盛投资发展有限公司借款纠纷案［最高人民法院（2005）民二终字第 147 号民事判决书］中，最高人民法院认为，银行与公司筹备处签订借款合同，该借款抵押合同是双方当事人的真实意思表示，合法有效，筹备处可以作为当事人参加因该借款合同产生的诉讼。[②] 也就是说，在本案中，法院将筹备处视为一个事实上的法人，认定其为独立的民事主体。有学者认为，该做法与国外的“事实公司”不谋而合，可以认为最高人民法院通过判决的方式创设了我国公司法中所没有的一个法律规则，即在事实上已经具备公司的一切特征的设立中公司应独立承担民事责任，其股东应承担有限责任。[③]

---

① 范健：《设立中公司及其法律责任研究》，载王保树主编：《商事法论集》（第 2 卷），法律出版社 1997 年版，第 150~151 页。

② 参见《最高人民法院公报》2006 年第 7 期（总第 117 期）。

③ 吴越：《公司法先例初探》，法律出版社 2008 年版，第 15 页。

（二）设立中公司内部关系的处理

正如前述，发起人是为设立公司而签署公司章程、向公司认缴出资或者股份并履行公司设立职责的人。那么，在一定意义上，可以认为，发起人是设立中公司的执行机关，发起人对外代表设立中的公司进行创立活动，对内负责办理公司筹办事务。当然，从理论上来说，设立中的公司是一种独立的组织形式，因此，在内部关系上，应该根据公司章程的规定和即将成立公司的目的来确定设立中的公司股东或发起人的权利和义务。这时，股东或发起人必须从事一定的行为，如任命管理人；缴纳认缴出资数额以及履行公司法和公司章程所规定的设立公司所必需的行为。

对于公司一般的业务，可以由全体股东或发起人授权管理人去做，股东会或发起人的相应决议也可以以简单多数通过。管理人应根据公司法规定履行忠实义务和注意义务并承担相应责任。但是，对于公司章程的修改、接纳新的股东，需要全体股东的一致同意。因为这时公司毕竟还未成立，它不具备法律规定的完全权利能力。所以，它这时应适用类似于合伙的规则。管理人开展相应业务活动，必须在公司章程确定的经营范围内进行，如果从事超出设立目的的任何经营活动，都应先得到全体股东或发起人的一致同意。管理人的权力是根据公司设立的目的、公司章程的规定以及股东或发起人决议所决定的。如果没有股东或发起人的同意，管理人就不能从事相应经营活动。

股东或发起人按照章程规定的出资和因经营所得到的财产都属于设立中的公司的财产，而不应被看作是所有股东的共同共有财产。这是设立中的公司得以维系及与成立后的公司予以衔接的基石。如果说该财产并非设立中的公司所有的话，不仅会损害股东与设立中的公司利益，也会损害全体债权人的利益。当公司登记未成功或半途而废时，应按照公司法关于公司解散、清算的规定对设立中的公司予以解散和清算。这样可以避免全体股东都要对清算负责并承担个人责任的结果。

（三）设立中公司的外部关系的处理

在对外关系上，设立中的公司具有一定的权利能力，可以从事设立公司所必需的事实上、法律上的必要行为，如开设银行账户以收取股东出资、购买设备以备经营等。设立中的公司是由公司管理人代表的，但该代表权须限制在公司设立目的的范围内，如为促成公司登记必要的法律行为，维护已经出资财产的必要法律行为。如果要进行提前业务活动，必须经过全体股东或全体发起人的同意。

设立中的公司毕竟是还未依法成立的公司，那么，在设立公司的过程中以公司的名义所签订的合同或其他债务应该由谁承担呢？

关于这一点，大陆法系和英美法系的做法并不相同。在英美法系，创立人在公司成立前以公司的名义签订的合同对公司原则上是无效的。其理论根据是公司没有成立前没有独立人格，创立人也不能被认为是公司的代理人，因此，创立人合同的责任由签订合同的创立人承担。不过，英美法系国家和地区法院判例也普遍认为，公司成立后，以明示或默示的方式接受公司成立前签订的合同，则创立人可以摆脱对合同的责任。明示方式是指公司成立后，公司与合同另一方重新订立合同来代替旧合同，可称为合同变更。默示是指成立后的公司事实上接收了以前的合同。另外，判例也允许当事人在合同中约定，合同以公司成立并且成立后的公司同意执行该合同为生效要件，这样也可避免创立人承担个人责任。大陆法系各个国家和地区要求也不太一样，但基本上认为在公司成立情况下，应由成立后的公司承担。我国台湾地区理论界和实务界普遍采纳同一体说，认为设立中的公司与成立后的公司属于同一体，设立中的公司的法律关系就是成立后的公司的法律关系，所以，公司成立前以公司名义签订的合同，应由成立后的公司承担。[①]

我国大陆地区也采纳同一体说，认为发起人是设立中公司机关，有权代表设立中公司对外从事公司设立活动。设立中的公司与正式成立后的公司系同一人格，发起人以设立中公司名义签订的合同，一般可认为是为了设立公司（即为公司利益），按照合同的相对性和名义主义原则，权利义务应当归属于设立中的公司，公司成立后当然应当承继合同的权利义务。所以，《公司法解释（三）》第三条第一款规定："发起人以设立中公司名义对外签订合

① 柯芳枝：《公司法论》，中国政法大学出版社2004年版，第18页。

同，公司成立后合同相对人请求公司承担合同责任的，人民法院应予支持。”

但尽管如此，发起人设立行为的直接目的在于成立公司，公司成立为发起人行为的理想结果。发起人与成立后公司的关系表现为行为人与行为结果的关系，两者在利益上具有同一性。然而，发起人与成立后公司毕竟为性质不同的两类法律主体，两者在利益上也有独立性的一面，且两者承担责任的方式亦有不同，应予注意。①

同时，为了防止发起人为谋取自己的利益而滥用设立中公司的名义，《公司法解释（三）》第三条第二款规定：“公司成立后有证据证明发起人利用设立中公司的名义为自己的利益与相对人签订合同，公司以此为由主张不承担合同责任的，人民法院应予支持，但相对人为善意的除外。”

显然，发起人不是为公司的利益行事，其行为也就不能作为公司的机关的行为而实施，公司自然不对这些行为承担责任。但为了保护交易中善意第三人的利益，该款也明确规定第三人为善意时的除外情形。所谓第三人为善意，是指在合同订立时，相对人不知道也不应当知道发起人利用设立中的公司的名义为自己的利益与相对人签订合同，如果公司成立后主张相对人并非善意，公司应当承担举证责任。

需要注意的是，我国对公司名称实行预先核准制度，设立中公司的名称，也应当满足公司名称的特点和构成要件。所谓以设立中的公司名义，既包括经过工商登记管理机关预先核准的名称，也包括还没有报送工商登记管理机关进行预先核准之前的名称。发起人以设立中公司名义对外签订合同，既包括直接使用设立中公司的名称，也包括使用设立中公司的临时机构的名称，如公司筹办处、公司筹备组等。②

最后要特别说明的是，《公司法解释（三）》第三条第一款规定“发起人以设立中公司名义对外签订合同，公司成立后合同相对人请求公司承担合同责任的，人民法院应予支持”只是给了合同相对人一个选择，即其可以选择

---

① 梁宇贤：《公司法论》，三民书局 1971 年版，第 251~252 页。

② 最高人民法院民事审判第二庭编著：《最高人民法院关于公司法解释（三）、清算纪要理解与适用》，人民法院出版社 2011 年版，第 54~55 页。

要求成立后公司承担合同责任。换言之，其也可以选择要求发起人承担责任，而不要求成立后公司承担。但其一旦作出选择，就只能按照其选择来做。

案例指导

东莞市雅胶胶黏剂有限公司与李青端买卖合同纠纷案[①]

李青端向原审法院起诉称：李青端与雅胶公司之间存在买卖合同关系。雅胶公司系一人公司，登记投资者为高海军，高海军应当为雅胶公司的案涉债务承担连带责任。李青端请求判令雅胶公司与高海军连带支付李青端货款及利息。

原审法院认为：本案系买卖合同关系，其首先对李青端提供的五张送货单均予以采信。同时指出，首先，雅胶公司核准成立于2014年6月10日，案涉交易的部分送货发生于雅胶公司成立之前，雅胶公司的投资人系高海军，高海军在雅胶公司成立之前就以雅胶公司的名义与李青端进行交易。《公司法解释（三）》第三条规定："发起人以设立中公司名义对外签订合同，公司成立后合同相对人请求公司承担合同责任的，人民法院应予支持。公司成立后有证据证明发起人利用设立中公司的名义为自己的利益与相对人签订合同，公司以此为由主张不承担合同责任的，人民法院应予支持，但相对人为善意的除外。"雅胶公司与高海军均没有向原审法院提供证据证明李青端在案涉交易期间知道或应当知道高海军以雅胶公司的名义为其个人利益与李青端发生交易，根据该条款，李青端要求雅胶公司承担案涉债务，符合法律的规定。另外，因雅胶公司系自然人独资的有限责任公司，高海军未举证证明雅胶公司的财产独立于其个人财产，则应当对雅胶公司的案涉债务承担连带责任。

二审法院经审理认为：虽然案涉部分交易发生在雅胶公司成立前，但案涉所有送货单均加盖了雅胶公司的印章，李青端作为送货方完全有理由相信

① 案例来源：东莞市中级人民法院民事判决书（2015）东中法民二终字第1019号，载中国裁判文书网，http：//wenshu.court.gov.cn/content/content?DocID=79702e25-fc62-4f2e-906d-278ff8290979&KeyWord=。

与其交易的是雅胶公司而非高海军个人，在雅胶公司未能举证证明高海军是为了个人利益而与李青端进行交易的情况下，根据《公司法解释（三）》第三条关于“发起人以设立中公司名义对外签订合同，公司成立后合同相对人请求公司承担合同责任的，人民法院应予支持。公司成立后有证据证明发起人利用设立中公司的名义为自己的利益与相对人签订合同，公司以此为由主张不承担合同责任的，人民法院应予支持，但相对人为善意的除外”的规定，雅胶公司应当对其设立前的案涉交易向李青端承担付款责任，原审法院对此认定正确，本院予以维持。

规范指引

最高人民法院关于适用《中华人民共和国公司法》若干问题的规定（三）

第三条　发起人以设立中公司名义对外签订合同，公司成立后合同相对人请求公司承担合同责任的，人民法院应予支持。

公司成立后有证据证明发起人利用设立中公司的名义为自己的利益与相对人签订合同，公司以此为由主张不承担合同责任的，人民法院应予支持，但相对人为善意的除外。

专题四：公司未成立时的发起人责任

【核心提示】公司因故未成立，债权人请求全体或者部分发起人对设立公司行为所产生的费用和债务承担连带清偿责任的，人民法院应予支持。

实务争点

公司因故未成立，由发起人对外承担连带责任基本上没有什么争议。但是，对于发起人内部责任的划分和承担，是按照出资比例，还是按照约定？如果没有约定，或者尽管有约定，但约定仅仅限于将来的管理和分红等不按照出资比例进行，而未约定公司不能成立时是否仍然不按照出资比例进行，那么如何划分发起人的责任，实乃有待商榷。对此，《公司法解释（三）》第四条第一款规定："公司因故未成立，债权人请求全体或者部分发起人对设立公司行为所产生的费用和债务承担连带清偿责任的，人民法院应予支持。"

理解适用

对《公司法解释（三）》第四条规定的理解适用

（一）关于公司发起人之间关系的基本认识

在公司设立阶段，发起人是设立中公司的机关，其对外代表设立中的公司，对内执行设立中公司的相应事务。如果公司依法成立，而发起行为又经公司全体股东或创立大会的确认，则发起行为可以视为公司本身的行为，由此产生的权利义务自始由公司承受。但如果公司不能依法成立，基于设立中公司未能成立而不具有法人资格，各发起人之间就具备了合伙的关系性质，他们应当就设立公司所为的行为产生的民事责任对第三人负连带责任。

所以，一般情况下，发起人之间的关系主要体现在发起人之间共同签订的发起人协议上，即发起人之间以书面形式表达的有关如何组建公司、发起人之间如何分工等共同意思。关于发起人协议的性质，显然它是一种合伙合同。"所谓合伙合同由于没有特别指明其合同种类，应视为普通合伙，即发起人以设立公司为目的，并对其合伙债务承担连带责任的合同。"[①] 即使发起人之间没有发起人协议，他们之间的关系也有合伙关系。对此，《公司法》第九十四条作出了明确规定："股份有限公司的发起人应当承担下列责任：（一）公司不能成立时，对设立行为所产生的债务和费用负连带责任；（二）公司不能成立时，对认股人已缴纳的股款，负返还股款并加算银行同期存款利息的连带责任；（三）在公司设立过程中，由于发起人的过失致使公司利益受到损害的，应当对公司承担赔偿责任。"

---

① 王保树、崔勤之：《中国公司法原理》，社会科学文献出版社2006年版，第142页。

（二）关于公司发起人之间关系的司法判断

对于有限责任公司出资人在公司不能成立时的民事责任问题，我国公司法没有明确规定。不过，最高人民法院和某些地方高级人民法院制定的关于公司纠纷的审判指导意见中，对公司发起人在公司不能成立时为设立公司行为所产生的债务和费用的民事责任承担问题，也曾有过明确的意见。如2003年《最高人民法院关于审理公司纠纷案件若干问题的规定（一）》（征求意见稿）第六条规定："公司成立后，因设立公司行为发生的必要费用由公司承担。公司未成立的，出资人或者发起人内部按照约定的出资比例负担。设立协议或者公司章程对设立公司行为发生的费用负担有特别约定的，从其约定。出资人或者发起人出资不足或者因其他过错导致公司设立失败的，其他出资人或者发起人可以向人民法院提起诉讼，请求判令有过错的出资人或者发起人负担已发生的设立费用。"上海市高级人民法院和江苏省高级人民法院也都有类似指导意见规定。

为统一相应问题的处理，基于相同因素的考虑，《公司法解释（三）》第四条对发起人的责任作了统一的规定。

1. 公司因故未成立时发起人的对外责任的承担

该条第一款规定："公司因故未成立，债权人请求全体或者部分发起人对设立公司行为所产生的费用和债务承担连带清偿责任的，人民法院应予支持。"

基于发起人之间普通合伙的性质，在公司因故未成立的情形下，由于设立行为产生的费用和债务，应当由全体发起人共同承担连带责任，亦即债权人有权选择向全体发起人或者部分发起人请求清偿全部债务，即使被请求的为部分发起人，其也仍需对全部债务承担清偿责任，而不能依超过内部约定比例或出资比例为由对抗债权人。需要注意的是，当债权人向人民法院起诉请求部分发起人承担连带责任时，由于公司未成立产生的连带责任之诉，并非民事诉讼法中规定的必要共同诉讼，因此，法院不负有通知未被起诉的其他发起人参与诉讼的义务。但是，由于全体发起人承担的是连带责任，法院判决的结果对全体发起人的利益都会产生直接或间接的影响，因此，未被起诉的发起人与案件的处理结果存在法律上的利害关系，应当有权向法院申请以第三人身份参与诉讼。

另外，这里规定的“费用和债务”的认定，应作目的性解释与合理性解释。目的性解释是指必须是因设立公司行为所产生的费用和债务，换言之，凡是与设立公司行为无关的，应当由做出该行为的发起人承担责任。合理性解释是指因设立公司行为所产生的费用和债务应当是在合理范围内不得超过必要的限度。①

2. 公司因故未成立后的发起人之间内部责任的承担

因公司设立行为产生的费用和债务，本应由全体发起人共同承担连带责任，但实践中常常出现债权人仅要求部分发起人承担连带责任的情形，这时，如果部分发起人承担了连带责任，就涉及所有发起人内部责任的承担。对此，《公司法解释（三）》第四条第二款作出了规定：“部分发起人依照前款规定承担责任后，请求其他发起人分担的，人民法院应当判令其他发起人按照约定的责任承担比例分担责任；没有约定责任承担比例的，按照约定的出资比例分担责任；没有约定出资比例的，按照均等份额分担责任。”

按照该规定，如果部分发起人承担了连带责任，则有权要求其他发起人按照普通合伙规则承担相应的责任：首先，事先有约定的，依约定承担责任，这是当事人意思自治的问题；其次，如果事先没有约定且事后不能为此达成约定的，则按照出资比例确定责任的承担，这是当事人权利义务、责任一致的体现；最后，如果发起人之间既无事前或事后的约定，也无对他们之间的出资比例的约定，则按公平原则，由发起人按照均等份额分担责任。

对于一般合伙而言，该规则是公平的。但对于公司而言，存在可探讨的地方。如果发起人之间事先有关于公司成立后投票权、分红权等不按照出资比例而按照人头享有的规定，但他们之间确实出资比例很不相同，且发起人并未预见到公司不能成立的情形时，如果仍然按照上述一般合伙规则处理相应纠纷，就可能对出资比例多者产生不公平的后果。进一步来说，如果公司成立后，基于未来的展望，出资比例多者可能并不在意其出资多而与其他出资少者按照均等份额分红和投票。如果公司因故不能成立，其则会因现实出资多而对因公司未成立导致的债务承担更多的责任。那么，这就会导致不能

① 最高人民法院民事审判第二庭编著：《最高人民法院关于公司法解释（三）、清算纪要理解与适用》，人民法院出版社2011年版，第71页。

享有更多权利或权益的出资多者责任多于其他出资人的不公平结果。在这种情况下，显然按照一般的合伙规则解释是值得商榷的。在这种情形下，不简单地按照出资比例处理可能更符合法理与实际问题的解决，如适当增加出资少者的责任，甚至按照人头平均承担责任。

公司因故未成立，有各种原因，其中可能是由于部分发起人的过错引起的，那么，按照民商法的过错者承担责任原理，其他发起人可以主张有过错方承担相应的责任。《公司法解释（三）》第四条第三款规定："因部分发起人的过错导致公司未成立，其他发起人主张其承担设立行为所产生的费用和债务的，人民法院应当根据过错情况，确定过错一方的责任范围。"

根据本条第一款的规定，公司未成立的原因不论是什么，所有发起人均须为此对第三人承担连带责任，而不得以任何理由包括以部分发起人存在过错为由予以抗辩。在对外承担连带责任后，如果确实存在因部分发起人的过错而导致公司未能成立，其他无过错的发起人可以按照本条第三款规定的方式，向人民法院起诉请求具有过错的发起人承担因设立公司而产生的合理费用和债务，人民法院则须依据具体情况对发起人的过错情况加以判断，从而确定有过错一方的责任及范围。

需要注意的是，《公司法解释（三）》第四条规定了公司设立不能时，发起人按出资比例承担该设立阶段产生的债务情形，但并未规定设立中公司在公司设立阶段从事经营活动产生的盈利如何分配。根据权利义务相一致的法理以及民法的公平原则，对公司设立阶段的债权分配，应比照适用债务承担的规定，发起人有权按出资比例分配公司设立阶段从事经营行为所产生的盈利。

案例指导

吕南昌与汪宏吉、原审被告陈玲、王春羊合同纠纷案[①]

2013年5月，汪宏吉在《钱江晚报》上看到有家驾校正在招聘驾驶培训

① 案例来源于：杭州市中级人民法院民事判决书（2014）浙杭商终字第1518号，载中国裁判文书网，http：//www.court.gov.cn/zgcpwsw/zj/zjshzszjrmfy/ms/201501/t20150121_6367711.htm。

的教练员。2013年5月14日，汪宏吉从银行卡取出现金13万元整，作为预交款汇给作为驾校财务的陈玲；同日，汪宏吉与该驾校签订了《吉昌驾校承包经营协议》，陈玲在该协议上签字，并加盖了“杭州吉昌机动车驾驶员培训有限公司（筹）”的印章，同时，出具了一张13万元的收据，收据的“名称及规格”一栏上填写了“预交款”三个字，并加盖了“杭州吉昌机动车驾驶员培训有限公司（筹）”的印章。汪宏吉后了解到，陈玲、吕南昌、王春羊分别投资7万元、2万元、1万元，发起设立“杭州吉昌机动车驾驶员培训有限公司”，并申请企业名称预先核准。此后，“杭州吉昌机动车驾驶员培训有限公司”因故未成立。汪宏吉认为，公司因故未成立，陈玲、吕南昌、王春羊应当返还汪宏吉缴纳的费用，并承担连带清偿责任。

一审法院认为，陈玲、吕南昌、王春羊共同预设立杭州吉昌机动车驾驶员培训有限公司，并刻制公司公章，以公司名义对外收取款项。争议在于陈玲收取汪宏吉款项应由陈玲、吕南昌、王春羊共同承担还是由陈玲个人承担。经查明，吕南昌参与公司组建并以股东名义签字，同时，在杭州瑞隆机动车驾驶员培训有限公司预设立过程中，吕南昌也参与设立，其作为完全行为能力人，更作为驾校的发起人之一应当明了驾校发起过程及开办驾校应配备的条件，应当明确发起驾校过程中应承担的相应责任，故对驾校设立过程中因疏忽管理而出现的问题不能以不清楚或不知道为由要求免责；对王春羊，根据汪宏吉陈述，王春羊作为发起人之一参与设立，应当明知以驾校名义对外收取款项而导致的法律后果，同理，故对驾校设立过程中因疏忽管理而出现的问题不能以不清楚或不知道为由要求免责。根据《公司法解释（三）》第四条的规定，公司全体发起人对设立公司中所产生的债务承担连带清偿责任并共同返还，对于发起人内部责任承担可另行处理。综上，对汪宏吉的请求予以支持。

被告不服，提起上诉。

二审法院认为：结合汪宏吉与设立中的吉昌公司签订的《吉昌驾校承包经营协议》，设立中的吉昌公司收取案涉款项应属发起人为了设立公司而实施的行为。在设立中的公司因设立不能而产生的相关责任，发起人作为整体实施行为所产生的责任应当连带承担。吕南昌认为陈玲涉嫌犯罪，但至今公安机关并未立案受理，且根据现有证据材料，也并非属于最高人民法院《关于在审理经济纠纷案件中涉及经济犯罪嫌疑若干问题的规定》中应当移送公安机关处理的情形。综上，吕南昌的上诉理由不能成立，其上诉请求本院不予支持。

规范指引

《中华人民共和国公司法》

第九十四条 股份有限公司的发起人应当承担下列责任：

（一）公司不能成立时，对设立行为所产生的债务和费用负连带责任；

（二）公司不能成立时，对认股人已缴纳的股款，负返还股款并加算银行同期存款利息的连带责任；

（三）在公司设立过程中，由于发起人的过失致使公司利益受到损害的，应当对公司承担赔偿责任。

《最高人民法院关于适用〈中华人民共和国公司法〉若干问题的规定（三）》

第四条 公司因故未成立，债权人请求全体或者部分发起人对设立公司行为所产生的费用和债务承担连带清偿责任的，人民法院应予支持。

部分发起人依照前款规定承担责任后，请求其他发起人分担的，人民法院应当判令其他发起人按照约定的责任承担比例分担责任；没有约定责任承担比例的，按照约定的出资比例分担责任；没有约定出资比例的，按照均等份额分担责任。

因部分发起人的过错导致公司未成立，其他发起人主张其承担设立行为所产生的费用和债务的，人民法院应当根据过错情况，确定过错一方的责任范围。

专题五：发起人的侵权责任

【核心提示】发起人因履行公司设立职责造成他人损害，公司成立后受害人请求公司承担侵权赔偿责任的，人民法院应予支持；公司未成立，受害人请求全体发起人承担连带赔偿责任的，人民法院应予支持。公司或者无过错的发起人承担赔偿责任后，可以向有过错的发起人追偿。

实务争点

公司成立后，股东为履行公司职责造成他人损害的，根据《侵权责任法》第三十四条第一款的规定，用人单位的工作人员因执行职务造成他人损害的，由用人单位承担侵权责任。但在公司设立过程中，发起人履行设立职责造成他人损害的，《公司法》和《侵权责任法》并未规定。如果根据发起人为设立中公司机关理论说，发起人因履行设立职责造成他人损害的，似可类推适用《侵权责任法》第三十四条第一款的规定而由公司承担。但设立中公司的机关显然不能和成立后公司的机关完全等同，由此导致如何看待发起人因履行职责而造成他人损害时责任承担的问题。对此，《公司法解释（三）》第五条作出了明确规定。

理解适用

对《公司法解释（三）》第五条规定的理解适用

发起人的侵权责任有对内责任和对外责任之分，前者主要是指发起人对公司的损害赔偿责任，即在公司设立过程中发起人因损害公司利益而应对公司应承担的责任。发起人的主要目的在于设立公司，但在公司设立过程中常常会出现发起人故意或过失损害公司利益的情况。任何人都要为其行为中的故意或过失损害他人的行为承担责任。《公司法》第九十四条第（三）项规定："股份有限公司的发起人在公司设立过程中，由于其过失致使公司利益受到损害的，应当对公司承担赔偿责任。"

发起人除了对公司负过失损害赔偿责任外，还对第三人承担损害赔偿责任，即对外责任。在公司设立过程中，如果因发起人的作为或者不作为导致第三人利益受损害的，发起人无疑应当对第三人的损害承担赔偿责任。但我国《公司法》只规定了发起人向公司承担损害赔偿责任，而没有规定向第三人承担损害赔偿责任。

正如前述，对于发起人和设立中公司的关系，我国理论界和实务界均采纳同一体说，认为发起人是设立中公司机关，有权代表设立中公司对外从事公司设立活动。所以，设立中的公司与正式成立后的公司系同一人格，发起人以设立中公司名义签订的合同，一般可认为是为了设立公司。那么，在发起人因履行设立职责造成他人损害时，是否也可以认为是设立中公司的行为而由成立后的公司继受？

对此，大多大陆法系国家和地区规定，由发起人和成立后公司承担连带责任。《日本公司法》(2005)第五十三条规定："1.发起人、设立时董事或设立时监事，对股份公司的设立懈怠其任务时，向该股份公司承担赔偿因此发生的损害的责任。2.发起人、设立时董事或者设立时监事，在其职务执行中有恶意或重大过失时，该发起人、设立时董事或监事承担赔偿因此给第三人造成的损害的责任。"第五十四条规定："在发起人、设立时董事或设立时监事向股份公司或第三人承担损害赔偿责任的情形下，其他发起人、设立时董事或者设立时监事也承担赔偿该损害的责任时，这些人为连带责任。"《韩国商法》第三百二十二条关于"发起人的损害赔偿责任"规定："1.关于公司的设立，发起人怠于履行其任务时，该发起人对公司承担损害赔偿责任。2.发起人因恶意或者重大过失而怠于履行其任务时，该发起人对第三人也承担连带损害赔偿责任。"我国台湾地区"公司法"也有类似规定。

这些国家和地区之所以如此规定，并不是它们不承认发起人的机关性质，而主要在于设立中公司毕竟与成立后公司之间具有质的差别，前者为非法人，后者为法人。尽管二者之间具有连接性而使得设立中公司被视为具有一定的权利能力的社团而与作为权利能力的社团的法人相近，但二者在根本上是不同的。法律之所以将设立中公司视为具有一定权利能力的社团，主要是为解决其与成立后公司行为的衔接，以利于设立中公司行为可以归属于成立后公司，并最大限度保护第三人。

那么，对于发起人因设立公司中履职造成第三人的损害时，赋予第三人选择权，其既可以要求发起人承担个人责任，也可以要求成立后公司承担侵权责任，就可以更好地保护第三人。同时，这种做法也可以限制发起人的不当行为，从而保护成立后公司的利益。当然，如果公司未成立，则自然因发起人之间的合伙关系而应由全体发起人承担连带责任。因此，《公司法解释(三)》第五条规定："发起人因履行公司设立职责造成他人损害，公司成立后受害人请求公司承担侵权赔偿责任的，人民法院应予支持；公司未成立，受害人请求全体发起人承担连带赔偿责任的，人民法院应予支持。”如果该损害是由发起人过错造成的，则“公司或者无过错的发起人承担赔偿责任后，可以向有过错的发起人追偿”。

认定设立中公司发起人职务侵权，须具备以下条件：（1）侵权行为必须由设立中公司的发起人或者其他有代表权的人实施。发起人是设立中公司的机关，设立中公司代表机关的行为视为设立中公司自身的行为。设立中公司代表机关施加损害于第三人，该行为后果自应归属于设立中公司。据此，设立中公司其他工作人员的行为不包括于内。（2）侵权行为必须是发起人职责范围内的行为，即必须是为公司设立所为的行为，该行为可以是作为，也可以是不作为，以此区别发起人个人的侵权行为，如发起人违反信息公开义务致使债权人、认股人利益遭受损害。（3）存在损害事实。发起人职务行为只有造成他人客观的损害后果，该不利后果才归属于设立中公司，对该损害事实的举证责任由受害人承担。（4）职务行为与损害事实之间有因果关系。①

需要注意的是，《公司法》没有规定发起人对第三人承担损害赔偿责任，也未规定其过错形式。根据民法与公司法的关系，公司法没有规定的，民法可以补充适用，所以，发起人对第三人承担损害赔偿责任既包括过错责任也包括无过错责任。

案例指导

上诉人中山钲鑫嘉镒脚轮有限公司、蔡俊尧与被上诉人李金明、李进提供劳务者受害责任纠纷案②

钲鑫嘉镒公司为蔡俊尧投资设立的自然人独资有限责任公司。蔡俊尧在筹备成立钲鑫嘉镒公司的过程中，将厂内照明设施安装工程发包给李进施工，蔡俊尧还以钲鑫嘉镒公司（当时未办理营业执照）企业代表人的名义与

---

① 最高人民法院民事审判第二庭编著：《最高人民法院关于公司法解释（三）、清算纪要理解与适用》，人民法院出版社 2011 年版，第 90 页。

② 案例来源：中山市中级人民法院民事判决书（2014）中中法民一终字第 1183 号，载中国裁判文书网，http：//www.court.gov.cn/zgcpwsw/gd/gdszsszjrmfy/ms/201505/t20150502_7723089.htm。

冠航五金批发部（未办理营业执照）的企业代表人李进签订了安装合同，李进又雇请李金明在钲鑫嘉镒公司处安装电管。2012 年 12 月 5 日，李金明在安装电管过程中从高空跌落而受伤。

原审法院认为：本案争议的焦点为李金明与钲鑫嘉镒公司、蔡俊尧、李进之间的关系及责任问题。本案中，蔡俊尧在筹备成立钲鑫嘉镒公司的过程中作为钲鑫嘉镒公司的企业代表人将本案工程发包给李进施工，因钲鑫嘉镒公司当时并未成立，故蔡俊尧与李进之间构成承包关系，李进又雇请李金明安装电管，李进与李金明之间又构成雇佣关系。李金明在从事雇佣活动中遭受人身损害，作为雇主的李进依法应承担赔偿责任。李金明对其受伤本身存在过错，可以减轻李进的赔偿责任，原审法院酌定李金明对其受伤承担 20% 的责任，李进对李金明的受伤承担 80% 的责任。蔡俊尧作为发包方应承担选任过失的相应赔偿责任，原审法院酌定蔡俊尧对李进应承担的责任部分承担 35% 的赔偿责任。又因为本案事故发生在蔡俊尧筹备成立钲鑫嘉镒公司过程中，根据《公司法解释（三）》第五条的规定："发起人因履行公司设立职责造成他人损害，公司成立后受害人请求公司承担侵权赔偿责任的，人民法院应予支持；公司未成立，受害人请求全体发起人承担连带赔偿责任的，人民法院应予支持"，故蔡俊尧承担的责任本可由钲鑫嘉镒公司承担，但钲鑫嘉镒公司系一人公司，作为钲鑫嘉镒公司唯一股东的蔡俊尧未提供证据证实钲鑫嘉镒公司的财产独立于自己的财产，故蔡俊尧对钲鑫嘉镒公司的本案债务应承担连带责任。李金明未能提供证据证实本案所涉事故已构成安全生产事故，故李金明要求李进与钲鑫嘉镒公司、蔡俊尧承担连带责任的请求，依据不足，原审法院不予支持。

二审法院认为：首先，蔡俊尧将涉案的厂内照明设施安装工程以包工包料的形式发包给李进施工，并签订《厂内照明工程安装合同书》，双方之间形成承揽合同关系；李金明受雇于李进，为李进提供劳务，故李金明与李进之间形成的是劳务合同关系。根据本案实际及李金明的过错程度，原审法院酌定李金明对其受伤自行承担 20% 的责任，李进对李金明的受伤承担 80% 的责任，并无不当，本院予以维持。蔡俊尧是本案工程发包人，其将涉案的总工程全部发包给不具备施工资质个人李进进行施工，存在选任过失，应当承担选任过失的相应赔偿责任。原审法院酌定蔡俊尧承担 35% 的赔偿责任并无不当，本院予以维持。因为本案事故发生在蔡俊尧筹备成立钲鑫嘉镒公司过程中，受害人在公司成立后可请求公司承担侵权赔偿责任。又鉴于钲鑫嘉镒公司系一人公司，作为钲鑫嘉镒公司唯一股东的蔡俊尧未提供证据证实钲鑫嘉镒公司的财产独立于自己的财产，故蔡俊尧对钲鑫嘉镒公司的本案债务应承担连带责任。

规范指引

《中华人民共和国合同法》

第五十条 法人或者其他组织的法定代表人、负责人超越权限订立的合同，除相对人知道或者应当知道其超越权限的以外，该代表行为有效。

《中华人民共和国侵权责任法》

第三十四条第一款 用人单位的工作人员因执行工作任务造成他人损害的，由用人单位承担侵权责任。

《最高人民法院关于适用〈中华人民共和国公司法〉若干问题的规定（三）》

第五条 发起人因履行公司设立职责造成他人损害，公司成立后受害人请求公司承担侵权赔偿责任的，人民法院应予支持；公司未成立，受害人请求全体发起人承担连带赔偿责任的，人民法院应予支持。

公司或者无过错的发起人承担赔偿责任后，可以向有过错的发起人追偿。

专题六：股份有限公司的认股人未按期缴纳所认股份的股款的法律责任

【核心提示】股份有限公司的认股人未按期缴纳所认股份的股款，经公司发起人催缴后在合理期间内仍未缴纳，公司发起人对该股份另行募集的，人民法院应当认定该募集行为有效。认股人延期缴纳股款给公司造成损失，公司请求该认股人承担赔偿责任的，人民法院应予支持。

实务争点

尽管2013年公司法资本制度的改革对一般公司实施了完全的认缴制，但对于募集设立的股份有限公司，仍采取实缴资本制。在募集设立的过程中，可能会发生认股人不能按期缴纳所认股款的情况，这时，公司发起人可以在合理期间内催缴认股人。但如果认股人在发起人催缴的合理期间内仍不能缴纳，必然会影响到公司的成立。那么，公司发起人能否对不能按期缴纳股款另行募集，并要求原认股人承担因此导致的损失？对此，《公司法解释（三）》第六条作出了明确规定。

理解适用

对《公司法解释（三）》第六条规定的理解适用

股份有限公司的设立方式有两种，即发起设立和募集设立。发起设立是指公司设立时，第一次应发行股份均由发起人认足，不对外招募。这种设立方式比较简单，主要适用于那些不上市的股份有限公司。募集设立是指公司设立时，发起人不认足第一次应发行股份，将其余股份对外公开招募。这种设立方式须对外募足股份，需要召开创立大会，其设立程序是更为复杂的，因此其又称复杂设立。同时，因股东的确定不是一次性确定的，而是分次确定，所以又叫渐次设立。采取募集方式设立的公司，其股东常常人数众多，是向社会大众发行股份，因而又称大众化或公开公司。

我国1993年公司法对所有公司均实施法定资本制，有最低注册资本规定，并要求出资人一次性缴足。这时，公司的注册资本就是股东的实缴资本，二者是一致的。这种制度有利于保护公司第三人，但缺陷在于刻板而可能增加公司经营成本，且实践中对公司债权人的保护效果并不明显。为鼓励投资，2005年公司法修改，规定有限责任公司和发起设立的股份有限公司实施一定条件的分期缴纳资本制，要求公司全体股东的首次出资额不得低于注册资本的百分之二十，也不得低于法定的注册资本最低限额，其余部分由股东自公司成立之日起两年内缴足；其中，投资公司可以在五年内缴足。但随着我国社会主义市场经济的深入全面发展，这种一定条件要求的分期缴纳资本制不仅对于保护第三人没有太大意义，且在一定程度上并不利于鼓励投资。因此，2013 年公司法修改，对于有限责任公司和以发起设立方式成立的股份有限公司采取了完全的认缴资本制，不仅取消了最低资本额要求，且允许出资人仅仅认缴而非实际缴付出资，出资人可以通过章程规定其出资额及出资时间。但是，对于采募集设立方式成立股份有限公司，我国公司法仍要求实缴资本制，出资人不但认缴，且须实际缴付认缴的资本，否则公司不能成立。《公司法》第八十四条规定："以募集设立方式设立股份有限公司的，发起人认购的股份不得少于公司股份总数的百分之三十五；但是，法律、行政法规另有规定的，从其规定。"《公司法》第八十五条规定："发起人向社会公开募集股份，必须公告招股说明书，并制作认股书。认股书应当载明本法第八十六条所列事项，由认股人填写认购股数、金额、住所，并签名、盖章。认股人按照所认购股数缴纳股款。"

认股人一旦按照规定和认股书认股，其就有义务按时缴纳股款。但如果认股人没有按照规定依约缴纳股款如何处理，《公司法》并未规定。

对此，很多国家和地区是通过所谓失权程序加以规范的。《德国股份公司法》第六十四条规定："(1) 对于未及时缴纳已被催缴的出资的股东，可以设置缴纳出资的宽限期，并警告其该期限届满仍不缴纳的将宣告其丧失股票及已缴纳的出资。(2) 该补缴期限必须在公司公报上公告三次。第一次公告必须至少在期满前三个月作出，最后一次公告必须至少在期满前一个月作出。每次公告之间必须至少间隔三个星期。股票的转让须经公司同意的，无须公开公告，仅向拖欠出资的股东提出一次性单项催缴即可；为此，必须给予一个至少自收到该催缴期限。(3) 对于经过上述催缴仍不缴纳出资的股东，可以为了公司利益，通过公司公报宣告其丧失股票及已缴纳的出资。在公告中应注明被宣告丧失的股票的区别特征。(4) 发放新的证书以取代旧的证书；除了已缴纳的部分出资，该证书应注明尚未缴纳的数额。对于公司因该数额或者后来催缴的数额遭受的损失，由被开除的股东对公司承担责任。"[①]《韩国商法》第三百零七条规定："(1) 股份认购人未依据第 305 条的规定缴纳时，

① 《德国商事公司法》，胡晓静等译，法律出版社 2014 年版，第 91 页。

发起人应当确定一个日期，并在该日期的两周前通知认购人，若到期不缴纳，会丧失其权利。（2）收到前项通知的股份认购人，在该日期内未缴纳的，丧失其权利。这种情形下，发起人可以重新对该股份募集股东。（3）前两项的规定，不影响对该股份认购人的损害赔偿请求。”①

我国《公司法》没有对认股人未及时缴纳股款的责任作出规定，但有关“三资企业法”中对此有一定的要求。如《中外合作经营企业法》第九条第一款规定：“中外合作者应当依照法律、法规的规定和合作企业合同的约定，如期履行缴足投资、提供合作条件的义务。逾期不履行的，由工商行政管理机关限期履行；限期届满仍未履行的，由审查批准机关和工商行政管理机关依照国家有关规定处理。”《中外合资经营企业法实施条例》第二十八条规定：“合营各方应当按照合同规定的期限缴清各自的出资额。逾期未缴或者未缴清的，应当按合同规定支付迟延利息或者赔偿损失。”也就是说，在三资企业中，如果股东未及时缴纳投资款时，其是要承担一定责任的。

借鉴国外的有关规定及“三资企业法”中的要求，《公司法解释（三）》明确了认股人未及时缴纳股款时的责任，其第六条规定：“股份有限公司的认股人未按期缴纳所认股份的股款，经公司发起人催缴后在合理期间内仍未缴纳，公司发起人对该股份另行募集的，人民法院应当认定该募集行为有效。认股人延期缴纳股款给公司造成损失，公司请求该认股人承担赔偿责任的，人民法院应予支持。”

根据该规定，首先，公司发起人可以对认股人予以催缴，认股人在催缴后的合理期间内仍未缴纳股款的，公司发起人可以另行行使募集权。其次，如果因为认股人延期缴纳股款而给公司造成损失的，成立后的公司可以要求该认股人承担赔偿责任。可以说，《公司法解释（三）》第六条的规定也属于失权程序，如果认股人没有及时缴纳股款，且经合理催缴后仍未缴纳，则其就会失去股东资格且须对公司承担赔偿责任。但是，该规定并没有明确催缴的方式及多长时间内催缴为合理期间，只是笼统地说可以催缴并要求在合理时间内缴纳，这需要由法院具体情况具体分析。

---

① 《最新韩国公司法及施行令》，王延川等译，法律出版社2014年版，第38页。

案例指导

上诉人田书兰与被上诉人神威医药科技股份有限公司股东资格确认纠纷案①

神威医药科技股份有限公司（以下简称神威公司）原为石家庄地区制药厂，1992 年 7 月进行股份制改革。1995 年 10 月 12 日，神威公司发布《石家庄神威药业股份有限公司购股说明书》，载明职工购买国有股权付款方式三年交清并规定了交钱时间。2004 年 4 月 22 日，石家庄神威药业股份有限公司名称变更为神威医药科技股份有限公司。神威公司提交的神威职工购股登记表载明：田书兰、认购股权额 20000、本次交款额 3540，单位经理（主任）杜双萍印章。双方当事人提交的 2003 年《石家庄神威药业股份有限公司公司股东股权变更情况说明》中记载，田书兰 1999 年股金“0”。但田书兰主张确认自己为神威公司股东，截至 1995 年 12 月 31 日持有神威公司股份 20000 股，该股东身份和持股状态至今持续。

原审法院认为：田书兰认为其所提交的股东名册，记载田书兰所持有神威公司股份 20000 股，并且该股东名册是 1996 年 11 月 20 日的，作为 1996 年 11 月 20 日石会栾分验字（96）55 号验资报告的附件。但根据河北省人民政府股份制领导小组办公室冀股办（1996）22 号文件、石家庄市体改委市体改委股字（1996）1 号文件、栾城县工业领导小组第 2 期会议纪要、《石家庄神威药业股份有限公司购股说明书》等证据表明，1995 年、1996 年，神威公司根据相关文件要求进行规范，按募集设立方式办理重新登记。职工购买国有股，应自 1996 年 12 月 31 日在河北省工商行政管理局领取营业执照起至 1999 年 12 月 31 日止，三年内交清所认购股份的股金，并按购股说明书要求的方式交纳股金。神威公司所提交的神威职工购股登记表也表明，田书兰按上述要求认购了 20000 股股份，但实际出资 3540 元。审理中，该院

① 案例来源：石家庄市中级人民法院（2014）石民四终字第 00902 号，载中国裁判文书网，http：//www.court.gov.cn/zgcpwsw/heb/hbssjzszjrmfy/ms/201502/t20150204_6542939.htm。

依法向河北省工商行政管理局调取了相关证据，田书兰所述的股东名册并非1996年11月20日石会栾分验字（96）55号验资报告的附件。田书兰也没有向该院提交其他缴纳出资的证据，故田书兰所述的股东名册上“股权总额”项下数字并不是田书兰实际出资购买的股份数，而是其当时的认购数额。

由于神威公司系募集设立且其股份全部为该公司职工个人股，田书兰在三年募集期内未实际足额出资购买其所认购的股份，又支取6540元后于募集期满前离职，不再具有神威公司的职工身份。田书兰所提交的证据不足以证明其主张的事实成立，故对其主张，该院不予以支持。

二审法院经过审理认为：本案中，双方当事人的争议焦点问题为田书兰是否足额缴纳股份认购款以及田书兰是否在三年募集期内撤回认购款从而丧失了神威公司股东身份。

关于田书兰是否足额缴纳股份认购款的问题。《公司法解释（三）》第二十条规定“当事人之间对是否已履行出资义务发生争议，原告提供对股东履行出资义务产生合理怀疑证据的，被告股东应当就其已履行出资义务承担举证责任”。在神威公司否认田书兰足额缴纳认购款并提供了相应证据的情况下，应由田书兰就其已足额履行出资义务承担举证责任。田书兰除提供了1996年神威公司股东名册外，未能提供其他可以证明其已经足额缴纳认购款的证据，因此，田书兰应当承担举证不能的不利后果。原审判决关于田书兰在三年募集期内实际缴纳认购款为3540元的认定，并无不当。

关于田书兰是否在三年募集期内撤回认购款的问题，神威公司主张田书兰在三年募集期内撤回了股份认购款，并提供了相关支款凭证。田书兰对支款凭证的真实性提出异议并申请司法鉴定。田书兰申请重新鉴定，未就北京法源司法科学证据鉴定中心作出的鉴定结论存在上述规定情形提供相应的证据加以证明，因此，本院依法不予准许。原审法院依据北京法源司法科学证据鉴定中心作出的鉴定结论作出田书兰从神威公司离职时已经支取了股份认购款的认定，并无不当。《公司法解释（三）》第六条规定：“股份有限公司的认股人未按期缴纳所认购股份的股款，经公司发起人催缴后在合理期间内仍未缴纳，公司发起人对该股份另行募集的，人民法院应当认定该募集行为有效。认股人延期缴纳股款给公司造成损失，公司请求该认股人承担赔偿责任的，人民法院应予支持。”田书兰从神威公司离职时支取了已经缴纳的股份认购款，应视为其放弃了认股权，神威公司对该股份在内部职工中另行募集，该募集行为合法有效，至此，田书兰已不具有神威公司股东身份。

规范指引

《中华人民共和国公司法》

第八十四条　以募集设立方式设立股份有限公司的，发起人认购的股份不得少于公司股份总数的百分之三十五；但是，法律、行政法规另有规定的，从其规定。

第八十五条　发起人向社会公开募集股份，必须公告招股说明书，并制作认股书。认股书应当载明本法第八十六条所列事项，由认股人填写认购股数、金额、住所，并签名、盖章。认股人按照所认购股数缴纳股款。

《最高人民法院关于适用〈中华人民共和国公司法〉若干问题的规定（三）》

第六条　股份有限公司的认股人未按期缴纳所认股份的股款，经公司发起人催缴后在合理期间内仍未缴纳，公司发起人对该股份另行募集的，人民法院应当认定该募集行为有效。

认股人延期缴纳股款给公司造成损失，公司请求该认股人承担赔偿责任的，人民法院应予支持。

专题七：出资人以无权处分的财产出资的处理

【核心提示】出资人以不享有处分权的财产出资，当事人之间对于出资行为效力产生争议的，人民法院可以参照《物权法》第一百零六条的规定予以认定。以贪污、受贿、侵占、挪用等违法犯罪所得的货币出资后取得股权的，对违法犯罪行为予以追究、处罚时，应当采取拍卖或者变卖的方式处置其股权。

实务争点

根据公司法规定，股东可以现金、实物、机械设备、土地使用权、知识产权等出资。但现实中，出资人予以出资的财产并非其个人财产，可能是向他人的借款，甚至是没有经过他人同意的财产。更有甚者以违法犯罪所得予以出资。那么，如何看待这些出资，即以不享有处分权的财产出资能否成为股东的出资而转化为公司的财产。对此，实践中颇有争议，一种意见认为，以不享有处分权的财产出资为无效出资，构成出资瑕疵；另一种意见认为，尽管出资人以不享有处分权的财产进行出资，但其一旦完成出资程序，公司依法成立，则这些出资就形成公司财产，股东出资义务完成。至于无权处分人与真正权利人之间的关系，仅属其之间的侵权关系，与公司无关。对此，《公司法解释（三）》第七条作出了明确规定。

理解适用

对《公司法解释（三）》第七条规定的理解适用

股东的出资既是公司得以运营的经济基础，也是公司对债权人的担保。尽管我国2013年公司法修改取消了一般公司的法定最低限额，但股东仍须以各种形式的出资保证公司的经营，且一旦实际出资，即构成公司对债权人的担保。对于某些特殊行业的公司，我国法律法规仍要求相应的最低资本限额。2013年《公司法》第二十六条第二款规定："法律、行政法规以及国务院决定对有限责任公司注册资本实缴、注册资本最低限额另有规定的，从其规定。"第八十条第二款、第三款规定："股份有限公司采取募集方式设立的，注册资本为在公司登记机关登记的实收股本总额。""法律、行政法规以及国务院决定对股份有限公司注册资本实缴、注册资本最低限额另有规定的，从其规定。"

股东的出资方式是多种多样的，既可以货币出资，也可以非货币出资。《公司法》第二十七条第一款规定："股东可以用货币出资，也可以用实物、知识产权、土地使用权等可以用货币估价并可以依法转让的非货币财产作价出资；但是，法律、行政法规规定不得作为出资的财产除外。"根据该规定，公司不论是以什么样的形式出资，均须具备以下条件：（1）这些出资可以评估作价，即要求出资不仅应有使用价值，还须具备货币衡量的价值；（2）这些出资具有可转让性，即股东的出资须在股东与公司之间能够实际发生权利的转移，因此可转让性是出资的必然要求；（3）这些出资具有合法性，即法律、行政法规规定不得作为出资的财产不得作为公司的出资，如《公司登记管理条例》规定，股东的出资方式应当符合《公司法》规定，但股东不得以劳务、信用、自然人姓名、商誉、特许经营权或者设定担保的财产等作价出资。

尽管并非任何类型的财产都可以由股东用来作为出资，但法院不能简单地以出资的标的物不属于公司法列举的种类而否定出资效力。对法无明文规定的出资形式，如债权和股权，要根据出资的财产是否符合现物出资的标的物所应具备的基本条件判断，如确定性、现存性、价值评估的可能性、可独立转让性。而具体的评估程序，还要参考资产评估操作规范。当然，在适用这些法律法规时，如其规定与《公司法》有冲突，应适用《公司法》的规定。

无论出资人以什么样的形式向公司出资，均须以其具有处分权的财产。实践中，出资人常因种种原因未经财产所有人或权利人授权或许可，而将其本无处分权的财产进行出资，从而侵害财产所有人或权利人的合法权益。对此应该如何处理？一种意见认为，以不享有处分权的财产出资为无效出资，构成出资瑕疵；另一种意见认为，尽管出资人以不享有处分权的财产进行出资，但其一旦完成出资程序，公司依法成立，则这些出资就形成公司财产，股东出资义务完成。至于无权处分人与真正权利人之间的关系，仅属其之间的侵权关系，与公司无关。

单纯从无权处分角度来看，第一种意见是有道理的。显然，以自己无权处分的财产出资，构成对他人财产权的侵犯，被侵权人可以行使追讨权。但是，从公司法角度而言，当事人以自己无权处分的财产出资，其首先并不是出资者无权处分的问题，而是这种出资一旦完成法定的出资程序，如已经将交付给公司，或将不动产出资过户给公司，或将土地使用权过户于公司等的情况下，这些财产在法律上已经属于公司所有，而不再属于出资者了。换言之，对于公司而言，股东一旦将其所谓出资财产交付或登记于公司名下，其财产属性就从某个具体的财产成为整个公司抽象财产的一部分，出资者因而享有相应的股权而已。在一定意义上，对于公司来说，不论是谁的出资，其只问是谁的出资，而不问其出资来源。出资来源有问题或者说具有瑕疵，其仅是出资者个人的问题，而非公司的事情。退一步来讲，如果说因为出资者对其出资无权处分而导致出资无效，则必然使得已经成立的公司的财产一直处于不确定性的状态，从而严重损害公司和第三人的合法权益。显然，这不是公司法所愿意看到的。因此，看待出资人以无权处分的财产出资，不能仅仅从其无权处分角度，即侵权角度加以认识，而应放在公司法的框架和原理之下。可以这样说，出资人以无权处分的财产出资，对其个人而言是一个无权处分的问题，因而可能构成侵权；但对于公司而言，公司所看到的仅是其出资因而形成公司法律关系从而确定股东是否履行了出资义务而已。也就是说，出资人以其无权处分的财产出资，如果履行了相应的出资程序，如交付或过户等，就形成了公司法律关系，公司因而取得财产所有权，出资人因而享有相应的股东权。在出资人尚未将其无权处分的财产交付或过户于公司时，还未形成公司法律关系，从而与公司无关。

尽管如此，当事人以无权处分的财产出资，毕竟构成对他人财产权的侵犯，需要相应的途径和方法解决。如果当事人以无权处分的财产出资并履行了法定的出资程序，因该出资形成出资人对于公司的股权。对于真正的权利人而言，其首先可以要求侵权人以自己的其他财产赔偿，当侵权人（无权处分人）没有或不能以自己的其他财产赔偿时，真正的权利人就可以要求侵权人对因此形成的股权中的财产权予以赔偿。

严格从公司法原理来讲，出资人以不享有处分权的财产出资，是不存在出资行为效力争议问题的，因为所谓出资效力应该仅仅是就出资人与公司和其他股东之间的公司关系而言的，而不关涉真正的权利人，后者仅与无权处分人之间形成侵权关系。至于无权处分人、真正的权利人与公司之间，由于公司的独立人格性及出资财产一旦完成出资程序而转化为股权，而使得三者之间并不形成一般买卖关系中的无权处分问题。

不过，当事人毕竟是以无权处分的财产出资的，因而必然会在真正的权利人、无权处分人和公司之间产生纠纷。解决纠纷的方法和途径可以有多种，只要能够较好地处理他们之间的法律关系，维护真正权利人的合法权益，并平衡真正权利人与公司之间的利益，其他方法和途径也是可以的。我国人民法院在处理有关纠纷时，经过大量司法实践，发现通过善意取得制度也能够较好地处理因此产生的纠纷。因此，《公司法解释（三）》第七条第一款规定："出资人以不享有处分权的财产出资，当事人之间对于出资行为效力产生争议的，人民法院可以参照物权法第一百零六条的规定予以认定。"

《物权法》第一百零六条对无权处分情况下的财产归属进行了规定，即如果无权处分人将不动产或者动产转让给受让人的，真正的权利人有权追回。但是，如果受让人受让时是善意的，则可以取得该财产。类似地，如果出资人以其不享有处分权的他人的财产出资，原财产所有人可以请求公司返还该财产，或者如果当事人之间对出资行为效力有争议，人民法院可以参照《物权法》第一百零六条的规定，判定出资行为的效力，进而确定财产的归属。需要注意的是，此时对于该出资行为的效力提出主张的"当事人"，不仅包括公司或者股东，还应包括与出资设立公司有利害关系的债权人。

按照《物权法》第一百零六条的规定，出资人以不享有处分权的他人财产出资，公司善意取得该财产的所有权须具备以下条件：（1）公司在受让该财产时须是善意的，即公司不知道也不应知道出资人对该出资财产不享有处分权。在设立公司的场合，判断善意与否的标准应为其他发起人是否知道出资人对出资不享有处分权。（2）该出资财产转让价格须是合理的。判断转让价格是否合理，一般应依法进行评估，并结合市场情形判断。（3）出资的财产依照法律规定应当登记的须已经登记在公司的名下，不需要登记的须已经将之交付给公司。出资人以无权处分的他人财产出资，如果同时符合以上三个条件，应当认定该出资有效，公司可以取得该出资财产的所有权；否则，应当认定出资无效，原财产所有权人有权要求取回出资财产。

当事人如果以货币出资，尽管该货币可能是非法取得的，但不能按照上述善意取得制度处理。这是因为，货币这种动产比较特殊。在民法理论上，有种类物与特定物之分，后者不具有替代性，是特定的，在法律上很容易区分而确权。但对于种类物，特别是货币，其所有权与占有权是合一的，即货币的占有人就意味着货币的所有人，占有即所有，凡占有货币者必然在法律上意味着享有对货币的处分权。因此，出资人即使以贪污、受贿、侵占、挪用等违法犯罪手段取得的货币出资，也不宜认定出资人构成民法上的无权处分。该出资人将其非法取得的货币投入公司后，公司就取得货币的所有权，该出资行为应当有效，出资人依法取得与该出资对应的股权。也就是说，如果出资人的行为构成犯罪，这种通过非法手段获得的股权则属于出资人的违法犯罪所得，这种犯罪所得的财产形式由于出资行为而从原来的货币转换成了股权。[①] 因此，尽管我国《刑法》规定，犯罪违法所得应予追缴以补偿受害人损失，但在追究出资人犯罪行为时，不应直接从公司抽回货币，只能对出资人就该货币形成的股权进行处置。通过对股权的处置，仍然可以补偿受害人。对此,《公司法解释（三）》第七条第二款规定:“以贪污、受贿、侵占、挪用等违法犯罪所得的货币出资后取得股权的，对违法犯罪行为予以追究、处罚时，应当采取拍卖或者变卖的方式处置其股权。”这种做法是符合公司法为团体法性质要求的。

案例指导

上诉人丰运路桥工程处与被上诉人李进良、恒源路业有限公司及原审第三人公路桥梁建设有限责任公司所有权确认纠纷案[②]

2000 年 8 月 30 日，新乡市公路管理局购买陕西建设机械（集团）有限责任公司（现更名为陕西建设机械股份有限公司）价值 348 万元的摊铺机一台。2001 年 3 月 27 日，新乡市公路管理局（甲方）与工程处（乙方）签订《协议书》，主要内容为：乙方将甲方摊铺机原价购买，分三年付清甲方。工程处于 2009 年 2 月将该摊铺机记入其财务账。

恒源公司系张承森、苏俊林、侯近凤投资设立的企业法人。《资产评估报告书》评估结论中载明苏俊林拥有资产价值 11992650 元，在评估明细表中显示有涉案摊铺机，在评估报告备查文件中，其中 2005 年 1 月 18 日路桥公司（甲方）与苏俊林（乙方）签订《协议书》，协议主要内容为：甲方同意

---

① 最高人民法院民事审判第二庭编著:《最高人民法院关于公司法解释（三）、清算纪要理解与适用》，人民法院出版社 2011 年版，第 112 页。

② 案例来源：新乡市中级人民法院（2013）新中民四终字第 425 号，载中国裁判文书网，http：//www.court.gov.cn/zgcpwsw/hen/hnsxxszjrmfy/ms/201503/t20150303_6767994.htm。

将后附表中机械设备有偿转让给乙方;《转让机械设备清单》中显示有涉案摊铺机。在评估过程中，河南正源会计师事务所对列入评估范围的资产进行了清查。涉案摊铺机自恒源公司成立时即由恒源公司实际占有使用。

原审法院认为：新乡市公路管理局在购买涉案摊铺机后取得了对摊铺机的所有权，之后，新乡市公路管理局出具证明，证明其有偿转让给工程处，工程处应对该摊铺机拥有所有权。但因涉案摊铺机自恒源公司成立时即由恒源公司实际占有使用，而工程处对恒源公司实际占有使用涉案摊铺机，以及涉案摊铺机返回工程处的时间、地点以及具体交接经过不能作出合理解释和说明，不能排除涉案摊铺机所有权发生变化的可能，故工程处的主张证据不足，原审法院不予支持。

二审法院认为：恒源公司的股东苏俊林以涉案摊铺机出资成立恒源公司，但苏俊林获得涉案摊铺机的依据是其与路桥公司于 2005 年 1 月 18 日签订的《协议书》。经鉴定，该协议书上的路桥公司的印章与印文样本不是同一枚印章所盖印形成，故不能认定路桥公司在该协议书加盖印章。《协议书》所附收款凭单上的“河南省新乡公路桥梁建设有限责任公司财务专用章”印章，该章下方标有“4107000007722”字样，而路桥公司提供的财务专用章并无编码。因此，不能认定苏俊林在向恒源公司出资时合法取得了本案涉案摊铺机的所有权。《公司法解释（三）》第七条第一款规定：出资人以不享有处分权的财产出资，当事人之间对于出资行为效力产生争议的，人民法院可以参照《物权法》第一百零六条的规定予以认定。《物权法》第一百零六条规定：无处分权人将不动产或者动产转让给受让人的，所有权人有权追回；除法律另有规定外，符合下列情形的，受让人取得该不动产或者动产的所有权：（一）受让人受让该不动产或者动产时是善意的；（二）以合理的价格转让；（三）转让的不动产或者动产依照法律规定应当登记的已经登记，不需要登记的已经交付给受让人。受让人依照前款规定取得不动产或者动产的所有权人有权向无处分权人请求赔偿损失。当事人善意取得其他物权的，参照前两款规定。本案中，虽然苏俊林在恒源公司出资时不享有摊铺机的所有权，但对于苏俊林的出资行为，可以认为其与恒源公司具有无处分权人与受让人的关系，作为受让人的恒源公司，其受让是善意的；其获得摊铺机所有权时，苏俊林获得了恒源公司的股权；摊铺机属于不需要登记的财产，在出资时完成了交付，完全符合《物权法》第一百零六条的规定，应认定恒源公司善意取得了摊铺机的所有权。至于工程处的损失，可以依照物权法的规定向无权处分人苏俊林主张赔偿损失。

规范指引

《中华人民共和国公司法》

第二十七条 股东可以用货币出资，也可以用实物、知识产权、土地使用权等可以用货币估价并可以依法转让的非货币财产作价出资；但是，法律、行政法规规定不得作为出资的财产除外。

《公司登记管理条例》

第十四条 股东不得以劳务、信用、自然人姓名、商誉、特许经营权或者设定担保的财产等作价出资。

《中华人民共和国物权法》

第一百零六条 无处分权人将不动产或者动产转让给受让人的，所有权人有权追回；除法律另有规定外，符合下列情形的，受让人取得该不动产或者动产的所有权：

（一）受让人受让该不动产或者动产时是善意的；

（二）以合理的价格转让；

（三）转让的不动产或者动产依照法律规定应当登记的已经登记，不需要登记的已经交付给受让人。

受让人依照前款规定取得不动产或者动产的所有权的，原所有权人有权向无处分权人请求赔偿损失。

当事人善意取得其他物权的，参照前两款规定。

《最高人民法院关于适用〈中华人民共和国公司法〉若干问题的规定（三）》

第七条 出资人以不享有处分权的财产出资，当事人之间对于出资行为效力产生争议的，人民法院可以参照物权法第一百零六条的规定予以认定。

以贪污、受贿、侵占、挪用等违法犯罪所得的货币出资后取得股权的，对违法犯罪行为予以追究、处罚时，应当采取拍卖或者变卖的方式处置其股权。

专题八：出资人以划拨土地使用权或者设定权利负担的土地使用权出资的法律适用

【核心提示】出资人以划拨土地使用权出资，或者以设定权利负担的土地使用权出资，公司、其他股东或者公司债权人主张认定出资人未履行出资义务的，人民法院应当责令当事人在指定的合理期间内办理土地变更手续或者解除权利负担；逾期未办理或者未解除的，人民法院应当认定出资人未依法全面履行出资义务。

实务争点

我国实践中，土地常常成为公司的重要出资方式。但由于我国土地制度的特殊性，一切土地归国家或集体所有，土地所有权不得流通，即土地所有权不得作为出资方式，但同时又规定，土地使用权可以流通。而土地使用权的取得又有两种方式，即出让和划拨。按照规定，以划拨方式取得土地使用权的，不得作为出资。但由于历史原因及各地土地规划的不断变更，本规划为划拨用地的土地又可以或可能转变为出让用地，由此导致一些出资人以划拨土地使用权作价出资，而这却是与我国的基本土地制度相悖的。另外，尽管出资人是通过出让或受让方式取得土地使用权，但由于某种原因常常在其上设定担保等权利负担，这可能导致土地使用权不能归属于公司。那么，如何看待这种现象？是直接宣告出资无效，还是有其他补救措施？对此，《公司法解释（三）》第八条作出了明确规定。

理解适用

对《公司法解释（三）》第八条规定的理解适用

在我国，尽管土地实行严格的国家所有权和集体所有权制度而不得转让流通，但基于土地的使用价值的重要性，土地使用权人可以土地使用权作价出资，但作为出资的土地使用权也须具有流通性，且该流通性没有其他法律障碍。

根据《城市房地产管理法》的规定，土地使用权的获得有两种方式，即出让和划拨。前者是指国家将国有土地使用权（以下简称土地使用权）在一定年限内出让给土地使用者，由土地使用者向国家支付土地使用权出让金的行为；后者是指经县级以上人民政府依法批准，在土地使用者缴纳补偿、安置等费用后将该幅土地交付其使用，或者将土地使用权无偿交付给土地使用者使用的行为。依法以划拨方式取得土地使用权的，除法律、行政法规另有规定外，没有使用期限的限制。一般情况下，以划拨方式取得土地使用权的主要是国家机关用地、军事用地、国家重点扶持的能源、交通、水利等项目用地、公益事业用地、城市基础设施用地等用地，这些用地一般具有公共性质或国防意义。也就是说，以划拨方式获得的土地使用权，主要涉及社会公共利益。因此，法律对划拨土地的使用用途是有限制的，只能用于划拨确定的用途，不能擅自转换用途，更不能擅自进入市场流通。

严格来讲，以划拨方式取得的土地使用权是不得用于出资的，但如果能将划拨土地转换为出让土地，则是可以出资的。因此，股东以划拨的土地使用权出资，必须能够先将土地变性，即先行办理土地出让手续并缴纳土地出让金，转为出让土地。那么，在这种情况下，不仅国家的利益能得以保护，公司、其他股东及债权人的利益也能得以保障。

根据物权法规定，在土地使用权上可以设定相应的权利负担，如租赁权、地役权与抵押权。租赁权是承租人根据租赁合同约定取得的不动产占有、使用、收益权，土地使用权转让时，不影响租赁合同的效力。地役权是指不动产权利人为某特定不动产的便利而使用他人不动产，使其负一定的物权，如通行权、汲水权、眺望权等。地役权是设定于土地使用权之上的用益物权，土地使用权转让时，地役权同时转让。抵押权则是设定于土地使用权之上的担保物权，未经抵押权人同意，土地使用权一般不得转让或作为出资。

所以，设定权利负担的土地使用权不仅在权利的行使和处置上受到法律和抵押权人等其他权利人的限制，而且其可能因被其他权利人追索而使财产价值发生贬损，甚至完全失去投资的价值。存在权利瑕疵的权利如果被用于出资，将使投资者或股东的出资变得不确定，违反公司法所确定的资本确定原则，[①] 从而严重损害公司、其他投资者，甚至公司债权人的合法权益。

因此，《公司法解释（三）》第八条规定："出资人以划拨土地使用权出资，或者以设定权利负担的土地使用权出资，公司、其他股东或者公司债权人主张认定出资人未履行出资义务的，人民法院应当责令当事人在指定的合理期间内办理土地变更手续或者解除权利负担；逾期未办理或者未解除的，人民法院应当认定出资人未依法全面履行出资义务。"

也就是说，在因以划拨土地使用权和已设定权利负担的土地使用权出资而引起诉讼的情况下，当事人有义务在一定时间内将划拨土地使用权变性为出让土地使用权，或在一定时间内将设定在土地使用权之上的权利负担予以解除。人民法院在审理相关案子时，可以根据案件具体情况指定一个合理的时间使当事人办理相关手续，如果当事人在该合理时间内仍然无法做到，则可以认定当事人没有履行出资义务。

这种做法，一方面考虑到了出资人出资的实际情况，一方面考虑到了公司和其他股东及公司债权人的利益，从而能够比较好地平衡有关主体的合理利益需求。

案例指导

海南三亚国家级珊瑚礁自然保护区管理处、周春梅等股东出资纠纷案[②]

2002年4月28日，珊瑚礁管理处与周春梅订立《合作合同》。该合同主要约定：珊瑚礁管理处"主要以9454平方米土地和已建好的码头设施参股……"，周春梅"主要以资金方式参股……"，共同设立中海公司。2002年12月24日，中海公司成立，注册资金500万元。根据2002年12月1日中海公司章程，珊瑚礁管理处以9454平方米土地作价150万元出资。到目前

---

① 赵旭东主编：《公司法学》（第3版），高等教育出版社2012年版，第278页。

② 案例来源：最高人民法院民事判决书（2016）最高法民再87号，载中国裁判文书网，http：//wenshu.court.gov.cn/content/content?DocID=a7383cd7-fc13-429b-93ca-fd37b961a969&KeyWord=。

为止，珊瑚礁管理处已将案涉土地移交中海公司使用，但未将该土地使用权移转登记至中海公司名下。案涉土地系国有划拨地，登记权利人为珊瑚礁管理处。2011 年 11 月，双方发生纠纷，诉至法院。

一审法院认为，本案争议焦点之一是珊瑚礁管理处是否应将案涉土地及码头的权属移转登记至中海公司名下。《公司法》第二十八条规定："股东应当按期足额缴纳公司章程中规定的各自所认缴的出资额。以非货币财产出资的，应当依法办理其财产权的转移手续……"《公司法解释（三）》第八条规定："出资人以划拨土地使用权出资，或者以设定权利负担的土地使用权出资，公司、其他股东或者公司债权人主张认定出资人未履行出资人义务的，人民法院应当责令当事人在指定的合理期间内办理土地变更手续或者解除权利负担；逾期未办理或者未解除的，人民法院应当认定出资人未依法全面履行出资义务。"第十条第一款规定："出资人以房屋、土地使用权或者需要办理权属登记的知识产权等财产出资，已经交付公司使用但未办理权属变更手续，公司、其他股东或者公司债权人主张认定出资人未履行出资义务的，人民法院应当责令当事人在指定的合理期间内办理权属变更手续……"第十三条第一款规定："股东未履行或者未全面履行出资义务，公司或者其他股东请求其向公司依法全面履行出资义务的，人民法院应予支持。"根据中海公司章程的规定，股东对该公司负有出资义务。中海公司 2002 年章程记载，珊瑚礁管理处以 9454 平方米土地作价 150 万元出资，但截至目前，珊瑚礁管理处尚未将出资土地使用权变更登记于中海公司名下。珊瑚礁管理处未完全履行股东的出资义务。中海公司及其股东周春梅请求珊瑚礁管理处将出资土地使用权登记于中海公司名下，有事实根据与法律依据。一审法院判决：珊瑚礁管理处应将三土房（2001）字第 0975 号土地证记载的 9454 平方米土地使用权移转登记至中海公司名下。

珊瑚礁管理处不服一审判决，向二审法院提起上诉。经过审理，二审法院维持了原判。

珊瑚礁管理处不服，提起了再审请求。

最高人民法院经过审理认为：案涉出资土地系国有划拨用地，依据《土地管理法》等相关法律法规，划拨土地使用权只能用于划拨用途，不能直接用于出资。出资人欲以划拨土地使用权作为出资，应由国家收回直接作价出资或者将划拨土地使用权变更为出让土地使用权。《公司法解释（三）》第八条规定的本意就是考虑到在司法实践中如果划拨土地使用权存在的权利瑕疵可以补正，且在法院指定的合理期限内实际补正的，可以认定当事人以划拨土地使用权出资的效力。但能否补正瑕疵的决定权在于土地所属地方政府及其土地管理部门，人民法院判断出资行为的效力应以瑕疵补正的结果作为前提。因而，《公司法解释（三）》第八条等规定“人民法院应当责令当事人在指定的合理期间内办理土地变更手续”，即人民法院应当在诉讼过程中给当事人指定合理的期间，由其办理相关的土地变更手续，并视变更手续完成的结果再行作出判决。本案中，本院在再审审查期间已给予当事人相应的时间办理土地变更手续，再审审理过程中又为当事人指定了两个月（2016 年 4 月 23 日 ~ 6 月 22 日）的合理期限办理土地变更登记手续，但当事人未能在本院指定的期间内完成土地变更登记行为，即其无法自行补正划拨土地使用权出资的瑕疵。故珊瑚礁管理处虽将案涉土地交付给中海公司使用，但未将案涉土地过户登记至中海公司名下，因而其以案涉土地使用权出资的承诺并未履行到位。周春梅、中海公司请求确认珊瑚礁管理处未履行作为中海公司股东的出资义务，有事实和法律依据，本院予以支持。但因案涉出资土地系划拨用地，当事人未能在本院指定的合理期间内办理土地变更登记手续，故周春梅、中海公司请求将案涉土地办理过户登记至中海公司名下，没有法律依据，本院不予支持。一、二审法院直接判决珊瑚礁管理处将案涉划拨土地使用权变更登记到中海公司名下，适用法律错误，应予撤销。

规范指引

《中华人民共和国公司法》

第二十八条 股东应当按期足额缴纳公司章程中规定的各自所认缴的出资额。股东以货币出资的，应当将货币出资足额存入有限责任公司在银行开设的账户；以非货币财产出资的，应当依法办理其财产权的转移手续。

股东不按照前款规定缴纳出资的，除应当向公司足额缴纳外，还应当向已按期足额缴纳出资的股东承担违约责任。

《中华人民共和国物权法》

第九条 不动产物权的设立、变更、转让和消灭，经依法登记，发生效力；未经登记，不发生效力，但法律另有规定的除外。

依法属于国家所有的自然资源，所有权可以不登记。

《最高人民法院关于适用〈中华人民共和国公司法〉若干问题的规定（三）》

第八条 出资人以划拨土地使用权出资，或者以设定权利负担的土地使用权出资，公司、其他股东或者公司债权人主张认定出资人未履行出资义务的，人民法院应当责令当事人在指定的合理期间内办理土地变更手续或者解除权利负担；逾期未办理或者未解除的，人民法院应当认定出资人未依法全面履行出资义务。

专题九：非货币财产出资的评估

【核心提示】出资人以非货币财产出资，未依法评估作价，公司、其他股东或者公司债权人请求认定出资人未履行出资义务的，人民法院应当委托具有合法资格的评估机构对该财产评估作价。评估确定的价额显著低于公司章程所定价额的，人民法院应当认定出资人未依法全面履行出资义务。

实务争点

在实践中，股东常常以非货币财产如厂房、机械设备、交通工具、土地使用权、知识产权等作价出资。按照《公司法》第二十七条之规定，非货币财产作价出资须进行评估。但现实中由于各种原因而会出现不正常评估甚至不评估的情形，由此导致非货币财产出资的份额与实际不符。这个问题不仅涉及股东之间的关系，还涉及公司债权人的切身利益。即这是一个出资人是否依法全面正确履行出资义务的问题。对此，《公司法解释（三）》第九条作出了规定。

理解适用

对《公司法解释（三）》第九条规定的理解适用

以非货币财产出资，必须依法评估作价，从而确定其价值。《公司法》第二十七条规定："股东可以用货币出资，也可以用实物、知识产权、土地使用权等可以用货币估价并可以依法转让的非货币财产作价出资；但是，法律、行政法规规定不得作为出资的财产除外。对作为出资的非货币财产应当评估作价，核实财产，不得高估或者低估作价。法律、行政法规对评估作价有规定的，从其规定。"

非货币财产的出资对于公司意义重大，它们常常成为公司最重要的资产。但非货币财产必须能够在出资时确定其价值，从而量化其出资比例并对公司债权人提供有效的担保，因此，以非货币财产出资须评估作价，即依法经过法定的评估程序，由法定的评估机构按照要求正确评估。但现实中，常常由于当事人在出资时没有按照法定程序评估，或评估程序存在问题，从而导致非货币财产出资价值评估过高或过低。在过低的情况下，由于并不影响其他股东和债权人的利益，如果出资股东本身对此没有异议，则一般不会产生纠纷，即使产生，也主要在股东之间，公司内部通过相应程序处理即可。过高的评估，显然不仅影响其他股东的合法权益，更会影响到公司债权人的利益。

《公司法》第二十七条对于非货币财产出资的评估作出了原则性要求，即"应当评估作价，核实财产，不得高估或者低估作价"。但该原则性要求仅规定了"不得高估或者低估"，而就该"不得高估或者低估"在实践中如何认定，则显然需要进一步明确。为更好地规范股东以非货币财产出资，《公司法解释（三）》第九条规定："出资人以非货币财产出资，未依法评估作价，公司、其他股东或者公司债权人请求认定出资人未履行出资义务的，人民法院应当委托具有合法资格的评估机构对该财产评估作价。评估确定的价额显著低于公司章程所定价额的，人民法院应当认定出资人未依法全面履行出资义务。"

根据该规定，认定出资人就非货币财产出资未依法履行出资义务的条件是：首先，就该非货币财产没有依法评估，既包括根本没有评估，也包括尽管进行了评估，但没有按照法定程序评估；其次，必须由公司、其他股东或者公司债权人向人民法院提出请求，如果没有因此提出请求，则不能启动认定程序；最后，人民法院须就此委托具有合法评估资格的机构依法评估。

同时，在认定过程中须注意两个问题：（1）评估结果的参照对象应是公司章程所确定的出资人的应出资财产价额；如果章程对出资人出资价额没有约定的，则按照注册资本总额与出资比例予以确定；如果股东之间对此没有确定各自出资比例的，则按均等份额加以确定。（2）认定未依法全面履行出资义务的标准应是所评估确定的价额显著低于公司章程确定的价额。此处的“显著”主要是看二者之间的差额与章程确定价额的比例，同时也可以对绝对数额予以一定的考虑，但不应作绝对化理解。例如，评估确定的价额与公司章程确定的价额相差5万元，如果出资人应当出资10万元，二者相差50%，那么，这种情况就可以认定为显著；如果二者之间只差10%，那么，这种情况可以认定为不显著。因此，该所谓“显著”是一个相对概念，具体判断标准由人民法院依个案确定。

在诉讼主体方面，由于出资人未履行出资义务不仅会损害公司的利益和其他股东的合法权益，也会严重影响到公司债权人的利益，所以，公司、其他股东或者公司债权人均有权向人民法院提起诉讼，但应由起诉方就其主张的权利承担举证责任。需要指出的是，上述三个主体虽然均享有起诉权利，但在起诉条件方面有所不同。对公司和其他股东而言，只要能够证明出资人以非货币财产出资未经依法评估作价即可，但对公司债权人来说，必须在公司财产经强制执行仍不能清偿全部债务时，方可起诉请求认定出资人未依法全面履行出资义务，进而请求出资人承担相应补偿责任。[①]也就是说，只有在公司现有财产不足以清偿债权人的债务时，债权人方可请求认定出资人未依法全面履行出资而使其承担出资不足部分内的补偿

① 最高人民法院民事审判第二庭编著：《最高人民法院关于公司法解释（三）、清算纪要理解与适用》，人民法院出版社2011年版，第139页。

责任。

同时，对于公司债权人和其他股东而言，根据《公司法》第三十条和第九十三条第二款的规定，即在公司成立后，如果发现作为设立公司出资的非货币财产的实际价额显著低于公司章程所定价额的，其可以要求应当由交付该出资的股东或发起人补足其差额，并要求公司设立时的其他股东或发起人承担连带责任。

非货币财产出资必须依法进行评估才可以作价出资，但评估的时点是在出资时的某个时间。在这个时点的评估是根据当时市场及其他因素进行的，而该时点一旦过去，由于市场变化及其他客观因素等都会导致出资财产的贬值或升值。如果是升值的话，无论是对于公司、其他股东，还是对于公司债权人均是“利好”，但如果贬值，则对于公司、其他股东和公司债权人均会产生不利影响。在一定意义上，无论是非货币财产的升值还是贬值，其仅仅是一种事实因素，而非法律问题。也就是说，非货币财产出资的财产升值或贬值都是一种正常的社会现象，其并非因当事人主观因素而改变，因此，升值和贬值都不应成为当事人改变他们之间法律关系的原因。当然了，如果当事人愿意就非货币财产评估后因市场因素或其他客观原因导致贬值而事先或另行约定出资人因此承担补足责任的，则按照私法自治应予以认可。所以，《公司法解释（三）》第十五条规定，如果出资人以符合法定条件的非货币财产出资后，因市场变化或者其他客观因素导致出资财产的贬值，公司、其他股东或者公司债权人请求该出资人承担补足责任的，人民法院是不予支持的。当然，如果当事人事先对此有约定的除外。

需要注意的是，如果当事人对于非货币财产出资经过依法评估后事先约定如果升值，则出资人相应股权增加的话，应当如何处理？从私法自治的角度观察，该约定也应当是有效的，但该有效仅限于股东之间。对于公司债权人而言，该约定是没有效力的，除非公司和股东就此依法进行了变更登记。

案例指导

湖北美力世纪公司因与荆州市美力高科技公司股东出资纠纷案[1]

一审查明：2010年7月，向化良与美力高科技公司法定代表人樊孝先签订荆州市美力世纪房地产开发有限公司章程，约定美力高科技公司认缴出资1500万元，占60%，以土地使用权出资，公司注册后一个月内办理过户手续，向化良认缴出资1000万元，占40%，以货币出资。2010年8月，向化良完成了其出资义务。美力高科技公司至今未履行出资义务。二审另查明：美力世纪公司章程签订前，美力高科技公司已向美力世纪公司交付了本案争议土地使用权权属证书。

该案经过一审、二审判决，最后申请再审至最高人民法院。

一审认为：作为美力世纪公司的股东，美力高科技公司一直未履行出资义务。根据《公司法解释（三）》第十三条规定，美力世纪公司主张美力高科技公司依法全面履行出资义务应予支持。但美力世纪公司章程中约定的美力高科技公司拟用于出资的系土地使用权，根据《公司法》第二十七条第二款的规定，应当先对土地使用权的价值进行评估，并由美力高科技公司以价值1500万元的土地使用权进行出资。故美力世纪公司主张判令美力高科技公司将土地使用权直接过户至其名下的诉讼请求，不予支持。

二审认为：首先，关于美力世纪公司主张美力高科技公司应将涉案土地使用权过户至自身名下的诉请应否得到支持。本案系股东出资纠纷，已登记设立的公司作为原告向章程中记载的公司股东提起诉讼，请求法院判令其履行约定的出资义务。故本案主要审查负有出资义务的股东是否完全适当地履行了自身的出资义务，若未履行应承担何种法律后果，并针对原告的诉请作出相应实体处理。

股东的出资是形成公司财产、奠定公司基本的债务清偿能力的基础，是

---

① 案例来源：最高人民法院民事裁定书（2013）民申字第2479号，载中国裁判文书网，http：//www.court.gov.cn/zgcpwsw/zgrmfy/ms/201407/t20140730_2278840.htm。

公司股东最为基本和重要的义务之一，同时也是《公司法》规定的股东所必须承担的法定义务。若股东未按照法律、公司章程的规定足额缴纳出资，应对公司、其他股东乃至公司外部债权人承担相应的民事责任。对此，《公司法》第二十八条第一款已有明确规定。公司章程系发起设立公司的投资人共同签署的且对公司、股东及经营管理人员具有普遍约束力的自治规则，也是公司设立的必备法律文件。故本案应以2010年7月双方共同签署的章程作为确定各自出资责任的基础。美力世纪公司章程载明，美力高科技公司作为公司发起人之一，认缴出资1500万元，系以土地使用权作价出资，并承诺公司注册成立后一个月内办理土地过户手续。原审法院已查明，美力高科技公司未将公司章程中约定的土地使用权作为出资实际投入美力世纪公司。二审庭审中，双方对涉案土地权属变更手续至今尚未办理的事实均无争议，且美力高科技公司当庭明确表示出资未到位。故本院依法认定美力高科技公司违反法定出资义务属于完全不履行情形，即发起人在公司章程生效后拒绝按约定出资，而非不适当履行或瑕疵出资等情况。由于公司是追究股东出资义务最为主要的主体，根据《公司法解释（三）》第十条第一款及第十三条第一款的规定，美力世纪公司有权要求美力高科技公司全面履行出资义务，其合法权益应受法律保护。故美力高科技公司依法应按约履行出资义务，在合理的期限内将涉案的土地使用权过户至美力世纪公司名下。

其次，关于本案诉讼中是否需要将土地使用权补充评估作价作为美力高科技公司实际履行股东出资义务的前置条件。美力高科技公司在本案一、二审期间均以公司法第二十七条第二款和《公司注册资本登记管理规定》第七条提出抗辩，主张其出资的土地使用权未经法定评估程序进行评估。原审判决采纳了美力高科技公司的抗辩意见，判决结果为首先对涉案土地使用权进行评估，待评估结束后美力高科技公司仅以其中价值1500万元的部分向美力世纪公司履行出资义务。

本院认为，原审法院的上述实体处理存在将《公司法》第二十七条第二款理解绝对化的问题，未区分非货币资产出资设立公司过程中评估作价程序和补充评估程序之间对股东出资义务的不同要求。原审判决将《公司法》第二十七条规定的非货币资产出资评估程序理解为公司提起股东出资诉讼的必要性前置程序，认为若不进行补充评估，则公司要求股东依章程约定的固定作价履行非货币资产过户手续的诉请将不予支持。此认定方式的错误之处在于，未准确把握该条规定中关于非货币财产应当依法评估作价的规定属管理性规范，而非效力性的强制规定。在发起人共同设立的公司已注册成立的情形下，未经法定评估作价的程序性瑕疵并不必然导致章程中关于非货币资产整体作为出资的约定无效，更不能称其为公司主张发起人全面履行出资义务所必经的法定前置程序。按照原审判决将涉案土地使用权先补充评估再办理过户的判决层次而言，无疑是向当事人作出了将土地使用权进行二次分割的裁判指引。但对诸如补充评估程序提起的主体和评估机构的指定，以及作为特定物的涉案土地使用权二次分割的具体方式等问题却未予评述。这必将引起当事人之间新的诉讼，实际导致了对本案公司请求股东履行出资义务的诉请判而未决，亦使得该判决在执行环节中欠缺可操作性。

虽然我国公司法和相关部门规章已对非货币财产出资的评估作价作出了比较严格的限定，但现实中，仍存在较多非货币资产出资未经评估作价的情形，一部分公司已经被公司登记机关登记设立（本案中美力世纪公司设立已达到最低注册资本额和货币出资金额的要求），而后才产生相关的纠纷。在公司法管理性规范未被遵守而纠纷不断涌现的情况下，《公司法解释（三）》第九条相应地引入了关于非货币财产未依法评估时出资人未履行出资义务如何认定的规定。具体表述为“出资人以非货币财产出资，未依法评估作价，公司、其他股东或者公司债权人请求认定出资人未履行出资义务的，人民法院应当委托具有合法资格的评估机构对该财产评估作价。评估确定的价额显著低于公司章程所定价额的，人民法院应当认定出资人未依法全面履行出资义务”。上述司法解释规定系承继《公司法》第二十七条、第二十九条、第三十一条的规定而来，为公司股东未依法对非货币财产出资评估作价所可能遭受权利侵害的主体设立了救济渠道和路径。若有相关当事人提起诉讼要求认定出资人未履行出资义务的，为便捷地解决纠纷，尽快充实公司资本，应由人民法院在诉讼中委托专业机构进行评估，然后将评估价与章程中的认缴额相比较，以确定出资人是否完全履行出资义务。一旦评估值显著低于认缴额，即可认定未尽出资义务。但需要指出的是，在审理类似纠纷时人民法院应同时考虑司法解释中第九条、第十条的规定并与案件实际情况相结合来进行法律适用，准确区分出资人拒绝履行出资义务时和不完全履行出资义务时所应当承担的责任差别。只要签署公司章程的出资人以土地使用权作为出资的意思表示清晰明确，则以该土地出资即成为其首要的法定义务。而至于该土地使用权未经评估作价可能带来的低值高估或与认缴出资之间存在较大差异等后续法律问题，属于出资人是否全面履行出资义务的认定范畴。

原审判决关于此节的认定没有全面厘清未按章程约定出资与出资未达到章程认缴额度之间的差异性。由于公司法及司法解释并未明确规定未经评估作价的土地使用权不得实际投入公司并办理过户手续，所以不宜以设立公司时土地使用权未进行评估作价为由而直接从程序上否定公司对不履行出资义务的股东要求办理土地使用权过户手续的请求权。且本案不属于公司、其他股东或公司外部债权人请求认定出资人以未经依法评估作价的土地使用权出资系不全面履行出资义务继而要求其全额履行的纠纷，而是公司以股东拒绝履行以土地使用权出资义务为由，要求其依照公司章程和法律规定履行权属变更手续的义务，从而使该资产成为法人财产的诉讼。从适用公司法司法解释的条文联系上分析，虽然上述司法解释中涉及补充评估作价内容的第九条列于涉及未办理权属变更手续或未实际交付处理原则的第十条之前，但并不影响公司首先提起要求办理土地使用权过户手续的诉讼及对该请求权的实体保护。简言之，公司法及司法解释对与本案类似的情形并未作出必须先行补充评估，而后才能办理过户的程序限定。在作为出资的土地使用权未经评估作价的情况下，负有出资义务的股东首先应依法将虽未评估作价但承诺作为出资的土地使用权转移至公司名下并完成实际交付。至于权属变更完成后，若相关权利人认为该土地使用权的实际价值与出资人认缴出资之间存在差异，继而主张出资人未全面履行出资义务且要求补足差额的，权利人则可依照上述司法解释第九条的规定另行提起诉讼。此时才引发当事人申请或由人民法院委托专业评估机构进行非货币出资财产补充评估的程序，用以作为股东是否足额出资的评判依据。但无论补充评估价值和认缴出资之间差额的正负值为多少，均不能免除股东履行实际交付土地使用权并依法办理过户手续的法定出资义务。

最后，关于未经依法评估作价即作为出资的非货币财产实值若与认缴出资额存在差异时，超出认缴额的部分是否归出资股东所有。

《公司法解释（三）》第九条规定了允许当事人以事后的补充评估方式来解决追索股东出资责任的问题。但需要注意的是，此处的评估系指回到设立公司之初投入出资的时间节点之上进行补充评估，而非将诉讼发生之时设为基准日，即应按出资当时的价格参照进行评估。从涉案土地使用权出资情况分析，美力高科技公司与向化良签署公司章程并设立公司的时间为2010年7月，则以此时间节点作为基准日的土地使用权价值补充评估结果可能出现三种情形：一是补充评估的结果显示2010年7月土地价值和1500万认缴投资额基本相当。则若土地已实际交付并办理了过户手续，就应当视为股东履行了出资义务，不再承担补充出资的责任。二是补充评估结果显示基准日的土地价值显著低于认缴出资额1500万。则此时应认定股东出资未到位，按照司法解释的相关规定，公司、其他股东或者外部债权人有起诉要求其进行补足的权利。三是补充评估结果显示基准日的土地价值超出了认缴出资额的范围。则此时就涉及高于认缴出资的此部分价值如何处理，由谁享有权利的问题。对此，原审法院认为，超出部分的所有权仍旧归属出资人所有，未交付的可不予交付。从而将高于评估值的非货币资产出资界定为出资人的法定出资义务之外。本院认为，原审法院的上述认定缺乏必要的法律依据。首先，上述司法解释第九条中只规定了若评估价额显著低于公司章程所定价额的，应当认定出资人未依法全面履行出资义务，而对于高于章程约定认缴价额情形时如何认定并未作出相关规定。从司法解释规定的立法本意分析，该条的设置系出于公司资本充盈的考虑，避免公司实际资本额与登记注册资本之间的差额过大，从而杜绝虚增公司资本，进而损害公司、其他股东及外部债权人利益的情况发生。其次，该条规定系将诉权赋予了公司、股东或外部债权人，而不是出资人。最后，从公司章程的法律地位、本案双方当事人签署章程时的文义解释以及当时的真实意思表示判断，若经评估实际出资高于认缴额，则超出部分应视为美力高科技公司对美力世纪公司的赠与，和美力高科技公司之间并无法律上的关联，不得以此对抗法定出资义务或主张分割出资。因设立公司时未进行评估作价的过错不在美力世纪公司或另一股东向化良，美力高科技公司签署的公司章程即应当视为对可能产生的赠与行为的确认。由于美力世纪公司章程中明确约定了美力高科技公司系以涉案土地使用权整体固定作价 1500 万元对公司进行出资，且美力高科技公司在诉讼中未能举证证明其与美力世纪公司或向化良之间还存在有仅以 1500 万元价值为限进行土地出资，多余部分不纳入出资的内部约定。则即使产生土地使用权实值高于认缴出资额的情况，多缴的部分也只能作为美力世纪公司财产的增值计入财务报表。故美力高科技公司关于土地评估基准日价格必然高于 1500 万元，剩余部分应当归属自身所有的抗辩，因缺乏事实根据和法律依据，本院不予采纳。

需要指出的是，原审判决考虑到当前形势下土地增值较快的现状，主观作出了评估基准日的土地价值应当高于章程约定的 1500 万元的认定，认为美力高科技公司仅以 1500 万元部分为限投入美力世纪公司即可，相当于变相对补充评估后剩余价值部分所对应的土地使用权进行了确权，确定此部分应当归属美力高科技公司所有。但本案中美力高科技公司仅提出应以涉案土地使用权中 1500 万元价值为限作为出资的抗辩，并未提出就多余部分进行确权的反诉请求。而作为原告的美力世纪公司提出的诉请却仅是要求办理出资土地的权属变更手续。故原审判决确定的 60 日内先对土地进行评估，继而进行土地二次分割且按 1500 万元对应价值土地为限履行出资义务的实体处理结果已超出了本案审理的范围。此种看似对原告诉请作出了部分支持的处理，实际却形成了一份无法执行的确权判决。本案诉讼中，美力世纪公司作为以房地产开发销售为主业的经营性企业，由于股东承诺的土地使用权不能及时过户至公司名下并实际完成交付，致使该公司长时间无法利用此出资财产从事主营业务并从中产生收益。故原判结果亦与商事裁判效率原则相悖，依法应予纠正。

综上所述，美力高科技公司拒绝按照公司章程约定全面履行以土地使用权作价 1500 万元出资的义务，至今未将作为出资的土地使用权办理过户手续。其不履行法定出资义务的行为违反了公司法及相关司法解释的规定。美力世纪公司要求美力高科技公司履行出资义务，并将涉案土地使用权办理过户手续的诉请，事实根据和法律依据充分，本院依法予以支持。原审判决虽认定事实清楚，审判程序合法，但适用法律不当、实体处理欠妥。

最高人民法院经过审理，确认了二审的观点，依法裁定驳回了美力高科技公司再审请求。

规范指引

《中华人民共和国公司法》

第二十七条 股东可以用货币出资，也可以用实物、知识产权、土地使用权等可以用货币估价并可以依法转让的非货币财产作价出资；但是，法律、行政法规规定不得作为出资的财产除外。

对作为出资的非货币财产应当评估作价，核实财产，不得高估或者低估作价。法律、行政法规对评估作价有规定的，从其规定。

第三十条 有限责任公司成立后，发现作为设立公司出资的非货币财产的实际价额显著低于公司章程所定价额的，应当由交付该出资的股东补足其差额；公司设立时的其他股东承担连带责任。

《最高人民法院关于适用〈中华人民共和国公司法〉若干问题的规定（三）》

第九条 出资人以非货币财产出资，未依法评估作价，公司、其他股东或者公司债权人请求认定出资人未履行出资义务的，人民法院应当委托具有合法资格的评估机构对该财产评估作价。

评估确定的价额显著低于公司章程所定价额的，人民法院应当认定出资人未依法全面履行出资义务。

专题十：以需要办理权属变更登记手续的财产出资

【核心提示】出资人以房屋、土地使用权或者需要办理权属登记的知识产权等财产出资，已经交付公司使用但未办理权属变更手续，公司、其他股东或者公司债权人主张认定出资人未履行出资义务的，人民法院应当责令当事人在指定的合理期间内办理权属变更手续；在前述期间内办理了权属变更手续的，人民法院应当认定其已经履行了出资义务；出资人主张自其实际交付财产给公司使用时享有相应股东权利的，人民法院应予支持。

实务争点

按照物权法和知识产权法的有关规定，如果是以房屋、土地使用权或者知识产权等非货币财产出资，必须办理产权变更手续。但实践中常常出现出资人尽管确定要以房屋、土地使用权或专利等出资，但迟迟不予交付，或者尽管交付于公司，但一直不办理相应权属变更登记手续，甚至出现尽管已经办理了产权变更登记手续，但迟迟不交付于公司的现象，由此导致相应纠纷。对于已经交付于公司但尚未办理产权变更登记手续的，尽管其尚未办理产权变更登记手续，但毕竟已经交付于公司而由公司支配使用，这种情况是否可以认为股东因未办理变更手续而不享有股东权？或者说其应该享有股东权？对于尽管办理了产权变更登记手续，但迟迟不交付于公司的现象，表面上该财产成为公司的财产，但事实上公司并不能因此享有真正的支配权，那么，如何因此看待股东的权利？对此，《公司法解释（三）》第十条作出了规定。

理解适用

对《公司法解释（三）》第十条规定的理解适用

出资人或发起人以房产、船舶、车辆、土地使用权等作价出资，按照物权变动的一般规则，应采取公示的方式，即办理过户登记。对于需要办理权属登记的知识产权，也同样如此。通过过户登记，公司就取得相应财产的完全的权利。交付和产权登记是该类非货币财产出资行为不可分割的两个方面，缺一不可。

对于已交付，但未办理过户手续的，属于事实上的出资而非法律上的出资，构成出资义务不履行行为，其他股东和公司有权催告该股东及时办理过户手续，对于此种情况不能简单地以未办理财产转移手续认定股东未履行出资义务，如果该财产自公司成立时起一直由公司占有、使用，可以起诉责令公司或股东限期办理权属转移手续。《公司法解释（三）》第十条第一款规定："出资人以房屋、土地使用权或者需要办理权属登记的知识产权等财产出资，已经交付公司使用但未办理权属登记变更手续，公司、其他股东或者公司债权人主张认定出资人未履行出资义务的，人民法院应当责令当事人在指定的合理期间内办理权属变更手续；在前述期间内办理了权属变更手续的，人民法院应当认定其已经履行了出资义务；出资人主张自其实际交付财产给公司使用时享有相应股东权利的，人民法院应予支持。”

之所以如此，是因为尽管这些财产尚未办理产权变更登记手续，但它们已经事实上为公司所占有并获得相应收益，即实质上达到了出资的目的。因此，如果出资人事后能够补办权利移转手续，对于从出资人将财产实际交付给公司使用，到补办权利移转手续期间，由于出资财产已经实际交付，已经为公司发挥资产效用，本着尊重事实的原则，可以认定自其实际交付财产给公司使用时享有相应的股东权利。这里“相应的股东权利”是指与股东履行义务的内容和情况相对应的权利。基于权利义务相适应和公平的法律原则，未完全履行出资义务的股东与完全履行出资义务的股东实际享有的股东权利应有所不同，对未完全履行出资的股东的权利予以相应的限制是合理的，至于哪些权利应受到限制和限制到什么程度，则需要根据个案的具体情况予以分析和裁判，其中包括未办理权利移转手续对公司经营活动产生的影响等。如果公司章程或相关协议对此有特别规定或约定，则应尊重当事人的规定或约定。而当出资人在法院指定的合理期间内办理了出资财产的权属转移手续，履行了其出资义务时，该股东的股权即应恢复完整，其具体的权利限制就应取消。[①]

对于已办理过户手续但未交付的财产，公司或其他股东有权要求该出资者履行交付义务并赔偿由此给公司造成的损失，并可以主张其不享有股东权利；公司债权人在公司财产不足以清偿其债务时，可以通过诉讼要求强制执行。《公司法解释（三）》第十条第二款规定：“出资人以前款规定的财产出资，已经办理权属变更手续但未交付给公司使用，公司或者其他股东主张其向公司交付、并在实际交付之前不享有相应股东权利的，人民法院应予支持。”这是因为，尽管已办理了过户手续，但财产没有交付给公司就意味着公司并不能因此利用它，这显然对于其他已经交付的股东是不公平的，并因此损害

① 最高人民法院民事审判第二庭编著：《最高人民法院关于公司法解释（三）、清算纪要理解与适用》，人民法院出版社2011年版，第153页。

公司债权人的利益。那么，在这种情况下，公司可以提起侵权之诉；其他股东可以根据出资约定提起违约之诉，或者要求公司向该股东提起侵权之诉，直至代表之诉。当然，在股东交付之前，可以剥夺其股东权利。

可以看出，《公司法解释（三）》第十条表明，出资人以房屋、土地使用权或者需要办理权属登记的知识产权等财产出资，不仅需要办理权属变更登记，且需要实际交付，否则，出资人可能不能享有相应的股东权利。如股东在办理了房屋产权变更登记后，一直不将房屋交付于公司，而使公司收益中并未有该房屋的实际贡献，因而在公司分红时，其他股东可以主张其不能享有相应的具体分红权。

案例指导

骏纺公司诉班博公司等合同纠纷案[①]

2007年7月27日骏纺公司起诉称，其依约履行了与班博公司签订的加工承揽合同义务，班博公司尚欠其加工费；戴慧敏作为班博公司的股东，存在虚假出资、抽逃出资的行为，故诉至法院，请求班博公司支付欠款；戴慧敏对班博公司的债务承担连带清偿责任。

原审法院经审理认为，骏纺公司与班博公司签订的加工承揽合同有效。班博公司应向骏纺公司支付拖欠的加工费。戴慧敏作为班博公司的股东，其以从案外第三人蓝维公司受让的价值1625万元的商标权作为非货币财产出资，虽经验资机构确认并报工商管理机关核准登记，且班博公司实际使用，但因戴慧敏未依法办理财产权的转移手续，违反了公司法关于“以非货币财产出资的，应当依法办理财产权的转让手续”的规定，应依法认定戴慧敏以涉案商标权出资不实，应在出资不实范围内对班博公司的对外债务承担补充责任。

二审法院经审理认为，股东以知识产权作为出资，应当依法办理其财

① 案例来源：西安市中级人民法院（2008）西民四终字第122号，载律师法宝网，http：//lawyer.fabao365.com/95426/article_31882/。

产权的转移手续，否则不符合我国公司法中公司资本制度的立法宗旨，不利于保护债权人利益。《商标法》第三十九条规定，转让注册商标的，转让人和受让人应当签订转让协议，并共同向商标局提出申请。转让注册商标经核准后，予以公告。受让人自公告之日起享有商标专用权。第四十条规定，商标注册人可以通过签订商标使用许可合同，许可他人使用其注册商标。由此规定说明，转让注册商标的主体是转让人和受让人；转让注册商标与商标使用许可合同是不同的法律关系，二者的主要区别在于注册商标的所有权是否发生了转移，前者即使双方当事人签订了转让协议，在没有获得商标主管机关核准的情况下，仍然不能产生注册商标所有权转移的效力。根据本院查明的事实，本案争讼之商标的注册人为蓝维公司，而非戴慧敏，虽然戴慧敏以诉争商标作为无形资产出资，工商档案及验资报告均有记载，对此其与蓝维公司、班博公司签订了协议；涉及的四个商标已交付班博公司使用多年，但戴慧敏未能在约定的期限内办理产权过户手续。换言之，本案诉争商标注册人是蓝维公司，戴慧敏在以注册商标作为出资时，其并不享有商标专用权，进而也不能成为我国商标法意义上的合法转让人，且蓝维公司、戴慧敏也未能在约定的期限内将诉争注册商标变更为班博公司所有。根据原《公司法》第二十五条的规定，原审法院认定戴慧敏以涉案商标出资不实并无不当。戴慧敏上诉认为其以从蓝维公司受让的商标作为无形资产出资，三方考虑过户费用较大且为尽早使用，决定由班博公司对商标无偿使用，商标权到期后由班博公司申请即可；同时涉及的四个商标已交付班博公司使用多年，虽未过户，但手续上的瑕疵不构成虚假出资，该上诉理由的事实和法律依据不足，本院依法不予支持；至于戴慧敏上诉称所涉商标在一审审理期间已申请国家商标局办理有关商标过户手续，且已被受理，因此行为与其约定的商标转让的期限明显不符，且事后补足出资亦应在合理的期限内，加之股东出资时间也将导致交易人（公司债权人）对于公司责任能力的预期有所不同，故其此项上诉理由，同样也不能得到法院支持。

确立出资不实股东对公司债权人的责任，既是公司法立法宗旨的要求，也是司法实践提出的要求。出资不实股东对公司债权人的责任是一种赔偿责任。通常而言，公司在登记机关所登记的注册资本可以视为是公司对外公示的债务担保能力，交易相对人基于这种债务承担能力的信任而与公司进行交易。但股东恶意的虚假出资行为却使得公示的债务担保能力与实际的偿付能力不符。股东的出资不实实际上是对不特定交易相对人的欺诈。交易相对人给予对公司偿付能力的信任而与公司进行交易，在公司没有能力偿付时，自然应当由出资不实股东承担民事赔偿责任。戴慧敏以涉案商标权对班博公司出资不实，因此应在其出资不实范围内即1625万元的出资范围内对班博公司的对外债务承担补充赔偿责任。

规范指引

《中华人民共和国合同法》

第一百一十条　当事人一方不履行非金钱债务或者履行非金钱债务不符合约定的，对方可以要求履行，但有下列情形之一的除外：

（一）法律上或者事实上不能履行；

（二）债务的标的不适于强制履行或者履行费用过高；

（三）债权人在合理期限内未要求履行。

《中华人民共和国物权法》

第一百四十三条　建设用地使用权人有权将建设用地使用权转让、互换、出资、赠与或者抵押，但法律另有规定的除外。

《中华人民共和国公司法》

第二十七条　股东可以用货币出资，也可以用实物、知识产权、土地使用权等可以用货币估价并可以依法转让的非货币财产作价出资；但是，法律、行政法规规定不得作为出资的财产除外。

对作为出资的非货币财产应当评估作价，核实财产，不得高估或者低估作价。法律、行政法规对评估作价有规定的，从其规定。

第二十八条　股东应当按期足额缴纳公司章程中规定的各自所认缴的出资额。股东以货币出资的，应当将货币出资足额存入有限责任公司在银行开设的账户；以非货币财产出资的，应当依法办理其财产权的转移手续。

股东不按照前款规定缴纳出资的，除应当向公司足额缴纳外，还应当向已按期足额缴纳出资的股东承担违约责任。

《最高人民法院关于适用〈中华人民共和国公司法〉若干问题的规定(三)》

第十条 出资人以房屋、土地使用权或者需要办理权属登记的知识产权等财产出资，已经交付公司使用但未办理权属变更手续，公司、其他股东或者公司债权人主张认定出资人未履行出资义务的，人民法院应当责令当事人在指定的合理期间内办理权属变更手续；在前述期间内办理了权属变更手续的，人民法院应当认定其已经履行了出资义务；出资人主张自其实际交付财产给公司使用时享有相应股东权利的，人民法院应予支持。

出资人以前款规定的财产出资，已经办理权属变更手续但未交付给公司使用，公司或者其他股东主张其向公司交付、并在实际交付之前不享有相应股东权利的，人民法院应予支持。

第十三条第一款 股东未履行或者未全面履行出资义务，公司或者其他股东请求其向公司依法全面履行出资义务的，人民法院应予支持。

专题十一：股权出资的法律适用

【核心提示】出资人以其他公司股权出资，符合下列条件的，人民法院应当认定出资人已履行出资义务:(一)出资的股权由出资人合法持有并依法可以转让;(二)出资的股权无权利瑕疵或者权利负担;(三)出资人已履行关于股权转让的法定手续;(四)出资的股权已依法进行了价值评估。股权出资不符合前款第(一)、(二)、(三)项的规定，公司、其他股东或者公司债权人请求认定出资人未履行出资义务的，人民法院应当责令该出资人在指定的合理期间内采取补正措施，以符合上述条件；逾期未补正的，人民法院应当认定其未依法全面履行出资义务。股权出资不符合本条第一款第(四)项的规定，公司、其他股东或者公司债权人请求认定出资人未履行出资义务的，人民法院应当按照本规定第九条的规定处理。

实务争点

现代各国为了鼓励投资，凡是能够评估作价并可以依法转让的非货币财产都可以成为公司的出资方式。随着公司成为现代越来越重要的投资工具，将自己持有的其他公司的股权作为新投资公司的出资现象也越来越普遍。在我国，尽管股权等并没有明确被列举进《公司法》第二十七条所规定的出资方式，但无疑已经成为我国现代经济重要的出资方式。相对于房屋、土地使用权和知识产权等非货币出资，股权出资具有特殊性，其价值的确定是随着公司的经营而不断变化的，且股权自身也会因为某种负担而使其流通受到限制。所以，如何确定股权出资的条件，保护公司、其他股东和公司债权人的利益就成为司法实践中的重要问题。对此，《公司法解释（三）》第十一条作出了规定。

理解适用

对《公司法解释（三）》第十一条规定的理解适用

《公司法》第二十七条第一款规定，除了法律、行政法规规定不得作为出资的财产，股东可以用货币出资，也可以用实物、知识产权、土地使用权等可以用货币估价并可以依法转让的非货币财产作价出资。也就是说，凡是法律、法规不禁止的可以用货币估价并可以依法转让的非货币财产均可出资，除了该款明确列举的实物、知识产权、土地使用权外，其他如股权、债权等均可作为出资。至于所谓“不得作为出资的财产”，根据《中华人民共和国公司登记管理条例》（以下简称《公司登记管理条例》）第十四条的规定，主要是指劳务、信用、自然人姓名、商誉、特许经营权或者设定担保的财产。

股东一旦投资于公司，其便与公司形成投资与被投资的关系。由于公司与股东在法律上各为独立人格体，所以股东一旦投资于公司，该投资就成为公司法人财产而不再归属于自己，股东不能随意干预公司的经营活动，但股东因为投资而享有相应的股权，即因股东出资而对公司享有的权利。股权是一种综合性权利，既包括财产权利的自益权，也包括非财产性权利的共益权。前者是指股东以自己的利益为目的而行使的权利，如请求分红的权利、请求分配公司剩余财产的权利。这类权利无须其他股东的配合就可以行使；后者是指股东参与公司经营管理的权利，其尽管也是以自己的利益为目的，但其客观上是有利于公司和其他股东的，故称为共益权，如表决权、查阅权。这类权利一般需要结合其他股东一同行使。自益权主要是财产权，共益权则主要是管理公司事务的参与权，它们共同构成完整的股东权。自益权表明了股东权的财产性和请求性，共益权则直接表明了股东权的身份性和支配性。尽管股东不能凭借其股权直接支配公司的具体财产，但可以依据法律和公司章程的规定行使股权，通过请求公司为一定行为或参与公司事务的管理，将自己的意志作用于公司的财产，获取出资财产的增值。

由于股权极大的财产属性，其可以作价出资，亦即通过将自己持有某一公司的股权投资于其他公司。以股权对其他公司进行投资是一种典型的非货币财产出资形态，体现了投资的灵活性及其杠杆属性。股权出资在当前公司设立及增资过程中是比较常见的，可能产生的风险也较多，因而《公司法解释（三）》第十一条对股权出资作了规范。

根据该条第一款的规定，股权出资须符合以下四个条件：第一，出资的股权系由出资人合法持有并依法可以转让。“合法持有”是指出资人必须为该股权名义上的股东，实际出资人如果想以他人名义的股权作为出资，也必须是以名义出资人的名义进行，而不能以自己的名义为之。“依法可以转让”是指该股权的转让没有法律或章程的限制，前者如《中华人民共和国证券法》（以下简称《证券法》）第三十八条规定“依法发行的股票、公司债券及其他证券，法律对其转让期限有限制性规定的，在限定的期限内不得买卖”；后者如公司章程规定三年之内不得转让或其他限制等。第二，出资的股权无权利瑕疵或者权利负担，这主要包括两种情形：一是指公司设立时股东未按期出资、尽管实际出资但出资不实以及公司设立后抽逃出资等形成的出资瑕疵股权；二是指股权已被设定担保、被查封，或者公司处于破产、关闭、清算程序中，股权的存在受到威胁，股权因而具有特殊的权利瑕疵。出现股权瑕疵或负担时，其一般是不能被作为出资的。第三，出资人已履行关于股权转让的法定手续。以股权出资，事实上形成股权的转移，即由原公司股东将其股权转让与投资的公司，因此，其须符合法律关于股权转让的规定，如《公司法》第七十一条规定："有限责任公司的股东之间可以相互转让其全部或者部分股权。股东向股东以外的人转让股权，应当经其他股东过半数同意。股东应就其股权转让事项书面通知其他股东征求同意，其他股东自接到书面通知之日起满三十日未答复的，视为同意转让。其他股东半数以上不同意转让的，不同意的股东应当购买该转让的股权；不购买的，视为同意转让。经股东同意转让的股权，在同等条件下，其他股东有优先购买权。两个以上股东主张行使优先购买权的，协商确定各自的购买比例；协商不成的，按照转让时各自的出资比例行使优先购买权。公司章程对股权转让另有规定的，从其规定。"《证券法》也对股份的转让作出了要求。第四，出资的股权已依法进行了价值评估。在一定意义上，股权属于经营性财产，其价值随着公司经营的好坏不断发生着变化，因此必须对作为出资的股权及时作出价值评估，其方法主要有折现现金流量法、相对价值法和成本法。

如果不符合以上法律所规定的条件，这种股权出资就会损害其他公司、股东和公司的债权人的合法权益，他们据此可以依法向人民法院请求认定出资人未履行出资义务，并以此采取相应的法律救济措施。

前述规定条件中的前三项属于可补正行为，即当事人可以通过时间的经过或其他法律途径消除相应的法律障碍。那么，如果在出资的股东将相应法律障碍消除后，就会使原不符合条件要求的变为符合条件要求。因此，《公司法解释（三）》第十一条第二款规定："股权出资不符合前款第（一）、（二）、（三）项的规定，公司、其他股东或者公司债权人请求认定出资人未履行出资义务的，人民法院应当责令该出资人在指定的合理期间内采取补正措施，以符合上述条件；逾期未补正的，人民法院应当认定其未依法全面履行出资义务。"但对于不符合前述规定条件中的第四项，即出资股权没有经过法定的评估程序，或者评估过高，则显然构成对公司等的权益侵害。因此，该条第三款规定，"股权出资不符合本条第一款第（四）项的规定，公司、其他股东或者公司债权人请求认定出资人未履行出资义务的，人民法院应当按照本规定第九条的规定处理"，即"出资人以非货币财产出资，未依法评估作价，公司、其他股东或者公司债权人请求认定出资人未履行出资义务的，人民法院应当委托具有合法资格的评估机构对该财产评估作价。评估确定的价额显著低于公司章程所定价额的，人民法院应当认定出资人未依法全面履行出资义务”。

案例指导

白慧东与刘晓娜发起人责任纠纷案[①]

2016 年 7 月，原告与被告作为发起人欲发起设立丹东市易通综合超市股份有限公司。双方签订《丹东市易通综合超市入股协议书》。原告以风险投资方身份占出资总额的 49% 盈利股权；被告占出资总额的 51% 持有永久控股权和盈利股权。协议书签订后，被告向原告出具收条载明：“今收到入股第一笔资金 10 万元整。”原、被告欲发起设立的易通综合连锁超市林江名城店及玫瑰港湾店中的玫瑰港湾店位于振安区林江后街。原、被告签订合同时此房屋系案外人正在经营超市，被告未能与该房屋的所有人达成房屋租赁协议，导致易通综合连锁超市玫瑰港湾店没有发起设立。而双方合同签订后约定的发起设立的易通综合连锁超市林江名城店地址位于元宝区江城大街。该房屋系被告经营的丹东市元宝区易通综合超市，为个人经营，经营者为被告白慧东，至今由被告白慧东经营。现丹东市易通综合超市未能设立，双方因此产生纠纷。

一审法院认为，本案系双方发起设立有限公司，因公司未设立，原、被告作为发起人为公司不能设立应承担公司设立失败的责任而引发的纠纷。发起人之间的责任，应依据双方协议约定承担责任。从本案认定的事实看，因被告未能与玫瑰港湾店的房屋所有人达成租赁协议，双方未能设立公司，双方的入股协议已无法继续履行，故原告要求解除协议书予以支持。合同解除后，根据《公司法解释（三）》第四条第三款的规定：“因部分发起人的过错导致公司未成立，其他发起人主张其承担设立行为所产生的费用和债务的，人民法院应当根据过错情况，确定过错一方的责任范围。”原告主张因被告未能与玫瑰港湾店的房屋所有人达成租赁协议导致其不能继续出资，而被告

---

① 案例来源：丹东市中级人民法院民事判决书（2018）辽 06 民终 311 号，载中国裁判文书网，http：//wenshu.court.gov.cn/content/content?DocID=7a1c06f9-f4a9-42fd-a080-a8fc00b670fa&KeyWord=。

提出因原告未按约出资导致被告未能与玫瑰港湾店的房屋所有人达成租赁协议，关于租赁房屋事宜，被告认可一直是其单方与房屋所有权人商谈，原告未参与，因此被告有责任提供证据证明未达成租赁协议与原告未按约出资有因果关系。况且出资是双方义务，而非原告一方义务，被告也无证据证明其履行了出资的义务。故被告无证据证明公司未设立是原告未按约出资的过错所致。原告未按约定出资就发起人内部而言应依据双方的入股协议书的约定承担相应的违约责任。根据入股协议书，双方对未按约出资未约定违约责任，被告也未提供证据证明原告的违约行为给其造成了损失，故原告要求返还出资款，予以支持。关于原告请求要求支付利息，应从起诉之日起按银行同期存款利息计算。关于被告提出其已履行出资义务的辩解，被告的资金系投入在其个人经营的丹东市元宝区易通综合超市，该出资没有进行依法评估也未进行转让，故根据《公司法解释（三）》第十一条的规定，不能认定被告已履行出资义务。

二审法院认为，本案的争议实质是发起人之间就公司未设立责任承担及投资款应否返还的问题。关于双方签订的协议书应否予以解除的问题，因双方拟成立的为“易通综合连锁超市林江名城店以及玫瑰港湾店”，现玫瑰港湾店由案外人经营使用，上诉人未能与房屋所有权人达成房屋租赁协议，导致双方拟成立的公司不能发起设立，故当事人的合同目的不能实现，被上诉人请求解除合同，应予支持。关于上诉人是否履行出资义务，被上诉人投资的款项应否予以返还的问题，根据《公司法解释（三）》第十一条的规定和第四条第三款的规定，因双方协议约定上诉人出资464712元，占出资额的51%，但被上诉人的资金均投入在其个人经营的丹东市元宝区易通综合超市，该出资既未进行依法评估也未进行转让，不能认定上诉人履行了投资义务。

综上所述，白慧东的上诉请求不能成立，应予驳回。

规范指引

《中华人民共和国公司法》

第二十七条　股东可以用货币出资，也可以用实物、知识产权、土地使用权等可以用货币估价并可以依法转让的非货币财产作价出资；但是，法律、行政法规规定不得作为出资的财产除外。

对作为出资的非货币财产应当评估作价，核实财产，不得高估或者低估作价。法律、行政法规对评估作价有规定的，从其规定。

第二十八条 股东应当按期足额缴纳公司章程中规定的各自所认缴的出资额。股东以货币出资的，应当将货币出资足额存入有限责任公司在银行开设的账户；以非货币财产出资的，应当依法办理其财产权的转移手续。

股东不按照前款规定缴纳出资的，除应当向公司足额缴纳外，还应当向已按期足额缴纳出资的股东承担违约责任。

第七十一条 有限责任公司的股东之间可以相互转让其全部或者部分股权。

股东向股东以外的人转让股权，应当经其他股东过半数同意。股东应就其股权转让事项书面通知其他股东征求同意，其他股东自接到书面通知之日起满三十日未答复的，视为同意转让。其他股东半数以上不同意转让的，不同意的股东应当购买该转让的股权；不购买的，视为同意转让。

经股东同意转让的股权，在同等条件下，其他股东有优先购买权。两个以上股东主张行使优先购买权的，协商确定各自的购买比例；协商不成的，按照转让时各自的出资比例行使优先购买权。

公司章程对股权转让另有规定的，从其规定。

第一百三十九条 记名股票，由股东以背书方式或者法律、行政法规规定的其他方式转让；转让后由公司将受让人的姓名或者名称及住所记载于股东名册。

股东大会召开前二十日内或者公司决定分配股利的基准日前五日内，不得进行前款规定的股东名册的变更登记。但是，法律对上市公司股东名册变更登记另有规定的，从其规定。

第一百四十一条 发起人持有的本公司股份，自公司成立之日起一年内不得转让。公司公开发行股份前已发行的股份，自公司股票在证券交易所上市交易之日起一年内不得转让。

公司董事、监事、高级管理人员应当向公司申报所持有的本公司的股份及其变动情况，在任职期间每年转让的股份不得超过其所持有本公司股份总数的百分之二十五；所持本公司股份自公司股票上市交易之日起一年内不得转让。上述人员离职后半年内，不得转让其所持有的本公司股份。公司章程可以对公司董事、监事、高级管理人员转让其所持有的本公司股份作出其他限制性规定。

《最高人民法院关于适用〈中华人民共和国公司法〉若干问题的规定（三）》

第九条　出资人以非货币财产出资，未依法评估作价，公司、其他股东或者公司债权人请求认定出资人未履行出资义务的，人民法院应当委托具有合法资格的评估机构对该财产评估作价。评估确定的价额显著低于公司章程所定价额的，人民法院应当认定出资人未依法全面履行出资义务。

第十一条　出资人以其他公司股权出资，符合下列条件的，人民法院应当认定出资人已履行出资义务：

（一）出资的股权由出资人合法持有并依法可以转让；

（二）出资的股权无权利瑕疵或者权利负担；

（三）出资人已履行关于股权转让的法定手续；

（四）出资的股权已依法进行了价值评估。

股权出资不符合前款第（一）、（二）、（三）项的规定，公司、其他股东或者公司债权人请求认定出资人未履行出资义务的，人民法院应当责令该出资人在指定的合理期间内采取补正措施，以符合上述条件；逾期未补正的，人民法院应当认定其未依法全面履行出资义务。

股权出资不符合本条第一款第（四）项的规定，公司、其他股东或者公司债权人请求认定出资人未履行出资义务的，人民法院应当按照本规定第九条的规定处理。

《中华人民共和国证券法》

第三十八条　依法发行的股票、公司债券及其他证券，法律对其转让期限有限制性规定的，在限定的期限内不得买卖。

第四十五条　为股票发行出具审计报告、资产评估报告或者法律意见书等文件的证券服务机构和人员，在该股票承销期内和期满后六个月内，不得买卖该种股票。

除前款规定外，为上市公司出具审计报告、资产评估报告或者法律意见书等文件的证券服务机构和人员，自接受上市公司委托之日起至上述文件公开后五日内，不得买卖该种股票。

第四十七条 上市公司董事、监事、高级管理人员、持有上市公司股份百分之五以上的股东，将其持有的该公司的股票在买入后六个月内卖出，或者在卖出后六个月内又买入，由此所得收益归该公司所有，公司董事会应当收回其所得收益。但是，证券公司因包销购入售后剩余股票而持有百分之五以上股份的，卖出该股票不受六个月时间限制。

公司董事会不按照前款规定执行的，股东有权要求董事会在三十日内执行。公司董事会未在上述期限内执行的，股东有权为了公司的利益以自己的名义直接向人民法院提起诉讼。

公司董事会不按照第一款的规定执行的，负有责任的董事依法承担连带责任。

专题十二：抽逃出资的认定

【核心提示】公司成立后，公司、股东或者公司债权人以相关股东的行为符合下列情形之一且损害公司权益为由，请求认定该股东抽逃出资的，人民法院应予支持：（一）制作虚假财务会计报表虚增利润进行分配；（二）通过虚构债权债务关系将其出资转出；（三）利用关联交易将出资转出；（四）其他未经法定程序将出资抽回的行为。

实务争点

我国新公司法实行完全的资本分期缴纳制度，但这并非说股东出资可以不缴纳，而是首先在尊重其意思自治基础上的依约缴纳。股东必须按照章程事先确定的时间缴纳出资，且一旦缴纳，该出资就形成公司的财产而不得抽回。我国实践中有大量的尽管实际上出了资，但出资后以各种方式或借口将出资抽回的情形，严重损害公司、其他股东特别是公司债权人的利益。实践中，股东抽逃出资的方式各种各样，且隐蔽性很高，如何认定和判断股东抽逃出资，就是司法实践必须解决的问题。对此，《公司法解释（三）》第十二条作出了规定。

理解适用

对《公司法解释（三）》第十二条规定的理解适用

（一）股东抽逃出资的理解

投资者一旦认缴出资成为股东，其须按照章程的规定期限实际缴付相应的出资。在股东按照章程规定完成其应缴付的出资后，该出资就成为公司的财产而不能再行直接支配。除了采取募集设立的股份有限公司外，由于我国2013年公司法实行完全的资本分期缴纳制度，故公司资本分注册资本、应缴资本与实缴资本。其中，股东的实际出资被称为公司的实缴资本，其一旦形成即构成公司的自有、独立财产，尽管其源于股东的出资但却属于公司所有的财产，也就是说，股东一旦出资就丧失了对该财产的所有权，而换取了对于公司的股权。如果股东出资后再对其所谓出资的财产进行占有、使用、收益和处分，就会构成对公司财产的侵犯。但实践中，一些公司的股东仍然会利用各种方式将已经出资于公司的财产抽回，从而损害公司、其他股东和公司债权人的合法权益。所以，《公司法》第三十五条规定："公司成立后，股东不得抽逃出资。"第九十一条也明确规定："发起人、认股人缴纳股款或者交付抵作股款的出资后，除未按期募足股份、发起人未按期召开创立大会或者创立大会决议不设立公司的情形外，不得抽回其股本。"

抽逃出资一般是指股东在公司成立后将其已经缴纳的出资暗中撤回，却仍享有股东权利并保留其原有出资数额的欺诈性违法行为。由于股东将已缴纳出资抽逃，事实上使得其本已履行了的股东出资义务成为实际上的不履行或变成了部分履行，但却仍享有投资收益权和管理权，所以，抽逃出资的行为违反了公司资本制度，并破坏了股东之间责任承担的公平性基础，其实质是股东滥用股权和有限责任的行为，即利用股东资格攫取公司财产并侵害其他股东和债权人权益的行为。

从表面来看，抽逃出资似乎是股东取回属于自己的财产，但这种财产其实已经不再属于股东了，其既侵犯了公司的财产权，也侵犯了其他股东基于出资真实享有的平等公平权，更损害了公司债权人利益，所以，这是一种典型的侵权行为。在实缴资本制下，对抽逃出资的侵权性质尚存错误认识，在完全的认缴资本制下，更难免滋生这样的误解：既然法律不再强制注册资本的实际缴纳，是否缴纳和何时缴纳完全成为当事人自治的事项，那么缴与不缴就可以随心所欲，已缴纳过的也可以取回，而取回的结果不过相当于未缴纳而已。这是一个看起来合乎逻辑的推论，但却是无法成立的。须知资本的认与不认和缴与不缴是当事人的自治权利，但实缴资本一经形成，即成为法定的公司独立财产，而维护公司财产的独立恰是法律强制性的任务，当事人对资本缴纳的自治和控制决不可逾越这一法定的边界。①

实践中，抽逃出资与虚假出资、股东借款、公司减资等容易混淆，需要加以注意。

虚假出资是指公司股东（包括发起人）违反公司设立出资的规定和公司章程的约定，没有交付或没有全部交付出资，或以其他欺骗手段造成其已经出资的假象。其与抽逃出资主要有三方面的不同：（1）责任依据不同，虚假出资的结果常常是公司不能成立，所以不存在公司独立人格问题，这时，债权人主要是依据发起人的设立协议或法律的规定要求发起人承担连带责任；抽逃出资的结果是侵害公司财产权，如果因此严重侵犯了公司的财产权，则债权人可以依据法人人格否认规定追究公司和抽逃者的责任。（2）违反义务的方式不同，虚假出资时的股东自始至终都没有足额履行出资义务，而抽逃出资股东则是先行履行了出资义务，而后又违反出资义务将出资全部或部分抽回。（3）发生的时间不同，虚假出资的发生是在公司成立之前，抽逃出资的发生则在公司成立之后。

实践中，股东抽逃出资的一个表现形式是以向公司借款之名而行抽逃出资之实。但如果是正常的借款，而并非抽逃出资，则仅仅形成债权债务关系。所以，应当将二者加以区分。股东抽逃出资，其实质是有名无实，即有借款

---

① 赵旭东：《资本制度改革与公司法的司法适用》，载《人民法院报》2014年2月26日。

之名，而无真正的债权债务关系之实，比如不需要支付对价，不向公司提供担保，借款不约定返还期限等。具体而言，可以综合考虑以下几大因素：（1）金额。如果股东所谓借得的公司资金占其出资财产大部分或比率较高者，就可能构成抽逃出资；相反，如果股东所谓借得的公司资金占其出资财产比率不大的，就可能为借款。（2）利息。一般情况下，股东的正常借款都有合理的利息，如果股东所谓借得公司资金没有利息约定，那么认定为抽逃出资的可能性就大；反之，如果股东所谓借得公司资金有合理的利息约定，那么就可能是借款。（3）偿还期限。俗语说，有借有还，再借不难，如果股东所谓借得的公司资金没有关于返还期限的约定，则抽逃出资的可能性大；反之，如果股东所谓借得公司资金有返还期限的约定，就可能为借款。（4）担保。借款常常以担保为保证，如果股东所谓借得的公司资金没有提供任何担保，则抽逃出资的概率就高；反之，如果股东所谓借得公司资金有相应的担保，则借款的概率就高。（5）程序。根据《公司法》第十六条规定，公司向股东提供借款需要履行法定的程序，即需要经过股东会或董事会决议。如果股东所谓借得公司资金没有履行公司内部决策程序经过股东会决议或董事会决议，则可能构成抽逃出资；反之，如果履行了公司内部的决策程序，则可认定为借款。（6）主体。能够抽逃出资的，常常是公司的控制股东和管理股东，非控制股东和不参与管理的股东一般难以做到抽逃出资。（7）会计处理方式。公司向他人提供借款是需要符合法定的会计处理要求的，如果公司的财务会计报告将股东所谓借得公司资金的行为作应收账款加以处理、确认公司对该股东债权事实的，是符合法定的会计要求的，这时，借款的可能性较大；反之，如果公司的财务会计报告对股东所谓借得公司资金的行为未作应收账款处理的，没有确认借款事实，则抽逃出资的可能性大。该标准具有很强的可操作性，但需要注意，财务会计报告有时具有虚假陈述行为，不能以财务会计报告中的会计处理方式作为唯一的判断标准。（8）透明度。借款行为是一种正常的经济行为，其是公开的，没有必要向相关利益人隐瞒什么，所以，如果股东所谓借得公司资金的行为向其他股东予以公开，就可能是一种借款行为；反之就可能是抽逃出资的行为。（9）行为发生期限。以股东抽逃出资的行为与公司成立之时的时间间隔为标准，股东在公司成立很久以后转移出资的，借款的概率高；股东在公司成立不久后转移出资的，抽逃出资概率高。①

公司减资是指公司在存续期间，依照法定条件和程序减少公司注册资本的行为。它与抽逃出资是明显不同的，前者是合法的经营管理行为，后者是非法的。只要公司按照法定的条件和程序予以减资，都是法律认可的。

（二）股东抽逃出资的认定

公司法实践中，抽逃出资的表现形式多样，如公司注册成立股东缴纳出资后将其用于偿还股东个人债务或他人个人债务；公司注册成立后并非因经营或正常业务开支地无正当理由地将股东已缴的货币出资转走；在实缴资本的情况下把他人的实物财产“借”来作为出资，公司成立后再将它归还原来的权利人；公司成立后将已办产权转移手续的实物、知识产权、非专利技术、土地使用权无偿或以不合理的低价转让给他人；等等不一而足。尽管如此，实践中如何认定抽逃出资，尚需认真对待。

从行为上看，股东抽逃出资的行为是“抽逃”，对象是股东的出资，发生的时间是在公司成立后。最高人民法院在“某投资公司与某技术公司等借款合同纠纷案”[（2011）民抗字第28号]中指出，企业法人营业执照是工商行政管理机关对公司设立进行有效确认和公示的法定文件，公司取得营业执照之日起就具有了独立法人资格。股东在获取执照当日从验资账户中无正当理由而转移资金属抽逃出资，公司有权追究其民事责任。②

对于抽逃出资，其中如何认识“抽逃”是问题的核心。

司法实践中，最高人民法院的规范性指导意见对股东抽逃出资问题也曾作出规定。如认为股东未按期足额缴纳出资，在公司成立前非法将其缴纳的出资款全部或部分抽回，或者作为出资的非货币财产的实际价额显著低于公司章程所定价额的，构成虚假出资；股东在公司成立后非法将其缴纳的出资

---

① 刘俊海：《新公司法的制度创新：立法争议焦点与解释难点》，法律出版社2006年版，第128页。

② 最高人民法院民事审判第二庭编：《审判监督指导》2012年第1辑，人民法院出版社2012年版。

全部或部分抽回的，构成抽逃出资，但根据出资款的来源、抽逃时间等足以证明股东有虚假出资意图的视为虚假出资。

为了统一认识，《公司法解释（三）》第十二条对此作出了明确规定："公司成立后，公司、股东或者公司债权人以相关股东的行为符合下列情形之一且损害公司权益为由，请求认定该股东抽逃出资的，人民法院应予支持：（一）制作虚假财务会计报表虚增利润进行分配；（二）通过虚构债权债务关系将其出资转出；（三）利用关联交易将出资转出；（四）其他未经法定程序将出资抽回的行为。"

根据该规定，以下情况可以认定为构成抽逃出资：

一是财务上，制作虚假财务会计报表虚增利润进行分配的。实践中，抽逃出资常常通过财务漏洞或财务造假进行，其突出表现是通过制作虚假财务会计报表虚增利润予以分配。表面上是一种利润分配，但由于其分配的前提是虚增利润，故可以认定为抽逃出资。

二是通过虚假的债权债务关系将出资转出。这也是实践中常常发生的情形，名义上发生了某种债权债务关系，而事实上是以债权债务合同之名将出资转走。

三是利用关联交易转出出资，关联交易是关联企业或关联方之间的交易行为。从经济学角度看，关联交易是不可避免的，它可以节约交易成本，提高管理效率。但它常常被用来从事损害公司、其他股东和债权人的利益的不当行为。其中利用关联交易将出资抽走，就是表现之一。《公司法》第二百一十六条对所谓的关联关系、关联主体作了基本的界定："关联关系，是指公司控股股东、实际控制人、董事、监事、高级管理人员与其直接或者间接控制的企业之间的关系，以及可能导致公司利益转移的其他关系。但是，国家控股的企业之间不仅因为同受国家控股而具有关联关系。"

四是其他未经法定程序将出资抽回的行为。该规定是"兜底性条款"，即除了前边的三种情形外，凡是没有经过法定程序将出资抽回的行为，均可能认定为抽逃出资。如对于股东实际出资多于其认缴出资的情况，该多余的出资构成公司资本溢价，性质上属于公司的资本公积金，股东可按出资比例向公司主张所有者权益，但不构成股东对公司的借款，股东出资后不能抽回，亦不得转变为公司的债务计算利息。如果股东以此作为借款债权而与公司以物抵债的，则构成变相抽逃出资。①

整体上，抽逃出资的表现多样，但股东或公司实施有关行为时，只有在该行为对公司权益造成损害的情况下，才被认定为抽逃出资，从而追究行为人的责任。因此，损害公司权益是认定抽逃出资行为的必要条件。在上述情形中，有的本身已经构成了对公司权益的损害，如第（一）项和第（二）项情形中，相关股东虚构债权债务关系将出资转出不同于股东借款，前者是相关股东制作虚假财务会计报表虚增利润进行分配，违反了《公司法》第一百六十六条关于公司分配利润的法定条件的规定，即“没有盈利不得分配”的法律原则，侵害了公司的权益。后者是指恶意地将公司资本转出，一般无须支付对价和提供担保，也无返还期限的约定等，同时也违反了有关金融管理、财务制度的规定，而股东向公司借款时，有真实的债权债务关系且符合有关相关规定等。

但上述其他两种情形中，有的行为本身并不足以构成抽逃出资，是否构成抽逃出资，应看该行为是否侵害公司权益。如第（三）项情形中，股东利用关联交易将出资转出，如果该交易行为符合法律规定，交易价格公平合理，则该关联交易行为并未侵害公司权益，也不应认定为抽逃出资。所以，如果不存在违反法律、法规的情形，且没有损害公司债权人的利益时，不能认定该行为构成抽逃出资。

另外，需要特别注意的是，如果股东以土地使用权的部分年限对应价值作价出资，期满后收回土地是不构成抽逃出资的。对此，最高人民法院在民事审判第二庭〔2009〕民二他字第5号函（2009年7月19日）中批复道：根据我国《公司法》及相关法律法规的规定，股份有限公司设立时发起人可以用土地使用权出资。土地使用权不同于土地所有权，其具有一定的存续期间即年限，发起人将土地使用权出资实际上是将土地使用权的某部分年限作价用于出资，发起人可以将土地使用权的全部年限作价用于出资，作为公司

① 最高人民法院（2013）民提字第226号“某建筑公司与某投资公司等执行异议案”，见《再审申请人江门市江建建筑有限公司与被申请人江门市金华物业投资管理有限公司、江门市金华投资有限公司执行异议之诉》，载最高人民法院民事审判第二庭编：《商事审判指导》2014年第1辑，人民法院出版社2014年版。

的资本。发起人将土地使用权的部分年限作价作为出资投入公司，在其他发起人同意且公司章程没有相反的规定时，并不违反法律法规的禁止性规定，此时发起人投入公司的资本数额应当是土地使用权该部分年限作价的价值。在该部分年限届至后，土地使用权在该部分年限内的价值已经为公司所享有和使用，且该部分价值也已经凝结为公司财产，发起人事实上无法抽回。由于土地使用权的剩余年限并未作价并用于出资，所以发起人收回土地使用权是取回自己财产的行为，这种行为与发起人出资后再将原先出资的资本抽回的行为具有明显的区别，不应认定为抽逃出资。发起人取回剩余年限的土地使用权后，公司的资本没有发生变动，所以无须履行公示程序。①

案例指导

交通银行股份有限公司河北省分行与石家庄路骏道桥有限公司、石家庄裕峰投资开发有限公司金融借款合同纠纷案②

再审申请人交通银行股份有限公司河北省分行（以下简称交行河北分行）因与被申请人石家庄路骏道桥有限公司（以下简称路骏公司）、石家庄裕峰投资开发有限公司（以下简称裕峰公司）借款合同纠纷一案，不服河北省高级人民法院（2014）冀民二终字第36号民事判决，向最高人民法院申请再审。

交行河北分行申请再审称：有新的证据足以推翻河北省高级人民法院（2014）冀民二终字第36号民事判决，该判决认定的基本事实缺乏证据证明，适用法律错误。一、裕峰公司将路骏公司资产无偿转移到自己名下，致使路骏公司无法清偿到期债务，应当对路骏公司债务承担连带责任。根据《公司法》第三条、第二十条的规定，公司享有独立的法人财产，并以其全部财产

---

① 杜军：《股东以土地使用权的部分年限对应价值作价出资，期满后收回土地是否构成抽逃出资》，载最高人民法院民事审判第二庭编：《商事审判指导》2009年第4辑（总第20辑），人民法院出版社2010年版，第99~100页。

② 案例来源：最高人民法院民事裁定书（2016）最高法民申1904号，载中国裁判文书网，http：//wenshu.court.gov.cn/content/content?DocID=3a7ce18d-58c0-4c1f-816e-a74401127793&KeyWord=。

对公司的债务承担责任。2013 年 1 月 4 日，路骏公司向裕峰公司分两次共转账 1020.5 万元。裕峰公司作为路骏公司的中方合作者，无偿接受路骏公司 1020.5 万元资产，致使路骏公司丧失了对自有资产的控制能力，也明显降低了对公司债务的清偿能力。该种行为属于股东过度控制公司，滥用公司法人独立地位和股东有限责任，侵犯了交行河北分行作为公司债权人的利益，裕峰公司应当对路骏公司的债务承担连带责任。二、有新的证据证明中外方合作者长期高额分取红利，中外合作者应对合作企业的债务承担连带责任。《公司法解释（三）》第十二条规定："公司成立后，公司、股东或者公司债权人以相关股东的行为符合下列情形之一且损害公司权益为由，请求认定该股东抽逃出资的，人民法院应予支持：（一）制作虚假财务会计报表虚增利润进行分配……"《公司法解释（三）》第十四条第二款规定："公司债权人请求抽逃出资的股东在抽逃出资本息范围内对公司债务不能清偿的部分承担补充赔偿责任、协助抽逃出资的其他股东、董事、高级管理人员或者实际控制人对此承担连带责任的，人民法院应予支持；抽逃出资的股东已经承担上述责任，其他债权人提出相同请求的，人民法院不予支持。"路骏公司长期拖欠职工的住房公积金高达 15621241.51 元，而作为路骏公司的中外合作者的裕峰公司和骏威公司每年度均进行高额的分红。中外合作者在企业存在高额成本的情况下，采取了隐瞒成本，虚增利润的手段，将合作企业的资产以分红的方式予以瓜分，该行为明显违反了《中外合作经营企业法》等相关法律的规定，构成了《公司法解释（三）》第十二条规定的股东抽逃出资情形，中外合作者应当连带对合作企业的债务承担补充赔偿责任。

最高人民法院认为，本案的争议焦点是，路骏公司的股东是否存在滥用公司法人地位及股东有限责任，虚增利润、隐瞒成本，恶意转移公司资金逃废债务，损害公司债权人利益的问题。

交行河北分行依据再审期间新提交的河北冀祥会计师事务所有限公司作出的《路骏公司 2008~2012 年审计报告》，主张路骏公司未将全部职工的住房公积金列入公司成本，长期拖欠职工的住房公积金高达 15621241.51 元。而作为路骏公司的中外合作者的裕峰公司和骏威公司却每年度进行高额分红，该行为违反了《公司法》第二十条第一款、第三款、第一百六十六条以及《公司法解释（三）》第十二条的规定，构成股东对公司的过度控制以及“制作虚假的财务报表”违法分配利润行为，裕峰公司应当在恶意抽逃资金的范围内对路骏公司的债务向交行河北分行承担连带清偿责任。

本院认为，交行河北分行在一审起诉时提出，“路骏公司将资金恶意转移给裕峰公司，裕峰公司应当在恶意抽逃资金的范围内承担连带清偿责任”。该请求权的基础是确认股东滥用公司法人地位及股东有限责任抽逃出资，该诉讼请求是针对路骏公司、裕峰公司提出。现交行河北分行在再审申请理由中同时提出路骏公司利润分配无效、中外双方股东即裕峰公司和骏威公司应当共同对路骏公司的债务承担连带责任。交行河北分行关于利润分配违法而应认定为无效的理由，实质是请求股东向公司返还违法分配的利润。该再审请求及理由超出了一审起诉时的诉讼请求范围，且增加了新的被告。《最高人民法院关于适用中华人民共和国民事诉讼法审判监督程序若干问题的解释》第三十三条第一款规定：“人民法院应当在具体的再审请求范围内或在抗诉支持当事人请求的范围内审理再审案件。当事人超出原审范围增加、变更诉讼请求的，不属于再审审理范围。但涉及国家利益、社会公共利益，或者当事人在原审诉讼中已经依法要求增加、变更诉讼请求，原审未予审理且客观上不能形成其他诉讼的除外。”根据上述规定，交行河北分行新增加的申请再审理由不属于本案再审审理范围。对此，交行河北分行可以另案对裕峰公司和合资外方骏威公司以新增加的理由提起诉讼。

综上分析，驳回交通银行股份有限公司河北省分行的再审申请。

规范指引

《中华人民共和国公司法》

第二十一条　公司的控股股东、实际控制人、董事、监事、高级管理人员不得利用其关联关系损害公司利益。违反前款规定，给公司造成损失的，应当承担赔偿责任。

第三十五条　公司成立后，股东不得抽逃出资。

第九十一条　发起人、认股人缴纳股款或者交付抵作股款的出资后，除未按期募足股份、发起人未按期召开创立大会或者创立大会决议不设立公司的情形外，不得抽回其股本。

第一百六十六条 公司分配当年税后利润时，应当提取利润的百分之十列入公司法定公积金。公司法定公积金累计额为公司注册资本的百分之五十以上的，可以不再提取。

公司的法定公积金不足以弥补以前年度亏损的，在依照前款规定提取法定公积金之前，应当先用当年利润弥补亏损。

公司从税后利润中提取法定公积金后，经股东会或者股东大会决议，还可以从税后利润中提取任意公积金。

公司弥补亏损和提取公积金后所余税后利润，有限责任公司依照本法第三十四条的规定分配；股份有限公司按照股东持有的股份比例分配，但股份有限公司章程规定不按持股比例分配的除外。

股东会、股东大会或者董事会违反前款规定，在公司弥补亏损和提取法定公积金之前向股东分配利润的，股东必须将违反规定分配的利润退还公司。

公司持有的本公司股份不得分配利润。

第一百七十七条 公司需要减少注册资本时，必须编制资产负债表及财产清单。

公司应当自作出减少注册资本决议之日起十日内通知债权人，并于三十日内在报纸上公告。债权人自接到通知书之日起三十日内，未接到通知书的自公告之日起四十五日内，有权要求公司清偿债务或者提供相应的担保。

第二百一十六条第（四）项 关联关系，是指公司控股股东、实际控制人、董事、监事、高级管理人员与其直接或者间接控制的企业之间的关系，以及可能导致公司利益转移的其他关系。但是，国家控股的企业之间不仅因为同受国家控股而具有关联关系。

《最高人民法院关于适用〈中华人民共和国公司法〉若干问题的规定（三）》

第十二条 公司成立后，公司、股东或者公司债权人以相关股东的行为符合下列情形之一且损害公司权益为由，请求认定该股东抽逃出资的，人民法院应予支持：

（一）制作虚假财务会计报表虚增利润进行分配；

（二）通过虚构债权债务关系将其出资转出；

（三）利用关联交易将出资转出；

（四）其他未经法定程序将出资抽回的行为。

第十四条　股东抽逃出资，公司或者其他股东请求其向公司返还出资本息、协助抽逃出资的其他股东、董事、高级管理人员或者实际控制人对此承担连带责任的，人民法院应予支持。

公司债权人请求抽逃出资的股东在抽逃出资本息范围内对公司债务不能清偿的部分承担补充赔偿责任、协助抽逃出资的其他股东、董事、高级管理人员或者实际控制人对此承担连带责任的，人民法院应予支持；抽逃出资的股东已经承担上述责任，其他债权人提出相同请求的，人民法院不予支持。

专题十三：股东未履行出资义务的法律适用

【核心提示】股东未履行或者未全面履行出资义务，公司或者其他股东请求其向公司依法全面履行出资义务的，人民法院应予支持。公司债权人请求未履行或者未全面履行出资义务的股东在未出资本息范围内对公司债务不能清偿的部分承担补充赔偿责任的，人民法院应予支持；未履行或者未全面履行出资义务的股东已经承担上述责任，其他债权人提出相同请求的，人民法院不予支持。

实务争点

股东认缴出资后，应当按照章程规定依期实际缴纳出资。如果股东没有按照章程规定依期缴纳或不完全缴纳，均构成未履行或者未全面履行出资义务，公司和其他股东均可要求其依照章程缴纳出资。公司债权人也可以要求未履行或者未全面履行出资义务的股东就其未履行部分请求承担补充责任。

但问题在于，如果未履行或者未全面履行出资义务的股东已经对此承担了补充责任且因此出资全部到位，其他债权人能否要求股东继续就公司债权承担补充责任？公司发起人和公司董事、高级管理人员在其中是否应当承担相应的法律责任？对此，《公司法解释（三）》第十三条作出了规定。

理解适用

对《公司法解释（三）》第十三条规定的理解适用

（一）股东瑕疵出资中公司和其他股东的诉权

股东认缴出资后，应当按照法律的规定和章程的要求全面履行出资义务，其既要按照法律规定的出资形式、程序等及规定的出资要求进行出资，也要按照章程的规定日期足额缴纳其应缴出资，且出资后不得抽逃出资，否则构成出资瑕疵。股东按期、足额、依法出资，既是对公司的义务，也是其对其他股东的承诺。

尽管 2013 年公司法取消了最低资本金要求，并实施完全的分期缴纳资本制，但实践中仍会出现各种各样的出资瑕疵问题，比如不适当出资、虚假出资、抽逃出资等行为。

股东瑕疵出资是对其出资义务的违反，这种义务既是对公司的义务，也是对其他股东的义务。有理论认为，股东瑕疵出资仅是对其他股东义务的违反，而不是对公司义务的违背。这种观点仅仅看到了股东之间的法定和章定义务，而没有看到公司一旦成立就成为具有独立人格的主体价值。公司一旦依法成立，就具有了独立于公司股东的人格，其在法律上就成为与股东“各自为政”的独立主体，公司就有权利要求股东按照法律和章程全面适当地履行其出资义务。

股东出资的义务既是法定的，也是约定的。其法定性表现在股东一旦依法制定章程并成立公司，则其必须依照公司法及相关条例规定进行出资；其约定性表现在股东可以通过章程规定分期缴纳其认缴的出资。不论是法定的义务还是约定的要求，股东均须认真对待，否则均构成对其出资义务的违反。

公司一旦依法成立就成为具有独立人格的法律主体，股东认缴的出资构成公司独立自有的财产，股东也仅以其认缴的出资对公司债务承担责任。因此，当股东不能适当或正确出资时，其补上应当的出资并承担相应的违约责任就可以解决相关问题。也就是说，股东瑕疵出资应当对公司和股东承担补充责任。

《公司法》第二十八条规定："股东应当按期足额缴纳公司章程中规定的各自所认缴的出资额。股东以货币出资的，应当将货币出资足额存入有限责任公司在银行开设的账户；以非货币财产出资的，应当依法办理其财产权的转移手续。股东不按照前款规定缴纳出资的，除应当向公司足额缴纳外，还应当向已按期足额缴纳出资的股东承担违约责任。"第八十三条规定："以发起设立方式设立股份有限公司的，发起人应当书面认足公司章程规定其认购的股份，并按照公司章程规定缴纳出资。以非货币财产出资的，应当依法办理其财产权的转移手续。发起人不依照前款规定缴纳出资的，应当按照发起人协议承担违约责任。"

关于公司设立时的发起人的连带责任，《公司法》第三十条规定："有限责任公司成立后，发现作为设立公司出资的非货币财产的实际价额显著低于公司章程所定价额的，应当由交付该出资的股东补足其差额；公司设立时的其他股东承担连带责任。"第九十三条规定："股份有限公司成立后，发起人未按照公司章程的规定缴足出资的，应当补缴；其他发起人承担连带责任。股份有限公司成立后，发现作为设立公司出资的非货币财产的实际价额显著低于公司章程所定价额的，应当由交付该出资的发起人补足其差额；其他发起人承担连带责任。"

根据以上公司法规定，当股东未履行出资义务时，公司有权起诉该股东履行出资义务，并请求公司设立时的股东（发起人）承担连带责任。但对于其他股东的诉权，公司法并未明确规定，从而导致在司法实践中的不同做法。有的认为公司具有诉权，其他股东则没有；有的则认为公司和其他股东均有诉权。

因此，《公司法解释（三）》第十三条第一款规定："股东未履行或者未全面履行出资义务，公司或者其他股东请求其向公司依法全面履行出资义务的，人民法院应予支持。"也就是说，其他股东对此享有充分的诉权，可以要求未履行或者未全面履行出资义务的股东承担违约责任，其基础在于股东协议和章程的规定。如果有股东协议，可以按照股东协议的约定要求出资瑕疵股东承担违约责任；如果没有股东协议，则可以按照章程中关于股东出资的规定要求出资瑕疵股东承担违反章程规定（其实质是违约）的法律责任。不论是违反了出资协议的约定，还是违反了公司章程中出资的约定，股东未履行出资义务时均构成对其他股东的违约，其他股东可以要求其向公司继续缴纳出资。

（二）股东瑕疵出资中债权人的诉权

股东未履行或者未全面履行出资义务的行为，违反了公司资本维持原则，从而构成对债权人利益的威胁。一般情况下，公司存续期间，基于有限责任的制度，股东对公司债权人是不负有债务清偿责任的。公司债权人仅与公司之间产生直接的法律关系和责任，公司须以自有财产对公司债权人的债务独立承担清偿责任。但是，公司的债权人常常基于对公司实力的信赖与其进行交易，其期待利益则有赖于股东适当全面的出资，从而保证其债权的实现，所以，股东的瑕疵出资会使公司债权人的期待利益受到损害。

因此，为了保护债权人利益，在股东未履行或未全面履行出资导致公司不能清偿债务时，债权人应有权直接请求该股东承担赔偿责任。瑕疵出资股东对公司债权人承担补充清偿责任的法律渊源是我国《合同法》第七十三条关于债权人代位权的规定。一般地，对于债权人来说，公司是其债务人，瑕疵出资股东则为次债务人。在公司欠缺清偿能力且有股东出资具有瑕疵时，公司有义务要求瑕疵出资股东及时缴纳应缴出资以保证公司债权人利益的实现，如果公司怠于向瑕疵出资股东主张资本充实责任，就必然使得公司债权人应当得到清偿的债权无法清偿。那么，这时赋予公司债权人相应的诉权，就成为必要，即其可以将公司及瑕疵出资股东列为共同被告，请求其在出资不足的金额及其同期银行贷款利息范围内承担补充清偿责任。但如果瑕疵出资股东因此已经承担了补充责任，且按照公司章程规定已经按期足额缴纳了出资，其他公司债权人则不能再次要求该股东承担补充责任。所以，《公司法解释（三）》第十三条第二款规定："公司债权人请求未履行或者未全面履行出资义务的股东在未出资本息范围内对公司债务不能清偿的部分承担补充赔偿责任的，人民法院应予支持；未履行或者未全面履行出资义务的股东已经承担上述责任，其他债权人提出相同要求的，人民法院不予支持。”

在中国长城资产管理公司乌鲁木齐办事处与新疆华电工贸有限责任公司、新疆华电红雁池发电有限责任公司、新疆华电苇湖梁发电有限责任公司等借款合同纠纷案［最高人民法院（2008）民二终字第79号民事判决书］[①]中，最高人民法院认为，注册资本是公司最基本的资产，确定和维持公司一定数额的资本，对于奠定公司基本的债务清偿能力，保障债权人利益和交易安全具有重要价值。股东出资是公司资本确定、维持原则的基本要求。出资是公司股东最基本、最重要的义务，同时也是公司法规定的股东必须承担的法定义务。根据2005年《公司法》第二十八条第一款、第三十一条的规定，股东应当按期足额缴纳公司章程中规定的各自所认缴的出资额。股东以货币出资的，应当将货币出资足额存入有限责任公司在银行开设的账户；以非货币财产出资的，应当依法办理其财产权的转移手续。有限责任公司成立后，发现作为设立公司出资的非货币财产的实际价额显著低于公司章程所定价额的，应当由交付该出资的股东补足其差额。股东不实出资的，公司现有资产不足以偿还债权人债务的，公司股东应在不实出资数额的范围内向债权人承担补充赔偿责任。参照最高人民法院《关于企业开办的企业被撤销或者歇业后民事责任承担问题的批复》《关于人民法院执行工作若干问题的规定》《关于金融机构为企业出具不实或者虚假验资报告资金证明如何承担民事责任问题的通知》等相关规定，出资人未出资或者未足额出资，对于该企业财产不足以清偿债务的，由出资人在出资不实或者虚假资金金额范围内承担责任。

当然，如果股东已经实际出资，则不能认定股东对债权人负有相应的责任。在邢佩国、大庆市银兴化工有限公司、大庆市太福化工集团有限公司与中国信达资产管理股份有限公司黑龙江省分公司借款合同纠纷案［最高人民法院（2010）民二终字第77号民事判决书］[②]中，其主要争议是股东邢佩国

---

① 《最高人民法院公报》2009年第2期（总第148期）。

② 最高人民法院民事审判第二庭编：《最高人民法院商事审判裁判规范与案例指导》（第2卷），法律出版社2011年版，第515~521页。

是否应当对公司的对外债务向债权人承担清偿责任。经二审查明并确认，股东邢佩国已经履行了实物出资义务，其价值总额已经超过其承诺的实物出资价值，也不存在其侵害公司财产的其他事实，故最高人民法院认为债权人以其出资不足为由，向其主张债权没有法律依据。

（三）股东瑕疵出资中公司发起人和其他股东的法律责任

根据《公司法》第九十三条的规定，股份有限公司设立过程中，股东未履行出资义务的，公司设立时的其他股东（发起人）应当承担连带责任。而有限责任公司发起人未履行或者未全面履行出资义务时，公司法没有完整地规定其他发起人的连带责任。对此，按照类型化思维，关于股份有限公司前述规定的精神可以类推适用到有限责任公司。《公司法解释（三）》第十三条第三款规定："股东在公司设立时未履行或者未全面履行出资义务，依照本条第一款或者第二款提起诉讼的原告，请求公司的发起人与被告股东承担连带责任的，人民法院应予支持；公司的发起人承担责任后，可以向被告股东追偿。"

关于公司发起人的问题详见前述。

（四）股东瑕疵出资中董事、高级管理人员的法律责任

按照《公司法》第一百四十七条第一款的规定，董事、监事、高级管理人员应遵守法律、行政法规和公司章程，并对公司负有忠实义务和勤勉义务。其中，忠实义务要求公司高管不得将其个人利益置于公司利益之上，强调的是道德操守和对公司的忠诚；勤勉义务要求公司董事、高级管理人员勤勉尽责，一心为公司，强调的是公司高管的专业水平和对公司的敬业精神。《公司法》第一百四十九条规定："董事、监事、高级管理人员执行公司职务时违反法律、行政法规或者公司章程的规定，给公司造成损失的，应当承担赔偿责任。"

股东瑕疵出资，常常与公司董事、高级管理人员不够勤勉尽责有关，即其没有积极作为，从而导致股东有意无意不适当履行出资义务。但是，如果股东瑕疵出资，公司董事和高级管理人员应当承担什么样的责任，则没有明

确的规定。

根据《公司法》第一百四十七条的规定，公司董事、高级管理人员对公司负有勤勉义务。那么，公司增资时，公司董事、高级管理人员就有义务向股东催收资本。如果董事、高级管理人员未履行催收义务，将会对公司及其他利益相关者的利益产生影响，从而构成对其勤勉义务的违反，这时，其就应当向有关权利主体承担责任。所以，《公司法解释（三）》第十三条第四款规定，如果股东在公司增资时未履行或者未全面履行出资义务，依法提起诉讼的原告，请求未尽《公司法》第一百四十七条第一款规定的义务而使出资未缴足的董事、高级管理人员承担相应责任的，人民法院应予支持；当然，董事、高级管理人员承担责任后，可以向被告股东追偿。

对于董事、高级管理人员因怠于履行勤勉义务而向债权人承担的赔偿责任也是"补充责任""有限责任"和"一次性责任"。[①] 所谓补充责任，即仅在瑕疵出资股东未适当履行数额内（包括全部不履行、部分不履行及非货币财产出资估价过高等）承担赔偿责任；有限责任是指在瑕疵出资股东应出资范围内承担有限责任；一次性责任是指董事、高级管理人员一旦在瑕疵出资股东应出资范围内补充完毕，就不能因该瑕疵出资股东的出资瑕疵再次对公司债权人承担责任。董事、高级管理人员的这种"补充责任""有限责任"和"一次性责任"是由公司法人人格及股东有限责任决定的。

案例指导

上诉人南通协和油品储运有限公司与被上诉人南通天诚石油化工有限公司股东出资纠纷案[②]

南通协和油品储运有限公司（以下简称协和公司）于2006年12月30日取得位于南通经济技术开发区的65539.73平方米土地使用权。2008年8

---

① 最高人民法院民事审判第二庭编著:《最高人民法院关于公司法解释（三）、清算纪要理解与适用》，人民法院出版社2011年版，第204~205页。

② 案例来源：江苏省高级人民法院民事判决书（2013）苏商终字第0257号，载中国裁判文书网，http：//www.court.gov.cn/zgcpwsw/jiangsu/ms/201407/t20140721_2155916.htm。

月 26 日，南通天诚石油化工有限公司（以下简称天诚公司）与协和公司签订《南通码头及油库合作协议》，约定双方共同出资成立“协和天诚公司”，其中协和公司以约 30 亩国有土地使用权及岸线作价出资。2009 年 9 月 17 日，经过评估，确认案涉 30 亩国有土地使用权价格为 1080 万元。2010 年 4 月 14 日，协和公司向南通经济技术开发区管委会提出了案涉 30 亩国有土地使用权分割登记的申请但未获得许可。

2011 年 4 月、5 月，天诚公司两次致函协和公司要求其将约定的土地使用权变更至协和天诚公司，2011 年 6 月 27 日以协和公司为被告向原审法院提起诉讼。在该案审理过程中，南通经济技术开发区管委会致函原审法院，称“协和公司取得土地后，未按照合同约定进行投资开发，不符合相关法律、法规关于土地转让的要求，不具备分割转让的条件”。

原审法院认为：天诚公司与协和公司签订《南通码头及油库合作协议》，出资成立协和天诚公司，合法有效。

关于天诚公司主体是否适格的问题。《公司法解释（三）》第十三条第一款规定：“股东未履行或未全面履行出资义务，公司或者其他股东请求其向公司依法全面履行出资义务的，人民法院应予支持。”依照该规定，对于未履行或未全面履行出资义务的股东，公司或者其他股东均享有诉权。本案中，天诚公司认为协和公司作为协和天诚公司的股东未全面履行出资义务，其以协和天诚公司的股东身份提出诉讼，主体适格。

关于天诚公司要求协和公司履行国有土地使用权出资义务是否存在障碍的问题。协和公司以案涉 30 亩土地出资，履行出资义务不存在障碍。理由如下：1. 依据《物权法》第一百四十三条之规定，协和公司将案涉 30 亩土地使用权作价 1080 万元出资协和天诚公司，是对其享有的建设用地使用权进行处分，任何人无权加以干涉或妨碍。况且南通经济技术开发区管委会认为案涉 30 亩土地不具备分割转让的条件以及其出具的函件，均系内部意见，并未形成法律文件。2. 出资是股东最基本、最重要的义务。这种义务既是一种约定义务，同时也是一种法定义务。股东通过签订公司设立协议的形式约定各自的出资份额，且出资是公司章程的绝对必要记载事项。本案中，依据《南通码头及油库合作协议》和《协和天诚公司章程》，协和公司除出资 570

万元，还应在2010年12月31日前将案涉30亩土地使用权变更至协和天诚公司名下，但协和公司未按约履行土地出资义务。3.本案中，协和天诚公司以案涉30亩土地向南通市沿江开发江海联动工作领导小组办公室申请使用长江岸线，并获得批准。该公司又于2010年12月20日，与中交上海港湾工程设计研究院有限公司签订《建设工程设计合同》，可视为协和公司已将案涉30亩土地向协和天诚公司交付使用，协和公司应办理土地权属变更手续。亦即，协和公司以案涉30亩土地出资，履行出资义务不存在障碍。

关于协和公司是否存在逾期交付出资违约情形的问题。原审法院认为，虽协和公司向南通经济技术开发区管委会提出分割土地申请，但协和公司对其受让的98.3亩国有土地使用权未能按《国有土地使用权出让合同》的要求，达到开发建设面积占建设总面积比例1/3以上且投资额占总投资额不足25%，才会导致南通经济技术开发区管委会认定其提出的国有土地使用权分割申请不符合条件，从而造成逾期交付土地使用权出资，违约责任显然在于协和公司，其应当承担逾期交付出资的违约责任。

二审法院经审理，除了确认天诚公司作为原告提起本案诉讼的主体资格适格外，认为：

1.协和公司未按合作协议约定将30亩国有土地使用权登记至协和天诚公司名下构成违约，该违约情形的发生，并非由于合作协议存在客观上不能履行障碍导致。第一，根据合作协议、协和天诚公司章程规定，协和公司应在2010年12月31日前将土地使用权变更至协和天诚公司名下，而直至天诚公司提起本案诉讼，协和公司仍未按约将土地使用权变更至协和天诚公司名下，显然构成违约。第二，虽然协和公司与国土管理部门所签订的土地出让合同、国有土地使用权转让的有关规定均要求案涉土地再次转让时须具备一定条件，但该条件并非案涉土地使用权由协和公司转让给协和天诚公司不可能达到的条件，且直至本案二审期间，案涉土地使用权也并未出现客观上无法达到转让条件的情形，在此情况下，协和公司应根据合作协议和章程规定，以自身的履行行为，促使案涉国有土地使用权满足变更登记的条件并申请办理相应的变更手续，以完成案涉合同义务的履行。第三，从协和公司2010年4月申请国有土地使用权分割登记时国土管理部门的拟办意见来看，国土管理部门的意见亦是认为当时不符合土地分割登记的条件，建议协和公司先行实施项目建设后再行办理分割转让手续，而协和公司此时并未向天诚公司提出案涉土地使用权变更登记具有客观上不能履行的障碍，而是在此之后与天诚公司共同参与协和天诚公司股东会并形成决议，对公司章程进行修改，明确协和公司在 2010 年 12 月 31 日之前将土地使用权变更登记至协和天诚公司。由此亦可以佐证，案涉土地使用权未变更登记至协和天诚公司，并非具有客观上不能履行的障碍导致，而是其不积极履行国有土地使用权变更至合资公司名下需履行的义务所致，故协和公司认为其未履行出资义务存在实质性障碍，出资不能的责任不在协和公司的上诉理由不能成立。

2. 协和公司应继续履行合作协议和协和天诚公司章程规定的出资义务。直至本案二审，案涉土地使用权不存在法律上或客观上不能办理过户手续的情况，故协和公司应继续履行合作协议和公司章程规定的义务，办理完成土地过户的相关手续。但由于土地使用权变更登记是国土管理部门的行政行为，故原审判决协和公司将案涉土地使用权变更至协和天诚公司名下缺乏法律依据，应予以纠正。

规范指引

《中华人民共和国公司法》

第二十八条 股东应当按期足额缴纳公司章程中规定的各自所认缴的出资额。股东以货币出资的，应当将货币出资足额存入有限责任公司在银行开设的账户；以非货币财产出资的，应当依法办理其财产权的转移手续。

股东不按照前款规定缴纳出资的，除应当向公司足额缴纳外，还应当向已按期足额缴纳出资的股东承担违约责任。

第三十条 有限责任公司成立后，发现作为设立公司出资的非货币财产的实际价额显著低于公司章程所定价额的，应当由交付该出资的股东补足其差额；公司设立时的其他股东承担连带责任。

第三十五条 公司成立后，股东不得抽逃出资。

第八十三条 以发起设立方式设立股份有限公司的，发起人应当书面认足公司章程规定其认购的股份，并按照公司章程规定缴纳出资。以非货币财产出资的，应当依法办理其财产权的转移手续。

发起人不依照前款规定缴纳出资的，应当按照发起人协议承担违约责任。

发起人认足公司章程规定的出资后，应当选举董事会和监事会，由董事会向公司登记机关报送公司章程以及法律、行政法规规定的其他文件，申请设立登记。

第九十一条　发起人、认股人缴纳股款或者交付抵作股款的出资后，除未按期募足股份、发起人未按期召开创立大会或者创立大会决议不设立公司的情形外，不得抽回其股本。

第九十三条　股份有限公司成立后，发起人未按照公司章程的规定缴足出资的，应当补缴；其他发起人承担连带责任。

股份有限公司成立后，发现作为设立公司出资的非货币财产的实际价额显著低于公司章程所定价额的，应当由交付该出资的发起人补足其差额；其他发起人承担连带责任。

第一百四十七条　董事、监事、高级管理人员应当遵守法律、行政法规和公司章程，对公司负有忠实义务和勤勉义务。

董事、监事、高级管理人员不得利用职权收受贿赂或者其他非法收入，不得侵占公司的财产。

第一百四十九条　董事、监事、高级管理人员执行公司职务时违反法律、行政法规或者公司章程的规定，给公司造成损失的，应当承担赔偿责任。

《最高人民法院关于适用〈中华人民共和国公司法〉若干问题的规定（三）》

第十三条　股东未履行或者未全面履行出资义务，公司或者其他股东请求其向公司依法全面履行出资义务的，人民法院应予支持。

公司债权人请求未履行或者未全面履行出资义务的股东在未出资本息范围内对公司债务不能清偿的部分承担补充赔偿责任的，人民法院应予支持；未履行或者未全面履行出资义务的股东已经承担上述责任，其他债权人提出相同请求的，人民法院不予支持。

股东在公司设立时未履行或者未全面履行出资义务，依照本条第一款或者第二款提起诉讼的原告，请求公司的发起人与被告股东承担连带责任的，人民法院应予支持；公司的发起人承担责任后，可以向被告股东追偿。

股东在公司增资时未履行或者未全面履行出资义务，依照本条第一款或者第二款提起诉讼的原告，请求未尽公司法第一百四十七条第一款规定的义务而使出资未缴足的董事、高级管理人员承担相应责任的，人民法院应予支持；董事、高级管理人员承担责任后，可以向被告股东追偿。

专题十四：股东抽逃出资的法律责任

【核心提示】股东抽逃出资，公司或者其他股东请求其向公司返还出资本息、协助抽逃出资的其他股东、董事、高级管理人员或者实际控制人对此承担连带责任的，人民法院应予支持。公司债权人请求抽逃出资的股东在抽逃出资本息范围内对公司债务不能清偿的部分承担补充赔偿责任、协助抽逃出资的其他股东、董事、高级管理人员或者实际控制人对此承担连带责任的，人民法院应予支持；抽逃出资的股东已经承担上述责任，其他债权人提出相同请求的，人民法院不予支持。

实务争点

股东抽逃出资既损害了公司和其他股东的合法权益，也严重影响了公司债权人对于公司财产确定的信赖利益。因此，公司和其他股东可以请求抽逃出资的股东承担返回出资的责任，债权人可以要求抽逃出资者在抽逃出资范围内承担公司债务的不能清偿部分的赔偿责任。但实践中，股东能够抽逃出资，常常是在公司其他股东、董事、高级管理人员协助下完成的，在这种情况下，协助抽逃的其他股东、董事和高级管理人员是否以及应承担什么样的民事责任，常常引发争议。对此，《公司法解释（三）》第十四条作出了明确规定。

理解适用

对《公司法解释（三）》第十四条规定的理解适用

抽逃出资是股东瑕疵出资的一种重要表现形式，它损害了公司独立财产权，违反了和其他股东关于出资的约定，并因此会严重损害公司债权人对于公司财产确定的合理信赖。因此，《公司法》第三十五条和第九十一条分别规定："公司成立后，股东不得抽逃出资。""发起人、认股人缴纳股款或者交付抵作股款的出资后，除未按期募足股份、发起人未按期召开创立大会或者创立大会决议不设立公司的情形外，不得抽回其股本。"

股东抽逃出资应当承担相应的法律责任，但我国公司法对此并没有明确规定。国务院相关行政法规和最高人民法院的有关司法解释曾有规定，如1998年最高人民法院《关于人民法院执行工作若干问题的规定（试行）》第八十条规定："被执行人无财产清偿债务，如果其开办单位对其开办时投入的注册资金不实或抽逃注册资金，可以裁定变更或追加其开办单位为被执行人，在注册资金不实或抽逃注册资金的范围内，对申请执行人承担责任。"2001年《最高人民法院关于审理军队、武警部队、政法机关移交、撤销企业与党政机关脱钩企业相关纠纷案件若干问题的规定》（法释〔2001〕8号）第五条规定："开办单位抽逃、转移资金或者隐匿财产以逃避被开办企业债务的，应当将所抽逃、转移的资金或者隐匿的财产退回，用以清偿开办企业的债务。"但是，可以看出，这些规定和解释主要是强调抽逃者必须退回抽逃的资金，而不是关于抽逃出资责任的全面要求。

股东抽逃出资，抽逃出资者本人毫无疑问应承担返还并加相应利息的法律责任，这是抽逃出资者的基本责任要求。但实践中，股东抽逃出资并非其本人自己所能完成的，常常需要其他股东、董事、高级管理人员的配合甚至直接操控完成。在这种情况下，如果不追究其他股东、董事和高级管理人员的责任，就会使得抽逃出资的行为变本加厉，严重损害公司法的基本秩序。在私法上，任何行为者均须为其不当行为结果承担责任是基本原则，诚实信用，不得损害他人利益是私法及现代社会的基本要求。那么，这种责任应当是一种什么样的法律责任，是补充责任，还是连带责任，实践中颇有争议。按照前者看法，协助者毕竟仅是一种协助行为，而非主行为。当抽逃出资者抽逃走其个人出资时，主要是抽逃出资者损害了公司、其他股东和债权人的利益，而非协助者的行为引起。因此，应当由抽逃出资者承担主责任，只有当抽逃出资者无法返还或补充公司责任时，才应由协助者承担相应的补充责任。也就是说，这种责任应当是一种次要责任、补充责任。后者认为，尽管是由于抽逃出资者的抽逃出资行为损害了公司、其他股东和公司债权人的利益，但如果没有协助者的配合，抽逃出资者是很难抽逃成功的。对于受害的公司、其他股东和公司债权人而言，抽逃出资者的行为与协助抽逃者的协助行为没有本质上的差异，二者的配合共同造成了他们损害的后果。因此，按照《侵权责任法》第八条关于"二人以上共同实施侵权行为，造成他人损害的，应当承担连带责任"的规定，抽逃出资者与协助者之间应对他人损害承担连带责任。在这两种看法中，第二种看法，即连带责任说显然更加符合民商法原理及侵权责任法的规定。显然，股东出资后的财产的所有权就属于公司，股东抽逃出资实质上是侵犯公司财产权。因此，如果其他股东、董事、高级管理人员或实际控制人协助股东抽逃出资，按照《侵权责任法》第九条第一款"教唆、帮助他人实施侵权行为的，应当与行为人承担连带责任"的规定，构成共同侵权行为，这些人员应当与该股东一起承担连带责任。

《公司法解释（三）》第十四条对此明确作了解释："股东抽逃出资，公司或者其他股东请求其向公司返还出资本息、协助抽逃出资的其他股东、董事、高级管理人员或者实际控制人对此承担连带责任的，人民法院应予支持。公司债权人请求抽逃出资的股东在抽逃出资本息范围内对公司债务不能清偿的部分承担补充赔偿责任、协助抽逃出资的其他股东、董事、高级管理人员或者实际控制人对此承担连带责任的，人民法院应予支持；抽逃出资的股东已经承担上述责任，其他债权人提出相同请求的，人民法院不予支持。"

也就是说，股东出资后抽逃出资的，公司和其他股东有权请求抽逃出资的股东返还出资及利息。但需要注意的是，在这种请求权法律关系中，其他股东享有的诉权是直接诉权，提起诉讼的其他股东为原告，抽逃股东和协助抽逃的其他股东、董事、高级管理人员和实际控制人为被告，公司则作为第三人参加诉讼。如果诉请成立，则应当判决被告直接向第三人公司返还抽逃的出资本金和利息。

一般情况下，因他人侵权或违约而承担连带责任的人在承担了连带赔偿责任后，都是可以向侵权人或违约人要求追偿的。但对于协助抽逃出资的其他股东、董事、高级管理人员、实际控制人来说，其依法承担连带责任后，是否可以向抽逃出资者予以追偿，该条并未作出规定。按照法律并不保护违法行为的基本原理，法律并不承认和保护协助者追偿的权利。这是因为，这时的其他股东、董事、高级管理人员、实际控制人协助抽逃出资的行为一般存在直接故意的严重违法意图，这种协助行为对公司财产损失及公司债权人合理信赖利益存在直接的侵害或危害关系，如果允许连带责任人承担连带责任后向抽逃出资者进行追偿，就意味着违法可以得到补救，显然，这是严重违背法理的。因此，应对连带责任人追偿权予以否定，科以协助抽逃出资人更加严格的责任，从而维护应有的公司法秩序。

抽逃出资不仅损害了公司、其他股东的合法权益，也会严重侵害公司债权人对公司财产确定的合理信赖，导致债权人利益的损害，所以，该条明确赋予债权人对抽逃出资的股东及协助者的直接的损害赔偿请求权。

当然，根据该规定，抽逃出资的股东和协助抽逃出资的其他股东、董事、高级管理人员或者实际控制人对公司债权人承担的赔偿责任的性质也是“补充责任”“有限责任”和“一次性责任”。

需要特别指出的是，债权人按照该规定请求赔偿时，因协助股东抽逃出资而承担责任的主体，不仅包括公司董事、高级管理人员，还包括公司实际控制人。根据《公司法》第二百一十六条的规定，实际控制人是指虽不是公司的股东，但通过投资关系、协议或者其他安排，能够实际支配公司行为的人。公司控制人对公司不负有勤勉义务，因而不负有向抽逃出资股东追缴出资的法定义务，但是，当实际控制人协助股东抽逃出资时，构成共同侵权行为，应当承担连带赔偿责任。①

---

① 最高人民法院民事审判第二庭编著：《最高人民法院关于公司法解释（三）、清算纪要理解与适用》，人民法院出版社2011年版，第221页。

案例指导一

方海涛与王春富、深圳市博世汽车电子科技有限公司等追收抽逃出资纠纷、股东出资纠纷再审案[①]

再审申请人方海涛因与被申请人深圳市博世汽车电子科技有限公司（以下简称博世公司）、王春富追收抽逃出资纠纷一案，不服广东省高级人民法院（以下简称广东高院）于2015年4月27日作出的（2014）粤高法民二破终字第106号民事判决，向最高人民法院申请再审。

最高人民法院经审理认为：（一）本案一、二审判决查明了博世公司的成立时间、股权结构、注册资金数额及到位情况、方海涛及其父亲方灿森从博世公司账户上取款的时间和金额、王春富向方海涛母亲傅锦欢转让股权的情况，认定的基本事实与（2011）深中法执追异字第13号和（2012）粤高法民三执复字第2号民事裁定认定的基本事实并不矛盾。此外，该两份民事裁定是另案执行程序中法院针对申请执行人王春富以方海涛抽逃出资为由，申请追加方海涛及其母亲傅锦欢为案件被执行人的情况作出的裁定，经过审查，认定王春富的该项请求不能得到支持，该两份民事裁定的着眼点和落脚点是方海涛和傅锦欢是否应当被追加为被执行人，而不是方海涛是否构成抽逃出资。特别是，一般认为，民事裁定解决的是程序性问题，并不确定当事人的实体权利义务。因此，方海涛关于本案一、二审判决与另案两份民事裁定关于抽逃出资行为认定矛盾的观点不能成立。

一、二审判决根据博世公司举出的证据，查明在博世公司成立后不到半年时间内，方海涛及其父亲方灿森分多次从博世公司账户取出100万元款项。方海涛辩称所取款项用于了博世公司的日常经营，包括推广电动汽车的差旅费和推广费等，这属于方海涛反驳博世公司诉讼请求所主张的事实，方海涛理应就此承担举证责任。方海涛关于一、二审法院适用“举证责任倒置”规

---

① 案例来源：最高人民法院民事裁定书（2015）民申字第1467号，载中国裁判文书网，http：//wenshu.court.gov.cn/content/content?DocID=7acc524f-7939-443f-bc5e-d4f3f910ed37&KeyWord=。

则错误的观点不能成立。

根据《公司法》第三十五条和《公司法解释（三）》第十二条、第十四条第一款的规定，股东是否构成抽逃出资，系以股东是否损害了公司的财产权益为认定标准，而与其他股东对抽逃出资行为是否知晓无关。因此，无论王春富是否知晓或同意方海涛从博世公司账户中取出100万元，只要方海涛不能证明取出的款项用于了博世公司的生产经营，即不影响方海涛构成抽逃出资的认定。而其他股东知晓并协助抽逃出资的，将产生承担连带责任的法律后果。本案一、二审判决以方海涛未能就取款用于博世公司举出合理、充分的证据证明为由，认定方海涛的行为构成抽逃出资，并无不当。方海涛关于一、二审判决认定其构成抽逃出资错误的申请再审理由不能成立。

（二）关于一、二审判决是否适用法律确有错误问题。“揭开公司面纱”制度适用于公司股东在特殊情况下需要向公司债权人承担法律责任的公司外部纠纷，而本案是博世公司以其股东方海涛、王春富抽逃出资为由提起的民事诉讼，属于公司内部纠纷。一、二审判决并未在本案中适用“揭开公司面纱”制度，而是根据查明的事实认定股东构成抽逃出资，并判令抽逃出资的股东向公司返还抽逃的出资款。因此，方海涛关于一、二审判决适用“揭开公司面纱”制度、适用法律错误的申请再审理由不能成立。

综上，方海涛申请再审的理由均不能成立，驳回方海涛的再审申请。

案例指导二

光彩宝龙兰州新区建设有限公司、宝纳资源控股（集团）有限公司等与袁玉岷、龙湾港集团有限公司一般股东权纠纷案[①]

2007年9月20日，龙湾港公司和宝纳资源公司的前身中宝纳资源控股有限公司签订了《光彩宝龙兰州新区建设有限公司章程》，其中第七条约定：龙湾港公司以货币出资2719.2万元，占注册资本的51.5%；宝纳资源公司以

① 案例来源：最高人民法院民事判决书（2014）民二终字第00092号，载中国裁判文书网，http：//wenshu.court.gov.cn/content/content?DocID=f59d1388-a84f-45c1-9d06-f03017c7d213&KeyWord=。

货币出资2560.8万元，占注册资本的48.5%。同日，光彩宝龙公司董事会选举袁玉岷为该公司董事长兼总经理。同年9月28日，宝纳资源公司对光彩宝龙公司的2560.8万元出资到位。翌日，由宝纳资源公司作为协调人并担保，龙湾港公司向珠海经济特区瑞福星医药工业公司（以下简称瑞福星公司）借款1439万元，专用于龙湾港公司作为股东的光彩宝龙公司所需注册资金。同日，龙湾港公司向光彩宝龙公司缴纳1439万元和1280.2万元两笔出资，其出资亦全部到位。袁玉岷既是光彩宝龙公司的法定代表人，也是光彩宝龙公司股东龙湾港公司的法定代表人，同时还是龙湾港公司下属子公司疏浚公司的法定代表人。2007年12月4日，光彩宝龙公司以支付工程款名义向疏浚公司汇款1439万元。第二日，疏浚公司将该笔款又以工程款名义转付给瑞福星公司。同年12月7日，袁玉岷在光彩宝龙公司该笔用途为工程款的资金使用申请单上签字。另案由最高人民法院作出的（2012）民一终字第52号民事判决认定疏浚公司与光彩宝龙公司没有事实上的工程合同关系或委托关系；光彩宝龙公司支付给疏浚公司的1439万元未用于工程建设，而是由疏浚公司支付给瑞福星公司偿付了借款。

光彩宝龙公司、宝纳资源公司认为龙湾港公司的行为严重损害了其合法权益，遂依法提起诉讼，其中请求之一是判令袁玉岷对龙湾港公司抽逃注册资金的行为承担连带责任等。

一审法院认为，本案案由应确定为“股东出资纠纷”，本案被告龙湾港公司行为已构成抽逃出资，根据《公司法解释（三）》第十二条第（二）项、第十四条第一款的规定，龙湾港公司应当承担返还抽逃出资并赔偿利息损失的法律责任。

袁玉岷是否应当承担连带责任的问题。原审法院认为，被告龙湾港公司虚构债权债务关系抽逃1439万元出资偿还其借款时，袁玉岷既是龙湾港公司的法定代表人，也是光彩宝龙公司的法定代表人。没有袁玉岷的协助，龙湾港公司是不可能实现抽逃其出资的。根据《公司法解释（三）》第十四条第一款的规定，袁玉岷应当对龙湾港公司返还抽逃出资的本息承担连带责任。

袁玉岷不服一审判决，上诉至最高人民法院请求依法撤销原审判决，改判其不承担龙湾港公司返还抽逃出资1439万元及利息的连带责任。

最高人民法院经过审理认为，本案二审争议的焦点问题是袁玉岷是否协助龙湾港公司抽逃了出资，应否承担连带返还责任。

原审判决认定龙湾港公司抽逃了对光彩宝龙公司的1439万元出资，龙湾港公司和袁玉岷对此均未提出上诉，故本院予以确认。龙湾港公司抽逃出资的方式，是通过虚构光彩宝龙公司与疏浚公司之间的工程款债务，将款项从光彩宝龙公司转入疏浚公司，再从疏浚公司转入瑞福星公司，用以偿还了龙湾港公司欠瑞福星公司的借款。在光彩宝龙公司为龙湾港公司抽逃出资而出具的《资金使用申请单》上，袁玉岷签字同意。虽然该行为发生在款项已经转出之后，但仍代表袁玉岷对龙湾港公司抽逃出资行为的认可。根据《公司法解释三》第十四条第一款规定，公司的其他股东、董事、高管人员等，只要实施了协助股东抽逃出资的行为，即应承担连带责任，而与协助行为对抽逃出资所起作用的大小、是否为抽逃出资的必要条件等无关。故原审法院认定袁玉岷实施了协助抽逃出资的行为，应当承担连带责任并无不妥。

从主观上看，龙湾港公司、光彩宝龙公司、疏浚公司之间通过虚构债务、间接转款用以抽逃出资、偿还债务的行为，显然系精心设计、相互配合、故意而为之，采用间接转款的隐蔽方式是为了规避公司法关于禁止股东抽逃出资的规定，袁玉岷一方在庭审中对此也是认可的。龙湾港公司、光彩宝龙公司、疏浚公司的时任法定代表人均为袁玉岷，从常理上判断，袁玉岷对其控制的三个关联公司之间故意实施的抽逃出资行为应是明知或应知的，袁玉岷在虚构工程款以抽逃出资的资金使用申请单上签字同意亦可证明此点。袁玉岷主张抽逃出资行为系宝纳公司的法定代表人贾文成授意其委派到光彩宝龙公司担任财务经理的刘燕所实施，目的是将1439万元尽快转至瑞福星公司，而其本人对此主观上并不知情，客观上也未实施协助行为，本院认为不足采信。首先，刘燕虽然是宝纳公司委派的人员，但光彩宝龙公司的另一财务人员李某却不是，根据光彩宝龙公司的财务制度，一万元以上的对外付款必须经袁玉岷批准，且由刘燕和李某分别签章才能完成。故没有光彩宝龙公司人员的配合，即便贾文成授意刘燕帮助龙湾港公司抽逃出资，刘燕也无法完成。在刘燕明知付款行为无法掩饰，而擅自付款又将承担巨大法律责任的情况下，其未经袁玉岷的同意而擅自对外付款，也与常理不符。其次，如果系贾文成授意刘燕不经袁玉岷的同意而擅自转款，以便尽快偿还龙湾港公司欠瑞福星公司的借款，那么刘燕为何会舍近求远，避简就繁，不将款项直接转入贾文成控制的瑞福星公司，而是先转入刘燕和贾文成均不掌控，但却是袁玉岷担任法定代表人的疏浚公司？最后，从疏浚公司向外转款的过程看，款项是由时任龙湾港公司人事部经理、疏浚公司人事部总经理的梁宁镯指示疏浚公司出纳王雪峰，于1439万元到账后的第二天即转出支付给了瑞福星公司。而梁宁镯恰是当初龙湾港公司向瑞福星公司借款时，受袁玉岷委托，在借款协议上签字的经办人员。梁宁镯是疏浚公司的人事部总经理，财务事宜并不在其工作职责范围之内，如果不是法定代表人袁玉岷的授权指使，其何以能够得知1439万元款项到账的事实，又何来权力指令财务人员将款项转给瑞福星公司？综上，本院认为，从本案的一系列事实分析判断，有充足的理由使人相信，袁玉岷对通过其担任法定代表人的三个关联公司之间故意虚构债务以抽逃出资的行为主观上存在过错，客观上也实施了协帮的行为，应当承担连带返还责任。

综上，本院认为，原审判决认定事实清楚，适用法律正确，上诉人关于其不应承担连带责任的上诉请求不予支持。

规范指引

《中华人民共和国公司法》

第三十五条 公司成立后，股东不得抽逃出资。

第九十一条 发起人、认股人缴纳股款或者交付抵作股款的出资后，除未按期募足股份、发起人未按期召开创立大会或者创立大会决议不设立公司的情形外，不得抽回其股本。

第一百四十七条 董事、监事、高级管理人员应当遵守法律、行政法规和公司章程，对公司负有忠实义务和勤勉义务。

董事、监事、高级管理人员不得利用职权收受贿赂或者其他非法收入，不得侵占公司的财产。

第一百四十九条 董事、监事、高级管理人员执行公司职务时违反法律、行政法规或者公司章程的规定，给公司造成损失的，应当承担赔偿责任。

《中华人民共和国侵权责任法》

第八条　二人以上共同实施侵权行为，造成他人损害的，应当承担连带责任。

第九条第一款　教唆、帮助他人实施侵权行为的，应当与行为人承担连带责任。

《最高人民法院关于适用〈中华人民共和国公司法〉若干问题的规定（三）》

第十四条　股东抽逃出资，公司或者其他股东请求其向公司返还出资本息、协助抽逃出资的其他股东、董事、高级管理人员或者实际控制人对此承担连带责任的，人民法院应予支持。

公司债权人请求抽逃出资的股东在抽逃出资本息范围内对公司债务不能清偿的部分承担补充赔偿责任、协助抽逃出资的其他股东、董事、高级管理人员或者实际控制人对此承担连带责任的，人民法院应予支持；抽逃出资的股东已经承担上述责任，其他债权人提出相同请求的，人民法院不予支持。

专题十五：瑕疵出资股东权利的限制

【核心提示】股东未履行或者未全面履行出资义务或者抽逃出资，公司根据章程或者股东会决议对其利润分配请求权、新股优先认购权、剩余财产分配请求权等股东权利作出相应的合理限制，该股东请求认定该限制无效的，人民法院不予支持。

实务争点

股东未履行或者未全面履行出资义务或者抽逃出资，不仅会影响公司债权人对公司财产确定的信赖利益，更会严重损害公司和其他股东的合法权益。如果瑕疵出资股东迟迟不将其瑕疵出资予以补足，而其仍享有股东权力和利益，显然是不适当的。那么，在这种情况下，能否限制瑕疵出资股东的股东权利实践中很有争议。一种观点认为，股东尽管出资瑕疵，但其毕竟具有股东资格，因此应当和其他股东一样享有相应的股东权利和利益；另一种观点则认为，股东出资具有瑕疵，其享有的股东权利也应当是不完整的，否则对其他股东是不公平的，且因此严重损害了公司的独立人格及利益。对此，《公司法解释（三）》第十六条作出了规定。

理解适用

对《公司法解释（三）》第十六条规定的理解适用

认缴出资并按照章程规定如期缴纳出资是股东的首要义务，在一定意义上也是出资人成为股东的前提。《公司法》第二十八条第一款规定："股东应当按期足额缴纳公司章程中规定的各自所认缴的出资额。股东以货币出资的，应当将货币出资足额存入有限责任公司在银行开设的账户；以非货币财产出资的，应当依法办理其财产权的转移手续。"第八十三条第一款规定："以发起设立方式设立股份有限公司的，发起人应当书面认足公司章程规定其认购的股份，并按照公司章程规定缴纳出资。以非货币财产出资的，应当依法办理其财产权的转移手续。"第八十四条规定："以募集设立方式设立股份有限公司的，发起人认购的股份不得少于公司股份总数的百分之三十五；但是，法律、行政法规另有规定的，从其规定。"

股东出资的义务既是一种约定义务，也是一种法定义务。作为约定义务，其主要表现为股东之间的出资协议和公司章程关于股东出资的规定；作为法定义务，其主要表现为公司一旦依法成立，股东必须按照公司章程关于出资的要求予以出资。尽管2013年《公司法》修改取消了最低公司资本的要求，但股东相应的出资义务仍然存在。在无最低资本要求的情况下，决定每一股东出资范围的并非法定的最低资本额，而是公司或者说全体股东自我设定的注册资本额。全体股东自我设定的资本一经确定并经公司注册登记，就会因此产生全体股东的出资义务。也就是说，最低资本额的取消，改变的只是股东出资义务的数额，而非股东出资义务本身。就约定义务而言，每一公司的资本多少和各个股东认购的出资额的确完全取决于股东的自愿。与此同时，当资本被注册、股东认购的出资额被登记后，股东即应依法承担资本项下的出资义务，这又体现出股东出资义务的法定性，而这种义务从约定转换到法定的合理根据则在于注册资本应有的公示效力。①

股东的出资不仅决定着公司的经营，还决定着投资者能否成为股东及其权利和权益如何。这是因为，正是股东们的共同投资形成了共同的经营体——公司，如果没有事先约定（主要是有限责任公司），每一位股东都是根据其出资的多少享有相应的股东权的。也就是说，股东权是基于股东的出资多少而享有对公司的管理、收益等权利。那么，如果股东尽管认缴了出资，但实际上并没有履行出资，或未完全履行出资，或不适当出资，或者实际出资后抽逃了出资等，这不仅损害了公司财产权，更是损害了其他正确适当履行了出资义务的股东对公司的合理整体期待，损害了股东们之间基于公司而形成的正常的经济与管理关系。因此，就有必要通过法律规定规范因股东违反出资义务而对公司和其他股东导致的伤害，为股东之间和公司的整体关系的协调和稳定提供保障。

如前所述，对于股东违反出资义务的问题，各国和地区的公司法主要通过强调股东的资本充实责任予以解决，但在瑕疵出资股东承担资本充实责任之前，或者瑕疵出资股东根本不履行该责任如何对待，则少有规定。从私法上关于权利义务一致原理出发，是否可以因股东违反出资义务而对其相应的股东权利予以限制，显然值得探讨。我国《公司法》第三十四条规定："股东按照实缴的出资比例分取红利；公司新增资本时，股东有权优先按照实缴的出资比例认缴出资。但是，全体股东约定不按照出资比例分取红利或者不按照出资比例优先认缴出资的除外。"也就是说，该条规定了除非全体股东事先有约定，在股东未依约实际缴付出资时，其是不能按照出资比例分取红利的，而且在公司新增资本时只能按照实缴的出资比例认缴。该条的规定尽管仅仅是关于分红的权利要求，但从中可以推论出，在股东未适当履行出资义务时，其相应的权利是应受到限制的。

实践中，因为股东出资不当而引起大量的股东之间的纠纷，如何解决这一问题成为司法必须解决的。《公司法解释（三）》第十六条对此作出了明

---

① 赵旭东：《资本制度改革与公司法的司法适用》，载《人民法院报》2014年2月26日。

确的规定，即“股东未履行或者未全面履行出资义务或者抽逃出资，公司根据公司章程或者股东会决议对其利润分配请求权、新股优先认购权、剩余财产分配请求权等股东权利作出相应的合理限制，该股东请求认定该限制无效的，人民法院不予支持”。

根据该条规定，在股东未尽出资义务时，公司可以通过公司章程的规定或者股东会决议来限制股东的权利。通过公司章程限制股东权利时，由于章程一般需要股东表决权的三分之二以上股东通过，这能够使公司在限制股东权利时更加慎重；通过股东会决议限制股东权利时，虽然股东会决议一般只需要股东表决权的半数以上通过，但《公司法》第二十八条第二款、第八十三条第二款均规定股东未尽出资义务时对其他股东承担违约责任，这种违约责任应是对每一个股东的违约责任，所以，即使仅有半数以上股东同意限制未尽出资义务股东的权利，也不违反法律的规定，即通过股东会决议限制股东权利是合理的。因此，法院不应否定公司作出上述限制的效力。①

股东违反出资义务可以通过公司章程或股东会决议限制其股东权，但这并非说所有的股东权都是可以加以限制的。毫无疑问，出资是股权的基础，股权因股东出资而享有。但是，股权一旦形成，其内容或者说权能并非完全与出资紧密相连，股权一旦形成，其常常是超越因出资而形成的财产权的。换言之，股权的内容是多种多样的，有些权能与出资联系比较紧密，有些权利则与出资联系比较松散。而那些与出资义务的履行联系较为密切的权能，在股东未尽出资义务时，这些权能可以受到一定限制。但那些与出资义务联系不紧的权能，就不应被限制。具体而言：

（一）股权中的自益权原则上应当受到限制

股东出资是为了通过公司获取资本收益，反过来，没有股东的正确出资，公司利润也就无从谈起或者说就会受到限制。而获得红利分配是股东最重要的财产权利，股东的其他财产权利都是围绕着红利分配产生，那么

---

① 最高人民法院民事审判第二庭编著:《最高人民法院关于公司法解释（三）、清算纪要理解与适用》，人民法院出版社 2011 年版，第 254 页。

股东出资和股东的财产权利之间就有了原因与结果、手段与目的的直接关系。对于这些权利，在股东出资不当的情形下，当然应当受到限制。① 根据股东权的内容，可将股东权分为自益权与共益权，其中自益权是指股东以自己的利益为目的而行使的权利，如请求分红的权利、请求分配公司剩余财产的权利。这类权利无须其他股东的配合就可以行使。可以说，自益权主要是股东获取财产利益的权利。而其之所以能够获得相应财产利益，主要是基于其出资。那么，对未履行出资义务的股东，通过限制其股东自益权就是合理并可行的。股东自益权中主要的内容包括股利分配请求权、剩余财产分配请求权、新股认购优先权、股份买取请求权、股票交付请求权、股权转让权等。其中，股利分配请求权、剩余财产分配请求权、建设利息分配请求权等直接要求公司给付金钱的请求权均直接来源于股东的出资，是因股东出资而产生的权利。我国《公司法》第三十四条明确规定在章程未作相反规定时，股东只能按照实缴的出资份额行使这些权利；而对于新股认购优先权、股份买取请求权，基于其前面认购的应出资义务没有履行，显然不应允许该股东认购新股，前面的尚未履行，后面的显然更无法履行，其结果只能使公司的财产显得更“空虚”，从而加重公司和其他股东不应有的负担，所以也应当限制这两种权利。对于股票或出资证明书交付请求权，因为其除了是股东身份的象征，也是出资款已缴纳的凭证，未出资的股东自然也不该要求公司向其交付所谓的股票。

在实践中需要注意的是，存在出资瑕疵的股权仅仅是出资具有不当之处，股东并不因此当然丧失股权，该股权也不因此失去可转让性。② 但存在出资瑕疵的股权毕竟具有瑕疵，这种瑕疵损害着公司和其他股东的合法权益，因此公司可以对其转让作出特别的限制。当然，对这种转让可以区分不同情况加以处理。如果股权受让人知道转让人尚未履行出资义务，并同意受让股权后出资，而且公司的其他股东对此并不反对，就没有必要限制该股权转让。

---

① 叶林:《公司股东出资义务研究》，载《河南社会科学》2008 年第 7 期。

② 古锡麟、李洪堂:《股权转让若干审判实务问题》，载《法律适用》2007 年第 3 期。

（二）股东共益权原则上不应限制，但在特殊情况下仍可予以限制

共益权是指股东参与公司经营管理的权利，尽管其也是以自己的利益为目的，但客观上是有利于公司和其他股东的，故称为共益权，如表决权、查阅权。这类权利一般需要结合其他股东一同行使。可以说，共益权是股东对公司重大事务的参与管理权，这些权利与股东因出资而拥有财产利益的关系较远，它们主要是股东对公司经营决策的参与和对公司的监督，而没有直接的财产内容。共益权的行使与出资的多少没有质的差别，无论出资是多少，都可以行使参与公司管理权与监督权。

股东共益权的内容主要包括表决权、提案权、质询权、知情权、董事监事任免权和清算人解任请求权、董事会违法行为制止请求权、公司解散请求权和公司重整请求权等。虽然股权并非完全等同社员权，但其参与公司经营管理的权能与社员权是很相似的。在这种意义上，股东作为社团成员，除非经过除权程序或者其他原因失去股权，其参与经营管理的权利不应受到限制。尽管有些国家和地区公司法对股东行使这些权利（如查阅权、股东会召集权等）设定了持股比例的限制，即必须是持有一定股份的一个或者数个股东才能行使，但这些规定是为了防止股权滥用、损害公司利益的技术性规定，其限制的原因并非基于股东的出资瑕疵。

也就是说，对于共益权，原则上不宜限制，股东只要依法认缴出资并履行了一部分出资义务，就可以享有参与公司管理权和监督权。但对于股东仅仅认缴出资，而根本未履行出资义务者，经过公司和其他股东一再催促后仍然不予以出资的，则是可以限制的。因为这时该股东正在逐步丧失作为股东的基础。按照公司自治原则，其他股东和公司可以容忍根本未出资的股东继续享有相应权利，当然也可以基于其根本不履行其出资义务的行为限制甚至剥夺其作为股东的权利。

其中，共益权中的表决权无论是对公司还是所有股东都是最重要的权利，它体现着股东对公司的重大利益，即人事和财产的权益问题。

按照股东权的性质，可以分为固有权和非固有权，固有权是指除非得到股东的同意，不得以章程或股东会决议予以剥夺或限制的权利，它又称不可

剥夺权。非固有权是指可以依照公司章程或股东会决议予以剥夺或限制的权利，又称可剥夺权。固有权往往是和股东的基本权益相关的权利，如对股份和出资的所有权、普通股的表决权，因而，这类权利常常由公司法或商法加以明确规定，以强行法形式赋予股东。

关于表决权是否为固有权，有两种看法：一种认为其是固有权，不得以公司章程、股东会决议、董事会决议加以限制、取消和妨碍；另一种认为其不是固有权，随着股票、股权种类的发展变化，出现了无表决权股和受限表决权股；股东甚至可以在章程中规定股权或股份的种类，取消或加重某些股票、股权的表决权，所以，从这个意义来看，表决权已经不是固有权了。

一般地，表决权是每个股东参与公司管理经济的民主权利，所以每个股东均应当因出资享有表决权而不应当受到限制。但是，从另外一个意义上看，表决权事实上是一种对于公司的控制权，它是股东的工具。对公司来说，表决权使得公司的运营更为有效，没有表决权公司就会缺乏基本的决策和行动的依据，无法组织有效的行动；对股东来说，凭借表决权的行使，股东可以选择或罢免管理者，从根本上选择公司的运营方式，是对管理者牵制的最后工具。真正关心公司经营、应当控制公司走向的，是与公司利益关系最密切的人——全面正确出资的股东。而没有出资的股东尽管要承担违约责任，但其投资的风险要明显低于已经全面正确出资的股东，对公司的关心和投入就不会如实际出资者那样。如果让没有出资的股东通过表决权的行使控制公司，将不符合利益风险一致原则，也不利于公司的整体与长远发展。因此，对于没有全面正确出资的股东，可以通过章程或股东会决议限制其表决权的行使。[①]

自20世纪80年代末以来，世界公司法的一个发展趋势是淡化公司的抽象法人性，而越来越将公司当作投资者的工具，即强化公司的工具性，特别是广大中小公司立法更是如此。在这种情况下，股东的权利（包括自益权和共益权在内）完全可以通过公司自治扩大或限制，法律所能提供的主要是理顺相应关系，以利于出现纠纷时提供解决的方案。所以，公司和其他股东通

---

① 最高人民法院民事审判第二庭编著：《最高人民法院关于公司法解释（三）、清算纪要理解与适用》，人民法院出版社2011年版，第266页。

过章程和股东会会议决议方式限制股权，基本上都是可以的。

案例指导

安达新世纪·巨鹰投资发展有限公司与北京首都国际投资管理有限责任公司、协和健康医药产业发展有限公司股东权确权赔偿纠纷上诉案①

上诉人安达新世纪·巨鹰投资发展有限公司（以下简称安达巨鹰公司）为与被上诉人北京首都国际投资管理有限责任公司（以下简称首都国际公司）以及原审第三人协和健康医药产业发展有限公司（以下简称协和健康公司）股东权确权赔偿纠纷一案，不服黑龙江省高级人民法院（2006）黑高商初字第27号民事判决，向最高人民法院提起上诉。

最高人民法院经过审理认为，本案当事人之间争议的主要焦点在于：协和健康公司的发起人股东是否履行了出资义务问题、安达巨鹰公司是否应当承担对协和健康公司的出资义务、其股东权利是否应当受到限制以及其是否应当对首都国际公司承担违约责任问题。

1. 关于协和健康公司的发起人股东是否履行了出资义务问题

出资是股东依照《公司法》、公司章程以及公司设立协议向公司交付财产的行为，是股东的基本义务。根据规定，有限责任公司的股东在公司设立时，可以用货币出资，也可以用实物等出资，无论以何种方式出资，都会出现股东未出资、未足额出资及抽逃出资等情形，这些均是股东瑕疵出资的表现。在实践中股东瑕疵出资有多种表现形式，其中以股东设立公司时，为了应付验资，将款项短期转入公司账户后又立即转出，公司未实际使用该款项进行经营尤为常见。本案中，海泰集团公司、新纪元公司作为协和健康公司的发起人股东，将款项汇入协和健康公司的临时验资账户，但是在协和健康公司验资后即将资金转出。海泰集团公司、新纪元公司的上述行为，即造成

① 案例来源：最高人民法院民事判决书（2007）民二终字第93号，载最高人民法院民事审判第二庭编：《民商事审判指导》2007年第2辑，人民法院出版社2008年版。

对协和健康公司出资不到位、股权存在瑕疵的后果。协和医药公司、东盛药业公司受让海泰集团公司、新纪元公司的股权成为协和健康公司的股东后，协和健康公司的董事会决议亦明确约定了协和医药公司、东盛药业公司应履行出资义务的时间，但协和医药公司、东盛药业公司均未履行出资义务。故原审判决认定协和健康公司的原股东均未履行出资义务并无不当。安达巨鹰公司主张协和健康公司的发起人股东并不存在出资瑕疵，但未提供充分的证据予以证明，故其该项上诉主张不能成立，不予支持。

2. 关于安达巨鹰公司是否应当承担对协和健康公司的出资义务及其股东权利是否应当受到限制、是否应当对首都国际公司承担违约责任问题

根据公司法原理，瑕疵出资股东被记载于公司章程、股东名册或者经过工商注册登记后，如果没有经过合法的除权程序，应当认定该瑕疵出资股东具有公司股东资格，享有股东权利，因此，瑕疵出资股东也有权利处分其享有的股权。在出资瑕疵的股东将其股权转让给其他民事主体后，即产生了该瑕疵股权出资责任的承担主体问题。对于上述问题，我国现行《公司法》以及相关司法解释并未作出明确规定，在处理上要遵循股权转让双方当事人的真实意思表示以及过错责任相当等基本原则。就股权转让的受让人而言，如果其明知或应当知道受让的股权存在瑕疵而仍接受转让的，应推定该受让人明知其可能会因受让瑕疵股权而承担相应的民事责任，但其愿意承受。故受让人应当承担补足注册资本的义务。如前分析所述，协和健康公司的发起人股东海泰集团公司、新纪元公司出资不实，协和医药公司、东盛药业公司受让上述发起人股东的股权后，亦未按照约定履行出资义务。在安达巨鹰公司与协和医药公司签订的股权转让协议中，约定股权转让款直接给付协和健康公司，在其与东盛药业公司签订的股权转让协议中，约定安达巨鹰公司不必支付股权转让款，而是要履行相应的出资义务。上述事实表明，安达巨鹰公司对其受让的股权存在出资不实、股东资格有瑕疵应当是明知的。根据协议约定以及协和健康公司章程中的规定，安达巨鹰公司向协和健康公司履行出资义务，是股权转让双方当事人的真实意思表示，亦不违反法律、法规的强制性规定，其应对协和健康公司承担出资不实的法律责任，即应向协和健康公司履行出资义务。安达巨鹰公司主张发起人股东出资义务已经完成，只存在对协和健康公司的债务，其对协和健康公司股权的受让是承债式收购，上述主张没有事实依据，不予采信。关于安达巨鹰公司的股东权利是否应当受到限制，最高法院认为，根据《公司法》的规定，股东出资不到位并不影响其股东资格的取得，但其享有股东权利的前提是承担股东义务，违反出资义务，也就不应享有股东的相应权利，这亦是民法中权利与义务统一、利益与风险一致原则的具体体现。本案中，由于安达巨鹰公司并没有履行出资义务，其股东权利的行使应当受到一定的限制，这种限制应根据具体的股东权利的性质确定，即与出资义务相对应的股东权利只能按出资比例来行使。故原审法院判决安达巨鹰公司如不能补足出资，则其不享有对协和健康公司16500万股的表决权、利润分配请求权及新股认购权并无不当。关于安达巨鹰公司是否应当对首都国际公司承担违约责任，根据《公司法》的规定，股东不按照公司章程规定缴纳所认缴的出资，应当向已足额缴纳出资的股东承担违约责任；协和健康公司章程中也明确约定，任何一方出资人若未按章程的规定足额认缴出资，均应向已足额出资的出资人承担违约责任。安达巨鹰公司对其持有的16500万股股权没有缴纳任何出资，其应当对已足额出资的首都国际公司承担违约责任。故原审判决安达巨鹰公司自其登记为协和健康公司的股东之日起，向首都国际公司承担违约责任并无不当，应予维持。

规范指引

《中华人民共和国公司法》

第三十四条 股东按照实缴的出资比例分取红利；公司新增资本时，股东有权优先按照实缴的出资比例认缴出资。但是，全体股东约定不按照出资比例分取红利或者不按照出资比例优先认缴出资的除外。

《最高人民法院关于适用〈中华人民共和国公司法〉若干问题的规定（三）》

第十六条 股东未履行或者未全面履行出资义务或者抽逃出资，公司根据公司章程或者股东会决议对其利润分配请求权、新股优先认购权、剩余财产分配请求权等股东权利作出相应的合理限制，该股东请求认定该限制无效的，人民法院不予支持。

专题十六：未履行出资义务或抽逃全部出资股东的除名

【核心提示】有限责任公司的股东未履行出资义务或者抽逃全部出资，经公司催告缴纳或者返还，其在合理期间内仍未缴纳或者返还出资，公司以股东会决议解除该股东的股东资格，该股东请求确认该解除行为无效的，人民法院不予支持。

实务争点

在瑕疵出资的各种表现形态中，股东根本未履行出资或者尽管出资但公司成立后又以各种方式将出资全部抽逃的，对公司和其他股东损害最大。未履行出资或者全部抽逃出资损害了公司作为全体股东共同投资的基础，股东之间合作共同投资的前提不复存在，公司本身财产的完整性也会遭到严重损害。在这种情况下，仅仅靠限制未履行出资或全部抽逃出资股东的权利也不足以保护公司和其他股东的合法权益。因此，能否加大对未出资或抽逃全部出资股东的责任处理，平衡股东之间利益，确保公司财产独立完整，就是立法及司法实践必须面对的问题。按照我国公司资本完全认缴制度，投资人只要按照公司章程认缴了出资，即使未实际出资，仍然可以成为股东。也就是说，投资人的股东资格与其实际出资是相背离的。尽管如此，股东认缴出资可以成为股东，但认缴后须按照章程规定实际出资，该实际出资是其认缴出资的当然和必要的实质性内容。因此，如果股东根本未履行出资或者抽逃全部出资，必然意味着其股东资格基础的丧失。也就是说，在这种情况下，能否将该股东予以除名，即通过除名恢复被破坏的公司法律关系？对此，《公司法解释（三）》第十七条作出了明确规定，可以对未履行出资义务或抽逃全部出资的股东予以除名。

理解适用

对《公司法解释（三）》第十七条规定的理解适用

相对于股份有限公司，有限责任公司具有很强的人合性，其常常是由关系较为亲密的人之间共同投资的，其存在的基础主要是股东之间的相互信任与忠诚，公司的资本反而不是公司所看重的。但对于有限责任公司的股东而言，共同投资、共同管理、共享利润并共担风险的基础是股东都能够按照事先约定或章程的规定及时正确出资，这是股东之间相互信任与合作的物质基础。那么，当股东不能够按照事先约定或章程规定履行其出资义务，或者其后以种种手段抽逃出资，就必然使得股东之间的合作基础丧失，从而破坏有限责任公司的人合性。

在大陆法系关于公司的序列中，从无限公司到股份有限公司之间，有限责任公司更加接近股份有限公司，亦即，有限责任公司在本质上属于资合公司。但从历史上看，有限责任公司事实上是合伙企业的公司化，是仿照股份有限公司而将中小型企业（主要是合伙企业）制定化公司的，因此被称为“立法者桌上的产物”，它不是像股份有限公司那样由历史演进而来的。也正是如此，尽管立法者希望这种公司能如股份有限公司那样严格资本、建立完善的内部治理结构及会计制度等，但由于其生于合伙企业，股东人数不多且常常为亲密之人组成，故其内部管理及资本要求实际上是有别于股份有限公司的。在一定意义上，有限责任公司的内部关系更像合伙企业而非所谓的“公司”。因此，世界上各个国家关于有限责任公司的规定以任意性规定为主，其内部管理如合伙企业一样松散而自由。

也就是说，尽管有限责任公司在本质上为资合性公司，但其在内部关系上更像无限公司或者说合伙企业。人合公司或者说合伙企业对外信用的基础并非公司资本或者财产，而是股东或者合伙人的个人信誉，但对于公司内部或者合伙企业内部，合伙人的共同投资则是维系合伙人之间关系的根本，它决定着合伙人关于合伙企业的管理、分红等一系列重大问题。可以说，当合伙人不能共同投资时，就不存在所谓合伙问题，亦即合伙的基础就不存在了。也正是如此，我国《合伙企业法》第四十九条第一款规定：“合伙人有下列情形之一的，经其他合伙人一致同意，可以决议将其除名：（一）未履行出资义务；（二）因故意或者重大过失给合伙企业造成损失；（三）执行合伙事务时有不正当行为；（四）发生合伙协议约定的事由。”亦即，当合伙人不履行出资义务时，该合伙人可以被其他合伙人一致同意予以除名。

合伙人因未履行出资义务可以被其他合伙人一致同意除名，那么，对于人合性很强的有限责任公司股东是否也可以因不履行出资义务而被其他股东除名？从法理上看，显然是可以的，它应该是符合有限责任公司的人合性要求的。经过不断的司法实践，德国在1980年首次将股东除名制度规定在《德国有限责任公司法》中。该法第二十一条规定：“（1）股东迟延缴纳出资的情况下，可以以警告取消相应的营业份额的方式再次要求迟延缴纳的股东在特定宽限期内缴纳出资、催缴以挂号信的方式作出。宽限期必须至少一个月。（2）宽限期满仍未缴纳出资的，为了公司的利益，应声明迟延缴纳的股东丧失其营业份额和已经缴纳的部分出资。声明以挂号信的方式作出。（3）公司因欠缴金额或者嗣后催缴的基本出资金额而遭受的损失，被除名的股东仍对公司承担责任。”[①] 此后，德国的股东除名制度在司法实践中不断得到充实与完善：一是适用范围扩大到股东病情恶化、精神错乱、个人财政管理不善、违反信托人职责、失职、丧失信誉等一系列情况；二是规定除名必须存在重大事由，同时规定在被除名股东的股东资格严重威胁公司的生存时，除名可以不以股东的过错为要件；三是确立了股东投票驱逐的除名程序，表决方式采用绝大多数，且被表决除名的股东在程序中没有表决权；四是认为股权回收价款是平衡双方股东利益的关键，确认了“完全价值”的评价标准。[②]《韩国公司法》于2011年规定了有限责任公司可以准用于其合名公司中的除名规定。其第二百八十七条之二十七规定：“社员的除名，准用于第二百二十条的规定。但是，社员除名决议可以在章程中作出另外的规定。”第二百二十条规定：“公司在下列情形下，可以通过其他社员过半数的决议向法院请求

① 《德国商事公司法》，胡晓静等译，法律出版社2014年版，第34~35页。

② 参见［德］托马斯莱塞尔、吕迪格法伊尔：《德国资合公司法》，高旭军等译，法律出版社2005年版，第519~523页。

公司社员的除名：(1)没有履行出资义务；(2)违反第一百九十八条第（一）项规定；(3)在执行公司的业务或者行使代表权中，存在不当行为、无权而执行业务或者代表公司；(4)其他重要事项。”[①] 美国《统一有限责任公司法》也明确规定了股东除名制度，只不过在行文上依附于退出权，该法第六百零二条明确规定有限责任公司可以除名股东的几种情况：“第一，即公司股东可以依据经营协议除名股东。第二，如果继续同该股东经营公司的行为为不合法；股东的全部可分配利益被转让，除了该转让是为了安全之目的或者处于扣押令之下并未取消抵押物赎回权的情况……第三，经公司申请，公司股东被法院司法裁定除名，是因为该股东已经实施或者正在实施的不正当行为对该公司不利并有实质影响，或者将对该公司不利并有实质影响。”

对于股东的除名制度，我国《公司法》没有规定，但审判实践中出现大量由于股东不履行出资义务或事后抽逃全部出资而引起的一系列纠纷，法院做法不一。有的认为，股东违反出资义务只是一个承担民事责任和行政责任的问题，并不因此否定其股东资格，实际是否出资不影响股东资格的取得。有的认为，从权利义务相一致原则和保护公司及其他股东的利益上看，出资是股东的基本义务，违反出资义务不仅没有满足股东资格的实质要件，且如果不履行出资义务而享有股东资格，则与私法所提倡的权利义务相一致原则不符。新公司法尽管对有限责任公司实行完全的资本认缴制度，但认缴人须按照公司章程规定实际出资，只有在实际出资后，其股东资格及权利的享有才具有真正的意义，亦即成为真正的股东。

经过实践探索和对国外做法的借鉴，《公司法解释（三）》明确规定了股东除名制度，第十七条第一款规定：“有限责任公司的股东未履行出资义务或者抽逃全部出资，经公司催告缴纳或者返还，其在合理期间内仍未缴纳或者返还出资，公司以股东会决议解除该股东的股东资格，该股东请求确认该解除行为无效的，人民法院不予支持。”

根据该规定，我国公司股东除名制度须符合以下条件：(1)须是股东未履行出资义务或者抽逃全部出资，如果股东履行了一部分或者仅抽逃了一

---

① 《最新韩国公司法及施行令》，王延川等编译，法律出版社2014年版，第12页。

部分出资，则不能适用股东除名，而只能对其股东权利加以限制，即公司可以根据《公司法解释（三）》第十六条的规定，对该股东的利润分配请求权、新股认购请求权、剩余财产分配权等权利作出相应的合理限制。（2）须经公司催告缴纳或者返还出资，即当出资股东未按照章程规定缴纳出资或者抽逃全部出资时，公司必须先行对该股东进行催告缴纳或者催告返还出资。至于催告的方式，以书面方式为宜。（3）须是该股东在合理期间内仍未缴纳或者返还出资，该合理期间可具体情况具体分析，一般应由公司自己确定。该合理期间主要是给予未履行出资或者抽逃出资者以补正的机会，从而最大限度保护该股东的合法权益。（4）须经股东会决议作出除名，即应对此召开股东会，以股东会决议方式作出决定。根据《公司法》的规定，股东会决议分为一般事项决议和特别事项决议，一般事项决议需经代表 1/2 以上表决权的股东通过，特别事项决议需经代表 2/3 以上表决权的股东通过。公司作出股东除名行为，不属于《公司法》规定的特别事项，如果章程没有特别规定，经代表 1/2 以上表决权的股东通过即可。这里需要注意的是，如果事先在公司章程里约定了“股东除名”条款，则应按照章程进行议事和表决。如果章程事先没有约定“股东除名”条款的情况，参照《公司法》第四十四条规定即可。在股东会表决中，未履行出资或者抽逃全部出资的股东是没有表决权的，因为《公司法解释（三）》第十六条规定：“股东未履行或者未全面履行出资义务或者抽逃出资，公司根据公司章程或者股东会决议对其利润分配请求权、新股优先认购权、剩余财产分配请求权等股东权利作出相应的合理限制，该股东请求认定该限制无效的，人民法院不予支持。”所以，即使未履行出资或抽逃全部出资的股东的出资应当占 2/3 以上，剩余 1/3 的股东也可以表决通过除名决议而具有法律效力。

根据该规定，解除未履行出资或者抽逃全部出资的股东资格具有终局性，实践中常常通过强制转让被除名股东的全部股权而使被除名股东丧失在公司中的一切权利和义务。该法律后果一旦做出，被除名股东请求确认该解除行为无效的，人民法院将不予支持。但由于除名对于股东影响重大，因此如果股东对于未履行出资或者抽逃全部出资有异议，则在有限责任公司以股东“抽逃全部出资”为由而意欲召开“股东除名”的股东会的场合下，有必要事先提起一个确认之诉，确认某股东“抽逃全部出资”的事实。

股东被除名，并非意味着公司资本因此确定与真实了，被除名股东应当缴纳或者返还的出资仍然没有到位。这时，公司应当就此依法减资或者由其他股东、第三人增加相应的出资以确定公司的资本。但在公司依法减资之前或者其他股东、第三人增加相应的出资之前，公司的资本事实上仍然处于不真实状态。这时，如果公司债权人因此受到损害，则可以要求未履行出资或者抽逃全部出资的股东（尽管其已经被公司除名）承担补充责任。《公司法解释（三）》第十七条第二款接着规定：“在前款规定的情形下，人民法院在判决时应当释明，公司应当及时办理法定减资程序或者由其他股东或者第三人缴纳相应的出资。在办理法定减资程序或者其他股东或者第三人缴纳相应的出资之前，公司债权人依照本规定第十三条或者第十四条请求相关当事人承担相应责任的，人民法院应予支持。”

需要注意的是，除名权是形成权，亦即，公司单方可以将股东除名。这时，是不需要征求被除名股东的意见的，公司可以自己单方作出决定。在公司将股东除名后，不履行义务的股东在公司中的股东资格的丧失即生效力，不需要被除名股东的配合。

一般地，股东除名适用于有限责任公司。对于股份有限公司，由于其为典型的资合公司，一般是不予以适用的。但从类型化角度，如果股份有限公司人数很少，规模不大，也可以适用股东除名制度。

案例指导

上诉人宋余祥、上海万禹国际贸易有限公司公司决议效力确认纠纷案[①]

上海万禹国际贸易有限公司（以下简称万禹公司）系设立于2009年3月11日的有限责任公司。2012年8月28日，万禹公司作出增资及新进股东

---

① 案例来源：上海市第二中级人民法院（2014）沪二中民四（商）终字第1261号，载中国裁判文书网，http：//www.court.gov.cn/zgcpwsw/sh/shsdezjrmfy/ms/201412/t20141204_4485896.htm。

决议，增资后的股东出资情况及股权比例为：宋余祥 60 万元（0.6%）、高标 40 万元（0.4%）、豪旭公司 9900 万元（99%）。

2013 年 12 月 27 日，万禹公司向豪旭公司邮寄“催告返还抽逃出资函”，称豪旭公司已抽逃其全部出资 9900 万元，望其于收函后 3 日内返还全部抽逃出资，否则，万禹公司将依法召开股东会会议，解除其股东资格。豪旭公司于 2013 年 12 月 30 日签收该份函件。

2014 年 3 月 6 日，万禹公司向豪旭公司邮寄“临时股东会会议通知”，通知其于 2014 年 3 月 25 日上午 10 点召开股东会，审议关于解除豪旭公司股东资格的事项。2014 年 3 月 25 日，万禹公司召开 2014 年度临时股东会，全体股东均出席股东会。股东会会议记录载明：“……5. 到会股东就解除豪旭公司作为万禹公司股东资格事项进行表决。6. 表决情况：同意 2 票，占总股数 1%，占出席会议有效表决权 100%；反对 1 票，占总股数 99%，占出席会议有效表决权的 0%。”表决结果：提案通过。同日，万禹公司出具股东会决议，载明：因股东豪旭公司抽逃全部出资，且经合理催告后仍未及时归还，故经其他所有股东协商一致，决议解除其作为万禹公司股东的资格。万禹公司于本决议作出后 30 日内向公司登记机关申请办理股东变更登记及减资手续。以上事项表决结果：同意的，占总股数 1%；不同意的，占总股数 99%。宋余祥、高标在该股东会决议尾部签字。豪旭公司代理人拒绝签字。2014 年 4 月 7 日，万禹公司再次向豪旭公司发函，通知其股东资格已被解除。由于豪旭公司对上述股东会决议不认可，故宋余祥作为万禹公司股东，诉至原审法院，请求确认万禹公司 2014 年 3 月 25 日股东会决议有效。

原审法院认为，本案争议焦点应归纳为：豪旭公司抽逃出资与否是否影响其对本案系争股东会审议事项的表决权，若抽逃出资影响其表决权的行使，那么豪旭公司是否抽逃出资。

原审法院认为：股东基于其股东资格行使股东权利。本案豪旭公司系经过万禹公司股东会决议，以认缴增资形式进入万禹公司，万禹公司在公司章程中确认其股东身份，并完成了相应的工商登记，故豪旭公司享有万禹公司的股东资格，有权依照法律规定、公司章程约定行使股东权利。股东表决权是股东的一项重要权利，是股东参与公司重大决策和选择管理者的权利。《公司法》第四十二条规定，股东会会议由股东按照出资比例行使表决权；但是，公司章程另有规定的除外。万禹公司章程第十二条第二款亦约定，股东会会议由股东按照出资比例行使表决权。上述规定及约定中“出资”一词的含义，直接关系到上海豪旭公司各股东表决权的行使，对此，原审法院分析如下：《公司法》第三十四条明确规定股东按实缴出资分取红利，第四十三条则仅表述为股东按出资比例行使表决权。同样，万禹公司章程第二十八条约定股东按实缴出资比例分取红利，第五条关于股东情况部分则表述为豪旭公司出资额为 9900 万元，第十二条亦约定股东按出资比例行使表决权。从文义上判断，在无特别说明的情况下，无论是《公司法》第四十二条中的“出资”抑或是万禹公司章程第十二条第二款中的“出资”均应理解为认缴出资。此外，《公司法》及相关司法解释、万禹公司章程均未对抽逃出资股东表决权的限制作出规定或约定，万禹公司亦未就此形成股东会决议。因此，对于除名豪旭公司的股东会审议事项，在无《公司法》规定或公司章程约定的其他限制股东表决权的情形下，即便豪旭公司作为股东违反出资义务，抽逃出资，其表决权并不因此受到限制，豪旭公司应根据其认缴出资的比例行使表决权，宋余祥及万禹公司认为豪旭公司在系争股东会中的不享有有效表决权或应当回避的观点缺乏依据，原审法院难以采纳。就此而言，豪旭公司是否抽逃出资一节事实并不影响本案审理，故对宋余祥提供的相关证据及相关主张，原审法院不予审查。若宋余祥或万禹公司认为豪旭公司抽逃出资，可根据《公司法解释（三）》的相关规定，依法要求其返还出资本息，因此，宋余祥及万禹公司关于若豪旭公司不被除名，则其对豪旭公司抽逃出资的行为无其他救济途径的观点缺乏依据，原审法院亦难以采纳。

根据上述分析，在万禹公司于 2014 年 3 月 25 日召开的审议事项为解除豪旭公司股东资格的股东会上，投赞成票的股东宋余祥、高标认缴出资比例共为 1%，享有 1% 的表决权，投反对票的股东豪旭公司认缴出资比例为 99%，享有 99% 的表决权，依据万禹公司章程第十二条第二款、第四款的约定，该审议事项应不通过。本案系争股东会决议关于解除豪旭公司股东资格的内容，未如实反映根据资本多数决原则形成的万禹公司股东会意思表示，对其效力原审法院难以认定。故对于宋余祥要求确认万禹公司 2014 年 3 月

25 日股东会决议有效的诉请，原审法院不予支持。

二审法院认为，各方当事人在二审中的争议焦点为：1. 豪旭公司在入股万禹公司 9900 万元后是否存在抽逃出资的情形；2. 应否排除豪旭公司在系争股东会决议审议中的表决权。

关于第一个争议焦点，本院认为，豪旭公司于 2012 年 9 月 14 日将 9900 万元入股款项汇入万禹公司验资账户，并办理完相关验资手续后，完成了对万禹公司的出资义务。但在验资后的第三天，9900 万元出资款即从万禹公司基本账户转入燕拓公司和风动公司，对于该两笔转账行为，豪旭公司未提供证据证明存在其他合理用途。而在同一天，燕拓公司和风动公司又将相同金额的款项分别汇入京地公司和子月公司，该两家公司系豪旭公司出资入股前汇集 9900 万元款项来源的公司。由此可见，豪旭公司应当明知其出资款项在短时间内即被全部抽回，其出资并未由万禹公司使用，没有证据证明该资金流向存在其他合理用途，豪旭公司之后亦未将其出资补足。豪旭公司的行为符合《公司法解释（三）》所规定的情形，即未经法定程序将出资抽回的行为应被认定为股东抽逃出资。宋余祥系万禹公司法定代表人，两上诉人持有并向原审法院提供的万禹公司增资款项的流转凭证属来源合法的证据，并不能据此否定豪旭公司存在抽逃出资行为的事实。故本院认定豪旭公司存在抽逃对万禹公司全部出资的情形，且在万禹公司向其催告后仍未返还。

关于第二个争议焦点，《公司法解释（三）》第十七条第一款规定，有限责任公司的股东未履行出资义务或者抽逃全部出资，经公司催告缴纳或者返还，其在合理期间内仍未缴纳或者返还出资，公司以股东会决议解除该股东的股东资格，该股东请求确认该解除行为无效的，人民法院不予支持。根据本院审理查明的事实和对前述第一个争议焦点的认定，万禹公司以股东会决议形式解除豪旭公司股东资格的核心要件均已具备，但在股东会决议就股东除名问题进行讨论和决议时，拟被除名股东是否应当回避，即是否应当将豪旭公司本身排除在外，各方对此意见不一。《公司法解释（三）》对此未作规定。本院认为，《公司法解释（三）》第十七条中规定的股东除名权是公司为消除不履行义务的股东对公司和其他股东所产生不利影响而享有的一种法定权能，是不以征求被除名股东的意思为前提和基础的。在特定情形下，股东除名决议作出时，会涉及被除名股东可能操纵表决权的情形。故当某一股东与股东会讨论的决议事项有特别利害关系时，该股东不得就其持有的股权行使表决权。本案中，豪旭公司是持有万禹公司 99% 股权的大股东，万禹公司召开系争股东会会议前通知了豪旭公司参加会议，并由其委托的代理人在会议上进行了申辩和提出反对意见，已尽到了对拟被除名股东权利的保护。但如前所述，豪旭公司在系争决议表决时，其所持股权对应的表决权应被排除在外。本院认为，本案系争除名决议已获除豪旭公司以外的其他股东一致表决同意系争决议内容，即以 100% 表决权同意并通过，故万禹公司 2014 年 3 月 25 日作出的股东会决议应属有效。本院对原审判决予以改判。此外需要说明的是，豪旭公司股东资格被解除后，万禹公司应当及时办理法定减资程序或者由其他股东或者第三人缴纳相应的出资。

规范指引

《中华人民共和国合伙企业法》

第四十九条 合伙人有下列情形之一的，经其他合伙人一致同意，可以决议将其除名：(一)未履行出资义务；(二)因故意或者重大过失给合伙企业造成损失；(三)执行合伙事务时有不正当行为；(四)发生合伙协议约定的事由。

《最高人民法院关于适用〈中华人民共和国公司法〉若干问题的规定(三)》

第十七条 有限责任公司的股东未履行出资义务或者抽逃全部出资，经公司催告缴纳或者返还，其在合理期间内仍未缴纳或者返还出资，公司以股东会决议解除该股东的股东资格，该股东请求确认该解除行为无效的，人民法院不予支持。

在前款规定的情形下，人民法院在判决时应当释明，公司应当及时办理法定减资程序或者由其他股东或者第三人缴纳相应的出资。在办理法定减资程序或者其他股东或者第三人缴纳相应的出资之前，公司债权人依照本规定第十三条或者第十四条请求相关当事人承担相应责任的，人民法院应予支持。

专题十七：瑕疵出资受让人的法律责任

【核心提示】有限责任公司的股东未履行或者未全面履行出资义务即转让股权，受让人对此知道或者应当知道，公司请求该股东履行出资义务、受让人对此承担连带责任的，人民法院应予支持；公司债权人依照本规定第十三条第二款向该股东提起诉讼，同时请求前述受让人对此承担连带责任的，人民法院应予支持。

实务争点

实践中，有限责任公司的股东出资及股权转让很不规范，常常发生股东在未履行出资或者没有全面出资的情形下即转让股权。这时，是由原股东继续履行出资义务，还是由受让人承担出资责任？如果由原股东继续履行出资义务，显然已经不是出资的问题，而是补充责任。如果由受让人承担该责任，则是否因其已经实际向原股东支付对价而免除该责任？或者说由于受让人已经支付了相应款项而再由其向公司或债权人承担责任显得不公平？对此，《公司法解释（三）》第十八条作出了明确规定。

理解适用

对《公司法解释（三）》第十八条规定的理解适用

向公司适当、全面地出资是股东的基本义务，但这并非说股东资格是等同于股东出资的。在我国实行全面的分期资本制度下，股东资格的取得及保有是基于投资人的认缴并在公司成立后按照章程或股东之间协议的按期实际缴纳。也就是说，股东资格在一定意义上是游离于股东出资的。因此，即使在股东未履行或者未全面履行出资义务，其股东资格仍然是存在的，因而其可以在未适当或全面履行出资义务时转让其股权。特别是有限责任公司，其强烈的人合性意味着股东之间的相互认可是最主要的，出资常常成为次要的。因此，在股东未全面或未适当出资时，股东可以依法转让其出资。

但对于公司而言，股东实际出资是其正常经营的基础，也是股东们之间相互认可的根本。也就是说，即使股东们之间相互认可，并非意味着免除股东的出资责任。只要股东依法认缴了出资，就须按照章程的规定和股东之间的约定按期、如数缴纳出资。而且，对于公司债权人来说，公司章程所确定的公司资本应当是真实可靠的，当某个股东未出资或者未全面出资时，必然影响其对公司的期待利益。因而，应当缴纳的出资是必须缴纳的，否则将损害公司、其他股东和公司债权人的合法利益。

一般情况下，股东向公司之外的第三人转让股权时，有义务说明其出资的实际情况。作为受让人，其也有责任了解清楚转让人的股权状况。如果转让人已经向受让人作出了清楚的说明，或者受让人应当合理地了解到转让人股权的实际情况，则从法理上而言，其愿意承担转让人未履行出资而导致的对公司和公司债权人的法律责任。而且，无论在任何情形下，未向公司全面或适当出资的股东都有义务向公司及时全面、适当地出资，公司这时也有权利要求其履行出资义务，即使该股东已经转让了出资。因为，其出资义务并不因股权的转让而消失，只不过该出资义务由作为股东的义务转变为对公司的一般债务而已。所以，《公司法解释（三）》第十八条第一款前半句规定："有限责任公司的股东未履行或者未全面履行出资义务即转让股权，受让人对此知道或者应当知道，公司请求该股东履行出资义务、受让人对此承担连带责任的，人民法院应予支持。"也就是说，即使转让人已转让了股权，但如果其未履行或未全面履行出资义务，公司仍有权利要求其履行出资义务，该义务并不因股东已经转让其股权而消灭。对于受让人而言，如果知道或应当知道转让人未履行出资或未全面履行出资而受让股权，则意味着愿意承担因转让人未履行出资或未全面履行出资而对公司的出资义务。

按照《公司法》第七十一条规定，有限责任公司的股东转让股权，如果是向公司其他股东转让的，可自由为之，基本上没有什么限制要求。但事实上，股东向公司内其他股东转让股权仍须通知其他股东，并由公司管理机关办理相应手续。因此，作为公司本身股东的受让人对于转让人未履行出资或未全面履行出资应当是知情的，公司管理机关也有义务告知其转让人股权状况。那么，如果作为公司本身股东的受让人没有了解到转让人未履行出资情况，公司管理机关也未告知其实际情况，是否可以判断受让人对于转让人未履行出资或未全面履行出资的情况是知道或应当知道的？尽管现实中不排除这种情况的出现，但从受让人本身已经是公司的股东来说，首先责任是于他自己，他有义务也有能力了解到转让人股权的实际情况；对于公司管理机关来说，其未告知的责任是次要的，甚至是可以被忽略的。所以，在这种情况下，公司可以向转让人和受让人要求履行出资义务。当然，如果受让人由于转让人及其他股东和公司的不实告知或隐瞒等而确实无法了解实际情况，则其可以违约或侵权为由提出相应诉讼。

如果是向公司之外的第三人转让股权，转让人须向其他股东通知并请求他们行使优先购买权，在其他股东不行使优先购买权时就可以转让给第三人。在转让人转让其未履行出资或未全面履行出资的股权时，其有如实告知受让人的义务；在办理股权转让手续或者公司同意转让时，公司管理机关也有义务告知转让股东股权出资的状况。作为受让方的第三人也有权利要求转让人与公司告知实际情况，其同时也有义务了解相关事实。作为一种义务，受让人能够了解到的状况常常是一种外观，其对受让股权状况的了解主要有赖于转让人与公司的告知及公司章程和工商登记。如果转让人未履行告知义务，公司管理机关在办理股权变更手续时也未告知，而公司章程记载及工商登记显示转让人已经缴付出资时，则公司不能要求受让人对转让人未履行出资或未全面履行出资承担连带责任。

受让人一旦成为股东，尽管其可能不知道原股东并未履行出资义务，但对于公司债权人而言，其作为原股东的继受者和公司的股东有义务承担原股东的出资义务。因此，《公司法解释（三）》第十八条第一款后半句规定："公司债权人依照本规定第十三条第二款向该股东提起诉讼，同时请求前述受让人对此承担连带责任的，人民法院应予支持。"根据《公司法解释（三）》第十三条第二款规定："公司债权人请求未履行或者未全面履行出资义务的股东在未出资本息范围内对公司债务不能清偿的部分承担补充赔偿责任的，人民法院应予支持；未履行或者未全面履行出资义务的股东已经承担上述责任，其他债权人提出相同请求的，人民法院不予支持。”法律规定原股权的继受者承担连带责任，主要是基于股权的基础——出资义务的存续。原股权的受让人一旦受让股权成为公司股东，其作为股东享有的权利是基于受让股权的出资，该出资也是公司债权人的合理信赖利益的基础。

在受让人因原股东不履行出资或未全部履行出资而承担了连带责任后，其自然有权利向原股东要求偿还。但现实中，常常出现受让人已经知道有关情形且与转让人达成了将来由受让人承担出资责任的约定，在这时，受让人就不能再要求转让人承担赔偿责任。《公司法解释（三）》第十八条第二款规定：“受让人根据前款规定承担责任后，向该未履行或者未全面履行出资义务的股东追偿的，人民法院应予支持。但是，当事人另有约定的除外。”

案例指导

李新、绥芬河市澳普尔科技投资有限公司追偿权纠纷再审案[①]

再审申请人李新因与被申请人范化军、绥芬河市澳普尔科技投资有限公司（以下简称澳普尔公司）、中信信托有限责任公司（以下简称中信公司）追偿权纠纷一案，不服黑龙江省高级人民法院（2017）黑民终 280 号民事判决，向最高人民法院申请再审。

李新申请再审称，本案二审判决认定事实和适用法律错误。其中之一是认为，本案一审将向原股东主张权利作为向股权受让人主张权利的前置程序，属适用法律错误。根据《公司法解释（三））》第十八条、第二十六条的规定，中信公司作为澳普尔公司 100% 股权的受让人，应对澳普尔公司的原股东出资义务不实承担连带责任。但一审认定李新应首先向澳普尔公司的原

① 案例来源：最高人民法院民事裁定书（2018）最高法民申 1215 号，载中国裁判文书网，http：//wenshu.court.gov.cn/content/content?DocID=6e70f445-b379-4ec0-96e1-a8eb00bdd104&KeyWord=。

股东主张权利，而后才可以向作为受让人的中信公司主张权利是错误的。二审对一审予以维持错误。

中信公司提交意见称，本案二审事实认定清楚，适用法律正确。其中，李新要求中信公司对澳普尔公司的债务承担股东责任的理由不成立。1. 中信公司受让澳普尔公司股权登记为 100% 股东，是为了保证信托贷款的安全，实质是一种让与担保。中信公司成为澳普尔公司登记股东后未对公司出资形式进行过变更，对澳普尔公司不负有出资义务。2. 李新主张澳普尔公司出资不实与事实不符。现有证据能够证明中信公司与澳普尔公司之间不存在财产混同。无论澳普尔公司是否存在注册资金不实的情况，李新都无权要求作为受让股东的中信公司对公司债务承担责任。《公司法解释（三）》第十八条第一款规定的股权受让人承担的并不是对公司债务的连带责任，而是对未履行或者未全面履行出资义务的股东对公司债务的补充清偿责任承担连带责任，且要求股权受让人明知原股东出资不实。李新在未起诉原股东的情况下径行要求中信公司对澳普尔公司债务承担责任，缺乏法律依据。且中信公司在成为股东前，澳普尔公司提供的营业执照、相关验资报告及审计报告均显示澳普尔公司实收资本为 1 亿元。3. 已经生效的（2016）黑执复 57 号执行裁定、（2017）最高法执监 106 号执行裁定均认定中信公司不应就澳普尔公司债务承担连带责任。故本案二审判决认定事实清楚、适用法律正确。

最高人民法院经审查认为，关于中信公司应否作为股东对澳普尔公司债务承担责任问题，《公司法解释（三）》第十三条第二款规定："公司债权人请求未履行或者未全面履行出资义务的股东在未出资本息范围内对公司债务不能清偿的部分承担补充赔偿责任的，人民法院应予支持；未履行或者未全面履行出资义务的股东已经承担上述责任，其他债权人提出相同请求的，人民法院不予支持。"《公司法解释（三）》第十八条规定："有限责任公司的股东未履行或者未全面履行出资义务即转让股权，受让人对此知道或者应当知道，公司请求该股东履行出资义务、受让人对此承担连带责任的，人民法院应予支持；公司债权人依照本规定第十三条第二款向该股东提起诉讼，同时请求前述受让人对此承担连带责任的，人民法院应予支持。受让人根据前款规定承担责任后，向该未履行或者未全面履行出资义务的股东追偿的，人民法院应予支持。但是，当事人另有约定的除外。”本案中，中信公司受让股权时，从澳普尔公司的工商档案、营业执照及绥芬河广信会计师事务所出具的绥广验字2007第45号验资报告、黑龙江天衡同信会计师事务所有限公司黑天衡会审字〔2010〕4号审计报告看，中信公司受让股权之前该公司股东的实缴资本为1亿元，中信公司通过审查上述公司文件已经尽到了注意义务。根据以上事实和法律规定，二审法院认定李新未能提供澳普尔公司原股东未履行出资义务，中信公司受让股权时对此知道或应当知道的相关证据，驳回李新要求中信公司承担责任的请求，该认定并无不当，故予以维持。

规范指引

《中华人民共和国公司法》

第二十八条 股东应当按期足额缴纳公司章程中规定的各自所认缴的出资额。股东以货币出资的，应当将货币出资足额存入有限责任公司在银行开设的账户；以非货币财产出资的，应当依法办理其财产权的转移手续。

股东不按照前款规定缴纳出资的，除应当向公司足额缴纳外，还应当向已按期足额缴纳出资的股东承担违约责任。

第三十条 有限责任公司成立后，发现作为设立公司出资的非货币财产的实际价额显著低于公司章程所定价额的，应当由交付该出资的股东补足其差额；公司设立时的其他股东承担连带责任。

第三十五条 公司成立后，股东不得抽逃出资。

第七十一条 有限责任公司的股东之间可以相互转让其全部或者部分股权。

股东向股东以外的人转让股权，应当经其他股东过半数同意。股东应就其股权转让事项书面通知其他股东征求同意，其他股东自接到书面通知之日起满三十日未答复的，视为同意转让。其他股东半数以上不同意转让的，不同意的股东应当购买该转让的股权；不购买的，视为同意转让。

经股东同意转让的股权，在同等条件下，其他股东有优先购买权。两个以上股东主张行使优先购买权的，协商确定各自的购买比例；协商不成的，按照转让时各自的出资比例行使优先购买权。

公司章程对股权转让另有规定的，从其规定。

第七十五条 自然人股东死亡后，其合法继承人可以继承股东资格；但是，公司章程另有规定的除外。

第一百五十二条 董事、高级管理人员违反法律、行政法规或者公司章程的规定，损害股东利益的，股东可以向人民法院提起诉讼。

《最高人民法院关于适用〈中华人民共和国公司法〉若干问题的规定（三）》

第十三条 股东未履行或者未全面履行出资义务，公司或者其他股东请求其向公司依法全面履行出资义务的，人民法院应予支持。

公司债权人请求未履行或者未全面履行出资义务的股东在未出资本息范围内对公司债务不能清偿的部分承担补充赔偿责任的，人民法院应予支持；未履行或者未全面履行出资义务的股东已经承担上述责任，其他债权人提出相同请求的，人民法院不予支持。

股东在公司设立时未履行或者未全面履行出资义务，依照本条第一款或者第二款提起诉讼的原告，请求公司的发起人与被告股东承担连带责任的，人民法院应予支持；公司的发起人承担责任后，可以向被告股东追偿。

股东在公司增资时未履行或者未全面履行出资义务，依照本条第一款或者第二款提起诉讼的原告，请求未尽公司法第一百四十七条第一款规定的义务而使出资未缴足的董事、高级管理人员承担相应责任的，人民法院应予支持；董事、高级管理人员承担责任后，可以向被告股东追偿。

第十八条 有限责任公司的股东未履行或者未全面履行出资义务即转让股权，受让人对此知道或者应当知道，公司请求该股东履行出资义务、受让人对此承担连带责任的，人民法院应予支持；公司债权人依照本规定第十三条第二款向该股东提起诉讼，同时请求前述受让人对此承担连带责任的，人民法院应予支持。

受让人根据前款规定承担责任后，向该未履行或者未全面履行出资义务的股东追偿的，人民法院应予支持。但是，当事人另有约定的除外。

专题十八：股东出资责任之诉的诉讼时效

【核心提示】公司股东未履行或者未全面履行出资义务或者抽逃出资，公司或者其他股东请求其向公司全面履行出资义务或者返还出资，被告股东以诉讼时效为由进行抗辩的，人民法院不予支持。

实务争点

诉讼时效常常成为债务人对抗债权人的主要手段。如果股东未履行出资或未全面出资而被公司或者其他股东诉讼追讨时，其能否以诉讼时效为由进行抗辩？实践中对此颇有争议，一种观点认为，在股东未履行出资或者未全面履行出资甚至抽逃出资时，公司和其他股东应当及时追讨，如果超过诉讼时效，被追讨股东可以诉讼时效予以抗辩；另一种观点认为，股东出资与公司和其他股东形成的法律关系并非一般的债权债务关系，而是类似于物权的法律关系，其不应适用诉讼时效制度。对此，《公司法解释（三）》第十九条第一款规定："公司股东未履行或者未全面履行出资义务或者抽逃出资，公司或者其他股东请求其向公司全面履行出资义务或者返还出资，被告股东以诉讼时效为由进行抗辩的，人民法院不予支持。"

理解适用

对《公司法解释（三）》第十九条规定的理解适用

诉讼时效制度是指民事权利受到侵害的权利人在法定的时效期间内不行使其权利，就丧失请求人民法院依诉讼程序强制义务人履行义务，从而发生权利功效减损法律效果的制度。该制度主要是为了督促权利人及时行使民事权利，防止因其不及时行使而使得相应法律关系长期处于一种不稳定的状态，危及社会关系的稳定。可以说，它是对权利人权利的限制。

按照时间的长短和适用范围，诉讼时效可以分为一般诉讼时效和特殊诉讼时效，前者是指在一般情况下普遍适用的时效，即普遍适用的，而不针对某一特殊情况的时效制度。《民法总则》第一百八十八条第一款规定："向人民法院请求保护民事权利的诉讼时效期间为三年。法律另有规定的，依照其规定。"也就是说，我国的一般诉讼时效为三年。特殊诉讼时效是指针对某些特定的民事法律关系制定的时效制度。特殊时效是关于特殊法律关系的规定，凡有特殊诉讼时效规定的，适用特殊时效要求。在法律规定的诉讼时效期间内，只要权利人提出请求，人民法院就须依法强制义务人履行所承担的义务。但在法定的诉讼时效期间届满之后，权利人如果再行使请求权的话，人民法院就不再给予保护了。所以，诉讼时效是权利人行使请求权，获取人民法院保护其民事权利的法定时间界限。它包含两层意思，一是权利人在此期间内享有依诉讼程序请求人民法院予以保护的权利；二是这一权利在此期间内持续不行使即归于消灭。但是，对于诉讼时效的适用，由于其是对权利人权利的限制，故《民法总则》第一百九十三条明确规定："人民法院不得主动适用诉讼时效的规定。"亦即只有在义务人主动提出诉讼时效抗辩时，才可以适用。

由于诉讼时效的目的在于限制权利人，给予权利人压力，避免举证困难，因此，该制度并非适用所有的权利类型。在我国，诉讼时效主要适用于债权的请求权，即基于合同债权的请求权、无因管理的请求权、不当得利请求权、缔约过失损失请求权等都可适用。对于损害赔偿请求权以外的其他类型侵权请求权，如物权请求权、人格权请求权等一般不适用诉讼时效。《民法总则》第一百九十六条规定："下列请求权不适用诉讼时效的规定：（一）请求停止侵害、排除妨碍、消除危险；（二）不动产物权和登记的动产物权的权利人请求返还财产；（三）请求支付抚养费、赡养费或者扶养费；（四）依法不适用诉讼时效的其他请求权。"

对于出资请求权能否适用诉讼时效制度，各个国家和地区并不完全相同。大陆法系国家对于违反出资义务股东的请求权一般是要受到诉讼时效限制的。《德国有限责任公司法》第 9 条规定了针对违反出资义务股东的请求权后，第 9b 条第 2 款又规定："公司依照本法第 9a 条所享有的赔偿请求权时效为 5 年。时效从公司登记入商业登记簿或者——如果导致产生赔偿义务的行为嗣后发生——从该行为发生之时开始。”在英美法系国家和地区，其相应判例法和制定法中同样规定了诉讼时效，如《美国特拉华州普通公司法》规定了主张权利的时效期间为自认购该股份之日起 6 年之内。

两大法系许多国家和地区规定了出资请求权的诉讼时效制度，但相对于一般的诉讼时效，其时效期间是比较长的。相对于其他民事权利，股权既具有财产属性，也具有人身属性。财产属性是指股权是一种财产权，对于股东而言，其通过出资或股份而享有相应的财产利益；对于公司来说，作为股权客体的财产一旦出资于公司，就成为公司的财产而完全由公司支配。在股东认缴出资而未出资时，股东有义务按照章程或股东之间的约定及时缴纳出资，公司也有权利要求股东及时缴纳出资。所以，股权既是一种物权，也有类似债权性质的权利属性。人身属性是指股东基于股东身份而对股权享有相关利益，而这种因人身属性而享有的利益是基于其认缴出资并能够按照章程或股东之间约定及时足额缴纳出资。公司也因为股东认缴并能够及时缴纳出资而与股东之间形成一种具有人身属性的“股权关系”。也就是说，股权是一种具有特殊性质的财产和人身关系。那么，在这种情况下，因股权产生的出资请求权显然不能等同于一般的请求权法律关系，而必须同时照顾到公司和其他股东的基本利益。因此，尽管两大法系国家和地区很多都规定了出资请求权也适用于诉讼时效，但其不同于一般的诉讼时效。

对于出资请求权的诉讼时效问题，我国《公司法》及相关法律并没有规定，因而理论上争议颇多，多主张应当适用诉讼时效，以督促公司和其他股东及时行使权利，维护公司关系的稳定。但是，在我国，公司的发展才刚刚开始，其纯粹是借鉴外国的产物，而并非我国自然演进而来的产品。尽管 1993 年《公司法》的颁布使得我国的公司制度具有了一定的法律基础，但其在实际生活中运用并不规范，而常常是变形而徒具形式，股东不出资或不正确出资，特别是出资后抽逃出资的现象十分普遍。如果运用诉讼时效制度处理相应问题，则可能进一步鼓励不出资和抽逃出资。

而且，股权的特殊性及股东出资义务与公司之间关系的基本要求使得我国也不宜采诉讼时效制度解决这一问题：首先，股东认缴并按照章程或法律规定出资是其具有股东资格而享有股东权利的前提。在股东不履行其出资义务或不完全履行其出资义务时，公司和其他股东有权请求其履行出资义务。这种请求权并非债权请求权，也非其他赔偿请求权，而是公司和股东、股东和股东之间具有的成员身份性的请求权，其并不能因为所谓时间的流逝而丧失。只要某个股东并没有被除名或依法退出，其股东身份就一直是存在的，因而相应公司和其他股东请求其履行出资义务的请求权就应该一直存在着。其次，诉讼时效制度的功能在于督促债权人行使权利，使怠于行使权利的人承受不利的法律后果。在股东不履行其出资义务时，公司是有权请求其履行的最主要主体，而公司又是最终由股东控制的，在很多情况下，公司怠于行使权利常常是由股东决定的，实质上等于部分股东对不履行出资义务的股东怠于行使权利，如果让公司对此承担怠于行使权利的不利后果，将损害公司或其他股东的合法权益。最后，如果股东未履行出资义务适用诉讼时效制度，也就意味着公司不能要求强制其履行出资义务，从而使该义务转为所谓的自然债务。那么，在股东一直不履行其出资义务的情形下，股东身份存在的基础也就不存在了，亦即公司可以以此为由将其除名而对其所谓的股东予以处置。因此，诉讼时效的适用并不能达到了结现有法律关系的效果，反而会引起法律关系的愈加复杂性。重要的是，如果股东未履行出资义务适用诉讼时效制度，将严重损害公司法的资本维持原则。因为，允许没有出资或没有正确出资或抽逃出资的股东以诉讼时效制度不履行出资，将使公司资本出现虚空。①

正是基于以上考虑，我国法院在实践中常常认为不应当适用诉讼时效。

为解决这一争议问题，最高人民法院《关于审理民事案件适用诉讼时效制度若干问题的规定》（法释〔2008〕11号）第一条规定："当事人可以对债权请求权提出诉讼时效抗辩，但对下列债权请求权提出诉讼时效抗辩的，人民法院不予支持：（一）支付存款本金及利息请求权；（二）兑付国债、金融

---

① 最高人民法院民事审判第二庭编著：《最高人民法院关于公司法解释（三）、清算纪要理解与适用》，人民法院出版社2011年版，第304页。

债券以及向不特定对象发行的企业债券本息请求权；（三）基于投资关系产生的缴付出资请求权；（四）其他依法不适用诉讼时效规定的债权请求权。”亦即，股东对公司的出资义务不受诉讼时效的限制，股东在出资前对公司始终承担该债务，公司的债权人基于代位权的原理向该股东主张债权时，股东当然不能以诉讼时效为由进行抗辩。

为进一步明确这一点，《公司法解释（三）》第十九条规定：“公司股东未履行或者未全面履行出资义务或者抽逃出资，公司或者其他股东请求其向公司全面履行出资义务或者返还出资，被告股东以诉讼时效为由进行抗辩的，人民法院不予支持。公司债权人的债权未过诉讼时效期间，其依照本规定第十三条第二款、第十四条第二款的规定请求未履行或者未全面履行出资义务或者抽逃出资的股东承担赔偿责任，被告股东以出资义务或者返还出资义务超过诉讼时效期间为由进行抗辩的，人民法院不予支持。”

根据该规定，以下情形出资请求权不受诉讼时效的限制：（1）公司或者其他股东请求未履行或者未全面履行出资义务的股东向公司全面履行出资义务的权利；（2）公司或者其他股东请求抽逃出资的股东返还出资的权利；（3）根据《公司法解释（三）》第十三条第二款，公司的债权人请求未履行或者未全面履行出资义务的股东在未出资本息范围内对公司债务不能清偿的部分承担补充赔偿责任的权利；（4）根据《公司法解释（三）》第十四条第二款，公司债权人请求抽逃出资的股东在抽逃出资本息范围内对公司债务不能清偿的部分承担补充赔偿责任的权利。

案例指导

洪淑玲、中国京冶工程技术有限公司深圳分公司、深圳市广嘉房地产发展有限公司、许金和建设工程施工合同纠纷再审案[①]

再审申请人洪淑玲因与被申请人中国京冶工程技术有限公司深圳分公司

① 案例来源：广东省高级人民法院民事裁定书（2016）粤民申6153号，载中国裁判文书网，http：//wenshu.court.gov.cn/content/content?DocID=b93bca47-cb1e-44ed-8b73-a83100aa4b17&KeyWord=。

(以下简称京冶公司)、深圳市广嘉房地产发展有限公司(以下简称广嘉公司)、许金和建设工程施工合同纠纷一案,不服广东省深圳市中级人民法院民事判决(下称二审判决),向广东省高级人民法院申请再审。

广东省高级人民法院经审查认为,本案系建设工程施工合同纠纷,根据洪淑玲申请再审的理由,本案主要涉及如下问题。

关于洪淑玲是否存在抽逃出资行为的问题。洪淑玲于2011年4月20日向广嘉公司增资4000万元,当日完成验资后即将该笔增资款项从广嘉公司账户全部转出。洪淑玲作为广嘉公司的唯一股东,未能提供充分证据证明该笔资金的转出已经过法定减资程序或系用于公司正常经营,因此,一、二审法院根据《公司法解释(三)》第十九条关于"公司股东未履行或者未全面履行出资义务或者抽逃出资,公司或者其他股东请求其向公司全面履行出资义务或者返还出资,被告股东以诉讼时效为由进行抗辩的,人民法院不予支持。公司债权人的债权未过诉讼时效期间,其依照本规定第十三条第二款、第十四条第二款的规定请求未履行或者未全面履行出资义务或者抽逃出资的股东承担赔偿责任,被告股东以出资义务或者返还出资义务超过诉讼时效期间为由进行抗辩的,人民法院不予支持"之规定,认定洪淑玲上述转出资金的行为符合《公司法解释(三)》第十二条"公司成立后,公司、股东或者公司债权人以相关股东的行为符合下列情形之一且损害公司权益为由,请求认定该股东抽逃出资的,人民法院应予支持……(三)利用关联交易将出资转出"之规定的抽逃出资行为并无不当。

关于洪淑玲应否就广嘉公司的工程款债务承担补充赔偿责任的问题。如前所述,洪淑玲存在抽逃出资行为,一、二审法院根据《公司法解释(三)》第十四条第二款"公司债权人请求抽逃出资的股东在抽逃出资本息范围内对公司债务不能清偿的部分承担补充赔偿责任"之规定,判决洪淑玲就广嘉公司工程款债务不能清偿部分承担补充赔偿责任正确。洪淑玲主张本案应适用《关于股东因公司设立后的增资瑕疵应否对公司债权人承担责任问题的复函》,并以抽逃资金的行为在涉案债务形成之后为由而无须承担责任理据不足,其以此为由申请再审理由不成立。

规范指引

《中华人民共和国民法总则》

第一百八十八条 向人民法院请求保护民事权利的诉讼时效期间为三年。法律另有规定的，依照其规定。

诉讼时效期间自权利人知道或者应当知道权利受到损害以及义务人之日起计算。法律另有规定的，依照其规定。但是自权利受到损害之日起超过二十年的，人民法院不予保护；有特殊情况的，人民法院可以根据权利人的申请决定延长。

第一百八十九条 当事人约定同一债务分期履行的，诉讼时效期间自最后一期履行期限届满之日起计算。

第一百九十二条 诉讼时效期间届满的，义务人可以提出不履行义务的抗辩。

诉讼时效期间届满后，义务人同意履行的，不得以诉讼时效期间届满为由抗辩；义务人已自愿履行的，不得请求返还。

第一百九十三条 人民法院不得主动适用诉讼时效的规定。

第一百九十四条 在诉讼时效期间的最后六个月内，因下列障碍，不能行使请求权的，诉讼时效中止：

（一）不可抗力；

（二）无民事行为能力人或者限制民事行为能力人没有法定代理人，或者法定代理人死亡、丧失民事行为能力、丧失代理权；

（三）继承开始后未确定继承人或者遗产管理人；

（四）权利人被义务人或者其他人控制；

（五）其他导致权利人不能行使请求权的障碍。

自中止时效的原因消除之日起满六个月，诉讼时效期间届满。

第一百九十五条 有下列情形之一的，诉讼时效中断，从中断、有关程序终结时起，诉讼时效期间重新计算：

（一）权利人向义务人提出履行请求；

（二）义务人同意履行义务；

（三）权利人提起诉讼或者申请仲裁；

（四）与提起诉讼或者申请仲裁具有同等效力的其他情形。

第一百九十六条　下列请求权不适用诉讼时效的规定：

（一）请求停止侵害、排除妨碍、消除危险；

（二）不动产物权和登记的动产物权的权利人请求返还财产；

（三）请求支付抚养费、赡养费或者扶养费；

（四）依法不适用诉讼时效的其他请求权。

第一百九十七条　诉讼时效的期间、计算方法以及中止、中断的事由由法律规定，当事人约定无效。

当事人对诉讼时效利益的预先放弃无效。

第一百九十八条　法律对仲裁时效有规定的，依照其规定；没有规定的，适用诉讼时效的规定。

第一百九十九条　法律规定或者当事人约定的撤销权、解除权等权利的存续期间，除法律另有规定外，自权利人知道或者应当知道权利产生之日起计算，不适用有关诉讼时效中止、中断和延长的规定。存续期间届满，撤销权、解除权等权利消灭。

《最高人民法院关于审理民事案件适用诉讼时效制度若干问题的规定》（法释〔2008〕11号）

第一条　当事人可以对债权请求权提出诉讼时效抗辩，但对下列债权请求权提出诉讼时效抗辩的，人民法院不予支持：

（一）支付存款本金及利息请求权；

（二）兑付国债、金融债券以及向不特定对象发行的企业债券本息请求权；

（三）基于投资关系产生的缴付出资请求权；

（四）其他依法不适用诉讼时效规定的债权请求权。

《最高人民法院关于适用〈中华人民共和国公司法〉若干问题的规定（三）》

第十九条　公司股东未履行或者未全面履行出资义务或者抽逃出资，公司或者其他股东请求其向公司全面履行出资义务或者返还出资，被告股东以诉讼时效为由进行抗辩的，人民法院不予支持。

公司债权人的债权未过诉讼时效期间，其依照本规定第十三条第二款、

第十四条第二款的规定请求未履行或者未全面履行出资义务或者抽逃出资的股东承担赔偿责任，被告股东以出资义务或者返还出资义务超过诉讼时效期间为由进行抗辩的，人民法院不予支持。

专题十九：股东瑕疵出资举证责任的承担

【核心提示】当事人之间对是否已履行出资义务发生争议，原告提供对股东履行出资义务产生合理怀疑证据的，被告股东应当就其已履行出资义务承担举证责任。

实务争点

一般情况下，民事诉讼举证责任采“谁主张、谁举证”的原则，即主张权利者需要拿出证据证明自己权利的存在或受到伤害等。《民事诉讼法》第六十四条第一款规定：“当事人对自己提出的主张，有责任提供证据。”在股东因出资不实或其他出资瑕疵的情况下，如果公司和其他股东欲提起诉讼，其应该就被诉者没有出资或其他出资问题提出证据来证明。但是，由于我国公司制度的不健全，实践中公司及出资人常常出现不严格按照公司法和相关法律规定的程序和要求如出资、出资证明书、股东名册等形式去做，再加上公司会计制度的不健全，导致实践中主张权利者很难举证证明自己的权利。如果按照“谁主张、谁举证”的原则，因股东出资瑕疵导致的诉讼将是很难进行的。因此，有学者和法院主张，应合理分配相关人员的举证责任。对此，《公司法解释（三）》第二十条规定：“当事人之间对是否已履行出资义务发生争议，原告提供对股东履行出资义务产生合理怀疑证据的，被告股东应当就其已履行出资义务承担举证责任。”

理解适用

对《公司法解释（三）》第二十条规定的理解适用

举证责任是指当事人在诉讼中对自己提出的主张须收集或提供证据，并运用该证据来证明自己所主张的案件事实成立，或使其有利于自己的主张，否则将承担主张不能成立的危险。举证责任制度最早产生于古罗马法时代，它要求："原告对于其诉，以及其诉请求之权利，须举证证明之""原告不举证证明，被告即获胜诉""若提出抗辩，则就其抗辩有举证之必要""为主张之人负有证明义务，为否定之人则无之""事物之性质上，否定之人无须证明"。后历经中世纪寺院法的演变，到了德国普通法时代正式确立了原告须就其诉讼原因的事实为举证，被告就其抗辩的事件事实为举证的一般原则。

"谁主张、谁举证"原则是由民事诉讼的原告与被告之间攻防结构决定的，原告具有主动性，被告无须就自己如何提供证明，而法院因此居中截断。但是，随着工业化的发展及社会矛盾的日益加剧，"谁主张、谁举证"原则对于许多事实上被告处于控制地位情形下的诉讼无法适应，原告很难因此证明被告问题所在，从而产生不公平的结果。在这种情况下，举证责任倒置原则应运而生。所谓举证责任倒置是指基于法律的规定，提出主张的一方当事人（一般是原告）就某种事由不负担举证责任，而由他方当事人（一般是被告）就某种事实存在或不存在承担举证责任，如果该方当事人不能就此举证证明，则推定原告的事实主张成立的一种举证责任分配制度。在一般证据规则中，"谁主张、谁举证"是举证责任分配的一般原则，而举证责任的倒置则是这一原则的例外。

实行举证责任倒置的一个重要因素考量是举证能力，即收集证据、调查证据、利用证据的能力。民事诉讼中，各国法律都规定了当事人诉讼地位的平等原则，但这种平等并非事实上的平等，而是法律上的平等。事实上，缘于各种因素，当事人的诉讼地位不可能是真正平等的，不平等的原因有许多，但其中主要是举证能力的强弱。不同的当事人所具有的举证能力不可能全是一样的，比如，掌握一定法律知识者举证能力就要强一些，作为企业的举证者要强于普通个人，平常注意规范管理的企业要比那些不规范管理的企业要强等。所以，在一般的举证责任原则之外实行举证责任倒置是符合私法的公平原则要求的。

关于举证责任倒置，《民法通则》第一百二十三条作出了规定，即“从事高空、高压、易燃、易爆、剧毒、放射性、高速运输工具等对周围环境有高度危险的作业造成他人损害的，应当承担民事责任；如果能够证明损害是由受害人故意造成的，不承担民事责任”。之后，1991年4月通过的《民事诉讼法》第六十四条确立了“谁主张、谁举证”的一般原则，但没有对举证责任倒置问题进行规定。此后，最高人民法院于1992年7月通过的《关于适用民事诉讼法若干问题的意见》第七十四条作出了较为详细的规定。立法常常滞后于现实，随着市场经济的高度发展，民商事权利义务关系的日益复杂，为更好地适用和规范举证责任倒置，2001年《最高人民法院关于民事诉讼证据的若干规定》首次肯定了法院在一定情况下裁量确定举证责任分配的权力。该规定第七条明确规定：“在法律没有具体规定，依本规定及其他司法解释无法确定举证责任承担时，人民法院可以根据公平原则和诚实信用原则，综合当事人举证能力等因素确定举证责任的承担。”而且，第七十五条还明确规定：“有证据证明一方当事人持有证据无正当理由拒不提供，如果对方当事人主张该证据的内容不利于证据持有人，可以推定该主张成立。”这在我国民事诉讼法学中一般被称为“证据推定规则”。

从我国以上有关规定可以看出，举证能力是与证据距离有密切联系的。接近证据的一方显然具有举证方面的优势，其举证能力相对要强。举证能力如何是立法者和司法者在适用举证责任是否实行倒置时必须考虑的一个重要因素。但是同证据距离一样，举证能力的强弱比较甚至悬殊极大并非一定要导致举证责任的倒置，它仅仅是确定举证责任是否要实行倒置的因素之一。

根据2001年《最高人民法院关于民事诉讼证据的若干规定》第四条规定，举证责任倒置适用于下列情形：（1）实行过错推定的侵权诉讼。如建筑物或其他设施以及建筑物上的搁置物，悬挂物发生倒塌，脱落，坠落致人损害的侵权诉讼；因医疗纠纷提起的诉讼。（2）实行因果关系推定的侵权诉讼。如环境污染致损害的侵权诉讼；产品质量不合格致人损害的侵权诉讼。(3)难以收集证据，难以举证的诉讼。如产品制造方法发明专利引起的专利侵权诉讼，共同危险行为致人损害的侵权诉讼。(4)对方妨害举证的诉讼。

对于股东因瑕疵出资引起的诉讼，不属于《最高人民法院关于民事诉讼证据的若干规定》明确规定的特殊情形。所以，如果按照大陆法系的成文法传统，我国原则上应当按照举证责任分配的一般原则，由原告对被告股东未履行出资义务的事实承担举证责任。

但是，在这种情形下，原告股东与被告股东之间常常存在着严重的信息不对称问题。实践中，股东是否履行了其出资义务，除了公司董事和高级管理人员知情外，其他股东和债权人是不可能知道的。因此，如果要求其他股东和债权人举出充分的证据证明某股东没有履行出资义务或抽逃出资，几乎是难以做到的。可以说，股东是否履行出资义务举证责任的分配问题，在某种程度上与公司法人人格否认制度中的举证责任具有相似之处，都是在信息不对称的双方当事人之间解决举证责任的公平分配问题。

基于国外的经验及我国的公司法实践状况，按照《最高人民法院关于民事诉讼证据的若干规定》第七条规定的精神，在对股东是否已履行出资义务发生争议的案件中，法院可以根据公平原则和诚信原则，综合当事人举证能力等因素确定举证责任的承担。

《公司法解释(三)》第二十条明确规定："当事人之间对是否已履行出资义务发生争议，原告提供对股东履行出资义务产生合理怀疑证据的，被告股东应当就其已履行出资义务承担举证责任。"

也就是说，原告对股东是否履行出资义务只需提供产生合理怀疑的证据，由被告股东举证证明其已履行出资义务的事实。如果被告股东不能提供充分证据证明其已履行出资义务，应当承担举证不能的法律后果。即在股东是否履行出资义务的举证责任上，一方面考虑权利人举证上的现实困难，将是否依法履行出资义务的举证责任分配给被告股东；另一方面为防止滥诉又未简单地规定为一般的举证责任倒置，而是要求原告提供能够产生合理怀疑的初步证据后再将举证责任倒置给被告股东。所以，原则上讲，原告应当承担主要的举证责任，至少要拿出合理怀疑的表面证据，否则，司法机关应当将其诉讼请求予以驳回，除非被告自认或者有证据表明原告主张的事实存在。

关于原告的主体范围，一般认为，股东是否履行出资义务的争议发生于其他股东、公司债权人和被告股东之间，原告应为其他股东和公司债权人。但是，公司有时也可能因对于股东是否履行出资义务不甚明了而与相关股东产生争议，此时的股东作为一个独立的主体，当然也有权提起诉讼。因此，对于股东履行出资义务产生争议的原告应当包括公司、其他股东和公司债权人。不同的原告举证能力存在较大差异。一般地，公司的举证能力最强，其他股东次之，债权人的举证能力较弱。法院在认定原告是否提供了产生合理怀疑的初步证据时，对公司、其他股东和公司债权人的要求应当有所区别。[①]

案例指导

青岛凯航国际物流有限公司与毛彦杰、青岛巨丰圣源国际贸易有限公司等海上、通海水域货运代理合同纠纷申诉案[②]

毛彦杰为与青岛凯航国际物流有限公司（以下简称凯航公司）、青岛巨丰圣源国际贸易有限公司（以下简称巨丰公司）、刘同涛海上、通海水域货运代理合同纠纷一案，不服山东省高级人民法院于2015年10月29日作出的民事判决（以下简称原审判决），向最高人民法院申请再审。

最高人民法院经审查认为，原审判决认定毛彦杰、刘同涛抽逃出资，并不缺乏证据证明。从凯航公司提供的巨丰公司工商登记材料、验资报告所载内容看，巨丰公司章程规定注册资金为1000万元，毛彦杰、刘同涛各认缴出资300万元、700万元，分二期出资，第二次出资时间为2013年6月9日前，刘同涛、毛彦杰分别于2012年3月27日、28日向巨丰公司出资各560万元、240万元，共计800万元。根据《公司法解释（三）》第

① 最高人民法院民事审判第二庭编著：《最高人民法院关于公司法解释（三）、清算纪要理解与适用》，人民法院出版社2011年版，第318页。

② 案例来源：最高人民法院民事裁定书（2016）最高法民申516号，载中国裁判文书网，http：//wenshu.court.gov.cn/content/content?DocID=92e0408f-c1bd-48df-87d6-077808abd7e1&KeyWord=。

十二条第（四）项之规定，未经法定程序将出资抽回的行为属于抽逃出资。应凯航公司申请一审法院调取了巨丰公司银行账户流水账单，该账单显示2012年3月30日巨丰公司分两笔向宇田公司汇出700万元。凯航公司依据上述证据主张巨丰公司股东毛彦杰、刘同涛抽逃出资，已完成举证责任。《公司法解释（三）》第二十条规定，“当事人之间对是否已履行出资义务发生争议，原告提供对股东履行出资义务产生合理怀疑证据的，被告股东应当就其已履行出资义务承担举证责任”。据此，毛彦杰主张700万元款项的汇出行为不属抽逃出资，应承担举证责任。而其对向巨丰公司转入800万元验资款后4天内向宇田公司汇出700万元是否系巨丰公司的经营行为，巨丰公司与宇田公司之间是否存在债权债务关系，该汇款行为是否经法定程序而为，未能举证证明。原审判决认定“对于该700万元汇出的原因，巨丰公司及刘同涛、毛彦杰均不能提供存在正常的贸易往来证据，巨丰公司账面上没有记载，刘同涛、毛彦杰作为巨丰公司的股东有能力控制巨丰公司，该笔资金的转出应视为抽逃出资的行为”，判决支持凯航公司关于认定刘同涛、毛彦杰抽逃注册资金的主张，具备事实和法律依据。根据《公司法解释（三）》第十四条第二款的规定，股东抽逃出资应承担的法律责任是在抽逃出资本息范围内对公司债务不能清偿的部分承担补充赔偿责任，原审判决判令毛彦杰、刘同涛承担连带责任确有不当。但是，考虑到巨丰公司应承担的债务为200495元，不超过700万元，原审判决将毛彦杰、刘同涛承担连带责任的范围明确界定为在“抽逃出资本息的范围内”；而毛彦杰申请再审并未提供巨丰公司具有案涉债务履行能力的相关证据，原审判决判令毛彦杰对巨丰公司的债务承担连带责任并不导致其实体权利受到损害，因此，原审判决结果并无不妥。

规范指引

《中华人民共和国民事诉讼法》

第六十四条　当事人对自己提出的主张，有责任提供证据。

当事人及其诉讼代理人因客观原因不能自行收集的证据，或者人民法院认为审理案件需要的证据，人民法院应当调查收集。

人民法院应当按照法定程序，全面地、客观地审查核实证据。

《最高人民法院关于适用〈中华人民共和国民事诉讼法〉的解释》（法释〔2015〕5号）

第九十条 当事人对自己提出的诉讼请求所依据的事实或者反驳对方诉讼请求所依据的事实，应当提供证据加以证明，但法律另有规定的除外。

在作出判决前，当事人未能提供证据或者证据不足以证明其事实主张的，由负有举证证明责任的当事人承担不利的后果。

第九十一条 人民法院应当依照下列原则确定举证证明责任的承担，但法律另有规定的除外：（一）主张法律关系存在的当事人，应当对产生该法律关系的基本事实承担举证证明责任；（二）主张法律关系变更、消灭或者权利受到妨害的当事人，应当对该法律关系变更、消灭或者权利受到妨害的基本事实承担举证证明责任。

《最高人民法院关于民事诉讼证据的若干规定》（法释〔2001〕33号）

第二条 当事人对自己提出的诉讼请求所依据的事实或者反驳对方诉讼请求所依据的事实有责任提供证据加以证明。

没有证据或者证据不足以证明当事人的事实主张的，由负有举证责任的当事人承担不利后果。

第四条 下列侵权诉讼，按照以下规定承担举证责任：

（一）因新产品制造方法发明专利引起的专利侵权诉讼，由制造同样产品的单位或者个人对其产品制造方法不同于专利方法承担举证责任；

（二）高度危险作业致人损害的侵权诉讼，由加害人就受害人故意造成损害的事实承担举证责任；

（三）因环境污染引起的损害赔偿诉讼，由加害人就法律规定的免责事由及其行为与损害结果之间不存在因果关系承担举证责任；

（四）建筑物或者其他设施以及建筑物上的搁置物、悬挂物发生倒塌、脱落、坠落致人损害的侵权诉讼，由所有人或者管理人对其无过错承担举证责任；

（五）饲养动物致人损害的侵权诉讼，由动物饲养人或者管理人就受害人有过错或者第三人有过错承担举证责任；

（六）因缺陷产品致人损害的侵权诉讼，由产品的生产者就法律规定的免责事由承担举证责任；

（七）因共同危险行为致人损害的侵权诉讼，由实施危险行为的人就其行为与损害结果之间不存在因果关系承担举证责任；

（八）因医疗行为引起的侵权诉讼，由医疗机构就医疗行为与损害结果之间不存在因果关系及不存在医疗过错承担举证责任。

有关法律对侵权诉讼的举证责任有特殊规定的，从其规定。

《最高人民法院关于适用〈中华人民共和国公司法〉若干问题的规定（三）》

第二十条　当事人之间对是否已履行出资义务发生争议，原告提供对股东履行出资义务产生合理怀疑证据的，被告股东应当就其已履行出资义务承担举证责任。

专题二十：股东资格的认定及当事人的确定

【核心提示】当事人向人民法院起诉请求确认其股东资格的，应当以公司为被告，与案件争议股权有利害关系的人作为第三人参加诉讼。

实务争点

由于我国公司法关于股东资格的认定并无明确规定，因此实践中对此争议颇大。尽管关于工商登记不成为股东资格的判断标准已经成为共识，但在股东出资、出资证明书、股东名册及公司章程记载不一致时，应该如何判断股东资格，无论是理论界还是实务界一直争议不休。有认为应以形式证据为准，有认为应以认缴并实际出资为准。当发生股东资格纠纷时，是应以公司为被告，还是应以利害关系人为被告？对此，《公司法解释（三）》第二十一条规定：“当事人向人民法院起诉请求确认其股东资格的，应当以公司为被告，与案件争议股权有利害关系的人作为第三人参加诉讼。”

理解适用

对《公司法解释（三）》第二十一条规定的理解适用

（一）股东资格认定的原则及证据判断

1. 股东资格认定的原则

享有股东权首先要具备股东资格，即辨明谁是公司的股东。在我国，认定有限责任公司的股东有很多参照标准：股东为了设立公司要进行出资；全体股东要共同制定公司章程，股东的姓名和名称要被记载于公司章程上；有限责任公司成立中应当向股东签发出资证明书，出资证明书应当载明的事项包括股东的姓名或名称及缴纳的出资额；有限责任公司应当置备股东名册，记载股东的姓名或名称及住所、股东的出资额，股东发生变动后，公司应及时将股东变动情况记载于股东名册；有限责任公司设立时还要进行工商登记，股东的姓名或名称是必须登记事项，当这些登记事项发生变更时，应及时向工商机关请求变更登记。因此，股东的实际出资行为、出资证明书、股东名册、公司章程、工商登记都应该全面、客观地反映有限责任公司股东的真实情况，都可以作为股东资格认定的标准。

但由于现实情况的纷繁复杂及我国公司治理方面存在的很多不规范的情况，在实际生活中，许多公司并没有按照要求真实记载股东情况；或在股权发生变更时没有及时进行股东名册、公司章程和工商登记的变更；或由于某种原因记载有误。诸多原因造成了股东身份的认定困难，因此，有必要厘清股东资格的认定标准。[①]

《公司法》第三十二条规定："有限责任公司应当置备股东名册，记载下列事项：（一）股东的姓名或者名称及住所；（二）股东的出资额；（三）出资证明书编号。记载于股东名册的股东，可以依股东名册主张行使股东权利。

① 张海棠主编、上海市高级人民法院编：《公司法适用与审判实务》，中国法制出版社2009年版，第72页。

公司应当将股东的姓名或者名称向公司登记机关登记；登记事项发生变更的，应当办理变更登记。未经登记或者变更登记的，不得对抗第三人。”该条明确了辨别名义股东与实质股东的标准。

具体而言，可以就股东资格问题区分为两种情况：（1）就股东与公司之间的关系来说，股东可以凭借股东名册上的记载，行使股东权利。如果股东名册没有记载，股东可以依据出资协议书、出资证明书、股东会会议记录和公司章程等证据，请求确认其股东资格，并要求公司记载于股东名册。（2）在审理涉及“已登记股东”的股东资格确认案件时，应强调“登记资格优先”的原则。但以非法手段骗取登记或者伪造登记的情形，则不受该原则保护。

当然，司法实践中的问题可能还要复杂一些，上述两种情况只是原则上的划分。具体到个案时，应结合权利人的具体诉求进行具体分析与判断。①

有专家认为：出资行为应为取得股东资格的实质性证据，出资瑕疵可能导致公司人格被否定，但并不必然导致股东资格被否定。股东资格可以凭借公司章程、工商登记、股东名册、出资证明一系列形式化证据予以证明。公司章程的约束力主要及于公司、股东、董事、监事和经理，章程的记载赋予股东之间相互抗辩、否定股东资格的权利。公司章程的记载，并非确定发起人股东资格的充分条件，只是一个必要的形式化证据。工商登记并非设性程序，只具有证权功能。工商管理登记可以被视为证明股东资格并对抗第三人的表面证据。第三人可以凭借工商登记材料来主张或者否定股东的资格。股东名册是证明记名股东资格的充分的表面证据，是记名股东所据以对抗公司，行使股东权利的依据。股东名册主要是解决公司和股东之间关系的法律文件。出资证明书和股票等股权证书只是投资人取得出资额和股份的物权性凭证，是持有人对出资额股份拥有物权性权利的凭证，它只是证明投资人是出资额或股份的合法所有人，并非证明投资人与公司间存在某种成员关系。在各种表面证据发生冲突时，原则上应当坚持股东名册优先的原则处理，但

① 《研究公司法实务，指导审判实践——最高人民法院民二庭庭长宋晓明就新公司法适用中若干疑难问题答记者问》，最高人民法院民事审判第二庭编：《民商事审判指导》2007年第1期（总第11期），人民法院出版社2007年版，第92页。

同时应当按照争议当事人的具体构成确定各类表面证据的选择适用规则。如系公司股东外部第三人提出的争议，根据工商登记材料优先规则处理；如系股东与公司之间发生的争议，根据股东名册优先规则处理；如系发起人股东之间发生的争议，适用公司章程记载优先规则处理。至于各种形式化证据与实质性证据发生冲突，应坚持形式化证据优先的原则处理。由此推导，在公司当中，一般凭股东名册可以确认股东资格，至于该名册的取得过程存在瑕疵，这是其他法律责任问题，不是否定股东资格的问题。而无记名股东则可以股票提示作为证明股东资格的依据。这种观点为法院确认股东资格提出了一种方法与思路。①

最高人民法院《关于胡克诉王卫平、李立、李欣股东权纠纷一案的答复》[2003年5月15日,(2003)民二他字第4号]指出，关于当事人受让有限责任公司的股份，尽管其既未出资，也未向股权转让人支付对价，但得到了股东会决议的认可，并在工商部门年检报告中进行了记载，应当认定该当事人具有股东资格。理由是：首先，确认股东权的归属须综合考虑多种因素，而在有限责任公司，最关键的是公司对股东的承认或者认可。有限责任公司作为一种具备人合性质的团体，其对某一公司成员身份的承认意味着所有其他股东作为一个整体对该成员股东资格的认可，其他个别成员的异议不能与之对抗。公司对股东身份承认的形式是股东名册登记或者公司章程的记载。其次，通过出资而成为股东者，其出资瑕疵并不必然导致股东身份的丧失；通过受让股份而成为股东者，其未支付对价也不能成为直接否认其股东资格的理由。对于出资瑕疵者或者未支付对价的受让人，其他股东或者转让股份的原股东作为权利人可向其主张违约责任；其在合理期限内仍不履行出资义务或者支付对价义务的，其他股东或者原股东可依照《合同法》第九十四条的规定，主张解除合同，进而解除出资瑕疵或者未支付对价之受让人的股东身份。但无论是对于出资瑕疵者，还是对于未支付对价的受让人，权利人主

① 吴庆宝主编：《最高人民法院专家法官阐释民商裁判疑难问题·公司裁判指导卷》，中国法制出版社2011年版，第29页。

张解除合同都应在合理期限内为之。[①]

在安达新世纪·巨鹰投资发展有限公司与北京首都国际投资管理有限责任公司、协和健康医药产业发展有限公司股东权确权赔偿纠纷上诉案［最高人民法院（2007）民二终字第93号民事判决书］[②]中，最高人民法院认为，根据公司法的规定，股东出资义务不到位并不影响其股东资格的取得，只不过其享有股东权利的前提是承担股东义务，违反出资义务，也就不应享有股东的相应权利，这是民商法中权利与义务统一、利益与风险一致原则的具体体现。可以说，该判决以公司法的规定和民法基本原则为依据，明确了有出资瑕疵的股权只是应受限制，而出资不实并不影响股东资格的取得的观点。

2. 股东资格认定的证据判断

在证据的判断上，可将其区分为三个不同的层次：源泉证据、效力证据和对抗证据。这种区分也可以为解决股东资格问题提供相应的参考。

（1）源泉证据

源泉证据也称基础证据，是指证明股东取得股权的基础法律关系的法律文件。源泉证据分为两种：股东原始取得股权的出资证明书；继受取得股权的证据，如股权转让合同、赠与合同、遗嘱。一旦取得了合法有效的源泉证据，权利人就可以要求公司变更股东名册，确认自己的股东资格；在股东名册变更后，权利人有权要求公司协助办理股东变更登记手续。如果公司向股东签发出资证明书以后，未及时将该股东载入股东名册，股东可以诉请法院强制公司协助办理股东名册。也就是说，即使未被载入股东名册，持有源泉证据的当事人也可以对公司主张股权。

但此处需要注意，此类源泉证据并无创设权利的效力，其本身不足以证

① 张勇健：《当事人未出资亦未支付股权转让对价其股东地位如何认定》，载江必新主编、最高人民法院民事审判第二庭编：《民商事审判指导与参考》2003年第1卷（总第3卷），人民法院出版社2003年版，第134页。

② 最高人民法院（2007）民二终字第93号民事判决书（安达新世纪·巨鹰投资发展有限公司与北京首都国际投资管理有限责任公司、协和健康医药产业发展有限公司股东权确权赔偿纠纷上诉案），载最高人民法院民事审判第二庭编：《民商事审判指导》2007年第2辑（总第12辑），人民法院出版社2007年版，第203~212页。

明股东资格，只是证明股东资格的形式证据。同时，在我国公司运作不规范的情况下，有些有限责任公司可能不出具出资证明书，有时出资者也可能因为某些原因丧失了出资证明书，在这些情况下，并不能简单地因出资证明书的欠缺而否认其出资事实进而否认出资的股东资格。

总之，源泉证据是一种物权性凭证，是认定股东资格的初步证明，但在股东资格的认定中，只起形式证据的作用，不能起决定性作用。

（2）效力证据

有限责任公司的效力证据是公司备置的股东名册。股权的实质是股东与公司之间的法律关系，股权具有请求权、相对权的色彩。因此，股东名册对股东资格的确认具有推定的证明力。与房屋产权证的法律效力相似，股东名册仅在无相反证据的情况下具有推定的证明力，即在有相反的源泉证据时，股东名册可以被推翻。所以，源泉证据决定效力证据的变更，而非效力证据决定源泉证据的变更。

有些公司未设股东名册，任何股东均有权请求公司备置股东名册，公司无理拒绝的，股东有权提起诉讼。如果股东名册有假，真实股东有权请求公司根据源泉证据重新制作股东名册。非法伪造、变造股东名册的，除了对因此遭受损害的股东承担民事责任外，还视其行为后果的轻重承担相应的公法责任。

（3）对抗证据

对抗证据主要指在公司登记机关登记在案的章程等登记文件。作为对抗证据的公司登记机关文件，虽不是股东资格的效力证据，但具有对抗第三人的效力（此处仅指善意第三人）。

在股东资格确认之诉中，以上各种证据相互冲突时，应在保护善意第三人的前提下，尊重源泉证据的效力。例如，某有限责任公司的股东甲依据公司法和公司章程规定的程序将其所持有的股权转让给乙。乙就有权持股权转让协议要求公司变更股东名册、修改公司章程，继而要求公司协助办理股东变更登记，公司不得无理拒绝。如果公司未在合理期限内履行以上义务，乙有权向法院提起诉讼，以股权转让协议证明其股权资格，要求公司履行协助义务。但是，这种实质性证据的效力，一般仅限于相对人之间。一旦存在善意第三人，则情况会变得比较复杂。实践中，较为常见的情况是名义股东的债权人与“实质性股东”之间的权利冲突。由于《公司法》第三十二条规定，未经登记不得对抗第三人，故实践中，第三人就应以自己的实质性权利地位来予以对抗。因此，如果前案中乙在向甲支付股权转让价款后怠于要求公司履行上述义务，致使股权转让方仍然被公司登记机关的登记文件确认为公司股东。善意第三人丙与甲签订了股权转让合同，丙有权从甲受让股权，并有权要求公司变更自己为公司股东，乙不能以自己的“实质性股东”身份来进行对抗。在善意第三人提起的股东名义变更之诉中，第三人的请求应予支持。[①]

但如果不涉及第三人，工商登记仅为形式要件，其须与其他证据结合才能形成完整的证据链。在兰州常柴西北车辆有限公司、宁夏常宁动力机械有限公司与中国农业银行银川市新市区支行等借款担保纠纷案［最高人民法院（2005）民二终字第109号民事判决书］中，一个争议焦点就是关于股东资格的认定问题。在该案中，常柴银川公司与甘肃兰驼集团有限责任公司于2000年9月25日签订了股权转让协议，由后者将其持有的兰州常柴公司的5700万股权转让给前者，并且经过了股东会决议同意，常柴银川公司从而成为兰州常柴公司的控股股东。但在兰州常柴公司工商档案的股东名册中，并没有进行变更，亦即没有常柴银川公司是兰州常柴公司股东的记载。原审法院审理认为，“其忽视了该股权变更的转让必须在工商行政管理部门依法登记变更这一法定程序”，故不认为常柴银川公司为兰州常柴公司的股东。该案被上诉至最高人民法院。最高人民法院经审理认为，工商行政管理机关是企业依法登记注册成立的法定部门，登记不是确定股东地位的唯一要件。登记仅是形式要件，不是成为股东的必备要件。常柴银川公司已实际控制了兰州常柴公司，可以认定常柴银川公司是兰州常柴公司股东，变更登记是形式要件，是可以后补的，并非一概以未变更登记而认为无效。有限责任公司股权转让不像股份有限公司一样必须向社会公示，所以，股权转让协议有效，

---

① 张海棠主编、上海市高级人民法院编：《公司法适用与审判实务》，中国法制出版社2009年版，第72~73页。

且已实际履行，常柴银川公司具有其股东资格。[①]

总之，根据公司法的规定和司法实践中掌握的基本原则，首先股东资格应以实际出资作为认定其资格的最基本依据，其次股东名册应当对股东加以记载以便明确各个股东的持股，最后工商行政管理部门的登记中也要明确记载股东组成情况，只不过这是对社会公示的性质，并不能改变公司股东组成的实际构成。实践中，股东已经依法或章程规定实际出资或认缴出资的，尽管其他要件并不明确，也要认定该股东的资格的有效性。如果股东名册上明确记载了该股东名称的，尽管该股东没有依法或章程规定出资，也应当如实认定该股东的资格，是属于拖欠出资还是实际意义上的空股股东或者挂名股东，应当据实认定。《公司法解释（三）》以出资人是否履行出资义务作为认定股东资格的主要内容。因此，关键还是股东履行出资义务，特别是控股股东在履行经营管理职责时，已经实际上在股东会、董事会上表决、签字行使了股东的经营管理权利，即使股东名册没有变更，工商管理部门的登记也没有变更，人民法院也应当按照该股东参与公司经营管理的实际情况加以认定。[②]

（二）股东资格确认之诉中当事人的确定

股东资格确认之诉，首先要解决的是当事人的确定，即由谁来参与诉讼，此即所谓“当事人适格”问题。我国《公司法》既未对股东资格确认标准进行统一的规定，也未明确股东资格确认之诉的当事人。在司法实践中，除股东资格确认标准存在争议外，对于股东资格确认诉讼的当事人也存在不同意见。

根据《民事诉讼法》第一百一十九条的规定，起诉必须符合下列条件：（1）原告是与本案有直接利害关系的公民、法人和其他组织；（2）有明确的被告；（3）有具体的诉讼请求和事实、理由；（4）属于人民法院受理民事诉讼的范围和受诉人民法院管辖。

在股东资格之诉中，还常常涉及第三人。关于第三人制度，《民事诉讼

① 吴庆宝主编：《权威点评最高法院公司法指导案例》，中国法制出版社2010年版，第306页。

② 吴庆宝主编：《最高人民法院专家法官阐释民商裁判疑难问题·公司裁判指导卷》，中国法制出版社2011年版，第59页。

法》第五十六条规定，对当事人双方的诉讼标的，第三人认为有独立请求权的，有权提起诉讼。对当事人双方的诉讼标的，第三人虽然没有独立请求权，但案件处理结果同他有法律上的利害关系的，可以申请参加诉讼，或者由人民法院通知他参加诉讼。人民法院判决承担民事责任的第三人，有当事人的诉讼权利义务。

据此，《公司法解释（三）》第二十一条规定："当事人向人民法院起诉请求确认其股东资格的，应当以公司为被告，与案件争议股权有利害关系的人作为第三人参加诉讼。"

股东资格确认之诉中，原告应当是认为自己具有股东资格而请求法院确认其股东资格的当事人。由于原告是否具有股东资格还存在争议，需要经过人民法院判决后才能认定。因此，该司法解释对提起诉讼的原告没有使用"股东"，而是使用了"当事人"一词。

股东资格是相对于公司而言的，股东资格被确认后，其可以在公司中行使相应的权利，公司不得拒绝，所以为确定股东资格及股东身份，在该股东资格确认之诉中应当列公司为被告，给公司提供发表意见的机会。

与原告提起的股东资格确认诉讼案件有利害关系的人，应当作为第三人参加诉讼。根据《民事诉讼法》及司法解释，如果第三人认为案件争议股权应是由其享有，其可以以有独立请求权的第三人的身份参加诉讼；如果其对案件争议股权没有独立请求权，但案件的处理结果同他有法律上的利害关系的，其可以以无独立请求权的第三人的身份参加诉讼。

不过，该司法解释主要是针对公司已经设立，股东发现自己的股东身份未被确认，在相关登记文件中也未被记载的情形。

在其他情形下，尚须具体分析：（1）在公司设立阶段，发起人股东发现自己的股东身份未被主要发起人记载、承认的，可以主要发起人为被告，请求人民法院确认其股东身份。主要基于各发起人之间协议约定存在争议，公司章程未能解决各项经营管理中的主要问题。（2）存在隐名股东的情况下，隐名股东举证证明显名股东并非真正意义上的股东，此时应以公司和显名股东为被告请求确认股东身份。（3）在股权转让已经完成，新的受让股权的股东发现公司并未承认、认可其股东身份，受让股东有权以公司和转让股东为被告，起诉请求确认其股东身份和地位。[1]

案例指导

刘营兰、卢新生、施民服、邓士珍、郭建生、滕秀明、廖志伟、江西鑫诚建生投资有限公司、赣州中盛房地产开发有限公司、徐名忠、颜明才、谢优春案外人执行异议之诉[2]

上诉人谢优春因与被上诉人卢新生、施民服、邓士珍、刘营兰、郭建生、江西鑫诚建生投资有限公司（以下简称鑫诚公司）、廖志伟、赣州中盛房地产开发有限公司（以下简称中盛公司）、徐名忠、颜明才、滕秀明案外人执行异议之诉一案，不服江西省高级人民法院民事判决，向最高人民法院提起上诉。

最高人民法院经审理，将该案争议的焦点总结为：一、谢优春主张确认其股东资格的诉讼请求是否应当在本案中进行审理；二、谢优春主张确认其股东资格的诉讼请求是否成立；三、谢优春主张停止执行郭建生持有中盛公司 4.5% 的股权的诉讼请求是否成立。

一、谢优春主张确认其股东资格的诉讼请求是否应当在本案中进行审理

一审法院认为两个不同的法律关系不能在一个案件中合并审理，系审理大多数民事案件的一般性规则，其效力并不及于民事案件审理的所有领域，案外人执行异议之诉的审理程序即为特殊性规则。《民事案件案由规定》将案外人执行异议之诉列入适用特殊程序案件案由，《最高人民法院关于适用〈中华人民共和国民事诉讼法〉的解释》将案外人执行异议之诉列为专门一章进行规定，均由此类案件特殊性所决定。《最高人民法院关于适用〈中华人民共和国民事诉讼法〉的解释》第三百一十二条规定："对案外人提起的执行异议之诉，人民法院经审理，按照下列情形分别处理：（一）案外人就

---

① 吴庆宝主编：《最高人民法院专家法官阐释民商裁判疑难问题·公司裁判指导卷》，中国法制出版社 2011 年版，第 58~59 页。

② 案例来源：最高人民法院民事判决书（2016）民终 701 号，载无讼网，https：//www.itslaw.com/detail?judgementId=78ee1510-12ea-49a4-846b-d00767d66b62&area=1&index。

执行标的享有足以排除强制执行的民事权益的，判决不得执行该执行标的；（二）案外人就执行标的不享有足以排除强制执行的民事权益的，判决驳回诉讼请求。案外人同时提出确认其权利的诉讼请求的，人民法院可以在判决中一并作出裁判。”按照该条规定，无论案外人是否对执行标的提出确权的诉讼请求，审查实体权利的归属和性质，都是判断能否排除执行的前提和基础，如果案外人同时提出确认其权利的诉讼请求，人民法院应当进行审理，且一并作出裁判。此外，《最高人民法院关于执行权合理配置和科学运行的若干意见》《最高人民法院关于人民法院办理执行异议和复议案件若干问题的规定》的相关规定，已明确排除了人民法院查封的其他法院关于该查封物的另案确权，也不支持当事人另案确权。一审法院以确认股东资格之诉与案外人执行异议之诉系两种不同的法律关系不宜合并审理而应另案解决为由，对谢优春主张确认其股东资格的诉讼请求未进行实体性审理，系适用法律不当，本院予以纠正。

二、谢优春主张确认其股东资格的诉讼请求是否成立

谢优春主张其持有中盛公司4.5%股权份额，应当确认其股东身份，为此提交了2010年11月9日谢优春与郭建生、徐名忠、黄承永签订的《协议书》，2011年1月2日谢优春与郭建生、徐名忠签订的《补充协议书》，银行转账单，郭建生向谢优春出具的《出资证明书》等证据。本院认为，谢优春提交的证据不足以确认其享有中盛公司的股东资格。

首先，现有证据不足以认定谢优春系中盛公司的实际出资人。一审法院已查明，中盛公司成立于2010年11月9日，注册资本2000万，股东为颜明才、滕秀明、郭建生、徐名忠四人，其中郭建生认缴资本490万元（持股比例为24.5%），并于2010年11月5日向中盛公司账户实际缴纳出资490万元。2013年12月25日，中盛公司修正章程，对公司注册资本增资，由2000万元变更为3000万元，其中郭建生认缴资本不变（仍为490万元，持股比例调整为16.33%），滕秀明、徐名忠、颜明才三人均完成了新增出资额的实际缴纳。一审法院另查明，谢优春按照《协议书》《补充协议书》的约定，于2011年1月12日至1月14日期间，以谢优红、谢艳辉名义分15笔将1198万元投资股金款付给郭建生。2011年1月14日，郭建生向谢优春出具《出

资证明书》，写明收到该1198万元投资款。通过比对已确认的事实，郭建生于2010年11月5日已完成了对中盛公司的出资，而2011年1月14日，谢优春才将1198万元投资款支付给郭建生。郭建生虽然向谢优春出具了《出资证明书》，认可谢优春通过郭建生向中盛公司出资，但是并没有证据表明该笔投资款实际缴纳给中盛公司或用于中盛公司经营。中盛公司未到庭参加诉讼，也未作答辩。谢优春缺乏充分的证据证实中盛公司认可收到谢优春的投资款或承认谢优春系中盛公司实际出资人的身份。谢优春主张其通过郭建生入股中盛公司，郭建生在一审答辩中认可其持有的中盛公司股权中含有谢优春的股权，该陈述只能约束谢优春与郭建生双方。股东确认之诉中的实际出资人，根据《公司法解释（三）》第二十四条第一款的规定，应特指有限责任公司的实际出资人。本案中，对中盛公司而言，认定谢优春系实际出资人证据不足。

其次，谢优春不具备确认股东资格的法定要件。《公司法解释（三）》第二十四条第三款规定，实际出资人未经公司其他股东半数以上同意，请求公司变更股东、签发出资证明书、记载于股东名册、记载于公司章程并办理公司登记机关登记的，人民法院不予支持。即使谢优春通过郭建生完成了对中盛公司的实际出资，也要满足公司其他股东半数以上同意这一要件。中盛公司章程和工商登记资料显示，中盛公司的股东除郭建生外，还有颜明才、滕秀明、徐名忠三人，按照上述规定，确认谢优春的股东资格，需要至少这三人中两名股东同意。谢优春一审时提交的徐名忠出具的一份声明载明，徐名忠同意谢优春成为中盛公司的显名股东。因徐名忠未出庭参加诉讼，声明中徐名忠签名的真实性无法确认，一审法院未认定该事实，故徐名忠是否同意谢优春成为中盛公司的显名股东存疑。中盛公司的另外两名股东颜明才、滕秀明未出庭参加诉讼，也未出具任何书面意见表示同意谢优春成为中盛公司的股东。因此，谢优春没有举证证明其满足公司其他股东半数以上同意这一要件，不能确认其具有股东资格。

综上，对于谢优春主张改判其持有中盛公司4.5%的股权，由中盛公司向其签发出资证明书、记载于股东名册、记载于公司章程并办理股东变更工商登记的上诉请求，因缺乏事实和法律依据，本院不予支持。

三、谢优春主张停止执行郭建生持有中盛公司 4.5% 的股权的诉讼请求是否成立

谢优春的主张能否成立，取决于其对案涉执行标的是否享有足以排除强制执行的实体权利。首先，对于申请执行人卢新生、施民服、邓士珍而言，郭建生持有的中盛公司股权，由公司章程确定，且经过登记机关的登记，具有公示效力，作为郭建生的债权人，自然有权申请强制执行。虽然谢优春提交了《协议书》《补充协议书》等证据，能够证明郭建生与谢优春约定，郭建生代表谢优春持股，并承诺郭建生按比例向谢优春分红，同时谢优春提交的汇款单、《出资证明书》等证据，能够证明谢优春履行了约定，向郭建生实际出资，但是，前文已述，谢优春未能证明其通过郭建生向中盛公司实际缴纳了出资，谢优春也未能通过股东资格确认之诉取得股东地位，即不能证明谢优春对于郭建生持有的中盛公司 4.5% 的股权享有实体权利。因此，对于郭建生持有的中盛公司 4.5% 的股权这一特定执行标的，郭建生本身即权利人，谢优春并不享有实体权利。

其次，谢优春主张其系中盛公司 4.5% 的股权的真实权利人，主要依据是其与郭建生、徐名忠签订的《补充协议书》。该《补充协议书》约定：该协议作为谢优春取得公司股份比例的合法依据，不管公司或法律规定是否承认谢优春的股东身份，郭建生、徐名忠承诺按谢优春股份比例将公司应分配的红利支付给谢优春；郭建生、徐名忠代表谢优春参加公司董事会；如因该协议的履行产生纠纷，造成谢优春退出股份，郭建生、徐名忠应根据公司盈亏情况，将其投入名下的出资额返还给谢优春。从其内容可知，谢优春签订该协议之时，就没有成为中盛公司股东的意思表示，只希望取得投资分红，如果发生纠纷造成谢优春退股，也是由郭建生、徐名忠根据协议返还投资额，而未约定接受中盛公司章程的约束。因此，无论从形式还是内容上看，谢优春与郭建生、徐名忠之间的协议都只能约束签订人自身，其效力不能及于中盛公司或协议之外的其他当事人。如因履行协议发生纠纷，谢优春可向协议的相对方提起诉讼。事实上，谢优春向一审法院提起案外人执行异议之诉一案前，已于 2014 年以合伙协议纠纷为由向江西省赣州市中级人民法院提起诉讼，要求解除其与郭建生签订的《协议书》《补充协议书》，并要求郭建生

返还 1198 万元投资款及利息。该案尚未审理终结，谢优春对郭建生享有的债权未经判决确认，故谢优春不享有足以排除强制执行的其他民事权益。谢优春主张撤销江西省高级人民法院（2015）赣执异字第 3 号执行裁定书，停止对郭建生持有的中盛公司 4.5% 股权拍卖执行的诉讼请求，一审法院判决予以驳回，并无不当。

综上，一审法院判决认定事实清楚，对谢优春主张其股东资格的诉讼请求未进行实体性审理，系适用法律不当，但裁判结果正确，故对谢优春的上诉请求不予支持。

规范指引

《中华人民共和国公司法》

第二十五条 有限责任公司章程应当载明下列事项：

（一）公司名称和住所；

（二）公司经营范围；

（三）公司注册资本；

（四）股东的姓名或者名称；

（五）股东的出资方式、出资额和出资时间；

（六）公司的机构及其产生办法、职权、议事规则；

（七）公司法定代表人；

（八）股东会会议认为需要规定的其他事项。

股东应当在公司章程上签名、盖章。

第二十八条 股东应当按期足额缴纳公司章程中规定的各自所认缴的出资额。股东以货币出资的，应当将货币出资足额存入有限责任公司在银行开设的账户；以非货币财产出资的，应当依法办理其财产权的转移手续。

股东不按照前款规定缴纳出资的，除应当向公司足额缴纳外，还应当向已按期足额缴纳出资的股东承担违约责任。

第二十九条 股东认足公司章程规定的出资后，由全体股东指定的代表或者共同委托的代理人向公司登记机关报送公司登记申请书、公司章程等文件，申请设立登记。

第三十一条 有限责任公司成立后，应当向股东签发出资证明书。

出资证明书应当载明下列事项：

（一）公司名称；

（二）公司成立日期；

（三）公司注册资本；

（四）股东的姓名或者名称、缴纳的出资额和出资日期；

（五）出资证明书的编号和核发日期。

出资证明书由公司盖章。

第三十二条 有限责任公司应当置备股东名册，记载下列事项：

（一）股东的姓名或者名称及住所；

（二）股东的出资额；

（三）出资证明书编号。

记载于股东名册的股东，可以依股东名册主张行使股东权利。

公司应当将股东的姓名或者名称向公司登记机关登记；登记事项发生变更的，应当办理变更登记。未经登记或者变更登记的，不得对抗第三人。

《中华人民共和国民事诉讼法》

第一百一十九条 起诉必须符合下列条件：

（一）原告是与本案有直接利害关系的公民、法人和其他组织；

（二）有明确的被告；

（三）有具体的诉讼请求和事实、理由；

（四）属于人民法院受理民事诉讼的范围和受诉人民法院管辖。

《最高人民法院关于适用〈中华人民共和国公司法〉若干问题的规定（三）》

第二十一条 当事人向人民法院起诉请求确认其股东资格的，应当以公司为被告，与案件争议股权有利害关系的人作为第三人参加诉讼。

专题二十一：股权归属确认之诉及公司登记等义务

【核心提示】当事人之间对股权归属发生争议，一方请求人民法院确认其享有股权的，应当证明以下事实之一：（一）已经依法向公司出资或者认缴出资，且不违反法律法规强制性规定；（二）已经受让或者以其他形式继受公司股权，且不违反法律法规强制性规定。当事人依法履行出资义务或者依法继受取得股权后，公司未根据《公司法》第三十一条、第三十二条的规定签发出资证明书、记载于股东名册并办理公司登记机关登记，当事人请求公司履行上述义务的，人民法院应予支持。

实务争点

公司实践中常常发生股权归属纠纷，而我国公司法对于股权的归属如何并无明确规定，只是强调应当认缴出资及进行股权登记。在股权转让情形下，股权的获得更无明确规定，《公司法》第七十一条仅规定了须履行法定程序方可转让。因此，实践中如何处理股权归属问题十分重要，法院需要相应的裁判规则。同时，股权归属确定后，公司是否有义务进行登记？对此，《公司法解释（三）》第二十二条和第二十三条作出了明确规定。

理解适用

对《公司法解释（三）》第二十二条、二十三条规定的理解适用

股权是公司投资人获得股东资格的前提和基础。因此，确认股东资格无论是对投资人还是公司以及公司债权人等都具有重要意义。当前公司法实践中发生的大量与公司股权相关的案件中，股权归属的确认是经常涉及的问题，所以，正确认定股权归属成为有效解决此类纠纷的前提条件。

在我国，正如前述，根据公司法有关规定和公司法理，实质要件和形式

要件都是认定股东资格的标准或条件。因此，当事人欲证明自己的股东资格，通过实质要件（出资）和形式要件（股东名册等法律文件）都可以。

但是，在涉及股权归属时，当事人要求确认其股权，主要是通过其已经出资或认缴了出资，或者通过受让或其他方式继受了公司股权。也就是说，尽管股东资格的确认涉及股权归属，但并非说股权归属的认定是按照股东资格的认定标准去做的。因为股权的归属问题归根结底是投资人是否出资的问题，是股东之间或股东与公司之间的争议问题，而不涉及第三人。

因此，《公司法解释（三）》第二十二条明确规定："当事人之间对股权归属发生争议，一方请求人民法院确认其享有股权的，应当证明以下事实之一：（一）已经依法向公司出资或者认缴出资，且不违反法律法规强制性规定；（二）已经受让或者以其他形式继受公司股权，且不违反法律法规强制性规定。"

投资人（包括公司设立时的发起人与公司成立后增资扩股时向公司认购股份者）主张对公司享有股权或股东资格，需要以其出资或认缴出资为"对价"。因此，在股东资格归属争议的情形下，需要证明自己已经依法向公司出资或认缴出资。"依法"是指依据公司法的规定，股东负有出资义务，应当按期足额缴纳公司章程中规定的各自所认缴的出资额。而投资人取得股权的对价行为，并不限于实际出资，还包括认缴出资，即在认股协议或公司章程中承诺出资的行为，只要承诺履行出资义务就可取得股东资格。对于投资人不按约定认购股份或者缴纳出资的行为，《公司法》另规定了发起人的补足出资责任、承担违约责任和损害赔偿责任，但并不认为其因此当然丧失股权。

而在继受取得情形下，需要证明已经受让或者以其他形式继受公司股权。"受让"是指通过股权转让协议取得股权，即当事人以转让股权为目的而达成的关于转让人交付股权并收取价金，受让人支付价金并取得股权的意思表示。"其他形式"是指通过股权赠与协议、股权继承、公司合并、法院判决书等形式继受公司股权。

"不违反法律法规的强制性规定"，在此主要是指法律、行政法规对一些特殊主体的投资权利进行一定的限制，包括投资者的行为能力、住所、身份等的特殊限制。

所以，当股权归属发生争议时，当事人应当提供取得股权的实质性证据，即通过出资或受让的方式取得股权，且该实质证明之后的股权取得并不违反法律法规的强制性规定。[①]

不过，需要注意的是，尽管对于股权的确认首先强调的是其实际出资或履行出资义务，但对于这种出资义务的履行并非强调一定是股东自己直接出资或其实际出资与其持有股权一致，而是其在公司注册资本中有没有相应数额的出资，实际情况是这种出资可能是股东之间事先协议约定而由其他股东实际出资的。这时，没有实际出资或其持有股权与实际出资不符但在公司章程或股东之间事先约定其股权的，法院应当确认其股权。在深圳市启迪信息技术有限公司与郑州国华投资有限公司、开封市豫信企业管理咨询有限公司、珠海科美教育投资有限公司股权确认纠纷案［最高人民法院（2011）民提字第6号民事判决书］[②]中，最高人民法院指出，在公司注册资本符合法定要求情况下，各股东的实际出资数额和持有的股权比例应属于公司股东意思自治的范畴。股东持有股权的比例一般与其实际出资比例一致，但有限责任公司的全体股东内部也可以约定不按实际出资比例持有股权，这样的约定并不影响公司资本对公司债权担保等对外基本功能的实现，并非规避法律的行为，应属于公司股东意思自治的范畴。在该案中，公司的全部注册资本由股东之间事先协议约定由一方股东全部投入，同时该事先协议与公司章程均约定各方股东分别持有公司55%、35%和15%的股份。法院认为，这是各方对各自掌握的经营资源、投入成本及预期收入进行综合判断的结果，是各方当事人的真实意思表示，并未损害他人的利益，不违反法律和行政法规的规定，应属有效，股东按照约定持有的股权应当受到法律的保护。也就是说，尽管股东可能在其公司注册资本中的数额并非其实际出资或其实际出资与持有股权数额不一致，但如果这种情况是全体股东都同意的，且不损害债权人利益，股东的股权应当得到确认。

---

① 最高人民法院民事审判第二庭编著:《最高人民法院关于公司法解释（三）、清算纪要理解与适用》，人民法院出版社2011年版，第345~346页。

② 《最高人民法院公报》2012年第1期（总第183期）。

另外，根据《公司法》第三十一条和三十二条的规定，有限责任公司成立后，应当向股东签发出资证明书，并置备股东名册，将股东姓名或名称记载于股东名册。可以说，出资证明书与股东名册是股东资格的表征，是认定股东资格的重要法律文件。

公司成立后有义务向出资人签发出资证明书，并将出资人姓名等事项记载于股东名册。但是，实践中，一些公司成立后，并不依法向出资人签发出资证明书，或不将其记载于股东名册。对此，我国《公司法》尽管在第一百五十二条中规定董事、高级管理人员违反法律、行政法规或者公司章程的规定而损害股东利益的，可以向人民法院提起诉讼，但如果公司不履行签发出资证明书或记载股东名册的义务时，应当由谁承担法律责任，以及承担什么样的法律责任，都没有明确的规定。

对此，《公司法解释（三)》第二十三条明确规定，当事人依法履行出资义务或者依法继受取得股权后，公司未根据《公司法》第三十一条、第三十二条的规定签发出资证明书、记载于股东名册并办理公司登记机关登记，当事人请求公司履行上述义务的，人民法院应予支持。也就是说，根据公司法的规定，公司应当履行股权登记的义务。当公司不履行上述法定义务时，构成不作为侵权，应当承担相应的民事责任。当事人可以诉请公司履行上述义务。

案例指导

张建中诉杨照春股权确认纠纷案[①]

原告张建中因与被告杨照春发生股权确认纠纷，向上海市静安区人民法院提起诉讼。

原告张建中诉称：南京绿洲设备安装工程有限公司（以下简称绿洲公司）原为国有独资公司，于 2007 年 3 月改制为民营股份制公司，2007 年 3 月 14 日，原告和被告杨照春签订合伙出资协议约定：1. 被告出资人民币（下

---

① 案例来源：《最高人民法院公报》2011 年第 5 期。

同）877.501万元，原告出资360.499万元，共同持有绿洲公司61.75%的股权；2.被告持有43.77%股权，原告持有17.98%股权；3.原告的股权由被告代为持有、行使。后原告按协议将投资款如数支付给被告，并由被告以出资形式缴纳给绿洲公司，被告出具确认书予以确认。2007年3月28日，原、被告签订补充协议约定，被告代为持股从2007年3月28日至2010年3月27日；代为持股期限届满后30日内，被告应根据协议将原告之股权变更至原告名下，并依法办理相关手续，若无法办理登记手续，被告应以市价收购上述股份。2008年11月25日，被告出具承诺书承诺于2009年2月底将股权变更登记至原告名下。截至原告起诉之日，被告仍未依法办理前述股权变更登记事宜。为此，原告请求判令确认原告为绿洲公司之股东，持股比例为17.98%并履行相应的股权变更登记手续；或判令被告向原告支付前述股权等值之金额（暂计）400万元；诉讼费由被告负担。

上海市静安区人民法院审理认为：本案的争议焦点是：原告张建中要求确认绿洲公司股权并变更登记的主张应否支持。

原告张建中、被告杨照春之间的合作出资协议、补充协议和被告出具的确认书、承诺书，系当事人真实意思表示，无《合同法》第五十二条规定的情形，因此，原、被告的合作出资协议、补充协议等合法有效。根据原、被告的约定，被告代为原告持有绿洲公司股权的期限至2009年2月底，现已逾代为持有的期限，原告有权依约主张自己的权利，故应确认争议股权为原告所有。

本案中，争议股权虽应为原告张建中所有，但原告并不当然成为绿洲公司的股东，被告杨照春在代为持股期限届满后，为原告办理相应的股权变更登记手续，形同股东向股东以外的人转让股权。按照《公司法》第七十二条第二款、第三款的规定，股东向股东以外的人转让股权，应当经其他股东过半数同意。股东应就其股权转让事项书面通知其他股东征求同意，其他股东自接到书面通知之日起满30日未答复的，视为同意转让。其他股东半数以上不同意转让的，不同意的股东应当购买该转让的股权；不购买的，视为同意转让。因此，被告为原告办理相应的股权变更登记手续，应当由绿洲公司其他股东过半数表示同意。

审理中，法院在绿洲公司张贴通知，并向绿洲公司部分股东发出通知，说明根据公司法有关规定，如绿洲公司股东对原告张建中、被告杨照春之间的股权变更登记有异议，应按规定收购争议的股权，并于2009年12月31日前回复。嗣后，马卫忠等八位股东（过半数）同意股权变更登记。因此，张建中、杨照春之间股权变更登记的条件已经成就，原告要求被告履行相应股权变更登记手续的诉讼请求，符合事实与法律依据，应予支持。

关于被告杨照春否认收到原告张建中160余万元出资一节，原告有银行转账凭证和被告出具的确认书确认，被告并无证据佐证，应确认被告收到原告全部出资款。因此，被告的辩称缺乏事实与法律依据，不予支持。

一审判决宣判后，双方当事人均未上诉，一审判决已经发生法律效力。

规范指引

《中华人民共和国公司法》

第二十九条　股东认足公司章程规定的出资后，由全体股东指定的代表或者共同委托的代理人向公司登记机关报送公司登记申请书、公司章程等文件，申请设立登记。

第三十一条　有限责任公司成立后，应当向股东签发出资证明书。

出资证明书应当载明下列事项：

（一）公司名称；

（二）公司成立日期；

（三）公司注册资本；

（四）股东的姓名或者名称、缴纳的出资额和出资日期；

（五）出资证明书的编号和核发日期。

出资证明书由公司盖章。

第三十二条　有限责任公司应当置备股东名册，记载下列事项：

（一）股东的姓名或者名称及住所；

（二）股东的出资额；

（三）出资证明书编号。

记载于股东名册的股东，可以依股东名册主张行使股东权利。

公司应当将股东的姓名或者名称向公司登记机关登记；登记事项发生变

更的，应当办理变更登记。未经登记或者变更登记的，不得对抗第三人。

第七十三条 依照本法第七十一条、第七十二条转让股权后，公司应当注销原股东的出资证明书，向新股东签发出资证明书，并相应修改公司章程和股东名册中有关股东及其出资额的记载。对公司章程的该项修改不需再由股东会表决。

第一百二十九条 公司发行的股票，可以为记名股票，也可以为无记名股票。

公司向发起人、法人发行的股票，应当为记名股票，并应当记载该发起人、法人的名称或者姓名，不得另立户名或者以代表人姓名记名。

第一百三十条 公司发行记名股票的，应当置备股东名册，记载下列事项：

（一）股东的姓名或者名称及住所；

（二）各股东所持股份数；

（三）各股东所持股票的编号；

（四）各股东取得股份的日期。

发行无记名股票的，公司应当记载其股票数量、编号及发行日期。

第一百三十九条 记名股票，由股东以背书方式或者法律、行政法规规定的其他方式转让；转让后由公司将受让人的姓名或者名称及住所记载于股东名册。

股东大会召开前二十日内或者公司决定分配股利的基准日前五日内，不得进行前款规定的股东名册的变更登记。但是，法律对上市公司股东名册变更登记另有规定的，从其规定。

第一百四十条 无记名股票的转让，由股东将该股票交付给受让人后即发生转让的效力。

《最高人民法院关于适用〈中华人民共和国公司法〉若干问题的规定（三）》

第二十二条 当事人之间对股权归属发生争议，一方请求人民法院确认其享有股权的，应当证明以下事实之一：

（一）已经依法向公司出资或者认缴出资，且不违反法律法规强制性规定；

（二）已经受让或者以其他形式继受公司股权，且不违反法律法规强制性规定。

第二十三条 当事人依法履行出资义务或者依法继受取得股权后，公司未根据公司法第三十一条、第三十二条的规定签发出资证明书、记载于股东名册并办理公司登记机关登记，当事人请求公司履行上述义务的，人民法院应予支持。

专题二十二：实际出资人的法律适用

【核心提示】有限责任公司的实际出资人与名义出资人订立合同，约定由实际出资人出资并享有投资权益，以名义出资人为名义股东，实际出资人与名义股东对该合同效力发生争议的，如无《合同法》第五十二条规定的情形，人民法院应当认定该合同有效。

实务争点

实践中，由于种种原因，有些出资人并不希望以自己之名出资于公司，而常常借助他人之名出资，从而出现记载于股东名册上的股东并非真正的出资人的现象，这就是西方法学理论上所谓的隐名投资与隐名股东问题。由于隐名出资人并非以自己之名出资，这就涉及一系列问题，如隐名出资人的法律地位如何？其与名义出资人之间的关系如何？其能否以实际出资人为由要求享有股东权利或直接被认可为股东？对此，《公司法解释（三）》第二十四条作出了规定。

理解适用

对《公司法解释（三）》第二十四条规定的理解适用

（一）隐名股东的基本理论

1. 隐名股东的含义

对于隐名股东，我国公司法并未明确，但基于实践中大量因此导致的司法问题，最高人民法院在《公司法解释（三）》中以“实际出资人”之名作出了相应的规定，即实际出资，享有相应投资权益但不被记载于公司法律文件的投资人。相对的是名义出资人，即并未出资但被记载于公司法律文件的人。应该说，实际出资人与名义股东两个词汇更为准确地表达了相应问题，但我国理论及实践中常常以隐名股东和显名股东之称表达。

对于隐名股东，学界与实践上认识并不完全一致，但都强调以下几方面：第一，隐名股东是实际出资的一方，为实际出资人，其出资是以显名股东或所谓挂名股东的名义投入公司的；第二，隐名股东与显名股东之间的权利义务关系通常以合同约定，且不具有对抗第三人的效力；第三，显名股东和隐名股东之间没有代理关系，因显名投资人系以自己的名义向公司投资，对外是以股东身份出现；第四，无论隐名股东还是显名股东，对公司债务均只承担有限责任；第五，隐名股东与公司之间是投资关系，而非“名为投资，实为借贷”，必须在出资范围内承担公司的经营风险。① 因此，对隐名股东，强调是指公司的实际出资人，但在公司章程、股东名册和工商登记中并不记载自己为股东，而记载他人为股东的投资人。

隐名投资有两种情况，一是其仅实际出资，通过指挥或授权显名股东行使股东权利，而公司和其他股东并不知其为实际出资人；二是其不仅实际出资，且在公司中直接行使股东权利，公司和其他股东知道其为实际股东。对于第二种情况，由于公司和其他股东均清楚其为实际股东，故很少因此发生纠纷。也正是如此，《公司法解释（三）》使用了实际出资人这一词汇，而没有使用约定俗成的隐名股东概念，强调其仅为实际出资，且通过显名股东行使股东权利并承担义务。

隐名股东现象的出现主要在于通过隐名投资来规避法律的一些规定。从主观意思来考察，规避法律可分为善意规避和恶意规避。② 善意规避主要指在不违反法律规定情况下隐藏其投资事实，如出于保护个人隐私或者家庭原

---

① 最高人民法院民事审判第二庭编著：《最高人民法院关于公司法解释（三）、清算纪要理解与适用》，人民法院出版社 2011 年版，第 375 页。

② 金剑锋等：《公司诉讼的理论与实务问题研究》，人民法院出版社 2008 年版，第 235 页。

因不愿以自己名义出资，而借用他人名义进行投资。恶意规避主要是指有意规避法律对投资的限制或者禁止性规定以隐藏其投资事实，如为规避对国家公务员或其他身份投资的限制而进行隐名出资等。恶意规避法律而隐名出资的，如果该恶意规避行为违反法律法规的强制性规定，可适用合同无效确认隐名股东与显名股东、公司及其他股东之间的关系。

2. 隐名股东与冒名股东的区别

冒名股东是指假冒他人名义进行投资的股东，这种假冒既包括假冒根本不存在的人，也包括假冒真实的人的名义。

隐名投资与冒名投资有相同之处，即它们都不是以自己的名义，而是以他人名义进行所谓的投资，但二者之间有根本的区别：首先，隐名股东是通过与显名股东之间的协议进行的，是双方真实的意思表示；冒名出资中被冒名者要么是根本不存在的人，要么是被盗用名义者，因此不存在意思表示真实的问题。其次，在隐名出资中，实际出资人由于不为公司和其他股东所知悉，故其所谓的股东权利义务并不完全确定，其和公司的关系是通过显名股东进行的，被冒名股东由于是被冒用，因此不可能成为有效的股权所有人，而冒名股东在实际上行使着股东权利；隐名股东是依据与显名股东之间所签订的合同产生的，故其存在一定的合法性，而冒名股东常常是冒名者为规避法律而形成的，故其常常是不合法的。

冒名都是恶意的，因此，无论是在事实层面，还是在法律层面，被冒名者均不能被认定为股东。首先，如果被冒名者是压根不存在的人，就不存在相应法律关系的问题；如果被冒名者是真实的人，则如果认定被冒名者为股东，就会因其既无实际出资，也无与冒名者之间的合意而使其不当地成为所谓“股东”，从而导致恶劣的法律后果。其次，由于冒名者是冒用他人名义进行投资，所以冒名者亦不能被认定为股东。恶意的冒名行为无非是为了规避法律的禁止性规定，如对一个公司的特殊规定，对一些特殊身份的人的从业禁止等，如果认定冒名者为公司的股东，不但违反了法律的基本原则，而且会助其实现恶意冒名的不法目的。对冒名登记成立的公司，如果构成一个事实上的公司，应当认定公司设立无效，涉及债权人等第三人权利实现的，应当由公司实际投资者也就是冒名者承担无限责任。如果没有构成一个公司，其他股东对此也不知情的，为了保护无过错股东的利益，不应认定公司的设立无效或者强制其解散，可以采取其他方式确定新的投资人为公司股东。[①]

3. 隐名股东认定的基本观点

在实际出资人并不在公司章程、股东名册和工商登记中记载自己为股东，而是记载他人为股东的情况下，隐名股东能否享有股东身份、与显名股东的关系如何以及其与第三人关系等都成为司法实践必须面对的法律问题。

我国法律对隐名投资及股东没有明确的规定，理论上对其股东资格认定争议很大，主要有实质说与形式说两种观点。实质说认为，应以实际出资者为法律上的股东，尽管其是以他人名义进行出资。这是因为，隐名出资本质上仍是以表意为特征的民事法律行为，其应当体现当事人的意思表示。亦即，法律应当尊重隐名股东与显名股东之间的协议，因为它是当事人意思自治的体现。[②]形式说则认为，应以出资证明书、股东名册、公司章程或者工商登记的记载确认股东，即以显名股东为法律股东，而不能将隐名出资者作为股东看待。该学说主要理由在于，根据民商法公示、公信与商事交易安全的要求，法律应当以具备形式特征中的工商部门登记、公司章程、股东名册的记载为准。而隐名股东背离了现代民商法公示公信基本精神，且很不利于迅速、快捷的现代商事交易的基本要求。其理论基础在于表示主义，不要求公司探求显名出资人背后的真实情况。在这种情况下，隐名出资人与显名出资人之间的协议，仅在相对人之间产生法律约束力，其有效与否不影响团体法上的股东资格。

这两种学说各有合理之处，但也都有缺陷，因而理论界又提出了折中说，其中包括内外区别说和隐名代理说两个分支。内外区别说认为，按照股东资格争议涉及的公司法律关系性质的不同，遵循不同的标准认定，即应当区分公司内部关系和外部关系不同的标准认定隐名出资者的股东身份。[③]也就是

① 赵旭东主编：《新公司法实务精答》，人民法院出版社2006年版，第145~146页。
② 施天涛：《公司法论》（第3版），法律出版社2014年版，第295页。
③ 赵旭东主编：《公司法学》（第3版），高等教育出版社2012年版，第315页。

说，应从公司内部关系与外部关系角度看待隐名股东的股东资格问题。在处理实际出资人和名义出资人的公司内部关系时，应以实际出资人与名义出资人之间的合同为依据，按照合同法原则和规定处理。进一步说，取得股东身份的法律行为，如果仅在实际出资人与名义股东之间产生股东身份的确认问题，而不涉及善意第三人时，应根据当事人之间的事先约定确定他们之间的关系，强调真实意思的审查，遵从实质优于形式的原则，只要实际出资人出于投资并享有股权的目的进行出资，而非双方之间的借贷关系时，就应当认定实际出资人是股东。当涉及外部第三人或债权人等公司外部关系时，则应按照公司法的规定进行调整，即注重工商登记外观，遵从形式优于实质的原则。这个时候，不需要探求实际出资人与名义股东之间的事先合同或其他真实意思表示，可以直接按照工商登记的记载来认定名义股东而非实际出资人为公司股东。隐名代理说认为，在未显名的隐名出资中，可以直接建立实际出资人与第三人（包括公司、其他股东、公司债权人、股权受让人、隐名出资人或显名出资人的债权人等）之间的法律关系，视隐名出资人为股东，除非第三人表示反对。在未公开身份的隐名出资中，隐名出资人享有介入权，第三人享有选择权。换言之，第三人可以基于实质要件主张隐名出资人为股东，也可以基于形式要件主张显名出资人为股东，但是，隐名出资人或显名出资人不得抗辩第三人的请求。隐名代理说的实质是以表示主义为主，兼顾意思主义。①

（二）隐名股东资格的法律适用

司法实践中，最高人民法院曾经发布了一系列司法解释和政策精神，对隐名股东资格的问题作出审判指引。《最高人民法院关于审理外商投资企业纠纷案件若干问题的规定（一）》（法释〔2010〕9号）第十五条规定："合同约定一方实际投资、另一方作为外商投资企业名义股东，不具有法律、行政法规规定的无效情形的，人民法院应认定该合同有效。一方当事人仅以未经外商投资企业审批机关批准为由主张该合同无效或者未生效的，

① 万鄂湘主编：《民商法理论与审判实务研究》，人民法院出版社2004年版，第681页。

人民法院不予支持。实际投资者请求外商投资企业名义股东依据双方约定履行相应义务的，人民法院应予支持。双方未约定利益分配，实际投资者请求外商投资企业名义股东向其交付从外商投资企业获得的收益的，人民法院应予支持。外商投资企业名义股东向实际投资者请求支付必要报酬的，人民法院应酌情予以支持。”第十六条规定：“外商投资企业名义股东不履行与实际投资者之间的合同，致使实际投资者不能实现合同目的，实际投资者请求解除合同并由外商投资企业名义股东承担违约责任的，人民法院应予支持。”第十七条规定：“实际投资者根据其与外商投资企业名义股东的约定，直接向外商投资企业请求分配利润或者行使其他股东权利的，人民法院不予支持。”

地方高级人民法院也曾经就隐名股东资格的确认作出指引。上海市高级人民法院先后发布了《关于审理涉及公司诉讼案件若干问题的处理意见（一）的规定》和《关于审理涉及公司诉讼案件若干问题的处理意见（二）的规定》。其中《关于审理涉及公司诉讼案件若干问题的处理意见（一）的规定》中“处理股东权纠纷的相关问题”中的第一条规定：“当事人之间约定以一方名义出资（显名投资）、另一方实际出资（隐名投资）的，此约定对公司并不产生效力；实际出资人不得向公司主张行使股东权利，只能首先提起确权诉讼。有限责任公司半数以上其他股东明知实际出资人出资，并且公司一直认可其以实际股东的身份行使权利的，如无其他违背法律法规规定的情形，人民法院可以确认实际出资人对公司享有股权。”《关于审理涉及公司诉讼案件若干问题的处理意见（二）的规定》中“处理股权确认纠纷的相关问题”中的第二条第一款规定：“双方约定一方实际出资，另一方以股东名义参加公司，且约定实际出资人为股东或者承担投资风险的，如实际出资人主张名义出资人转交股份财产利益，人民法院应予支持；但违背法律强制性规定的除外。”第二款规定：“一方实际出资，另一方以股东名义参加公司，但双方未约定实际出资人为股东或者承担投资风险，且实际出资人亦未以股东身份参与公司管理或者未实际享受股东权利的，双方之间不应认定为隐名投资关系，可按债权债务关系处理。”北京市高级人民法院发布了《北京市高级人民法院关于审理公司纠纷案件若干问题的指导意见（试行）》（2004 年 2 月 9 日北京市高级人民法院审判委员会第 116 次会议通过）。北京市高级人民法院对于隐名股东资格确认的规定较为模糊，要求综合考虑多种因素进行确权。该意见第十一条规定："股东资格是投资人取得和行使股东权利并承担股东义务的基础。依据《公司法》的相关规定，有限责任公司股东资格的确认，涉及实际出资数额、股权转让合同、公司章程、股东名册、出资证明书、工商登记等。确认股东资格应当综合考虑多种因素，在具体案件中对事实证据的审查认定，应当根据当事人具体实施民事行为的真实意思表示，选择确认股东资格的标准。"

为更好地规范隐名出资及股东资格纠纷，《公司法解释（三）》第二十四条对此作出了明确规定："有限责任公司的实际出资人与名义出资人订立合同，约定由实际出资人出资并享有投资权益，以名义出资人为名义股东，实际出资人与名义股东对该合同效力发生争议的，如无合同法第五十二条规定的情形，人民法院应当认定该合同有效。前款规定的实际出资人与名义股东因投资权益的归属发生争议，实际出资人以其实际履行了出资义务为由向名义股东主张权利的，人民法院应予支持。名义股东以公司股东名册记载、公司登记机关登记为由否认实际出资人权利的，人民法院不予支持。实际出资人未经公司其他股东半数以上同意，请求公司变更股东、签发出资证明书、记载于股东名册、记载于公司章程并办理公司登记机关登记的，人民法院不予支持。"

可以看出，《公司法解释（三）》基于以上理论和因素及司法实践，对于隐名股东资格的确认，没有一概而论，而是区别对待，并坚持"双重标准，内外有别"的原则。即对于隐名股东的资格确认问题，应当区分内部关系和外部关系，分别对待。在股东与公司之间的内部关系上，股东可以依据股东名册的记载向公司主张权利，公司亦可依据股东名册的记载识别股东，并仅向记载于股东名册的人履行诸如通知召开股东会、分配利润等义务。实际出资人与记载于股东名册的股东之间有关"名实出资"的约定，仅在定约人之间产生效力，一般不能对抗公司。在股东与公司之外的第三人之间的外部关系上，应当坚持外观主义原则，即使因未办理相关手续导致公司登记机关的登记与实际权利状况不一致，也应优先保护善意第三人因合理信赖公司登记机关的登记而作出的行为效力。[①]

具体而言，处理隐名出资纠纷，应当区分以下不同情况分别处理：

1. 实际出资人与显名股东之间对于投资权益的纠纷属于其内部纠纷，应遵循依私法自治原则。

实践中，实际出资人与显名股东之间都会有相应的协议，该协议体现了当事人之间的意思自治，与第三人无涉，可以按照一般契约原则予以调整，即依当事人双方的真实意思表示来认定二者之间的法律关系。如果双方出资协议就权利义务的分配达成一致约定且该约定不违反法律强制性规定，应当承认其投资权益。在确定了以上原则后，《公司法解释（三）》第二十四条第一款承认了实际出资人和名义出资人因投资权益归属发生纠纷时，以实际出资为主张权利的标准，而不以股东名册、公司登记等外部公示否认实际出资人的权利。但需要注意的是，如果当事人之间对此没有明确约定或者约定不清楚，无法看出当事人之间是关于实际出资和名义出资的意图，则其实际出资人出资行为与名义股东之间的关系更可能是一种债权债务关系或者不当得利关系。

在最高人民法院公报案例“申银万国证券股份有限公司诉上海国宏置业有限公司财产权属纠纷案”中[②]，法院认为，股权的挂靠或代持行为，也就是通常意义上的法人股隐名持有。法人股隐名持有存在实际出资人和挂名持有人，双方应签订相应的协议以确定双方的关系，从而否定挂名股东的股东权利。对于一方原本就是法人股的所有人，对方则是通过有偿转让的方式取得法人股的所有权，双方所签订的是法人股转让协议，协议中确定了转让对价以及所有权的转移问题的，不属于股权的代持或挂靠，可以认定双方是通过出售方式转移法人股的所有权，即使受让方没有支付过任何对价，出让方也已经丧失了对系争法人股的所有权，而只能根据转让协议主张相应的债权。

---

① 最高人民法院审判第二庭编：《民商事审判指导》（2008年第2辑），人民法院出版社2008年版，第218页。

② 《最高人民法院公报》2010年第3期（总第161期）。

当然，任何隐名出资协议，即实际出资人与显名出资人之间的出资协议都不能违反法律的强制性规定，否则为无效。在我国，隐名持股一般有两种情况，一是为了规避法律，如规避国家机关不得开办公司的规定，规避公务员不得开办公司，规避一个自然人股东只能开办一个一人有限责任公司的规定等情况；二是并非为了规避法律，而是基于其他原因而隐名出资，如涉及个人隐私或个人不愿意出名等情况。对于并非为了规避法律的隐名出资，法律应当尽可能保护其合法权益。对于那些为了规避法律的隐名出资，则不能轻易认定这种隐名出资的法律效力，一般应当认定为无效。

2. 如果隐名股东与其他股东或者公司发生纠纷，要么属于隐名股东与公司或其他股东之间的内部关系，要么属于隐名股东与公司或其他股东之间的外部关系，应严格按照公司法处理。

首先，如果公司及公司的其他股东知道或者应当知道隐名股东的存在，而且隐名股东实际上也一直在参与公司的经营管理，并已实际以股东身份行使股东权利的，在隐名股东与其他股东或者公司之间的权益纠纷中，应认定其他股东或者公司对隐名股东的股东资格是予以认可的，在法律关系中应确认隐名股东的实际股东资格，以保护其应具有的股东权益。其次，如果隐名股东仅仅出资，但根本不尽股东义务也不享有股东权益，而是显名股东实际行使和操纵隐名股东的出资所带来的股东权益，公司及其他股东对隐名股东存在的事实也不知情的，应认定隐名股东在公司内部不具有股东的法律地位。在此情形下，在处理隐名股东与显名股东之间的法律关系时，应按照借贷等一般民事关系处理。[①]

另外，对于有限责任公司，隐名股东要成为显名股东，须符合有限责任公司人合性的要求，即须按照《公司法》第七十一条规定经过其他股东过半数同意方可要求办理相应变更手续。

需要注意的是，随着隐名股东转化为显名股东，实际出资人被授予股东资格，显名出资人的股东资格被否定。对于显名出资人之前的所为之公司法

① 吴庆宝主编：《最高人民法院专家法官阐释民商裁判疑难问题·公司裁判指导卷》，中国法制出版社2011年版，第41页。

律行为，为了维护公司法律关系的稳定，避免出现产生不当得利等复杂问题，国外立法和学理对此多采无溯及力的做法，值得借鉴。[①]

案例指导一

福建伟杰投资有限公司、福州天策实业有限公司营业信托纠纷案[②]

2011年11月3日，天策公司与伟杰公司签订《信托持股协议》，协议约定：鉴于委托人天策公司拥有正德人寿保险股份有限公司2亿股的股份（占股份比例20%）的实益权利，现通过信托的方式委托受托人伟杰公司持股。受托人伟杰公司同意接受委托人的委托。协议还对信托股份的交付方式、信托期限、信托股份的管理方式、费用承担、委托人和受托人的权利义务、信托收益的分配和信托股份的归属等作了约定。后发生纠纷，天策公司向福建省高级人民法院起诉请求：（一）确认天策公司、伟杰公司双方签订的《信托持股协议》已于2014年10月30日终止；（二）伟杰公司将其受托持有的4亿股君康人寿公司股份立即过户给天策公司，并办理相关的股份过户手续；（三）君康人寿公司就天策公司显名持有上述4亿股股份事项记载于股东名册、公司章程，并办理股份变更工商登记。

一审法院认为，本案争议的焦点问题为：（一）本案《信托持股协议》的效力；（二）天策公司是否是本案讼争股权的实际持股人；（三）讼争的股权是否能够过户给天策公司。对此，一审法院分述如下：

（一）关于本案《信托持股协议》的效力问题。一审法院认为，2011年11月3日，天策公司与伟杰公司签订《信托持股协议》，协议约定：鉴于委托人天策公司拥有正德人寿保险股份有限公司2亿股的股份（占股份比例20%）的实益权利，现通过信托的方式委托受托人伟杰公司持股，受托人伟杰公司同意接受委托人的委托。天策公司与伟杰公司分别在委托人和受托人

---

① 最高人民法院民事审判第二庭编著：《最高人民法院关于公司法解释（三）、清算纪要理解与适用》，人民法院出版社2011年版，第383页。

② 案例来源：最高人民法院民事裁定书（2017）最高法民终529号，载中国裁判文书网，http：//wenshu.court.gov.cn/content/content?DocID=8b545b13-f848-4a8c-886c-a8cc01100de1&KeyWord=。

处签字盖章。首先,《信托持股协议》系当事人真实意思表示，且天策公司和伟杰公司在其后的往来函件中，均确认了该协议的存在且未对该协议的真实性提出异议。其次,《信托持股协议》未违反法律法规禁止性规定。从《信托持股协议》约定的内容上看，受托人伟杰公司接受委托人天策公司的委托，代持正德人寿保险股份有限公司 2 亿股的股份（占股份比例 20%)，该约定内容，并未违反法律禁止性规定，应为有效合同。

（二）关于天策公司是否是本案讼争股权的实际持股人问题。一审法院认为，首先,《信托持股协议》已经实际履行。正德人寿保险股份有限公司的公司章程表明，2011 年度正德人寿保险股份有限公司的股权结构，与《信托持股协议》相对应，天策公司在保留另有的正德人寿保险股份有限公司 2 亿股股份（占股份比例 20%）的同时，伟杰公司相应取得了正德人寿保险股份有限公司 2 亿股股份（占股份比例 20%)。2014 年 11 月 24 日，伟杰公司向天策公司发出的《催告函》表明，伟杰公司依据《信托持股协议》代持股份期间，伟杰公司积极配合天策公司提供各项资料并办理各种代持事务。其次,《信托持股协议》体现天策公司拥有正德人寿保险股份有限公司 2 亿股股份的实益权利，伟杰公司在其后的履行过程中对此并未提出过异议，相反，伟杰公司在其后的履行过程中，还积极配合天策公司对外提供各项资料，办理各种代持事务，并就其代持股份事宜向天策公司索要相关资料。最后，从正德人寿保险股份有限公司公司章程体现的 2011 年度股权结构变化的情况看,《信托持股协议》实际履行过程中，天策公司委托伟杰公司代持该 2 亿股股份（占股份比例 20%）后，天策公司另有的正德人寿保险股份有限公司 2 亿股股份（占股份比例 20%）依旧保留。伟杰公司主张其所持的 2 亿股股份是从泰孚公司处直接受让的，但未提交直接受让的合同凭证、交付凭证以及伟杰公司代持该股份系受他人委托或指令的相关证据。此外，2016 年 9 月 9 日，宁波市鄞州鸿发实业有限公司在向天策公司发出的《关于对信托持股事项的确认及同意显名的函》中证明，其作为君康人寿公司的股东，知悉天策公司作为实际出资人于 2011 年 11 月 3 日与伟杰公司签订《信托持股协议》，并将当时持有的 2 亿股股份（占股份比例 20%）委托给伟杰公司代持一事，进一步印证了天策公司系该 2 亿股股份的实际持股人。关于 2 亿增资股的实际持股人的问题。《信托持股协议》第10.1.2条约定：公司增资扩股时，决定优先认购股权的权利由委托人天策公司享有。委托人天策公司行使优先认股权，应当按照受托人伟杰公司通知的时间将认购股权的款项划入受托人伟杰公司指定的账户。上述约定明确了天策公司在增资时的优先认购股权的权利。天策公司主张其对增资的股份享有权利并举证证明。伟杰公司虽否认天策公司对增资股享有的权利，但未举证证明。2012年12月27日，杭州展顺贸易有限公司、芜湖徽恩投资管理有限公司各汇款1亿元给伟杰公司。伟杰公司于同日电汇2亿元给正德人寿保险股份有限公司，汇款用途为“投资款”。从正德人寿保险股份有限公司公司章程体现的2012年度股权结构变化的情况看，与上述增资情况相对应，伟杰公司相应取得了正德人寿保险股份有限公司4亿股股份（占股份比例40%）。伟杰公司在2014年11月24日向天策公司发出的《催告函》中也确认了上述转款和增资的实际发生。伟杰公司还针对此次增资，在该《催告函》中要求天策公司限期向伟杰公司提供天策公司及正德人寿保险股份有限公司的营业执照、税务登记证、股东会决议、年度审计报告等相关资料，以免给伟杰公司年检、审计等带来不便。并指出，如天策公司未按期完成上述事项，伟杰公司将退还2亿元增资款项以冲抵账上债务。从上述《信托持股协议》的约定、《催告函》的内容以及伟杰公司直接发函向天策公司索要资料的情况可以看出，伟杰公司和案外人均非该2亿元增资股的实际持股人。该增资及代持增资后的股份系天策公司的行为。天策公司系该2亿元增资股的实际持股人。综上，天策公司系讼争全部4亿股股份的实际持股人。

（三）关于讼争的股权是否能够过户给天策公司的问题。一审法院认为，如前所述，《信托持股协议》合法有效。实际履行过程中，伟杰公司先后代持天策公司作为实际持股人的讼争全部4亿股股份。依据《信托持股协议》第4.1条约定：“信托自信托股份交付开始，至委托人通知受托人终止信托时或者通知受托人对信托股份做出处置而致使受托人不再持有信托股份时结束。”《信托持股协议》第4.2条约定：“收到委托人终止信托的通知之后，受托人应当无条件尽快办理股份过户给委托人或委托人指定的第三人的手续。”2014年10月30日，天策公司已向伟杰公司发出《关于终止信托的通知》，依约要求伟杰公司终止信托，将信托股份过户到天策公司名下。作为君康人寿公司大股东（2016 年度其持股比例 50.88%）的宁波市鄞州鸿发实业有限公司，在向天策公司发出的《关于对信托持股事项的确认及同意显名的函》中亦同意本案讼争的受托股份的显名，故讼争的股权过户有合同依据和法律依据。

综上，一审法院认为，天策公司的诉讼请求具有合同和法律依据，遂依照《合同法》第五十二条、《公司法解释（三）》第二十四条规定，判决：一、天策公司和伟杰公司签订的《信托持股协议》于 2014 年 10 月 30 日解除；二、伟杰公司将其受托持有的 4 亿股君康人寿公司股份于判决生效之日起十日内过户给天策公司，并配合办理相关的股份过户手续；三、君康人寿公司将天策公司显名持有上述 4 亿股君康人寿公司股份的事项记载于股东名册、公司章程，并配合办理股份变更工商登记。

伟杰公司不服上诉至最高人民法院。

最高人民法院经过审理认为，本案的争议焦点问题是：（一）天策公司、伟杰公司之间是否存在讼争君康人寿公司 4 亿股股份的委托持有关系，即伟杰公司名下 4 亿股股份是否受天策公司的委托显名持有；（二）天策公司、伟杰公司之间的《信托持股协议》效力应如何认定，天策公司要求将讼争 4 亿股股份过户至其名下的诉讼请求能否得到支持。

（一）关于天策公司、伟杰公司之间是否存在讼争君康人寿公司 4 亿股股份的委托持有关系。

本院认为，本案伟杰公司名下讼争 4 亿股股份分两次形成，第一次为 2011 年从泰孚公司受让取得 2 亿股股份，第二次为伟杰公司成为君康人寿公司股东后于 2012 年增资 2 亿股股份。关于伟杰公司从泰孚公司受让取得的 2 亿股股份，天策公司、伟杰公司双方在 2011 年签订的《信托持股协议》中虽有约定，天策公司将其拥有的君康人寿公司 2 亿股股份委托伟杰公司持有，但未明确该 2 亿股股份系由泰孚公司转让，泰孚公司亦未在该《信托持股协议》上签字盖章。天策公司未举证证明泰孚公司系接受其指令将名下 2 亿股股份转让至伟杰公司，或是其向泰孚公司支付了相应对价，泰孚公司亦未出具相关证明，且泰孚公司在本案二审期间明确提出要以第三人身份参加诉讼，因此，虽然伟杰公司在诉讼中明确承认其受让取得泰孚公司股权未支付相应对价，天策公司关于伟杰公司受让取得泰孚公司2亿股股份是受其委托持有的证据仍显不足。关于伟杰公司成为君康人寿公司股东后于2012年增资的2亿股股份，目前有证据证明该2亿元增资款来源于2012年12月27日杭州展顺贸易有限公司、芜湖徽恩投资管理有限公司向伟杰公司各汇入1亿元，但之后伟杰公司于2015年12月28日、29日以“股权转让款”的名义向该2家公司各偿付了1亿元。天策公司亦未举证证明杭州展顺贸易有限公司、芜湖徽恩投资管理有限公司系受其指令向伟杰公司各汇入1亿元，或是其向该2家公司分别支付了相应对价，该2家公司亦未出具支持天策公司主张的证明材料，因此天策公司关于伟杰公司增资2亿股股份是受其委托持有的证据亦显不足。因此即使伟杰公司在一审庭审时承认持有讼争4亿股股份均系根据天策公司安排，但由于天策公司、伟杰公司的讼争事项，涉及泰孚公司等第三人的重大利益，且泰孚公司已明确提出参加本案诉讼的申请，在天策公司未提供证据证明相关第三人是根据其安排向伟杰公司转让股份或汇入资金的情况下，本案尚不能认定天策公司、伟杰公司之间确实存在讼争君康人寿公司4亿股股份的委托持有关系。

（二）关于天策公司、伟杰公司之间的《信托持股协议》效力应如何认定，天策公司要求将讼争4亿股股份过户至其名下的诉讼请求能否得到支持。

本院认为，天策公司、伟杰公司签订的《信托持股协议》内容，明显违反中国保险监督管理委员会制定的《保险公司股权管理办法》第八条关于“任何单位或者个人不得委托他人或者接受他人委托持有保险公司的股权”的规定，对该《信托持股协议》的效力审查，应从《保险公司股权管理办法》禁止代持保险公司股权规定的规范目的、内容实质，以及实践中允许代持保险公司股权可能出现的危害后果进行综合分析认定。首先，从《保险公司股权管理办法》禁止代持保险公司股权的制定依据和目的来看，尽管《保险公司股权管理办法》在法律规范的效力位阶上属于部门规章，并非法律、行政法规，但中国保险监督管理委员会是依据《保险法》第一百三十四条关于“国务院保险监督管理机构依照法律、行政法规制定并发布有关保险业监督管理的规章”的明确授权，为保持保险公司经营稳定，保护投资人和被保险人的合法权益，加强保险公司股权监管而制定。据此可以看出，该管理办法关于禁止代持保险公司股权的规定与保险法的立法目的一致，都是为了加强对保险业的监督管理，维护社会经济秩序和社会公共利益，促进保险事业的健康发展。其次，从《保险公司股权管理办法》禁止代持保险公司股权规定的内容来看，该规定系中国保险监督管理委员会在本部门的职责权限范围内，根据加强保险业监督管理的实际需要具体制定，该内容不与更高层级的相关法律、行政法规的规定相抵触，也未与具有同层级效力的其他规范相冲突，同时，其制定和发布亦未违反法定程序，因此，《保险公司股权管理办法》关于禁止代持保险公司股权的规定具有实质上的正当性与合法性。最后，从代持保险公司股权的危害后果来看，允许隐名持有保险公司股权，将使真正的保险公司投资人游离于国家有关职能部门的监管之外，如此势必加大保险公司的经营风险，妨害保险行业的健康有序发展。加之由于保险行业涉及众多不特定被保险人的切身利益，保险公司这种潜在的经营风险在一定情况下还将危及金融秩序和社会稳定，进而直接损害社会公共利益。综上可见，《违反保险公司股权管理办法》有关禁止代持保险公司股权规定的行为，在一定程度上具有与直接违反保险法等法律、行政法规一样的法律后果，同时还将出现破坏国家金融管理秩序、损害包括众多保险法律关系主体在内的社会公共利益的危害后果。故依照《合同法》第五十二条第（四）项等规定，本案天策公司、伟杰公司之间签订的《信托持股协议》应认定为无效。天策公司依据该《信托持股协议》要求将讼争 4 亿股股份过户至其名下的诉讼请求依法不能得到支持。

综上，本院认为，天策公司、伟杰公司之间虽签订有《信托持股协议》，但双方是否存在讼争 4 亿股君康人寿公司股份的委托持有关系，需依法追加泰孚公司等第三人参加诉讼，进一步查明相关事实后方可作出判定。但无论天策公司、伟杰公司之间是否存在讼争保险公司股份的委托持有关系，由于双方签订的《信托持股协议》违反了中国保险监督管理委员会《保险公司股权管理办法》的禁止性规定，损害了社会公共利益，依法应认定为无效。天策公司可以在举证证明其与伟杰公司存在讼争股份委托持有关系的基础上，按照合同无效的法律后果依法主张相关权利。为进一步查明相关案件事实，充分保障各方当事人和有关利害关系人行使诉讼权利，本案应发回原审法院重新审理。

案例指导二

再审申请人李奕基与被申请人福建东方艺术建筑设计工程有限公司合同纠纷案[①]

再审申请人李奕基因与被申请人福建东方艺术建筑设计工程有限公司（下称东方公司）合同纠纷一案，不服福建省高级人民法院民事判决，向最高人民法院申请再审。

最高人民法院经审理认为：本案争议为双方之间的委托持股合同关系是否成立、有效，李奕基是否实际出资及出资金额。

一、双方之间的委托持股合同关系是否成立、有效

首先要解决委托持股合同关系是否成立问题。二审判决查明：东方公司认为其曾受李奕基委托代持股，且双方就李奕基占新国际公司20%股份形成合意。李奕基也认为双方之间存在委托持股合同关系。因此，应当认定双方之间的委托持股合同成立。一、二审判决均已认定李奕基实际出资了人民币18万元，也就应当认定双方之间事实上也形成了委托持股合同关系。一审判决认为双方之间未形成委托持股关系，是错误的。二审判决虽未直接否认双方之间存在委托持股关系，但从合法性角度出发，认为李奕基要求确认其与东方公司存在委托持股关系缺乏法律依据。这实际上属于已成立合同的效力问题。关于委托持股合同的效力，有关司法解释已经有明确规定。根据《公司法解释（三）》第二十四条第一款和《最高人民法院关于审理外商投资企业纠纷案件若干问题的规定（一）》第十五条第一款规定，本案双方当事人之间的委托持股合同、委托持股关系有效。被申请人称应认定为双方之间存在委托投资合同关系，而不是委托持股合同关系。事实上，李奕基是以委托

① 案例来源：最高人民法院民事判决书（2014）民提字第217号，载中国裁判文书网，http：//www.court.gov.cn/wenshu/xiangqing-8215.html。

持股的方式进行股权投资，委托持股与委托投资这两个概念不相互排斥。因此，认定双方之间存在委托持股关系，与被申请人所称存在委托投资关系并不矛盾。

综上，当事人双方之间存在有效的委托持股合同关系。至于事实上代持了多少股份，则需根据各方实际出资等情况来确定。因李奕基未请求确认实际委托持股份额，故本院不作处理。二审判决认为李奕基要求确认委托代持股权关系实质上是要求确认其在新国际公司的股东身份及享有的股权，这曲解了李奕基的诉讼请求。事实上，李奕基在本案之前起诉的另一案件中要求确认其股东身份，而在本案中只要求确认其与东方公司之间存在委托持股合同关系。故应支持李奕基要求确认其委托东方公司代持有新国际公司股权的委托持股合同关系成立、有效的诉讼请求。

二、李奕基是否实际出资及出资金额

李奕基称已按委托持股合同实际出资人民币 28 万元，东方公司称李奕基未出资，一、二审判决则认定李奕基已出资人民币 18 万元。李奕基主张的出资人民币 28 万元由两部分组成，即通过陈金灯支付给东方公司法定代表人王忠义的 18 万元及交付的现金 10 万元。其中的人民币 18 万元，东方公司承认收到，但认为该笔款项是陈金灯与王忠义个人借款往来。因为该款项是在有关合同签订后不久支付的，在合同约定的李奕基出资金额内，且东方公司无证据证明其与陈金灯有借款往来，李奕基也担任了新国际公司的董事、副总经理职务。所以一、二审判决认定该款系李奕基出资是合理的。对于其中的现金人民币 10 万元，李奕基提供的证人陈金灯的证言不足以证明东方公司收款的事实，李奕基亦不能提供对方出具的收据。李奕基提交了另一证明其出资人民币 28 万元的《出资情况表》。如果该《出资情况表》具有证明出资的效力，李奕基在人民币 10 万元既无付款凭证又无收条的情况下，理应保存该表原件，作为其支付了人民币 10 万元的唯一书面凭据，但李奕基只能提供复印件。因此，李奕基称在人民币 18 万元外还支付了人民币 10 万元，缺乏证据证明。一、二审判决未认定该笔款项是正确的。

综上，一、二审判决认定事实清楚，但适用法律错误，本院依法纠正。

李奕基申请再审的理由部分成立，应予支持。

规范指引

《中华人民共和国公司法》

第三十一条 有限责任公司成立后，应当向股东签发出资证明书。

出资证明书应当载明下列事项：

（一）公司名称；

（二）公司成立日期；

（三）公司注册资本；

（四）股东的姓名或者名称、缴纳的出资额和出资日期；

（五）出资证明书的编号和核发日期。

出资证明书由公司盖章。

第三十二条 有限责任公司应当置备股东名册，记载下列事项：

（一）股东的姓名或者名称及住所；

（二）股东的出资额；

（三）出资证明书编号。

记载于股东名册的股东，可以依股东名册主张行使股东权利。

公司应当将股东的姓名或者名称向公司登记机关登记；登记事项发生变更的，应当办理变更登记。未经登记或者变更登记的，不得对抗第三人。

《最高人民法院关于适用〈中华人民共和国公司法〉若干问题的规定（三）》

第二十四条 有限责任公司的实际出资人与名义出资人订立合同，约定由实际出资人出资并享有投资权益，以名义出资人为名义股东，实际出资人与名义股东对该合同效力发生争议的，如无合同法第五十二条规定的情形，人民法院应当认定该合同有效。

前款规定的实际出资人与名义股东因投资权益的归属发生争议，实际出资人以其实际履行了出资义务为由向名义股东主张权利的，人民法院应予支持。名义股东以公司股东名册记载、公司登记机关登记为由否认实际出资人权利的，人民法院不予支持。

实际出资人未经公司其他股东半数以上同意，请求公司变更股东、签发出资证明书、记载于股东名册、记载于公司章程并办理公司登记机关登记的，人民法院不予支持。

专题二十三：显名股东的法律适用

【核心提示】名义股东将登记于其名下的股权转让、质押或者以其他方式处分，实际出资人以其对于股权享有实际权利为由，请求认定处分股权行为无效的，人民法院可以参照《物权法》第一百零六条的规定处理。名义股东处分股权造成实际出资人损失，实际出资人请求名义股东承担赔偿责任的，人民法院应予支持。

实务争点

对于隐名股东而言，显名股东并不是真正的股东，其仅为名义上持有公司股权；但对于公司和其他股东而言，因显名股东的“显名”而具有股东身份。由此，如何处理显名股东因“显名”而行使的对于股权的行为？这是一种代理行为还是无效处分或其他等行为？隐名股东如何要求显名股东因此承担相关责任？对此，《公司法解释（三）》第二十五条作出了规定。

理解适用

对《公司法解释（三）》第二十五条规定的理解适用

（一）显名股东的法律地位

显名股东由于其“显名”而使其地位特殊：首先，在其与隐名股东关系之间，显名股东并非股东，他们之间以内部协议和实际出资来认定隐名股东的身份。其次，在其与公司的关系之间，则须具体情况具体分析，如果显名股东、隐名股东和公司之间事先已经约定好由显名股东“出名”而已，则显名股东不具有任何股东身份，即这时以其与公司和隐名投资人之间的事先约定或股东名册来处理他们之间的关系。也就是说，如果显名股东与隐名股东、公司之间事先有明确约定，则按照其事先约定处理其之间的关系。如果显名股东、隐名股东及公司之间没有事先的约定，且公司其他人并不知道隐名投资人的存在的，则按照出资证明书、股东名册等公开的法律文件处理其之间的关系，即对于公司而言，这时的显名股东为真正的股东。最后，对于公司债权人和其他第三人来说，由于显名股东的“显名”而使得显名股东是股东，这是公司登记的必然效力所在，除非债权人和第三人有恶意。

（二）名义股东对股权处置的法律效力

名义股东仅是名义上具有股东身份，其虽与实际出资人约定由其行使股权，但是由于该股权的取得事实上是因实际出资人出资所致，股权是归属于实际出资人而非名义股东的，因此，名义股东尽管可以以股东的名义行使相应的权利，但不能擅自处分股权，对股权的处分须得到实际出资人的同意。《合同法》第五十一条规定：“无处分权的人处分他人财产，经权利人追认或者无处分权的人订立合同后取得处分权的，该合同有效。”也就是说，当实际出资人没有授权名义股东处分股权时，名义股东对该部分股权不享有处分权，其所为的处分行为就为无权处分。

但是，在对外关系上，名义股东毕竟为显名者，第三人可以因此认定其就是公司股东。《公司法》第三十二条第二款和第三款规定：“记载于股东名册的股东，可以依股东名册主张行使股东权利。”“公司应当将股东的姓名或者名称向公司登记机关登记；登记事项发生变更的，应当办理变更登记。未经登记或者变更登记的，不得对抗第三人。”根据该规定，股东姓名或者名称未在公司登记机关登记的，不得对抗第三人，因此，第三人凭借对登记内容的信赖，可以合理相信登记的股东（即名义股东）就是真实的股权人，接受该名义股东对股权的处分，实际出资人不能主张处分行为无效。

但是，公司登记只是发生权利推定的效力。在认定股东资格时，公司登记只是相对优先适用，而非绝对的。在实践中，有时名义股东虽然是被登记于工商登记簿的股东，但第三人可能事实上是知道实际情况的，知道其并非真正的股东，股权事实上不属于名义股东。在这种情况下，如果名义股东擅自处分其名义下的股权，显然是不能被轻易认定的。最高人民法院民事审判第二庭负责人于 2007 年就新公司法适用中若干疑难问题答记者问时指出："隐名、显名股东转让股权引起的诉讼案件情况比较复杂，隐名与显名股东之间是合同关系，具有相对性。通常情况下隐名股东与显名股东之间的约定，不能对抗公司及公司其他股东，也不能对抗第三人……公司股权被无权转让后，受让方主张善意取得公司股权。审理这类案件时，既要考虑公司法律关系具有外观公示的特点，又要注意善意取得制度的基本原理，依法保护公司股东和善意第三人的合法权益。"① 也就是说，按照最高人民法院的看法，这时可以按照民法上的善意取得制度解决问题。

所以，《公司法解释（三）》第二十五条第一款明确规定："名义股东将登记于其名下的股权转让、质押或者以其他方式处分，实际出资人以其对于股权享有实际权利为由，请求认定处分股权行为无效的，人民法院可以参照物权法第一百零六条的规定处理。"

《物权法》第一百零六条是关于善意取得制度的规定，其规定："无处分权人将不动产或者动产转让给受让人的，所有权人有权追回；除法律另有规定外，符合下列情形的，受让人取得该不动产或者动产的所有权：（一）受让人受让该不动产或者动产时是善意的；（二）以合理的价格转让；（三）转让的不动产或者动产依照法律规定应当登记的已经登记，不需要登记的已经交付给受让人。受让人依照前款规定取得不动产或者动产的所有权的，原所有权人有权向无处分权人请求赔偿损失。当事人善意取得其他物权的，参照前两款规定。"

---

① 《研究公司法实务，指导审判实践——最高人民法院民事审判第二庭庭长宋晓明就新公司适用中若干疑难问题答记者问》，载最高人民法院民二庭编：《民商事审判指导》2007 年第 1 辑，人民法院出版社 2007 年版，第 92 页。

那么，按照《物权法》第一百零六条的规定，公司登记材料的内容构成了第三人的一般信赖，为保护第三人的信赖利益，第三人可以以登记的内容来主张其不知道股权归属于实际出资人并进而最终取得该股权；但实际出资人可以举证证明第三人知道或应当知道该股权归属于实际出资人。如果能够证明这一点，则第三人不构成善意，处分股权行为就是无效的，其不能获得相应股权。

在第三人构成善意而取得股权的情形下，名义股东的行为就违反了其与实际出资人之间的事先协议而构成侵权。因而，《公司法解释（三）》第二十五条第二款规定："名义股东处分股权造成实际出资人损失，实际出资人请求名义股东承担赔偿责任的，人民法院应予支持。"当然，如果实际出资人与名义股东事先有相应书面协议，实际出资人也可以根据该协议追究名义股东的违约责任。具体是按照侵权起诉，还是按照违约起诉，由实际出资人选择。[①]

需要注意的是，该条的适用范围仅为该司法解释中第二十四条中所涉有限责任公司中实际出资人与名义出资人订立合同，约定由实际出资人出资并享有投资权益，以名义出资人为名义股东的场合。对于其他虽有证据能够证明资金并非直接来源于登记股东的情况，应当根据有关事实先行认定资金来源人与登记股东之间的法律关系后，再判断登记股东处分其名下股权的效力问题。例如，在有证据证明资金来源人与登记股东之间系借款关系，或者赠予关系的，则登记股东对其名下股权享有完整的股东权利，因此，其处分股权的行为并不因为资金来源于他人而无效。对于资金来源人与登记股东之间

---

① 严格来讲，如果名义股东擅自处分股权，而第三人并不了解其背后还有所谓实际出资人情况下，从公司法律关系及公司法角度，该名义股东就是真正的股东，亦即对股权享有完全的处分权。这时名义股东处分该股权就是有权处分，而非无权处分，因此是不存在所谓善意取得制度的适用的。如果第三人为恶意，即其知道或应当知道名义股东仅是名义上的股东，其享有的股权事实上属于实际出资人或隐名股东，则仅是恶意问题，而不能因此推论出善意取得制度的适用。善意和恶意尽管是一对相对的概念，也常常因此同时应用，但恶意与善意取得制度并非非此即彼的。因此，名义股东擅自处分股权而适用善意取得制度，学界批评较多。应当说，以恶意制度，即如果第三人恶意，则其不能从名义股东处取得事实上属于实际出资人的股权可能更为符合法理。

究竟是何种法律关系，原则上适用“谁主张、谁举证”的原则，即原则上以公司登记认定登记股东享有股权，如资金来源人认为其系委托登记股东持股的，其有义务证明其与登记股东之间有委托持股的事实，否则，登记股东即为公司股东。①

（三）对名义股东名下股权强制执行中的权利保护

基于商事外观主义原理及公司法相关规定，名义股东擅自处理实际出资人的股权，只要第三人是善意的，且符合物权法关于善意取得制度的有关规定，则可参照该规定取得相应股权。反之，如果第三人并非善意，不符合物权法关于善意取得制度规定的，则第三人不能取得股权，从而保护实际出资人。可以说，《公司法解释（三）》第二十五条既保护了善意第三人，也平衡了其与实际出资人的利益。但是，该司法解释没有对公司债权人需要强制执行名义股东名下股权的问题作出规定。

对于这个问题，道理也是一样的。在涉及公司债权人追究股东责任的纠纷中，应当保护善意债权人对登记内容的信赖利益，以工商登记作为认定股东资格的证据。由于工商登记只有推定的公示效力，在发生登记错误时需要探究产生登记错误的原因。如果是由于实际权利人本身的过错，此时应当遵循商法公示主义和外观主义的原则，保护登记公示的效力以及善意第三人的利益。如果非因为实际权利人自身的原因，如登记机关的错误或者由于股权转让后还未来得及进行变更登记，此时应遵照实际权利人的真实的意思表示，保护其权利的真实状态，而不应该因其无法掌控的原因而使其利益受损。此时，名义股东的债权人不能要求对登记于其名下的股权强制执行，实际权利人对此提出的异议应该得到法院的支持。②

---

① 最高人民法院民事审判第二庭编著：《最高人民法院关于公司法解释（三）、清算纪要理解与适用》，人民法院出版社 2011 年版，第 385 页。

② 最高人民法院民事审判第二庭编著：《最高人民法院关于公司法解释（三）、清算纪要理解与适用》，人民法院出版社 2011 年版，第 397 页。

案例指导

上诉人王洋、金亚仙与被上诉人吴开夫、沈玲娣、王根土、樊琼芳，原审第三人浙江宏源塑业有限公司（以下简称宏源公司）股东资格确认纠纷案[①]

2010年3月1日，王洋、金亚仙与吴开夫、沈玲娣签订内部协议一份，约定由吴开夫、沈玲娣代持王洋、金亚仙在绍兴县恒通建材有限公司的股份。2010年4月2日，王洋、金亚仙与吴开夫、沈玲娣办理股权变更工商登记，由王洋持股75%，金亚仙持股25%变更为由吴开夫持股75%，沈玲娣持股25%。2011年4月28日，恒通公司经工商登记变更名称为宏源公司。2011年7月16日，吴开夫、沈玲娣与案外人严兆锋、丁开新签订融资及股权转让框架协议一份，约定由吴开夫、沈玲娣向该两案外人融资，吴开夫、沈玲娣将所持有的宏源公司股份作为对价转让给案外人，融资金额2000万元。2011年7月18日，王洋、金亚仙、吴开夫、沈玲娣及案外人严兆锋、丁开新等签订融资担保协议一份。2011年11月15日，吴开夫、沈玲娣与王根土、樊琼芳签订股权转让协议，约定吴开夫、沈玲娣将其持有的宏源公司股份作价700万元，转让给王根土、樊琼芳。2011年11月17日，吴开夫、沈玲娣与王根土、樊琼芳办理股权变更工商登记手续，由吴开夫持股75%，沈玲娣持股25%变更为由王根土、樊琼芳各持股50%。现王洋、金亚仙以吴开夫、沈玲娣在未征得王洋、金亚仙同意情况下，擅自将代持的股份转让给王根土、樊琼芳，且王根土、樊琼芳未支付合理对价善意受让宏源公司股份为由，诉至法院。

原审法院审理后认为，本案争议焦点在于吴开夫、沈玲娣向王根土、樊琼芳转让股权的行为是否有效。

该院认为，王根土、樊琼芳自吴开夫、沈玲娣处受让股权的行为符合善

---

① 案例来源：绍兴市中级人民法院民事判决书（2014）浙绍商终字第831号，载中国裁判文书网，http：//www.court.gov.cn/zgcpwsw/zj/zjssxszjrmfy/ms/201412/t20141212_4709685.htm。

意取得要件，合法有效，具体作如下评析：

首先，出让股权人为无处分权人。诉讼过程中，王洋、金亚仙与吴开夫、沈玲娣就代持股份，且无处分权的事实陈述一致，据此可以确认吴开夫、沈玲娣无权向王根土、樊琼芳转让股权。其次，王根土、樊琼芳取得时善意且无重大过失。宏源公司工商登记资料显示的股东系吴开夫、沈玲娣，具有对外公示效力。同时，签订融资担保协议时，王洋、金亚仙未以股东身份进行签字，而以担保人身份签字确认，并由吴开夫、沈玲娣出面协商、办理股权转让事宜，且王洋、金亚仙未披露过其系实际股东的事实。现并无证据显示王根土、樊琼芳在受让股权时知道吴开夫、沈玲娣系无权处分人或在交易过程中存在其他重大过失。王根土、樊琼芳取得股权时应支付合理对价。庭审中，吴开夫、沈玲娣已认可股权转让款实际由王根土、樊琼芳支付，且已支付 1690 万元。虽王洋、金亚仙与王根土、樊琼芳就实际应支付的股权转让款金额存在争议，但即使根据融资及股权转让框架协议及融资担保协议所约定的融资金额 2000 万元计，王根土、樊琼芳已支付款项业已达到 84.5%，即在王根土、樊琼芳应付款项为 2000 万元的情况下，其也已经履行大部分付款义务，应当认为已支付合理对价。至于实际应支付的股权转让款数额，不影响股权转让的效力，当事人可另行主张权利，本院不作评判。最后，王根土、樊琼芳取得股权时应遵守法定程序。2011 年 11 月 17 日，吴开夫、沈玲娣与王根土、樊琼芳办理股权变更工商登记手续，由吴开夫持股 75%，沈玲娣持股 25% 变更为由王根土、樊琼芳各持股 50%。

综上，王根土、樊琼芳自吴开夫、沈玲娣处受让股权的行为善意且无重大过失，并支付了相应对价，并未违反法律强制性规定，其信赖利益应受法律保护，在王洋、金亚仙未向本院提交证据证明受让人明知转让人系代持王洋、金亚仙股份的情况下，不影响股权转让行为的效力，故吴开夫、沈玲娣与王根土、樊琼芳签订股权转让协议，主体适格，内容未违反国家相关法律法规的禁止性规定，合法有效。同时，虽王洋、金亚仙、吴开夫、沈玲娣一致确认吴开夫、沈玲娣自 2010 年 4 月 2 日开始持有的宏源公司股份系代王洋、金亚仙持有，但鉴于吴开夫、沈玲娣作为显名股东现已将代持股份合法转让给王根土、樊琼芳，故王洋、金亚仙要求确认吴开夫、沈玲娣自2010年4月2日开始持有的宏源公司股份归王洋、金亚仙所有的诉讼请求不具有实际意义，对该诉讼请求该院不予支持。

二审法院认为，本案的争议焦点为：王根土、樊琼芳是否已取得涉案股权。上诉人认为，吴开夫、沈玲娣未经上诉人同意将股权转让给王根土、樊琼芳，且王根土、樊琼芳未支付股权的全部对价，故股权转让协议是无效的，该股权尚属两上诉人所有。被上诉人认为，被上诉人取得涉案股权是善意的，且支付了合理对价，本案股权转让行为有效。本院认为，根据《物权法》第一百零六条的规定，首先，两上诉人和吴开夫、沈玲娣均确认两上诉人的股份由吴开夫、沈玲娣代持的事实，原判也已认定两上诉人为隐名股东，吴开夫、沈玲娣为名义股东，但上诉人并未提供证据证明王根土、樊琼芳知道或应当知道吴开夫、沈玲娣为名义股东。其次，涉案股权变更已办理工商登记。即物权善意取得的第（一）项、第（三）项条件已具备。对于第（二）项条件是否已具备，本院评判如下：本案中，有关涉案股权的转让存在两份协议，融资及股权转让协议、股权转让协议，载明的受让人分别为严兆锋、丁开新及王根土、樊琼芳。两份协议所涉及的人员均未对协议真实性提出异议，故均应为有效协议。虽然双方对于两份协议约定的转让价格为何不同存有争议，但是作为出让方的吴开夫、沈玲娣和作为受让方的王根土、樊琼芳均确认两份协议是有延续关系的。严兆锋、丁开新陈述王根土、樊琼芳是融资及股权转让协议的实际受让人，股权转让款也是王根土、樊琼芳支付的。王根土、樊琼芳认为其持股和支付股权转让款实际是根据融资及股权转让协议，其是严兆锋、丁开新指定的人员。严兆锋、丁开新与王根土、樊琼芳虽对双方内部关系的陈述略有不同，但对前后两份协议的延续性和受让主体的同一性均予认可。吴开夫、沈玲娣也确认股权转让款是王根土、樊琼芳支付的。因没有证据证明交易相对人知道吴开夫、沈玲娣仅为名义股东，故在吴开夫、沈玲娣确认王根土、樊琼芳为股权受让方且已支付了股权转让款的情况下，应当认定王根土、樊琼芳已支付了合理对价，故原判认为王根土、樊琼芳已善意取得涉案股权，并无不当。至于股权转让价格到底是多少，受让方是否已适当履行，双方可以另行解决。

规范指引

《中华人民共和国合同法》

第五十一条　无处分权的人处分他人财产，经权利人追认或者无处分权的人订立合同后取得处分权的，该合同有效。

《中华人民共和国物权法》

第一百零六条　无处分权人将不动产或者动产转让给受让人的，所有权人有权追回；除法律另有规定外，符合下列情形的，受让人取得该不动产或者动产的所有权：

（一）受让人受让该不动产或者动产时是善意的；

（二）以合理的价格转让；

（三）转让的不动产或者动产依照法律规定应当登记的已经登记，不需要登记的已经交付给受让人。

受让人依照前款规定取得不动产或者动产的所有权的，原所有权人有权向无处分权人请求赔偿损失。

当事人善意取得其他物权的，参照前两款规定。

《最高人民法院关于适用〈中华人民共和国公司法〉若干问题的规定（三）》

第二十五条　名义股东将登记于其名下的股权转让、质押或者以其他方式处分，实际出资人以其对于股权享有实际权利为由，请求认定处分股权行为无效的，人民法院可以参照物权法第一百零六条的规定处理。

名义股东处分股权造成实际出资人损失，实际出资人请求名义股东承担赔偿责任的，人民法院应予支持。

专题二十四：名义股东承担未履行出资义务的责任

【核心提示】公司债权人以登记于公司登记机关的股东未履行出资义务为由，请求其对公司债务不能清偿的部分在未出资本息范围内承担补充赔偿

责任，股东以其仅为名义股东而非实际出资人为由进行抗辩的，人民法院不予支持。名义股东根据前款规定承担赔偿责任后，向实际出资人追偿的，人民法院应予支持。

实务争点

在隐名投资法律关系中，尽管对于实际出资人而言，其是真正的出资人，但对于公司债权人而言，显名股东才是股东。也就是说，在对外法律关系中，相应的权利义务和责任是发生在显名股东与公司债权人之间的，因此，如果存在出资瑕疵，则显然应当由显名股东承担。对此，《公司法解释（三）》第二十六条作出了规定。

理解适用

对《公司法解释（三）》第二十六条规定的理解适用

作为股东，都应当按照章程规定及时缴纳其已经认缴的出资，如果其没有按照规定及时缴纳，则对公司债权人负有补充赔偿的责任。在隐名出资的情况下，应当由实际出资人实际缴纳，而非名义出资人缴纳，名义股东在一定意义上只是实际出资人的代为持股权者。因此，当名义出资人没有以名义股东的名义按照章程规定及时缴纳已认缴的出资时，应当由实际出资人实际缴纳。但是，对于公司债权人而言，是应当由名义股东承担瑕疵出资的补充责任，还是应当由实际出资人承担该责任？特别是如果公司债权人已知道名义股东仅是名义上的股东时，应当如何处理？

隐名投资的一个重要特征是实际出资人在公司并不具有股东名义，而是以他人名义进行的，即同时有一个所谓的显名出资人。因而，在隐名投资法律关系中，存在着隐名出资人、显名出资人、公司、公司债权人相互之间的法律关系。可以看出，这种法律关系是比较复杂的。既有隐名出资人与显名出资人之间、隐名出资人与公司之间，也有隐名出资人与公司债权人之间、显名出资人与公司债权人之间的多重法律关系。

如果公司和其他股东知道显名出资人仅是代他人持有股权，且知道隐名出资人到底是谁，并承认该隐名股东为事实上的股东，则事实上对于公司和其他股东而言，隐名出资人就是股东。因此，当隐名股东出资不到位时，公司和其他股东可以按照公司法及公司章程的规定要求隐名股东通过显名股东的名义及时缴纳出资。这时，如果隐名股东不履行自己的义务，则显名股东须承担因显名股东身份的出资义务和责任。其他股东可以按照《公司法解释（三）》对显名股东所谓的股东权利加以限制，情况严重时，甚至可以除名。当然，如果公司和其他股东根本不知道隐名出资人的存在，且根本不承认该隐名出资人的股东身份，则该隐名出资人对于公司和其他股东是没有任何意义的。

对于公司债权人而言，显名股东才是股东，即使他知道或应当知道显名股东仅是“显名”。也就是说，相应的出资瑕疵补充责任应当由显名股东承担。这是因为，在处理实际出资人与外部第三人关系上，应当遵从形式特征优于实质特征的原则，维护公司法律关系的稳定，方便公司的社团性事务的处理。如果涉及公司债权人的利益时，股东身份应充分体现商法的外观主义原则与公示主义，应以保护公司债权人为价值取向，允许公司债权人仅凭形式特征判断谁是公司的股东，而不必去探究股权背后的真实权利状况。由于名义股东即为公司法律文件登记之股东，公司之债权人可以相信名义股东即为股权之真实权利人，因而可以要求名义股东承担相应责任。公司债权人无须探求股东之间的真实意思表示，可直接依公司登记的内容认定名义股东的身份，名义股东不能以其非实际权利人来否定其责任。如果因为公司债权人知道或应当知道实际出资人存在而要求其只能向实际出资人请求承担出资瑕疵责任的话，则会因为隐名出资人并非名义上的股东，即二者之间没有法律上的关系而导致无法裁判由实际出资人直接承担出资瑕疵补充责任。在法律上，如果完全能够通过形式上明确的法律关系解决纠纷，是不宜强调实质大于形式的。因此，即使公司债权人知道或应当知道实际出资人的存在，他也只能要求名义股东承担出资瑕疵补充责任。这对于名义股东来说也不存在不公平的问题，一是因为其愿意以自己之名作为显名股东，本身意味着其愿意为此承担相应的风险；二是其如果被要求承担了出资瑕疵补充责任后，可以根据其与实际出资人之间的事先约定或因仅为显名而要求实际出资人赔偿其损失。

所以,《公司法解释(三)》第二十六条规定:“公司债权人以登记于公司登记机关的股东未履行出资义务为由，请求其对公司债务不能清偿的部分在未出资本息范围内承担补充赔偿责任，股东以其仅为名义股东而非实际出资人为由进行抗辩的，人民法院不予支持。名义股东根据前款规定承担赔偿责任后，向实际出资人追偿的，人民法院应予支持。”

案例指导

吴艳艳与永嘉艳阳纸箱有限公司股东出资纠纷案①

艳阳公司于2013年9月23日注册成立，吴艳艳任法定代表人。2013年9月12日艳阳公司章程第六条约定：公司股东的出资额、出资方式和出资时间为：吴艳艳出资为人民币90万元，占注册资本的60%；其中以货币方式出资90万元；于2013年9月23日前缴足……吴艳艳在章程全体股东签名处签字。2013年9月23日温州中易达会计师事务所出具验资报告，确认截至当日已收到全体股东缴纳的注册资本合计人民币壹佰伍拾万元，各股东以货币出资。2013年11月22日、12月2日，艳阳公司从该公司中国工商银行账户以借款名义分别转账10万元、28万元至吴艳艳中国农业银行账户；2014年1月2日又以往来款名义转账322710元至吴艳艳账户。2015年10月30日，吴艳艳与吴陈雷签订股权转让协议书，将其在艳阳公司拥有的90万元股权转让给后者，并于同日办理投资人变更、法定代表人变更登记手续，此后由吴陈雷任该公司法定代表人。2016年10月28日，一审法院以(2016)浙0324破申9号民事裁定书裁定受理浙江东经科技股份有限公司对艳阳公司的破产清算申请，并指定浙江嘉瑞成律师事务所为艳阳公司管理人。管理人经调查发现，吴艳艳在未与艳阳公司发生货款或交易往来的情况下，将总计702710元先后以借款、往来款名义从艳阳公司账户转账至吴艳艳个人账户且至今未归还。艳阳公司遂诉至法院。

---

① 案例来源：温州市中级人民法院民事判决书(2017)浙03民终6079号，载中国裁判文书网，http://wenshu.court.gov.cn/content/content?DocID=3b24f7a6-cf6f-4afd-88e4-a8c6009d7f85&KeyWord=。

一审法院认为：公司成立后，股东不得通过虚构债权债务关系将其出资转出等方式抽逃出资。吴艳艳作为艳阳公司的发起人股东，缴纳出资 90 万元到位后，将总计 702710 元以借款、往来款名义从艳阳公司账户转入其个人账户，而吴艳艳未能提供证据证明其与公司存在真实的债权债务关系，且上述款项至今未返还公司，客观上构成了抽资的后果，吴艳艳应承担抽逃出资的法律责任。吴艳艳辩称系艳阳公司名义股东，并未实际出资或参与经营管理，且涉案银行卡实际由他人使用。首先，对于上述抗辩，吴艳艳并未提供相应证据予以证明。其次，吴艳艳在艳阳公司章程签字并任公司法定代表人的行为表明其具有被登记为艳阳公司股东的意思表示，并已完成出资，相应信息均已在公司登记机关完成登记，企业工商登记信息具有对外公示性；吴艳艳有无将涉案个人银行卡交他人使用，均不能免除其法律责任。故吴艳艳的上述抗辩均不能成立，一审法院不予采纳。综上，艳阳公司要求吴艳艳返还出资款 702710 元并赔偿利息损失。

二审法院认为，股东必须依法履行出资义务，违反出资义务的行为，在公司成立之后，则同时构成公司法上的违法行为和损害公司利益的行为，公司有权向其追究责任。吴艳艳作为一名具备完全民事行为能力的公民，应当明白在章程和工商登记材料上签字的法律后果。其在签名成为艳阳公司的股东后，不得将出资款项转入公司账户验资后又转出或通过虚构债权债务关系将其出资转出。吴艳艳在缴纳出资 90 万元后，将总计 702710 元以借款、往来款名义从艳阳公司账户转入其个人账户。虽吴艳艳抗辩该个人账户非为其掌控，款项也非为其收取，但吴艳艳对此未能提供充分证据予以证明，且该账户由吴艳艳开设，除被盗用等非为吴艳艳行为造成的情况外，吴艳艳应承担该账户所产生的一切法律后果，即使吴艳艳存在出借个人账户的情况，亦不能免除吴艳艳归还 702710 元出资的义务。此外，吴艳艳作为工商登记持有艳阳公司 60% 股份的股东，在艳阳公司未能偿还债权人欠款经破产程序后由艳阳公司破产管理人向吴艳艳追收抽逃出资，根据《公司法解释（三）》第二十六条的规定，不管其在本案中是名义股东还是实际股东均应在未出资本息范围内承担补充赔偿责任，因此，吴艳艳抗辩其为名义股东无须承担责任的主张无法律依据，本院不予支持。

综上所述，吴艳艳的上诉请求均不能成立，应予驳回；一审判决认定事实清楚，适用法律正确，应予维持。

规范指引

《最高人民法院关于适用〈中华人民共和国公司法〉若干问题的规定（三）》

第二十六条 公司债权人以登记于公司登记机关的股东未履行出资义务为由，请求其对公司债务不能清偿的部分在未出资本息范围内承担补充赔偿责任，股东以其仅为名义股东而非实际出资人为由进行抗辩的，人民法院不予支持。

名义股东根据前款规定承担赔偿责任后，向实际出资人追偿的，人民法院应予支持。

专题二十五：股权转让后原股东再次处分股权的法律适用

【核心提示】股权转让后尚未向公司登记机关办理变更登记，原股东将仍登记于其名下的股权转让、质押或者以其他方式处分，受让股东以其对于股权享有实际权利为由，请求认定处分股权行为无效的，人民法院可以参照《物权法》第一百零六条的规定处理。

实务争点

股权依法转让后，转让股东与受让人须通过公司作股权变更登记。但现实中，由于各种原因，转让人与受让人之间签订转让合同并履行了法定通知义务后，并没有立即进行股权的变更登记手续，股权仍登记于转让股东名下。这时，如果原股东将仍登记于其名下的股权转让、质押或者以其他方式进行恶意处分，受让股东能否要求该转让行为无效？如果股权未及时变更是由于董事、高级管理人员的恶意引起的，他们是否应当承担相应的责任？对于这个问题，我国公司法并无明确规定，从而引起司法实践中的争议。对此，《公司法解释（三）》第二十七条作出了规定。

理解适用

对《公司法解释（三）》第二十七条规定的理解适用

《公司法》第三十二条规定："有限责任公司应当置备股东名册，记载下列事项：（一）股东的姓名或者名称及住所；（二）股东的出资额；（三）出资证明书编号。记载于股东名册的股东，可以依股东名册主张行使股东权利。公司应当将股东的姓名或者名称向公司登记机关登记；登记事项发生变更的，应当办理变更登记。未经登记或者变更登记的，不得对抗第三人。"

根据该规定，股权依法转让后，转让方与受让方应当立即要求公司履行变更登记程序，公司也同时有义务将受让股东记载于股东名册，并向公司登记机关予以登记，从而使受让人在形式和实质上均取得股东地位并控制股权。也就是说，如果转让方与受让方未及时要求公司对股权变更予以记载与登记，尽管受让方可能已经实际上取得了股东地位，但对于第三人而言，由于其未登记于股东名册并登记于工商登记簿，受让方并非股东，相应股权也不属于受让方；而原股东对于第三人而言，仍然是股东并有权转让登记于原股东名下的股权。如果第三人并非恶意的话，其结果就是第三人因此取得受让股权，原受让人只能通过侵权诉讼要求原股东赔偿因此造成的损失。

对此，和前述显名股东擅自处分其名下股权的规定一样，《公司法解释（三）》也通过善意取得制度来处理相应的纠纷。其第二十七条第一款规定："股权转让后尚未向公司登记机关办理变更登记，原股东将仍登记于其名下的股权转让、质押或者以其他方式处分，受让股东以其对于股权享有实际权利为由，请求认定处分股权行为无效的，人民法院可以参照物权法第一百零六条的规定处理。"

在显名股东擅自处分其名下股权的情况下，由于隐名股东并非真正意义上的股东，故公司董事和高级管理人员并无义务且也没有权利制止显名股东处分属于其名下的股权，且恰恰相反，他们有义务为任何股东转让股权提供方便与变更义务。

和显名股东擅自处分其名下股权不同的是，如果股权依法转让后，受让方已经要求公司董事、高级管理人员对股权变更予以记载于股东名册并进行工商变更登记，而公司董事和高级管理人员对此懈怠的话，则公司董事和高级管理人员就违反了其作为董事和高级管理人员应有的及时登记义务。那么，在这种情况下，如果原股东再次转让其已经转让过的股权而导致受让人损失，则公司董事和高级管理人员应当承担相应的责任。当然，如果股权依法转让后，转让方与受让方应当立即要求公司履行变更登记程序而未及时要求引起原股东再次转让成功，则受让方在其中是有责任的，从而可以减轻公司董事和高级管理人员的责任。

因此，《公司法解释（三）》第二十七条第二款规定："原股东处分股权造成受让股东损失，受让股东请求原股东承担赔偿责任、对于未及时办理变更登记有过错的董事、高级管理人员或者实际控制人承担相应责任的，人民法院应予支持；受让股东对于未及时办理变更登记也有过错的，可以适当减轻上述董事、高级管理人员或者实际控制人的责任。"

一般情况下，股权转让都须履行法定的程序，如《公司法》第七十一条规定："有限责任公司的股东之间可以相互转让其全部或者部分股权。股东向股东以外的人转让股权，应当经其他股东过半数同意。股东应就其股权转让事项书面通知其他股东征求同意，其他股东自接到书面通知之日起满三十日未答复的，视为同意转让。其他股东半数以上不同意转让的，不同意的股东应当购买该转让的股权；不购买的，视为同意转让。经股东同意转让的股权，在同等条件下，其他股东有优先购买权。两个以上股东主张行使优先购买权的，协商确定各自的购买比例；协商不成的，按照转让时各自的出资比例行使优先购买权。公司章程对股权转让另有规定的，从其规定。"

严格来讲，该规定不仅是对于转让股东与受让人的要求，也是对于公司董事和高级管理人员的基本要求，即如果有股东转让股权，公司董事和高级管理人员有义务要求转让股东与受让人遵守该规定，并及时通知其他股东，甚至召开股东会。在这种情况下，如果转让股东与受让人遵守了该程序，其他股东也不行使优先购买权，则股权转让对公司产生法律效力，公司董事和高级管理人员就有义务及时进行股权的变更登记手续，即使是转让方与受让方并没有立即要求公司董事和高级管理人员进行变更时，也是如此，因为这是公司董事和高级管理人员的法定义务。《公司法》第七十三条规定："依照本法第七十一条、第七十二条转让股权后，公司应当注销原股东的出资证明书，向新股东签发出资证明书，并相应修改公司章程和股东名册中有关股东及其出资额的记载。对公司章程的该项修改不需再由股东会表决。"

因此，如果股权转让对于公司产生法律效力后，原股东将仍登记于其名下的股权转让、质押或者以其他方式处分成功，则公司董事和高级管理人员无疑首先是有过错的，因为该再次转让或质押等须经公司才能进行，而其前已经就同样的股权进行了具有法律效力的转让。所以，一般情况下，公司董事和高级管理人员很难以受让人的过错为由减轻责任，即使受让人在其中有一定过错，该过错也不能抵销公司董事和高级管理人员的责任。因此，《公司法解释（三）》强调"受让股东对于未及时办理变更登记也有过错的，可以适当减轻上述董事、高级管理人员或者实际控制人的责任"，只能适当减轻，而不能免除。

案例指导

杨秀英、邱震钰工商行政管理（工商）再审审查与审判监督案[①]

再审申请人邱震钰、杨秀英因与被申请人刘显恩，一审被告、二审被上诉人海南省工商行政管理局（以下简称海南工商局）及一审第三人杨文林、刘洪建、刘洪念、海南西昌农业综合开发有限公司（以下简称海南西昌公司）工商行政管理纠纷一案，不服海南省高级人民法院（2015）琼行终字第203号行政判决，向最高人民法院申请再审。

---

① 案例来源：最高人民法院行政裁定书（2016）行申1286号，载无讼网，https://www.itslaw.com/detail?judgementId=29b82779-9549-45ce-a00f-957de2b86e01&area=1&index。

最高人民法院经审查认为，本案争议的主要焦点为：一、海南工商局2009年4月22日和2010年9月20日作出的关于海南西昌公司的两次变更登记行为是否违法；二、海南工商局2009年4月22日和2010年9月20日作出的关于海南西昌公司的两次变更登记行为是否应予撤销。

一、海南工商局于2009年4月22日和2010年9月20日作出的关于海南西昌公司的两次变更登记行为依法应确认违法。

根据2005年修订的公司登记管理条例和《企业登记程序规定》等相关行政法规的规定，工商行政管理机关在办理公司登记时只需要进行形式审查。但是，即便工商行政管理机关作出该工商登记行为的材料齐全、符合法定形式，工商行政管理机关已经履行了形式审查的义务，在确有证据证明被诉工商行政管理机关作出的工商登记行为所依据的材料是虚假或错误时，也应确认违法。首先，确有实质错误的行政行为理应得到及时纠正。其次，《行政诉讼法》第六十九条规定："行政行为证据确凿，适用法律、法规正确，符合法定程序的，或者原告申请被告履行法定职责或者给付义务理由不成立的，人民法院判决驳回原告的诉讼请求。"依法进行形式审查的行政行为，如果所依据的材料是虚假或错误的，显然不属于上述"证据确凿"的情形，而应属于主要证据不足的行政行为。最后，如果对履行形式审查义务，但确有实质错误的行政行为，不判决确认违法，不利于行政机关不断提高行政执法水平。

海南工商局于2009年4月22日为海南西昌公司办理股东及股权变更登记所依据的主要材料《海南西昌农业综合开发有限公司股东会决议》《海南西昌农业综合开发有限公司股权转让协议书》已被（2012）西昌民初字第652号生效民事判决确认无效，因此海南工商局该股东及股权变更登记行为存在实质错误。又因刘绍全和杨文林不能依据2009年4月22日的变更登记行为取得在海南西昌公司的相关权益，故刘绍全和杨文林对取得或者增加的股权份额应没有处分权，因此，海南工商局于2010年9月20日为海南西昌公司办理股东及股权变更登记的基础，也即2009年4月22日的股东及股权变更登记错误，所以该股东及股权变更登记行为也存在实质错误。故上述两次核准股东及股权变更登记行为依法均应确认违法。

二、因杨秀英、邱震钰从刘绍全和杨文林处受让股权构成善意取得，海南工商局 2010 年 9 月 20 日作出的股东及股权变更登记行为不予撤销。

2010 年 11 月 18 日《最高人民法院关于审理房屋登记案件若干问题的规定》第十一条第三款规定："被诉房屋登记行为违法，但判决撤销将给公共利益造成重大损失或者房屋已为第三人善意取得的，判决确认被诉行为违法，不撤销登记行为。"参照上述规定，以及 1999 年 11 月 24 日《最高人民法院行政审判庭关于审理行政案件时对善意取得适用法律问题的答复》的内容，人民法院在审理行政案件过程中，对是否构成善意取得的事实应予查清。2014 年 2 月 20 日《公司法解释（三）》第二十七条第一款和物权法第一百零六条规定，股权转让亦适用善意取得制度。海南工商局 2009 年 4 月 22 日的股东及股权变更登记行为，虽然违法，但在未被撤销的情况下，刘绍全、杨文林作为股东登记在工商材料中，具有公示公信效力。杨秀英、邱震钰在 2010 年 9 月 20 日从刘绍全、杨文林处受让股权并办理股东及股权变更登记时，并不知晓刘绍全和杨文林未合法取得相应的股权份额，杨秀英、邱震钰基于对工商登记材料的信赖，与刘绍全和杨文林签订《海南西昌农业综合开发有限公司股权转让协议》，主观上是善意的，而且杨秀英、邱震钰已支付了相应的股权转让对价，刘显恩及杨文林、刘洪建、刘洪念对此并无异议，刘显恩在（2012）西昌民初字第 652 号生效民事判决中只是对股权转让款的分配有异议，并且海南工商局已核准了该股东、股权变更登记，故杨秀英、邱震钰从刘绍全和杨文林处受让股权构成善意取得。因此，海南工商局于 2010 年 9 月 20 日核准海南西昌公司股权及股东变更登记的行为虽然违法，但由于杨秀英、邱震钰受让股权构成善意取得，不具有可撤销内容，根据《行政诉讼法》第七十四条第二款第（一）项的规定："行政行为有下列情形之一，不需要撤销或者判决履行的，人民法院判决确认违法：（一）行政行为违法，但不具有可撤销内容的"，对该登记行为依法不应予以撤销。

三、海南工商局 2009 年 4 月 22 日作出的股东及股权变更登记行为依法不予撤销。

由于海南工商局于 2010 年 9 月 20 日股权及股东变更登记的行为不应予

以撤销，因此，海南工商局于2009年4月22日核准海南西昌公司股权及股东变更登记的行为亦不具有可撤销内容。并且根据已生效的（2014）川民终字第356号民事判决认定内容，第二次股权转让是刘绍全在和刘显恩协商后，共同将海南西昌公司的股权转让给第三人的，而且刘显恩在2010年10月3日已经获得了相应对价退出公司，其股东权益已得到实现，2009年4月22日的股东及股权变更登记对行政相对人刘显恩目前权益并不产生实际影响，不应予以撤销。

因此，海南工商局于2009年4月22日和2010年9月20日的两次核准股东及股权变更登记行为，应判决确认违法，不予撤销。海南高院二审判决撤销海南工商局该两次核准股东及股权变更登记行为，系适用法律确有错误，应予再审。裁定指令海南省高级人民法院再审本案。

规范指引

《中华人民共和国公司法》

第三十二条 有限责任公司应当置备股东名册，记载下列事项：

（一）股东的姓名或者名称及住所；

（二）股东的出资额；

（三）出资证明书编号。

记载于股东名册的股东，可以依股东名册主张行使股东权利。

公司应当将股东的姓名或者名称向公司登记机关登记；登记事项发生变更的，应当办理变更登记。未经登记或者变更登记的，不得对抗第三人。

第七十一条 有限责任公司的股东之间可以相互转让其全部或者部分股权。

股东向股东以外的人转让股权，应当经其他股东过半数同意。股东应就其股权转让事项书面通知其他股东征求同意，其他股东自接到书面通知之日起满三十日未答复的，视为同意转让。其他股东半数以上不同意转让的，不同意的股东应当购买该转让的股权；不购买的，视为同意转让。

经股东同意转让的股权，在同等条件下，其他股东有优先购买权。两个以上股东主张行使优先购买权的，协商确定各自的购买比例；协商不成的，按照转让时各自的出资比例行使优先购买权。

公司章程对股权转让另有规定的，从其规定。

第七十二条 人民法院依照法律规定的强制执行程序转让股东的股权时，应当通知公司及全体股东，其他股东在同等条件下有优先购买权。其他股东自人民法院通知之日起满二十日不行使优先购买权的，视为放弃优先购买权。

第七十三条 依照本法第七十一条、第七十二条转让股权后，公司应当注销原股东的出资证明书，向新股东签发出资证明书，并相应修改公司章程和股东名册中有关股东及其出资额的记载。对公司章程的该项修改不需再由股东会表决。

第九十六条 股份有限公司应当将公司章程、股东名册、公司债券存根、股东大会会议记录、董事会会议记录、监事会会议记录、财务会计报告置备于本公司。

第一百三十九条 记名股票，由股东以背书方式或者法律、行政法规规定的其他方式转让；转让后由公司将受让人的姓名或者名称及住所记载于股东名册。

股东大会召开前二十日内或者公司决定分配股利的基准日前五日内，不得进行前款规定的股东名册的变更登记。但是，法律对上市公司股东名册变更登记另有规定的，从其规定。

第一百四十七条第一款 董事、监事、高级管理人员应当遵守法律、行政法规和公司章程，对公司负有忠实义务和勤勉义务。

第一百五十二条 董事、高级管理人员违反法律、行政法规或者公司章程的规定，损害股东利益的，股东可以向人民法院提起诉讼。

《中华人民共和国物权法》

第一百零六条 无处分权人将不动产或者动产转让给受让人的，所有权人有权追回；除法律另有规定外，符合下列情形的，受让人取得该不动产或者动产的所有权：

（一）受让人受让该不动产或者动产时是善意的；

（二）以合理的价格转让；

（三）转让的不动产或者动产依照法律规定应当登记的已经登记，不需要登记的已经交付给受让人。

受让人依照前款规定取得不动产或者动产的所有权的，原所有权人有权向无处分权人请求赔偿损失。

当事人善意取得其他物权的，参照前两款规定。

《最高人民法院关于适用〈中华人民共和国公司法〉若干问题的规定（三）》

第二十七条 股权转让后尚未向公司登记机关办理变更登记，原股东将仍登记于其名下的股权转让、质押或者以其他方式处分，受让股东以其对于股权享有实际权利为由，请求认定处分股权行为无效的，人民法院可以参照物权法第一百零六条的规定处理。

原股东处分股权造成受让股东损失，受让股东请求原股东承担赔偿责任、对于未及时办理变更登记有过错的董事、高级管理人员或者实际控制人承担相应责任的，人民法院应予支持；受让股东对于未及时办理变更登记也有过错的，可以适当减轻上述董事、高级管理人员或者实际控制人的责任。

专题二十六：冒用他人名义出资的法律适用

【核心提示】冒用他人名义出资并将该他人作为股东在公司登记机关登记的，冒名登记行为人应当承担相应责任；公司、其他股东或者公司债权人以未履行出资义务为由，请求被冒名登记为股东的承担补足出资责任或者对公司债务不能清偿部分的赔偿责任的，人民法院不予支持。

实务争点

实践中，冒用他人名义出资也常常发生，即冒用他人名义出资并将该他人作为股东在公司登记机关登记。冒用他人名义出资产生的法律问题主要表现为：冒名者和被冒名者之间的法律关系、被冒名者与公司及其他股东的法律关系、被冒名者与第三人的法律关系。司法实践中，在处理冒名股东纠纷案件时，理论界一直存在以下两种观点：一是形式说，认为法律应当将名义上的股东视为公司股东。因为工商登记虽然不具有创设股东资格的效力，但对外具有宣示股东资格的功能。二是实质说，认为按照公司法理论，判定股东资格应当以实际出资为准，即“出资人为实际股东”，那么，被冒名人就不具有股东资格，不能实际地承担股东权利和股东义务。对此，《公司法解释（三）》第二十八条作出了规定。

理解适用

对《公司法解释（三）》第二十八条规定的理解适用

（一）冒用他人名义出资的理解

所谓冒用他人名义出资是指投资人以根本不存在的人的名义（如去世者或者虚构者）出资登记，或者盗用真实人的名义出资登记的投资现象。它包括以根本不存在的人的名义出资和盗用真实的人的名义出资并登记的两种情况。可以看出，冒用他人名义出资的特点是要么被冒名者根本不存在，要么是盗用他人名义并以被盗用者的名义出资。因此，实际情况是，冒用他人名义者向公司履行出资义务，并实际参与公司的经营管理、享有股东权利并承担风险，而被冒用名义者既没有出资，也根本不存在参与经营并享有所谓股东权利的问题。

（二）冒名股东的法律地位

冒名出资是以根本不存在之人或盗用他人名义进行的活动，那么，如何认定相关人员的股东资格十分重要。

在前述两种争议的学说中，形式说简单地套用了公司法上显名股东的理论与看法，而公司法上的显名股东理论解决的是隐名投资问题，显名股东与隐名股东之间具有相应的协议，显名股东愿意以自己之名为实际出资人代为持股甚至代为行使股东权利。按照私法自治原则的精神，在显名股东愿意代实际出资人出名时，相应的风险也应该由其自愿承担。因此，正如前述，公司债权人以登记于公司登记机关的股东未履行出资义务为由，请求其对公司债务不能清偿的部分在未出资本息范围内承担补充赔偿责任，股东以其仅为名义股东而非实际出资人为由进行抗辩的，人民法院不予支持。

但在冒名出资的情况下，二者之间具有本质上的不同。从主观要件上来看，被冒用名义者不仅对设立公司的事实不知情，且也没有和其他股东共同成立公司的共同意愿。在这种情况下，将所谓股东资格强行扣在其头上，显然是不公平的，所以不能认定被冒名者为股东。那么，从法律后果上来看，如果认定被冒用名义者为股东，而其实际上并非股东，从而会因股东的实际缺位导致股东权利义务无人承受，这不利于维护公司团体法律关系的稳定和维护交易安全，而且还将导致不当得利的法律后果。重要的是，从立法本意上看，冒用他人名义者常常是为了规避法律的禁止性规定或者获得某种特殊的利益，如果认定被冒名者为股东，那么不仅有违公平原则，而且会让不法分子（即冒名者）规避法律的目的得以实现，不利于保护善意第三人的合法权益。所以，上述实质说更为可取。也正是如此，一些国家和地区，如韩国商法规定，以虚构的人的名义认购股份者，承担股份认购人应承担的责任。其根据在于冒名者在实际上行使着股东权利，自然应承担股东的义务。日本商法也有类似规定和要求。这种规定显然符合公司团体法律关系稳定的要求。

所以，在实践中对于盗用他人的名义出资，即一方未经他人同意，以他方名义出资，并实际行使股权，取得收益的情况应注意分析当事人的意思表示。在名义股东属于被盗用的情况下，对外责任的承担似乎应采外观主义原则，但由于该外观的形成不是出于当事人的真实意思表示，而是在其不愿意或不知晓的情况下形成的表象。这样的外观本身是一个侵权行为，因而此时属于一个纯粹民法的问题，应该适用民法意思表示的原则。由于被盗用名义者未签署过公司章程、未认缴或认购出资、未行使股权，即从未有过成为股东的意思表示和外观行为，只是其名义被盗用记载于有关的形式要件中，其对自己名义被盗用一无所知。冒名人作为实施盗名行为的主体，实际出资并行使股权。这时如果认定被盗用者为股东，因其既无真实出资，对内对外都不承担责任，亦无加入公司持有股权的意思表示，不仅不符合股东的基本要件，而且会导致不当得利的法律后果。

也就是说，对于以根本不存在之人名义或盗用他人名义出资并登记的情形，由于名义股东对自己被冒名的投资行为既不知道也不会认可，或者名义股东根本就是现实里不存在的人，显然，名义股东不应该也不可能作为公司股东承担所谓股东的义务与责任。为维护公司团体法律关系的稳定，一般而言，不应认定被冒名者的股东资格，而应由冒名股东承担责任。因此，《公司法解释（三）》第二十八条明确规定："冒用他人名义出资并将他人作为股东在公司登记机关登记的，冒名登记行为人应当承担相应责任；公司、其他股东或者公司债权人以未履行出资义务为由，请求被冒名登记为股东的承担补足出资责任或者对公司债务不能清偿部分的赔偿责任的，人民法院不予支持。"它要求法院在处理冒用他人名义投资案件时应充分考虑冒名者和被冒名者之间的实际法律关系，被冒用名义者只要能够充分证明自己确系被他人冒名且自身又无过失时，被冒名者就依法不应认定为公司股东，也不应当承担任何法律责任。

（三）被冒名者的救济途径

对于被冒名者，其可以通过以下几种途径请求救济：

一是确权之诉。被冒名者可以请求人民法院确认用以虚假注册公司的名称登记申请书、申请报告、股东会决议、公司章程、授权书、申请承诺书、承诺书、投资协议书等文件无效；被冒名者也可以请求人民法院确认冒用他人名义注册公司的行为无效。

二是侵权之诉。请求法院判令冒名者停止对被冒名者姓名权等权利的侵犯，排除妨碍，赔礼道歉。冒名登记者在他人不知情的情况下，未经他人同意使用他人的名义，此种行为为侵权行为，侵犯了他人姓名权等人身权利，应当承担侵权责任。

三是在诉讼中直接免责。上海市高级人民法院《关于审理涉及公司诉讼案件若干问题的处理意见（二）》在处理股权确认纠纷的相关问题中规定："债权人向工商登记文件中的公司名义股东主张其承担出资不实的赔偿责任的，人民法院应予支持。名义股东向公司债权人承担责任后，可按照约定向实际出资人追偿因此遭受的损失。在上述纠纷中，公司债权人将实际出资人与名义股东列为共同被告的，人民法院可以根据案情判决双方承担连带责任……”可见，被冒名者也可不主动去注销自己的股东身份，等到公司债权人向公司股东主张出资不实的赔偿责任时，再举证证明自己系被他人冒名为股东的，这样也可以免责。但到那时往往既有公司债权人的反对，也有公司其他股东推卸责任不予配合的可能，被冒名者全身而退难度很大。在实践中，也很有可能法院判决被冒名者先承担连带赔偿责任，然后再由被冒名者向冒名者追偿。

四是通过行政诉讼起诉工商部门，请求法院判决工商部门撤销虚假登记。虽然依据法理，工商部门完全有义务也有能力撤销虚假登记，但是缺乏可供工商部门操作的具体法律依据，因此法院应当判决工商部门撤销虚假登记，这样可以填补相关法律漏洞，保护被冒名者的合法权益。[①]

（四）注意冒名出资与借名出资的区别

实践中，还会出现实际投资人借用他人名义进行出资的现象，它与冒名出资完全是两个法律问题。

所谓借名投资是指实际出资人为了规避国家法律的限制性规定，隐蔽财产情况或者出于其他一些考虑，在公司实际认缴或认购出资，但借用他人名义在公司章程、股东名册或工商登记材料中记载，从而出现实际出资人与被借用人两个概念。与隐名出资中的显名股东不同的是，尽管显名股东与被借用者都是自愿的，但后者仅被借用名称或姓名，其并不行使股权，而是由实际出资人行使的。

同样，名义出资人没有成为公司股东的意思，工商登记、公司章程均记载其为股东但其实际并未出资，也不参与公司管理，其仅有股东的形式要求，因此可以说仅仅是“法律意义上”的象征性股东。所以，在借名投资法律关系中，名义出资人仅是挂名而已，其既未认缴或实际出资，也不参与公司经

① 最高人民法院民事审判第二庭编著:《最高人民法院关于公司法解释（三）、清算纪要理解与适用》，人民法院出版社 2011 年版，第 428 页。

营管理。认缴或实际出资、参与公司管理及享有股东权的均是借名股东。因此，它与因隐名投资协议而导致的隐名投资重在确定隐名投资合同效力并依此确定双方当事人之间的利益不同，在因借名而导致的借名投资关系中，关键在于确认实际出资人的股东资格、股东地位及名义出资人的责任承担。

从公司登记的外观来看，被借名人是公司股东，但从实际情况来看，其仅仅是被借名而已，而无股东实际之名，因此不应将其认定为股东。而对于借名者，能否授予其股东资格，有形式说与实质说。实质说以实际股东为法律股东；形式说以名义出资人为法律股东而否认实际出资人的股东资格，即采取形式要件特征，以出资证明书、股东名册、公司章程或者工商登记的记载为准确认股东。

处理借名出资者能否取得股东资格问题，不能背离公司法作为团体法的性质。公司法作为团体法，处理公司、股东和第三人间的关系理应考虑团体法所遵循的规则。在与公司相关的法律关系中，有些属于团体法上的法律关系，应当优先考虑团体法规则的适用，如公司与股东之间的关系。有些属于个人法上的法律关系，应优先考虑个人法上的规则适用，如投资协议。对于借名行为，并非仅表现在借名协议中，实际上，借名行为的实现须为公司登记机关所确认，对外具有公示性，简言之，名义出资人在对外关系上是作为公司法上的股东出现的，作为交易关系中的第三人是无法探求公司背后真实情况的，因此，为保护交易安全，在对外关系上应由名义出资人承担股东所应承担的民事责任。

在实际出资人与名义出资人之间，按照实质法律事实，实际出资人实际出资并且行使了全部股东权益，而名义出资人虽然是股东名册登记的股东，但是由于名义出资人并没有成为公司股东的意思，也没有行使公司股权的意愿，名义出资人并不享有任何实际权利，也不对实际出资人承担任何义务。这是与隐名投资不同的。在隐名投资中，由于名义股东行使了股权，其与实际出资人的约定，名义股东应当对实际出资人承担相应的契约责任。

对于借名投资对外的效力，在借名投资的对外关系上，应遵循外观主义原则，即以公司对外公示材料中记载的股东为享有股东资格者，以保护善意第三人的利益，维护交易的稳定。因公司股东有未按时出资、出资不足、虚假出资、抽逃出资等行为，公司债权人可以向名义出资人主张其承担连带清偿责任。

因此，如果有证据证明经登记注册的股东仅仅是被别人借名而挂名，并未参与公司的治理，未享有过真正的股东权利，也未履行过股东义务，那么法律不会保护其作为“股东”而应享有的权利。因为对公司履行出资义务是享有股东权利的基础，而未实际出资的挂名股东，则不会享有基于出资而享有的公司知情权、表决权、选举权和被选举权等股东权利。但在公司资不抵债时，因为其股东身份已向社会公示，实际出资人与挂名股东之间的这种私下借名行为不能对抗善意第三人，所以名义出资人不但不会享有股东的权利，反而存在在实际出资人未缴出资范围内对公司债务承担连带责任的法律风险。[①]

案例指导

王萍、蒋仁达清算责任纠纷再审案[②]

原审原告王萍与原审被告蒋仁达、王晓辉、李先宝清算责任纠纷一案，杭州市富阳区人民法院于2016年6月15日作出的（2015）杭富商初字第2755号民事判决经公告向各被告送达，已经发生法律效力。李先宝不服，向杭州市中级人民法院申请再审，该院于2016年12月29日作出（2016）浙01民申300号民事裁定，驳回李先宝的再审申请。李先宝向浙江省高级人民法院申诉，该院经审查决定提审本案。

该院再审认为，王萍出借给案外人百前公司80万元借款，杭州市下城区人民法院（2009）杭下商初字第218号民事判决书已经判决天颐公司对该80万元借款及其利息承担连带责任，基于该生效判决在执行过程中万事达公司提供了执行担保等事实，王萍通过另案诉讼，在杭州市富阳区人民法院

① 最高人民法院民事审判第二庭编著：《最高人民法院关于公司法解释（三）、清算纪要理解与适用》，人民法院出版社2011年版，第428~431页。

② 案例来源：浙江省高级人民法院民事判决书（2017）浙民再136号，载中国裁判文书网，http://wenshu.court.gov.cn/content/content?DocID=079d6094-eea8-4547-a6a4-a84800c5a39e&KeyWord=。

（2014）杭富商初字第 2472 号案件执行中，万事达公司法定代表人沈永明已经支付给王萍 80 万元。在王萍主张的尚未得到清偿的应当由天颐公司承担连带责任的本案讼争利息 814495.29 元，李先宝是否应承担连带清偿责任，取决于李先宝是否为天颐公司的股东及其是否应负公司清算中的民事责任。为此，李先宝是否为天颐公司的股东，属于本案的主要争议焦点。

关于股东资格确认问题，要考虑当事人是否对公司实际出资、是否签署公司章程、是否持有出资证明、是否参与公司经营管理和工商登记等因素综合予以认定。由于公司法具有团体法的特征，在涉及有限责任公司股东资格认定问题上，对于不同的团体法律关系，侧重于适用相应的认定原则。在涉及公司外部法律关系时，应遵从保护善意第三人和交易安全原则，体现商法的公示主义和外观主义的要求。据此，在涉及债权人与股东，债权人与公司之间的外部法律关系时，确认股东资格坚持形式要件优于实质要件，以工商登记材料作为确认股东资格的主要证据。在涉及诸如隐名股东与显名股东之间的公司内部法律关系时，应遵照意思主义原则，以当事人的意思表示、实际出资、签署公司章程、实际履约行为等实质要件为主要依据。在本案中，债权人王萍与债务人天颐公司股东之间的权利义务之争，涉及公司外部法律关系纠纷之解决，一审法院以工商登记材料为主要证据，认定蒋仁达、王晓辉为天颐公司股东并判决其承担相应民事责任，有相应依据。但是，天颐公司并未向李先宝签发出资证明，在天颐公司工商登记档案材料中，总共存在 15 处“李先宝”的签字式样，经本院委托鉴定，除 2 处不具备检验条件外，其余 13 处均不是李先宝本人所签，特别是属于确认本案股东资格主要证据的《股东转让出资协议》《天颐公司章程修正案》《天颐公司章程》和《股东会决议》中的“李先宝”签字，鉴定结论已经明确该签字不是李先宝本人所签。为此，在天颐公司设立之初只有蒋仁达和朱文明两位股东时，李先宝未签署股权转让协议，说明李先宝没有通过受让股权而成为天颐公司继受股东的意思表示。李先宝未签署天颐公司的章程，不能据此证明李先宝是天颐公司的原始股东或通过认购公司设立后的增资而成为公司股东。而且，目前既无证据证明天颐公司工商登记材料中的“李先宝”签字式样是李先宝本人授权他人代签，也无证据证明李先宝在他人冒名行为发生时明知他人以自己名义从事民事活动而不反对被冒名签署公司登记材料等构成表见代理的情形。天颐公司工商登记材料中存在的“李先宝”签字式样，对李先宝并无拘束力。在天颐公司工商登记中李先宝的签字虚假的情况下，债权人王萍不能凭当事人签字虚假的工商登记材料而请求李先宝承担公司股东的清算责任。故从出资证明和工商登记等形式要件角度，不能认定李先宝是天颐公司的股东。况且，债权人王萍亦未提供李先宝向天颐公司实际出资的证据。虽然2006年12月1日天颐公司第四份和第五份《验资报告》中的“验资事项说明”中记载“天颐公司变更前由蒋仁达、王晓辉、李先宝共同出资组建”，但是，天颐公司在存续期间，共发生过四次增资扩股行为，公司注册资本从50万先后变更至250万、1315万、3315万、3465万，增资认购人包括蒋仁达、曹海春、王晓辉三人。天颐公司工商登记档案中共存在五份《验资报告》，前三份《验资报告》均未记载李先宝曾向天颐公司出资，第四份《验资报告》突然出现“公司变更前李先宝出资”的记载，明显与前三份《验资报告》没有李先宝出资的事实矛盾，天颐公司第四份和第五份《验资报告》并不能证明李先宝曾向天颐公司出资的事实。而且，本案也无任何证据证明李先宝曾向天颐公司的股权转让人交付过股权转让款的证据，在天颐公司《股东会决议》中的所有“李先宝”签字式样均不是李先宝本人所签的情况下，本案也无其他证据能证明李先宝实际参加天颐公司经营管理或属于天颐公司的隐名股东。故即使从确认股东资格的实质要件角度，也证明不了李先宝系天颐公司股东。此外，有限责任制作为公司法的基石，股东对公司的债务以承担有限责任为原则，以法人人格否认和清算义务违法等情形承担无限连带责任为例外。在判决股东对公司债务承担连带责任时，必须严格遵守公司法及其司法解释的规定。在本案中，王萍对天颐公司申请强制清算时，杭州市拱墅区人民法院（2015）杭拱商清（算）字第1号民事裁定只是认定天颐公司相关账册等重要文件“下落不明”，并未认定账册灭失，而《公司法解释（二）》第十八条规定股东承担连带清偿责任的前提是“账册灭失”。由于“账册下落不明”“账册缺失”并不完全等同于“账册灭失”，在只有原告一方到庭而对方当事人均下落不明未到庭的情况下，作为适用第一审普通程序的一审法院以“账册缺失”为由判决李先宝承担连带清偿责任，似乎对连带责任适用中的法定性把握不够审慎。当然，本案作为再审程序，再审审理的范围主要是针对再审申请人提出的再审请求和理由能否成立。原审被告蒋仁达、王晓辉未申请再审，对原审法院判决蒋仁达、王晓辉承担民事责任的妥当性问题，本院再审不予审查。同时，本院还注意到，《公司法解释（三）》第二十八条规定："冒用他人名义出资并将该他人作为股东在公司登记机关登记的，冒名登记行为人应当承担相应责任；公司、其他股东或者公司债权人以未履行出资义务为由，请求被冒名登记为股东的承担补足出资责任或者对公司债务不能清偿部分的赔偿责任的，人民法院不予支持。"对公司债权人而言，股东清算责任中的连带清偿责任和股东瑕疵出资中的补充清偿责任，两者在对债权人救济的性质上并无二致，均属清偿责任。既然公司法司法解释明确规定被冒名的股东无须对公司债权人承担瑕疵出资的补充清偿责任，则李先宝作为天颐公司被冒名登记的股东，亦无须承担公司清算责任中的连带清偿责任。

综上，无论从形式要件还是实质要件角度，均不能认定李先宝系天颐公司的股东，一审法院判决李先宝承担股东的清算责任不妥，对王萍未受偿的本案814495.29元利息损失，李先宝无须承担连带清偿责任。李先宝的申诉理由成立，予以支持。

规范指引

《最高人民法院关于适用〈中华人民共和国公司法〉若干问题的规定（三）》

第二十二条　当事人之间对股权归属发生争议，一方请求人民法院确认其享有股权的，应当证明以下事实之一：

（一）已经依法向公司出资或者认缴出资，且不违反法律法规强制性规定；

（二）已经受让或者以其他形式继受公司股权，且不违反法律法规强制性规定。

第二十八条　冒用他人名义出资并将该他人作为股东在公司登记机关登记的，冒名登记行为人应当承担相应责任；公司、其他股东或者公司债权人以未履行出资义务为由，请求被冒名登记为股东的承担补足出资责任或者对公司债务不能清偿部分的赔偿责任的，人民法院不予支持。

第四部分

公司决议效力、股东知情权、利润分配请求权和股东代表诉讼

为正确适用《公司法》，审理好决议效力、股东知情权、利润分配权、优先购买权和股东代表诉讼等纠纷案件：2016 年 12 月 5 日最高人民法院审判委员会第 1702 次会议讨论原则通过了《最高人民法院关于适用〈中华人民共和国公司法〉若干问题的规定（四）》（以下简称《公司法解释（四）》），并于 2017 年 9 月 1 日起施行。

《公司法解释（四）》包括 27 条规定，具体包括：（一）完善决议效力瑕疵诉讼制度。《公司法解释（四）》一是确定了决议不成立之诉；二是明确了决议效力案件的原告范围；三是明确了确认决议无效或者撤销决议的法律效力。（二）依法强化对股东法定知情权的保护。《公司法解释（四）》针对适用公司法规定中遇到的争议较多的问题，作出了如下

规定：一是结合诉的利益原则，明确了股东享有的诉权，并规定了有限责任公司原股东享有的有限诉权。二是对股东查阅公司会计账簿可能有的不正当目的作了列举，明确划定了公司拒绝权的行使边界。三是明确规定公司不得以公司章程等方式，实质性剥夺股东的法定知情权。四是为保障股东知情权的行使，对股东聘请中介机构执业人员辅助查阅作出了规定。五是就股东可以请求未依法履行职责的公司董事、高级管理人员赔偿损失作了规定。（三）积极探索完善对股东利润分配权的司法救济。是否分配和如何分配公司利润，原则上属于商业判断和公司自治的范畴，人民法院一般不应介入。但《公司法解释（四）》第十五条规定，公司股东滥用权利，导致公司不分配利润给其他股东造成损失的，司法可以适当干预，以实现对公司自治失灵的矫正。（四）规范股东优先购买权的行使和损害救济。《公司法解释（四）》一是细化了行使股东优先购买权的程序规则。二是明确了股东优先购买权的行使边界和损害救济制度。同时，为了防止转让股东恶意利用该规则，损害股东优先购买权。但为了维护交易秩序和公司稳定经营，《公司法解释（四）》对股东优先购买权被侵害后，股东行使相关权利的期限作了适当限制。三是解决了关于损害股东优先购买权的股权转让合同效力的实践争议。（五）完善股东代表诉讼机制，一是明确《公司法》第一百五十一条涉及两类不同诉讼；二是完善了股东代表诉讼机制。

可以说，在当前的经济形势下，《公司法解释（四）》的公布实施，对于维护股东权利，协调股东与公司的关系，推动公司法人治理机制的进一步完善，营造良好的营商环境，响应“大众创业、万众创新”号召有着积极意义。

专题一：公司决议无效之诉及原告

【核心提示】公司股东、董事、监事等请求确认股东会或者股东大会、董事会决议无效或者不成立的，人民法院应当依法予以受理。

实务争点

《公司法》第二十二条规定了公司决议的无效和可撤销之诉，但实践中，还有大量因不具备公司决议成立条件的所谓公司决议，以及因多种因素引起的能否提起公司决议有效之诉的问题。对于公司决议的不成立和决议的有效争议，当事人能否根据《公司法》第二十二条提出相应之诉，不无疑问。从起诉主体来看，公司决议的有效和无效或不成立之诉属于确认之诉；从理论上来看，与决议有直接利害关系者均可以提起相应诉讼。所以在公司决议无效或不成立之诉中，股东、董事、监事等均为利害关系人，都应该能够成为原告。除此之外，其他有关主体，如债权人、职工、实际出资人等能否为此提起相应诉讼，则争议较大。对此，《公司法解释（四）》第一条作出了明确规定。

理解适用

对《公司法解释（四）》第一条规定的理解适用

（一）公司决议的成立与生效

公司决议属于民事法律行为，故其成立与生效遵循《民法总则》关于民事法律行为的规定与基本原理。

1. 公司决议的成立

《民法总则》第一百三十四条第二款规定："法人、非法人组织依照法律或者章程规定的议事方式和表决程序作出决议的，该决议行为成立。”按照该规定，公司决议的成立取决于是否按照公司法和公司章程规定的议事方式和表决程序。也就是说，尽管公司决议属于民事法律行为，但它并不严格遵循传统民事法律行为的基本要求，强调所谓的个人意思表示。

相对于个人，公司系由不同的个体组成的团体。传统民法主要是以理性的个人为主要调整对象，故相应民事法律行为也是以个人为主体加以构造的，有关规定是张扬的（权利＋实体＝自由主义）；当作为不同于个人的组织体公司（法人）出现后，其基于个人而超越于个人，相应法律的构造呈现出不同的景观，有关规定是内敛的（义务＋程序＝团体主义）。尽管团体法仍是以私法上的合同为基础而针对特定目的的共同协作，[①]仍须尊重团体成员必要的利益，亦即，团体成员并非没有个人利益或不能主张个人利益，但其个人利益须在团体利益之下得以实现或主张。因此，公司决议的结论常常只是大多数人（持股或人头）的意思表示，“决议行为经多数决通过后，各表意人之意思失其独立性，成立团体意思”。[②]

基于此，按照公司法，公司决议的成立须符合以下条件（以《公司法》关于有限公司股东会规定为例）：（1）股东会的组成符合法律规定（第三十六条“有限责任公司股东会由全体股东组成”）；（2）股东会决议事项须为其职权范围内（第三十六条后半句“股东会是公司的权力机构，依照本法行使职权”，第三十七条之规定）；（3）股东会的召集程序合法（第三十八条首次会议召集、第三十九条关于定期会议与临时会议规定、第四十条召集权人规定、第四十一条会议通知）；（4）股东会议事方式和表决合法（第四十二条表决权规定、第四十三条议事方式和表决程序规定）；（5）股东会会议记录和签名（第四十一条第二款）。

可以看出，股东会决议的成立重要的是形式或者说程序，当决议符合以上形式和程序要求时，决议即成立。在此法定形式或程序下，作为股东会的成员是以股东身份出现并主要以持股比例投票表决。作为股东，其须按照公

---

① 任中秀：《德国团体法中的成员权研究》，法律出版社2016年版，第24页。
② 姚瑞光：《民法总则论》，中国政法大学出版社2011年版，第164页。

司法及公司章程规定行使权利，表达其意志，因而受到很多限制。在一定意义上，股东以成员身份参加股东会，是一种物化（资本化）的身份或者主体，因其持股比例或多或少但不完整地体现其个人意思，并最终汇合而成为所谓公司的意思。可以说，在公司法下，公司决议中的个人及其意思是受到遮蔽的，甚至是可以被忽略不计的。那么，在这种情况下，公司决议的成立更多是因遵守了法定和章定的程序，而非因尊重了成员及其个人意志。因此，判断公司决议的成立不是说其是否充分表达了有关成员的意思，而是其应有的形式和程序。即公司的决议成立要件是其遵守了法定和章定的程序和形式要求。

对于董事会决议而言，更是如此。如果说股东会决议中尚有一定的股东个人意思表示外，则董事会决议中几乎没有董事作为个人意义的意思表示。这是因为，作为个人的董事会成员一旦当选，则其在董事会会议上是以董事而非特定个人身份出现的，而董事身份意味着其没有自己的利益，只有公司的利益。那么，在董事会决议中，董事的意思表示其实是公司的意思，董事只能以公司机关身份并以公司利益进行所谓的意思表示。为什么公司法对董事等高管采经营判断规则，其不仅在于鼓励其积极经营，更重要的是其身份及意思价值使然。

所以，公司决议尽管有民事法律行为的形式，但与传统民事法律行为中的双方或多方法律行为是有较大区别的。与《民法总则》第一百三十四条第一款关于“民事法律行为可以基于双方或者多方的意思表示一致成立，也可以基于单方的意思表示成立”规定不同，该条第二款关于决议行为的规定并不要求意思表示，而仅“依照法律或者章程规定的议事方式和表决程序作出”即可，亦即，是否遵守“法律或者章程规定的议事方式和表决程序”是判断公司决议成立与效力的标准。

2. 公司决议的生效

《民法总则》第一百三十六条第一款规定：“民事法律行为自成立时生效，但是法律另有规定或者当事人另有约定的除外。”也就是说，一般情况下，只要符合公司法和公司章程规定的程序依法作出，公司决议即生效。

法律行为的生效与否是国家和法律对当事人之间已经成立的行为进行的评价，其评价标准就是法律行为的生效要件。按照《民法总则》，民事法律行为生效须具备以下要件:(1)行为人具有相应的民事法律行为能力;(2)意思表示真实;(3)不违反法律、行政法规的效力性强制规定,不违背公序良俗。[①]

(二)公司决议无效的认定

公司决议的成立与生效必须满足相应实体和程序上的要求,从而产生相应法律约束力。否则,公司决议的效力就会有瑕疵。关于公司决议效力瑕疵,比较法上有所谓"两分法"与"三分法"的立法模式。前者是指将公司决议效力瑕疵分为决议无效和决议可撤销两种情形;后者则同时包括决议不成立或不存在情形。

《公司法》第二十二条规定了公司决议的无效与可撤销两种情形,《公司法解释(四)》则增加了公司决议的不成立情形。关于公司决议的可撤销与不存在的理解与适用问题,将在以下部分专门阐述,此处不赘。

《公司法》第二十二条第一款规定:"公司股东会或者股东大会、董事会的决议内容违反法律、行政法规的无效。"与无效的民事法律行为一样,无效的决议在法律上视为绝对不合法的存在,在任何意义上都是自始无效。任何利害关系人均可以主张无效。[②]

如何判定公司决议无效,《公司法》第二十二条第一款规定比较简单,仅规定"决议内容违反法律、行政法规",即判定标准在于决议的内容是否违反了法律和行政法规。而按照民商法理,很多违反法律和行政法规的行为未必无效,只有那些违反了法律和行政法规的禁止性规定的才可能是无效的。

《民法总则》第一百五十三条规定:"违反法律、行政法规的强制性规定的民事法律行为无效,但是该强制性规定不导致该民事法律行为无效的除外。违背公序良俗的民事法律行为无效。"

依该规定,第一,导致民事法律行为无效的法律形式只能是法律和行政法规,地方性法规和部门规章不能成为某个法律行为无效的依据。第二,强

---

① 沈德咏主编:《中华人民共和国民法总则条文理解与适用》(下),人民法院出版社2017年版,第916页。

② 朱庆育:《民法总论》,北京大学出版社2013年版,第229页。

制性规定不必然导致民事法律行为的无效，亦即，即使是违反了法律、行政法规的强制性规定，也未必会引起法律行为的无效。一般地，民事法律规范可以分为任意性规范和强制性规范，后者又分为强行性（应当如何）和禁止性（不得如何）两种。违反强制性规范，如果该规范效果是无效的，则该行为无效，反之则有效。第三，凡违背公序良俗的民事法律行为均无效。所谓公序良俗，包括公共秩序与善良风俗，前者又包括政治公共秩序与经济公共秩序两种。一般地，违反了法律，常常同时违背了公序良俗，违背了公序良俗，也违反了法律，二者之间常常发生重叠。二者之间的区别在于，有时违反了法律规定，未必违背公序良俗；违背了公序良俗，但法律没有规定。因此，《民法总则》第一百五十三条第二款规定非常重要。不过，违背公序良俗与违反法律、行政法规之间是一种补充关系，即只有在没有违反法律、行政法规而又确有必要认定民事法律行为无效的情况下才适用该款。《民法总则》第一百五十三条规定同样适用于公司决议无效之认定。

如何确认公司决议内容违反法律和行政法规而无效，《公司法》第二十二条没有进一步规定。在《公司法解释（四）》正式颁布之前的征求意见稿版本[①]中，第六条曾对此作了细化规定，即“股东会或者股东大会、董事会决议存在下列情形之一的，应当认定无效：（一）股东滥用股东权利通过决议损害公司或者其他股东利益；（二）决议过度分配利润、进行重大不当关联交易等导致公司债权人的利益受到损害；（三）决议内容违反法律、行政法规强制性规定的其他情形”。但到了正式颁布版本，则删除了该规定。究其原因，以上规定的事由仍十分笼统，且这些无效事由并不具有代表性与包容性。

公司决议的无效，主要是违反了公司法强制性规定，损害了公司、股东、债权人等利害关系人的合法权益，当然也包括那些违背公序良俗而损害社会公共利益的决议，如《公司法》第四条关于股东享有的权利规定、第十五条关于公司向其他企业投资的禁止性规定、第十六条关于公司担保的要求、第二十条股东不得滥用权利的规定、第二十一条关于关联交易的规定，以及其

① 此指最高人民法院于2016年4月12日发布的《关于适用〈中华人民共和国公司法〉若干问题的规定（四）》（征求意见稿），以下同。

他章节中的强制性规定等情形。判定公司决议内容是否违反了公司法而必然无效，尚需具体情况具体分析。

不过，从公司法本身团体法性质来看，一般情形，违反了公司法关于公司、股东和债权人合法权益及社会公共利益强制性规定的，常常是无效的，不能以关于个人法的合同法思维认识公司法强制性规定。合同法是促进市场交易之法，故不仅其一般规定都是任意性的，强调意思自治，且其所谓违反强制性规定一般也不轻易认定为无效。但公司法系规范公司团体之法，为维护团体稳定计，公司法有关规定很多为强制性的，不得以公司自治之名任意违背，否则将导致公司的非公司化，公司法和公司的存在价值将大打折扣。

实务界梳理了《公司法解释（四）》颁布之前的有关裁判文书，发现导致公司决议无效的事由主要集中在以下12个方面：（1）侵害股东对公司增资的优先认缴权；（2）侵害股东的利润分配请求权；（3）违法解除股东资格；（4）非法变更股东出资额或持股比例；（5）侵害公司利益；（6）侵害公司债权人利益；（7）不具有股东（董事）资格的主体作出的决议；（8）决议内容的合意基础不存在；（9）选举的董事、监事、高管不具有任职资格；（10）违反禁售期的规定转让股权；（11）未经财务核算分配公司资产；（12）侵害股东的经营管理权。如果决议的内容属于公司自治范畴、新的决议改变原决议内容、未通知隐名股东参会等，则不属于公司决议无效之事由。①

可以看出，以上司法实践关于公司决议无效事由的认定，几乎涉及公司法强制性规定的各个方面，体现了公司法作为团体法的性质与要求，有利于维护公司团体稳定及人格的实现。

（三）公司决议无效和不存在之诉的适格原告

《公司法》第二十二条第一款仅规定了公司决议无效的基本事由，即违

---

① 唐青林、李舒主编：《公司法司法解释四裁判综述及诉讼指南》，中国法制出版社2017年版，第19页。

反法律和行政法规的强制性规定，并未规定谁有权利和资格提起相应诉讼。从《公司法》第三十七条、第四十六条和第九十九条、第一百零八条关于股东会或股东大会、董事会的权限可知，公司决议的效力范围一般都会涉及公司、股东、董事、监事。因此，为明确相应诉讼的适格原告，《公司法解释（四）》第一条规定："公司股东、董事、监事等请求确认股东会或者股东大会、董事会决议无效或者不成立的，人民法院应当依法予以受理。"

公司决议无效和不存在之诉的适格原告为：（1）股东，不论是股东会或股东大会决议，还是董事会决议，都直接影响到作为所有人的股东利益，作为成员，其自然有权利对违法决议提起诉讼。（2）董事，董事是公司的执行机关，其代表并须维护公司利益，当公司决议内容违法损害公司利益之际，其有权利也有责任及时代表公司提起相应诉讼。（3）监事，《公司法》第五十三条和第一百一十八条赋予了监事对于公司和董事、高管的监督权，在股东会或股东大会和董事会决议违法时，其有权利也有义务提起诉讼，行使监督权。但须注意，这时，董事、监事是以董事、监事身份而非个人身份提起诉讼的。

关于上述三类主体的诉权，其中股东的诉权属于个体性权利，董事和监事的诉权属于对股东会或股东大会、董事会合法性的监督权利。有著述认为，董事与监事的诉权也属于个体性权利，因为这些决议通常会涉及董事和监事的个体权益，[①] 该认识是值得商榷的。从我国公司法规定上看，董事与监事均属于公司机关，某个自然人一旦当选为董事或监事，其依法为之的公司活动均为公司机关活动，而非个人活动；这时他们是以公司董事和监事的身份履行相应义务和责任的。因此，董事和监事对于股东会或股东大会、董事会的决议提起的无效之诉，并无个人利益，而是其职责所在。如果说公司决议内容涉及董事、监事个人任职不当而罢免或降薪、谴责等问题，且不说这些决议一般不会引起无效，更因这些决议也仅是发生在公司与董事、监事之间的公司内部机关之事务，而非董事与监事个人之问题，自然不存在相关决议涉

---

① 杜万华主编、最高人民法院民事审判第二庭编著：《公司法司法解释（四）理解与适用》，人民法院出版社 2017 年版，第 27 页。

及董事、监事的个人利益问题。

需要注意的是，作为适格原告的董事和监事，是否只能作为董事会决议瑕疵之诉的原告，还是也可以作为股东会或股东大会决议瑕疵之诉的原告？从他们作为公司机关的性质来看，毫无疑问均可以，而不仅仅限于董事会决议瑕疵之诉。无论是股东会或股东大会决议，还是董事会决议，只要董事和监事认为其内容违反了法律和行政法规规定，均有权利也有义务提起无效之诉，以维护公司利益。

《公司法解释（四）》第一条除规定股东、董事和监事可以作为适格原告外，还以“等”字作了开放性规定。

对于公司决议之诉，特别是无效之诉，由于决议从一开始就是当然、确定无效的，故理论上凡有关利害关系人，包括不限于前述股东、董事、监事均可以提起无效之诉。也正是如此，《公司法解释（四）》正式颁布之前的征求意见稿版本中，拟规定“公司股东、董事、监事及与股东会或者股东大会、董事会决议内容有直接利害关系的公司高级管理人员、职工、债权人等”，均可以作为公司决议之诉的原告。

但是，在征求意见的过程中，争议非常大。首先，对于公司高级管理人员，其受董事会任免并对董事会负责。亦即，董事会对公司高级管理人员的任免或奖惩的决议完全属于公司内部管理之问题，不存在可诉性。因此，公司高级管理人员无从起诉公司决议，不应成为公司决议无效之诉的原告。其次，对于公司职工，其与公司之间完全系劳动合同关系，即使是公司决议涉及职工待遇而不利于职工，职工也可以通过劳动合同解决，而无须提起公司决议无效之诉。最后，对于公司债权人，不能一概而论，应区分不同性质的债权人。因与公司交易和贷款产生的债权人，他们完全可以通过合同（包括担保）保护自己。尽管公司决议可能损害交易债权人的合法权益，如过度分配利润或不当提供担保，但对于过度分配利润或不当担保而损害债权人的利益，实难判断。因此对于这类债权人，不宜成为公司决议瑕疵之诉的原告。不过，对于因购买公司债券的债权人、拥有投票权安排的债权人，以及基于合同规定而能够直接参与公司管理的债权人，则因其具有公司内部性而可以成为直接利害关系人的原告。

由于争议较大，故《公司法解释（四）》正式通过时，删除了征求意见稿中的“及与股东会或者股东大会、董事会决议内容有直接利害关系的公司高级管理人员、职工、债权人”表述，而直接表述为“公司股东、董事、监事等”。但是，这并非说“与股东会或者股东大会、董事会决议内容有直接利害关系的公司高级管理人员、职工、债权人”没有诉权，特别是那些因购买公司债券的债权人、拥有投票权安排的债权人，以及基于合同而能够直接参与公司管理的债权人，可以成为公司决议无效之诉的原告。当然，基于公司法理，公司高级管理人员、职工及一般公司债权人，不宜轻易成为相应诉讼的原告，应作严格审查。

另外，《公司法解释（四）》第一条列举的原告仅包括起诉时具有股东、董事、监事资格者。这些人如果起诉时不再具有相应资格时，如何处理，则无规定。结合我国公司法有关规定，如果公司决议剥夺股东资格或解除董事、监事职位时，因公司决议直接涉及原股东、董事和监事的切身利益，他们是可以提起决议无效之诉或不成立之诉的。不过，对于原股东、董事和监事而言，其是基于原股东、董事、监事身份起诉的，其原来的身份决定了其诉权的存在及价值所在。

因此，一般意义上，对于公司决议无效或不成立之诉，仅股东、董事和监事是适格的原告。其他主体及特殊情况，需要具体情况具体分析。

（四）股东等能否提起公司决议有效之诉

从理论上讲，公司决议效力之诉有无效之诉，也应有有效之诉，即就公司决议有效提起确认之诉。在我国司法实践中，也有股东主动提起要求确认公司决议效力的诉讼。

公司决议无效之诉是因对公司决议效力存疑，从而需要定分止争；而公司决议有效之诉不存在争议问题，故提起所谓公司决议有效之诉实无必要。在北京兴地煤炭筛选有限公司与孟广海等公司决议效力确认纠纷［（2015）京二中民（商）终字第06748号］案中，煤炭公司所有五名股东共同起诉，请求确认他们作为股东共同作出的某个股东会决议有效。法院认为，“法院在受理此类案件时应对原告对于确认公司决议有效的诉讼请求是否具有诉的利益进行审查……在五股东均对股东会决议不持异议的情况下，本案缺乏请求人民法院予以裁判的争议基础”。法院据此驳回了煤炭公司股东的起诉。

根据《民法总则》第一百三十四条之规定，公司决议属于民事法律行为，而除了法律另有规定或者当事人另有约定外，“民事法律行为自成立时生效”（《民法总则》第一百三十六条）。即民事法律行为的有效性是被推定的，除非存在法定事由，公司决议的有效性无须证明，也不必确认。只有在对公司决议效力存疑时，才会产生相应诉讼。①

因此，尽管《公司法解释（四）》发布前的征求意见稿版本中第一条规定可以提起公司决议有效之诉，但在最终正式发布后的《公司法解释（四）》文本中，删除了公司决议有效之诉。

事实上，当事人提起所谓公司决议有效之诉，是为了有关股东和公司机关执行该有效的公司决议，绝非仅仅是为了提起一个诉讼。如果公司通过了一个有效的决议，有关内容不能得到有效执行时，当事人完全可以通过相应的直接诉讼或间接诉讼起诉有关人员（包括有关股东和董事、监事）来解决问题，而不必通过所谓公司决议有效之诉，因为即使法院裁定有效，如果得不到有效执行，仍然是没有意义的。

案例指导一

夏舸中与贵州省黔西交通运输联合有限公司、何红阳等公司决议效力确认纠纷再审案②

再审申请人夏舸中因与被申请人贵州省黔西交通运输联合有限公司（以下简称黔西交通公司）、二审被上诉人（一审被告）何红阳、潘万华公司决议效力确认纠纷一案，不服贵州省高级人民法院（2015）黔高民商终字第10

① 唐青林、李舒主编：《公司法司法解释四裁判综述及诉讼指南》，中国法制出版社2017年版，第31页。

② 案例来源：最高人民法院民事判决书（2016）民申334号，载中国裁判文书网，http：//wenshu.court.gov.cn/content/content?DocID=1f8e4532-ee7b-47f2-8b0f-f33ef478edb7&KeyWord=。

号民事判决，向最高人民法院申请再审。

夏舸中申请再审称，二审判决认定的基本事实缺乏证据证明，适用法律错误：1. 黔西交通公司章程规定的“每一股东有一表决权”是针对董事、法定代表人和监事的选举而言，并且此规定与公司法关于股东应按照出资比例行使表决权的规定相抵触，按照章程规定“本条如有与公司法抵触的，按公司法选任”。故二审判决认定黔西交通公司股东按照股东人数行使表决权是错误的。2. 2010 年 3 月 30 日召开的关于变更法定代表人的股东会只有何红阳、潘万华两名股东参加，表决权只占 6.17%，决议内容违背多数决规定，该股东会决议应认定无效。二审判决以夏舸中犯法认定股东会决议有效错误。3. 2010 年 3 月 30 日、6 月 20 日、6 月 29 日召开的关于何红阳向公司的借款转为增加注册资本以及变更公司各股东持股比例的股东会决议应认定无效。上述会议没有夏舸中或代理人参加，参会股东表决权不到 50%，违反了《公司法》第四十四条第二款关于“公司股东会会议做出增加或者减少注册资本的决议，必须经代表三分之二以上表决权的股东通过”的强制性规定以及第三十五条关于“股东有权优先按照实缴的出资比例认缴出资”的规定，应确认无效。二审对此认定错误。4. 2010 年 6 月 24 日、6 月 28 日召开的关于修改公司章程的股东会决议应认定无效。上述会议参会股东表决权只有 6.17%，违反了《公司法》第四十四条关于“股东会会议做出修改公司章程的决议，必须经代表三分之二以上表决权的股东通过”的强制性规定，应确认无效。5. 夏舸中提供的公司法案例可以证明内容违法的股东会决议无效。

黔西交通公司、何红阳、潘万华答辩称：1. 本案产生的背景是车辆承包人要求黔西交通公司退还 60 多万元的承包金而集体上访，黔西县交通局限令黔西交通公司于 2010 年 3 月 30 日前清退承包金，但夏舸中下落不明，无法取得联系。此种情形下，股东何红阳为公司垫资 70 万元，并要求如果公司不能限期归还此款项，则此款项转为公司的增资，此项决议内容取得了夏舸中委托的代理人以及潘万华的同意。2. 本案为公司协议效力确认纠纷，本案的争议焦点为股东会决议内容是否因违反法律、行政法规而无效。至于股东会的召集程序、表决方式是否违反法律、行政法规或者公司章程，或者决议内容是否违反公司章程，属于提起可撤销之诉的事由，但夏舸中并未在公司法规定的60日内提起。3. 黔西交通公司关于增资的股东会决议没有侵犯夏舸中的优先认购权。其委托代理人代明贵持委托书参加股东会，同意对公司进行增资，将何红阳对公司的债权转换为公司注册资本，故公司全体股东已对增资的认缴事宜形成一致意见，不按出资比例对增资进行认购。在股东会决议作出后，夏舸中也没有在合理期限内行使其优先认购权。法律法规并未禁止将借款转为公司新增注册资本。4. 夏舸中已被判刑，已不具备担任法定代表人的法定条件，黔西交通公司于2010年3月30日作出的变更法定代表人的股东会决议不违反法律、行政法规之规定，也不损害公司及股东利益。

最高人民法院认为，案涉股东会决议作出于2010年，本案应适用2005年修订版《公司法》。根据一、二审查明的案件事实，夏舸中向代明贵出具的授权委托书并不包括代其参加股东会并对决议内容发表意见的内容，故2010年3月30日、6月20日、6月24日、6月29日黔西交通公司召开的股东会所作出的关于增加注册资本以及修改公司章程的股东会决议内容，没有经过当时仍持有公司93.33%股权的夏舸中的同意，也没有证据证明夏舸中就公司的该次增资已知悉并明确放弃了优先认缴权，故上述决议内容违反了《公司法》（2005年修订版）第三十五条关于“股东有权优先按照实缴的出资比例认缴出资”的规定，侵犯了夏舸中认缴增资的合法权益，依据《公司法》（2005年修订版）第二十二条第一款规定，应认定无效。二审判决关于是否侵害夏舸中优先认购权的认定缺乏证据证明。同时，根据《公司法》（2005年修订版）第四十四条第二款规定，无论公司章程如何规定，股东会会议作出修改公司章程、增加或者减少注册资本的决议，以及公司合并、分立、解散或者变更公司形式的决议，必须经代表三分之二以上表决权的股东通过，故二审判决认定“上述股东会决议内容经潘万华、何红阳二位股东通过，符合《公司法》及黔西交通公司章程的相关规定”为适用法律错误。

最高人民法院裁定指令贵州省高级人民法院再审本案。

案例指导二

刘杰、贾小朋公司决议纠纷二审民事裁定书[①]

刘杰、贾小朋向一审法院起诉，其中请求之一是确认枫帆公司2016年8月15日股东会决议有效。

对此请求，一审法院经审理认为：《公司法》第二十二条规定，股东认为股东会决议违反法律法规和公司章程的，会议召集程序、表决方式违反法律法规和公司章程的，有权提起决议无效或撤销之诉。《公司法解释（四）》规定，公司股东、董事、监事等请求确认股东会或者股东大会、董事会决议无效或者不成立的，人民法院应当依法予以受理。根据以上规定，刘杰、贾小朋以公司决议纠纷为由，提出确认公司决议有效之诉，不属于人民法院受理民事诉讼范围。刘杰、贾小朋的其他诉讼请求，另行主张。裁定：驳回刘杰、贾小朋的起诉。

二审法院经审理也认为，起诉必须符合法律规定，立案后发现不符合起诉条件的应裁定驳回起诉。根据《民事诉讼法》第一百一十九条第一款“起诉必须符合下列条件：（一）原告是与本案有直接利害关系的公民、法人和其他组织”，故原告应对其提起之诉享有诉的利益。诉的利益是指当事人所提起的诉中应具有法院对该诉讼请求作出判决的必要性和实效性。本案中，刘杰、贾小朋提出要求确认公司决议有效之诉，由于有效是一种已经客观存在的常态，即使被认定有效，权利义务并没有改变，通过确认有效也不能改变各方当事人的法律地位，应当认为刘杰、贾小朋没有诉的利益，与本案没有直接的利害关系。对于确认民商事行为的有效之诉应当仅限于法律明文规定的情形才能予以受理。根据公司法及相关司法解释规定，股东认为股东会决议违反法律法规和公司章程的，会议召集程序、表决方式违反法律法规和公司章程的，有权提起决议无效或撤销之诉。公司股东、董事、监事等请求确

① 案例来源：张家口中级人民法院民事判决书（2018）民终1354号，载中国裁判文书网，http：//wenshu.court.gov.cn/content/content?DocID=5c4709c8-b339-4f25-9bd9-a9000011ba4c&KeyWord=。

认股东会或者股东大会、董事会决议无效或者不成立的，人民法院应当依法予以受理。公司法及其他法律法规均没有规定股东有权提起确认公司决议有效之诉，在没有其他股东提起确认公司决议无效之诉的情况下，刘杰、贾小朋的起诉不符合法院受理民事案件的条件，法律上也缺乏相应依据。一审法院驳回其起诉符合法律规定。刘杰、贾小朋的其他诉讼请求不属于本诉的审理范围，可另行起诉。

规范指引

《中华人民共和国民法总则》

第一百三十三条 民事法律行为是民事主体通过意思表示设立、变更、终止民事法律关系的行为。

第一百三十四条 民事法律行为可以基于双方或者多方的意思表示一致成立，也可以基于单方的意思表示成立。

法人、非法人组织依照法律或者章程规定的议事方式和表决程序作出决议的，该决议行为成立。

第一百三十六条 民事法律行为自成立时生效，但是法律另有规定或者当事人另有约定的除外。

行为人非依法律规定或者未经对方同意，不得擅自变更或者解除民事法律行为。

第一百四十三条 具备下列条件的民事法律行为有效：

（一）行为人具有相应的民事行为能力；

（二）意思表示真实；

（三）不违反法律、行政法规的强制性规定，不违背公序良俗。

第一百五十三条 违反法律、行政法规的强制性规定的民事法律行为无效，但是该强制性规定不导致该民事法律行为无效的除外。

违背公序良俗的民事法律行为无效。

第一百五十五条 无效的或者被撤销的民事法律行为自始没有法律约束力。

第一百五十六条 民事法律行为部分无效，不影响其他部分效力的，其他部分仍然有效。

《中华人民共和国公司法》

第二十二条 公司股东会或者股东大会、董事会的决议内容违反法律、行政法规的无效。

股东会或者股东大会、董事会的会议召集程序、表决方式违反法律、行政法规或者公司章程，或者决议内容违反公司章程的，股东可以自决议作出之日起六十日内，请求人民法院撤销。

股东依照前款规定提起诉讼的，人民法院可以应公司的请求，要求股东提供相应担保。

公司根据股东会或者股东大会、董事会决议已办理变更登记的，人民法院宣告该决议无效或者撤销该决议后，公司应当向公司登记机关申请撤销变更登记。

《最高人民法院关于适用〈中华人民共和国公司法〉若干问题的规定（四）》

第一条 公司股东、董事、监事等请求确认股东会或者股东大会、董事会决议无效或者不成立的，人民法院应当依法予以受理。

专题二：决议撤销之诉及原告

【核心提示】依据《公司法》第二十二条第二款请求撤销股东会或者股东大会、董事会决议的原告，应当在起诉时具有公司股东资格。

实务争点

《公司法》第二十二条第二款规定了公司决议瑕疵的撤销之诉，第三款规定了股东可以对此依法提起撤销之诉。根据该规定，提起公司决议撤销之诉的只能是股东。但实践中有不同认识，有认为可以扩大到董事和监事；有认为应作适当限缩，即区分是否有表决权、持股数额、是否依法参加了会议等。亦即，如何正确理解该条之规定。对此，《公司法解释（四）》第二条作出了明确规定。

理解适用

对《公司法解释（四）》第二条规定的理解适用

（一）公司决议的可撤销情形

《公司法》第二十二条第二款规定："股东会或者股东大会、董事会的会议召集程序、表决方式违反法律、行政法规或者公司章程，或者决议内容违反公司章程的，股东可以自决议作出之日起六十日内，请求人民法院撤销。"

决议的撤销包括两种情形：

一是股东会或者股东大会、董事会的会议召集程序和表决方式违反法律、行政法规或公司章程。

除了实体上的强制性义务规则，如权力分配性规则、经济结构变更性规则和信义义务规则外，作为团体的公司尚须通过明确的程序性规则保障公司相关利益人意志的有效表达，体现公司的团体价值。程序性规则意味着信息的公开与透明，明晰其中的权利、义务和责任主体及相关关系，从而保证相关利益人做出合理选择与判断。它们也是公司作为法人必须承担的代价。[①] 在公司运行中，公司法规定了股东会或股东大会、董事会的会议程序，规定了相应的会议召开、召集、举行及表决要求。这些程序规则主要是规范公司内部的，它们并不涉及权力或现金流分配的实质内容，仅规定进行有关活动时需要遵守的程序性要件。尽管这些程序性规定可能只是技术意义上的，如股东会召开的通知时间要求，但它们在技术上确保了相应问题的明晰化，确立了利益相关者的权利、义务与责任，[②] 并进而成为法院判断相关行为效力及后果的基准。在一定意义上，

---

① 对于非公司法人，如独资企业或合伙，其成立程序及内部管理要求都比较少，甚至不需要正式的合同，其解散与清算也不需要严格程序。

② 在一定意义上，这些程序性规则在内容上多少有些臆断之嫌，如会议通知期限规定为15天或10天，但它们的强制性特征仍然具有合理性，原因在于：第一，针对这些规则提起的为数不多的诉讼通常都是在利益关系非常重大的情况下出现的，如激烈的公司控制权争夺战。第二，对于这些规则的任何实质性修改都具有令人非常怀疑的动机，因为这种修改很可能是一个公司控制权争夺战中的，或预见到公司控制权争夺战而提前采取的策略行为。［美］弗兰克·H. 伊斯特布鲁克等：《公司法的逻辑》，黄辉编译，法律出版社2016年版，第105页。

公司法是程序法，它关系到团体内部关系的协调——既是对股东和董事等高管的权利（力）行使与表达的保障，也意味着对权力意志的限制。[①]所以，程序规则应当是公平的，既能有效地表达当事人权利，也能有效地使权力者行使权力。当二者发生冲突时，则可以交由法院根据实际情况较好地判断与平衡。可以说，在公司法上，程序规则与实体规则是同等重要的，[②]没有程序规则，实体规则所体现的价值是没有保障的。作为股东会或股东大会、董事会集体机构议事的基本方式，会议的召集程序直接关系到决议结果的公平与否。因此，股东会或股东大会、董事会的召集程序必须符合公司法及公司章程的规定，不得随意为之。如果召集程序违反法律和行政法规或公司章程，如会议的召集决议不符合会议的议事规则，董事会没有经过决议而召集；由没有召集权的人召集；会议通知具有瑕疵，如未向部分股东通知，或通知时间、通知方式不合法或不当，或通知内容不齐全；会议主持人没有资格等，均为召集程序不合法，从而构成决议瑕疵而可以被撤销。

二是股东会会议决议内容违反公司章程。

除了公司法规定了股东会或股东大会、董事会职权外，公司章程也可以在不违背法律规定的情况下规定其他职权，这体现了公司的充分自治性。如果公司决议内容违反公司章程关于这些职权的规定，该决议可被申请撤销。法律之所以不将这些内容违反章程规定的决议规定为无效，主要是因为这些事项是公司自治范畴，通过撤销能够更好地保护股东和公司的利益。

对于公司决议可撤销的事由，《公司法解释（四）》发布之前的征求意见稿版本中曾经作了较为详细的规定："公司法第二十二条第二款所称的'召集程序'和'表决方式'，包括股东会或股东大会、董事会会议的通知、股权登记、提案和议程的确定、主持、投票、计票、表决结果的宣布、决议的形成、会议记录及签署等事项。修改公司章程的有效决议不属于公司法第二十二条第二款所规定的'决议内容违反公司章程'。"尽管正式发布的版本没有纳入，

---

① 季卫东：《法律程序的形式性与实用性》，载《北京大学学报（哲学社会科学版）》2006年第1期，第113页。

② 梁上上：《论公司正义》，载《现代法学》2017年第1期，第61页。

但在司法实践中可资参考。

（二）公司决议可撤销之诉的适格原告

公司决议内容违反法律、行政法规而无效的，其不仅从一开始就是无效的，而且任何人均可以主张其无效，故公司决议无效之诉的原告不仅包括股东、董事和监事，还可以是其他利害关系人。但对于可撤销的公司决议，其瑕疵轻微，尽管决议可撤销之诉是以使已发生法律效力的决议依判决归于无效为目的，但并不当然地以确认公司决议无效为目的，其属于形成之诉。[①]为维护公司决议的安定性，保证公司自身的稳定，起诉人范围不宜扩大。[②]

基于此考虑，《公司法》第二十二条第三款规定仅股东可以提起公司决议可撤销之诉。为进一步明确，《公司法解释（四）》第二条规定："依据公司法第二十二条第二款请求撤销股东会或者股东大会、董事会决议的原告，应当在起诉时具有公司股东资格。"

依此规定：（一）原告起诉时应具备股东资格。如果原告原来一直持有公司股权或股份，但在起诉时转让或出售了其股权或股份的话，则因其起诉时不具备股东资格而不具有诉的利益。（二）原告起诉时具有股东资格即可，无须要求其须在公司决议时具有股东资格。但如果当事人起诉后转让了其股权或股份，其能否继续作为原告，值得研究。按照该条规定，原告起诉时具有股东资格即可，当无须考虑其起诉后不再具有股东资格。但如果当事人起诉后转让了其股权或股份而不再具有股东资格时，其诉所依托的利益不复存在，法院的判决也将对其没有意义，故相应诉讼似乎应当予以终止。但是，与普通民事法律行为之诉不同，公司决议瑕疵之诉的目的并不完全基于起诉者（股东）个人利益，而更有利于公司利益及全体股东，因此，即使是原告起诉过

---

① 王文宇：《公司法论》，中国政法大学出版社2004年版，第277页。

② 在撤销之诉中，适格的原告应是公司决议的撤销权人，各国立法都明文规定了撤销权人的范围。德国、日本和韩国的立法规定，公司决议的撤销权人包括股东、董事和监事。但我国《公司法》原则上限定适格的原告仅为股东。公司决议本质上属于公司的意思表示，决议撤销之诉不单纯是为了股东利益，更是为了公司的利益，因瑕疵决议蒙受不利之人，应当包括公司自身。因此，将撤销权人限定为股东有待斟酌。但鉴于《公司法解释（四）》，本书解释暂循该规定。

程中转让了其股份而不再具有股东资格，正在进行的诉讼仍然需要继续，直到裁判终结。（三）原告起诉时持有股权或股份即可，无须考虑股权或股份的多少、是否具有表决权、是否出席了股东会或股东大会等因素。作为原告的股东行使公司决议可撤销的诉权，系基于其股东身份而享有相应诉的利益，而非基于其持股多少、表决权如何等。股东对于公司决议的诉权，是为了蕴含着股东个人利益的公司利益，尽管有不同的各自主观目的，但其客观上有利于矫正公司的不当行为，从而有利于促进公司的整体健康发展。（四）原告只能是股东，不包括董事和监事，更不包括其他所谓利益相关方。决议内容违反法律、行政法规而无效的，涉及股东和公司整体利益，故股东、董事和监事均可以成为原告；但公司决议可撤销之诉，其瑕疵轻微，一般不会过分伤害公司整体利益与发展，因此我国公司法规定仅股东可以成为适格原告。

根据以上规定：首先，对于曾经是公司股东，但起诉时已不具备股东资格者，不具有原告资格，不能起诉。其次，股东资格的认定以工商登记、股东名册、出资证明书、章程记载等为准。在认缴资本制下，当事人只要认缴即可，无须实际缴付。瑕疵出资、应依章程缴付而未实际缴付，其仍有相应股东资格。受让股权的，过户手续并非股东资格确认的唯一依据。最后，非显名股东的实际出资人对于公司而言，不具有股东资格，故不能成为相应原告。但如该实际出资人已经显名化，如实际参与公司管理、定期以自己之名获得分红、其他股东认可其股东身份，则可以认定为股东而具有原告资格。当然，如果起诉时对于股东资格有争议，则应先行提起股东资格确认之诉。不过，对于剥夺股东资格的股东会决议，被决议剥夺股东资格者可以股东身份提起决议无效可撤销之诉。因为这时所谓被剥夺者对公司决议有相应诉权，其股东资格在最终由法院确定之前处于争议状态，而非失格。

（三）撤销之诉提起诉讼的期间

根据《公司法》第二十二条第二款规定，股东可以自决议作出之日起六十日内，请求人民法院撤销。该六十日的期间是不变期间，并且是从决议作出之日起计算，逾期不提起，则该决议即属有效。

《公司法解释（一）》第三条规定，原告以新《公司法》第二十二条第二款规定事由，向人民法院提起诉讼，超过新公司法规定期限的，人民法院不予受理。这就意味着，在新公司法施行之前所作出的决议超过期间提起撤销权之诉的，法院将不予受理，该解释赋予了关于公司决议瑕疵诉讼规定的溯及力。但是在该类撤销权之诉中，原告有可能根本就不知道决议作出这一事实。新公司法并未规定股东会或者股东大会、董事会作出决议之后应如何告知股东，亦未规定不告知的法律责任，这对保障股东撤销权是不利的。对此，股东可以根据《公司法》第一百五十二条的规定，即“董事、高级管理人员违反法律、行政法规或者公司章程的规定，损害股东利益的，股东可以向人民法院提起诉讼”的规定来维护自己的合法权益。

需要注意的是，《公司法》第二十二条第二款的规定仅是针对股东提起决议撤销诉讼而设定的。对符合决议无效的情形，公司法未对股东提起诉讼的期限作出限制规定，也就是说，对于股东依据《公司法》第二十二条第一款规定提起的确认股东会或股东大会、董事会决议无效的诉讼，不应受60日的限制。①

对于虚构的股东会或股东大会决议，因为该决议本来是不存在的，因此，该所谓决议不存在无效或可撤销的问题。因此，这时，只要其他股东在知道或者应当知道自己的股东权利被侵犯后，在法律规定的诉讼时效内提起诉讼，人民法院即应依法受理，也不受新《公司法》第二十二条关于股东申请撤销股东会或股东大会决议的60日期限的规定限制。②

案例指导一

李建军诉上海佳动力环保科技有限公司公司决议撤销纠纷案③

原告李建军诉称：被告上海佳动力环保科技有限公司（简称佳动力公司）

---

① 吴庆宝主编：《最高人民法院专家法官阐释民商裁判疑难问题·公司裁判指导卷》（增订版），中国法制出版社2011年版，第134页。

② 最高人民法院公报案例《张艳娟诉江苏万华工贸发展有限公司、万华、吴亮亮、毛建伟股东权纠纷案》，载《最高人民法院公报》2007年第9期。

③ 案例来源：最高人民法院指导案例第10号。

免除其总经理职务的决议所依据的事实和理由不成立，且董事会的召集程序、表决方式及决议内容均违反了公司法的规定，请求法院依法撤销该董事会决议。

被告佳动力公司辩称：董事会的召集程序、表决方式及决议内容均符合法律和章程的规定，故董事会决议有效。

法院经审理查明：原告李建军系被告佳动力公司的股东，并担任总经理。佳动力公司股权结构为：葛永乐持股40%，李建军持股46%，王泰胜持股14%。三位股东共同组成董事会，由葛永乐担任董事长，另两人为董事。公司章程规定：董事会行使包括聘任或者解聘公司经理等职权；董事会须由三分之二以上的董事出席方才有效；董事会对所议事项作出的决定应由占全体股东三分之二以上的董事表决通过方才有效。2009年7月18日，佳动力公司董事长葛永乐召集并主持董事会，三位董事均出席，会议形成了“鉴于总经理李建军不经董事会同意私自动用公司资金在二级市场炒股，造成巨大损失，现免去其总经理职务，即日生效”等内容的决议。该决议由葛永乐、王泰胜及监事签名，李建军未在该决议上签名。

法院生效裁判认为：根据《公司法》第二十二条第二款的规定，董事会决议可撤销的事由包括：一、召集程序违反法律、行政法规或公司章程；二、表决方式违反法律、行政法规或公司章程；三、决议内容违反公司章程。从召集程序看，佳动力公司于2009年7月18日召开的董事会由董事长葛永乐召集，三位董事均出席董事会，该次董事会的召集程序未违反法律、行政法规或公司章程的规定。从表决方式看，根据佳动力公司章程规定，对所议事项作出的决定应由占全体股东三分之二以上的董事表决通过方才有效，上述董事会决议由三位股东（兼董事）中的两名表决通过，故在表决方式上未违反法律、行政法规或公司章程的规定。从决议内容看，佳动力公司章程规定董事会有权解聘公司经理，董事会决议内容中“总经理李建军不经董事会同意私自动用公司资金在二级市场炒股，造成巨大损失”的陈述，仅是董事会解聘李建军总经理职务的原因，而解聘李建军总经理职务的决议内容本身并不违反公司章程。

董事会决议解聘李建军总经理职务的原因如果不存在，并不导致董事会决议撤销。首先，公司法尊重公司自治，公司内部法律关系原则上由公司自治机制调整，司法机关原则上不介入公司内部事务；其次，佳动力公司的章程中未对董事会解聘公司经理的职权作出限制，并未规定董事会解聘公司经理必须要有一定原因，该章程内容未违反公司法的强制性规定，应认定有效，因此佳动力公司董事会可以行使公司章程赋予的权力作出解聘公司经理的决定。故法院应当尊重公司自治，无须审查佳动力公司董事会解聘公司经理的原因是否存在，即无须审查决议所依据的事实是否属实，理由是否成立。综上，原告李建军请求撤销董事会决议的诉讼请求不成立，依法予以驳回。

案例指导二

田锡清、泰安泰山福神齿轮箱有限责任公司与公司有关的纠纷案①

上诉人田锡清因与被上诉人泰安泰山福神齿轮箱有限责任公司（以下简称福神公司）与公司有关纠纷一案，不服泰山区人民法院民事裁定，提起上诉。

田锡清上诉称一审法院以"被上诉人通过《中国劳动保障报》宣布上诉人退股"为由认定其应当首先确认具有公司股东身份后才可另行主张本案诉讼请求中的相应权利，从而裁定驳回起诉，是错误的，被上诉人通过《中国劳动保障报》宣布上诉人退股是无效的，被上诉人提供的公司章程也无法证明上诉人已不具备股东资格，根本不构成《公司法解释（四）》第七条第二款规定的"有证据证明不具有股东资格的情形"。

福神公司辩称，根据公司章程规定，股东离职，其所持有的股权由公司收回，并由公司的董事会决定其分配流向，2012 年 2 月 24 日，上诉人与被上诉人解除劳动关系，根据公司章程的规定，其股权由公司收回，并于 2012 年 7 月 24 日在《中国劳动保障报》予以公告，因上诉人不配合被

---

① 案例来源：泰安市中级人民法院（2018）民终 1040 号，载中国裁判文书网，http：//wenshu.court.gov.cn/content/content?DocID=803ae105-f687-4011-bea8-a90b017c02d8&KeyWord=。

上诉人到工商部门办理变更登记，其仍作为公司股东在工商注册中体现，但实际出资人均系公司的其他职工，上诉人不应作为公司的股东身份享有股东权利。

一审法院经审查认为，原告提出的诉讼请求中，既有决议撤销之诉，又有股东利润分配请求权之诉，还有股东知情权之诉，以及异议股东回购权之诉等。以上各项诉讼请求显然不属于同一法律关系，不应放在同一案件里来处理。且根据公司法及相关司法解释规定，提出以上诉讼请求的原告应具有公司股东资格。如《公司法解释（四）》第二条规定："依据公司法第二十二条第二款请求撤销股东会或者股东大会、董事会决议的原告，应当在起诉时具有公司股东资格。"第七条规定："股东依据公司法第三十三条、第九十七条或者公司章程的规定，起诉请求查阅或者复制公司特定文件材料的，人民法院应当依法予以受理。公司有证据证明前款规定的原告在起诉时不具有公司股东资格的，人民法院应当驳回起诉，但原告有初步证据证明在持股期间其合法权益受到损害，请求依法查阅或者复制其持股期间的公司特定文件材料的除外。"本案中，原告提交出资证明书以证明其具有公司股东资格，但被告主张原告已不具有公司股东资格并提交相关证据予以证实，即原被告之间对原告是否具有公司股东身份存在争议。原告应在确认其具有被告公司股东身份后，另行主张本案诉讼请求中的相应权利。为此，根据《公司法解释（四）》第二条、第七条，《民事诉讼法》第一百五十四条之规定，裁定驳回田锡清的起诉。

二审法院认为，上诉人田锡清与被上诉人于2012年解除劳动关系后，是否还具有被上诉人股东身份，双方存在根本性争议，此种情形下，田锡清应当先行提出确认股东资格之诉，待确认其股东资格后，方可主张本案诉讼请求中的相应权利。

规范指引

《中华人民共和国公司法》

第二十二条　公司股东会或者股东大会、董事会的决议内容违反法律、行政法规的无效。

股东会或者股东大会、董事会的会议召集程序、表决方式违反法律、行政法规或者公司章程，或者决议内容违反公司章程的，股东可以自决议作出之日起六十日内，请求人民法院撤销。

股东依照前款规定提起诉讼的，人民法院可以应公司的请求，要求股东提供相应担保。

公司根据股东会或者股东大会、董事会决议已办理变更登记的，人民法院宣告该决议无效或者撤销该决议后，公司应当向公司登记机关申请撤销变更登记。

《最高人民法院关于适用〈中华人民共和国公司法〉若干问题的规定（四）》

第二条 依据公司法第二十二条第二款请求撤销股东会或者股东大会、董事会决议的原告，应当在起诉时具有公司股东资格。

专题三：公司决议之诉中的被告与第三人

【核心提示】原告请求确认股东会或者股东大会、董事会决议不成立、无效或者撤销决议的案件，应当列公司为被告。对决议涉及的其他利害关系人，可以依法列为第三人。一审法庭辩论终结前，其他有原告资格的人以相同的诉讼请求申请参加前款规定诉讼的，可以列为共同原告。

实务争点

当事人对公司决议瑕疵提起诉讼，自然当以公司为被告。但公司法有学者认为可以会议召集人、提案人、投票赞成者等为被告的看法；诉讼法理论上有认为公司并非适格被告的认识。同时，对于公司决议涉及的有关利害关系人，如未起诉股东等，如何确认其诉讼地位，也值得司法厘清。对此，《公司法解释（四）》第三条作出了规定。

理解适用

对《公司法解释（四）》第三条规定的理解适用

（一）公司决议与公司、股东、董事、监事

按照新制度经济学，公司是一系列合同关系的连接，由股东、董事、监事、高级管理人员、职工及债权人等共同组成，形成了一个所谓合同关系体。作为典型的继续性合同，其最大不同之处在于，通过这些不同的合同关系的连接，公司成为一个源于而又超越这些不同合同关系的“关系体”，即团体，并因而具有了超越于其中个人的公司利益。因此，公司法首先不是以保护和满足单个人的个人利益为目的，而是调整基于公司这个载体而形成的多个人的共同利益，它是私法上的合作法。[①]

也就是说，公司一旦依法成立，其就成为具有独立人格者，有自己的财产，有自己的利益，有自己的意志。尽管管理学上一再强调股东的所有者地位，并提出所谓两权分离，但在公司法上，公司是投资人出资物化的人格体，该人格体一旦依法成立，就成为具有自身价值和利益的主体。作为所有者的投资人是以股东身份行使有关权利并承担义务的，即股东只能以股东身份按照法定和章定程序行使股东权，而不能以所有人的身份行使所谓的财产支配权。这时的股东、董事、监事、高级管理人员等，均属于公司的股东、董事、监事和高级管理人员，而不是相反。

因此，公司决议的形成与作出，均是以公司股东会或董事会之名义进行的，而非以股东个人或董事个人之名义为之。尽管股东会决议系由参会全体股东作出，董事会决议由参会董事共同作出，但参会者通过会议作出的决议体现了公司的意志，是公司的行为，而非参会者个人的意志与行为。不能否认，很多决议事实上体现了大股东或大多数股东的意志，但这些意志一经法定的股东会或董事会依法作出，就成为公司的意志，体现了公司利益。

---

① ［德］格茨·怀克、克里斯蒂娜·温德比西勒：《德国公司法》（第21版），殷盛译，法律出版社2010年版，第3页。

（二）公司决议之诉的被告

公司与股东、董事等之间的关系决定，对于公司决议瑕疵提起的诉讼，只能以公司为被告，因为它是公司的决议。

那种认为应当区分公司决议瑕疵产生原因的不同，而分别以会议的召集人、提案人、投票赞成者等为被告①的看法，既没有任何法律依据，也是严重不符合公司法理的。至于一些诉讼法学者，如日本学者谷口安平认为在涉及公司内部组织纠纷中，公司不是直接利害关系人，而认为不是适格被告②的认识，也是一种完全曲解公司与股东、董事等之间关系的看法，不足为取。公司法所确立的公司价值在于其自身独立的人格，由此构建了公司与股东、董事等之间的公司关系。以实体法为基础和镜像的诉讼法，相关当事人自然也应以公司法规定及法理为基础。

因此，《公司法解释（四）》第三条明确规定，原告请求确认股东会或者股东大会、董事会决议不成立、无效或者撤销决议的案件，应当列公司为被告。如果原告坚持以其他股东或董事为被告的，可以裁定驳回起诉，不予受理。

（三）公司决议之诉中的第三人

原告针对公司决议瑕疵提起诉讼，被告自然为公司。但公司决议瑕疵之诉，不仅涉及起诉者的直接利益，也会涉及其他股东和董事的直接利益。一般情况下，公司决议作出后，赞成者有之，反对者也不乏其人。特别是在股东会或股东大会决议作出后，常常会有股东赞成，也有股东反对，从而产生纷争。

对于那些反对公司决议而支持撤销决议的股东而言，因其诉讼请求与原告一致，诉讼标的相同，故如其希望参加诉讼，可以列为共同原告。对于主

---

① 参见石纪虎：《关于股东大会决议效力的探讨》，载《政治与法律》2009年第5期。

② ［日］谷口安平：《程序的正义与诉讼》，刘荣军译，中国政法大学出版社2006年版，第229页。

张决议有效，反对撤销的股东来说，如公司决议被撤销将影响到其直接利益，故应允许其申请参加诉讼，以第三人的身份加入。法院也可以主动通知其以第三人身份参加诉讼。

对于公司股东之外的第三人，如交易当事人，如公司决议撤销将影响到相应交易，从而影响到其合法利益，则第三人也可以第三人身份参与诉讼。

基于此，《公司法解释（四）》第三条规定，对决议涉及的其他利害关系人，可以依法列为第三人。

如果当事人在起诉时就将其他股东和董事与公司一样列为被告的，法院应要求原告将其他股东和董事列为第三人。如果原告坚持都列为被告的，则可以驳回其对于其他股东和董事的起诉。

另外，对于同一个公司决议，如果不同的当事人分别提起无效之诉、撤销之诉和不成立之诉，尽管诉讼要求不同，基于均系对同一个公司决议的诉讼，其诉讼标的同一，故审判中须合并审理，防止同一决议的效力出现不同的裁判结果。

案例指导

黄德富与江苏东南特种技术工程有限公司公司决议效力确认纠纷案[①]

东南设计公司是由江苏东南特种技术工程有限公司（以下简称东南公司）全额出资的只有一个法人股东的有限责任公司。公司章程第十三条记载，股东是公司的权力人，股东行使下列职权：1. 决定公司的经营方针和投资计划；2. 任命和更换执行董事、监事，决定有关执行董事、监事的报酬事项等。东南公司 2007 年 3 月 10 日修订的章程第九条记载，黄德富系其股东之一。第十五条记载，股东会由全体股东组成，股东会是公司的权力机构，股东会会议由股东按照出资比例行使表决权。

---

① 案例来源：南京市中级人民法院民事判决书（2018）民终 2895 号，载中国裁判文书网，http：//wenshu.court.gov.cn/content/content?DocID=63afd38b-a796-47d6-8160-a90700d42c21&KeyWord=。

2009年5月9日上午，东南公司股东会召开临时会议，就公司组建东南设计公司进行了讨论并作出相应决议：经表决通过，同意该公司不设董事会，只设一名执行董事；本次东南公司股东会临时会议选举黄德富任东南设计公司执行董事，并任该公司法定代表人等事项。但在2017年，东南公司出具书面决定一份，该决定载明：一、免去黄德富东南设计公司执行董事的职务。二、任命李今保任东南设计公司执行董事等。该决定已在工商局登记备案。

黄德富向一审法院起诉请求：确认东南公司于2017年4月12日作出的决定无效。

一审法院经过审理认为：首先，东南公司于2017年4月12日作出的决定，系其基于股东身份所作出的东南设计公司股东会决议。根据《公司法》第六十一条规定"一人有限责任公司不设股东会。股东作出本法第三十七条第一款所列决定时，应当采用书面形式，并由股东签名后置备于公司"，该款规定内容为：股东会有权选举和更换非由职工代表担任的董事、监事。同时，东南设计公司章程第十三条规定股东职权时，赋予东南公司任命和更换执行董事、监事的权力。东南设计公司章程第十四条规定执行董事由股东任命产生。本案所涉决定的内容，主要是对东南设计公司执行董事的任免，该决定也由东南设计公司在工商行政管理机关进行了备案，因此，该决定实质是东南设计公司的股东会决议。《公司法解释（四）》第三条第一款规定："原告请求确认股东会或者股东大会、董事会决议不成立、无效或者撤销决议的案件，应当列公司为被告。对决议涉及的其他利害关系人，可以依法列为第三人。"因此，东南公司不是本案的适格被告。

其次，黄德富诉称其东南设计公司的原法定代表人职务系由东南公司股东会任命，现免职的决定没有经东南公司股东会同意，故案涉决定违反《公司法》第三十六条规定的"有限责任公司股东会由全体股东组成。股东会是公司权力机构，依照本法行使职权"内容，应属无效。因本案东南公司所作决定内容是对其投资的子公司执行董事和经理的任免，而根据《公司法》第三十七条关于股东会行使职权的规定，以及东南公司章程和东南设计公司章程中关于股东会行使职权的规定，均没有将东南公司所投资公司即东南设计公司执行董事和经理的任免，规定应由东南公司股东会选举或任免。黄德富仅以其原职务系东南公司股东会任命为由，要求将东南设计公司的相关人事任免归属东南公司股东会职权行使范围，没有事实和法律依据。

二审法院经过审理，维持了原判。

规范指引

《中华人民共和国民法总则》

第一百五十三条　违反法律、行政法规的强制性规定的民事法律行为无效，但是该强制性规定不导致该民事法律行为无效的除外。

违背公序良俗的民事法律行为无效。

第一百五十五条　无效的或者被撤销的民事法律行为自始没有法律约束力。

第一百五十六条　民事法律行为部分无效，不影响其他部分效力的，其他部分仍然有效。

《中华人民共和国民事诉讼法》

第四十八条　公民、法人和其他组织可以作为民事诉讼的当事人。

法人由其法定代表人进行诉讼。其他组织由其主要负责人进行诉讼。

第五十二条　当事人一方或者双方为二人以上，其诉讼标的是共同的，或者诉讼标的是同一种类、人民法院认为可以合并审理并经当事人同意的，为共同诉讼。

共同诉讼的一方当事人对诉讼标的有共同权利义务的，其中一人的诉讼行为经其他共同诉讼人承认，对其他共同诉讼人发生效力；对诉讼标的没有共同权利义务的，其中一人的诉讼行为对其他共同诉讼人不发生效力。

第五十三条　当事人一方人数众多的共同诉讼，可以由当事人推选代表人进行诉讼。代表人的诉讼行为对其所代表的当事人发生效力，但代表人变更、放弃诉讼请求或者承认对方当事人的诉讼请求，进行和解，必须经被代表的当事人同意。

第五十四条　诉讼标的是同一种类、当事人一方人数众多在起诉时人数尚未确定的，人民法院可以发出公告，说明案件情况和诉讼请求，通知权利人在一定期间向人民法院登记。

向人民法院登记的权利人可以推选代表人进行诉讼；推选不出代表人的，人民法院可以与参加登记的权利人商定代表人。

代表人的诉讼行为对其所代表的当事人发生效力，但代表人变更、放弃诉讼请求或者承认对方当事人的诉讼请求，进行和解，必须经被代表的当事人同意。

人民法院作出的判决、裁定，对参加登记的全体权利人发生效力。未参加登记的权利人在诉讼时效期间提起诉讼的，适用该判决、裁定。

第五十六条 对当事人双方的诉讼标的，第三人认为有独立请求权的，有权提起诉讼。

对当事人双方的诉讼标的，第三人虽然没有独立请求权，但案件处理结果同他有法律上的利害关系的，可以申请参加诉讼，或者由人民法院通知他参加诉讼。人民法院判决承担民事责任的第三人，有当事人的诉讼权利义务。

前两款规定的第三人，因不能归责于本人的事由未参加诉讼，但有证据证明发生法律效力的判决、裁定、调解书的部分或者全部内容错误，损害其民事权益的，可以自知道或者应当知道其民事权益受到损害之日起六个月内，向作出该判决、裁定、调解书的人民法院提起诉讼。人民法院经审理，诉讼请求成立的，应当改变或者撤销原判决、裁定、调解书；诉讼请求不成立的，驳回诉讼请求。

《最高人民法院关于适用〈中华人民共和国公司法〉若干问题的规定（四）》

第三条 原告请求确认股东会或者股东大会、董事会决议不成立、无效或者撤销决议的案件，应当列公司为被告。对决议涉及的其他利害关系人，可以依法列为第三人。

一审法庭辩论终结前，其他有原告资格的人以相同的诉讼请求申请参加前款规定诉讼的，可以列为共同原告。

专题四：公司决议轻微瑕疵的处理

【核心提示】股东请求撤销股东会或者股东大会、董事会决议，符合《公司法》第二十二条第二款规定的，人民法院应当予以支持，但会议召集程序或者表决方式仅有轻微瑕疵，且对决议未产生实质影响的，人民法院不予支持。

实务争点

从理论上来讲，凡公司决议瑕疵，股东均可以要求撤销决议。但在实践中，公司决议尽管有相应瑕疵，但十分轻微，可能并不影响决议结果。这时，如果严格强调有瑕疵就应当撤销决议的话，就会造成公司资源和司法资源的浪费，且对当事人未必有利。因此，需要从法律上明确这种诉讼是否受到支持。对此，《公司法解释（四）》第四条作出了规定。

理解适用

对《公司法解释（四）》第四条规定的理解适用

（一）公司决议轻微瑕疵

公司决议因瑕疵而被撤销，其根本原因在于这种决议损害了股东的合法权益，且影响到公司治理的正常发挥。如果仅仅因会议召集程序或表决方式轻微瑕疵导致决议被撤销，而再次依法重新决议结果相同，将显然无益于公司的整体利益，也不会对有关股东产生什么影响。也就是说，在公司决议出现轻微瑕疵的时候，股东动辄提起可撤销之诉，将不符合公司法设置决议瑕疵可撤销之诉的目的。

各国公司法规定股东可以对公司决议瑕疵提起可撤销之诉，目的是通过程序正义实现股东的实体利益，但程序最终是为实现实体正义服务的。即如果程序被不当利用或不合理利用，所谓程序正义也将是不存在的。基于此，一些国家和地区的公司法规定了可撤销决议裁量驳回制度。《日本公司法》（2006）第八百三十一条第二款规定："即使是股东大会等的召集程序或决议方法违反法令或章程，法院在认为其违反事实不重大，且没有对决议带来影响的，可驳回请求。"《韩国商法典》第三百七十九条规定："在已提起决议撤销之诉的情形下，法院参照其决议的内容、公司的现状及各项情况，认定其撤销不当时，可以驳回其请求。"

我国《公司法》第二十二条第一款仅笼统地规定了公司决议瑕疵可撤销，但未区分轻微瑕疵，导致司法实践中判决不一，有的裁决可以撤销，有的裁决不应撤销。为明确裁判尺度，在借鉴国外的做法基础上，《公司法解释（四）》第四条规定："股东请求撤销股东会或者股东大会、董事会决议，符合公司法第二十二条第二款规定的，人民法院应当予以支持，但会议召集程序或者表决方式仅有轻微瑕疵，且对决议未产生实质影响的，人民法院不予支持。"

（二）公司决议瑕疵可撤销的裁量驳回条件

根据《公司法解释（四）》第四条规定，对可撤销决议的裁量驳回须符合以下条件：一是仅对于那些因"会议召集程序或者表决方式"有瑕疵的情形。如果是因公司决议不符合公司章程的规定，则不能裁量驳回，后者涉及到实质问题，而非程序轻微问题。二是公司决议系因"会议召集程序或者表决方式"的轻微瑕疵引起。如何认定该瑕疵轻微，可以程序瑕疵是否会导致各个股东无法公平地参与多数意思的形成及获取对此所需要的信息为判定标准，[①] 如召开会议时间早于法定或章定时间的一天，或者会议地点有所变更，章程规定应以书面通知而以邮件或微信方式通知等。三是"对决议未产生实质影响"，这主要指程序瑕疵不具有影响决议结果的可能性，即该程序瑕疵

---

① 丁勇：《公司决议瑕疵诉讼制度若干问题反思及立法完善》，载《证券法苑》（第11卷），法律出版社2014年版。

的存在不改变公司决议的原定结果。[1]

当然，在理解和适用时，应将“仅有轻微瑕疵”与“对决议未产生实质影响”二者结合起来判断分析。涉及会议程序瑕疵轻微与否时，须根据该瑕疵程序是否会对决议产生实质影响予以判断。有些会议程序瑕疵可能在一般情况下是轻微的，但在特殊情况下可能对决议产生实质的影响，所以应根据个案具体情况具体分析。同时，应对股东权利的实质影响和对表决结果的实质影响加以结合分析，有的会议程序瑕疵虽然不影响决议的结果，但如果对股东权利造成重大损害，显然属于对决议有实质影响的情形，如持有有限责任公司多数股权的股东，仅召集部分股东开会并作出股东会决议，而没有通知其他股东的情况，即使会议符合法定和章定的最低出席人数和通过比例，该召集程序上的瑕疵亦不能认为是轻微瑕疵。

另外，在实践中，常常出现尽管公司决议出现了可撤销事由，但股东以其行为表明其接受了决议，如股东甲未接到公司会议通知，但事后明确表示接受决议的，则其不能再提起所谓决议可撤销之诉，因为该股东以其行为消灭了决议可撤销事由。而且，需要注意的是，股东不能以其他股东的瑕疵事由提起可撤销之诉，如股东甲接到通知参加了会议并依法进行了表决，但股东乙因没有收到会议通知而没有参加会议之情形。

案例指导

张承斌、江格林等与武汉市红星化工涂料有限责任公司公司决议纠纷案[2]

红星化工涂料有限责任公司（以下简称红星化工公司）成立于1999年5月12日，股东共77名。2015年11月12日，武汉市硚口区古田街红星村城中村改造工作委员会向红星化工公司发出通知，要求“城中村”改造拆迁工作务必在2015年12月份前完成。被告红星化工公司接到通知后，立即组织

---

① 张凝：《日本股东大会制度的立法、理论与实践》，法律出版社2009年版，第505页。

② 案例来源：武汉市中级人民法院民事判决书（2016）民终3118号，载中国裁判文书网，http：//wenshu.court.gov.cn/content/content?DocID=d2c11c56-70df-4f4f-be9b-f0be8f8143a2&KeyWord=。

召开董事会，就该事宜积极组织方案，并决定召开股东大会进行决议。为了使各股东能充分了解议题方案，红星化工公司于2015年11月16日、17日召开部分股东代表会，张承斌、江格林到会参加，会议就拆迁改造实际情况、安置办法、补偿办法等进行了讨论，并通知将于2015年11月21日召开股东大会。会后，肖幼明、梁红以电话的方式通知所有股东，红星化工公司将于2015年11月21日召开股东大会并告知了会议内容。2015年11月21日，红星化工公司召开股东大会，就三大议题草案提交讨论，表决事项：1.土地收回补偿安置协议书；2.土地及其他资产补偿安置费分配办法决议；3.关于注销红星化工公司的决议。全体股东77名全部到会参加，表决结果为：同意三项决议的占表决票数72.82%，不同意三项决议的占表决票数25.36%，弃权的占表决票数1.82%，张承斌、江格林均投的不同意票。会后，根据决议，红星化工公司向各股东发放了部分拆迁安置费。

原告张承斌、江格林认为该决议损害了股东的合法权益，故起诉要求依法撤销红星化工公司股东会决议。

《武汉市红星化工涂料有限责任公司章程》第十六条第（二）项规定："召开股东会会议，应当于会议召开十五日以前将会议日期、地点和内容通知全体股东。"

一审法院认为：本案争议焦点：未按公司章程或法律规定提前15天通知股东参加股东大会，形成的决议是否应予以撤销？《公司法》第四十一条规定："召开股东会会议，应当于会议召开十五日前通知全体股东；但是，公司章程另有规定或者全体股东另有约定的除外。"公司法设立关于通知时限的规定目的是保障股东有足够的时间对股东会需审议事项进行相应的准备，确保股东有效行使权利，但违反会议通知时限这一瑕疵并不必然导致股东会决议撤销。本案中，张承斌、江格林已于股东大会前参加了股东代表会，对股东大会审议内容知晓，虽未提前15天，但张承斌、江格林仍有充足的时间就会议审议内容进行准备。2015年11月21日，全体股东均参加了股东大会并进行了表决，张承斌、江格林投的是不同意票，已充分行使了股东权利，通知时限的轻微瑕疵对公司实体决议并没有产生实质性影响，从公司治理的经济、效率原则出发不应撤销本次股东会决议。张承斌、江格林的诉讼请求无法律依据，一审法院依法不予支持。

二审法院认为：《公司法》第四十一条和红星化工公司章程第十六条第（二）项均有召开股东会会议，应当于会议召开十五日前通知全体股东的规定。张承斌、江格林已于2015年16日、17日参加了股东代表会，对股东大会审议内容知晓，并有充足的时间就会议审议内容进行准备。2015年11月21日，全体股东参加了股东大会并进行了表决。张承斌、江格林投的是不同意票，已充分行使了股东权利。因此，本次股东会会议通知时限上的程序瑕疵对公司实体决议没有产生实质性影响。一审法院从公司治理的经济、效率原则出发不撤销本次股东会决议正确。

规范指引

《最高人民法院关于适用〈中华人民共和国公司法〉若干问题的规定（四）》

第四条　股东请求撤销股东会或者股东大会、董事会决议，符合公司法第二十二条第二款规定的，人民法院应当予以支持，但会议召集程序或者表决方式仅有轻微瑕疵，且对决议未产生实质影响的，人民法院不予支持。

专题五：公司决议不成立之诉

【核心提示】股东会或者股东大会、董事会决议存在下列情形之一，当事人主张决议不成立的，人民法院应当予以支持：（一）公司未召开会议的，但依据《公司法》第三十七条第二款或者公司章程规定可以不召开股东会或者股东大会而直接作出决定，并由全体股东在决定文件上签名、盖章的除外；（二）会议未对决议事项进行表决的；（三）出席会议的人数或者股东所持表决权不符合公司法或者公司章程规定的；（四）会议的表决结果未达到公司法或者公司章程规定的通过比例的；（五）导致决议不成立的其他情形。

实务争点

公司决议的无效与可撤销之诉，均以决议成立为前提，唯其内容违反法律、行政法规而无效，或因违反法定和章定程序或章定内容而可撤销。但实践中，常常出现公司决议根本未成立之情形，如虚构决议、未进行表决等。从广义上的公司决议无效来看，公司决议未成立属于无效，即决议未成立自属于决议无效范畴。但我国《公司法》第二十二条第一款和第二款所规定的无效系以公司决议成立为前提的，为狭义上的决议无效，不包括决议未成立之情形，需要在法律上明确决议未成立及其法律效果。对此，《公司法解释（四）》第五条作出了规定。

理解适用

对《公司法解释（四）》第五条规定的理解适用

（一）公司决议的不成立不同于公司决议的无效

正如前述，公司决议的成立是需要符合法定和章定条件的。就有限责任公司股东会而言，就必须符合：（1）股东会由全体股东组成（《公司法》第三十六条）；（2）在股东会职权范围内（《公司法》第三十七条）；（3）由有召集与主持权者召集和主持（《公司法》第四十条）；（4）在法定或章定时间通知全体股东（《公司法》第四十一条）；（5）表决者依法或章程规定行使表决权（《公司法》第四十二条）；（6）会议议事方式和表决程序符合法定或章定要求等。如果股东会决议没有通知其他股东参会，仅由一个所谓大股东以所谓会议形式作出决议，或者股东会超出其职权范围作出的所谓决议等就难以认定该决议成立，更遑论压根不召开股东会，而直接由某个股东或董事作出的假决议了。

公司决议依法成立，方产生决议生效与否问题。即公司决议的成立与生效是两个法律问题，前者是一个法律事实，后者是一个法律效力，尽管从广义上而言公司决议的不成立自属无效。

针对公司决议不成立，法院开始运用法律行为不成立理论进行裁判，在张某诉江苏万华工贸发展有限公司、万某、吴某、毛某股东权纠纷案中指出，有限责任公司召开股东会议并作出会议决议，应当按照法律及公司章程的相关规定进行。未经依法召开股东会议并作出会议决议，而是由实际控制公司的股东虚构公司股东会议及其会议决议的，即使该股东实际享有公司绝大多数的股份及相应的表决权，其个人决策亦不能代替股东会决议的效力。在此情况下，其他股东申请确认虚构的股东会议及其决议无效的，人民法院应当支持，该股东会会议决议不成立。[①]

所以，《公司法》第二十二条关于公司决议无效与可撤销之诉不能涵盖决议不成立诉讼，而决议不成立现象在我国公司法实践中则大量存在。为更科学与合理地解决公司决议瑕疵问题，《公司法解释（四）》第五条规定了公司决议的不成立。

关于公司决议效力瑕疵的类型，《公司法解释（四）》在正式发布前制定过程中，在决议无效、决议可撤销和决议不成立之外，还曾设想增加一个决议未有效类型，即尽管会议召开，但未形成有效决议。鉴于决议未有效的实质仍然属于决议不成立，没有必要将其单独列为一种独立的类型，故正式出台的司法解释取消了该类型。

（二）公司决议的不成立情形

根据《公司法解释（四）》第五条规定，公司决议的不成立有以下情形：

1. 公司未召开会议的

公司特别是有限责任公司，常常由某个控制股东操纵着公司的运转，因而会出现大股东虚构股东会或董事会决议的情况。显然，虚构的股东会或董事会决议是不存在的，因而不存在其有效或无效或可撤销的问题。因为，对于决议的撤销而言，在撤销前决议是有效的，这对于不存在的决议显然是荒唐的；对于决议的无效而言，是对存在的决议所作的法律价值上的判断，如果决议不存在，意味着无判断的对象，当然就无所谓效力的问题。因此，在没有召开股东会、股东大会或董事会的情况下，通过伪造签名、伪造决议而

① 参见《最高人民法院公报》2007年第9期。

出现的所谓决议，不具备决议成立的基本要件，不仅严重侵害了其他股东和董事的合法权益，更是无视公司自身人格存在价值的非法行为。

当然，我国公司法允许有限责任公司全体股东，以书面形式一致表示同意的可以不召开股东会会议，直接作出决定，但须经全体股东在决定文件上签名盖章。这种书面形式一致同意的情况既可以是事前通过决议、合同和章程决定的，也可以是事后的。

2. 会议未对决议事项进行表决

这是指公司尽管依法召开了股东会或股东大会、董事会，但对有关事项并没有进行表决。事后，个别股东或董事通过伪造签名和盖章造成该事项已经通过会议表决之假象，甚至直接伪造而声称该事项已经会议表决通过。

如果从法律行为的意思表示来看，该决议未成立的原因在于以个别股东或董事的意思表示冒充了其他股东和董事的意思表示，因而使得所谓共同的意思表示之决议欠缺必要的意思表示。不过，正如前述，公司决议尽管被《民法总则》规定为民事法律行为之一种，但其仅具其形，而无其实质，公司决议之成立取决于是否有必要的形式与程序。会议未对决议事项进行表决构成对公司决议成立基本形式与程序要件之违反——未对决议事项进行表决，而非相应个人之意思表示。这是由公司法作为团体法的价值决定的，在团体法之下，个人意思不能直接成为团体意思，其必须也只能通过团体程序与其他所有个人的意思汇合为团体意思。

3. 出席会议的人数或者股东所持表决权不符合公司法或者公司章程规定

无论是股东会或股东大会，还是董事会，其出席人数须符合法定或章定人数或持股数，如此才符合其团体的价值与意义。

股东会或股东大会均由全体股东组成，即所有股东均有权参加股东会。但股东是否参加，在很大程度上取决于其个人意愿与利益所在或其他因素，法律不宜也不能强迫所有股东都须参加股东会，特别是那些股东人数较多的股份有限公司，很多小股东更在意投资回报，而非参与所谓公司的管理。但尽管如此，作为公司最高权力机构和意思机关的股东会或股东大会，其形成决议的正当性在于出席会议或进行表决的持股数的足够代表性，因而能够形成所谓“公司”的决议。所以，各国一般规定参加股东会或股东大会的股东必须达到法定人数，会议才能合法召开，通过的决议才有效。如《美国标准公司法》规定，除了公司章程另有规定外，有表决权的股份之多数拥有者亲自或由代理人出席会议，应构成股东会议的法定人数。但在任何情况下，法定人数不应少于在会议上有表决权股份的1/3。会议的法定人数一旦达到，则由出席会议的对该事项有表决权的股份的多数票赞成的事项，应视为全体股东的行动。《韩国商法》规定股份公司股东大会赞成决议的表决权数，同时要满足发行股份总数的1/4以上（普通决议时）或1/3以上（特别决议时）。

但是，我国公司法尽管规定股东会或股东大会由全体股东组成，并没直接规定必须出席股东会或股东大会的人数或持股数。只是规定如果公司章程有规定的，按照公司章程。显然，这是一个法律漏洞。有著述认为，我国公司法未规定股东会或股东大会的法定出席人数或持股比例，主要是因为担心中小股东普遍采取“弃会”和“搭便车”的行为反而影响股东会议的效率，给公司平添不得不二次召集股东会议的时间和金钱成本，这种安排虽不符合传统公司法的做法，但确实符合大型公司特别是股份公司的运行实际。[①] 这种认识是错误的。

尽管如此，通过公司法有关规定，仍然可以推论出法定要求。

对于有限责任公司而言，基于其较大的人合性，《公司法》第四十三条第二款规定了有限责任公司决议如涉及特别事项，即“会议作出修改公司章程、增加或者减少注册资本的决议，以及公司合并、分立、解散或者变更公司形式的决议”的，其“股东会必须经代表三分之二以上表决权的股东通过”。即涉及这些特别事项的决议的，有限责任公司的股东会至少经全体股东中代表三分之二以上表决权的股东出席并同意。依此推理，对于一般事项的决议，按照公司法理，则须经代表二分之一以上表决权的股东出席或同意。因此，对于一般事项，出席会议的人数或者股东所持表决权没有达到公司二分之一以上表决权的股东出席或同意的，为决议不成立。当然，如果公司章程另有规定的，依其规定。但一般情况下，公司章程的规定要高于而不能低于公司法规定。

对于股份有限公司来说，《公司法》第一百零三条第二款仅规定：“股东

① 赵旭东主编：《公司法学》，高等教育出版社2015年版，第286页。

大会作出决议，必须经出席会议的股东所持表决权过半数通过。但是，股东大会作出修改公司章程、增加或者减少注册资本的决议，以及公司合并、分立、解散或者变更公司形式的决议，必须经出席会议的股东所持表决权的三分之二以上通过。”即其强调有关决议由出席会议的股东所持法定表决权数通过，但未规定股东大会出席会议的法定表决权数。尽管股份公司是典型的资合公司，其股权分布可能极为分散，许多小股东确实并不愿意参加股东大会，但其团体价值要求出席者须达到一定持股比例。结合公司法关于有限责任公司的要求，同时借鉴西方有关规定，股份有限公司股东大会出席法定有表决权持股比例数应不少于1/3。

按照我国公司法，董事会是由全体董事组成的法定、必备、常设的集体业务执行机关。董事的义务和责任就在于参加董事会和在获得授权情况下从事相应具体业务。也就是说，及时参加董事会是董事的义务和责任。而且，某个自然人一旦当选为公司董事，则其须以公司利益为重处理相关关系。所以，一般情况下，董事会的召开是由全体董事共同出席的。但由于各种各样的原因，董事会成员也可能无法或不愿参加董事会会议。为保证作为集体议事机构的董事会会议的正当性，外国立法一般要求董事会会议应由过半数董事参加，且可以通过章程规定更高的数目。

我国《公司法》第一百一十一条规定，股份有限公司“董事会会议应有过半数的董事出席方可举行”。但对于有限责任公司则没有明确规定。不过，根据第一百一十一条关于股份有限公司董事会参会人数的要求，及会议法理，有限责任公司董事会会议也须有半数以上董事出席。

4. 会议的表决结果未达到公司法或者公司章程规定的通过比例

会议的表决，必须符合公司法或公司章程规定的通过比例，其表决才为有效，该比例采多数决原则，一般决议为过半数通过，特别决议则2/3以上通过。

对于股东会或股东大会的表决，《公司法》第四十三条规定：“股东会的议事方式和表决程序，除本法有规定的外，由公司章程规定。股东会会议作出修改公司章程、增加或者减少注册资本的决议，以及公司合并、分立、解散或者变更公司形式的决议，必须经代表三分之二以上表决权的股东通过。”第一百零三条规定：“股东出席股东大会会议，所持每一股份有一表决权。但是，公司持有的本公司股份没有表决权。股东大会作出决议，必须经出席会议的股东所持表决权过半数通过。但是，股东大会作出修改公司章程、增加或者减少注册资本的决议，以及公司合并、分立、解散或者变更公司形式的决议，必须经出席会议的股东所持表决权的三分之二以上通过。”

对于董事会的表决，《公司法》第四十八条规定：“董事会的议事方式和表决程序，除本法有规定的外，由公司章程规定。董事会应当对所议事项的决定作成会议记录，出席会议的董事应当在会议记录上签名。董事会决议的表决，实行一人一票。”第一百一十一条规定：“董事会会议应有过半数的董事出席方可举行。董事会作出决议，必须经全体董事的过半数通过。董事会决议的表决，实行一人一票。”

公司决议未达到公司法或公司章程所定表决权数，则公司决议不能成立，更不存在生效问题。

5. 导致决议不成立的其他情形

这是指除了前述四种情形外，导致公司决议不成立的其他情况。

对于如何判断其他情形，需要具体情况具体分析。在《公司法解释（四）》正式发布前的征求意见稿中，规定了“决议上的部分签名系伪造”“决议内容超越股东会或股东大会、董事会的职权”两种情形。该两种情形之所以未被纳入正式的司法解释之中，主要原因在于它们更可能构成决议无效之情形。公司决议的不成立的判断标准在于决议不符合公司法和公司章程规定的成立要件，即成立基础是不存在或有瑕疵的。

公司决议无效与公司决议不成立较为容易区分，前者强调公司决议内容违反法律和行政法规，后者强调决议欠缺成立要件，故为程序瑕疵。但公司决议可撤销的一个重大事由也是程序瑕疵，故实践中须注意二者之间的区分。相对而言，决议不成立的程序瑕疵是一种严重瑕疵，其足以引起决议不成立，即其严重破坏了公司决议成立的基础；决议可撤销的程序瑕疵则是一种较为轻微的程序瑕疵，其并没有破坏公司决议成立的基础，相应程序的启动与进行并没有影响到公司决议的成立，而仅是影响到某个或某些股东的合法权益，故通过赋予股东相应撤销权达到利益平衡，其可行使撤销权，也可不行使撤销权。如行使了撤销权，则决议自撤销之日起归于无效；如不行使撤销权，则决议仍为有效。

案例指导一

黄伟忠诉陈强庆等股东资格确认案[①]

2004 年 4 月 21 日，原告黄伟忠与被告陈强庆、陈琳、张洋、顾惠平、王秀英共同设立了宏冠公司，注册资本为 400 万元，其中：张洋出资 120 万元，持股 30%；黄伟忠、顾惠平各出资 80 万元，各持股 20%；陈琳、陈强庆、王秀英各出资 40 万元，各持股 10%。

2006 年 10 月 20 日，苏州市太仓工商行政管理局根据宏冠公司的申请，将宏冠公司登记的注册资本由 400 万元变更登记为 1500 万元，同时将股东及持股比例变更登记为：张洋出资 120 万元，持股 8%；黄伟忠、顾惠平各出资 80 万元，各持股 5.33%；陈琳、陈强庆、王秀英各出资 40 万元，各持股 2.67%；新宝公司出资 1100 万元，持股 73.33%。申请上述变更登记的主要依据为落款日期均为 2006 年 10 月 16 日的《太仓宏冠钢结构制品有限公司章程》以及《太仓宏冠钢结构制品有限公司股东会决议》。其中章程内容的主要变更为：宏冠公司的注册资本由原来的 400 万元增加至 1500 万元；增加新宝公司为股东；等等。股东会决议载明的主要内容为：同意修改后的公司章程；增加公司注册资本，由原来的 400 万元增加到 1500 万元，新宝公司增加投资 1100 万元；等等。

黄伟忠认为宏冠公司的增资行为是虚构和无效的，故请求确认黄伟忠在 2004 年 4 月 1 日宏冠公司设立之日起至 2009 年 6 月 6 日股权转让期间持有宏冠公司 20% 的股权。

本案一审的争议焦点是：宏冠公司是否进行了合法有效的增资以及对原告黄伟忠持股比例的影响。上海市虹口区人民法院一审认为：在原告黄伟忠没有依公司章程对其股权作出处分的前提下除非宏冠公司进行了合法的增资，否则原告的持股比例不应当降低。新宝公司等被告辩称宏冠公司曾于

---

① 案例来源：《最高人民法院公报》2015 年第 5 期。

2006 年 10 月 20 日完成增资 1100 万元，并为此提供了所谓股东会的决议，但在原告及被告王秀英否认的情况下，新宝公司等被告却没有提供足以证明该些书面材料系真实的证据材料。相反，有关“黄伟忠”的笔迹鉴定意见却进一步证实了黄伟忠并没有在相关股东会决议上签名的事实。由此可推知，黄伟忠、陈强庆、陈琳、张洋、顾惠平、王秀英作为宏冠公司的前股东未就宏冠公司增资 1100 万元事宜召开过股东会。在未召开股东会的情况下，所谓宏冠公司增资 1100 万元的行为，违反了宏冠公司的章程及法律的规定，是无效的行为。此外，从结果上来看，宏冠公司用于所谓增资的 1100 万元，在完成验资后，就以“借款”的形式归还给新宝公司，此种情形不能认定新宝公司已经履行了出资的义务。因此法院认定，宏冠公司并未在 2006 年 10 月 20 日完成实质上增资，宏冠公司以增资为名，降低原告的持股比例，侵犯了原告的合法权益。

综上，上海市虹口区人民法院判决：确认原告黄伟忠 2004 年 4 月 21 日至 2009 年 6 月 24 日期间持有太仓宏冠钢结构制品有限公司（已变更名称为江苏恩纳斯重工机械有限公司）20% 的股权。

上海市第二中级人民法院二审认为：宏冠公司系被上诉人黄伟忠与一审被告陈强庆、陈琳、张洋、顾惠平、王秀英共同出资设立，设立时原告依法持有宏冠公司 20% 股权。在黄伟忠没有对其股权作出处分的前提下，除非宏冠公司进行了合法的增资，否则原告的持股比例不应当降低。宏冠公司的章程明确约定公司增资应由股东会作出决议。现经过笔迹鉴定，宏冠公司和新宝公司的股东会决议上均非黄伟忠本人签名，不能依据书面的股东会决议来认定黄伟忠知道增资的情况。出资买地与公司增资之间不具有必然的关联性。因此，在没有证据证明黄伟忠明知且在股东会上签名同意宏冠公司增资至 1500 万元的情况下，对宏冠公司设立时的股东内部而言，该增资行为无效，且对于黄伟忠没有法律约束力，不应以工商变更登记后的 1500 万元注册资本金额来降低黄伟忠在宏冠公司的持股比例，而仍旧应当依照 20% 的股权比例在股东内部进行股权分配。原审适用法律正确，审判程序合法，判决黄伟忠自设立后至股权转让前持有宏冠公司 20% 的股权并无不当。

综上，上海市第二中级人民法院判决维持原判。

案例指导二

北京北影影视艺术有限公司与陈晓磊、柴维公司决议效力确认纠纷案①

北影影视艺术有限公司（以下简称北影公司）系依法设立的有限责任公司，何江、柴维、张研、陈晓磊等为涉案协议作出前的公司股东。

根据北影公司的工商档案材料，北影公司留存1份股东会决议，内容为："在北京市朝阳区西坝河东里2号院6号楼6单元2203室召开了北影公司第届第次会议，参加会议的股东在人数和资格等方面符合有关规定，会议形成决议如下：同意解散董事会；变更董事：同意免去何江、陈晓磊、陈卫、柴维董事职务；变更监事：同意免去隽洪祥、张博董事职务；增加股东：同意增加新股东李忠林；转让出资：何江愿意将北影公司实缴16.77万货币出资转让给李忠林；柴维愿意将北影公司实缴19.43万货币出资转让给李忠林；隽洪祥愿意将北影公司实缴1万货币出资转让给李忠林；陈晓磊愿意将北影公司实缴4万货币出资转让给李忠林；张研愿意将北影公司实缴50万货币出资转让给李忠林；张博愿意将北影公司实缴1万货币出资转让给李忠林；陈卫愿意将北影公司实缴7.8万货币出资转让给李忠林；变更章程：同意修改后的章程。"根据（2014）朝行初字第147号行政判决书，法庭委托北京华夏物证鉴定中心对股东会决议中柴维的签名进行笔迹鉴定，鉴定意见为与样本上柴维签名不是同一人书写，柴维、北影公司对此均无异议。

柴维、陈晓磊向一审法院起诉请求：确认北影公司工商登记档案中内容包括"同意解散董事会、变更董事、变更监事、增加股东和转让出资"的股东会决议无效。

一审法院认为，本案的争议焦点在于涉案股东会决议的效力认定。根据我国公司法，公司是拟制的法律主体，只有经其组织机构依法定程序形成决

---

① 案例来源：北京市第三中级人民法院民事判决书（2017）民终6760号，载中国裁判文书网，http：//wenshu.court.gov.cn/content/content?DocID=54d81d7c-e7a6-460d-a230-a84a0010f266&KeyWord=。

议才能形成公司意思，故股东、董事的意思表示及其在组织机构会议形成过程中的权利行使，直接影响组织机构会议决议的效力。根据我国相关法律规定，意思表示真实是有效民事法律行为应当具备的条件。本案中，柴维在工商档案中股东会决议上的签名并非其本人所签已为生效判决所证实，故现有证据可以证明涉案股东会决议并非柴维、陈晓磊的本人真实意思表示。

虽然北影公司提交了《股权转让协议》、股东会决议，提出前述系柴维本人签字，其中股东会决议载明了柴维等同意将自己持有的股权转让给李忠林并放弃对其他股东的优先购买权，《股权转让协议》载明了股权转让的具体内容，但是：一方面，柴维提出鉴定，1号鉴定书认为该股东会决议上并非股东张博本人签字，虽然在本案中无法据此明确是否系张博本人签字，但可表明各股东对股东会决议的效力存在争议，而且，该决议内容并未对股权转让事宜作出明确的约定，且该决议亦明确股东转让股权的价格由另外签署的《股权转让协议》具体约定；另一方面，关于《股权转让协议》的效力，相关股东之间亦存在争议。此外，案涉股东会决议除了股权转让的内容外，还包括董事会的改组等内容，而相关判决已经确认董事会决议无效。因此，虽然前述材料上系柴维本人签字，但并不影响到案涉股东会决议效力的认定。因此，北影公司的答辩意见缺乏事实依据，一审法院不予采信。柴维、陈晓磊的诉讼请求于法有据，一审法院予以支持。综上，一审法院判决确认北京北影影视艺术有限公司工商登记档案中内容包括“同意解散董事会、变更董事、变更监事、增加股东和转让出资”的股东会决议无效。

二审法院经过审理认为：柴维、陈晓磊以案涉决议之股东会并未实际召开且决议上签字并非其本人所签为由主张案涉股东会决议无效。北影公司主张案涉股东会决议为股东的真实意思表示而有效。故本案的争议焦点是，一是案涉股东会决议是否存在股东会未实际召开而决议成立的除外情况；二是案涉股东会决议是否为股东的真实意思表示。

本案中，柴维、陈晓磊称北影公司从未就涉案股东会决议的事项召开过股东会，股东从未就决议内容进行过表决。北影公司无法提交证据证明何时何地就该股东会决议的内容召开过股东会且进行过股东表决。根据《公司法解释（四）》第五条和《公司法》第三十七条规定，案涉股东会决议内容包括股权转让事项不属于《公司法》第三十七条规定中股东会职权事项。且未召开股东会而形成的股东会决议在没有章程规定的情况下仅有由全体股东以书面形式一致表示同意才有效。现柴维在案涉股东会决议上的签字并非本人所签已为生效判决所确认。故案涉《股东会决议》的成立存在争议。

股东会决议作为民事法律行为，是由全体股东通过真实意思表示按照法律法规及公司章程的规定进行集体决策产生的。故是否是股东的真实意思表示直接影响到股东会决议的效力。本案中，柴维在案涉股东会决议上的签字并非本人所签已为生效判决所确认。为证明该股东会决议为柴维的真实意思表示，北影公司提交了《股权转让协议》和另一份股东会决议。涉案股东会决议除了股权转让的内容，还包括变更董事、变更监事、修改章程等内容，与北影公司提交的另一份股东会决议内容不一致，不能就该股东会决议而认定涉案股东会决议的效力。即使北影公司提交的内容包括股权转让的股东会决议真实存在，但其亦未提交证据证明案涉股东会决议中变更董事、变更监事、修改章程等内容真实有效。另北影公司无证据证明存在柴维委托他人签字等情况。因此，北影公司以案涉股东会决议上签字为柴维、陈晓磊的真实意思表示为由主张决议有效，缺乏事实和法律依据。

规范指引

《最高人民法院关于适用〈中华人民共和国公司法〉若干问题的规定（四）》

第五条 股东会或者股东大会、董事会决议存在下列情形之一，当事人主张决议不成立的，人民法院应当予以支持：

（一）公司未召开会议的，但依据公司法第三十七条第二款或者公司章程规定可以不召开股东会或者股东大会而直接作出决定，并由全体股东在决定文件上签名、盖章的除外；

（二）会议未对决议事项进行表决的；

（三）出席会议的人数或者股东所持表决权不符合公司法或者公司章程规定的；

（四）会议的表决结果未达到公司法或者公司章程规定的通过比例的；

（五）导致决议不成立的其他情形。

专题六：决议无效或被撤销的效力

【核心提示】股东会或者股东大会、董事会决议被人民法院判决确认无效或者撤销的，公司依据该决议与善意相对人形成的民事法律关系不受影响。

实务争点

一般情况下，公司决议的效力仅限于公司、股东、董事、监事和高级管理人员，而与第三人无涉，故公司决议如果被法院判决确认无效或者撤销的，不会因此影响第三人。但是，公司决议被确认无效或者撤销之前，公司可能已经依据该决议与第三人进行了相应的交易，由此引起已经形成的法律关系是否因此受到影响的问题。对此，《公司法解释（四）》第六条作出了规定。

理解适用

对《公司法解释（四）》第六条规定的理解适用

（一）公司决议的内部性与外部影响

根据《公司法》第三十七条[①]和第九十九条，股东会或股东大会有 11 项权力，其中第（二）项、第（四）项、第（五）项、第（十）项为单纯的公司内

① 《公司法》第三十七条："股东会行使下列职权：（一）决定公司的经营方针和投资计划；（二）选举和更换非由职工代表担任的董事、监事，决定有关董事、监事的报酬事项；（三）审议批准董事会的报告；（四）审议批准监事会或者监事的报告；（五）审议批准公司的年度财务预算方案、决算方案；（六）审议批准公司的利润分配方案和弥补亏损方案；（七）对公司增加或者减少注册资本作出决议；（八）对发行公司债券作出决议；（九）对公司合并、分立、解散、清算或者变更公司形式作出决议；（十）修改公司章程；（十一）公司章程规定的其他职权。对前款所列事项股东以书面形式一致表示同意的，可以不召开股东会会议，直接作出决定，并由全体股东在决定文件上签名、盖章。"

部问题，第（一）项、第（三）项、第（六）项、第（七）项、第（八）项、第（九）项、第（十一）项为可能涉及第三人的问题。除了这两条的规定，《公司法》第十六条[①]、第一百二十一条[②]、第一百三十三条[③]等还专门规定了股东会或股东大会的某项权力，它们规定的事项均涉及第三人。

根据《公司法》第四十六条[④]和第一百零八条第三款规定，董事会有11项职权，其中第（一）项、第（四）项、第（八）项、第（九）项、第（十）项为单纯公司内部问题；第（二）项、第（三）项、第（五）项、第（六）项、第（七）项、第（十一）项为可能涉及第三人问题。

在以上这些事项中，无论是纯粹公司内部事务问题，还是可能涉及第三人的问题，公司有关决议均系关于公司经营决策和事务执行的决定，具有内部性，该决议仅对于公司、股东、董事等高管具有法律效应，故无论是有效还是被撤销，其效力均及于内部。也就是说，尽管有些决议事项可能涉及第三人，但它们并无对第三人的约束力。从意思表示角度观察，公司决议仅是公司内部成员通过决议的形式表示出来的对公司内部的公司意思，该意思表

---

① 《公司法》第十六条："公司向其他企业投资或者为他人提供担保，依照公司章程的规定，由董事会或者股东会、股东大会决议；公司章程对投资或者担保的总额及单项投资或者担保的数额有限额规定的，不得超过规定的限额。公司为公司股东或者实际控制人提供担保的，必须经股东会或者股东大会决议。前款规定的股东或者受前款规定的实际控制人支配的股东，不得参加前款规定事项的表决。该项表决由出席会议的其他股东所持表决权的过半数通过。"

② 《公司法》第一百二十一条："上市公司在一年内购买、出售重大资产或者担保金额超过公司资产总额百分之三十的，应当由股东大会作出决议，并经出席会议的股东所持表决权的三分之二以上通过。"

③ 《公司法》第一百三十三条："公司发行新股，股东大会应当对下列事项作出决议：（一）新股种类及数额；（二）新股发行价格；（三）新股发行的起止日期；（四）向原有股东发行新股的种类及数额。"

④ 《公司法》第四十六条："董事会对股东会负责，行使下列职权：（一）召集股东会会议，并向股东会报告工作；（二）执行股东会的决议；（三）决定公司的经营计划和投资方案；（四）制订公司的年度财务预算方案、决算方案；（五）制订公司的利润分配方案和弥补亏损方案；（六）制订公司增加或者减少注册资本以及发行公司债券的方案；（七）制订公司合并、分立、解散或者变更公司形式的方案；（八）决定公司内部管理机构的设置；（九）决定聘任或者解聘公司经理及其报酬事项，并根据经理的提名决定聘任或者解聘公司副经理、财务负责人及其报酬事项；（十）制定公司的基本管理制度；（十一）公司章程规定的其他职权。"

示已经作出，其效力仅及于公司内部。对于股东会或股东大会决议来说，其决议是要求公司执行机关和监督机关的；对于董事会决议而言，其决议是对股东会或股东大会的报告、请示或决议的执行，或董事会本身对于职权范围内事务的执行。

公司决议具有内部性，其仅对公司内部产生法律效力而不及于外部，但这并非说公司决议对于公司外部没有影响。

纯粹为公司内部事项的决议，如公司章程的修改，在登记或公示后而对外具有公示意义和外观价值，因而就会对公司第三人产生影响。

对可能涉及第三人的事项决议，如果其不仅是对公司内部关系的规范，也是对公司及相关利益人在涉及公司关系时如何对外进行交往的规范要求时，其对公司第三人就会产生相应行为成立与否的问题。以备受争议的《公司法》第十六条第一款规定为例，公司对外担保须经过股东会、股东大会或董事会决议，如果未经决议或有决议瑕疵，对于公司提供担保有何影响？按照最高人民法院的裁判观点，未经决议的公司担保是有效的，因为公司决议仅具有内部性，该款规定是公司治理性规范，不具有对外效力。[①] 该观点视公司决议仅具内部性，而没有对外效力的看法是正确的。但因此认为该款规定系公司治理性规范而对外没有影响是值得商榷的。

公司决议仅具有内部性，但如果该决议系公司对外的意思表示时，则公司对外行为须基于该意思进行表示。对自然人而言，其意思表示具有同一性，一般其表示就是其意思，即使其表示与意思不一致，在对外效力上则以表示出来的意思为准。所以，民法上对于意思表示以客观主义为标准，兼采主观主义。将自然人的内心意思与外在表示清晰地予以界分是很难的，不利于其对外正常交往。但对于拟制的公司法人来说，尽管其有自己的代表人，该代表人的意思表示一般就属于公司法人的意思表示。但对于公司对外交往重大事项，为免代表人随意代表，公司法规定须首先经过股东会、

---

① 典型案例当属申请人招商银行股份有限公司大连东港支行与被申请人大连振邦氟涂料股份有限公司、原审被告大连振邦集团有限公司借款合同纠纷案［最高人民法院民事判决书（2012）民提字第156号］，见《最高人民法院公报》2015年第2期。

股东大会或董事会通过相应决议，然后该代表才能基于该决议对外签字、盖章。也就是说，公司法对于这些事项通过法律构造区分了其“意思形成”和“表达”两个阶段，其中相应决议为公司的“意思形成”阶段，代表人基于该意思对外签字、盖章为“意思表达”阶段。也就是说，公司的对外意思表示可以通过法律明确地判断“意思的形成”与“表示”两个阶段。既如此，则公司对外交往涉及这些重大事项时，须尊重其意思是否形成，而不能仅以所谓代表人的个人表示来认定。那么，当这些事项没有经过决议，亦即没有公司相应的“意思形成”时，代表人擅自对外签订的合同或从事的法律行为应属于不是公司意思的单纯表示行为，从而欠缺合同成立要件，即合同不成立或不生效。

当然，对于第三人而言，公司是否因此召开相应会议而形成决议，其仅凭外观判断即可，即如果公司对外提供担保时，提供了公司所谓的决议，该决议符合形式要件，即使这些决议是不成立的或可撤销的，也可因此外观而获得保护。

第三人无论是因登记而公示，还是仅凭决议形式外观而获得保护，均是因商事外观使然，而非这些公司决议不具有对外的法律效力。也就是说，这些决议显然是直接影响公司对外行为的，如果没有形式外观，则有关行为是不能获得保护的。

因此，公司决议仅具有内部性，不具有对外的效力，但如果有关决议系关于公司如何对外交往时，则这些决议构成公司对外行为的“意思形成”。如没有该“意思形成”，则有关“表示”因欠缺该要素而使其不能形成“意思表示”，从而使有关与第三人形成的合同或法律行为无法成立或生效。当然，这些仅是关于公司重大事项且经公司法明确规定的，如果公司法没有规定必须经过股东会、股东大会或董事会决议的事项，则即使公司代表人的行为不符合公司利益，其代表人的意思表示也是公司的意思表示。

（二）公司决议无效或被撤销的，善意相对人形成的民事法律关系不受影响

《公司法解释（四）》第六条规定：“股东会或者股东大会、董事会决议被

人民法院判决确认无效或者撤销的，公司依据该决议与善意相对人形成的民事法律关系不受影响。”

该条规定系针对影响到公司交易相对人的有关决议。正如上述，公司决议仅具有内部性而对外不具法律效力，但这并非说决议不会对第三人产生影响。不过，如果相对人为善意，则因此形成的法律关系不受影响。也就是说，该条的解释是基于善意理论，而非公司决议是否对外具有影响的问题。

善意相对人理论的实质是商事外观主义，即“以交易当事人行为之外观为准，而认定其行为所生之效果也”。[①] 在商事外观主义中，是交易中的重要事项的外在表现形式，而不是其实质决定相应法律效果，以保护他人对该外在表现形式的信赖。作为团体的公司决议不但具有一经作出即推定其有效，也具有一旦公司拿出相应形式意义上的决议就被认定为存在的特点，因此为保护善意第三人，即使该决议被人民法院判决确认无效或者撤销，善意相对人因此与公司形成的民事法律关系也是不受影响的。

与善意相对的是恶意，即当事人知道或应当知道决议存在无效、不成立和可撤销情形。从举证责任角度，公司如果欲否定相应法律关系，须举证证明对方非为善意。知道是事实上知道，应当知道是推定知道。在立法史上，合同法对“应当知道”曾经采用了“因重大过失而不知”的标准。该标准在个案中能够辅助判断的情形，不仅包括特定交易的具体情况，如交易性质、金额、重要性等，而且包括当事人之间的惯常做法、关于某种交易的特别交易习惯或交易规则等。对于相对人善意的衡量标准，除了相对人事实上不知道该事实存在的情况外，在尽了形式审查义务之后仍不可能知道存在的事实，也应当认定相对人属于善意。[②]

需要注意的是，刚刚通过的《民法总则》第八十五条仅规定了营利法人决议可撤销情形下的善意相对人保护，即“营利法人的权力机构、执行机

---

① 张国健:《商事法论》，三民书局 1981 年版，第 45 页；王保树主编的《中国商事法》中也有相同的表述，参见王保树主编:《中国商事法》（新编本），人民法院出版社 2001 年版，第 25~26 页。

② 沈德咏主编:《中华人民共和国民法总则条文理解与适用》（上），人民法院出版社 2017 年版，第 611~612 页。

构作出决议的会议召集程序、表决方式违反法律、行政法规、法人章程，或者决议内容违反法人章程的，营利法人的出资人可以请求人民法院撤销该决议，但是营利法人依据该决议与善意相对人形成的民事法律关系不受影响”。

从法律行为无效系国家对于该行为的价值判断上看，公司决议如被裁决无效，该无效裁判具有对世性，即凡所有相关的行为均应为无效，否则，公司决议的无效仅具有一定范围的相对性。从这个角度来看，《民法总则》第八十五条的规定更为精确。不过，公司决议无效的情形，很多系因其违反公司法关于内部关系的强制性规定引起，而这些关于公司内部关系的强制性规定对于公司内部关系人意义更大，而不牵涉社会公共利益，故从这个角度分析，《公司法解释（四）》第六条规定，也具有正当性。

案例指导

黑龙江省森工龙林木结构有限公司与曹滨顺、原审被告哈尔滨市兴华木业有限责任公司、张喜安、李彬民间借贷纠纷再审案①

再审申请人龙林公司申请再审称：1. 绥棱林区基层法院于 2017 年 6 月 29 日作出（2017）黑 7509 民初 75 号民事判决，已确认龙林公司于 2013 年 11 月 18 日作出的《股东会决议》无效，说明龙林公司与曹滨顺签订的《保证担保协议》也应为无效，该新证据足以证明原审判决龙林公司承担连带保证责任是错误的。2. 本案为借贷纠纷，其中涉及龙林公司为股东债务提供对外担保的重要问题，虽然股东会决议是龙林公司的内部事项，但股东会只有兴华公司单方出席并同意了担保事项，作为龙林公司的另一位股东绥棱林业局对此并不知情。原审法院应当依职权追加绥棱林业局为本案第三人，以查清担保事实及担保合同是否有效的重要问题，原审法院明显遗漏了诉讼参与人，剥夺了绥棱林业局的诉讼权利，损害其合法利益。故申请再审。

---

① 案例来源：黑龙江省高级人民法院民事裁定书（2017）黑民申 2784 号，载中国裁判文书网，http：//wenshu.court.gov.cn/content/content?DocID=2b3fa503-a2ac-4a5e-bb34-a86b 00ff6128&KeyWord=。

黑龙江省高级人民法院经审查认为，关于龙林公司与曹滨顺所签《保证担保协议》是否无效的问题。合同无效应当依据《合同法》第五十二条的规定予以审查确认。《民法通则》第四十三条规定：企业法人对它的法定代表人和其他工作人员从事的经营活动，承担民事责任。《公司法解释（四）》第六条规定：股东会或者股东大会、董事会决议被人民法院判决确认无效或者撤销的，公司依据该决议与善意相对人形成的民事法律关系不受影响。本案中，龙林公司系由兴华公司与案外人绥棱林业局出资于2013年9月27日设立的有限责任公司，系企业法人，2013年12月3日龙林公司与曹滨顺签订《保证担保协议》时，龙林公司法定代表人为张喜安。现无证据证明曹滨顺在签订该协议时存在恶意，亦无证据证明该协议存在《合同法》第五十二条规定的无效事由，故原审判决认定张喜安作为龙林公司法定代表人与曹滨顺签订的《保证担保协议》有效，符合上述法律规定及司法解释精神。龙林公司主张因股东会决议已被另案判决确认无效，案涉《保证担保协议》即应无效没有法律依据。关于原审是否遗漏诉讼参与人的问题。本案系曹滨顺基于与兴华公司签订的借款合同及与龙林公司、张喜安、李彬签订的保证担保合同而提起的民间借贷诉讼，在案涉借款及担保合同中，绥棱林业局均不是签约主体。因此，龙林公司主张应追加绥棱林业局为第三人参加本案诉讼没有法律根据，原审不存在遗漏诉讼主体。

规范指引

《中华人民共和国民法总则》

第八十五条 营利法人的权力机构、执行机构作出决议的会议召集程序、表决方式违反法律、行政法规、法人章程，或者决议内容违反法人章程的，营利法人的出资人可以请求人民法院撤销该决议，但是营利法人依据该决议与善意相对人形成的民事法律关系不受影响。

《最高人民法院关于适用〈中华人民共和国公司法〉若干问题的规定（四）》

第六条 股东会或者股东大会、董事会决议被人民法院判决确认无效或者撤销的，公司依据该决议与善意相对人形成的民事法律关系不受影响。

专题七：股东知情权及其主体

【核心提示】股东依据《公司法》第三十三条、第九十七条或者公司章程的规定，起诉请求查阅或者复制公司特定文件材料的，人民法院应当依法予以受理。公司有证据证明前款规定的原告在起诉时不具有公司股东资格的，人民法院应当驳回起诉，但原告有初步证据证明在持股期间其合法权益受到损害，请求依法查阅或者复制其持股期间的公司特定文件材料的除外。

实务争点

按照《公司法》第三十三条、第九十七条或者公司章程的规定，股东享有相应知情权，可以查阅相应文件或复制公司特定文件材料。但享有知情权的前提是具有股东身份，如果有些人之前为公司股东，但认为自己持股期间受到损害的，能否以知情权受到侵害起诉？《公司法解释（四）》第七条对此作了规定。

理解适用

对《公司法解释（四）》第七条规定的理解适用

（一）股东知情权的理解

所谓股东知情权是指股东有权了解和掌握与股东切身利益相关的公司信息的权利。它包括获得公司信息报告权和查阅权，前者是指股东有权要求公司管理者在股东会或股东大会上报告公司相关信息的权利，也称质询权；后者是指股东可以要求查阅和复制公司账簿及相关文件的权利。

有限责任公司和股份有限公司一般实行资本多数决制度，它常常由控股股东或大股东掌控，而中小股东或不愿参与公司管理的股东则很难较好地掌握公司的有关信息。所以，现代各国或地区的公司法都规定了股东的知情权制度，以保障这些股东的合法权益。1968 年 3 月《欧盟第一号公司法指令》第二条第一规定："成员国应当采取本指令所要求的措施，确保公司至少对下列文件和事项进行强行性公开：公司设立文件以及公司章程……每一会计年度的资产负债表的损益表。包含资产负债表的文件必须详细载明依法办理公证的人员的情况……"德国《有限责任公司法》第五十一条规定要求公司经理要报告公司的所有事务以及查阅公司的账簿和文件。其中，公司经理报告所有公司的事务包括确定利润和税收资产负债表的主要资料和与此有关的数据资料、经理和高级职员的个人关系和薪水、规划、成本预算、许可合同、企业咨询专家的鉴定等。除此以外，任何股东都可以要求查阅公司的账簿和文件。美国《示范公司法》第 16.01 条、第 16.02 条和第 16.03 条规定了公司股东可以查阅的文件的范围。但为了防止股东滥用知情权，特别是滥用查阅权，各国法律同时也规定了行使查阅权的限制。如股东还经营着竞争性企业或者股东不能保守秘密，则公司可以拒绝查阅。

股东知情权属于股东固有、法定的权利，它不得通过公司章程、股东大会决议或其他方式限制或剥夺，否则是无效的。但是，基于公司自治，公司可以通过章程或股东大会决议形式扩大股东知情权范围。

股东知情权中的获得信息报告权主要是通过股东会或股东大会进行的，查阅复制权则是通过股东主动要求到公司或指定地点查阅公司相关信息并复制公司有关资料的权利。所以，查阅复制权对股东具有更大意义。各个国家和地区也主要是通过规定股东的查阅复制权实现股东知情权的。

股东知情权的核心是知悉公司相关信息。那么，这些相关信息应该包括的范围就直接决定了股东知情权的实现程度。

从各国相关立法情况看，股东知悉公司信息的内容既有经营方面的，如德国公司法规定的公司事务（业务）情况，法国公司法规定的公司经营报告和股东认为需要了解的一项或某项公司经营活动情况，日本公司法规定的营业报告书、公司具体业务执行情况以及公司董事会记录，美国公司法规定的公司记录、公司事务或业务资料，甚至其判例允许查阅公司的合同和公司总经理的通信；同时也有公司财务方面的，如几乎各国都确认股东有权了解公司财务状况，包括财务报告书、公司财务账簿及原始凭证。

（二）我国公司股东知情权查阅和复制的范围

根据我国《公司法》第三十三条规定，股东有权查阅、复制公司章程、股东会会议记录、董事会会议决议、监事会会议决议和财务会计报告。股东可以要求查阅公司会计账簿。也就是说，我国公司法规定的股东查阅复制权的范围既包括公司经营方面的，也包括财务方面的。

相对于德国、日本、美国等的规定和做法，我国公司法关于股东查阅权的范围中对于公司业务执行的具体情况和会计原始凭证能否查阅，并无明文规定，而这些往往是能够真正反映公司经营和财务状况的。

对于这个问题，应该从以下两个角度分析：

首先，结合有限责任公司的性质来分析。有限责任公司是具有很大人合性的公司，股东人数较少，相互具有一定的人身信任关系。尽管各个股东出资额并不相同，但他们常常是抱着共担风险，共同营利的目的而走在一起的。当公司经营状况一般或亏损时，股东之间常常不会出现不同意见，控制股东这时也愿意将公司的经营状况和财务情况及时通告其他股东。但当公司出现盈利时，控制股东就有可能因私利而试图为自己谋取不正当利益。这时，股东之间就会出现不同意见和矛盾。作为支撑公司经营状况的公司业务执行的具体情况和会计原始凭证就成为能够更好地了解和掌握公司实际经营和财务状况的必不可少的资料。从这个角度来看，公司股东应该具有要求管理者和控制股东报告公司业务具体执行情况和查阅会计原始凭证的权利。这个权利是他们成立公司的必然。

其次，结合公司法的宗旨分析。我国《公司法》第一条开宗明义地规定："为了规范公司的组织和行为，保护公司、股东和债权人的合法权益，维护社会经济秩序，促进社会主义市场经济的发展，制定本法。"可以说，公司法的首要目的就是保护公司和股东的利益，维护经济秩序。而作为股东知情权重要部分的查阅权，在很多情况下只能通过了解会计原始凭证和公司业务具体执行情况来实现。由此可以看出，查阅公司会计原始凭证和了解公司业务具体执行情况，是公司股东知情权内容的当然组成部分。否则，股东权益得到有效保护将是一句空话。

我国《会计法》第十五条规定，“会计帐簿包括总帐、明细帐、日记帐和其他辅助性帐簿。”该条规定的会计账簿并不包括原始凭证。但是，该规定是关于会计人员和单位如何做账的法律规定，而不能作为公司法关于保护股东查阅权中的会计账簿的适用根据。会计法和公司法具有各自的功能与适用范围。

事实上，各个国家和地区特别是英美法系国家和地区，其关于股东查阅权的范围常常是根据个案需要适当扩大的，而不局限于法律的刻板规定，如美国的判例甚至允许查阅公司的合同和公司总经理的通信。

另外，我国《公司法》第三十三条规定：“股东有权查阅、复制公司章程、股东会会议记录、董事会会议决议、监事会会议决议和财务会计报告。股东可以要求查阅公司会计账簿……”其中前一款规定股东不仅可以查阅公司章程，也可以复制公司章程，而第二款则仅规定股东可以查阅公司会计账簿。那么，这是否意味着股东仅可以查阅而不能摘抄呢？对此，有人认为，法律没有规定摘抄，仅仅是允许查阅，所以，不能由查阅人摘抄会计账簿。这个看法是对法律的曲解。所谓查阅，其本来含义是包括查找、阅览、摘抄甚至复印的。如果说根据其前一款的规定，股东的查阅不包括复制的话，但决不能得出股东不能摘抄的结论。面对繁多的数字记录，如果股东无法摘抄会计账簿，其所谓查阅是没有任何价值的。

因此，司法实践中，最高人民法院的倾向性观点是，查阅原始会计凭证是股东行使知情权的主要途径，在符合《公司法》第三十三条规定的条件下，应当允许股东查阅和复制、摘抄需要的内容；若需要支付必要费用的，股东应当支付。对于股东提出的由他人代为查阅或者对公司进行审计等要求，也是可以的，但应当征得公司的同意，因为这些要求可能与公司商业秘密保护相冲突。①

① 《加强调查研究，探索解决之道——最高人民法院民二庭庭长宋晓明就在全国民商事审判工作会议中提出的若干疑难问题答记者问》，载奚晓明主编、最高人民法院民二庭编：《民商事审判指导》2007 年第 1 辑，人民法院出版社 2007 年版，第 73 页。

不过，对于股东可否查阅原始会计凭证，《公司法解释（四）》在起草过程中争议较大，最终在通过的版本中没有写进去，留待司法实践具体情况具体分析。

（三）股东知情权的诉讼主体

知情权是指公司股东享有的知道和了解公司经营状况的重要信息的权利，为股东权的一种。也就是说，只有股东才具有相应知情权，因而相应的诉权也只有股东才具有。

一般情况下，股东权具有社员权的性质，股东权利不能与其股东身份相分离。股东退出公司导致其丧失股东身份，不再对公司享有股东权，所以其请求对公司行使知情权的权利也随之丧失。因此，请求对公司行使知情权的适格主体为公司股东，公司有证据证明原告在起诉时不具有公司股东资格的，人民法院应当驳回起诉。

但是，实践中常常出现这种情形，即原告有初步证据证明在持股期间其合法权益受到侵害，其需要通过提起知情权诉讼来维护自己的合法权益，如原股东认为公司隐瞒真实经营状况，导致其股权出让价格明显不公的。在这种情形下，尽管从理论上来说该原告可以向人民法院提起撤销权之诉或公司侵权之诉，但这两种诉讼对于保护原告不仅滞后，且因其间接性而会使该原告处于极其不利地位。因此，为更好地处理有关纠纷，《公司法解释（四）》第七条规定："股东依据公司法第三十三条、第九十七条或者公司章程的规定，起诉请求查阅或者复制公司特定文件材料的，人民法院应当依法予以受理。公司有证据证明前款规定的原告在起诉时不具有公司股东资格的，人民法院应当驳回起诉，但原告有初步证据证明在持股期间其合法权益受到损害，请求依法查阅或者复制其持股期间的公司特定文件材料的除外。"也就是说，原告可以查阅或复制有关资料，但限于其持股期间的公司特定文件材料。

知情权是股东权的一项重要权利，其不因出资瑕疵、持股比例和持股时间而受到限制。首先，如果股东出资存在瑕疵，但在其未丧失公司股东身份之前仍可按照公司法或章程的规定行使相应的股东权，除非章程或股东与公司之间另有约定，一般不能以股东出资存在瑕疵为由否定其应享有的知情权。其次，《公司法》第三十三条规定股东有权要求查阅公司会计账簿，而没有申请股东持股比例的限制。也就是说，行使查阅权不以股东持有多少出资比例为前提。最后，股东对于其持股之前的公司信息仍有查阅权，在广州市易发街物业管理有限公司、冯国年股东知情权纠纷二审民事判决书［（2018）粤01民终8157号］[①]中，法院指出，关于易发街公司主张冯国年不能查阅其成为股东前的会计账簿的问题，《公司法解释（四）》第七条"股东依据公司法第三十三条、第九十七条或者公司章程的规定，起诉请求查阅或者复制公司特定文件材料的，人民法院应当依法予以受理。公司有证据证明前款规定的原告在起诉时不具有公司股东资格的，人民法院应当驳回起诉，但原告有初步证据证明在持股期间其合法权益受到损害，请求依法查阅或者复制其持股期间的公司特定文件材料的除外"，仅对股东的诉权进行了规定，并无明确禁止限制股东查阅其成为股东前的会计账簿。且冯国年查阅目的是了解公司的经营情况及财务状况，公司经营是一个整体延续性的过程，冯国年对其成为股东之前的公司运营情况和财务信息的了解和掌握属于股东正当行使股东知情权的范围。易发街公司主张冯国年只能查阅其成为股东后的资料，于法无据，本院不予采纳。

对于如何确认股东的身份，根据《公司法》第三十二条规定，有限责任公司的股东名册与公司登记证明均可。如既无股东名册记载，也无公司登记证明，则可以提供公司其他文件或合同等证明股东身份，如公司章程、股东会决议、出资证明、股权转让合同等。当然，如果这些文件之间有矛盾或当事人之间存在股东资格纠纷，则当事人须先提起股东资格确认之诉。对此法院也应予以释明。对于股份有限公司，则股东名册、公司登记、股票均可以。

对于隐名股东，其不能成为知情权诉讼的主体。在陈某等与某水泥集团公司股东知情权案［（2016）苏民申4432号］[②]中，法院指出："本案中，陈某于1993年到常州市水泥厂工作，吴某于1994年到常州市水泥厂

① https：//www.itslaw.com/detail?judgementId=88fa37e1-7246-49c1-8872-e04951caf7ff&area=1&index.

② https：//www.itslaw.com/detail?judgementId=ea77a294-001e-4481-923e-d8da6b295db5&area=1&index.

工作，1999年企业改制时，陈某、吴某虽实际参与出资，但其出资均归属于29名自然人股东中部分人的名下，未将其记载于公司股东名册，公司登记机关也一直未进行过登记，陈某、吴某提起本案诉讼，要求市水泥公司签发出资证明书，但该主张并未获得公司其他股东半数以上同意，不能成立。鉴于股东知情权诉讼权利行使的主体必须是公司股东，但陈某、吴某股东资格尚未确认，故一、二审法院判决驳回陈某、吴某要求市水泥公司向其签发出资证明书或股权证、市水泥公司向其出示并复制公司章程、股东会议记录、董事会会议决议、监事会会议决议和财务会计报告的诉讼请求，并无不当。”但是，如果隐名股东事实上已经成为显名股东时，则可以成为诉讼主体。法院在冯某诉南京某大酒店公司知情权纠纷案［（2008）宁民五初字第70号］①中指出：“冯某作为某大酒店的隐名股东，虽未登记在册，但公司及其他股东均对其股东身份予以认可。依照相关法律规定，其应享有股东知情权。虽然某大酒店在诉讼期间已将公司部分财务资料提供给冯某查阅，但未能提供冯某要求查阅的全部财务资料，使得原告的股东知情权没有充分实现。”

需要注意的是，对公司的监事会或不设监事会的监事来说，按照《公司法》第五十三条规定，其可以检查公司财务等情况，并在发现公司经营异常时，依据《公司法》第五十四条的规定进行调查；必要时可聘请会计师事务所等协助其工作。但其相关职权属于公司治理范畴，该权利的行使与否并不涉及其民事权益，且公司法并未对监事会或者监事行使权利受阻规定相应的司法救济程序。因此，监事会或监事以其知情权受到侵害为由提起的诉讼，人民法院不予受理。已经受理的，应当裁定驳回起诉。当然，如果不设监事会的公司监事，同时具备公司股东的身份，法院应当向其释明，若其同意以股东身份提起股东知情权诉讼纠纷的，法院可准许其变更诉请。②

---

① https://www.itslaw.com/detail?judgementId=7db74df7-2072-40a8-b428-c8f8aa880352&area=1&index.

② 吴庆宝主编：《最高人民法院专家法官阐释民商裁判疑难问题：公司裁判指导卷》（增订版），中国法制出版社2011年版，第46页。

案例指导

林小秋与江苏中苏商品交易中心有限公司、城投（中国）资产管理有限公司股东知情权纠纷案[①]

中苏公司成立于2014年7月17日，注册资本10000万元，其中林小秋投资1000万元，占股权10%。中苏公司成立运营后，未按照《公司法》、公司章程规定向股东通报公司运营情况和公司财务状况。2016年3月31日、2016年3月24日林小秋作为中苏公司原执行董事，以执行董事的身份，两次召开股东会，提议对公司进行财务审计，全面审查公司自成立以来的财务状况及经营情况，但均未形成有效决议。2016年4月21日，林小秋委托江苏中盟律师事务所律师周会耀、侯丹向中苏公司发出律师函，要求中苏公司收函后五日内安排林小秋查阅公司会计账簿，但中苏公司未予安排。2016年5月30日，林小秋向一审法院提起诉讼，要求中苏公司提供公司成立至今的全部会计账簿、会计凭证及财务会计报告供林小秋及林小秋委托的会计师查阅。

中苏公司于2016年4月24日召开股东会并签署股东会决议，要求林小秋在股东会通过决议之日起七日内支付全部出资，如没在期限内支付全部出资，则限制林小秋股东权利。2016年8月14日，中苏公司召开股东会并形成决议，解除林小秋股东资格。林小秋委托代理人在该决议上签署“不同意上述决议，内容违背事实，决议程序不合法”。

林小秋向法院起诉请求：判令中苏公司提供公司成立至今的全部会计账簿、会计凭证及财务会计报告供林小秋及林小秋委托的会计师查阅。

一审法院认为，股东行使知情权，是公司法赋予股东的一项法定权利，但股东行使知情权必须具备法定的股东资格。在本案中认定林小秋是否具备股东资格，关键是看林小秋是否按照章程规定出资到位。林小秋主张依照公司登记资料、验资报告，其已出资到位。中苏公司提出林小秋出资后又抽回

---

① 案例来源：南京市中级人民法院民事判决书（2017）民终3737号，载中国裁判文书网，http：//wenshu.court.gov.cn/content/content?DocID=8d9b2afb-ba65-42ca-b951-a84b00ce0843&KeyWord=。

出资，实际不具备股东资格。为确认林小秋是否出资到位并彻底解决股东之间的纠纷，2017 年 1 月 9 日经一审法院主持，林小秋申请对中苏公司所有股东出资情况、中苏公司成立以来至 2016 年 8 月 14 日资产负债及经营损益进行审计，中苏公司及城投公司均同意林小秋的申请，三方商定于 2017 年 1 月 19 日下午在中苏公司经营地对提交审计的财务资料进行确认。此后因中苏公司不能提供财务资料，致使审计工作无法进行，对此一审法院认定中苏公司承担举证不能责任，对其提出林小秋不具备股东资格、无权查阅公司财务资料的主张，不予支持。中苏公司提出林小秋查阅公司财务资料具有不正当目的，无事实依据，一审法院不予采信。中苏公司主张公司召开股东会，已解除了林小秋股东资格，林小秋现在不具备股东资格。一审法院认为中苏公司同意林小秋申请，通过财务审计确认林小秋是否具备股东资格，中苏公司实际已放弃了自己的主张。林小秋在起诉前，已向中苏公司提出书面请求，要求查阅公司会计账簿，中苏公司拒绝提供，林小秋提起诉讼要求查阅公司会计账簿及财务会计报告，符合公司法的规定，应予支持。林小秋申请由其委托的会计师查阅会计账簿及财务会计报告，《公司法》第三十三条明确规定股东具有查阅权，未禁止股东委托专业人员进行查阅。根据《民法通则》第六十三条规定，委托代理人实施民事行为是公民应有的权利，故对林小秋该项请求予以支持。林小秋申请查阅会计凭证，根据《会计法》第十三条第一款的规定，会计凭证与会计账簿是并列法律概念，且公司法对股东查阅范围有明确规定，不宜作扩大解释，故对林小秋该项主张不予支持。一审判决江苏中苏商品交易中心有限公司于判决生效后十日内提供公司成立至判决生效日止全部会计账簿及财务会计报告给林小秋及林小秋委托的会计师查阅。

二审法院认为，《公司法》第三十三条第二款规定，股东可以要求查阅公司会计账簿。股东要求查阅公司会计账簿的，应当向公司提出书面请求，说明目的。公司有合理根据认为股东查阅会计账簿有不正当目的，可能损害公司合法利益的，可以拒绝提供查阅，并应当自股东提出书面请求之日起十五日内书面答复股东并说明理由。公司拒绝提供查阅的，股东可以请求人民法院要求公司提供查阅。本案中，林小秋自中苏公司成立起即成为股东，依法享有股东知情权，其于 2016 年 4 月 21 日发函要求查阅公司会计账簿，并说明了查阅目的，符合《公司法》第三十三条规定的查阅条件。中苏公司无证据证明林小秋查阅会计账簿有不正当目的，可能损害公司合法利益，而林小秋是否参与公司经营以及履职行为如何并不影响其行使股东知情权，故中苏公司拒绝林小秋查阅会计账簿及财务会计报告的理由不成立，本院不予支持。

《公司法解释（四）》第九条规定，公司章程、股东之间的协议等实质性剥夺股东依据《公司法》第三十三条、第九十七条规定查阅或者复制公司文件材料的权利，公司以此为由拒绝股东查阅或者复制的，人民法院不予支持。中苏公司主张因林小秋抽逃出资，已于2016年4月24日股东会决议中限制其行使股东知情权，故林小秋无权查阅讼争资料。但股东知情权属股东法定权利，具有固有权属性，既不能被剥夺、限制，也不能由股东通过协议主动放弃，否则无效。据此，中苏公司以2016年4月24日股东会决议为由拒绝林小秋查阅讼争资料，于法无据，本院不予支持。

《公司法解释（四）》第七条规定，股东依据公司法第三十三条、第九十七条或者公司章程的规定，起诉请求查阅或者复制公司特定文件材料的，人民法院应当依法予以受理。公司有证据证明前款规定的原告在起诉时不具有公司股东资格的，人民法院应当驳回起诉，但原告有初步证据证明在持股期间其合法权益受到损害，请求依法查阅或者复制其持股期间的公司特定文件材料的除外。林小秋提起本案之诉时（2016年5月30日），其系中苏公司股东，虽然中苏公司于2016年8月14日通过股东会决议解除了林小秋的股东资格，但依照前述规定，即使该股东会决议有效，林小秋亦有权查阅其持股期间（自公司成立之日起至2016年8月13日止）的公司会计账簿及财务会计报告。林小秋撤回2016年8月14日之后会计账簿及财务会计报告的查阅诉请，系其在法律规定的范围内处分其民事权利和诉讼权利，本院予以准许。

规范指引

《中华人民共和国公司法》

第三十一条　有限责任公司成立后，应当向股东签发出资证明书。

出资证明书应当载明下列事项：

（一）公司名称；

（二）公司成立日期；

（三）公司注册资本；

（四）股东的姓名或者名称、缴纳的出资额和出资日期；

（五）出资证明书的编号和核发日期。

出资证明书由公司盖章。

第三十二条 有限责任公司应当置备股东名册，记载下列事项：

（一）股东的姓名或者名称及住所；

（二）股东的出资额；

（三）出资证明书编号。

记载于股东名册的股东，可以依股东名册主张行使股东权利。

公司应当将股东的姓名或者名称向公司登记机关登记；登记事项发生变更的，应当办理变更登记。未经登记或者变更登记的，不得对抗第三人。

第三十三条 股东有权查阅、复制公司章程、股东会会议记录、董事会会议决议、监事会会议决议和财务会计报告。

股东可以要求查阅公司会计账簿。股东要求查阅公司会计账簿的，应当向公司提出书面请求，说明目的。公司有合理根据认为股东查阅会计账簿有不正当目的，可能损害公司合法利益的，可以拒绝提供查阅，并应当自股东提出书面请求之日起十五日内书面答复股东并说明理由。公司拒绝提供查阅的，股东可以请求人民法院要求公司提供查阅。

第五十三条 监事会、不设监事会的公司的监事行使下列职权：

（一）检查公司财务；

（二）对董事、高级管理人员执行公司职务的行为进行监督，对违反法律、行政法规、公司章程或者股东会决议的董事、高级管理人员提出罢免的建议；

（三）当董事、高级管理人员的行为损害公司的利益时，要求董事、高级管理人员予以纠正；

（四）提议召开临时股东会会议，在董事会不履行本法规定的召集和主持股东会会议职责时召集和主持股东会会议；

（五）向股东会会议提出提案；

（六）依照本法第一百五十一条的规定，对董事、高级管理人员提起诉讼；

（七）公司章程规定的其他职权。

第五十四条　监事可以列席董事会会议，并对董事会决议事项提出质询或者建议。

监事会、不设监事会的公司的监事发现公司经营情况异常，可以进行调查；必要时，可以聘请会计师事务所等协助其工作，费用由公司承担。

第七十三条　依照本法第七十一条、第七十二条转让股权后，公司应当注销原股东的出资证明书，向新股东签发出资证明书，并相应修改公司章程和股东名册中有关股东及其出资额的记载。对公司章程的该项修改不需再由股东会表决。

第九十六条　股份有限公司应当将公司章程、股东名册、公司债券存根、股东大会会议记录、董事会会议记录、监事会会议记录、财务会计报告置备于本公司。

第九十七条　股东有权查阅公司章程、股东名册、公司债券存根、股东大会会议记录、董事会会议决议、监事会会议决议、财务会计报告，对公司的经营提出建议或者质询。

第一百一十七条　股份有限公司设监事会，其成员不得少于三人。

监事会应当包括股东代表和适当比例的公司职工代表，其中职工代表的比例不得低于三分之一，具体比例由公司章程规定。监事会中的职工代表由公司职工通过职工代表大会、职工大会或者其他形式民主选举产生。

监事会设主席一人，可以设副主席。监事会主席和副主席由全体监事过半数选举产生。监事会主席召集和主持监事会会议；监事会主席不能履行职务或者不履行职务的，由监事会副主席召集和主持监事会会议；监事会副主席不能履行职务或者不履行职务的，由半数以上监事共同推举一名监事召集和主持监事会会议。

董事、高级管理人员不得兼任监事。

本法第五十二条关于有限责任公司监事任期的规定，适用于股份有限公司监事。

第一百一十八条 本法第五十三条、第五十四条关于有限责任公司监事会职权的规定，适用于股份有限公司监事会。

监事会行使职权所必需的费用，由公司承担。

第一百二十五条 股份有限公司的资本划分为股份，每一股的金额相等。

公司的股份采取股票的形式。股票是公司签发的证明股东所持股份的凭证。

第一百二十九条 公司发行的股票，可以为记名股票，也可以为无记名股票。

公司向发起人、法人发行的股票，应当为记名股票，并应当记载该发起人、法人的名称或者姓名，不得另立户名或者以代表人姓名记名。

第一百三十条 公司发行记名股票的，应当置备股东名册，记载下列事项：

（一）股东的姓名或者名称及住所；

（二）各股东所持股份数；

（三）各股东所持股票的编号；

（四）各股东取得股份的日期。

发行无记名股票的，公司应当记载其股票数量、编号及发行日期。

第一百三十一条 国务院可以对公司发行本法规定以外的其他种类的股份，另行作出规定。

第一百三十二条 股份有限公司成立后，即向股东正式交付股票。公司成立前不得向股东交付股票。

第一百三十七条 股东持有的股份可以依法转让。

第一百三十八条 股东转让其股份，应当在依法设立的证券交易场所进行或者按照国务院规定的其他方式进行。

第一百三十九条 记名股票，由股东以背书方式或者法律、行政法规规定的其他方式转让；转让后由公司将受让人的姓名或者名称及住所记载于股东名册。

股东大会召开前二十日内或者公司决定分配股利的基准日前五日内，不得进行前款规定的股东名册的变更登记。但是，法律对上市公司股东名册变更登记另有规定的，从其规定。

第一百四十条　无记名股票的转让，由股东将该股票交付给受让人后即发生转让的效力。

《最高人民法院关于适用〈中华人民共和国公司法〉若干问题的规定（四）》

第七条　股东依据公司法第三十三条、第九十七条或者公司章程的规定，起诉请求查阅或者复制公司特定文件材料的，人民法院应当依法予以受理。

公司有证据证明前款规定的原告在起诉时不具有公司股东资格的，人民法院应当驳回起诉，但原告有初步证据证明在持股期间其合法权益受到损害，请求依法查阅或者复制其持股期间的公司特定文件材料的除外。

专题八：股东行使查阅权有“不正当目的”的认定

【核心提示】有限责任公司有证据证明股东存在下列情形之一的，人民法院应当认定股东有《公司法》第三十三条第二款规定的“不正当目的”：（一）股东自营或者为他人经营与公司主营业务有实质性竞争关系业务的，但公司章程另有规定或者全体股东另有约定的除外；（二）股东为了向他人通报有关信息查阅公司会计账簿，可能损害公司合法利益的；（三）股东在向公司提出查阅请求之日前的三年内，曾通过查阅公司会计账簿，向他人通报有关信息损害公司合法利益的；（四）股东有不正当目的的其他情形。

实务争点

《公司法》第三十三条规定，如果公司有合理根据认为股东查阅会计账簿有不正当目的，可能损害公司合法利益的，可以拒绝提供查阅。该所谓“不正当目的”属于高度抽象而不易确认用语，因此使得实践中如何认定该所谓“不正当目的”，各地法院判断标准并不统一。为更好地保护股东，维护公司正当利益，需要相对统一的认识。对此，《公司法解释（四）》第八条作出了规定。

理解适用

对《公司法解释（四）》第八条规定的理解适用

（一）股东行使查阅权须基于正当目的

股东行使查阅权，极有可能用于不当目的，如不当竞争、恶意捣乱、无事生非等。所以，各个国家和地区在赋予股东查阅权的同时，也对其行使该权利作出了一定的限制，以保护公司的利益。美国《示范公司法》规定，股东必须于5个工作日之前向公司提出书面要求，而且须于公司正常的业务时间内在公司指明的合理地点查阅文件。并要求，股东查阅须有正当目的。所谓正当目的是指：他的要求是善意的以及怀有正当的意图；他阐述自己的意图和他想要检查的记录应合理而详细；以及他所要检查的记录和他的意图是直接有联系的。

我国《公司法》第三十三条第二款规定，股东要求查阅公司会计账簿的，应当向公司提出书面请求，说明目的。公司有合理根据认为股东查阅会计账簿有不正当目的，可能损害公司合法利益的，可以拒绝提供查阅，并应当自股东提出书面请求之日起十五日内书面答复股东并说明理由。

对股东的查阅权被拒绝，各个国家和地区的公司法都规定可以通过法院提供救济。如美国《示范公司法》规定，如果公司拒绝股东正当的检查和复制要求，法院可迅速命令检查并根据股东的申请由公司出资复制等。

我国《公司法》第三十三条第二款规定，公司拒绝提供查阅的，股东可以请求人民法院要求公司提供查阅。这时，法院可判令公司在指定的地点、指定的合理时间，提供账簿、报表、原始凭证等给股东查阅。

（二）股东行使查阅权“不正当目的”的认定

从《公司法》第三十三条第二款规定上看，公司拒绝股东行使查阅权的前提条件有两个，一是认为股东有不正当目的；二是该查阅行为可能损害公司合法利益，该两个条件须同时存在。在该两个条件中，后者仅是一种合理的推断，在一定意义上限缩了前者。因此，判断公司能否行使拒绝查阅权，关键是如何认定“不正当目的”。因此，为更好地规范指导司法实践,《公司法解释（四）》第八条作了列举加概括式的规定。

1. 股东自营或者为他人经营与公司主营业务有实质性竞争关系业务的，但公司章程另有规定或者全体股东另有约定的除外

有限责任公司具有较强的人合性，股东之间相互信任，以共同发展公司为目标，故股东一般不得另行经营（包括自营和为他人经营）与公司主营业务有实质竞争关系的业务，否则将严重损害公司的发展。因此，如果股东自营或者为他人经营与公司主营业务有实质性竞争关系业务的，可以认定其有“不正当目的”。不过，对于该标准，尚需具体情况具体分析。如果股东自营或为他人经营竞争业务在先，且事后未对此明确予以排除时，则一般不能简单地以此标准认定其有不正当目的。而且，我国实践中，有大量的股东尽管共同成立了公司，但同时这些股东也都或部分地自营或为他人经营着竞争业务现象，因此，在以此为标准判断查阅目的不正当时，须个案分析。

当然，基于公司自治，法律也允许全体股东通过公司章程或协议作出其他约定。也就是说，如果全体股东通过章程或协议约定股东可以从事有关竞争业务，则不构成本项所称“不正当目的”。

2. 股东为了向他人通报有关信息查阅公司会计账簿，可能损害公司合法利益的

实践中，股东行使查阅权并不是为了自己了解公司经营状况，而是为了向他人通报有关公司会计信息，而他人基于此可能就会从事有害于公司利益之情事。在这种情况下，显然属于具有“不正当目的”。但如果尽管向他人通报了公司信息，但不可能因此损害公司合法权益的，则不能认定为具有“不正当目的”。

3. 股东在向公司提出查阅请求之日前的三年内，曾通过查阅公司会计账簿，向他人通报有关信息损害公司合法利益的

该规定属于“嫌疑条款”，即只要出现过股东在向公司提出查阅请求之日前的三年内，曾通过查阅公司会计账簿，向他人通报有关信息损害公司合法利益的情形的，不论本次是否因此会再次向他人提供或通报有关信息，均认定有此“嫌疑”。

4. 股东有不正当目的的其他情形

该项规定为“兜底条款”，即除了以上情形外，其他能够认定为具有“不正当目的”的情形。例如，如果股东的行为并不以损害公司利益为目的，仅为自己或他人谋取一定利益，但事实上可能会对公司的已存利益或潜在利益造成损害的，则可认定为具有不正当目的。①

案例指导

北京金牧鑫农生物科技有限公司与徐波等股东知情权纠纷案②

2017年4月25日，李玉荣、史志智、温莉娟、徐波委托律师向金牧公司股东薛华伟寄送律师函一份，以行使股东知情权为由，要求金牧公司向李玉荣、史志智、温莉娟、徐波公开自成立以来的公司章程、历次股东会会议记录、董事会会议决议、监事会会议决议以供查阅复制；公开自成立以来的全部财务会计报告（包括但不限于：资产负债表、利润表、现金流量表、股东权益变动等会计报表、会计报表附注和财务情况说明书）以供查阅、复制；提供自公司成立以来的全部会计账簿和会计凭证，其中会计账簿包括总账、明细账、日记账（含现金日记账和银行存款日记账）和其他辅助性账簿。会计凭证包括记账凭证、相关原始凭证及该记账凭证、原始凭证相关的合同、法律文书、银行流水、收入支出单据等有关资料以供查阅、复制。金牧公司签收上述律师函后未予回复，故李玉荣、史志智、温莉娟、徐波诉至一审法院，要求金牧公司在北京市丰台区星火路10号的办公场所提供上诉材料，以供李玉荣、史志智、温莉娟、徐波查阅、复制。

一审法院认为，根据《公司法》第三十三条规定，李玉荣、史志智、温莉娟、徐波作为金牧公司股东，向金牧公司提出了要求查阅公司特定文件的

① 杜万华主编、最高人民法院民事审判第二庭编著：《最高人民法院公司法司法解释（四）理解与适用》，人民法院出版社2017年版，第189页。

② 案例来源：北京市第二中级人民法院民事判决书（2018）民终1336号，载中国裁判文书网，http ://wenshu.court.gov.cn/content/content?DocID=df1d3d76-49a8-4b73-91c2-a8b900108a97&KeyWord=。

书面请求，并说明了目的，符合行使股东知情权的要件，金牧公司应当依法提供相应材料以供查阅、复制。关于金牧公司辩称的李玉荣、史志智的查阅有不正当目的的意见，一审法院认为，根据《公司法解释（四）》第八条第一款第（一）项的规定："有限责任公司有证据证明股东存在下列情形之一的，人民法院应当认定股东有公司法第三十三条第二款规定的'不正当目的'：（一）股东自营或者为他人经营与公司主营业务有实质性竞争关系业务的，但公司章程另有规定或者全体股东另有约定的除外。"从金牧公司提供的证据显示，李玉荣所在的北京旺牧人生物技术有限公司以及史志智所在的北京一品双龙生物科技有限公司的经营范围与金牧公司并不完全一致，且经营范围的部分相同也不能当然等同于有实质性竞争关系，故一审法院对金牧公司的抗辩意见不予采信。《会计法》第十五条第一款规定："会计帐簿登记，必须以经过审核的会计凭证为依据，并符合有关法律、行政法规和国家统一的会计制度的规定。会计帐簿包括总帐、明细帐、日记帐和其他辅助性帐簿。"根据《会计法》第二十条之规定，财务会计报告由会计报表、会计报表附注和财务情况说明书组成。《会计法》第十四条第一款规定："会计凭证包括原始凭证和记帐凭证。"《公司法解释（四）》第十条规定："人民法院审理股东请求查阅或者复制公司特定文件材料的案件，对原告诉讼请求予以支持的，应当在判决中明确查阅或者复制公司特定文件材料的时间、地点和特定文件材料的名录。股东依据人民法院生效判决查阅公司文件材料的，在该股东在场的情况下，可以由会计师、律师等依法或者依据执业行为规范负有保密义务的中介机构执业人员辅助进行。"

综上，关于李玉荣、史志智、温莉娟、徐波要求查阅金牧公司全部股东会议记录、董事会会议决议、监事会会议决议和财务会计报表（包括：资产负债表、利润表、现金流量表、股东权益变动等会计报表、会计报表附注和财务情况说明书）、会计账簿、公司成立后的所有合同、协议和会计原始凭证供李玉荣、史志智、温莉娟、徐波及委托的专业人员查阅的诉讼请求，符合法律规定的部分一审法院予以支持，超出部分一审法院不予支持。

二审法院经过审理，维持了原判。

规范指引

《中华人民共和国公司法》

第三十三条 股东有权查阅、复制公司章程、股东会会议记录、董事会会议决议、监事会会议决议和财务会计报告。

股东可以要求查阅公司会计账簿。股东要求查阅公司会计账簿的，应当向公司提出书面请求，说明目的。公司有合理根据认为股东查阅会计账簿有不正当目的，可能损害公司合法利益的，可以拒绝提供查阅，并应当自股东提出书面请求之日起十五日内书面答复股东并说明理由。公司拒绝提供查阅的，股东可以请求人民法院要求公司提供查阅。

《最高人民法院关于适用〈中华人民共和国公司法〉若干问题的规定（四）》

第八条 有限责任公司有证据证明股东存在下列情形之一的，人民法院应当认定股东有公司法第三十三条第二款规定的“不正当目的”：

（一）股东自营或者为他人经营与公司主营业务有实质性竞争关系业务的，但公司章程另有规定或者全体股东另有约定的除外；

（二）股东为了向他人通报有关信息查阅公司会计账簿，可能损害公司合法利益的；

（三）股东在向公司提出查阅请求之日前的三年内，曾通过查阅公司会计账簿，向他人通报有关信息损害公司合法利益的；

（四）股东有不正当目的的其他情形。

专题九：股东知情权不得实质性剥夺

【核心提示】公司章程、股东之间的协议等实质性剥夺股东依据《公司法》第三十三条、第九十七条规定查阅或者复制公司文件材料的权利，公司以此为由拒绝股东查阅或者复制的，人民法院不予支持。

实务争点

基于公司自治，法律允许通过公司章程或股东之间的协议对股东的知情权予以适当限制。但是，股东的知情权属于固有权，其可以适当限制，但不得剥夺，否则将严重损害股东与公司之间的关系。但如何判断被剥夺，并非易事，因此需要法律明确，以指导司法实践。对此，《公司法解释（四）》第九条作出了规定。

理解适用

对《公司法解释（四）》第九条规定的理解适用

（一）股东知情权的法律性质

按照股东权的性质，其可分为固有权与非固有权。固有权是指除非得到股东的同意，不得以章程或股东会决议予以剥夺或限制的权利，它又称不可剥夺权。非固有权是指可以依照公司章程或股东会决议予以剥夺或限制的权利，又称可剥夺权。固有权往往是和股东的基本权益相关的权利，如对股份和出资的所有权、普通股的表决权，因而，这类权利常常由公司法或商法加以明确规定，以强行法形式赋予股东。

股东知情权属于股东固有的、法定的权利，它不得通过公司章程、股东大会决议或其他方式剥夺，否则就是无效的。但是，基于公司自治，公司可以通过章程或股东大会决议形式扩大股东知情权范围。

不过，作为固有权，其主要强调不得通过章程或其他方式予以剥夺，并非完全不可予以一定的限制，比如章程可以规定股东行使查阅权的时间、地点、程序等。通过一定合理的限制，既不损害股东的查阅权，又避免股东滥用查阅权而损害公司的利益。

特别是对于股份有限公司，由于其典型的资合性、信息的公开性及股份的自由流动性，一般情况下，股东并不需要通过主动行使查阅权就可通过各种信息渠道了解公司，并可以通过随时抛售股份保护自己。因此，股份有限公司的章程即使限制了股东的知情权，一般也不会被认定为无效。

但是，股东知情权毕竟是固有权，其不得被剥夺。如果相应章程或股东协议对于股东知情权的限制实质上剥夺了股东知情权，这种所谓的限制就构成法律所不允许的剥夺。所以，《公司法解释（四）》第九条规定："公司章程、股东之间的协议等实质性剥夺股东依据公司法第三十三条、第九十七条规定查阅或者复制公司文件材料的权利，公司以此为由拒绝股东查阅或者复制的，人民法院不予支持。"

（二）如何认定构成实质性剥夺

《公司法》第三十三条、第九十七条关于公司股东享有知情权的规定系强制性规范，其既是公司法赋予股东的固有权利，也是股东作为公司股东享有的最低限度的知情权，故首先不得以约定的方式予以排除适用。即使股东事先放弃了所谓知情权，但其事后仍然可以要求行使查阅权。可以说，股东知情权是因取得股东身份而必然一直享有的基本权利，其不仅不能被剥夺，也不能被股东放弃。如果股东放弃的话，则其放弃的仅是某次权利的行使，而不能是其抽象意义上的知情权。因此，公司不能以股东放弃了知情权而拒绝其行使知情权。

认定实质性剥夺知情权，应根据《公司法》第三十三条、第九十七条赋予股东的法定知情权进行。如果某有限责任公司的章程或股东之间的协议规定股东不能要求查阅公司会计账簿，则构成对股东知情权的实质性剥夺；如果某股份有限公司的章程规定股东不能要求查阅公司会计账簿，则不构成对股东知情权的实质性剥夺。

从股东行使知情权的程序而言，我国公司法未作出明确规定。公司章程可以对此作出要求，如规定股东一般应在某个季度或某个月份查阅，或规定须在公司办公地点并在公司工作人员在场时查阅等，均是允许的。但如果这些程序性规定明显地妨碍了股东行使股东权，如规定必须在某个工作日行使，或必须在公司指定的非办公场所行使等，就可能构成实质性剥夺股东知情权。当然，判断标准是要看这些规定是否会造成股东权利的实质性损害，具体情况须具体分析。

所以，如果公司章程或者股东间协议仅对《公司法》第三十三条、第九十七条规定以外的知情权行使地点、行使方式等事项进行细化约定，一般不构成实质性剥夺问题。在公司章程、股东间协议等对知情权主体、对象和权利行使方式等作出了实质性限制且将导致股东知情权可能被架空的情况下，该限制性约定才构成对法定知情权的实质性剥夺。[①]

总之，法定知情权不能被剥夺、限制，也不能由股东通过协议主动放弃，其是股东固有的权利。不过，公司章程可以赋予股东大于公司法规定的知情权范围，此属于公司自治，该约定优于法律规定适用。

但是，如果该规定将会扰乱公司正常经营，如规定股东可随时要求查阅，则将损害公司利益，该规定一般不宜认为有效。有实践认为，即使公司利益可能因此受损，也是集体合意的结果，不应以此作为否定公司章程效力的理由的看法[②]是值得商榷的。公司是股东投资的客体，但一旦其依法成立，就具有自己的人格与利益，而非股东可以随时支配的权利客体。因此，公司章程不能规定扰乱公司正常经营的所谓股东权利。我国目前公司法及公司法实践存在的最大问题并不是股东没有权利，而是有些股东的权利过大了。当股东的权利过大时，公司的利益就会受损，这是非正常的公司关系。因此，在司法实践中，不能以股东利益至上或所谓私法自治损害公司人格与利益。

（三）瑕疵出资股东的知情权同样不得实质性剥夺

瑕疵出资股东，是指那些不按照法律或公司章程规定的出资要求，在出资方式以及对出资的处分等方面存在不完全符合法律或公司章程规定的股东，如不适当出资股东、虚假出资股东、抽逃出资股东、未足额出资股东等。

瑕疵出资股东仅是其出资有瑕疵，并不影响其抽象意义上的股东资格与权利。股东知情权是股东因其股东资格而享有的固有权利，并非股东出资而享有的权利。尽管股东有出资的义务，但出资并非股东资格获得的前提。如果股东出资有瑕疵，则其主要负有及时补足之义务。不能及时补足时，其所受到的限制主要是表决权、分红权等，而不及于其作为股东的知情权。当然，

---

① 杜万华主编、最高人民法院民事审判第二庭编著：《最高人民法院公司法司法解释（四）理解与适用》，人民法院出版社2017年版，第209页。

② 杜万华主编、最高人民法院民事审判第二庭编著：《最高人民法院公司法司法解释（四）理解与适用》，人民法院出版社2017年版，第209页。

如果股东完全没有履行其出资义务而又不能及时补足时，公司可通过股东会议依法除名，从而使其失去股东资格。在这种情况下，才有其不享有所谓知情权的问题。

当然，基于公司的营利性及财产价值，公司章程可事先规定，如果股东不履行其出资义务，即在根本不出资的情况下，可以剥夺其所谓股东的知情权。在一定意义上，这是一种在否定其股东资格前提下的剥夺，而非其具有股东资格情况下的剥夺，故不构成所谓“实质性剥夺”问题。

案例指导

佛山市南海鸿钢裁断机制造有限公司、章华股东知情权纠纷案[①]

上诉人佛山市南海鸿钢裁断机制造有限公司（以下简称鸿钢公司）因与被上诉人章华股东知情权纠纷一案，不服广东省佛山市南海区人民法院民事判决，提起上诉。

章华向一审法院起诉请求鸿钢公司提供2014年1月1日至2018年1月8日的财务会计报告、会计账簿（包括总账、明细账、日记账、其他辅助性账簿）、会计凭证（包括记账凭证、相关原始凭证及作为章华凭证附件入账备查的有关资料）供章华查阅，章华可委托会计师、律师等依法或者依据执业行为规范负有保密义务的中介机构执业人员辅助进行。

一审法院判决：一、鸿钢公司应于判决发生法律效力之日起十五日内将其自2014年1月1日起至2017年8月18日止的财务会计报告、会计账簿、会计凭证备齐并通知章华，供章华查阅，章华收到鸿钢公司通知之日起十五日内至鸿钢公司指定地点查阅，查阅时间为三十个工作日；二、章华进行上述查阅时，在章华在场的情况下，可以由会计师、律师等依法或者依据执业行为规范负有保密义务的中介机构执业人员辅助进行；三、驳回章华的其他诉讼请求。

---

① 案例来源：佛山市中级人民法院民事判决书（2018）粤06民终5366号，载中国裁判文书网，http：//wenshu.court.gov.cn/content/content?DocID=3a948f5c-272b-448e-9f48-a92200ef80d4&KeyWord=。

二审法院经审理认为，本案为股东知情权纠纷。二审期间争议的焦点为章华是否有权查阅 2014 年 1 月 1 日起至 2017 年 8 月 18 日止鸿钢公司的财务会计报告、会计账簿及会计凭证。依照《最高人民法院关于适用〈中华人民共和国民事诉讼法〉的解释》第三百二十三条“第二审人民法院应当围绕当事人的上诉请求进行审理。当事人没有提出请求的，不予审理，但一审判决违反法律禁止性规定，或者损害国家利益、社会公共利益、他人合法权益的除外”之规定，围绕鸿钢公司的上诉事由及本案焦点问题，具体分析如下。

根据《公司法》第三十三条规定，章华自鸿钢公司成立起即成为股东，依法享有股东知情权。鸿钢公司认为，章华已于 2017 年 8 月 18 日转让其持有的鸿钢公司的股权，章华已失去股东身份，故不再享有股东知情权。但依照《公司法解释（四）》第七条规定，章华作为鸿钢公司的原股东行使股东知情权，需要提供初步证据证明其在持股期间的合法权益受到损害。该初步证据并非证明其利益受损的充分证据，只要能够初步证明其利益受损或存在重大风险即可。本案一审期间，章华提供的利润表、现金收入、支出汇总表、公众号文章截图、《工会第二届会员大会选举结果的批复》、网上银行电子回单、支付证明单，足以初步证明其在持股期间的合法权益受到损害，符合《公司法解释（四）》第七条的规定，章华依法享有对鸿钢公司自 2014 年 1 月 1 日起至 2017 年 8 月 18 日止的财务会计报告、会计账簿、会计凭证的查阅权。现鸿钢公司无证据证明章华查阅财务会计报告、会计账簿及会计凭证有不正当目的，可能损害公司合法利益，鸿钢公司拒绝章华查阅上述文件的理由不成立，本院不予支持。

此外，鸿钢公司主张章华应当遵守《转让协议书》的约定，对鸿钢公司不再享有任何权益。《公司法解释（四）》第九条规定，公司章程、股东之间的协议等实质性剥夺股东依据《公司法》第三十三条、第九十七条规定查阅或者复制公司文件材料的权利，公司以此为由拒绝股东查阅或者复制的，人民法院不予支持。股东行使知情权，是公司法赋予股东的一项法定权利，不因股东之间的协议约定而丧失。据此，鸿钢公司以章华与姚礼洋之间的《转让协议书》为由拒绝章华查阅讼争资料，于法无据，本院不予支持。另外，鸿钢公司认为依据《公司法解释（四）》第七条，章华仅能查阅与其权利受侵害的相关部分的财务会计报告、会计账簿及会计凭证，而非全部的文件。本院对该意见不予采纳，理由在于：一方面，鸿钢公司并未以某种客观、明确的标准对其主张的可查阅文件资料与不可查阅的资料作明确区分；另一方面，查明章华的权利是否受到侵害及受到何种程度的侵害，是章华行使查阅权的目的所在，而非章华行使查阅权之前提。章华的权利损害情况在其依法行使查阅权之前尚无法完全明确，故鸿钢公司关于章华仅能查阅与其权利受侵害的相关部分文件的上诉主张缺乏依据，本院不予采纳。

综上所述，一审认定事实清楚，适用法律正确，二审法院予以维持。

规范指引

《最高人民法院关于适用〈中华人民共和国公司法〉若干问题的规定（四）》

第九条 公司章程、股东之间的协议等实质性剥夺股东依据公司法第三十三条、第九十七条规定查阅或者复制公司文件材料的权利，公司以此为由拒绝股东查阅或者复制的，人民法院不予支持。

专题十：原告胜诉判决及因不当行使知情权的赔偿责任

【核心提示】人民法院审理股东请求查阅或者复制公司特定文件材料的案件，对原告诉讼请求予以支持的，应当在判决中明确查阅或者复制公司特定文件材料的时间、地点和特定文件材料的名录。股东依据人民法院生效判决查阅公司文件材料的，在该股东在场的情况下，可以由会计师、律师等依法或者依据执业行为规范负有保密义务的中介机构执业人员辅助进行。

实务争点

股东知情权诉讼具有特殊性，即其查阅诉求一旦胜诉，就需要在公司的配合下实现。但实践中，有的法院裁定原告胜诉，支持原告诉求，但因没有明确公司如何配合而致使股东查阅权无法正常实现。对于是否应当明确，以及如何明确，各地法院判决做法不一。股东知情权是股东享有的权利，其能否借助专业机构实现，也有待明确。另外，股东不当行使知情权的赔偿责任如何处理？对此，《公司法解释（四）》第十条、第十一条作出了规定。

理解适用

对《公司法解释（四）》第十条、第十一条规定的理解适用

（一）原告胜诉判决及执行

按照一般诉讼的话，如果股东胜诉，法院依据原告诉求支持即可，但股东知情权诉讼的实质是股东能否查阅公司基本信息，其需要公司的积极协助。因此，法院判决支持原告诉求需要明确公司在什么时间、地点查阅及对什么特定文件材料查阅，而不能简单地予以支持就解决问题。实践中，可能会因判决不清楚而使得股东的知情权仍难以及时实现。同时，由于专业性，有些文件材料的查阅需要借助于专业机构和人员，而这，也需要在判决中予以明确。

对此，《公司法解释（四）》第十条作出了明确规定："人民法院审理股东请求查阅或者复制公司特定文件材料的案件，对原告诉讼请求予以支持的，应当在判决中明确查阅或者复制公司特定文件材料的时间、地点和特定文件材料的名录。股东依据人民法院生效判决查阅公司文件材料的，在该股东在场的情况下，可以由会计师、律师等依法或者依据执业行为规范负有保密义务的中介机构执业人员辅助进行。"

首先，原告胜诉判决中应明确查阅或者复制公司特定文件材料的时间、地点和特定文件材料的名录。

股东知情权的实现有赖于对特定文件材料的确定时间、确定地点及确定文件的查阅。对于查阅时间，可以结合案件实际情况，在征求当事人意见的基础上，确定一个合理的起止时间。该合理的起止时间须同时照顾股东和公司的利益与期待。对于查阅地点，则一般应在公司住所地办公地点，也可是股东与公司经过协商确定的地点。对于查阅哪些文件，则须符合公司法规定。

当然，在明确查阅之时，应同时确定可以复制的时间、地点与特定文件名录。以免当事人为此产生新的争议。

其次，判决书可允许股东在场情况下由专业机构人员辅助进行查阅。

股东可以查阅的文件常常涉及专业问题，如会计账簿、法律专业知识等，而这些，由于股东能力有限而可能尽管进行了查阅，但无法搞明白。因此，应当允许股东行使查阅权时，由会计师、律师等依法或者依据执业行为规范负有保密义务的中介机构执业人员辅助进行。当然，在会计师、律师等执业人员辅助进行时，股东须同时到场。一般不允许这些中介机构执业人员在没有股东在场时单独进行查阅。不过，如果当事人双方同意，也应当允许这样做。

（二）股东不当行使知情权的赔偿责任

股东知情权属于股东固有法定的权利，但该权利的行使不能因此损害公司的利益，特别是不得因此侵犯公司的商业秘密。

根据《反不正当竞争法》第十条第三款规定，商业秘密是指不为公众所知悉、能为权利人带来经济利益、具有实用性并经权利人采取保密措施的技术信息和经营信息。如果股东在行使其知情权时获得相应公司商业秘密信息，有保守秘密的义务。如果因此泄露，就构成对公司商业秘密的侵犯。

《公司法解释（四）》第十一条明确规定："股东行使知情权后泄露公司商业秘密导致公司合法利益受到损害，公司请求该股东赔偿相关损失的，人民法院应当予以支持。根据本规定第十条辅助股东查阅公司文件材料的会计师、律师等泄露公司商业秘密导致公司合法利益受到损害，公司请求其赔偿相关损失的，人民法院应当予以支持。"

关于举证责任，《最高人民法院关于审理不正当竞争民事案件应用法律若干问题的解释》（法释〔2007〕2号）第十四条规定："当事人指称他人侵犯其商业秘密的，应当对其拥有的商业秘密符合法定条件、对方当事人的信息与其商业秘密相同或者实质相同以及对方当事人采取不正当手段的事实负举证责任。其中，商业秘密符合法定条件的证据，包括商业秘密的载体、具体内容、商业价值和对该项商业秘密所采取的具体保密措施等。"也就是说，一般采谁主张权利谁举证的规则，但鉴于商业秘密案件的技术性与复杂性，法院可根据案件具体情况，合理分配举证责任。

案例指导

北京天信宇通电子技术有限公司与陈煜股东知情权纠纷案[①]

陈煜向一审法院起诉，请求：1. 判令天信公司提供自公司成立至 2017 年 6 月 29 日期间全部的公司章程、股东会会议记录、董事会会议决议和财务会计报告供陈煜查阅和复制；2. 判令天信公司提供公司成立至 2017 年 6 月 29 日期间全部公司会计账簿（包括会计凭证和原始凭证）供陈煜（包括陈煜委托的律师和注册会计师）查阅。

一审法院认为，根据《公司法》第三十三条规定，陈煜系天信公司股东，依法享有股东知情权，有权了解公司的经营、财务状况。会计法规定：各单位必须依法设置会计账簿，并保证其真实、完整。各单位必须根据实际发生的经济业务事项进行会计核算，填制会计凭证，登记会计账簿，编制财务会计报告。会计凭证、会计账簿、财务会计报告和其他会计资料，必须符合国家统一的会计制度的规定。会计凭证包括原始凭证和记账凭证。天信公司作为境内企业，必须遵守上述规定，依法设置会计账簿、会计凭证等财务资料。故陈煜在本案中提出的诉讼请求于法有据，该院予以支持。

天信公司不服，提起上诉。

二审认为，本案系陈煜依据其天信公司股东身份，要求查阅、复制天信公司相应公司材料的股东知情权诉讼，故应依据《公司法》第三十三条和《公司法解释（四）》第十条的规定予以审查。

针对天信公司称，陈煜持有的股权的实际出资人是张忠禄，陈煜并未实际出资，并非天信公司实际股东，故不享有股东权利一节。本院认为，《最高人民法院关于适用〈中华人民共和国民事诉讼法〉的解释》第九十条规定：

---

① 案例来源：北京市第一中级人民法院民事判决书（2018）民终 1366 号，载中国裁判文书网，http：//wenshu.court.gov.cn/content/content?DocID=2a08758f-b532-4e63-a913-a8960010faa1&KeyWord=。

“当事人对自己提出的诉讼请求所依据的事实或者反驳对方诉讼请求所依据的事实，应当提供证据加以证明，但法律另有规定的除外。在作出判决前，当事人未能提供证据或者证据不足以证明其事实主张的，由负有举证证明责任的当事人承担不利的后果。”根据已经查明的事实，陈煜系天信公司工商登记的股东，天信公司虽主张陈煜未实际出资并代他人持有股份，但对此并未提供确实充分的证据予以证明，应承担举证不能的不利后果，同时，在陈煜已经登记为天信公司股东的情况下，其是否实际出资，以及是否代他人持有相应股份，并非否定其查阅、复制天信公司相应公司材料的法定事由，天信公司该上诉主张缺乏事实和法律依据，本院依法不予采信。

关于天信公司主张，其现有财务凭证不全，无法提供给股东查阅，陈煜作为天信公司的董事，应当了解公司的经营管理情况，其要求查阅本案诉争材料具有不当目的，且一审判决判令陈煜查阅天信公司会计凭证和原始凭证缺乏依据一节。本院认为，有限责任公司的财务会计报告、股东会会议记录、董事会会议决议、财务会计报告、会计账簿、各类凭证等资料是公司经营管理的重要组成部分，公司应当保证其真实、完整。天信公司作为依法存续的有限责任公司，应当置备完整的公司资料，其上述材料是否完整，并非对抗股东行使查阅、复制权的法定事由。同时，有限责任公司的会计凭证和原始凭证是形成公司会计账簿的重要资料，且会计账簿的真实性和完整性需通过原始凭证反映，股东通过查阅会计凭证和原始凭证可以充分保障自身合法权益，亦并不当然产生影响公司利益的结果。另外，陈煜作为天信公司的股东，有权了解公司的经营情况，查阅、复制相关公司材料系其法定权利，且相关法律并未禁止股东在担任公司其他职务的情况下行使查阅、复制权利，在天信公司并未提供确实充分的证据证明陈煜具有不当目的的情况下，应保障陈煜行使查阅、复制公司相关资料的权利。综上，天信公司的上述主张缺乏事实和法律依据，本院依法不予采信。

针对天信公司主张，一审判决书主文第二项中“供陈煜（包括陈煜委托的会计师、律师各一名）查阅”的表述实际上认定会计师、律师具有查阅权一节。本院认为，根据《公司法解释（四）》第十条第二款的规定，会计师、律师可依据生效裁判文书辅助股东查阅公司文件材料，本案中，一审判决书中对此亦表述为陈煜“委托”的会计师、律师各一名，据此可知，上述内容并未将会计师、律师认定为行使股东查阅权的主体，不至引起天信公司该主张涉及的误解，一审判决将前述法律规定的内容在判决主文中予以明确的做法并无不当。

规范指引

《最高人民法院关于适用〈中华人民共和国公司法〉若干问题的规定（四）》

第十条　人民法院审理股东请求查阅或者复制公司特定文件材料的案件，对原告诉讼请求予以支持的，应当在判决中明确查阅或者复制公司特定文件材料的时间、地点和特定文件材料的名录。

股东依据人民法院生效判决查阅公司文件材料的，在该股东在场的情况下，可以由会计师、律师等依法或者依据执业行为规范负有保密义务的中介机构执业人员辅助进行。

第十一条　股东行使知情权后泄露公司商业秘密导致公司合法利益受到损害，公司请求该股东赔偿相关损失的，人民法院应当予以支持。

根据本规定第十条辅助股东查阅公司文件材料的会计师、律师等泄露公司商业秘密导致公司合法利益受到损害，公司请求其赔偿相关损失的，人民法院应当予以支持。

《中华人民共和国反不正当竞争法》

第十条　经营者进行有奖销售不得存在下列情形：

（一）所设奖的种类、兑奖条件、奖金金额或者奖品等有奖销售信息不明确，影响兑奖；

（二）采用谎称有奖或者故意让内定人员中奖的欺骗方式进行有奖销售；

（三）抽奖式的有奖销售，最高奖的金额超过五万元。

《最高人民法院关于审理不正当竞争民事案件应用法律若干问题的解释》

第十四条　当事人指称他人侵犯其商业秘密的，应当对其拥有的商业秘密符合法定条件、对方当事人的信息与其商业秘密相同或者实质相同以及对方当事人采取不正当手段的事实负举证责任。其中，商业秘密符合法定条件的证据，包括商业秘密的载体、具体内容、商业价值和对该项商业秘密所采取的具体保密措施等。

专题十一：董事、高管的民事责任

【核心提示】公司董事、高级管理人员等未依法履行职责，导致公司未依法制作或者保存《公司法》第三十三条、第九十七条规定的公司文件材料，给股东造成损失，股东依法请求负有相应责任的公司董事、高级管理人员承担民事赔偿责任的，人民法院应当予以支持。

实务争点

股东知情权的有效实现有赖于公司依法制作与保管相应的公司文件及材料。但对于应当由谁来保管和制作，我国公司法并未明确规定，而实践中常常是由公司的控制股东操控公司，从而导致司法实践中无法认定相应责任及承担者。对此，《公司法解释（四）》第十二条作出了规定。

理解适用

对《公司法解释（四）》第十二条规定的理解适用

（一）董事会是公司人格的代表与实现者

在法律上，公司是区别于其成员的法人实体，享有不同于成员的权利，并承担不同于成员的义务和责任，即公司拥有自己的人格，是迥然相异于人类（自然人）的拟制的人。[①] 现代公司法不仅通过公司财产独立与有限责任塑造公司自身应有的信用品格与人格，更通过董事会体现公司人格并使之得

① ［英］保罗·戴维斯、莎拉·沃辛顿：《现代公司法原理》（第9版），罗培新等译，法律出版社2016年版，第34页。

以实现。不论是采股东优位主义，还是管理者优位主义，均须按照法定或章定程序通过公司并以公司之名行使相应的权力，都不偏离公司自身主体的核心价值，而体现公司主体价值和地位的关键是管理者。各国公司法在强调股东权利的同时，也更多地通过明确管理者的地位与责任，来保障公司的独立人格价值与股东权利的实现。所以，严格来讲，公司法关于公司基本关系的架构应是“股东—公司—管理人（或执行人）”，该架构一方面体现了股东与公司之间的基本关系，另一方面也体现了股东与公司的关系是通过具体的人或机构实现的，从而使得抽象意义上的“股东—公司”之间的关系具有了可操作性及归责性。

在法律上，公司一旦成立，并选举了董事会，团体成员实际上就创设了一个全新的、独立的法律实体。[①] 该法律实体的角色是为了平衡相互冲突的利益，而具体平衡者是作为管理者的董事会。某人一旦被选举为董事，其不是只为股东服务的，更多是为公司这样一个法律实体的整体利益服务的独立管理者。如果说财产独立是公司人格基础的话，董事会则是公司人格的最大表征和实现者，是董事会而非股东和其他机构代表着公司。尽管作为闭锁性的有限公司常常由股东担任董事会成员，但他们是以董事而非股东身份，行使着有关权利并承担相应义务与责任，并以董事会名义为之的。现代各国公司法都无一例外地赋予了董事会对公司事务的独断权（fiat）或自主决策权以及执行公司事务的权力，董事会享有不受限制的商业决策自由，[②] 董事会有权利也有义务按照公司法和章程规定执行公司事务，股东只能通过股东会并以表决的形式行使法定的职权。所以，对于公司治理，无论是股东会中心说，还是经理说，事实上都是以董事会为真正中心的。如果没有董事会这个中心，公司所谓独立的人格是无以体现并实现的。

特别是随着最低资本金制度的取消和不要求初始资本，作为法律创造的公司人格及其信用几乎完全是通过董事会这个角色得以表达和实现的。通过

① ［美］弗兰克·H. 伊斯特布鲁克等：《公司法的逻辑》，黄辉编译，法律出版社 2016 年版，第 185 页。

② 参见斯蒂芬·M. 贝恩布里奇：《理论与实践中的新公司治理模式》，赵渊译，法律出版社 2012 年版，第 11 页。

董事会代表公司，其经营及财产得以独立化，进一步实现了公司人格的价值，并彰显着公司而非股东的信用。[①]

（二）董事、高管有义务依法制作或者保存公司有关文件与材料

我国股东知情权主要是《公司法》和《证券法》中相关规定，具体而言，我国有限责任公司股东的知情权由《公司法》第三十三条调整，内容包括股东有权查阅、复制公司章程、股东会会议记录、董事会会议决议、监事会会议决议和财务会计报告；查阅公司会计账簿。非上市的股份有限公司股东知情权由《公司法》第九十六条（重要文件置备义务）、第九十七条（查阅权）、第一百一十六条（定期披露报酬）调整。上市公司的股东知情权还受《证券法》第六十三条至第七十二条（持续信息公开）的调整，与非上市股份有限公司股东的知情权相比，增加了对公司投资变化、经营、资产、所有权和人事变动等与市场股价有关联的、足以引起股价变动的重大性事项等的知情权。

根据上述规定，股东有权利了解公司相关信息（知情权），公司有义务采取相应手段和方式提供或披露相关信息。应当说，我国公司法和证券法的规定是比较清楚的，它既照顾了股东作为所有者的面子（有权利），也照顾了公司作为独立人格体的面子（股东不能想查就查，想了解什么就了解什么）。

但同时我们能够看到，股东知情权的实现首先并不在于股东有这个权利，而在于公司有义务置备并提供有关公司信息。可以说，这是股东知情权实现的基础和保障。但从我国公司法规定上看，其只是消极地规定了公司有义务依法和章程规定置备公司有关文件和提供有关信息，但未明确规定违反该规定的责任。而且，我国公司法也仅规定“公司”有义务置备和提供，而

① 西方学者认为，公司法人的基本权力关系一直是控制的事情，而非所有权本身的问题。通过公司，控制权成了财产关系的法律形式在制度上的得以沟通的手段，而控制是通过董事会这个经理层进行的。所以，控制与统治的问题是理解公司法人行为的根本。参见［英］约翰·斯科特：《公司经营与资本家阶级》，张峰译，重庆出版社2002年版，第36页以下。

未明确由谁代表公司置备等。

从比较法来看，国外规定是比较明确的，如《德国有限责任公司法》第四十条关于“股东名单”不仅规定“股东名单的变更由业务执行人进行通知和证明”（第一款），且规定违反该义务的，对受损害者承担连带责任（第三款）；第四十一条关于“簿记”规定“业务执行人有义务负责公司的依法簿记事务”，第四十三条关于“业务执行人的责任”规定其须在公司事务上应尽到一个通常商人的注意，如违反其义务的，对由此产生的损害承担连带责任；第八十二条关于“虚假陈述”规定对于业务执行人等在公开通知中，对公司财务状况进行虚假陈述或者掩饰的人应受到处罚。这些规定都在明确的责任人而非所谓抽象的“公司”，并明确规定了这些责任人的责任与处罚，起到了督促相关责任人主动履行义务的作用，从而保障了股东等相应的权利。

我国公司法的有关规定涉及有关行为时，常常以抽象的“公司”之名，很少提到董事会或执行董事有义务和责任，仅是笼统地在第六章关于“董事监事的资格和义务”中作了难以明确的所谓责任。其结果是，本应由董事主动为之的义务，成了和其没有关系的事情，继而导致董事的应为而不作为。

为明确相关义务与责任，《公司法解释（四）》第十二条规定：“公司董事、高级管理人员等未依法履行职责，导致公司未依法制作或者保存公司法第三十三条、第九十七条规定的公司文件材料，给股东造成损失，股东依法请求负有相应责任的公司董事、高级管理人员承担民事赔偿责任的，人民法院应当予以支持。”尽管该规定也只是涉及消极的责任承担，且是仅在造成损失时的责任要求，而不涉及关键的公司董事、高管的明确主动义务之要求，但该解释无疑将对我国公司董事、高管相应的义务和责任作出表率要求。

（三）董事、高管未依法制作或者保存公司有关文件与材料的民事责任的认定

根据《公司法解释（四）》第十二条规定，董事、高管未依法制作或者

保存公司有关文件与材料的民事责任的认定需具备以下条件：

一是主体必须是公司董事和高级管理人员，不包括公司监事。这是由公司董事和高级管理人员的执行机构地位决定的。各国公司法均明确规定董事和高级管理人员系公司的执行机构，凡公司执行、管理之事务均应由其执行和管理。我国《公司法》第四十六条和第四十九条也规定了董事会和经理等高级管理人员的执行机关地位，尽管其没有明确规定其在包括置备公司有关文件方面的义务，但从第四十六条和第四十九条规定可以看出，董事和高级管理人员无疑是置备公司有关文件和材料的责任者。这时的董事和高级管理人员既包括名义董事和高级管理人员，也包括影子董事和高级管理人员，后者是指尽管名义上不是公司董事和高级管理人员，但其在公司中事实上行使着公司董事和高级管理人员职责的人。

二是公司董事和高级管理人员没有履行其依法制作或保存《公司法》第三十三条、第九十七条规定的公司文件材料的义务。这里的"依法"既包括公司法规定，也包括会计法、会计规则等，但不包括公司章程。也就是说，《公司法》第三十三条和第九十七条的规定具有法定性，不得通过公司章程扩大，它们不属于公司自治范畴。

三是公司董事和高级管理人员未依法制作或保存的行为与股东的损失之间具有因果关系，即前者的行为导致后者的损失。法律上的因果关系着眼于个案的特殊情况，如何在众多的因素中研究认定的原因？因果关系可以分为责任成立的因果关系与责任范围的因果关系。前者系侵权责任成立的因果关系，后者则为侵权责任成立后，承担损害赔偿责任大小之间的因果关系，后者当以前者为基础。当侵权责任案件当事人诉请至法院请求责任赔偿时，法院首先是要通过对侵权责任构成要件的审理，认定被告是否应对原告承担侵权责任，侵权责任成立后，法院再依据侵权行为造成损害结果原因力的大小，认定具体的赔偿金额。

案例指导

黄某与甲公司股东知情权纠纷案[①]

甲公司成立于1999年4月，黄某自公司成立时起即为甲公司的股东，持有20%的股份。

2012年3月20日，黄某与案外人胡某向甲公司提交《查阅公司财务账簿、会计凭证、财务会计报告及司法审计的申请》，要求查阅、复制公司1999年成立至查阅日的股东会会议记录和决议、董事会会议记录和决议、会计账簿（包括但不限于总账、明细账、日记账等）及相对应的会计凭证（包括但不限于原始凭证、记账凭证、银行对账单等）；2011年9月至查阅日的年度财务报表、月度财务报表，并要求对公司财务状况进行司法审计。甲公司在收到书面申请后，未满足黄某的上述要求。

黄某为此曾于2012年8月7日向原审法院提起股东知情权纠纷之诉，案号为（2012）长民二（商）初字第783号，该案于2012年11月20日撤诉。在该案审理期间，黄某曾向原审法院申请调查令前往上海市长宁区会计管理服务中心调查甲公司备案的财务会计报告种类；甲公司是否设置了总账和辅助性账簿。该中心2012年11月12日回复称“长宁区会计管理服务中心无该公司的资料”。

一审法院认为，股东知情权是法律赋予公司股东了解公司经营状况的重要权利，但该权利的行使必须符合我国《公司法》《会计法》等法律的规定以及公司章程的规定。从我国《公司法》第三十四条的规定来看，有限责任公司股东可以行使的知情权包括两个方面：一是查阅、复制权，该权利及于的对象包括公司章程、股东会会议记录、董事会会议决议、监事会会议决议和财务会计报告。因此，黄某诉请查阅、复制甲公司1999年成立至2013年2月28日的股东会会议记录、董事会会议决议以及甲公司2006年1月1日

---

① 案例来源：上海市第一中级人民法院民事判决书（2013）民四（商）终字第1007号，载无讼网，https：//www.itslaw.com/detail?judgementId=62756b5d-2a9c-4de5-a3a4-18764c3eca0f&area=1&index。

至2013年2月28日的年度财务报告，月度财务报告，于法有据，原审法院予以支持。但是，由于我国《公司法》第三十四条并未将股东会会议决议和董事会会议记录列入查阅、复制权的行使范围，故原审法院对黄某的该部分诉请不予支持。二是查阅公司会计账簿权。从《公司法》第三十四条的规定来看，会计账簿作为股东知情权的行使对象，仅限于查阅，故黄某诉请复制甲公司1999年成立至2013年2月28日的财务账簿，没有法律依据，原审法院不予支持。此外，鉴于甲公司辩称其没有设置总账和其他辅助性账簿，而黄某也没有证据证明甲公司设置了总账和其他辅助性账簿，故原审法院仅能支持黄某查阅甲公司1999年成立至2013年2月28日的包括明细账、现金日记账、银行日记账在内的财务账簿。至于黄某诉请查阅、复制的会计凭证，则不属于我国《公司法》第三十四条规定的股东知情权行使范围，本院对黄某的该部分诉请，不予支持。

二审法院认为，知情权是公司法赋予股东的一种基础性权利，应依法得到保护，但股东行使知情权应当受到一定的限制。根据《公司法》第三十四条之规定，公司股东会决议以及董事会会议记录的查阅、复制、会计账簿的复制、原始会计凭证的查阅和复制并不属于股东知情权的范围。黄某提出的对上述材料行使知情权的主张缺乏法律依据，本院不予支持。

《会计法》第十五条规定，会计账簿包括总账、明细账、日记账和其他辅助性账簿。该项规定应属于强制性规定，各个企业须恪守。《公司法》第三十四条第二款规定，股东可以要求查阅公司会计账簿。上诉人黄某要求查阅甲公司的总账、明细账、现金日记账、银行日记账及其他辅助性账簿在内的财务账簿，属于《会计法》规定的会计账簿的范畴，亦属于公司法规定的股东行使知情权的范围，应予准许。黄某作为公司的小股东，并不负责公司的财务管理，故在举证证明甲公司设立总账以及其他辅助性账簿上具有难度。但甲公司作为依法设立的企业，应当严格依据《会计法》的上述规定设置公司的会计账簿。原审法院仅以甲公司辩称不存在总账和其他辅助性账簿为由不支持黄某要求查阅甲公司的总账及其他辅助性账册的诉求有所不当，本院依法予以纠正。

对于黄某提出申请要求对甲公司的财务状况进行审计，本院认为，司法审计并不属于股东知情权的范围，况且黄某通过行使知情权查阅、复制甲公司的会议资料、财务报告以及查阅公司的会计账簿，也可以对公司的财务状况进行了解和核实，以保护自己的合法权益，故本院对其提出的要求对甲公司的财务状况进行司法审计的主张依法不予支持。

规范指引

《中华人民共和国民法总则》

第八十一条　营利法人应当设执行机构。

执行机构行使召集权力机构会议，决定法人的经营计划和投资方案，决定法人内部管理机构的设置，以及法人章程规定的其他职权。

执行机构为董事会或者执行董事的，董事长、执行董事或者经理按照法人章程的规定担任法定代表人；未设董事会或者执行董事的，法人章程规定的主要负责人为其执行机构和法定代表人。

《中华人民共和国公司法》

第四十六条　董事会对股东会负责，行使下列职权：

（一）召集股东会会议，并向股东会报告工作；

（二）执行股东会的决议；

（三）决定公司的经营计划和投资方案；

（四）制订公司的年度财务预算方案、决算方案；

（五）制订公司的利润分配方案和弥补亏损方案；

（六）制订公司增加或者减少注册资本以及发行公司债券的方案；

（七）制订公司合并、分立、解散或者变更公司形式的方案；

（八）决定公司内部管理机构的设置；

（九）决定聘任或者解聘公司经理及其报酬事项，并根据经理的提名决定聘任或者解聘公司副经理、财务负责人及其报酬事项；

（十）制定公司的基本管理制度；

（十一）公司章程规定的其他职权。

第四十九条　有限责任公司可以设经理，由董事会决定聘任或者解聘。经理对董事会负责，行使下列职权：

（一）主持公司的生产经营管理工作，组织实施董事会决议；

（二）组织实施公司年度经营计划和投资方案；

（三）拟订公司内部管理机构设置方案；

（四）拟订公司的基本管理制度；

（五）制定公司的具体规章；

（六）提请聘任或者解聘公司副经理、财务负责人；

（七）决定聘任或者解聘除应由董事会决定聘任或者解聘以外的负责管理人员；

（八）董事会授予的其他职权。

公司章程对经理职权另有规定的，从其规定。

经理列席董事会会议。

第一百四十七条第一款 董事、监事、高级管理人员应当遵守法律、行政法规和公司章程，对公司负有忠实义务和勤勉义务。

《最高人民法院关于适用〈中华人民共和国公司法〉若干问题的规定（四）》

第十二条 公司董事、高级管理人员等未依法履行职责，导致公司未依法制作或者保存公司法第三十三条、第九十七条规定的公司文件材料，给股东造成损失，股东依法请求负有相应责任的公司董事、高级管理人员承担民事赔偿责任的，人民法院应当予以支持。

专题十二：股东请求分配公司利润诉讼的当事人

【核心提示】股东请求公司分配利润案件，应当列公司为被告。一审法庭辩论终结前，其他股东基于同一分配方案请求分配利润并申请参加诉讼的，应当列为共同原告。

实务争点

股东请求公司分配利润诉讼，其当事人自然为股东和公司，其中股东为原告，公司为被告。但在实践中如何认定当事人，各地做法似乎仍有较大争议，如对于控制股东和董事是否应列为被告，或其他不同意分配利润的股东的诉讼地位如何等。对此，《公司法解释（四）》第十三条作出了规定。

理解适用

对《公司法解释（四）》第十三条规定的理解适用

（一）请求公司利润分配诉讼的原告须为股东

股东请求公司分配利润诉讼，其当事人自然为股东和公司，其中股东为原告，公司为被告。《公司法解释（四）》第十三条规定："股东请求公司分配利润案件，应当列公司为被告。一审法庭辩论终结前，其他股东基于同一分配方案请求分配利润并申请参加诉讼的，应当列为共同原告。"

对于股东身份的认定，对于有限责任公司，一般应以《公司法》第三十二条所规定的股东名册记载为准；对于股份有限公司，根据《公司法》第九十六条及其他规定，一般也以股东名册记载为准，持有无记名股票的，则以持有股票为准。

凡具有股东身份者，不论其持有股权或股份多少，均可以成为原告。司法实务中存在争议的是，如股东出资不实，甚至没有出资，能否以股东身份要求分红。现代公司法对于有限责任公司，并不要求股东必须出资才能成为股东，关键在于公司章程及股东协议如何规定。如果公司章程或股东协议规定某个股东可以不出资，并规定了其享有的股东权利，则其可以要求公司分红。如果公司章程或股东协议没有相应规定，则需看公司实际运作中如何处理。可以说，股东出资不实，并不当然影响股东向公司主张利润请求权的权利，除非公司全体股东或公司章程对此另有约定。所以，在这种情况下，公司章程和协议很重要，投资人在设立公司或吸纳其他人进入公司时，应以章程或协议作出明确规定，如对出资不实股东的利润分配请求权给予必要的限制。如果公司章程没有规定或者全体股东对此并无约定或一致认识，则可依《公司法》第三十四条规定，按实缴出资比例分配红利。

另外，对于实际出资人，则因其并非公司法意义上的股东，故其一般不具有股东资格而不能成为原告。当然，如果某实际出资人事实上参与了公司管理，且其他股东都认可其股东身份，则其可以以股东身份成为原告。

（二）不同意分配公司利润的股东能否成为诉讼当事人

在司法实践中，还有一个争议较大的问题，即那些不同意分配利润的股东能否参加诉讼？如果可以，以什么样的身份参与？

公司是否分配利润，是要通过一定程序的，其中重要的是需要通过股东会或股东大会决议。股东会或股东大会一旦通过分配公司利润的决议，则成为公司经营决策，公司执行层必须执行，除非重新通过新的股东会或股东大会决议推翻，或者原决议被法院裁判无效或撤销。当公司决议分配公司利润时，要求分配利润的股东与公司之间就形成一种请求分配利润与应当分配利润的债权债务关系。

那些在股东会或股东大会上不同意分配利润的股东，尽管其不同意分配公司利润，但其与那些同意分配公司利润的股东之间仅在股东会或股东大会上产生成员权法律关系。而在股东会或股东大会一旦作出公司分配利润的决议后，则同意分配公司利润的股东与不同意的股东之间就不存在直接的利害关系，不能成为相应诉讼中的主体，其既不能成为被告，也不能成为所谓第三人。如果说其可以成为诉讼主体，则其须以公司为被告，提起分配利润无效之诉。

有著述认为，公司向股东分配利润，会对其他股东利益产生影响，故为保护其他股东利益计，应允许其他股东以第三人身份参加诉讼。[①] 这完全是不符合公司法理的错误认识，其将混淆公司关系，肢解公司的团体价值。公司诉讼必须以公司法规定及法理为实体基础，简单地依所谓民事诉讼法及理论探讨公司诉讼是无源之水。

---

① 杜万华主编、最高人民法院民事审判第二庭编著：《最高人民法院公司法司法解释（四）理解与适用》，人民法院出版社2017年版，第282页。

（三）股东请求分配公司利润诉讼当以公司为被告

从法律关系上而言，股东请求分配公司利润，系以公司为被请求人，故其被告显然仅为公司。

在实践中，公司往往被大股东或董事等高级管理人员控制，是否分配公司利润也基本上由他们决定。这就产生一个问题，股东请求分配公司利润的诉讼中能否以这些控制股东或董事等来作为被告。如果抛开公司法上的形式法律关系，似乎他们也可以成为被告。而且，我国《公司法》第二十条、第二十一条、第一百五十二条也规定了公司股东不得滥用股东权利损害公司或其他股东利益、董事等高级管理人员不得违反规定损害股东利益等。尽管如此，但是公司是一个独立的法律主体，其一旦成立，就成为与股东、管理人员等互为人格的主体，非出现《公司法》第二十条所规定的公司法人否定之情形，不得随意将股东与公司之间的人格混同或否定。也就是说，即使出现大股东或董事不按照法律规定向股东分红，股东也只能以公司为被告，而不宜以控制股东或董事为被告。

《公司法》第二十条、第二十一条、第一百五十二条及《民法总则》第八十三条、第八十四条的规定也仅是关于股东和董事等高级管理人员其他情形下的责任问题。从法律关系处理来看，股东请求分配公司利润仅以公司为被告足以解决相关问题，无须借助《公司法》第二十条、第二十一条、第一百五十二条关于股东和董事相关义务和责任的规定。

（四）利润分配请求权能否单独转让

从权利属性上来说，作为分红权的利润分配请求权属于股东权利，即仅有股东身份者方享有对于公司的利润分配请求权。分红权与参与管理权等一起构成股东对于公司的权利，在股东与公司之间形成一种团体成员权法律关系，所以，在公司决定具体分配利润前，分红权必须也只能与股东身份相结合。也就是说，作为抽象的利润分配权，在公司决定具体分配前，其是不能与股东身份相分立的，公司也仅基于某个人的股东身份与其产生成员权法律关系。因此，这时的利润分配请求权是不能单独转让的。但是，如果公司决定了分配利润，则这时的利润分配请求权将被具体化为确定的债权，而被完全财产化，其人身属性将不再具有意义，从而可以单独转让。所以，在日本，股东通过决议决定分红前，仅将分红请求权让渡给他人是不允许的。①

按照我国公司法规定，股东分红权在公司决定分红之前是不允许单独转让的，即使转让，该转让合同也仅在转让方与被转让方之间有法律约束力，被转让方不能依据转让协议直接要求公司分红，即其对于公司是没有法律效力的。不过，在公司决定分红后，利润分配请求权可以转让，但受让人获得的也仅是代位权，非直接的债权请求权。②

（五）股权转让后利润分配请求权的归属

一般而言，股权可以依法转让，依法转让完成后，相应的利润分配请求权也随之转移。但如果公司决定分配利润之后，股东享有的抽象利润分配请求权转化为具体的利润分配权，该具体的利润分配权就可以脱离股东身份而单独存在。

因此，在公司决定分配利润之后，股东转让了其股权，相应利润分配请求权是否也随之转移，值得研究。在一般情况下，当事人转让股权时，会在合同中约定相应利润分配请求权的归属，但如果没有约定，则需要具体情况具体分析，可以根据股权转让价格判断。如果转让价格明显较低，则利润分配请求权仍然归于原股东；反之则归于新股东。当然，如果仍然无法判断，可以认为利润分配请求权没有转移。

---

① ［日］近藤光男：《最新日本公司法》（第7版），梁爽译，法律出版社2016年版，第52页。

② 当前我国金融市场出现大量的股权收益权转让，这种转让表面上是对股东享有的抽象利润分配请求权的转让，但其实质是对未来公司决定分红后的债权转让，而非对股东抽象利润分配请求权的单独转让。因为在公司没有决定分红前，这种获得的转让只是一种期待权，而非真正意义上的转让。

案例指导

宋有福与查公勇股权转让纠纷案[①]

2008 年 9 月 28 日，原告查公勇及村民张德成、沈吉华作为股东出资设立南郑县汉梁生猪屠宰有限公司。2012 年 9 月，公司股东变更为查公勇和被告宋有福。原、被告共同经营期间，盈余平均分配，亏损平均承担，并对财政拨付的屠宰环节病死猪无害化处理补助资金约定平均分配。2016 年 9 月 25 日，由原、被告决定，由查公勇将其持有公司股权转让给宋有福，转让后宋有福持有公司 100% 股权。当日，原告查公勇与被告宋有福签订《协议书》，对公司财产作了处理。双方还口头约定，待 2015 年上半年、2015 年下半年、2016 年上半年财政拨付的屠宰环节病死猪无害化处理补助资金下来后由两人平均分配。2017 年，双方发生纠纷，查公勇向法院起诉，其中一个请求为诉请判令被告立即付给原告无害化处理补助金 42960 元。

一审法院认为，对原告要求被告给付 2015 年、2016 年上半年无害化处理补助资金的一半即 42960 元之请求，经庭审查明，2015 年上半年补助资金 36480 元（公司实有）已由双方于 2016 年 2 月 5 日支取使用，现该笔资金已不存在，故对 2015 年上半年补助资金 36480 元的分割请求本院不予支持；2015 年下半年补助资金 32560 元和 2016 年上半年补助资金 16880 元（公司实有），南郑县财政局于 2016 年 12 月 1 日、12 月 22 日分别拨付，该款虽然在双方签订股权转让协议之后拨付，但该两笔款合计 49440 元是 2015 年下半年和 2016 年上半年公司无害化处理补助资金，应属于股权转让之前原公司的资产（利润）。而对该种款项在股权转让之前，原、被告约定平均分配且近年来一直在执行该约定，且 2016 年 9 月 25 日双方签订协议书时口头约定公司申报的无害化补助资金拨付后两人平均分配，故对属于原公司（2016 年 9 月 26 日前）的资产（利润），本案原、被告作为公司股东应平均分配，

---

① 案例来源：汉中市中级人民法院民事判决书（2018）民终 244 号，载中国裁判文书网，http：//wenshu.court.gov.cn/content/content?DocID=77b74b34-2e66-4c33-9636-a8da00b92fcc&KeyWord=。

故对原告请求被告支付2015年下半年和2016年上半年补助资金的一半的请求本院予以支持。

二审经过审理认为，上诉人主张，被上诉人请求要求分配的无害化处理补助金，属于南郑县汉梁生猪屠宰有限公司的利润，其主体不适格，被上诉人查公勇不应向上诉人主张。根据被上诉人在原审及本院审理中的认可，该补助金属于股权转让前公司的利润，且死猪无害化处理补助金是政府发放给生猪定点屠宰企业的补贴，均以公司的名义申报，发放到公司账户，因此，该补助金应当为公司的收入。根据《公司法解释（四）》第十三条“股东请求公司分配利润案件，应当列公司为被告”的规定，该条是关于股东请求分配利润案件当事人诉讼地位的规定。因此，被上诉人主张分配股权转让前其经营期间的公司收入应当向南郑县汉梁生猪屠宰有限公司主张，被上诉人可以列公司为被告另行起诉。因此，上诉人的上诉理由成立。

规范指引

《中华人民共和国民事诉讼法》

第二十六条 因公司设立、确认股东资格、分配利润、解散等纠纷提起的诉讼，由公司住所地人民法院管辖。

第五十二条 当事人一方或者双方为二人以上，其诉讼标的是共同的，或者诉讼标的是同一种类、人民法院认为可以合并审理并经当事人同意的，为共同诉讼。

共同诉讼的一方当事人对诉讼标的有共同权利义务的，其中一人的诉讼行为经其他共同诉讼人承认，对其他共同诉讼人发生效力；对诉讼标的没有共同权利义务的，其中一人的诉讼行为对其他共同诉讼人不发生效力。

第五十六条 对当事人双方的诉讼标的，第三人认为有独立请求权的，有权提起诉讼。

对当事人双方的诉讼标的，第三人虽然没有独立请求权，但案件处理结果同他有法律上的利害关系的，可以申请参加诉讼，或者由人民法院通知他参加诉讼。人民法院判决承担民事责任的第三人，有当事人的诉讼权利义务。

前两款规定的第三人，因不能归责于本人的事由未参加诉讼，但有证据证明发生法律效力的判决、裁定、调解书的部分或者全部内容错误，损害其民事权益的，可以自知道或者应当知道其民事权益受到损害之日起六个月内，向作出该判决、裁定、调解书的人民法院提起诉讼。人民法院经审理，诉讼请求成立的，应当改变或者撤销原判决、裁定、调解书；诉讼请求不成立的，驳回诉讼请求。

第一百一十九条　起诉必须符合下列条件：

（一）原告是与本案有直接利害关系的公民、法人和其他组织；

（二）有明确的被告；

（三）有具体的诉讼请求和事实、理由；

（四）属于人民法院受理民事诉讼的范围和受诉人民法院管辖。

《中华人民共和国公司法》

第四条　公司股东依法享有资产收益、参与重大决策和选择管理者等权利。

第二十条　公司股东应当遵守法律、行政法规和公司章程，依法行使股东权利，不得滥用股东权利损害公司或者其他股东的利益；不得滥用公司法人独立地位和股东有限责任损害公司债权人的利益。

公司股东滥用股东权利给公司或者其他股东造成损失的，应当依法承担赔偿责任。

公司股东滥用公司法人独立地位和股东有限责任，逃避债务，严重损害公司债权人利益的，应当对公司债务承担连带责任。

第二十一条　公司的控股股东、实际控制人、董事、监事、高级管理人员不得利用其关联关系损害公司利益。

违反前款规定，给公司造成损失的，应当承担赔偿责任。

第一百五十二条　董事、高级管理人员违反法律、行政法规或者公司章程的规定，损害股东利益的，股东可以向人民法院提起诉讼。

《最高人民法院关于适用〈中华人民共和国公司法〉若干问题的规定（四）》

第十三条　股东请求公司分配利润案件，应当列公司为被告。

一审法庭辩论终结前，其他股东基于同一分配方案请求分配利润并申请参加诉讼的，应当列为共同原告。

专题十三：股东请求判决公司分配利润的条件

【核心提示】股东提交载明具体分配方案的股东会或者股东大会的有效决议，请求公司分配利润，公司拒绝分配利润且其关于无法执行决议的抗辩理由不成立的，人民法院应当判决公司按照决议载明的具体分配方案向股东分配利润。

实务争点

是否分配和如何分配公司利润，原则上属于商业判断和公司自治的范畴，人民法院一般不应介入，但如果公司已经通过决议分配利润的话，则股东可以通过诉讼要求公司根据决议分配利润。但作为原告的股东应当提交什么样的决议，各地法院做法有一定差异，故须通过司法解释明确。另外，如果公司没有决议分配利润，股东能否提起分配利润之诉，法院应当在什么情况下予以支持，都值得明确。对此，《公司法解释（四）》第十四条作出了规定。

理解适用

对《公司法解释（四）》第十四条规定的理解适用

（一）公司股利分配原则上属于公司自治和股东自治的范围

利润分配权，是指股东有权按照出资或股份比例请求分配公司利润的权利。对于股利分配，取决于公司是否有可资分配的利润，具体数额则取决于股东在股东会或者股东大会上的自由判断。这种判断往往受股东近期财富最大化和远期财富最大化两种分配理念支配，其本身并无合法与违法之别。此外，股利分配还受制于公司的类别（上市公司与非上市公司）、公司的经营现状与发展前景、国内外市场的状况与税率的变化等因素。例如，由于上市公司股利率的任何波动，都会向股东或其他广大潜在投资者传递一种该公司经营状况陷入困境的信号。因此，许多上市公司奉行股利率较为平稳的股利政策，即使公司的盈利现状不能长期支撑此种平稳的股利政策也是如此，此时公司期冀着其经营状况会在将来有所转机。很多公司的股东们可能更倾向于以工资、利息、租金等形式分取股利，或干脆不派发任何形式的股利，只待公司资产积累到一定程度，便将其出售以获利。可见，公司股利分配的数额，原则上属于公司自治和股东自治的范围，人民法院不宜越俎代庖，避免司法专横。[①] 最高人民法院在审理河南思维自动化设备有限公司与胡克公司盈余分配纠纷案［最高人民法院民事判决书（2006）民二终字第 110 号］中认为，在公司董事会、股东会未就公司利润分配方案进行决议之前，公司股东直接向人民法院起诉请求判令公司向股东分配利润缺乏法律依据。因此，该案中在思维公司董事会、股东会未就公司利润分配作出决议之前，胡克以股东身份直接向人民法院起诉请求分配公司利润，其诉讼请求本院不予支持。由于公司是否分配利润以及分配多少利润属公司董事会、股东会决策权范畴，原审判决认定思维公司有巨额利润而长期拒不向股东分配损害了占股比例较少的股东的利益，并据此径行判决公司向股东分配利润，不符合公司利润分配的法律规定，应当予以纠正。[②] 所以，是否分配和如何分配公司利润，原则上属于商业判断和公司自治的范畴，人民法院一般不应介入。

也正是如此，《公司法解释（四）》对公司利润分配的司法救济仅以三条作了相应的规定，且其中两条，即第十四条、第十五条明确规定，股东请求公司分配利润的，应当提交载明具体分配方案的股东会或者股东大会决议；未提交的，人民法院原则上应当不予支持。但近年来，公司大股东违反同股同权原则和股东权利不得滥用原则，排挤、压榨小股东，导致公司不分配利润，损害小股东利润分配权的现象时有发生，严重破坏了公司自治。比如，

---

① 李国光、王闯：《审理公司诉讼案件的若干问题——贯彻实施修订后的公司法的司法思考》，载奚晓明主编、最高人民法院民二庭编：《民商事审判指导》2005 年第 2 辑，人民法院出版社 2006 年版，第 62 页。

② 最高人民法院民事审判第二庭编：《最高人民法院商事审判指导案例》（公司卷），中国法制出版社 2011 年版，第 293 页。

公司不分配利润，但董事、高级管理人员领取过高薪酬，或者由控股股东操纵公司购买与经营无关的财物或者服务，用于其自身使用或者消费，或者隐瞒或转移利润等。为此，《公司法解释（四）》第十五条但书规定，公司股东滥用权利，导致公司不分配利润给其他股东造成损失的，司法可以适当干预，以实现对公司自治失灵的矫正。

（二）股东请求判决公司分配利润的条件

《公司法解释（四）》第十四条规定："股东提交载明具体分配方案的股东会或者股东大会的有效决议，请求公司分配利润，公司拒绝分配利润且其关于无法执行决议的抗辩理由不成立的，人民法院应当判决公司按照决议载明的具体分配方案向股东分配利润。"

根据该规定，股东请求判决公司分配利润，须符合以下条件：

1. 公司决定分配利润的决议为有效决议

公司是否分配利润为公司自主经营问题，如分配利润，需要经过法定程序，一般首先由公司董事会制定并通过利润分配方案，其次报公司股东会或股东大会审议批准。其中董事会决议和股东会或股东大会决议均须符合法定条件和程序，其作出的决议均为有效决议。不过，法院在审查股东请求分配公司利润时，主要审查股东会或股东大会决议。同时，作为有效决议，股东会或股东大会通过决议必须载明具体分配方案，该具体方案不要求千篇一律，但至少要有在特定日期根据特定数额，并根据持股比例或人头进行分配的内容，即该方案必须是能够确定的。

当然，根据《公司法》第三十七条第二款规定，对分配利润事项股东以书面形式一致表示同意的，可以不召开股东会会议，直接作出决定，并由全体股东在决定文件上签名、盖章。

2. 公司拒绝分配利润且其关于无法执行决议的抗辩理由不成立

公司通过分配利润决议后，如果公司执行了决议，自不存在相应诉讼。只有在公司尽管通过了分配利润决议，但公司拒绝执行该决议，且无正当理由时，才需要通过法院判决解决。一般情形下，公司通过分配利润决议，就会立即按照决议对股东进行利润分配，但实践中可能会出现因突发事件或其他不可测事件导致公司无钱或不能分配（如因诉讼账户被冻结等）。这时，公司可以不按照公司决议进行分配。

但是，公司一旦通过分配决议，利润分配请求权转化为普通债权，非特殊且正当事由，公司不能随意撤销或更改决议。而且，即使有特殊且正当事由导致不能分配，如该事由很快消失或不能成为正当障碍，则公司也应立即按照决议分配利润，即使是公司可能重新通过决议不予分配利润。

在征求意见过程中，初始版本曾经规定："股东会、股东大会决议的分配方案合法有效，但公司主张目前不具备实施分配方案条件的，应当召开股东会或者股东大会重新决议。公司股东会或者股东大会重新决议不予分配利润的，人民法院应当判决驳回原告股东的诉讼请求。"因该初始规定不符合公司有效决议作出后使得抽象利润分配请求权转化为普通债权的原理，故未被采用。

（三）未提交公司决议请求分配公司利润的诉讼

正常情形下，股东需要提交公司有效决议，载明了具体分配方案时，才可以要求法院判决分配利润，否则，法院将予以驳回。但在实践中，常常会出现公司不通过分配公司利润的方案，甚至根本不提供相应方案，有关股东在没有分配利润的情况下得到了其他股东不能得到的公司好处，从而严重损害其他股东的合法权益。在这个时候，就不能固执于股东只有在提交公司分配利润决议时才能诉讼的要求。

《公司法解释（四）》第十五条规定："股东未提交载明具体分配方案的股东会或者股东大会决议，请求公司分配利润的，人民法院应当驳回其诉讼请求，但违反法律规定滥用股东权利导致公司不分配利润，给其他股东造成损失的除外。"

依该规定，如果股东滥用其权利而致使公司不分配利润，且给其他股东造成损失的，股东也可以在未提交载明具体分配方案的公司决议下请求公司分配利润，如尽管公司不分配利润，但董事、高级管理人员领取过高薪酬，或者由控股股东操纵公司购买与经营无关的财物或者服务，用于其自身使用或者消费，或者隐瞒或转移利润等情形。

该司法解释的法律基础是《公司法》第二十条第一款规定，即“公司股东应当遵守法律、行政法规和公司章程，依法行使股东权利，不得滥用股东权利损害公司或者其他股东的利益；不得滥用公司法人独立地位和股东有限责任损害公司债权人的利益”。

可以说，《公司法解释（四）》第十五条规定突破了股东抽象的利润分配请求权不得诉讼的法理，体现了应有的司法干预。但是，对于适用该规定，必须予以慎重，当事人如果能够通过其他途径，如按照《公司法》第七十四条退出机制解决，或通过侵权诉讼解决的话，则不宜适用该解释规定。只有在当事人确实没有明显的其他方法解决时，法院方可适用该解释解决问题。

也正是因为如此，在起草过程中，许多学者对于该条解释是持保留态度的。

案例指导

庆阳市太一热力有限公司、李昕军公司盈余分配纠纷案[①]

上诉人庆阳市太一热力有限公司（以下简称太一热力公司）、李昕军因与被上诉人甘肃居立门业有限责任公司（以下简称居立门业公司）公司盈余分配纠纷一案，不服甘肃省高级人民法院（2013）甘民二初字第8号民事判决，向最高人民法院提起上诉。

根据本案审理查明的事实和相关法律规定，最高人民法院认为：本案争议焦点是：一、太一热力公司是否应向居立门业公司进行盈余分配；二、如何确定居立门业公司应分得的盈余数额；三、太一热力公司是否应向居立门业公司支付盈余分配款的利息；四、李昕军是否应对太一热力公司的盈余分配给付不能承担赔偿责任。

一、关于太一热力公司是否应向居立门业公司进行盈余分配的问题

太一热力公司、李昕军上诉主张，因没有股东会决议故不应进行公司盈

① 案例来源：最高人民法院民事判决书（2016）民终528号，载《最高人民法院公报》2018年第8期。

余分配。居立门业公司答辩认为，太一热力公司有巨额盈余，法定代表人恶意不召开股东会、转移公司资产，严重损害居立门业公司的股东利益，法院应强制判令进行盈余分配。本院认为，公司在经营中存在可分配的税后利润时，有的股东希望将盈余留作公司经营以期获取更多收益，有的股东则希望及时分配利润实现投资利益，一般而言，即使股东会或股东大会未形成盈余分配的决议，对希望分配利润股东的利益不会发生根本损害，因此，原则上这种冲突的解决属于公司自治范畴，是否进行公司盈余分配及分配多少，应当由股东会作出公司盈余分配的具体方案。但是，当部分股东变相分配利润、隐瞒或转移公司利润时，会损害其他股东的实体利益，已非公司自治所能解决，此时若司法不加以适度干预则不能制止权利滥用，亦有违司法正义。虽然目前有股权回购、公司解散、代位诉讼等法定救济路径，但不同的救济路径对股东的权利保护有实质区别，故需司法解释对股东的盈余分配请求权进一步予以明确。为此，《公司法解释（四）》第十五条规定：“股东未提交载明具体分配方案的股东会或者股东大会决议，请求公司分配利润的，人民法院应当驳回其诉讼请求，但违反法律规定滥用股东权利导致公司不分配利润，给其他股东造成损失的除外。”在本案中，首先，太一热力公司的全部资产被整体收购后没有其他经营活动，一审法院委托司法审计的结论显示，太一热力公司清算净收益为75973413.08元，即使扣除双方有争议的款项，太一热力公司也有巨额的可分配利润，具备公司进行盈余分配的前提条件；其次，李昕军同为太一热力公司及其控股股东太一工贸公司法定代表人，未经公司另一股东居立门业公司同意，没有合理事由将5600万余元公司资产转让款转入兴盛建安公司账户，转移公司利润，给居立门业公司造成损失，属于太一工贸公司滥用股东权利，符合《公司法解释（四）》第十五条但书条款规定应进行强制盈余分配的实质要件；最后，前述司法解释规定的股东盈余分配的救济权利，并未规定需以采取股权回购、公司解散、代位诉讼等其他救济措施为前置程序，居立门业公司对不同的救济路径有自由选择的权利。因此，一审判决关于太一热力公司应当进行盈余分配的认定有事实和法律依据，太一热力公司、李昕军关于没有股东会决议不应进行公司盈余分配的上诉主张不能成立。

二、关于如何确定居立门业公司应分得的盈余数额问题

太一热力公司、李昕军上诉主张，《审计报告》采用了未经质证的证据材料作为审计依据且存在6项具体错误。居立门业公司答辩认为，一审判决对太一热力公司盈余数额的认定相对客观公正。本院认为，在未对盈余分配方案形成股东会或股东大会决议情况下司法介入盈余分配纠纷，系因控制公司的股东滥用权利损害其他股东利益，在确定盈余分配数额时，要严格公司举证责任以保护弱势小股东的利益，但还要注意优先保护公司外部关系中债权人、债务人等的利益。本案中，首先，一审卷宗材料显示，一审法院组织双方对公司账目进行了核查和询问，对《审计报告》的异议，一审庭审中也进行了调查和双方当事人的质证辩论。太一热力公司、李昕军虽上诉主张审计材料存在未质证问题，但并未明确指出哪些材料未经质证，故本院对该上诉理由不予支持。其次，对于太一热力公司能否收取诉争的1038.21万元入网“接口费”，双方当事人各执一词，因该款项涉及案外人的实体权益，应当依法另寻救济路径解决，而不应在本案公司盈余分配纠纷中作出认定和处理，故该款项不应在本案中纳入太一热力公司的可分配利润，一审判决未予扣减不当，本院予以纠正。最后，太一热力公司、李昕军上诉主张的《审计报告》其他5项具体问题，均属事实问题，其在二审中并未提交充分证据证明一审判决的相关认定有误，故本院不予调整。因此，居立门业公司应分得的盈余数额，以一审判决认定的太一热力公司截至2014年10月31日可分配利润51165691.8元为基数，扣减存在争议的入网“接口费”1038.21万元，再按居立门业公司40%的股权比例计算，即为16313436.72元。

三、关于太一热力公司是否应向居立门业公司支付盈余分配款利息的问题

太一热力公司、李昕军上诉主张，公司盈余分配的款项不应计算利息；居立门业公司答辩认为，李昕军挪用公司收入放贷牟利，需对居立门业公司应分得的盈余款给付利息。本院认为，公司经营利润款产生的利息属于公司收入的一部分，在未进行盈余分配前相关款项均归属于公司；在公司盈余分配前产生的利息应当计入本次盈余分配款项范围，如本次盈余分配存在遗漏，仍属公司盈余分配后的资产。公司股东会或股东大会作出盈余

分配决议时，在公司与股东之间即形成债权债务关系，若未按照决议及时给付则应计付利息，而司法干预的强制盈余分配则不然，在盈余分配判决未生效之前，公司不负有法定给付义务，故不应计付利息。本案中，首先，居立门业公司通过诉讼应分得的盈余款项系根据本案司法审计的净利润数额确定，此前太一热力公司对居立门业公司不负有法定给付义务，若《审计报告》未将公司资产转让款此前产生的利息计入净利润，则计入本次盈余分配后的公司资产，而不存在太一热力公司占用居立门业公司资金及应给付利息的问题。其次，李昕军挪用太一热力公司款项到关联公司放贷牟利，系太一热力公司与关联公司之间如何给付利息的问题，居立门业公司据此向太一热力公司主张分配盈余款利息，不能成立。最后，居立门业公司一审诉讼请求中并未明确要求太一热力公司给付本判决生效之后的盈余分配款利息。因此，一审判决判令太一热力公司给付自 2010 年 7 月 11 日起至实际付清之日的利息，既缺乏事实和法律依据，也超出当事人的诉讼请求，本院予以纠正。

四、关于李昕军是否应对太一热力公司的盈余分配给付不能承担赔偿责任的问题

李昕军上诉主张其没有损害公司利益，一审判令其承担连带责任没有法律依据。居立门业公司答辩认为，李昕军滥用法定代表人权利损害居立门业公司股东利益，应承担赔偿责任。本院认为，盈余分配是用公司的利润进行给付，公司本身是给付义务的主体，若公司的应分配资金因被部分股东变相分配利润、隐瞒或转移公司利润而不足以现实支付时，不仅直接损害了公司的利益，也损害到其他股东的利益，利益受损的股东可直接依据《公司法》第二十条第二款的规定向滥用股东权利的公司股东主张赔偿责任，或依据《公司法》第二十一条的规定向利用其关联关系损害公司利益的控股股东、实际控制人、董事、监事、高级管理人员主张赔偿责任，或依据《公司法》第一百四十九条的规定向违反法律、行政法规或者公司章程的规定给公司造成损失的董事、监事、高级管理人员主张赔偿责任。本案中，首先，李昕军既是太一热力公司法定代表人，又是兴盛建安公司法定代表人，其利用关联关系将太一热力公司 5600 万余元资产转让款转入关联公司，若李昕军不能

将相关资金及利息及时返还太一热力公司，则李昕军应当按照《公司法》第二十一条、第一百四十九条的规定对该损失向公司承担赔偿责任。其次，居立门业公司应得的盈余分配先是用太一热力公司的盈余资金进行给付，在给付不能时，则李昕军转移太一热力公司财产的行为损及该公司股东居立门业公司利益，居立门业公司可要求李昕军在太一热力公司给付不能的范围内承担赔偿责任。最后，《公司法》第一百五十二条规定的股东诉讼系指其直接利益受到损害的情形，本案中李昕军利用关联关系转移公司资金直接损害的是公司利益，应对公司就不能收回的资金承担赔偿责任，并非因直接损害居立门业公司的股东利益而对其承担赔偿责任，一审判决对该条规定法律适用不当，本院予以纠正。因此，一审判决判令太一热力公司到期不能履行本案盈余分配款的给付义务则由李昕军承担赔偿责任并无不当，李昕军不承担责任的上诉主张，本院不予支持。

故认为太一热力公司、李昕军的上诉请求部分成立。依照《民事诉讼法》第一百七十条第一款第（二）项之规定，判决如下：一、撤销甘肃省高级人民法院（2013）甘民二初字第 8 号民事判决；二、庆阳市太一热力有限公司于本判决生效后 10 日内给付甘肃居立门业有限责任公司盈余分配款 16313436.72 元；三、庆阳市太一热力有限公司到期不能履行上述给付义务，由李昕军承担赔偿责任；四、驳回甘肃居立门业有限责任公司的其他诉讼请求。

规范指引

《中华人民共和国民法总则》

第八十三条 营利法人的出资人不得滥用出资人权利损害法人或者其他出资人的利益。滥用出资人权利给法人或者其他出资人造成损失的，应当依法承担民事责任。

营利法人的出资人不得滥用法人独立地位和出资人有限责任损害法人的债权人利益。滥用法人独立地位和出资人有限责任，逃避债务，严重损害法人的债权人利益的，应当对法人债务承担连带责任。

第八十四条 营利法人的控股出资人、实际控制人、董事、监事、高级管理人员不得利用其关联关系损害法人的利益。利用关联关系给法人造成损失的，应当承担赔偿责任。

《中华人民共和国公司法》

第四条　公司股东依法享有资产收益、参与重大决策和选择管理者等权利。

第二十条　公司股东应当遵守法律、行政法规和公司章程，依法行使股东权利，不得滥用股东权利损害公司或者其他股东的利益；不得滥用公司法人独立地位和股东有限责任损害公司债权人的利益。

公司股东滥用股东权利给公司或者其他股东造成损失的，应当依法承担赔偿责任。

公司股东滥用公司法人独立地位和股东有限责任，逃避债务，严重损害公司债权人利益的，应当对公司债务承担连带责任。

第二十一条　公司的控股股东、实际控制人、董事、监事、高级管理人员不得利用其关联关系损害公司利益。

违反前款规定，给公司造成损失的，应当承担赔偿责任。

第二十二条　公司股东会或者股东大会、董事会的决议内容违反法律、行政法规的无效。

股东会或者股东大会、董事会的会议召集程序、表决方式违反法律、行政法规或者公司章程，或者决议内容违反公司章程的，股东可以自决议作出之日起六十日内，请求人民法院撤销。

股东依照前款规定提起诉讼的，人民法院可以应公司的请求，要求股东提供相应担保。

公司根据股东会或者股东大会、董事会决议已办理变更登记的，人民法院宣告该决议无效或者撤销该决议后，公司应当向公司登记机关申请撤销变更登记。

第三十四条　股东按照实缴的出资比例分取红利；公司新增资本时，股东有权优先按照实缴的出资比例认缴出资。但是，全体股东约定不按照出资比例分取红利或者不按照出资比例优先认缴出资的除外。

第三十七条　股东会行使下列职权：

（一）决定公司的经营方针和投资计划；

（二）选举和更换非由职工代表担任的董事、监事，决定有关董事、监事的报酬事项；

（三）审议批准董事会的报告；

（四）审议批准监事会或者监事的报告；

（五）审议批准公司的年度财务预算方案、决算方案；

（六）审议批准公司的利润分配方案和弥补亏损方案；

（七）对公司增加或者减少注册资本作出决议；

（八）对发行公司债券作出决议；

（九）对公司合并、分立、解散、清算或者变更公司形式作出决议；

（十）修改公司章程；

（十一）公司章程规定的其他职权。

对前款所列事项股东以书面形式一致表示同意的，可以不召开股东会会议，直接作出决定，并由全体股东在决定文件上签名、盖章。

第四十六条 董事会对股东会负责，行使下列职权：

（一）召集股东会会议，并向股东会报告工作；

（二）执行股东会的决议；

（三）决定公司的经营计划和投资方案；

（四）制订公司的年度财务预算方案、决算方案；

（五）制订公司的利润分配方案和弥补亏损方案；

（六）制订公司增加或者减少注册资本以及发行公司债券的方案；

（七）制订公司合并、分立、解散或者变更公司形式的方案；

（八）决定公司内部管理机构的设置；

（九）决定聘任或者解聘公司经理及其报酬事项，并根据经理的提名决定聘任或者解聘公司副经理、财务负责人及其报酬事项；

（十）制定公司的基本管理制度；

（十一）公司章程规定的其他职权。

第七十四条 有下列情形之一的，对股东会该项决议投反对票的股东可以请求公司按照合理的价格收购其股权：

（一）公司连续五年不向股东分配利润，而公司该五年连续盈利，并且符合本法规定的分配利润条件的；

（二）公司合并、分立、转让主要财产的；

（三）公司章程规定的营业期限届满或者章程规定的其他解散事由出现，股东会会议通过决议修改章程使公司存续的。

自股东会会议决议通过之日起六十日内，股东与公司不能达成股权收购协议的，股东可以自股东会会议决议通过之日起九十日内向人民法院提起诉讼。

第九十九条　本法第三十七条第一款关于有限责任公司股东会职权的规定，适用于股份有限公司股东大会。

本法第四十六条关于有限责任公司董事会职权的规定，适用于股份有限公司董事会。

第一百四十七条第一款　董事、监事、高级管理人员应当遵守法律、行政法规和公司章程，对公司负有忠实义务和勤勉义务。

第一百四十九条　董事、监事、高级管理人员执行公司职务时违反法律、行政法规或者公司章程的规定，给公司造成损失的，应当承担赔偿责任。

第一百五十二条　董事、高级管理人员违反法律、行政法规或者公司章程的规定，损害股东利益的，股东可以向人民法院提起诉讼。

《最高人民法院关于适用〈中华人民共和国公司法〉若干问题的规定（四）》

第十四条　股东提交载明具体分配方案的股东会或者股东大会的有效决议，请求公司分配利润，公司拒绝分配利润且其关于无法执行决议的抗辩理由不成立的，人民法院应当判决公司按照决议载明的具体分配方案向股东分配利润。

第十五条　股东未提交载明具体分配方案的股东会或者股东大会决议，请求公司分配利润的，人民法院应当驳回其诉讼请求，但违反法律规定滥用股东权利导致公司不分配利润，给其他股东造成损失的除外。

专题十四：除非另有约定自然人股权因继承不适用优先购买权规定

【核心提示】有限责任公司的自然人股东因继承发生变化时，其他股东主张依据《公司法》第七十一条第三款规定行使优先购买权的，人民法院不予支持，但公司章程另有规定或者全体股东另有约定的除外。

实务争点

股权优先购买权的功能在于维系有限责任公司的人合性价值，避免第三人因随意进入而破坏具有较强相互信任性的公司，维护公司的稳定。但对于自然人股权继承，尽管其广义上属于股权转让，但其实质是继承而非转让，系继承人法定不可剥夺的权利。但实践中对于如何理解《公司法》第七十五条和第七十一条规定之间的关系，有一定争议。对此，《公司法解释（四）》第十六条作出了明确规定。

理解适用

对《公司法解释（四）》第十六条规定的理解适用

（一）向第三人转让股权时的优先购买权的功能

有限责任公司具有人合性，股东之间具有很强的相互信任关系，股东之间的依赖和股东的稳定对公司有着至关重要的作用。所以，各国和地区公司法对有限责任公司的股权转让都有一定的限制，而非如股份有限公司那样可以自由转让。

根据我国《公司法》第七十一条规定，在公司章程没有其他规定的情况下，有限责任公司的股东之间可以相互自由转让其股权，无须征得其他股东的同意。但如果向公司股东之外的第三人转让股权，则需要经过其他股东过半数的同意，且其他股东在同等条件下有优先购买权。

该规定的目的在于维系有限责任公司的人合性价值，避免第三人因随意进入而破坏具有较强相互信任性的公司，从而维护公司的稳定。

（二）优先购买权不适用于股权继承情形

与股权转让一样，股权继承也发生原股东的退出与新股东的加入，由此导致一个问题，股权继承是否也应当适用《公司法》第七十一条之规定。

人合性只是表明有限责任公司股东之间的应有信任关系，故从维系股东之间的信任而言，第三人不宜轻易通过股权变更加入公司而破坏公司股东之间已有的信任关系。但对于股权继承来说，其是因为作为自然人股东的死亡导致的股权自然变更，非股东与第三人之间通过股权转让合同所作的刻意行为。人有生老病死，继承解决了被继承人生前某种永续的愿望。在一定意义上，被继承人死亡，继承人继承其生前财产和其他利益，乃社会正常运转之必然。

一般情况下，谈到继承，主要是对于被继承人财产的继承，其非财产的人身利益随着被继承人的死亡而消失或因无法继承而转至被继承人。

但对于股权，其既具有人身属性，也具有财产属性，二者是不能分割的，因此，在继承人继承被继承人股权之时，股权之中的财产权与人身权均随之继承。这时股权之中的人身权利益因财产权的转移而转至继承人，即股东资格被继承了。严格来讲，尽管法律强调股权的特殊性，即其同时具有财产属性与人身属性，但从总体来看，股权更多的是一种财产权，是股东希望通过投资获得更多财产利益的权利，其人身属性仅系因股权的财产属性，而与作为独立法人的公司之间的一种法律上的连接表现而已。股东投资于公司，其所投资财产及因此获得的收益均属于公司，即股东一旦投资于公司，其就失去了对财产的直接支配权，但通过股权换取了间接控制权，包括管理权、分红权、剩余财产索取权等，而这些间接控制权的实质仍是最终获得收益，收益既可以是现实的，也可以是未来的。

而且，更重要的是，股权中的人身权属性是针对公司而言的，即因股东投资于公司而获得公司成员权身份，股东之间仅因公司而具有公司成员之间的法律关系，且这种成员权关系是一种平等的民事关系。所以，作为有限责任公司的股权本质上仍是财产权，可以转让，也可以继承，只不过其对外转让受到一定的法定和章定限制，继承则仅受章定合理限制。

《公司法》第七十五条前半句规定“自然人股东死亡后，其合法继承人可以继承股东资格”，即是此意。

我国《公司法》第三章关于“有限责任公司的股权转让”共5条，即第七十一条到第七十五条，其按照一般到特殊的立法例对股权转让作了规定，分别是股权转让、法院强制执行时的转让、转让股权后的安排、异议股东收购请求权、股权继承。从法律解释的体系角度，第七十一条、第七十二条和第七十三条是关于股权转让的一般规定，第七十四条和第七十五条则是股权转让的特殊规定，既为特殊，显然其为一种例外安排，有其自己的要求。从法律解释的语义解释观察，第七十一条、第七十二条和第七十三条中的“股权转让”系狭义上的“转让”，即股东对于其股权的自由处分，而第七十四条和第七十五条中的“回购”与“继承”则为广义上的“转让”，系特殊情况下由非股东方回购或继承。因此，认为该章第七十一条的有关规定可以统一适用于特殊情况下的所谓“转让”是不符合相应立法规定的。

（三）公司章程和全体股东可以另有约定

有限责任公司可以通过章程和全体股东一致通过的协议限制股东资格的继承。这时，该章程规定和另有约定优先于公司法的规定。

公司可以基于自己的实际情况与未来考虑，通过章程和全体股东之间的协议方式作出不同的规定。公司章程和协议既可以规定股东资格继承的条件，也可以禁止继承股东资格。在公司章程或股东协议另有约定时，须依该约定，由此会产生其他股东对于股权转让的优先购买权问题。

由于公司章程和股东协议是经过股东会或全体股东一致同意的，即使其对股东作出了区别对待，也不违反股东平等原则。但需要注意的是，这里的全体股东一致同意，必须是作为被继承人的股东生前公司全体股东，即被继承人生前以书面方式同意如此。

另外，实务中尚需注意，股权继承仅是继承法问题，不考虑继承人成年或民事行为能力问题。而且，从公司法角度，法律并不禁止无民事行为能力或限制民事行为能力人成为股东，因为股东并不需要直接参与公司管理，其仅以出资为限承担责任。代理人制度完全可以解决无民事行为能力或限制民事行为能力人民事行为问题。

案例指导

南京富坤商贸实业有限责任公司与刘莉莉与公司有关的纠纷案[①]

富坤公司原名为南京市玄武区副食品公司。2004 年 5 月，富坤公司全体股东共 32 名自然人一致同意并签署了 2004 版章程，约定：在对原玄武区副食品公司整体改制的基础上，由汪某某、成某、赵某某、李某、谭某某五位自然人发起，会同王某某等 27 人共同设立有限责任公司；公司注册资本 208.5 万元，股东为汪某某、成某、赵某某等 32 位自然人；32 位股东中，汪某某持有公司 21% 的股权、出资金额 43.785 万元等。第二十一条规定："股东如调离、辞职或其他原因离开公司，公司对其持有的股份，按公司章程中所规定的其股份原值进行回购。"富坤公司改制后，汪某某任公司董事长。

2008 年 4 月 7 日，汪某某在任职富坤公司董事长期间因病死亡。汪某某死亡后，其继承人朱某某（汪某某母亲）、刘莉莉（汪某某妻子）、汪某（汪某某儿子）共同办理了继承权公证，朱某某、汪某均放弃对汪某某名下富坤公司股权的继承，由刘莉莉一人继承。2013 年 5 月 14 日，刘莉莉诉至南京市玄武区人民法院，请求判令汪某某所持有的 21% 股权归刘莉莉所有，并由富坤公司办理公司变更登记。该院判决：登记于汪某某名下的富坤公司 21% 的股权归刘莉莉所有，富坤公司于判决生效后 30 日内办理上述股权变

---

① 案例来源：江苏省高级人民法院民事裁定书（2014）苏审三商申字第 00320 号，载中国裁判文书网，http：//wenshu.court.gov.cn/content/content?DocID=f4e94d58-f211-44ea-b0d8-dcb679a02328&KeyWord=。

更登记。富坤公司不服一审判决，向江苏省南京市中级人民法院提起上诉。该院判决：驳回上诉，维持原判决。

本院审查期间，富坤公司提供两份证据：1. 四位股东出具的证明，以证明当时讨论公司章程时“其他原因”包括死亡。2. 富坤公司 2014 年 4 月 23 日召开的股东临时会议决议一份，以证明公司其他股东不同意接纳刘莉莉继承汪某某的股权成为股东。刘莉莉质证认为：对上述证据的真实性、合法性不予认可。

江苏省高级人民法院认为：《公司法》第七十六条规定了股权继承的一般原则，即自然人股东的合法继承人可以继承股东资格，同时为了维持公司的人合性，允许公司章程就此作出另外规定。本案中，首先，富坤公司的章程对股东资格的继承未作出明确的另外规定，说明公司在章程制定及修改时就股东资格继承未作出公司人合性方面的特别要求。其次，富坤公司 2004 版章程第二十一条“股东如调离、辞职或其他原因离开公司，公司对其持有的股份，按公司章程中所规定的其股份原值进行回购”，并未将股东死亡的情形列举其中，对于“其他原因”离开公司是否包括死亡，富坤公司亦未以任何书面形式向股东说明。富坤公司提供的四位股东的证明，系在本案诉讼期间形成，且与本案有利害关系，不能证明在 2004 版章程制定时对“其他原因”包括死亡作出明确规定。2004 版章程第二十一条系限制股东合法权利的条款，对条款文义不明之处不宜作扩大解释适用。因此，一、二审判决认定“其他原因”不包括死亡情形，确认汪某某名下的富坤公司股权归其妻刘莉莉所有并无不当。富坤公司提供的 2014 年 4 月 23 日的股东临时会议决议系在本案二审判决后形成，非本案审查范围。

综上，富坤公司的再审申请不符合《民事诉讼法》第二百条规定的情形，裁定驳回南京富坤商贸实业有限责任公司的再审申请。

规范指引

《中华人民共和国民法总则》

第一百二十四条 自然人依法享有继承权。

自然人合法的私有财产，可以依法继承。

《中华人民共和国公司法》

第七十五条 自然人股东死亡后，其合法继承人可以继承股东资格；但是，公司章程另有规定的除外。

《中华人民共和国继承法》

第二条 继承从被继承人死亡时开始。

第三条 遗产是公民死亡时遗留的个人合法财产，包括：

（一）公民的收入；

（二）公民的房屋、储蓄和生活用品；

（三）公民的林木、牲畜和家禽；

（四）公民的文物、图书资料；

（五）法律允许公民所有的生产资料；

（六）公民的著作权、专利权中的财产权利；

（七）公民的其他合法财产。

第十条 遗产按照下列顺序继承：

第一顺序：配偶、子女、父母。

第二顺序：兄弟姐妹、祖父母、外祖父母。

继承开始后，由第一顺序继承人继承，第二顺序继承人不继承。没有第一顺序继承人继承的，由第二顺序继承人继承。

本法所说的子女，包括婚生子女、非婚生子女、养子女和有扶养关系的继子女。

本法所说的父母，包括生父母、养父母和有扶养关系的继父母。

本法所说的兄弟姐妹，包括同父母的兄弟姐妹、同父异母或者同母异父的兄弟姐妹、养兄弟姐妹、有扶养关系的继兄弟姐妹。

第二十四条 存有遗产的人，应当妥善保管遗产，任何人不得侵吞或者争抢。

第二十五条 继承开始后，继承人放弃继承的，应当在遗产处理前，作出放弃继承的表示。没有表示的，视为接受继承。

受遗赠人应当在知道受遗赠后两个月内，作出接受或者放弃受遗赠的表示。到期没有表示的，视为放弃受遗赠。

第二十六条 夫妻在婚姻关系存续期间所得的共同所有的财产，除有约定的以外，如果分割遗产，应当先将共同所有的财产的一半分出为配偶所有，其余的为被继承人的遗产。

遗产在家庭共有财产之中的，遗产分割时，应当先分出他人的财产。

《最高人民法院关于适用〈中华人民共和国公司法〉若干问题的规定（四）》

第十六条 有限责任公司的自然人股东因继承发生变化时，其他股东主张依据公司法第七十一条第三款规定行使优先购买权的，人民法院不予支持，但公司章程另有规定或者全体股东另有约定的除外。

专题十五：优先购买权的通知与行使

【核心提示】有限责任公司的股东向股东以外的人转让股权，应就其股权转让事项以书面或者其他能够确认收悉的合理方式通知其他股东征求同意。其他股东半数以上不同意转让，不同意的股东不购买的，人民法院应当认定视为同意转让。经股东同意转让的股权，其他股东主张转让股东应当向其以书面或者其他能够确认收悉的合理方式通知转让股权的同等条件的，人民法院应当予以支持。经股东同意转让的股权，在同等条件下，转让股东以外的其他股东主张优先购买的，人民法院应当予以支持，但转让股东依据本规定第二十条放弃转让的除外。

实务争点

《公司法》第七十一条第二款与第三款规定了股权对外转让时的通知义务、其他股东的同意权与优先购买权。但如何确认转让方是否履行了其通知义务、同意转让的股东是否因同意转让而放弃了优先购买权等问题，理论与实务有不同看法。对此，《公司法解释（四）》第十七条作出了明确规定。

理解适用

对《公司法解释（四）》第十七条规定的理解适用

（一）股东优先购买权的性质

股东优先购买权，是指当股东对外转让股权时，其他股东享有的以同等条件优先于第三人购买该股权的权利。从历史沿革来看，股东优先购买权衍生于传统民法中的优先购买权的制度，但在立法宗旨、权利来源、救济方式等诸多方面与民法上的优先购买权并不完全相同，而只是沿用了民法上的优先购买权的保护模式。作为对股份自由转让的一种限制，股东优先购买权主要适用于有限责任公司，但部分国外立法允许以章程的形式将股东优先购买权扩大适用于非上市的股份有限公司。

股东优先购买权具有以下性质：

1. 股东优先购买权是一种法定权利

根据产生的原因不同，民事权利可以分为约定权利和法定权利。在我国，股东优先购买权是由公司法直接规定确立的，因此是法定权利。其实践意义在于，基于权利的法定性，未经股东同意，不得以公司章程或股东会多数决原则对股东优先购买权予以限制或剥夺。

《公司法》第七十一条第四款规定："公司章程对股权转让另有规定的，从其规定。"该款作为第七十一条关于股权转让问题规定的尾款，对前三款起补充或例外规定的作用。如果按照该逻辑推理，无论是从体系上还是内容上，似乎均应解释为允许公司以章程形式排除或者限制股东的优先购买权，那么，这就与股权优先购买权系法定权利的性质及意义发生冲突。而且，按照这种逻辑，公司实践中就不可避免地会产生利用多数决原则侵害股东优先购买权的情形。因此，应区别公司设立时制定章程与公司存续中修改章程两种不同情况加以解释：第一，公司设立时制定的公司章程须经全体投资人协商一致方能通过，如果此时的章程中有限制股东优先购买权的条款，应视为已经全体股东同意，为有效约定。第二，公司成立后，按多数原则即可对公司章程加以修改，如此时修改的章程中含有限制股东优先购买权的条款，则应视为尚未经股东同意即剥夺了部分股东的固有权利，该限制条款是无效的。第三，按照前述逻辑，如果公司设立后新增股东，则设立时虽经全体股东同意但未获得新股东同意的限制条款，丧失效力；而按多数决原则修改的章程相关限制条款可因其后获得全体股东追认同意而产生限制效力。总之，就第七十一条第四款对股东优先购买权的效力影响而言，仍须坚持该权利的法定性质，把握股东是否同意这一关键因素。

2. 股东优先购买权是一种附条件的形成权

依据作用不同，民事权利可以分为支配权、形成权、请求权与抗辩权。形成权是指依权利人一方之意思表示，可以使权利发生、变更或产生其他法律上效果的权利。而股东优先购买权的效力内容表现为，当转让股东向第三人转让股权时，优先权股东一旦行使优先购买权即可排除第三人的购买可能，并且凭自己单方的购买意思表示形成以转让人与第三人同等条件为内容的股权转让合同，而无须转让人再承诺。此种法律关系和法律效果是依照权利人单方意志而产生的，符合形成权的基本属性，因此应认定股东优先购买权为形成权。而且，股东优先购买权也是一种附条件的形成权，其行使并非随时可以进行，而是附有停止条件，即只有在股东向第三人转让股权时，方可行使。因此，确定股东优先购买权此种性质的实践意义在于，附条件形成权的性质决定了该权利的法律效力。

3. 股东优先购买权是一种期待权

依据权利实现与否，民事权利可分为既得权和期待权。期待权是一种生成过程中的权利，须依赖一定的事实发生，于将来才可能发生和实现的权利。正因为股东优先购买权的行使附有“股东向股东以外的人转让股权时”的停止条件，所以该优先购买权并不是优先权股东随时都可以行使的现实权利，而只是一种潜在的可能性，只有股权转让条件成就时，优先权股东才能实际行使这一权利，使之由可能性变为现实性。其实践意义在于，可以正确区分股东优先购买权的成立与行使。股东具有其公司股东资格和地位时，股东优先购买权成立；股权转让于第三人时，该股东的优先购买权得以行使。

4. 股东优先购买权是一种专属权

依据权利与权利主体之间的结合程度不同，民事权利可以分为专属权与非专属权。专属权是指专属于一身的权利，性质上只有权利主体才能享有。股东优先购买权是由股东权派生出来的，其并非对某一标的物的占有或使用，而是由于股东对公司法人出资，取得股东资格，具有了一种特殊的社员身份后，才依法享有的一项权利。因此，具有公司股东身份系享有该权利的前提，法律也只保护公司股东这一特定利益，因此仅能由股东本人享有。其实践意义在于，明确该优先购买权不得脱离其权利主体的股东身份和资格而单独转让或继承。①

（二）股权优先购买权的通知与行使

《公司法》第七十一条第二款与第三款规定："股东向股东以外的人转让股权，应当经其他股东过半数同意。股东应就其股权转让事项书面通知其他股东征求同意，其他股东自接到书面通知之日起满三十日未答复的，视为同意转让。其他股东半数以上不同意转让的，不同意的股东应当购买该转让的股权；不购买的，视为同意转让。""经股东同意转让的股权，在同等条件下，其他股东有优先购买权。两个以上股东主张行使优先购买权的，协商确定各自的购买比例；协商不成的，按照转让时各自的出资比例行使优先购买权。"

依该规定，股东向第三人转让股权，其他股东有同意权和优先购买权。该同意权并非实体意义上的权利，而是一种程序性权利，即股东向第三人转让股权，须经过征求其他股东同意与否的程序。其他股东既可以明确表示同意，也可以明确表示不同意，当然也可以不置可否。其他股东明确的不同意并非必然否定向第三人转让股权，因为"其他股东自接到书面通知之日起满三十日未答复的，视为同意转让。其他股东半数以上不同意转让的，不同意的股东应当购买该转让的股权；不购买的，视为同意转让"。

作为程序性权利的同意权其实是为股权的优先购买权作铺垫的，即股东可以以此决定是否行使股权优先购买权。

其他股东行使同意权与优先购买权是以转让股东通知为前提的，转让股东须履行该通知义务。那么，转让股东如何通知？通知次数如何？依《公司

---

① 潘福仁主编：《股权转让纠纷》（第2版），法律出版社2010年版，第96~99页。

法》第七十一条第二款，该通知一是须为书面，二是书面内容为股权转让事项。其中书面形式并非说只能以书面形式，如果通过其他方式，如当前十分便利的微信或邮件等方式，未必不可。因此，《公司法解释（四）》第十七条第一款规定可以是“其他能够确认收悉的合理方式”。其中的股权转让事项应当包括什么具体内容，从我国公司现实情况来看，实非法律具体规定能够解决，应当依个案具体分析。对此，如何判断，审判实践中一说为转让意图，一说为转让条件。通知义务为其他股东行使优先购买权的开始并影响股权转让的效力，因此，通知内容应为转让条件，而不仅仅是转让意图，它包括但不限于拟受让人、拟转让价格及拟转让数量等，均为及时通知其他股东。[①]

如果转让股东尽管向其他股东作出了通知，但如果通知不当，仍然会导致股权转让合同的被撤销。在《北京新奥特公司诉华融公司股权转让合同纠纷案》[最高人民法院民事判决书（2003）民二终字第143号][②]中，最高人民法院指出，有限公司股东不能以通知函的形式，限期其他股东行使优先权，逾期视为放弃的方式排除其他股东行使优先购买权的权利。

至于通知次数，尽管不以一次为限，但如果通知形式合理，通知内容清晰，则一次通知也可以认定为合适。当然，在实践中，通知可以多次，且每次有关内容都可能不一样，不过，需要注意的是，如果转让人一次通知就达到了形式合理、内容清晰，则其就履行了通知义务，其后的多次通知就并非《公司法》第七十一条的通知，而更多的是有关各方磋商的表现。

接到股权转让通知后，其他股东应对此表示同意或不同意，不同意的应购买转让的股权，并享有优先购买权。既不表示同意，也不表示不同意的，则经过法定时间后视为同意转让。

对于表示同意转让的股东，能否行使优先购买权，公司法并未明确。理论与实践中，有认为如果同意转让，则意味着其放弃了优先购买权。这种认识其实误解了《公司法》第七十一条第二款关于同意的规定，该“同意”只是股权转让程序中的一个程序而已，而非实质意义上的一种权利，故并非意

---

① 潘福仁主编:《股权转让纠纷》(第2版)，法律出版社2010年版，第112页。

② 《最高人民法院公报》2005年第2期（总第100期）。

味着同意转让的股东放弃了其实质性的优先购买权。也就是说，其他股东的同意，只是同意了转让股东可以转让股权这件事，其是否行使优先购买权，则是另外一个问题。所以，《公司法解释（四）》第十七条第二款规定："经股东同意转让的股权，其他股东主张转让股东应当向其以书面或者其他能够确认收悉的合理方式通知转让股权的同等条件的，人民法院应当予以支持。"第三款进一步明确，"经股东同意转让的股权，在同等条件下，转让股东以外的其他股东主张优先购买的，人民法院应当予以支持，但转让股东依据本规定第二十条放弃转让的除外"。

案例指导

天津古九鼎股权投资基金合伙企业与李万绪重庆光伏投资有限公司股权转让纠纷案①

2011 年 10 月 8 日，古九鼎投资基金和高岭商贸公司、李万绪、红星镁业公司签订《股权转让协议》，约定古九鼎投资基金以 3000 万元自高岭商贸公司处受让红星镁业公司 9.091%股权。2012 年 1 月 17 日，古九鼎投资基金成为红星镁业公司股东，完成工商变更登记，后古九鼎投资基金持有红星镁业公司的股权比例变更为 6.25%。同日，古九鼎投资基金与高岭商贸公司、李万绪签署《股权转让补充协议》，约定"若红星镁业公司在 2014 年 12 月 31 日前未提交发行上市申报材料并获受理，则古九鼎投资基金有权要求高岭商贸公司或李万绪以下述价款受让古九鼎投资基金所持有的红星镁业公司的股权……"。上述合同签订后，红星镁业公司未能按照《股权转让补充协议》约定提交发行上市申报材料。2014 年 3 月 11 日，古九鼎投资基金与红星镁业公司、高岭商贸公司、李万绪签订《业绩补偿协议》，该协议约定，鉴于：1. 古九鼎投资基金与红星镁业公司、高岭商贸公司、李万绪于 2011 年 10 月 8 日签署了《股权转让协议》；2. 古九鼎投资基金与红星镁业公司、高岭商贸

① 案例来源：重庆市高级人民法院民事判决书（2017）渝民终 424 号，载中国裁判文书网，http：//wenshu.court.gov.cn/content/content?DocID=12f5c4fa-7acd-4be3-91b4-a8e000a309d7&KeyWord=。

公司、李万绪于2012年1月17日签署了《股权转让补充协议》。古九鼎投资基金与红星镁业公司、高岭商贸公司、李万绪经自愿协商一致，就业绩补偿事宜进行了约定。

古九鼎投资基金向一审法院起诉请求高岭商贸公司、李万绪履行《股权转让补充协议》的约定义务，受让古九鼎投资基金持有的红星镁业公司6.25%的股权，并连带向古九鼎投资基金支付股权转让款，并连带承担股权转让所涉及的相关税费。

一审法院认为，本案争议焦点为：1.《股权转让协议》及《股权转让补充协议》是否有效；2.李万绪是否应实际购买古九鼎投资基金持有的红星镁业公司6.25%股权。

关于《股权转让协议》及《股权转让补充协议》的效力问题。一审法院认为，依法成立的合同对当事人具有法律约束力。高岭商贸公司、李万绪提出合同无效的抗辩主张，一审法院不予支持。

关于李万绪是否应实际购买古九鼎投资基金持有的红星镁业公司股权问题。一审法院认为，红星镁业公司未能按照《股权转让补充协议》约定时间提交上市申报材料，依照合同约定，古九鼎投资基金有权要求高岭商贸公司或李万绪受让古九鼎投资基金所持有的红星镁业公司股权，古九鼎投资基金据此提出要求李万绪购买其持有的红星镁业公司股权的诉讼请求。根据《合同法》第一百一十条之规定，债权人对非金钱债务享有合同履行请求权，但法律上或事实上不能履行的除外。根据公司法的规定，公司股东向股东以外的人转让其股权，应当经其他股东过半数同意。本案中，李万绪并非红星镁业公司股东，古九鼎投资基金向李万绪转让公司股权，应经红星镁业公司其他股东过半数同意。古九鼎投资基金请求李万绪受让其股权，并未履行公司法规定的股权转让的法定程序，在此情况下，不应强制李万绪购买古九鼎投资基金持有的红星镁业公司股权。同时，本案诉讼中，李万绪明确表示不购买古九鼎投资基金持有的红星镁业公司股权，在此情况下，强制李万绪购买古九鼎投资基金持有的红星镁业公司股权，有违意思自治原则。古九鼎投资基金要求李万绪依约购买其持有的红星镁业公司股权的诉讼请求，不符合法律规定，一审法院不予支持。

二审法院则在认定《股权转让协议》和《股权转让补充协议》有效的基础上，认为根据《股权转让补充协议》第2.1.1条的约定，如果红星镁业公司在2014年12月31日前未提交发行上市申报材料并获受理，或者在2015年12月31日前没有完成挂牌上市，则古九鼎投资基金有权选择要求红星镁业公司及/或高岭商贸公司及/或李万绪购买其持有的全部或部分红星镁业公司股权。古九鼎投资基金在一、二审诉讼中明确其请求的股权受让主体为李万绪。

本案双方当事人对该回购条款是否能够履行，存在两方面的争议：一是是否符合有限责任公司股东向股东以外的人转让股权的程序性要求；二是在李万绪明确表示不愿购买股权的情况下，是否可以强制要求李万绪购买股权。

首先，本案所涉的目标公司红星镁业公司的性质是有限责任公司，李万绪并非红星镁业公司的登记股东，因此涉及股东向股东以外的人转让股权的问题，即其须符合《公司法》第七十一条第二款和第三款及《公司法解释（四）》第十七条第一款的规定。

本案在一审审理过程中，法院依法追加了红星镁业公司除古九鼎投资基金之外的其他股东作为案件第三人参加诉讼，并依法向第三人送达了起诉状副本、应诉通知书、开庭传票等相关法律文书。在本案的起诉状上，载明了古九鼎投资基金作为原告提出的诉讼请求，即由高岭商贸公司、李万绪受让古九鼎投资基金持有的红星镁业公司6.25%的股权，且起诉状上还载明了古九鼎投资基金请求支付的股权转让款的对价。法院依法将起诉状副本送达红星镁业公司的相关股东后，应当视为转让股东已经将股权转让事项以及转让的对价以书面的合理方式通知了其他股东。而本案中其他股东在法院送达相关法律文书的情况下，截至一审判决之前均未向古九鼎投资基金或者一审法院提出不同意转让股权，也未提出要行使优先购买权。《公司法解释（四）》第十九条规定："有限责任公司的股东主张优先购买转让股权的，应当在收到通知后，在公司章程规定的行使期间内提出购买请求。公司章程没有规定行使期间或者规定不明确的，以通知确定的期间为准，通知确定的期间短于三十日或者未明确行使期间的，行使期间为三十日。"根据上述规定，红星镁业公司的其他股东未在规定的合理期间内行使主张优先购买的相关权利。

因此，本院认为，本案中红星镁业公司的股东古九鼎投资基金向股东以外的人转让其股权已经履行了公司法规定的相关程序性要求。

其次，李万绪虽然在本案审理中表示不愿意购买古九鼎投资基金持有的红星镁业公司的股权，但根据《股权转让补充协议》的约定，李万绪已经作出了购买的意思表示，且该协议已经发生法律效力。根据该协议约定，李万绪有义务向古九鼎投资基金支付相应的股权回购对价。

关于股权回购对价的具体金额，根据古九鼎投资基金的一审诉讼请求以及在一审庭审中的陈述，本院认为古九鼎投资基金诉讼请求的股权转让对价为40036890.27元，对于之后产生的金额古九鼎投资基金并未提出诉讼请求，因此李万绪应当向古九鼎投资基金支付的股权转让对价为40036890.27元。

规范指引

《中华人民共和国公司法》

第七十一条 有限责任公司的股东之间可以相互转让其全部或者部分股权。

股东向股东以外的人转让股权，应当经其他股东过半数同意。股东应就其股权转让事项书面通知其他股东征求同意，其他股东自接到书面通知之日起满三十日未答复的，视为同意转让。其他股东半数以上不同意转让的，不同意的股东应当购买该转让的股权；不购买的，视为同意转让。

经股东同意转让的股权，在同等条件下，其他股东有优先购买权。两个以上股东主张行使优先购买权的，协商确定各自的购买比例；协商不成的，按照转让时各自的出资比例行使优先购买权。

公司章程对股权转让另有规定的，从其规定。

第七十二条 人民法院依照法律规定的强制执行程序转让股东的股权时，应当通知公司及全体股东，其他股东在同等条件下有优先购买权。其他股东自人民法院通知之日起满二十日不行使优先购买权的，视为放弃优先购买权。

第七十三条 依照本法第七十一条、第七十二条转让股权后，公司应当注销原股东的出资证明书，向新股东签发出资证明书，并相应修改公司章程和股东名册中有关股东及其出资额的记载。对公司章程的该项修改不需再由股东会表决。

第七十四条　有下列情形之一的，对股东会该项决议投反对票的股东可以请求公司按照合理的价格收购其股权：

（一）公司连续五年不向股东分配利润，而公司该五年连续盈利，并且符合本法规定的分配利润条件的；

（二）公司合并、分立、转让主要财产的；

（三）公司章程规定的营业期限届满或者章程规定的其他解散事由出现，股东会会议通过决议修改章程使公司存续的。

自股东会会议决议通过之日起六十日内，股东与公司不能达成股权收购协议的，股东可以自股东会会议决议通过之日起九十日内向人民法院提起诉讼。

《最高人民法院关于适用〈中华人民共和国公司法〉若干问题的规定（四）》

第十七条　有限责任公司的股东向股东以外的人转让股权，应就其股权转让事项以书面或者其他能够确认收悉的合理方式通知其他股东征求同意。其他股东半数以上不同意转让，不同意的股东不购买的，人民法院应当认定视为同意转让。

经股东同意转让的股权，其他股东主张转让股东应当向其以书面或者其他能够确认收悉的合理方式通知转让股权的同等条件的，人民法院应当予以支持。

经股东同意转让的股权，在同等条件下，转让股东以外的其他股东主张优先购买的，人民法院应当予以支持，但转让股东依据本规定第二十条放弃转让的除外。

专题十六：优先购买权中“同等条件”的认定和行使期间

【核心提示】人民法院在判断是否符合《公司法》第七十一条第三款及本规定所称的“同等条件”时，应当考虑转让股权的数量、价格、支付方式及期限等因素。有限责任公司的股东主张优先购买转让股权的，应当在收到通知后，在公司章程规定的行使期间内提出购买请求。公司章程没有规定行使期间或者规定不明确的，以通知确定的期间为准，通知确定的期间短于三十日或者未明确行使期间的，行使期间为三十日。

实务争点

《公司法》第七十一条规定，股东向公司股东之外的第三人转让出资，必须经过过半数股东同意，不同意转让的股东应当购买拟转让的出资，但对购买的条件并未规定，只对同意转让的出资，其他股东在同等条件下有优先购买权。那么，如何确定并理解该购买条件？同时，其他股东行使优先购买权合理期间如何判定？对此，《公司法解释（四）》第十八条、第十九条作了规定。

理解适用

对《公司法解释（四）》第十八条、第十九条规定的理解适用

（一）优先购买权中“同等条件”的认定

从常理上看，股权转让价格应当按转让时经过评估、审计的现金价值为依据，协商确定转让价格，而非按股权原值进行转让。如果股权价值与设立公司时的股权价值变化不大的，可以按照设立公司时的股权价值转让。

但一般情况下，股权转让的双方不一定需要通过评估而确定其交易价格，而可以通过协商自由确定，甚至零转让。这是私法自治的应有表现。因此，综合分析《公司法》第七十一条的立法宗旨，作为不同意转让出资的其他股东，应以非股东购买股权的同等条件购买拟转让的股权，而不能以所谓评估价为购买条件。当然，如果拟转让股权的股东与非股东恶意串通，告知的同等条件虚假，则异议股东可请求确认自己与拟转让股权股东的股权转让合同无效。如要求不同意转让股权的股东购买价是所谓评估价，同意转让情形下，股东的购买价是转让股权股东与非股东的协商价，同为股东，受让条件不平等，导致适用法律不平等。因此，对不同意转让出资的股东应规定按拟转让股权股东与非股东的同等购买条件购买出资，才能防止股东任意行使对拟转让股权的否决权。

股权转让纠纷中，争议最大的就是对股东行使优先购买权的同等条件的理解与判断问题。《公司法》第七十一条只是规定过半数股东同意转让的，其他股东对拟转让股份股东的股权在同等条件下，有优先购买权。对于什么是同等条件，同等条件的内涵是什么，《公司法》并未规定，理论与实务界主要以购买价格作为同等条件。

对此，同等条件的内涵和解释应本着有利于拟转让股权的充分实现为原则，可以从以下几个方面对同等条件作出规范：（1）同等条件首先指股权转让价格，股东购买股权的价格必须与非股东购买价格完全相等，可以是不同种类货币，但按照中国人民银行汇率换算后，价格相等或者基本相等。（2）股权转让价款支付方式相同，非股东以现金方式支付，购买股权的股东除非经过转让股权股东同意，不得以土地使用权、房屋、知识产权等作价支付，也不可以定金及股权质押的方式支付，更不得以债权转让方式履行。（3）付款期限相同，付款期限影响拟转让股权股东债权实现时间，股东购买权的付款期限，原则上应与非股东在股权转让合同中约定的付款期限相同，为保障股东的优先购买权，可在不实质影响拟转让股权股东转让价款实现的情况下，规定受让股东的付款期限不得迟于非股东付款期限30天。（4）合同签约期限不得超过拟转让股权股东发出催告之日后15天。（5）股权是全部转让还是部分转让，由转让股权股东决定。

所以，结合审判实践，《公司法解释（四）》第十八条对同等条件作出了原则规定，即“应当考虑转让股权的数量、价格、支付方式及期限等因素”。

但是，如果出让股东与拟受让的民事主体之间约定的股价与上述条件明显是结合股权转让双方的合法利益关系或者特别承诺的考量所形成的，那么，这些相关因素也应作为认定“同等条件”的必要因素。在这种情形下，公司内部其他股东仅以前述约定的股价和其他条件要求优先受让股权，应认定与拟受让的民事主体未处于“同等条件”。①

另外，实践中有一些拟向外转让股权的股东与拟受让的民事主体通过签

---

① 上海市高级人民法院组织编写、张海棠主编：《公司法适用与审判实务》，中国法制出版社2009年版，第168页。

订股价不一致的阴阳合同，恶意从形式上提高股价，目的是防止公司内部股东行使优先购买权。在这种情况下，如果公司内部股东诉请以阴合同确定的合理股价优先受让股权，就需要举证证明阴阳合同存在我国《合同法》第五十二条第（二）项规定的情形，即“恶意串通，损害国家、集体或者第三人利益”的合同无效，以否定这类约定了畸高股价的阳合同的效力。“阳合同”被确认无效后，根据该合同所进行的一系列有关行为也应予以纠正，如根据“阳合同”已经进行工商登记变更的，应撤销该变更。

当然，如果公司章程对于转让股权有更为明确、细致的规定，还应当按照章程的规定来操作、办理。[①]

（二）优先购买权的行使期间

股东行使股权优先购买权，须在一定期限内为之，否则不利于交易安全和保护转让人的利益。我国《公司法》第七十二条规定：“人民法院依照法律规定的强制执行程序转让股东的股权时，应当通知公司及全体股东，其他股东在同等条件下有优先购买权。其他股东自人民法院通知之日起满二十日不行使优先购买权的，视为放弃优先购买权。”也就是说，其规定了强制执行程序中的优先购买权的行使期间。但是，对于正常情况下的股东行使优先购买权的期间，则并无明确规定。

《公司法》第七十一条第二款中规定：“股东向股东以外的人转让股权，应当经其他股东过半数同意。股东应就其股权转让事项书面通知其他股东征求同意，其他股东自接到书面通知之日起满三十日未答复的，视为同意转让。”

那么，这一条的相应规定能否视为股东优先购买权的行使期间要求是值得商榷的。尽管从理论和操作上说，转让股东在就股权转让事项书面通知其他股东，征求同意的同时，也可以征求其他股东行使优先购买权的意见，但从法律规定的内容上看，该款规定的是股权转让同意权及同意行使的期间和效果，它与第七十一条第三款规定的股东优先购买权虽关系密切但仍为相互

① 吴庆宝主编：《权威点评最高法院公司法指导案例》，中国法制出版社2010年版，第79~80页。

独立两个权利，并且两个权利的设置在时间上存在先后顺序，即第三款所规定的“经股东同意转让的股权，在同等条件下，其他股东有优先购买权”。也就是说，转让股东首先应当书面通知并征求其他股东对股权转让的同意，其他股东应在30日内予以答复；其他股东半数以上答复同意之后，这些股东还有在同等条件下优先购买拟转让股份的权利，因此，对时间顺位上居后的股东优先购买权的行使期间显然不能简单地在同意权的30天中加以限定，而应另行给予合理的行使期间。

该合理期间也不能是强制执行时要求的20天，因为它仅是基于提高执行效率的影响而作出的规定，如果以此作为股东优先购买权的期限，则显然太短和仓促。

考虑到《公司法》第七十一条第二款规定半数以上股东不同意转让股权的，其应当购买的期限为30日，而不同意转让的股东决定是否购买，与股东同意转让时其他股东是否优先购买的考量因素都是转让股权的同等条件，《公司法解释（四）》第十九条规定：“有限责任公司的股东主张优先购买转让股权的，应当在收到通知后，在公司章程规定的行使期间内提出购买请求。公司章程没有规定行使期间或者规定不明确的，以通知确定的期间为准，通知确定的期间短于三十日或者未明确行使期间的，行使期间为三十日。”

根据该规定，首先，如果公司章程对行使期间有规定，则以章程规定为准。其次，如果章程没有规定，则行使期间为30日。最后，优先购买权行使期限的起算以有效通知为准，该有效通知须符合前述“同等条件”要求，通知形式包括书面在内的能够收悉的合理方式，而且，该期间起算以当事人应收到或确认收悉通知之日起。

需要注意的是，尽管该行使期间的30日与《公司法》第七十一条第二款规定的同意行使的期间是两个法律概念，并产生不同的法律效果，但实践中二者可能会产生重合。如转让股权的股东书面通知具备了有效通知的条件，则该通知确定的期间既是《公司法》第七十一条第二款规定的同意行使的期间，也是股东行使优先购买权的期间。

同时，依该规定，优先购买权的行使应明确提出购买请求并在特定期限内行使，如当事人仅表示“考虑购买”，则该表示并非明确提出的购买请求。

如果章程规定的期间少于30日，即少于《公司法解释（四）》第十九条规定的，基于对购买人利益的保护，可以认定为无效，而适用法定的30日。

该规定的30日期间为不可变期间，不适用中止、中断或延长的相关规定。而且，该行使期间起算之日不应早于通知到达其他股东之日。

案例指导

苏州建设房屋开发有限公司与南京科顺投资管理有限公司股权转让纠纷案①

星河公司注册资本为5000万元，股东为江苏科信经贸实业有限公司（后更名为科顺公司，出资比例17.9%）、苏州建设房屋开发有限公司（以下简称苏建公司，出资比例82.1%）。2013年9月至2014年2月，苏建公司拟将其持有的星河公司股权转让给案外人苏州乌铁房地产开发有限公司，并两度发函征求科顺公司行使优先购买权的意见，双方就此问题未能达成一致意见。2016年8月10日，苏建公司向科顺公司发送《关于股权转让优先购买权的再次征询函》，主要内容为：苏建公司拟转让持有的星河公司全部股权，并已于2016年6月25日向科顺公司发送了《股权转让优先购买权征询函》，科顺公司接函后回复称有意按原价购买其中的32.12%股份，为此再次明确，苏建公司拟转让其持有的星河公司全部82.1%股权，该股权不拆分出售，转让价格为4105万元，股权转让金三日内一次性支付，以上为拟向湿丰公司转让股权的全部条件，望科顺公司明示是否主张同等条件下的优先购买权，请科顺公司收到本征询函十日内书面回复。同时，苏建公司一并向科顺公司邮寄了《股权转让意向书》一份，该意向书由苏建公司与湿丰公司于2016年6月2日签订，载明苏建公司以4105万元价格转让其持有的星河公司82.1%股权给湿丰公司，湿丰公司于《股权转让协议书》订立三日内一次性支付股权转让款4105万元。2016年9月5日，科顺公司向苏建公司发送《行

① 案例来源：南京市中级人民法院民事裁定书（2017）苏民终10249号，载中国裁判文书网，http：//wenshu.court.gov.cn/content/content?DocID=7e1fe941-70ca-4efe-96eb-a895009b8528&KeyWord=。

使股权优先购买权的再次回函》，主要内容为：科顺公司于 2016 年 8 月 10 日收到苏建公司寄来的《关于股权转让优先购买权的再次征询函》，但并未收到苏建公司洽谈股权转让时向湿丰公司披露和提供的关于股权价值的所有资料，因不了解星河公司股权的实际价值，无法进行公正、对等决策，现要求苏建公司立即提供星河公司近三年相关资料以便于行使优先购买权，同时再次申明，在取得上述资料并对股权评估后，将向苏建公司购买按原价 1606 万元计算的 32.12% 股权。

一审法院认为，股东向股东以外的人转让股权，应当经其他股东过半数同意。股东应就其股权转让事项书面通知其他股东征求同意，其他股东自接到书面通知之日起满三十日未答复的，视为同意转让。其他股东半数以上不同意转让的，不同意的股东应当购买该转让的股权；不购买的，视为同意转让。本案中，苏建公司在 2016 年 8 月 10 日向科顺公司邮寄的《关于股权转让优先购买权的再次征询函》及《股权转让意向书》中，已告知科顺公司，其拟向湿丰公司转让股权的数量、价格、付款期限，但科顺公司并未在法定或约定的期限内作出同等条件下受让该部分股权的意思表示。科顺公司拟行使股东优先认购权，应自行对股权价值进行评估，而非要求苏建公司向其提供涉及股权价值的资料。科顺公司相关陈述缺乏法律依据，不应支持。即使苏建公司提供了相关股权的价值资料，科顺公司仅受让其中 32.12% 股权的行为亦不符合苏建公司拟转让股权的同等条件。

综上，就苏建公司与湿丰公司于 2016 年 6 月 2 日签订的《股权转让意向书》中约定的股权转让事项而言，科顺公司未作出同等条件下购买上述股权的意思表示，应视为已放弃对该部分股权同等条件下的优先购买权。苏建公司的诉请有法律和事实依据，应予支持。据此判决：对 2016 年 6 月 2 日《股权转让意向书》约定的股权转让，科顺公司已放弃同等条件下的优先购买权。

二审法院认为，根据《公司法》第七十一条第三款，《公司法解释（四）》第十八条的规定，有限公司股东向股东以外的人转让股权，应当以书面或者其他能够确认收悉的合理方式通知其他股东转让股权的同等条件；人民法院在判断是否符合“同等条件”时，应当考虑转让股权的数量、价格、支付方式及期限等因素。本案中，苏建公司作为持有星河公司 82.1% 股权的股东，就拟向湿丰公司转让全部股权的事宜，已通过书面方式函告科顺公司并征求科顺公司是否行使优先购买权的意见，该书面函件明确载明了转让股权的数量、价格、支付方式及期限，科顺公司收到该函件后，未在法定期限内作出同意按照函告条件优先购买该股权的意思表示，应当视为放弃优先购买权。科顺公司在其回函中提出仅优先购买前述股权中的一部分，系对苏建公司转让股权数量条件的变更，该主张已不符合前述规定中的“同等条件”。关于科顺公司对星河公司的知情权，科顺公司业已另循法律途径救济，与其行使优先购买权无关，其主张优先购买权的行使需以了解星河公司财务、经营状况等信息为前提，属于附加条件，亦无法律依据，不能成立。科顺公司主张苏建公司、湿丰公司在案涉股权转让中存在恶意串通损害其利益的情形，因无证据支持，对此上诉意见，亦不采纳。

规范指引

《最高人民法院关于适用〈中华人民共和国公司法〉若干问题的规定（四）》

第十八条 人民法院在判断是否符合公司法第七十一条第三款及本规定所称的“同等条件”时，应当考虑转让股权的数量、价格、支付方式及期限等因素。

第十九条 有限责任公司的股东主张优先购买转让股权的，应当在收到通知后，在公司章程规定的行使期间内提出购买请求。公司章程没有规定行使期间或者规定不明确的，以通知确定的期间为准，通知确定的期间短于三十日或者未明确行使期间的，行使期间为三十日。

专题十七：转让股东放弃转让的处理

【核心提示】有限责任公司的转让股东，在其他股东主张优先购买后又不同意转让股权的，对其他股东优先购买的主张，人民法院不予支持，但公司章程另有规定或者全体股东另有约定的除外。其他股东主张转让股东赔偿其损失合理的，人民法院应当予以支持。

实务争点

转让股东在其他股东行使优先购买权后，能否反悔不再出卖，是司法实践中一直争议较大的问题。如果按照形成权的一般理论，则其应当不能反悔。但又有理论认为，《公司法》第七十一条所规定的股东优先购买权并非赋予股东优先购买股权的权利，而更多是为了维持有限公司的人合性价值。当转让股东不再出卖其股权时，股东优先购买权的意义就得到了实现，故应当允许转让股东反悔。对此，《公司法解释（四）》第二十条作出了规定。

理解适用

对《公司法解释（四）》第二十条规定的理解适用

鉴于股东优先购买权系形成权的法律性质，其效力内容主要体现为优先权股东一经行使优先购买权，就意味着无须转让股东再为承诺，即在优先权股东与转让股东之间成立拟转让股份的股权转让合同，且该转让合同以转让股东与非股东第三人约定的同等条件为内容。

但在实践中常常会发生其他股东主张行使优先购买权时，转让股东能否终止转让的问题，即转让股东本欲将其持有的股权转让与第三人，因其他股东行使优先购买权而使其改变主意，不再对外转让其股权。也就是说，其他股东主张行使优先购买权时，转让股东是否有权收回其转让意向，取消拟进行的股权转让？

对此，尽管公司法没有明确规定，但从私法自治角度而言，是应当允许的。表面上看，允许转让股东终止转让似乎使股东优先购买权无法实现，有损优先权股东的利益。但从根本上看，这种行为并没有因转让股东取消转让而损害优先权股东的利益。因为，股东优先购买权的立法目的并非保障其他股东获得拟转让的股权，而在于保障原有公司内部股东关系的稳定。赋予其他股东优先购买权只是维护公司人合性的需要，前者是手段，后者才是目的。因此，允许转让股东终止转让意向，即已实现立法目的，当然不必强求转让股东的自由意志。这既尊重了转让股东的意志，也维护了股东间的相互信赖关系。[①]

故此，《公司法解释（四）》第二十条规定："有限责任公司的转让股东，在其他股东主张优先购买后又不同意转让股权的，对其他股东优先购买的主张，人民法院不予支持，但公司章程另有规定或者全体股东另有约定的除外。其他股东主张转让股东赔偿其损失合理的，人民法院应当予以支持。"

该规定包含两层含义：首先，转让股东可以在其他股东主张优先购买后不同意转让股权，除非公司章程另有规定或者全体股东另有约定，法院是不支持主张优先购买的股东的。即转让股东可以反悔，但该股东不得滥用该反悔权。如果转让股东反悔后又同意，同意后又再次反悔或再三反悔，就会构成滥用而不被法院支持。

其次，如果其他股东因此受损害，其可以主张转让股东赔偿该合理损失。这里的"合理"主要指其他股东为履行自己的合同义务所做的准备而造成的损失，需具体情况具体分析，如借款准备支付股权转让对价而导致的利息损失。

需要注意的是，本条仅规定了转让股东的反悔权，但未明示其他主张行使优先购买权的股东是否能够"反悔"，根据合同法一般原理与规则，在双方未签订合同前，其也可以"反悔"，但如果因此给对方造成损失的，也应赔偿其合理损失。

案例指导

刘保忠、李东风股权转让纠纷案[②]

康万家食品公司共有股东二人，李东风出资比例为49%；刘保忠出资比例为51%。刘保忠任执行董事兼总经理，李东风任监事。

2017年4月18日，被告刘保忠在河南法制报刊登《股权转让通知》一份，载明："郑州康万家保健食品企业管理有限公司股东刘保忠将自己名下的51%股权全部转让。股东李东风在30日内，有优先购买权。转让标价

① 潘福仁主编：《股权转让纠纷》（第2版），法律出版社2010年版，第101页。

② 案例来源：郑州市中级人民法院民事判决书（2017）民终15117号，载中国裁判文书网，http：//wenshu.court.gov.cn/content/content?DocID=1ebceffd-41d4-40c8-8300-a85e00f4ad7f&KeyWord=。

300 万元人民币。现受让人王义红购股权 20%，接收价 130 万；李果购股权 16%，接收价 90 万元；刘保奎购股权 15%，接收价 80 万元。如果李东风不在规定时间内购买，视为放弃购买权利。特此通知。转让人：刘保忠。2017 年 4 月 18 日。”刘保忠于 2017 年 4 月 19 日将上述刊载《股权转让通知》的报纸原件通过 EMS 快递的形式邮寄给李东风。2017 年 5 月 2 日，李东风在河南法制报刊登《购买股份通知》一份，载明：“刘保忠先生：2017 年 4 月 18 日《股权转让通知》及快递邮件收悉。本人同意购买你名下持有的郑州康万家保健食品企业管理有限公司的 51%股权。现已做好准备，请一周内将银行账号书面通知本人，便于 300 万元转让款及时汇出，以便办理工商股权变更手续。购买人：李东风。2017 年 5 月 2 日。”《购买股份通知》见报后，李东风通过多种途径向刘保忠送达《购买股份通知》，分别为：第一，李东风于 2017 年 5 月 2 日通过正鑫小飞侠同城配送单向刘保忠邮寄快递两份，邮寄流程查询显示，刘保忠予以了签收；第二，2017 年 5 月 5 日，李东风将《购买股份通知》以彩信形式发送给刘保忠；第三，李东风将购买股份的通知张贴在康万家食品公司所在市场。诉讼中，刘保忠当庭认可：《购买股份通知》于 2017 年 5 月 2 日在河南法制报公告后其未向李东风提供银行账号。

2017 年 5 月 17 日，李东风通过中国邮政储蓄银行郑州市常寨营业所分别以每笔 5 万元的金额向刘保忠汇款 60 笔共计 300 万元。当日，郑州市黄河公证处对李东风的汇款全程进行公证，并作出（2017）郑黄证民字第 19440 号公证书。

李东风向法院起诉请求：1. 确认刘保忠和李东风之间股份转让合同成立；2. 判令刘保忠、康万家食品公司协助进行办理公司变更登记。

原审法院认为，根据我国《公司法》第七十一条及相关法律规定，股东向股东以外的人转让股权的，应当向其他股东充分履行通知义务。其他股东在同等条件下享有优先购买权。具体至本案，关于李东风与刘保忠之间的股权转让合同是否有效的问题。首先，刘保忠在河南法制报公告《股权转让通知》，并将《股权转让通知》邮寄送达李东风，该通知明确了拟转让的股权数量、价格、拟受让人姓名、履行期限等合同实质要件，应视为合同要约。其次，李东风于承诺期限内在河南法制报向刘保忠发出《购买股份通知》，并通过快递、彩信及张贴公告等多种方式向被告刘保忠送达《购买股份通知》。该《股份购买通知》载明的承诺内容与刘保忠发出的《股权转让通知》要约内容一致，且李东风于2017年5月17日通过中国邮政储蓄银行向刘保忠汇付股权转让款300万元。综上，可认定李东风向刘保忠发出的《股份购买通知》为有效承诺。因此，李东风与刘保忠之间的股权转让合同系当事人真实意思表示，合法有效，双方均应按照约定全面履行自己的义务。李东风已于2017年5月17日通过中国邮政储蓄银行将300万元股权转让款汇付给刘保忠，且该银行工作人员已电话通知刘保忠领取该300万元款项，刘保忠亦在电话中明确表示过两天领取，故可认定李东风已完成本案股权转让合同中的付款义务，该300万元股权转让款权利已转移至刘保忠。现该300万元股权转让款被鹤壁市淇滨区人民法院冻结，故刘保忠应向鹤壁市淇滨区人民法院主张权利，领取该股权转让款。鉴于李东风已经实际履行本案股权转让合同中的付款义务，刘保忠应及时协助李东风将其名下郑州康万家保健食品企业管理有限公司51%的股权变更登记至李东风名下。关于刘保忠辩称李东风放弃优先购买权，并于2017年7月2日召开股东会将其名下51%的股权转让给案外人的意见，鉴于李东风已经对刘保忠向其发出的要约作出有效承诺，并实际履行汇款义务，刘保忠在此期间召开股东会侵犯了李东风的优先购买权，也违背了诚实信用原则。故对刘保忠的该项辩称意见，该院不予采信。判决：一、原告李东风与被告刘保忠之间的股权转让合同成立。二、被告刘保忠于本判决生效后十五日内协助原告李东风将其名下被告郑州康万家保健食品企业管理有限公司51%的股权变更登记至原告李东风名下。

二审法院认为：本案当事人争议的焦点，在于李东风案涉付款行为应否认定为已经支付了股权转让款。本案中李东风通过向收款人地址邮政汇款的方式，支付300万元股权转让款，后因刘保忠向鹤壁市淇滨区担保中心工作组反映李东风在邮政储蓄银行有汇款，导致案涉300万元最终被鹤壁市淇滨区人民法院冻结扣划用于偿还李东风个人另案债务。本案中李东风并非将案涉款项汇入刘保忠本人账户，而是通过向刘保忠地址邮政汇款方式进行支付，对于此种支付方式，在刘保忠没有从邮政银行领取相应存单的情况下，不发生案涉300万元款项权属变更的效果，这也是鹤壁市淇滨区人民法院将该款项作为李东风款项予以冻结、扣划的基础。综上，根据本案查明的事实，不足以认定李东风实际支付了股权转让款。刘保忠在河南法制报公告《股权转让通知》，应视为合同要约，被上诉人李东风于承诺期限内在河南法制报向刘保忠发出《购买股份通知》，并通过多种方式向被告刘保忠送达《购买股份通知》，应视为有效承诺，李东风与刘保忠之间的股权转让合同系当事人真实意思表示，其内容不违反法律和行政法规的强制性规定成立。鉴于本案李东风没有充分证据证明已实际支付股权转让款，故对李东风请求刘保忠协助将其名下股权变更登记至李东风名下的诉讼请求，本院不予支持。刘保忠的上诉主张中有关李东风未实际支付股权转让款，法院不应判决变更登记股权部分成立，对该部分上诉请求本院予以支持。刘保忠其他上诉主张于法无据，对刘保忠其他上诉请求本院不予支持。一审判决认定事实部分不清，适用法律有误，应予纠正。判决：一、维持一审民事判决第一项；二、撤销一审民事判决第二项及诉讼费负担内容。

规范指引

《最高人民法院关于适用〈中华人民共和国公司法〉若干问题的规定（四）》

第二十条　有限责任公司的转让股东，在其他股东主张优先购买后又不同意转让股权的，对其他股东优先购买的主张，人民法院不予支持，但公司章程另有规定或者全体股东另有约定的除外。其他股东主张转让股东赔偿其损失合理的，人民法院应当予以支持。

专题十八：侵犯其他股东优先购买权的损害救济

【核心提示】有限责任公司的股东向股东以外的人转让股权，未就其股权转让事项征求其他股东意见，或者以欺诈、恶意串通等手段，损害其他股东优先购买权，其他股东主张按照同等条件购买该转让股权的，人民法院应当予以支持，但其他股东自知道或者应当知道行使优先购买权的同等条件之日起三十日内没有主张，或者自股权变更登记之日起超过一年的除外。前款规定的其他股东仅提出确认股权转让合同及股权变动效力等请求，未同时主张按照同等条件购买转让股权的，人民法院不予支持，但其他股东非因自身原因导致无法行使优先购买权，请求损害赔偿的除外。股东以外的股权受让人，因股东行使优先购买权而不能实现合同目的的，可以依法请求转让股东承担相应民事责任。

实务争点

根据《公司法》第七十一条规定，股东向股东以外的人转让股权，必须通知其他股东，其他股东可以行使优先购买权。但在实践中，股东向股东以外的人转让股权，常常已经签订了合同，而没有通知其他股东，或者尽管通知了其他股东，但相应信息是欺诈误导的。这时如何处理相关关系，对于股东与第三人之间已签订合同的效力如何认定，保护其他股东的优先购买权，就值得认真对待。对此，《公司法解释（四）》第二十一条作了规定。

理解适用

对《公司法解释（四）》第二十一条规定的理解适用

（一）其他股东未行使优先购买权情形下股权转让合同的效力认定

根据《公司法》第七十一条规定，股权对外转让合同需要经过其他股东同意或行使优先购买权，否则其效力就会产生问题。

对此，主要有两种做法，一种是认为股权转让合同成立生效，但其他股东可以事后行使撤销权而使之效力归于无效；另一种是认为股权转让合同成立但不生效，而仅为效力待定，只在其他股东同意或不行使优先购买权时才生效。

尽管司法实践中这两种做法都具有合理性，最高人民法院判例也曾采纳过成立不生效说。[①] 但从后来的最高人民法院在其终审并公告的《北京新奥

① 见《魏凤娇与吴笑月等股份转让纠纷上诉案》［最高人民法院民事判决书（2002）民二终字第2号］。

特集团等诉华融公司股权转让合同纠纷案》判决[①]及原《关于审理公司纠纷案件若干问题的规定（一）》（征求意见稿）第二十六条来看，成立生效并赋予其他股东撤销权更具合理性。但是，转让股东与非股东第三人间实际履行股权转让协议，则要受制于优先权股东单方决定，优先权股东决定不行使优先购买权，则该股权转让协议可获得实际履行，一旦优先权股东行使优先购买权，则将导致该股权转让协议履行不能，具体来说属于民法理论上“嗣后不能”的情况，其后果基本相当于债务不履行。[②]

由于股权对外转让协议效力认定的独立性及股东优先购买权的法定性，当转让股东与非股东第三人订立股权转让协议时，转让股东将同时对优先权股东和第三人承担转让股份的义务。除非转让股东与该第三人事先约定，即只有当其他股东不行使优先购买权时，转让股东才承担履行转让股份的义务；或者有证据证明第三人已明知股权转让是以其他股东是否行使优先购买权为前提的。

在《北京新奥特公司诉华融公司股权转让合同纠纷案》中，最高人民法院认为，有限公司股权转让双方均知悉公司法规定的其他股东在同等条件下享有优先购买权，也知悉其他股东不放弃优先权的态度，仍签订股权转让协议。其他股东行使优先购买权的行为，最终导致本案股权转让协议终止履行，造成准备合同履行及实际履行中产生的损失的，股权转让协议双方均有过错，应按过错程度承担相应的责任。[③]

但在特殊情况下，如转让股东伪造其他股东放弃优先购买权的声明，则

① 见《最高人民法院公报》2005年第2期（总第100期）。

② 叶林、辛汀芷：《股权优先购买权对股权转让效力的影响》，载王利明主编：《判解研究》2006年第3辑，第102页。

③ 在本案中，合同不能履行情况下损失的计算成为一个焦点，股权转让合同关系的调整虽然不能完全适用合同法的规范，但是对于合同法关于违约责任的规定基本上是可以适用的，对于违约方应当向守约方赔偿因违约而造成的损失的计算，应当遵循可预见性规则的要求。因此，最高人民法院指出，股权转让款如何筹集是股权购买人自身的行为，资金的来源可能有多种，股权受让人可以预见的合同损失只应是其实际占有资金期间的利息损失，而不应包括股权购买人对外融资所产生的实际费用，故股权转让失败后，股权转让款损失应以股权出让人实际占有资金的时间、金额，按照中国人民银行相应利率计算。一方当事人为履行合同所支付的咨询费、审计费、财务顾问费、人员工资等，是其为实现合同目的，诚意履约而实际支付或必须对外支付的款项，应认定为合同不能履行所产生的损失。

不能推定第三人明知，否则一旦其他股东行使优先购买权，致使股权无法转让于第三人，该第三人可依据生效的股权对外转让协议向转让股东主张违约责任，要求损害赔偿。[①] 这时，是不存在第三人善意取得股权而导致其他股东优先购买权失效的问题的。[②]

（二）股东优先购买权受到侵害时的救济

所谓股东优先购买权受到侵犯，主要是指因转让股东与非股东第三人单独或共谋行为致使其他股东无法行使或非自愿放弃股东优先购买权的情形。如转让股东未向其他股东通报转让价格等主要条件而与非股东第三人订立股权转让合同，或者与非股东第三人订立的合同中的价格或者其他主要条件低于向其他股东告知的合同条件。

这时，应该根据认定股权对外转让效力的基本意见区别处理：

第一，当股权对外转让协议已签订但尚未履行时，可按前述正常行使股东优先购买权的方法处理。这时，股权转让协议虽然已经成立生效，但因为股东行使优先购买权本身即具有限制股权转让于第三人效力，受侵害的优先权股东可以向法院要求行使优先购买权。

第二，当股权对外转让合同不仅签订且已履行完毕时，直接行使股东优先购买权在事实上已经无法实现阻断股权转让的效力，此时应当赋予受侵害股东撤销权。任何享有法定优先购买权的股东均可以请求法院撤销该合同，合同撤销后，因股权转让的基础丧失，已转让的股权应当返还，再由优先权股东按原协议规定的同等条件优先受让，而转让股东与非股东第三人间则按照合同法规定相互间承担合同被撤销后的民事责任。这时，有关股东可以申请撤销相应的工商变更登记，但需要注意的是，工商登记的撤销不具有溯及既往的效力，对于善意第三人信赖工商所从事的交易行为应当得到保护。

另外，在实践中，可能会出现优先权股东仅要求撤销股权转让协议，而

① 潘福仁主编：《股权转让纠纷》（第2版），法律出版社2010年版，第102~103页。

② 吴庆宝主编：《最高人民法院专家法官阐释民商裁判疑难问题：公司裁判指导卷》（增订版），中国法制出版社2011年版，第104页。

不主张购买拟转让股权的情况。这时，优先权股东不得单独请求撤销股权转让协议，而须同时行使优先购买权，否则将侵害拟转让股权股东的合法权益。

第三，股权转让不仅已履行完毕且公司股东名册已作变更登记并经过一定期间。从维护交易安全角度，最高人民法院曾在《关于审理公司纠纷案件若干问题的规定（一）》（征求意见稿）第二十六条中规定，股东优先购买权从公司股东变更时起一年内不行使的，该优先购买权予以消灭。

基于以上经验及认识，《公司法解释（四）》第二十一条明确了股权优先购买权受到侵害时的救济：

首先，有限责任公司的股东向股东以外的人转让股权，未就其股权转让事项征求其他股东意见，或者以欺诈、恶意串通等手段，损害其他股东优先购买权，其他股东主张按照同等条件购买该转让股权的，人民法院应当予以支持，但其他股东自知道或者应当知道行使优先购买权的同等条件之日起三十日内没有主张，或者自股权变更登记之日起超过一年的除外。

其次，前款规定的其他股东仅提出确认股权转让合同及股权变动效力等请求，未同时主张按照同等条件购买转让股权的，人民法院不予支持，但其他股东非因自身原因导致无法行使优先购买权，请求损害赔偿的除外。

最后，股东以外的股权受让人，因股东行使优先购买权而不能实现合同目的的，可以依法请求转让股东承担相应民事责任。

（三）其他

《公司法》第七十二条规定："人民法院依照法律规定的强制执行程序转让股东的股权时，应当通知公司及全体股东，其他股东在同等条件下有优先购买权。其他股东自人民法院通知之日起满二十日不行使优先购买权的，视为放弃优先购买权。"

依该规定，如果通过拍卖等方式将股权转让给第三人的，仍须适用《公司法》第七十一条关于优先购买权的规定，故《公司法解释（四）》第二十二条第一款规定："通过拍卖向股东以外的人转让有限责任公司股权的，适用公司法第七十一条第二款、第三款或者第七十二条规定的'书面通知''通知''同等条件'时，根据相关法律、司法解释确定。"

同时，在公司法实践中，对于国有公司转让股权，《企业国有资产法》明确规定须公开交易，各地也有专门的交易场所。这时，有关股权交易仍须尊重《公司法》第七十一条关于优先购买权的要求。

案例指导

谢晓东、肖礼传与公司有关的纠纷案①

肖礼传与熊娟签订《股东转让出资的协议》，协议载明：肖礼传自愿将其所持有第一运业公司的全部股份，共计28000股，股份出资额28000元转让给熊娟。2004年3月18日，肖礼传出具《收条》载明：今收到熊娟购买本人在第一运业全部股份贰万捌仟股，金额贰万捌仟元。2004年3月1日，肖礼传向第一运业公司提交《申请书》载明：自愿申请将所持有的第一运业全部股份（出资）转让给熊娟，股东权利义务全部由熊娟享受。第一运业公司时任法定代表人林树人签字同意转让，并在上述申请书上加盖了公司印章。该《股东转让出资的协议》签订后，公司分红的实际领取人为熊娟。

谢晓东向法院起诉请求：1. 判决确认肖礼传与熊娟之间的转让出资（协议）无效；2. 判决确认谢晓东对案涉转让出资具有优先受让权。

生效判决认为，根据各方的诉辩意见及审理查明的事实，本案的争议焦点为：1. 肖礼传与熊娟之间签订的《股东转让出资的协议》是否应确认为无效；2. 谢晓东是否享有案涉转让出资的优先购买权。

一、关于肖礼传与熊娟之间签订的《股东转让出资的协议》是否应确认为无效的问题。首先，根据审理查明的事实，第一运业公司在肖礼传向熊娟转让案涉出资时已改制完成，则肖礼传向熊娟转让案涉出资应受公司法的约束。同时，谢晓东提供的证据不足以证明熊娟不具备受让条件。因此，谢晓东关于熊娟不具备受让案涉转让出资的条件的上诉理由不能成立，本院不予支持。其次，《公司法》第七十一条规定旨在维护公司的内部信赖关系，故

---

① 案例来源：成都市中级人民法院民事判决书（2018）民终5734号，载中国裁判文书网，http：//wenshu.court.gov.cn/content/content?DocID=50d57586-6a75-49df-8246-a90600853585&KeyWord=。

在股东转让股权出现程序瑕疵时，只要否定第三人优先于公司其他股东取得公司股份的行为即可，而无须否定转让股东与第三人之间转让协议的有效性，即转让股东未经上述法律规定的程序向股东以外的人转让股权并不影响股权转让协议的效力。同时，根据审理查明的事实，案涉《股东转让出资的协议》系肖礼传与熊娟的真实意思表示，谢晓东并未提供证据证明熊娟受让案涉出资时系恶意，且熊娟亦履行了支付转让对价的义务，并以股东身份领取了股东分红款。因此，案涉《股东转让出资的协议》应为有效。故谢晓东关于要求确认肖礼传与熊娟之间签订的《股东转让出资的协议》无效的上诉请求无事实和法律依据，法院不予支持。

二、关于谢晓东是否享有案涉转让出资的优先购买权的问题。法院认为，《公司法解释（四）》第二十一条第一款规定："有限责任公司的股东向股东以外的人转让股权，未就其股权转让事项征求其他股东意见，或者以欺诈、恶意串通等手段，损害其他股东优先购买权，其他股东主张按照同等条件购买该转让股权的，人民法院应当予以支持，但其他股东自知道或者应当知道行使优先购买权的同等条件之日起三十日内没有主张，或者自股权变更登记之日起超过一年的除外"，则谢晓东作为"其他股东"，应自知道或者应当知道行使优先购买权的同等条件之日起三十日内或自案涉出资变更登记之日起一年内行使优先购买权。根据审理查明的事实，谢晓东在一审中明确表示其于 2015 年四五月即知晓肖礼传向熊娟转让案涉出资，而其在知道上述情况后，未在 30 日内主张优先购买权，而是于 2017 年 2 月 14 日才向一审法院起诉主张优先购买权，则其要求确认其享有案涉转让出资的优先购买权于法无据。虽谢晓东上诉认为，其因记忆错误，在一审中错误表述"2015 年四五月知悉案涉转让出资"，实际上谢晓东知悉案涉转让出资是在 2016 年四五月，则其于 2017 年 2 月 14 日向一审法院主张优先购买权并未超过诉讼时效。对此，本院认为，首先，《公司法解释（四）》第二十一条第一款所规定的"三十日"和"一年"系保护优先购买权的除斥期间，并非诉讼时效。其次，谢晓东并未提供证据证明其于 2016 年四五月才知悉肖礼传向熊娟转让案涉出资。因此，根据禁反言原则，谢晓东在二审中变更其在一审中陈述的"2015 年四五月知悉案涉转让出资"无事实依据。故谢晓东关于要求确认其享有案涉转让出资的优先购买权的上诉请求不能成立，法院不予支持。

规范指引

《中华人民共和国公司法》

第七十二条 人民法院依照法律规定的强制执行程序转让股东的股权时，应当通知公司及全体股东，其他股东在同等条件下有优先购买权。其他股东自人民法院通知之日起满二十日不行使优先购买权的，视为放弃优先购买权。

《中华人民共和国企业国有资产法》

第五十四条 国有资产转让应当遵循等价有偿和公开、公平、公正的原则。

除按照国家规定可以直接协议转让的以外，国有资产转让应当在依法设立的产权交易场所公开进行。转让方应当如实披露有关信息，征集受让方；征集产生的受让方为两个以上的，转让应当采用公开竞价的交易方式。

转让上市交易的股份依照《中华人民共和国证券法》的规定进行。

《最高人民法院关于适用〈中华人民共和国公司法〉若干问题的规定（四）》

第二十一条 有限责任公司的股东向股东以外的人转让股权，未就其股权转让事项征求其他股东意见，或者以欺诈、恶意串通等手段，损害其他股东优先购买权，其他股东主张按照同等条件购买该转让股权的，人民法院应当予以支持，但其他股东自知道或者应当知道行使优先购买权的同等条件之日起三十日内没有主张，或者自股权变更登记之日起超过一年的除外。

前款规定的其他股东仅提出确认股权转让合同及股权变动效力等请求，未同时主张按照同等条件购买转让股权的，人民法院不予支持，但其他股东非因自身原因导致无法行使优先购买权，请求损害赔偿的除外。

股东以外的股权受让人，因股东行使优先购买权而不能实现合同目的的，可以依法请求转让股东承担相应民事责任。

第二十二条 通过拍卖向股东以外的人转让有限责任公司股权的，适用公司法第七十一条第二款、第三款或者第七十二条规定的“书面通知”“通知”“同等条件”时，根据相关法律、司法解释确定。

在依法设立的产权交易场所转让有限责任公司国有股权的，适用公司法第七十一条第二款、第三款或者第七十二条规定的“书面通知”“通知”“同等条件”时，可以参照产权交易场所的交易规则。

专题十九：股东代表诉讼前置程序中直接诉讼当事人的诉讼地位

【核心提示】监事会或者不设监事会的有限责任公司的监事依据《公司法》第一百五十一条第一款规定对董事、高级管理人员提起诉讼的，应当列公司为原告，依法由监事会主席或者不设监事会的有限责任公司的监事代表公司进行诉讼。董事会或者不设董事会的有限责任公司的执行董事依据《公司法》第一百五十一条第一款规定对监事提起诉讼的，或者依据《公司法》第一百五十一条第三款规定对他人提起诉讼的，应当列公司为原告，依法由董事长或者执行董事代表公司进行诉讼。

实务争点

股东提起代表诉讼，必须先向公司提起请求，要求公司监事会或董事会主动提起。只有在股东请求监事会、董事会等采取必要措施行使公司的诉讼请求，而公司明确拒绝股东请求或者对股东请求置之不理时，股东才能向法院提起代表诉讼，此即股东代表诉讼前置程序。在该前置程序的诉讼中，监事会或董事会提起诉讼应以自己的名义还是公司的名义？监事会和董事会在该前置程序中的诉讼地位如何？对此，《公司法解释（四）》第二十三条作出了规定。

理解适用

对《公司法解释（四）》第二十三条规定的理解适用

（一）股东代表诉讼的前置程序

股东可以提起公司代表诉讼，即当公司利益受到损害，公司怠于通过诉讼手段追究有关侵权人的民事责任及实现其他权利时，具有法定资格的股东为了公司的利益而按照法定程序代公司提起诉讼。但是，这并不等于股东在公司遭受不正当行为损害时可径行代表公司提起诉讼。股东提起代表诉讼的前提条件是公司拒绝或怠于由自己直接向实施不正当行为的当事人提起诉讼，股东未征求公司是否就该行为提起诉讼的意思前，不应该也不可能提起代表诉讼。只有在股东请求监事会、董事会等采取必要措施行使公司的诉讼请求，而公司明确拒绝股东请求或者对股东请求置之不理时，股东才能向法院提起代表诉讼。这就是各国公司法通常都规定的“竭尽公司内部救济”（exhaustion of intra corporate remedies）规则，也称前置请求规则（the demand rule）。其法理在于：公司是与股东个人相对独立的法人，股东代位公司行使诉权，必须最大可能地尊重公司的法人资格；同时，这种“竭尽公司内部救济”的方法可以给公司检查自己行为的机会，如果公司管理层同意股东的控诉请求，公司便有机会和原告在正式起诉前达成和解。

《公司法》第一百五十一条即规定了该规则，即股东在提起代表诉讼之前，应该请求公司的监事会或者不设监事会的有限责任公司的监事，或者董事会或者不设董事会的执行董事向人民法院起诉。如果其请求得不到满足，公司没有合理的理由却最终拒绝或怠于起诉，股东则可以提起代表诉讼。但在诸如有关财产即将被转移、有关权利的行使期间或者诉讼时效即将超过等紧急情况下，股东有权立即提起代表诉讼。可见，前置程序的设置能够减少不必要的诉讼，也能够促使公司提起诉讼，避免滥诉。[①]

需要注意的是，所称的“前置程序”只是法院在受理案件时，基于“理顺公司内部治理、强化公司决策机关（管理层）的责任意识”的考虑而掌握的一条具有“释明性”“指引性”的条文，并非一条强制性的规范程序，且其规定了“紧急情况”的例外。至于何为“紧急情况”，应由法官根据个案情况及“商业裁判准则”作出判定。如认为“不立即受理该代表诉讼案件，将会使公司利益受到难以弥补损害”的，就应当直接受理股东提起的代表诉

---

① 李国光、王闯：《审理公司诉讼案件的若干问题》，载最高人民法院民二庭编：《民商事审判指导》2005 年第 2 辑，人民法院出版社 2006 年版，第 75 页。

讼，而不受“前置程序”的约束。①

（二）前置程序中当事人的诉讼地位

《公司法》第一百五十一条规定了股东代表诉讼前置程序，股东可以书面请求监事会、董事会或者不设监事会、董事会的监事和执行董事向人民法院提起诉讼。

在该前置程序中，监事会、董事会或者不设监事会、董事会的监事和执行董事向人民法院提起诉讼，显然是以公司的名义为之的，因为他们是以公司机关的名义并代表公司进行诉讼的。所以，该前置程序进行的诉讼为直接诉讼。

为指导相应诉讼，《公司法解释（四）》第二十三条作出了明确规定：“监事会或者不设监事会的有限责任公司的监事依据公司法第一百五十一条第一款规定对董事、高级管理人员提起诉讼的，应当列公司为原告，依法由监事会主席或者不设监事会的有限责任公司的监事代表公司进行诉讼。董事会或者不设董事会的有限责任公司的执行董事依据公司法第一百五十一条第一款规定对监事提起诉讼的，或者依据公司法第一百五十一条第三款规定对他人提起诉讼的，应当列公司为原告，依法由董事长或者执行董事代表公司进行诉讼。”

根据该规定：

1. 公司是公司代表诉讼中前置程序中诉讼的适格原告，即在股东书面请求监事会、董事会或者不设监事会、董事会的监事和执行董事向人民法院提起诉讼时，他们是以公司的名义起诉的，其既是名义原告，也是实质原告。

2. 该前置程序诉讼是由监事会、董事会或者不设监事会、董事会的监事和执行董事代表公司进行的，他们是公司的机关，有权代表公司。

根据公司法规定，董事会或执行董事有权代表公司自不待言，其本身是

① 《加强调查研究，探索解决之道——最高人民法院民二庭庭长宋晓明就在全国民商事审判工作会议中提出的若干疑难问题答记者问》，载最高人民法院民二庭编：《民商事审判指导》2007 年第 1 辑，人民法院出版社 2007 年版，第 76 页。

执行机关。尽管我国公司法规定由董事长或总经理为法定代表人，但该法定代表人制度仅是为了对外显示公司代表的唯一性与法定性，以免代表人过多而导致代表权的混乱。但在公司内部，作为执行机关的董事会是真正的代表机关，代表公司对内进行管理和处理相应一切关系。因此，股东基于《公司法》第一百五十一条第三款的请求应向董事会或执行董事作出。

一般情况下，监事会或监事并不具有执行权，也不具有对内代表权，其功能主要在于监督，即监督董事、高级管理人员。但作为同时为公司最高权力机构——股东会或股东大会负责的监督机关，在作为执行机关的董事会或执行董事不履行或消极怠工时，其可以代表公司进行相应活动，如提议召开股东会或股东大会并主持会议，也可以代表公司进行诉讼。不过，监事会或监事的这些功能是其作为监督机关附带性质的，且仅在作为执行机关的董事会或执行董事不能或不愿履行其应有职责时方可为之，故具有补充性。

案例指导

珠海普恩瑞电力科技有限公司损害公司利益责任纠纷案[①]

2017 年 8 月 21 日，普恩瑞电力公司向原审法院诉称：丁凌云是普恩瑞电力公司的股东，持有公司 29% 的股权，同时担任普恩瑞电力公司的监事职务。王磊是普恩瑞电力公司的股东，持有公司 32% 的股权，同时担任公司的执行董事及经理职务。近期，普恩瑞电力公司发现王磊在未通知，也未取得普恩瑞电力公司及其他股东同意的情况下，于 2017 年 6 月 5 日，擅自在珠海投资设立普恩瑞信息公司，并在普恩瑞信息公司担任执行董事兼经理职务，是该公司的法定代表人。王磊利用其担任普恩瑞电力公司执行董事兼经理的职务便利，利用其掌握普恩瑞电力公司公章、营业执照的便利，擅自设立与普恩瑞电力公司字号“普恩瑞”完全一致的公司，设立地点均在珠海，

---

① 案例来源：珠海市中级人民法院民事裁定书（2017）粤 04 民终 2588 号，载中国裁判文书网，http：//wenshu.court.gov.cn/content/content?DocID=d1e6b3c2-0f00-42f2-85a8-a84f00becfc2&KeyWord=。

设立地址为普恩瑞电力公司租赁使用的场地，所从事的行业类别相同，均为电力行业。王磊的上述行为客观上足以使消费者对经营者之间的关联关系产生混淆误认，容易导致普恩瑞电力公司经营资源与客户的流失，严重侵害了普恩瑞电力公司及其他股东的合法利益。为维护普恩瑞电力公司合法权益，特向法院起诉，诉请判令王磊和普恩瑞信息公司立即停止使用"普恩瑞"企业字号的侵权行为。

原审法院经审查，珠海普恩瑞电力公司向法院递交的起诉状未加盖企业法人公章，诉讼代表人丁凌云也未提交授权委托书原件。2017年8月21日，原审法院向普恩瑞电力公司已出具告知书要求其补正上述材料，亦告知普恩瑞电力公司如有特殊情况不能在该期限内补正的，应当向法院申请延期。2017年9月1日，普恩瑞电力公司监事丁凌云以自己的名义委托律师代理本案，并提交了《公司法解释（四）》来说明监事会或者不设监事会的监事应当以公司为起诉人，可作为诉讼代表人提起诉讼。2017年9月6日，律师向法院提交了《情况说明》，说明丁凌云作为普恩瑞电力公司的唯一监事，为了维护公司合法权益不受公司法定代表人、执行董事损害，在公司内部治理及监督机制失效的情形下，有权代表普恩瑞电力公司提起本案诉讼，诉讼文件无须加盖普恩瑞电力公司公章；也无法在期限内补正告知书要求的材料，普恩瑞电力公司坚持认为可以以监事的名义代表公司提起本案诉讼，要求法院出具不予受理裁定。

一审法院认为，普恩瑞电力公司要求依照《公司法》第一百五十一条第一款、《公司法解释（四）》之规定对董事、高级管理人员提起诉讼的，应当列公司为起诉人，依法由监事代表公司进行诉讼。但其提交公司作为起诉人的起诉状未加盖企业法人公章，监事丁凌云在民事起诉状署名处签名不能等同于普恩瑞电力公司加盖单位印章；普恩瑞电力公司未提交授权委托手续，不符合法律规定的要求。根据《民事诉讼法》第五十八条、第五十九条、第一百一十九条、第一百二十三条，《最高人民法院关于人民法院登记立案若干问题的规定》第三条第一款、第七条及《最高人民法院关于人民法院受理经济纠纷案件中几个问题的复函》第一点的规定，裁定驳回起诉。

二审法院经审查后认为，《公司法解释（四）》自2017年9月1日起实施，其中第二十三条第一款规定：“监事会或者不设监事会的有限责任公司的监事依据公司法第一百五十一条第一款规定对董事、高级管理人员提起诉讼的，应当列公司为原告，依法由监事会主席或者不设监事会的有限责任公司的监事代表公司进行诉讼。”该法条系针对出现《公司法》第一百四十九条规定的情形之后，按照该法第一百五十一条的规定进行股东代表诉讼的完善。股东代表诉讼的目的在于充分发挥公司内部监督机制，也即是在公司内部自我监督及管理机制陷入停滞、出现失效时，通过司法程序对公司内部控制权滥用现象进行及时有效的控制和避免，基于上述立法目的，结合现实生活中实际控制、管理公司的其他股东或者高级管理人员亦实际控制了公司的印章，故不可能为提出股东诉讼的代表提供诉讼上的便利，故上述司法解释将公司监事会或者监事界定为公司机关，其履行法定职责代表公司提起的诉讼，应当是公司直接诉讼，应列公司为原告，在该种情形下，只要代表公司诉讼的监事会或者不设监事会的有限责任公司的监事符合主体要求即可，而无须要求公司在起诉状中加盖公章。

结合本案的情况，根据丁凌云代表普恩瑞电力公司提起诉讼的请求以及事实与理由，以及对已经提交的证据进行的初步审查来看，丁凌云既是普恩瑞电力公司股东，也是该公司的监事，根据《公司法》第一百五十一条第一款的规定，其作为监事不存在拒绝提起诉讼的情形，因此，其以监事身份提起的诉讼，为了公司的利益，应当以公司的名义进行。尤其是在案件受理过程中，《公司法解释（四）》已经正式实施，其二十三条第一款对该情形又作出了明确的法律规定，应当予以适用。根据如上分析，本案丁凌云以普恩瑞电力公司监事身份代表普恩瑞电力公司提起的诉讼可以视为普恩瑞电力公司提出的诉讼。故上诉人上诉理由成立，本院予以支持。

规范指引

《中华人民共和国公司法》

第一百四十七条 董事、监事、高级管理人员应当遵守法律、行政法规和公司章程，对公司负有忠实义务和勤勉义务。

董事、监事、高级管理人员不得利用职权收受贿赂或者其他非法收入，不得侵占公司的财产。

第一百四十八条　董事、高级管理人员不得有下列行为：

（一）挪用公司资金；

（二）将公司资金以其个人名义或者以其他个人名义开立账户存储；

（三）违反公司章程的规定，未经股东会、股东大会或者董事会同意，将公司资金借贷给他人或者以公司财产为他人提供担保；

（四）违反公司章程的规定或者未经股东会、股东大会同意，与本公司订立合同或者进行交易；

（五）未经股东会或者股东大会同意，利用职务便利为自己或者他人谋取属于公司的商业机会，自营或者为他人经营与所任职公司同类的业务；

（六）接受他人与公司交易的佣金归为己有；

（七）擅自披露公司秘密；

（八）违反对公司忠实义务的其他行为。

董事、高级管理人员违反前款规定所得的收入应当归公司所有。

第一百四十九条　董事、监事、高级管理人员执行公司职务时违反法律、行政法规或者公司章程的规定，给公司造成损失的，应当承担赔偿责任。

第一百五十一条　董事、高级管理人员有本法第一百四十九条规定的情形的，有限责任公司的股东、股份有限公司连续一百八十日以上单独或者合计持有公司百分之一以上股份的股东，可以书面请求监事会或者不设监事会的有限责任公司的监事向人民法院提起诉讼；监事有本法第一百四十九条规定的情形的，前述股东可以书面请求董事会或者不设董事会的有限责任公司的执行董事向人民法院提起诉讼。

监事会、不设监事会的有限责任公司的监事，或者董事会、执行董事收到前款规定的股东书面请求后拒绝提起诉讼，或者自收到请求之日起三十日内未提起诉讼，或者情况紧急、不立即提起诉讼将会使公司利益受到难以弥补的损害的，前款规定的股东有权为了公司的利益以自己的名义直接向人民法院提起诉讼。

他人侵犯公司合法权益，给公司造成损失的，本条第一款规定的股东可以依照前两款的规定向人民法院提起诉讼。

《最高人民法院关于适用〈中华人民共和国公司法〉若干问题的规定（四）》

第二十三条 监事会或者不设监事会的有限责任公司的监事依据公司法第一百五十一条第一款规定对董事、高级管理人员提起诉讼的，应当列公司为原告，依法由监事会主席或者不设监事会的有限责任公司的监事代表公司进行诉讼。

董事会或者不设董事会的有限责任公司的执行董事依据公司法第一百五十一条第一款规定对监事提起诉讼的，或者依据公司法第一百五十一条第三款规定对他人提起诉讼的，应当列公司为原告，依法由董事长或者执行董事代表公司进行诉讼。

专题二十：股东代表诉讼当事人的诉讼地位

【核心提示】符合《公司法》第一百五十一条第一款规定条件的股东，依据《公司法》第一百五十一条第二款、第三款规定，直接对董事、监事、高级管理人员或者他人提起诉讼的，应当列公司为第三人参加诉讼。一审法庭辩论终结前，符合《公司法》第一百五十一条第一款规定条件的其他股东，以相同的诉讼请求申请参加诉讼的，应当列为共同原告。

实务争点

在西方国家和地区的股东代表诉讼中，公司的地位很是特殊，从理论上其既可以是形式上的原告，也可以是实质上的原告。但我国所规定的股东代表诉讼强调股东是以自己的名义进行的，而非要求其须以公司的名义，从而使得公司的诉讼地位不能如西方规定那般。因此，需要在实践中确定公司的诉讼地位。对此，《公司法解释（四）》第二十四条作出了规定。

理解适用

对《公司法解释（四）》第二十四条规定的理解适用

（一）股东代表诉讼制度基本理论

1. 股东代表诉讼的含义

股东代表诉讼，是指当公司利益受到损害，公司怠于通过诉讼手段追究有关侵权人的民事责任及实现其他权利时，具有法定资格的股东为了公司的利益而按照法定程序代公司提起诉讼。

股东代表诉讼具有以下特征：（1）股东代表诉讼是基于股东所在公司的法律救济请求权产生的，这种权利不是股东传统意义上的因其出资而享有的股权，而是由公司本身的权利转来的，由股东行使的。所以，股东代表诉讼与股东直接诉讼是不同的。（2）股东代表诉讼的原告是公司的股东，一人或多人共同起诉都可以，但并非所有公司股东都可以提起诉讼，须符合法律规定的条件。（3）股东只是名义上的诉讼方，他是代表公司的，法院的判决结果直接归于公司承担。（4）股东代表诉讼只能是在公司怠于行使其诉讼权利的情况下进行，即在公司不通过诉讼手段行使其权利，公司权益就要遭受损失时。

2. 股东代表诉讼与直接诉讼

所谓股东直接诉讼是指股东权受到侵犯，而直接以自己的名义起诉侵权者的制度。股东权是指基于股东地位而可对公司主张的权利，分为自益权与共益权。股东为自身利益而可单独主张的权利，为股东自益权，如接受股利分配的资产受益权、剩余资产分配权。股东为公司利益兼为自己利益而行使的权利为共益权，如股东会议出席权、表决权、委托投票权、公司账册、股东会会议记录查阅权、召集股东临时会请求权。

股东代表诉讼与直接诉讼存在着明显的区别：直接诉讼由股东以个人名义提起，没有其他限制；代表诉讼本应由公司提起，因为公司怠于起诉，才由符合法定条件的股东提起。直接诉讼保护的是股东的股东权利，胜诉后，股东的个人权益得到满足；而代表诉讼保护的是公司的权益，胜诉后利益归公司所有，作为原告的股东只能根据公司法和其他股东一起分享公司的权益。

而且，股东代表诉讼和直接诉讼的适用范围也是有区别的。股东代表诉讼主要适用于：（1）针对董事会未尽到适当的注意；（2）公司管理人员的自我交易行为；（3）要求退回公司给予其高级管理人员的不相称的超额补偿；（4）针对高级管理人员侵夺公司机会的获利。直接诉讼一般适用于：（1）强化持股人的投票权利；（2）要求分取股息和红利；（3）禁止经理采取措施不正当地保护自己；（4）防止压制少数股东；（5）迫使公司允许股东检查其账簿和记录。

3. 股东代表诉讼与代表人诉讼制度的区别

代表人诉讼是群体诉讼制度在我国民事诉讼中的表现形式。代表人诉讼是将具有共同利益关系的多数当事人一方组合起来，将诉讼实施权授予其中的一名或几名当事人，由他们代表其他有共同利益关系的全体当事人起诉、应诉，法院作出的判决对全体当事人都有拘束力的一种诉讼制度。

股东代表诉讼和代表人诉讼均属于代表他人进行的诉讼，二者在诉讼程序的构造上有相似之处，比如：代表人提起诉讼，均借助于他人的诉权，而不是基于其独立的原始诉权；当事人的诉讼身份具有复杂性和多重性，都存在程序当事人和实体当事人的分离现象；法院裁判的结果都归属于被代表的未直接参加诉讼的当事人，判决的效力都有适度扩张现象。但它们适用于不同的领域：股东代表诉讼适用于公司法领域，在其他诉讼领域，无所谓股东代表诉讼；代表人诉讼则是一个普适性制度，其所适用的领域原则上没有限制。立法上之所以要规定代表人诉讼，是为了避免一方当事人人数众多而给诉讼带来的不便与繁难；而设立股东代表诉讼的原因是在公司该提起诉讼而不提起诉讼的情况下保护股东的合法权益。代表人诉讼中，代表人代表的是包括本人在内的众多的当事人整体，而股东代表诉讼中代表人代表的是股东所在的公司。因此，在代表人诉讼中，代表人既是当事人，又是其他被代表者的代理人，兼有双重身份；在股东代表诉讼中，原告股东仅是当事人，不具有诉讼代理人的身份。正因为代表人诉讼中的代表人具有诉讼代理人的身份，因而其诉讼权利是受限制的，而股东代表诉讼中的原告股东，在没有与被告恶意串通的情况下，可以自由行使诉讼权利。

所以，股东代表诉讼不属于代表人诉讼的范畴，但如果提起诉讼或参加诉讼的股东人数众多，则股东代表诉讼也可以转化为代表人诉讼。

（二）股东代表诉讼的适格当事人

1. 原告适格问题

股东身份是股东行使诉权的必要条件。

《公司法》第一百五十一条第一款规定："董事、高级管理人员有本法第一百五十条规定的情形的，有限责任公司的股东、股份有限公司连续一百八十日以上单独或者合计持有公司百分之一以上股份的股东，可以书面请求监事会或者不设监事会的有限责任公司的监事向人民法院提起诉讼；监事有本法第一百四十九条规定的情形的，前述股东可以书面请求董事会或者不设董事会的有限责任公司的执行董事向人民法院提起诉讼。"也就是说，它对间接诉讼中作为原告的股东作出持股期间和持股比例的限制，即间接诉讼的原告必须是有限责任公司股东、股份有限公司连续180日以上单独或者合计持有公司百分之一以上股份的股东。

对原告资格作出适当限制的理由在于：尽管间接诉讼是小股东维护自身权益的有效方式，但由于股东意见分歧或股东局部利益与公司整体利益的矛盾等因素，可能造成无谓的讼累。为了维护公司的正常运行，有必要对原告股东的持股期限和持股比例作出限定。其中，限制股东持股期间，旨在防止滥用代表诉讼制度而购买或受让股份；对持股比例的要求，意在确保提起间接诉讼的原告股东具有一定程度的代表性。[①]

2. 被告适格问题

在间接诉讼中，为了保护股东正当权益，《公司法》第一百五十一条第二款和第三款规定了比较宽泛的间接诉讼被告，既包括公司的董事、监事、控制股东，也包括公司内部的高级管理人员，还包括公司之外的第三人。如

① 李国光、王闯：《审理公司诉讼案件的若干问题》，载最高人民法院民二庭编：《民商事审判指导》2005年第2辑，人民法院出版社2006年版，第72页。

此规定，堪为妥当。间接诉讼既然是股东代表诉讼，那么对于属于公司的诉权而言，在符合法定程序和条件下，股东都可以代表公司行使公司的诉权。这样不仅可以预防和救济公司机关组成人员滥用权利，而且可以阻止和消除第三人对公司的侵害。

在《吴林祥、陈华南诉翟晓明专利权纠纷案》[①]中，法院指出，根据原《公司法》第一百四十八条、第一百五十三条的规定，公司执行董事将执行公司职务过程中完成的技术方案以个人名义申请专利，违反董事的忠实义务，侵害公司利益。公司在上述人员控制之下不能或怠于以自己名义主张权利，导致其他股东利益受到损害的，其他股东为维护自身合法权益以及公司的利益，有权向人民法院提起诉讼。

3. 公司的法律地位问题

在股东代表诉讼中，公司的诉权被股东代位行使，公司是否要参加代表诉讼呢？由于股东代表诉讼具有代表性和代位性，事实上原告股东行使的是公司的诉权，其诉讼结果与公司有直接利害关系，故而公司应以第三人身份参加诉讼。

在《东风汽车贸易公司、内蒙古汽车修造厂与内蒙古环成汽车技术有限公司、赫连佳新、梁秋玲、内蒙古东风汽车销售技术服务联合公司共同侵权纠纷上诉案》[最高人民法院民事判决书（2007）民一终字第49号][②]中，最高人民法院指出，2006年1月1日施行的《公司法》第一百五十条和第一百五十二条是修订后新《公司法》关于股东代表诉讼的规定。当公司的董事、监事、高级管理人员侵害了公司权益，而公司怠于追究其责任时，符合法定条件的股东可以自己的名义代表公司提起诉讼。在股东代表诉讼中，股东个人的利益并没有直接受到侵害，只是由于公司的利益受到损害而间接受损，因此，股东代表诉讼是为了公司的利益而以股东的名义直接提起的诉讼。

---

① 见《最高人民法院公报》2008年第1期（总第135期）。

② 最高人民法院（2007）民一终字第49号民事判决书《东风汽车贸易公司、内蒙古汽车修造厂与内蒙古环成汽车技术有限公司、赫连佳新、梁秋玲、内蒙古东风汽车销售技术服务联合公司共同侵权纠纷上诉案》，载最高人民法院民事审判第一庭编：《民事审判指导与监督》2008年第1集（总第33集），法律出版社2008年版，第169~183页。

相应地，胜诉后的利益归属于公司。

本案是最高人民法院民二庭发回重审，经重审后又上诉到最高人民法院，由民一庭审理的案件。民二庭发回重审的理由之一就是一审将联合公司列为被告欠妥。发回重审的内部函认为，本案是股东代表诉讼，股东代表的公司应该作为第三人。本案主审法官认为，如果将股东代表的公司列为被告，不符合股东代表诉讼的原理，因为股东是代表公司的利益，股东是原告，如果公司作为被告，由于原告与被告的利益是根本对立的，因此股东代表的公司不能列为被告。当然股东代表的公司也不能列为原告。如果作为原告，股东代表诉讼就没有必要，公司直接作为原告就可以了。股东代表的公司作为诉讼中的第三人是符合我国《民事诉讼法》的规定的，[①] 故在判决书中将该公司作为诉讼中的第三人。后本案当事人不服本判决，向最高人民法院申请再审，最高人民法院以（2008）民申字第461号民事裁定书驳回该当事人的再审申请，并肯定了本裁判意见。[②]

《公司法解释（四）》第二十四条第一款为此明确“符合公司法第一百五十一条第一款规定条件的股东，依据公司法第一百五十一条第二款、第三款规定，直接对董事、监事、高级管理人员或者他人提起诉讼的，应当列公司为第三人参加诉讼”。

4. 其他股东的法律地位

提起股东代表诉讼之后，诉讼的进行及其结果便与其他股东的利益息息相关，在代表诉讼中与原告股东处于相同地位的其他股东的地位自然成为间接诉讼制度的重要问题，但《公司法》对此并未明确，故《公司法解释（四）》第二十四条第二款作出了规定。

根据该规定，在第一次开庭审理之前，如果有其他股东要求参加股东代

---

① 杨永清：《股东代表诉讼如何行使与恶意串通的认定——东风汽车贸易公司、内蒙古汽车修造厂与内蒙古环成汽车技术有限公司、赫连佳新、梁秋玲、内蒙古东风汽车销售技术服务联合公司共同侵权纠纷上诉案》，载最高人民法院民事审判第一庭编：《民事审判指导与监督》2008年第1集（总第33集），法律出版社2008年版，第184~186页。

② 最高人民法院（2008）民申字第461号民事裁定书，载《最高人民法院公报》2009年第2期（总第148期）。

表诉讼，应予准许，因为这样既可以使股东更具有代表性，分摊原告的诉讼风险，也有助于查明案件事实。而在第一次开庭审理之后，法院一般不应准许其他股东再加入诉讼，因为股东间接诉讼的结果涉及原告股东与其他众股东的切身利益，且诉讼结果对其他股东均产生既判力，公司各股东之间不是必要的共同诉讼当事人，公司其他股东是否参加诉讼不影响案件的审理。所以，人民法院既不应主动把它列为共同原告，也不宜将其列为无独立请求权的第三人，以避免诉讼时间的无理拖延或者诉讼成本的增加。

案例指导

江西省能源集团公司、福建双林农业开发有限责任公司损害公司利益责任纠纷案①

云南矿业公司系由江西省煤炭集团公司、云南广丰矿业有限公司、云南恒达华星矿业有限公司、曲靖市麒麟区永灿经营部共同于2010年6月出资成立的公司，注册资本12157万元，其中，江西省煤炭集团公司认缴出资6200万元，并实际缴付。2011年8月1日，云南矿业公司将6200万元转入了江西省煤炭集团公司结算中心账户。2011年10月27日，根据云南矿业公司股东会决议，双林公司受让了其他三个出资人的全部股权，成为占云南矿业公司49%股权的股东，并完成了工商变更登记。2012年3月5日，江西省煤炭集团公司将其所持云南矿业公司51010的股权份额划转给其全资子公司江煤贵州矿业集团有限责任公司，并完成了工商变更登记。2012年8月至2015年5月，张生根担任云南矿业公司法定代表人。2013年12月至今，游长征在云南矿业公司担任董事长。2010年6月至今，邬伟在云南矿业公司任监事会主席。2014年12月24日，江西省煤炭集团公司更名为江西省能源集团公司。2011年4月至2015年9月22日，能源集团向云南矿业公司支付了相应利息。

① 案例来源：最高人民法院民事判决书（2016）民终646号，载中国裁判文书网，http://wenshu.court.gov.cn/content/content?DocID=4e94a748-0198-4bde-8b53-a80b00efa827&KeyWord=。

双林公司以能源集团抽走资金的行为损害了公司利益为由提起本案诉讼；同时要求游长征、张生根、邬伟承担连带责任。

一审法院认为，综合各方当事人的诉辩主张，本案的争议焦点为：一、双林公司是否有权提起本案诉讼？二、能源集团应否向云南矿业公司返还款项并支付利息损失？三、游长征、张生根、邬伟是否应当承担连带责任？

一、关于双林公司是否享有诉权的问题

根据《公司法》第一百五十一条之规定，双林公司作为云南矿业公司的股东，认为云南矿业公司的原股东能源集团存在擅自抽走云南矿业公司资金的行为，并在与云南矿业公司现任另一股东——能源集团全资子公司江煤贵州矿业集团有限责任公司进行沟通，江煤贵州矿业集团有限责任公司回函明确表示能源集团不存在抽走云南矿业公司资金行为的情况下，以原告身份提起本案诉讼依法应予以保护，且在一审庭审中，经一审法院询问，云南矿业公司及其董事长游长征、监事会主席邬伟均认为云南矿业公司将6200万元上存至能源集团结算中心账户是资金管理行为，明确拒绝提起诉讼，故双林公司提起本案诉讼符合《公司法》第一百五十一条关于股东提起股东代表诉讼的规定，能源集团、游长征、张生根、邬伟、云南矿业公司认为双林公司不享有诉权的抗辩观点不能成立，一审法院不予支持。

二、关于能源集团应否返还款项并支付利息损失的问题

本案中，各方当事人仅对能源集团是否有权对该笔款项进行转存存在争议。虽能源集团为证实该转存行为未侵害云南矿业公司的公司财产独立性，向一审法院提交了第二组和第三组证据，但因第二组证据中《关于印发的通知》《企业国有资本与财务管理暂行办法》仅载明能源集团作为国有企业，为保证国有资产监管职责，有权对其直接投资或直接管理并取得控制权的公司进行资金监管，并未规定监管方式为将其投资的资金转存至能源集团以自己名义开立的账户进行监管，第三组证据——《江西省煤炭集团云南矿业公司有限责任公司章程》中，亦无公司资金应存储至能源集团结算中心账户或公司资金转存等资金处置行为无须经过公司股东会或董事会同意的内容，故在能源集团、游长征、张生根、邬伟、云南矿业公司未举出充分证据证实

6200万元款项转入能源集团结算中心账户经过了云南矿业公司股东会或董事会决议通过的情况下，依照《最高人民法院关于民事诉讼证据的若干规定》第二条关于举证责任之规定，应由能源集团等承担举证不能的责任。因能源集团擅自将云南矿业公司6200万元资金转存至能源集团结算中心账户，加之该结算中心账户的开户人为能源集团，能源集团事实上占有了本案属于云南矿业公司的资金6200万元，该行为违反了《公司法》第三条及第二十条之规定，侵害了云南矿业公司作为公司法人应享有的财产独立性，故能源集团应向云南矿业公司承担6200万元款项的返还责任。

三、关于游长征、张生根、邬伟应否承担连带责任的问题

《公司法》第一百五十二条之规定系为防止公司股东就董事、高管损害股东利益的行为，明确股东可以自己的名义提起的要求董事、高管赔偿股东损失诉讼的规定，并非股东代表公司提起的要求董事、高管赔偿公司损失的规定。另，在一审庭审中，双林公司已经明确表示其并非依据抽逃出资提起本案诉讼，双林公司依据《公司法解释（三）》第十四条第一款“股东抽逃出资，公司或者其他股东请求其向公司返还出资本息、协助抽逃出资的其他股东、董事、高级管理人员或者实际控制人对此承担连带责任的，人民法院应予支持”之规定，要求游长征、张生根、邬伟承担连带责任亦与该条规定的适用条件不符，故双林公司要求游长征、张生根、邬伟承担连带责任无事实及法律依据，一审法院不予支持。

综上所述，该院判决能源集团于该判决生效后十日内向云南矿业公司返还6200万元；驳回双林公司其他诉讼请求。

最高人民法院经过审理认为，关于能源集团是否应向云南矿业公司返还6200万元的问题，根据《公司法》第三条规定，能源集团要求云南矿业公司将其所有的6200万元存至能源集团开立的结算账户，该行为已导致云南矿业公司不能直接控制和处分自有资产，能源集团未举示相应的证据证明该上存行为系经有权决策机关的授权和认可，故该行为已侵犯了云南矿业公司的法人财产权。根据《公司法》第一百五十一条规定，本案一方面涉及6200万元巨额款项的占有和使用，对公司经营行为有重大影响，存在不立即提起诉讼将会使公司利益受到难以弥补的损害的可能；另一方面，

设置股东代表诉讼前置程序的立法目的在于给公司提供一个自我纠正的机会以免受无端诉讼的困扰，影响公司正常经营活动。本案中，云南矿业公司的原董事长游长征和监事会主席邬伟均由能源集团推荐产生，二人在一审中明确表示能源集团该行为不违反法律规定，不予起诉。在客观上存在侵犯公司利益的行为，而公司管理机关又明显不会以公司名义提起诉讼的情况下，为减少当事人的诉累，一审法院认定双林公司有权提起本案诉讼并无不当。游长征等人主张双林公司不享有诉权的理由不能成立，本院不予支持。能源集团上诉认为该行为符合云南矿业公司的公司章程以及财政部《企业国有资本与财务管理暂行办法》规定。对此，因云南矿业公司的公司章程第六十条规定“公司应依照法律、行政法规和国务院财政主管部门的有关规定建立公司的财务、会计制度和内部审计制度”；财政部《企业国有资本与财务管理暂行办法》第七条母公司的主要职责中第（八）项规定“实行企业内部资金集中统一管理，依法管理子公司投资、融资事项”，而云南矿业公司系依法设立的法人，并非能源集团的分支机构；本案6200万元资金存至能源集团账户的行为亦不属于公司投资、融资事项范畴，故能源集团该主张与查明的事实不符。能源集团该上诉理由不能成立，本院不予支持。能源集团上诉认为本案资金上存行为系总经理的权限范围，决策程序合法。对此，因云南矿业公司的公司章程第十九条规定“股东会行使下列职权：（一）决定公司的经营方针和投资计划……（四）审议批准公司的年度财务预算方案、决算方案……”；第四十七条规定“公司总经理行使下列职权：（一）主持公司日常生产经营管理工作，组织实施董事会决议；（二）组织实施公司年度经营计划和投资方案……”，故能源集团认为本案将案涉6200万元资金存至结算中心的行为系云南矿业公司总经理的权限范围与上述公司章程的规定不符，其亦未举示其他证据证明履行其他决策程序。能源集团该上诉理由不能成立，不予支持。

规范指引

《最高人民法院关于适用〈中华人民共和国公司法〉若干问题的规定（四）》

第二十四条　符合公司法第一百五十一条第一款规定条件的股东，依据公司法第一百五十一条第二款、第三款规定，直接对董事、监事、高级管理人员或者他人提起诉讼的，应当列公司为第三人参加诉讼。

一审法庭辩论终结前，符合公司法第一百五十一条第一款规定条件的其他股东，以相同的诉讼请求申请参加诉讼的，应当列为共同原告。

专题二十一：股东代表诉讼胜诉后利益的归属

【核心提示】股东依据《公司法》第一百五十一条第二款、第三款规定直接提起诉讼的案件，胜诉利益归属于公司。股东请求被告直接向其承担民事责任的，人民法院不予支持。股东依据《公司法》第一百五十一条第二款、第三款规定直接提起诉讼的案件，其诉讼请求部分或者全部得到人民法院支持的，公司应当承担股东因参加诉讼支付的合理费用。

实务争点

股东代表诉讼制度系为了解决公司当诉而不诉的问题，即其实质是为了公司利益。因此，当原告胜诉后，被告应向公司而非起诉的股东承担民事责任。同时，股东代表诉讼如果胜诉，相应利益获得者为公司，故股东为此支付的合理费用也应当由公司承担。这个问题，因为公司法没有明确，故《公司法解释（四）》第二十五条作出了规定。

理解适用

对《公司法解释（四）》第二十五条规定的理解适用

（一）股东代表诉讼最终是为了公司利益

股东代表诉讼制度于1843年由英国人在衡平法院首创，英国最初的股东代表诉讼只是针对董事会侵犯公司利益的行为，其实体法的基础在于董事和各股东之间存在信托关系，因此股东可依据自己的权利令董事履行所负之义务，这也意味着该股东代表了其他全体股东起诉，这便成了代表诉讼。随着大量的股份有限公司特别是上市的股份有限公司的出现，广大中小股东与大股东及董事会之间的矛盾越来越突出。为了保护广大中小股东的合法利益，平衡公司的内部关系，西方各国纷纷建立了该制度。该制度已成为现代各国和地区公司法的一项重要内容，成为强化公司治理结构的重要手段。

关于股东代表诉讼的法律性质，学界认识并不完全一致。但一般认为，股东代表诉讼制度在法律上具备代位性及代表性的双重属性。

首先，股东代表诉讼的提起是基于一种共益权，即公司的整体利益，而非基于股东的个人利益。在股东代表诉讼中，其胜诉的效果是公司利益的取得或损失的避免，所以，从其诉权行使的目的来看，它应该属于一种间接诉讼，从而与股东因公司侵犯其个人权益而提起的直接诉讼有着本质的区别。其次，一旦一个或多个股东共同提起诉讼，其诉讼结果的效力是及于公司的其他所有股东的。也就是说，股东起诉行为具有代表性。

（二）股东代表诉讼胜诉后利益归属于公司

依各国和地区的惯例，在股东代表诉讼中，如股东胜诉，则所获利益应当归于公司，而非原告股东，原告股东只能与其他股东平等地分享公司由此带来的利益。

《公司法解释（四）》第二十五条规定：“股东依据公司法第一百五十一条第二款、第三款规定直接提起诉讼的案件，胜诉利益归属于公司。股东请求被告直接向其承担民事责任的，人民法院不予支持。”

根据该规定：首先，股东代表诉讼胜诉利益归属于公司，这不仅符合代表诉讼的实质，也有利于防止股东滥用诉权。其次，股东不能请求被告直接向其承担民事责任。从一般民事诉讼法原理来看，原告胜诉，则其可以要求被告直接向其承担民事责任，但股东代表诉讼是在特定情形下，由股东代表公司对公司董事、高级管理人员等进行的诉讼，故即使原告胜诉，被告也仅向公司承担民事责任。

（三）费用承担

在股东代表诉讼中，原告股东如果胜诉的话，则相应利益归属于公司，但如果原告股东败诉，则不仅要由原告股东负担该案的诉讼费用，而且该案判决对于公司和其他股东产生既判力，他们均不能再以同一诉讼理由提起诉讼。

不过，如果原告股东胜诉，尽管其不能获得被告的民事责任承担，但其行为毕竟是为了公司利益。因此，作为第三人的公司这时应当承担因原告起诉付出的合理费用。《公司法解释（四）》第二十六条规定："股东依据公司法第一百五十一条第二款、第三款规定直接提起诉讼的案件，其诉讼请求部分或者全部得到人民法院支持的，公司应当承担股东因参加诉讼支付的合理费用。"

（四）股东代表诉讼中的司法审查

一般的民事诉讼中适用充分原则，原告可以处分自己的实体权利，可以和被告和解。通过和解的方式来解决股东间接诉讼的实体问题，是符合诉讼经济原则的；然而，股东间接诉讼的和解与一般的民事和解不甚相同，由于股东个人的利益有可能与间接诉讼中被代表的公司利益发生冲突，若原告股东在间接诉讼中与被告达成和解或自动撤诉，从而在诉讼之外得到个人的不正当利益（例如由公司高价收购其股票等），则完全背离了间接诉讼的制度目的。有鉴于此，为防止股东滥用诉权而损害公司利益，确保其和解内容的公正性和合理性，人民法院应当以是否损害公司和其他股东的利益为标准，严格审查股东与被告公司签订的案外和解协议或者撤诉请求。凡未经法院批准的和解协议或者撤诉均不具有约束力。日后公司仍然可以间接诉讼中的同一事实和理由向人民法院提起直接诉讼，或者公司其他股东以同一事实和理由而提起间接诉讼。人民法院"在审查和解协议时，应当综合考虑协议中同意赔偿公司损失的金额在公司应当获赔金额中的比例、原告股东胜诉的可能性以及被告的偿付能力等因素。若人民法院认为，和解协议明显侵害公司和其他股东的利益，严重违背诚信原则和公序良俗，则有权否定和解协议之效力”。同时，原告股东应将和解内容通知公司，并对受到影响的其他股东进行通知或者公告。其他股东对和解提出异议，经法院许可，可以向人民法院提供证据而要求撤销和解。[①]

案例指导

西安华锟光纤通信工程有限责任公司与尹想国民间借贷纠纷案[②]

原审法院查明：华锟公司与尹想国民间借贷纠纷一案，法院受理后，经审查发现华锟公司法定代表人尹述柏已经死亡，现暂未设立新的法定代表人。本次诉讼系由持股比例为25%的股东尹懿杰提起并由其委托律师代为起诉。本案中，尹想国提交了其与华锟公司其他股东尹学清、尹志刚签署的备忘录，备忘录中确认本次诉讼未经股东大会同意，并非公司真实意思表示，故对本次诉讼不予认可。又查，华锟公司章程中对公司诉讼代表人人选确定未有规定。工商登记显示尹述柏担任执行董事，刘翠华、尹想国为公司监事，尹懿杰为公司总经理。

原审法院认为：根据《民事诉讼法》第一条、第四十八条、第一百一十九条及《民法通则》第六十三条第一款规定，原告所提起的诉讼应系原告真实意思表示，且应由原告的法定代表人进行诉讼或以合法委托的诉讼代理人实施民事法律行为。本案中，华锟公司法定代表人尹述柏死亡，新的法定代表人尚未产生，在此情况下，认缴出资额为25%的股东尹懿杰以华锟公司名义提起的诉讼是否是华锟公司的真实意思表示，尹懿杰未提交证据证明。同时，华锟公司其余股东发表备忘录，对尹懿杰以华锟公司名义提起的本次诉讼不予认可，故尹懿杰以华锟公司名义提起的诉讼无法认定为华锟公司的真实意思表示。另外，关于华锟公司诉讼代表人缺位问题，因公司章程对诉讼代表人的人选确定无约定，华锟公司亦未召开股东会协商或选定诉讼代表人，在

---

① 李国光、王闯：《审理公司诉讼案件的若干问题》，载最高人民法院民二庭编：《民商事审判指导》2005年第2辑，人民法院出版社2006年版，第75页。

② 案例来源：西安市中级人民法院民事裁定书（2017）陕民终14088号，载中国裁判文书网，http：//wenshu.court.gov.cn/content/content?DocID=ac3c61e5-6b73-4339-81a4-a874011fce8c&KeyWord=。

执行董事尹述柏、监事刘翠华均已死亡的情况下，另一公司监事、股东尹想国系本案被告，股东尹懿杰又以华锟公司名义提起本次诉讼，两人均与本案有利害关系，且尹懿杰亦与公司其他股东尹学清、尹志刚存在继承纠纷，故无法从公司股东中选定诉讼代表人。综合上述原因，尹懿杰以华锟公司名义提起的诉讼并非华锟公司真实意思表示，对该起诉，依法予以驳回。

二审法院认为：从《公司法解释（四）》第二十三条、第二十四条、第二十五条规定可以看出，只有监事会或监事、董事会或执行董事提起相关诉讼的，才应当列公司为原告。其他股东提起的诉讼，只能列公司为第三人，即股东直接对董事、监事、高级管理人员或者他人提起诉讼，只能以股东自己的名义进行。本案中，尹懿杰、尹想国均系华锟公司股东，且尹想国同时为华锟公司的监事，尹懿杰并非华锟公司的执行董事或监事；依据以上规定，尹懿杰若要实现公司利益，应当以尹懿杰自己的名义提起诉讼，将华锟公司列为第三人，而不是以华锟公司名义提起诉讼，且胜诉利益还应当归属于华锟公司。故华锟公司作为本案原告主体不适格，原审裁定驳回华锟公司的起诉并无不当。综上，华锟公司的上诉理由不能成立，其上诉请求本院不予支持。

规范指引

《最高人民法院关于适用〈中华人民共和国公司法〉若干问题的规定（四）》

第二十五条　股东依据公司法第一百五十一条第二款、第三款规定直接提起诉讼的案件，胜诉利益归属于公司。股东请求被告直接向其承担民事责任的，人民法院不予支持。

第二十六条　股东依据公司法第一百五十一条第二款、第三款规定直接提起诉讼的案件，其诉讼请求部分或者全部得到人民法院支持的，公司应当承担股东因参加诉讼支付的合理费用。

第二十七条　本规定自2017年9月1日起施行。

本规定施行后尚未终审的案件，适用本规定；本规定施行前已经终审的案件，或者适用审判监督程序再审的案件，不适用本规定。

图书在版编目(CIP)数据

最高人民法院公司法司法解释精释精解 / 徐强胜编著 .—增订本 .—北京：中国法制出版社，2019.8

（民商事司法解释精释精解丛书 / 何志主编）

ISBN 978-7-5216-0256-2

Ⅰ. ①最… Ⅱ. ①徐… Ⅲ. ①公司法—法律解释—中国 Ⅳ. ① D922.291.915

中国版本图书馆 CIP 数据核字（2019）第 094432 号

策划编辑：戴 蕊（dora6322@sina.com）

责任编辑：陆紫薇（luziwei@zgfzs.com）　　封面设计：李 宁

最高人民法院公司法司法解释精释精解

ZUIGAO RENMIN FAYUAN GONGSIFA SIFA JIESHI JINGSHI JINGJIE

著者 / 徐强胜

经销 / 新华书店

印刷 / 三河市紫恒印装有限公司

开本 / 710 毫米 ×1000 毫米 16 开　　印张 / 38.5 字数 / 553 千

版次 / 2019 年 8 月第 1 版　　2019 年 8 月第 1 次印刷

中国法制出版社出版

书号 ISBN 978-7-5216-0256-2　　定价：128.00 元

北京西单横二条 2 号 邮政编码 100031　　传真：010-66031119

网址：http://www.zgfzs.com　　**编辑部电话：010-66010406**

市场营销部电话：010-66033393　　**邮购部电话：010-66033288**

（如有印装质量问题，请与本社印务部联系调换。电话：010-66032926）